国内外经典教材辅导系列·经济类

多恩布什《宏观经济学》(第13版)
笔记和课后习题详解

主编：圣才考研网
www.100xuexi.com

中国石化出版社

内 容 提 要

本书是“十三五”国家重点图书《宏观经济学》(第13版，多恩布什著，中国人民大学出版社)的学习辅导书。本书遵循第13版的章目编排，共分24章，每章由两部分组成：第一部分是复习笔记，总结本章的重难点内容；第二部分是课(章)后习题详解，对第13版的所有习题都进行了详细的分析和解答。

圣才考研网(www. 100xuexi. com)提供多恩布什《宏观经济学》网授精讲班【教材精讲+考研真题串讲】、电子书、题库。购书即可享受大礼包增值服务【本书电子书+名校考研真题视频讲解(共7小时)+全国名校经济学考研真题详解电子书+考研专业课咨询服务】。手机扫码(本书封面的二维码)领取本书大礼包。

图书在版编目(CIP)数据

多恩布什《宏观经济学》(第13版)笔记和课后习题详解/圣才考研网主编. —北京:中国石化出版社，2021.4
国内外经典教材辅导系列·经济类
ISBN 978-7-5114-6218-3

Ⅰ.①多… Ⅱ.①圣… Ⅲ.①宏观经济学-研究生-入学考试-自学参考资料 Ⅳ.①F015

中国版本图书馆CIP数据核字(2021)第059606号

中国石化出版社出版发行
地址:北京市东城区安定门外大街58号
邮编:100011 电话:(010)57512500
发行部电话:(010)57512575
http://www. sinopec-press. com
E-mail:press@ sinopec. com
武汉市盛宏源印务有限公司印刷
全国各地新华书店经销
*
787×1092毫米 16开本 23.5印张 595千字
2021年5月第1版 2021年5月第1次印刷
定价:72.00元

序　　言

我国各大院校一般都把国内外通用的权威教科书作为本科生和研究生学习专业课程的参考教材，这些教材甚至被很多考试（特别是硕士和博士入学考试）和培训项目作为指定参考书。为了帮助读者更好地学习专业课，我们有针对性地编著了一套与国内外教材配套的复习资料，并提供配套的名师讲堂和题库。

多恩布什所著的《宏观经济学》（第13版，中国人民大学出版社）被列为“十三五”国家重点图书出版规划项目，是我国众多高校采用的经济学优秀教材，也被众多高校（包括科研机构）指定为“经济类”专业考研参考书目。作为该教材的配套辅导书，本书具有以下几个方面的特点：

1. 框架图表体系，通俗易懂易记

本书每章的知识框架图和考点归纳表，在全方位把握核心考点的同时，提纲挈领地以思维导图形式，呈现重要的考点、难点，脉络清晰，一目了然，更容易记忆。

2. 星级标记＋拓展延伸＋典型例题，透彻剖析必考点

本书每章的核心考点均按重要程度分为一星（一般了解）至五星（熟练掌握），并对相关重要知识点进行了延伸和归纳，部分重要知识点处还附有典型例题及答案详解，方便考生更有针对性地复习。

3. 解析课后习题，提供详尽答案

本书参考大量宏观经济学相关资料对多恩布什所著的《宏观经济学》（第13版）的课后习题进行了详细的分析和解答。

与本书相配套，圣才考研网提供多恩布什《宏观经济学》网授精讲班【教材精讲＋考研真题串讲】、电子书、题库。

要深深牢记：考研不同一般考试，概念题（名词解释）要当作简答题来回答，简答题要当作论述题来解答，而论述题的答案要像是论文，多答不扣分。有的论述题的答案简直就是一份优秀的论文（其实很多考研真题就是选自一篇专题论文），完全需要当作论文来回答！

购书即可享受大礼包增值服务，手机扫码（本书封面的二维码）领取本书大礼包。具体包括：①本书电子书（手机版、电脑版）；②名校考研真题视频讲解（共7小时）；③全国名校经济学考研真题详解电子书；④考研专业课咨询服务。

圣才考研网（www.100xuexi.com）是圣才学习网旗下的考研考博专业网站，提供全国各高校经济类专业考研考博辅导班【一对一辅导（面授/网授）、网授精讲班等】、电子书、题库、全套资料（历年真题及答案、笔记讲义等）、经济类国内外经典教材名师讲堂、考研教辅图书等。

考研辅导： kaoyan.100xuexi.com（圣才考研网）
资格考试： www.100xuexi.com（圣才学习网）

圣才考研网编辑部

目　录

第1章　导　论

1.1　复习笔记

【知识框架（庖丁解牛）】

- 导论
  - 宏观经济学
    - 宏观经济学的研究对象
    - 宏观经济学与微观经济学的关系
  - 总供给-总需求模型
    - 长期总供给-总需求模型
    - 中期总供给-总需求模型
    - 短期总供给-总需求模型
  - 增长与 GDP
  - 经济周期与产出缺口

【考点难点归纳（厚积薄发）】

考点一：宏观经济学　★★

1. 宏观经济学的研究对象

宏观经济学以国民经济总过程的活动为研究对象，着重考察和说明国民收入、就业水平、价格水平等经济总量是如何决定和如何波动的。

2. 宏观经济学与微观经济学的关系

(1)宏观经济学与微观经济学的联系：

①微观经济学和宏观经济学互为补充。微观经济学是在资源总量既定的条件下，通过研究个体经济活动参与者的经济行为及其后果来说明市场机制如何实现各种资源的最优配置；宏观经济学则是在资源配置方式既定的条件下研究经济中各有关总量的决定及其变化。

②微观经济学是宏观经济学的基础。这是因为任何总体总是由个体组成的，对总体行为的分析自然也离不开对个体行为的分析。

③微观经济学和宏观经济学都采用了供求均衡分析的方法。微观经济学通过需求曲线和供给曲线决定产品的均衡价格和产量，宏观经济学通过总需求曲线和总供给曲线研究社会的一般价格水平和产出水平。

(2)宏观经济学与微观经济学的区别如表1－1所示：

表1－1 宏观经济学与微观经济学的区别

	微观经济学	宏观经济学
研究对象	个体经济活动参与者的行为及其后果，侧重讨论市场机制下各种资源的最优配置问题	社会总体的经济行为及其后果，侧重讨论经济社会资源的充分利用问题
中心理论	价格理论	国民收入决定理论
研究方法	个量分析	总量分析

考点二：总供给-总需求模型 ★★★

1. 长期总供给-总需求模型

(1)特点：总供给水平由企业的生产能力决定，与价格水平无关；长期总供给曲线是垂直的；长期总供给曲线的位置取决于特长期的经济增长。

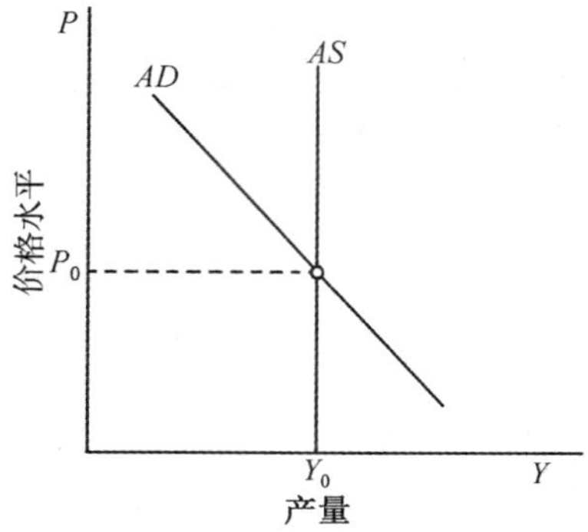

图1－1 长期总供给-总需求模型

(2)结论：在长期总供给-总需求模型中，均衡产出取决于生产能力，而价格水平取决于总供给与总需求的作用。高通货膨胀率一般是由总需求的变化引起的。

2. 中期总供给-总需求模型

中期实际上是研究总供给曲线在水平位置和垂直位置中间的情况。当高涨的总需求推动价格持续上涨时，经济中的企业利润持续提高，使得企业生产扩张，总供给曲线向上移动。总供给曲线的斜率介于水平的与垂直的中间。

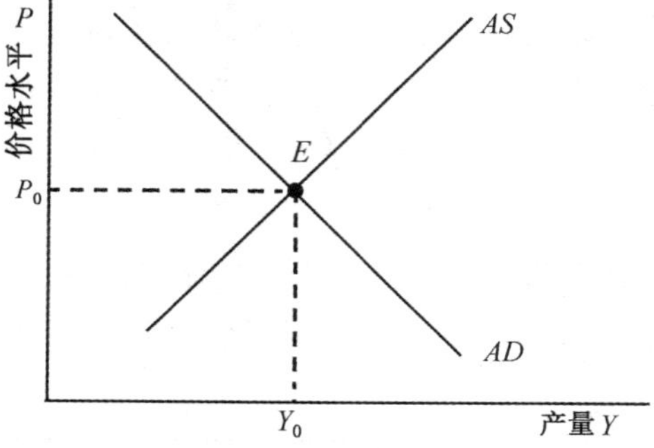

图1－2 中期总供给-总需求模型

3. 短期总供给-总需求模型

短期中，总供给曲线是水平的，即价格水平固定，总产出可以是任何值。短期总供给-总需求模型的基本假定是短期的产量水平不影响价格。由此可见，在短期中，产量只取决于总需求，而价格不受产量水平的影响。

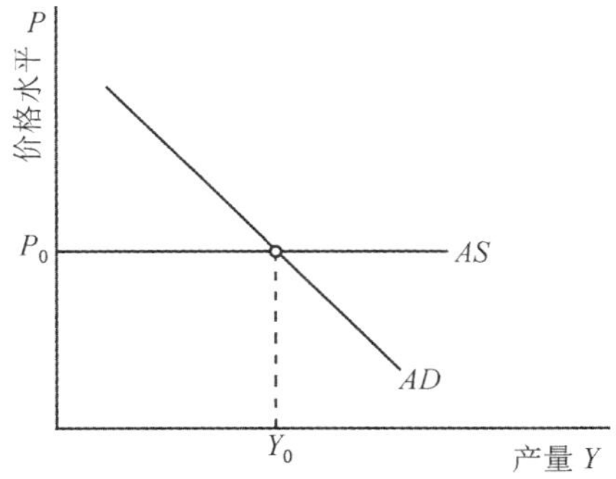

图1－3　短期总供给-总需求模型

考点三：增长与GDP　★

经济的增长率是指国内生产总值(GDP)的增长率。GDP变动的原因有：

(1)经济中可获得的资源数量的变动，如新资源的发现。

(2)生产要素的使用效率的变动，如技术进步。

考点四：经济周期与产出缺口(见表1－2)　★

表1－2　经济周期与产出缺口

要点	含义
经济周期	指围绕增长趋势进程进行的具有规律性的扩张与收缩形式的经济活动，可以分成两个阶段(扩张和收缩)或四个阶段(繁荣、衰退、萧条和复苏)
GDP的趋势进程	指当生产要素被充分利用时，GDP所经历的进程
产出缺口	指经济中现有资源得到充分利用时所能生产的产量(潜在产量)与实际产量之间的差额，即产出缺口＝潜在产出－实际产出

◆小试牛刀◆

在经济衰退时，实际GDP将(　　)。

A. 小于潜在GDP　　B. 大于潜在GDP

C. 等于潜在GDP　　D. 与潜在GDP的预测没有关系

【答案】A

【解析】当经济衰退时，一个经济体的所有资源并没有得到充分的利用，实际GDP将小于潜在GDP。

1.2　课后习题详解

说明：在许多中文译本中，Key Terms、Conceptual 和 Technical 一般译为“关键词或关键术语”、“概念题”和“技术题”，不看习题的具体内容，相信大多数人难以理解其含义，为了更好地符合中国人的考试习惯，下面采用在研究生入学考试试题中常用的分类：概念题、简答题和分析题。其他章节不再说明。

一、概念题

1. 总需求(*AD*)曲线

答：总需求曲线用于描绘总需求函数，表示每一个既定价格水平与国民收入之间关系的曲线。总需求是指整个经济社会在每一个价格水平下对产品和劳务的需求总量，它由消费需求、投资需求、政府支出和国外需求构成。在其他条件不变的情况下，当价格水平提高时，国民需求水平就下降；当价格水平下降时，国民需求水平就上升。

总需求曲线向下倾斜，其机制在于：当价格水平上升时，将会同时打破产品市场和货币市场上的均衡。在货币市场上，价格水平上升导致实际货币供给下降，从而使*LM*曲线向左移动，均衡利率水平上升，国民收入水平下降。在产品市场上，一方面由于利率水平上升造成投资需求下降(即利率效应)，总需求随之下降；另一方面，价格水平的上升还导致人们的财富和实际收入水平的下降以及本国出口产品相对价格的提高，从而使人们的消费需求下降，本国的出口也会减少，进口增加。这样，随着价格水平的上升，总需求水平就会下降。

政府采取扩张性财政政策(如扩大政府支出)或扩张性货币政策都会使总需求曲线向右上方移动；反之，则向左下方移动。

2. 总供给-总需求模型

答：总供给-总需求模型是把总需求与总供给曲线结合在一起来分析国民收入与价格水平的决定及其变动的国民收入决定模型。

在图1－4中，横轴代表国民收入(Y)，纵轴代表价格水平(P)，AD_1代表原来的总需求曲线，AS_1代表短期总供给曲线，AS_2代表长期总供给曲线。最初，经济在E_1点时实现了均衡，均衡的国民收入为Y_1，均衡的价格水平为P_1。这时E_1点又在长期总供给曲线AS_2上，所以，Y_1代表充分就业时的国民收入水平。在短期内，政府通过扩张性的财政政策或货币政策，增加了总需求，从而使总需求曲线从AD_1向右上方平行地移动到了AD_2。AD_2与短期总供给曲线AS_1相交于E_2。总需求的增加使国民收入水平从Y_1增加到Y_2，价格水平从P_1上升到P_2。但是，价格的上升必然引起工人工资的增加以及生产要素成本的增加，从而导致总供给减少，短期总供给曲线从AS_1向左上方平行移动到AS_3，AS_3与AD_2相交于E_3。国民收入水平从Y_2减少到Y_3，价格水平从P_2上升到P_3。在长期中，总供给曲线是一条垂直线(AS_2)。AD_2与AS_2相交于E_4，国民收入水平为充分就业的国民收入Y_1，而价格水平上升到P_4。这一模型是用总需求和总供给的变化来说明国民收入决定的收入-支出模型的发展。它

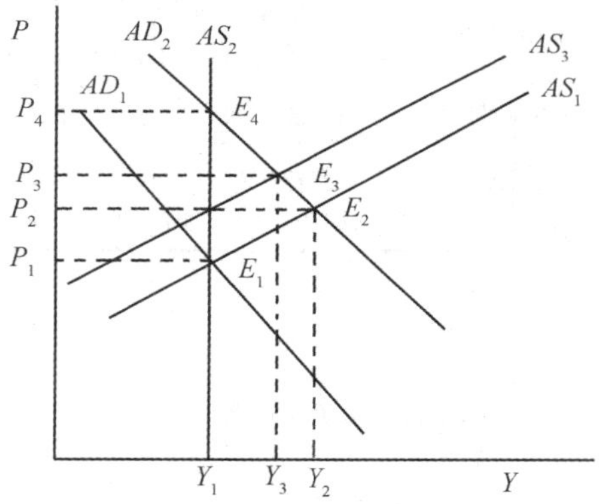

图1－4　总供给-总需求模型

说明，总需求与总供给对决定国民收入与价格水平都有重要的作用，因此，应该同时运用需求管理与供给管理的政策。

3. 总供给(AS)曲线

答：总供给曲线用于描绘总供给函数，表示对于每一个给定的价格水平，企业所愿意提供的产出量。由于短期内工资等要素价格保持不变，价格总水平提高引起厂商供给量的增加，从而使得经济中商品和劳务的总额增加。随着价格总水平的提高，由于劳动供给保持不变，而劳动需求随之增加，因而均衡就业量增加，并最终导致总供给量增加，即短期总供给曲线是一条向右上方倾斜的曲线。总供给曲线最初随着价格总水平提高而平缓上升，但当价格总水平上升到一定程度之后，总供给曲线在潜在产出水平附近接近于一条垂直的直线。

4. 经济周期

答：经济周期又称经济波动、国民收入波动、商业周期，是指总体经济活动的扩张和收缩交替反复出现的过程。现代经济学中关于经济周期的论述一般是指经济增长率的上升和下降的交替过程，而不是经济总量的增加和减少。

一个完整的经济周期包括繁荣、衰退、萧条、复苏(也可以称为扩张、持平、收缩、复苏)四个阶段。在繁荣阶段，经济活动全面扩张，不断达到新的高峰。在衰退阶段，经济短时间内保持短期均衡后出现紧缩的趋势。在萧条阶段，经济在长期趋势以下持续下降，直到经济的最低点。在复苏阶段，经济从最低点持续增长，不断接近长期趋势。衡量经济周期处于什么阶段，主要依据国民生产总值、工业生产指数、就业和收入、价格指数、利息率等综合性经济活动指标的波动。

经济周期的类型按照其频率、幅度、持续时间的不同，可以划分为短周期、中周期、长周期三类。对经济周期的形成原因有很多解释，其中比较有影响的主要是纯货币理论、投资过度论、消费不足论、资本边际效率崩溃论、资本存量调整论和创新论。

5. 消费价格指数(CPI)

答：消费价格指数也称零售物价指数和生活费用指数，是反映消费品(包括劳务)价格水平变动状况的一种价格指数，一般用加权平均法来编制。它根据若干种主要日用消费品的零售价格以及服务费用而编制，用公式来表示即为：

CPI =(一组固定商品按当期价格计算的价值/一组固定商品按基期价格计算的价值)×100%

消费价格指数的优点是能及时反映消费品供给与需求的对比关系，资料容易搜集，能够迅速直接地反映影响居民生活的价格趋势。其缺点是涉及范围较窄，只包括社会最终产品中的居民消费品的这一部分，因而不足以说明全面的情况。例如品质的改善可能带来一部分消费品价格而非商品劳务价格总水平的提高，但消费价格指数不能准确地表明这一点，因而有夸大物价上涨幅度的可能。消费价格指数是用来衡量通货膨胀和通货紧缩程度的指标之一。

6. 扩张

答：扩张是指经济周期中从波谷到波峰的一段时期，是两阶段经济周期的概念之一。

在扩张期，经济会持续增长，直到经济的最高点。甚至可能出现经济的实际产出超过潜在产出，形成正的产出缺口，这时失业率低于自然失业率，设备使用超过正常的利润率。在扩张期，经济快速增长，价格水平不断上升，直到经济运行到波峰。

7. 增长率

答：增长率也称增长速度，它是报告期观察值与基期观察值之比减1后的结果，用%表示。由于对比的基期不同，增长率可以分为环比增长率和定基增长率。环比增长率是报告期观察值与前一时期观察值之比减1，说明某一指标逐期增长变化的程度；定基增长率是报告期观察值与某一固定时期观察值之比减1，说明某一指标在整个观察期内总的增长变化程度。

8. 增长理论

答：增长理论，即经济增长理论，是指研究国民经济长期增长问题的理论。经济增长是一国在一定时期内国内生产总值或国民收入的增长，即总产出量的增加。战后经济增长理论的发展经历了三个主要时期：①第一个时期是20世纪50年代，这一时期的研究主要是建立各种经济增长模型。其发展主要经过了三个阶段：哈罗德-多马模型、新古典经济增长模型和内生增长模型。②第二个时期是20世纪60年代，这一时期的研究主要是对影响经济增长的各种因素进行定量分析，寻求促进经济增长的途径。③第三个时期是20世纪70年代之后，这一时期研究的侧重点是经济增长的极限。20世纪80年代中期以来，西方经济增长理论有了新发展，这一时期的典型特征是把经济增长的技术因素看成是经济内部选择的结果。

9. 通货膨胀

答：通货膨胀是指经济社会中一定时期商品和劳务的货币价格水平持续和显著地上涨。需要注意以下几点：①“商品和劳务”不包括金融资产；②货币价格指用货币表示的价格，而非用其他商品表示；③价格总水平，而不是某种特定商品的价格；④持续上涨，表现为一种趋势。通货膨胀的程度通常用通货膨胀率来衡量。

通货膨胀根据不同的标准可以划分为不同的类型：根据通货膨胀发生的原因可以分为需求拉动通货膨胀、成本推动通货膨胀、结构性通货膨胀；按照价格上升的速度可以分为温和的通货膨胀、奔腾的通货膨胀、超级通货膨胀；按照对价格影响的差别分为平衡的通货膨胀、非平衡的通货膨胀；按照人们的预期程度可以分为未预期到的通货膨胀、预期到的通货膨胀。

10. 长期

答：长期是指生产者可以调整全部生产要素数量的时期。在长期，价格、工资被认为具有充分的伸缩性，并且能够对需求和供给的变化做出及时有效的反应；长期的总供给曲线是垂直的，产出水平只取决于供给方面的因素，基本上取决于经济的生产能力。相对于经济所能提供的产量，价格水平则取决于需求水平。

11. 中期

答：中期介于长期和短期之间，是指总供给曲线处于从水平位置翘起到垂直位置这一过程所处的时期。中期的总供给曲线斜率介于水平与垂直中间。在中期，产量受总需求和价格的双重影响，价格、工资具有一定的伸缩性，所以供给曲线向右上方倾斜。

12. 产出缺口

答：产出缺口是指实际产量与经济中现有资源得到充分利用时所能生产的产量之间的差额，即实际产出增长率与自然增长率之间的差距。自然经济增长率又称潜在经济增长率，是指在通货膨胀率等于常数，即不趋于加速、也不趋于减速的情况下的真实经济增长率。

大量的证据表明，当实际产出高于潜在产出时，通货膨胀率较高；而实际产出低于潜在产出时，通货膨胀率较低。因此，政策制定者常常用产出缺口来判断经济的景气程度，并将其作为制定政策的依据之一。宏观经济的学者也常常用产出缺口的变化来描绘经济周期的变动。

13. 波峰

答：波峰是指经济周期波幅的最大值，在周期的波峰，相对于(长期)趋势而言，经济活动处于高涨状态。

14. 菲利普斯曲线

答：菲利普斯曲线是说明失业率和货币工资率之间交替变动关系的一条曲线。货币工资率的提高是引起通货膨胀的原因，即货币工资率的增加超过劳动生产率的增加会引起物价上涨，从而导致通货膨胀。所以，菲利普斯曲线又成为当代经济学家用以表示失业率和通货膨胀率之间此消彼长、相互交替关系的曲线。即认为：失业率高，通胀率就低；失业率低，通胀率就高；并认为二者之间的这种关系可为政府进行总需求管理提供一份可供选择的菜单，即通胀率或失业率太高时，可用提高失业率的紧缩政策或提高通胀率的扩张政策来降低通胀率或降低失业率，以免经济过分波动。

15. 潜在产出

答：潜在产出是指在现有资本和技术条件下，经济社会的潜在就业量所能生产的产量，即：

$$Y^* = f(N^*, \bar{K})$$

上式中，N^*为潜在就业量；Y^*即为潜在产出。因为潜在就业量不受价格水平等宏观经济变量的影响，所以潜在产出也不受价格水平等经济变量的影响，可被视为一个外生变量。当一个经济社会的生产达到潜在产出时，意味着该经济社会较充分地利用了现有的经济资源。

16. 衰退

答：衰退是指经济衰退，是完整的经济周期必经的一个阶段。当经济扩张到顶峰时，便会进入衰退期，宏观经济环境和市场环境日趋紧缩。这时，市场需求疲软，订货不足，商品滞销，生产下降，资金周转不畅，经济出现停滞或负增长。当经济衰退极为严重时，经济进入萧条阶段，此时经济处于长期趋势之下，失业率快速上升，实际产出低于潜在产出。

17. 复苏

答：复苏是指经济复苏。在复苏阶段，经济从最低点逐渐恢复到正常水平，并且即将进入繁荣阶段。这一阶段，失业率逐渐降低，实际产出逐渐恢复到潜在产出。此外，资源可获得性的增加也允许经济生产出更多的商品和服务，产量水平出现上升趋势。复苏在经济周期中体现为从波谷上升到波峰的阶段。

18. 短期

答：短期是指厂商来不及调整全部生产要素的数量，且至少有一种生产要素的数量是固定不变的时期。在短期，通常认为劳动要素的数量是可变的，而资本要素的数量固定不变。价格和工资在短期往往缺乏伸缩性，会在某一预先决定的水平上保持不变。短期中的总供给曲线是平坦的，其价格水平是固定的，而产量可取任何值。所以在短期，产量只取决于总需求，且价格不受产量水平的影响。

19. 实际GDP的趋势路径

答：实际GDP的趋势路径是指当生产要素被充分利用时，GDP所经历的变化进程。随着时间的推移，使GDP发生变化的原因主要有两方面：一方面，可得到的资源更多了，人口规模增加，厂商使用机械或者修建工厂，土地得到改良以利于种植，新产品和新生产方法被发明和被采用，增加了知识存量；另一方面，资源可获得性的增加也容许经济生产出更多的商品和服务，从而使得产量水平最终呈现上升趋势。

20. 波谷

答：波谷是指经济周期中波动幅度的最小值。在波谷，经济活动达到最低点。

21. 特长期

答：特长期是指很多年或者几十年的一段时期，在该时期内可以忽略经济中的短期波动而只关注生产能力的增长，即当劳动和资本等资源得到充分利用时的产出数量的增长，这是因为诸如失业率的上升和下降在长时期内会相互抵消而趋向平均化。在特长期内，最值得关注的是整个经济的平均增长速度，而经济中的特长期行为也是增长理论研究的重点，经济增长理论就是试图解释很多年或者几十年内经济的平均增长速度。

二、问答题

使用总供求模型解释产出和价格是如何决定的。在长期内，产出是变化的还是不变的？假如总需求曲线保持不变：随着时间的推移，我们能够推论出价格行为吗？

答：通常可以用*AS-AD*模型解释产出和价格是如何决定的。但是必须首先明确所考虑的时间是怎样的。

垂直的*AS*曲线描述的是长期的情况，产出只由供给曲线决定而价格是由需求和供给水平共同决定。水平的*AS*曲线描述的是短期的情形，此时产出由总需求决定，价格是固定不变的。向上倾斜的*AS*曲线描述的是中期情形，总供给和总需求的波动会影响生产能力和价格水平既定不变条件下的实际产量。

*AD-AS*模型是对现实世界的非常简单的陈述，它无法描述所有居民和经济中的企业行

为。在这个框架内，总需求变动对产量和价格的影响在很大程度上取决于 *AS* 曲线的斜率。当潜在产出能力提升时，长期 *AS* 曲线会逐年向右移动。因此，即使在 *AD* 曲线固定不变时，价格水平也会随着时间的推移而下降。

三、计算与分析题

假定实际产出是 1200 亿美元，潜在(充分就业)产出是 1560 亿美元。在该假设的经济中产出缺口是多少？在你估计的产出缺口基础上，你预计失业水平比正常水平高还是低？

答：产出缺口被定义为实际 GDP 和潜在 GDP 的差额。

因此在该假设的经济中产出缺口为 360(=1560 - 1200)亿美元。

当实际产出低于潜在产出时，通货膨胀率较低，根据菲利普斯曲线可知，失业率较高。因此，预计失业水平比正常水平高。

第 2 章　国民收入核算

2.1　复习笔记

【知识框架（庖丁解牛）】

- 国民收入核算
  - 国内生产总值及相关概念
    - 国内生产总值（GDP）
    - 国民生产总值（GNP）
    - 国民总收入（GNI）
    - 国内生产净值（NDP）
    - 国民收入（NI）
  - 支出与需求构成
  - 一些重要的恒等式
    - 一种简单的经济
    - 引进政府与对外贸易
  - GDP 的核算
    - GDP 核算原则
    - GDP 核算中存在的问题
  - 通货膨胀与价格指数
    - GDP 核算公式
    - 名义 GDP 和实际 GDP
    - 通货膨胀率
    - 价格指数
  - 失业
  - 名义利率和实际利率
  - 汇率

【考点难点归纳（厚积薄发）】

考点一：国内生产总值及相关概念　★★★

1.　国内生产总值（GDP）

国内生产总值（GDP）是指一定时期内（通常为一年），一个经济体生产的全部最终产品和服务的市场价值总和。

◆拓展延伸◆

国内生产总值（GDP）的内涵：①GDP 是一个市场价值的概念；②GDP 测度的是最终产品的价值；③GDP 是一定时期内（往往为一年）所生产的最终产品价值；④GDP 是流量而不是存量；⑤GDP 是一个地域概念；⑥GDP 指标一般仅涉及市场上的经济活动所产生的价值。

2. 国民生产总值(GNP)

(1)概念:

国民生产总值(GNP)是指在一定时期内某一国或某一地区的国民所拥有的全部生产要素生产出的全部最终产品(商品和劳务)的市场价值。

(2)GNP 与 GDP 的区别与联系如表 2－1 所示:

表 2－1　GNP 与 GDP 的区别与联系

要点	GNP	GDP
区别:统计原则不同	国民原则:凡是本国国民所创造的收入,不管是否在本国领土上都要统计	国土原则:凡是在本国领土上创造的收入,不管是不是本国国民创造的都要统计
联系	①封闭经济条件下,GDP 与 GNP 的核算结果没有根本上的区别; ②换算公式:GNP＝GDP＋来自国外的生产要素收入－对国外的生产要素支付	

◆小试牛刀◆

一国的国内生产总值小于国民生产总值,说明该国公民从外国取得的收入(　　)外国公民从该国取得的收入。

A. 大于　　B. 小于　　C. 等于　　D. 可能大于也可能小于

【答案】A

【解析】国民生产总值与国内生产总值的区别在于:国内生产总值指的是在一国范围内生产的最终产品的价值,是一个地域概念;而国民生产总值是一国所拥有的生产要素所生产的最终产品价值,是一个国民概念。具体来讲,国民生产总值中有一部分是本国拥有的生产要素在国外生产的最终产品的价值。从量上看,一国的国民生产总值大于国内生产总值,说明本国公民在外国取得的收入大于外国公民在本国取得的收入,反之亦然。

3. 国民总收入(GNI)

国民总收入(GNI)在概念上与 GNP 类似,两者之间的细微差别仅涉及间接税的计算。

4. 国内生产净值(NDP)

在价值形态上,国内生产净值等于国内生产总值(GDP)与资本存量折旧之差。因此,NDP 更接近于计量既定时期内一国生产商品的净数量:它是生产总值减去在生产该部分产品过程中所消耗掉的资本量的价值。

5. 国民收入(NI)

国民收入(NI)是指一个国家一年内用于生产的各种生产要素所得到的全部收入,即工资、利润、利息和地租的货币值之和,它是 NDP 中扣除企业缴纳的间接税(例如,销售税、财产税和收益税等)后剩下的、用来支付要素报酬的价值。

考点二:支出与需求构成(见表 2－2)　★★★★

表 2－2　支出与需求构成

要点	具体内容	
核算项目	消费支出(C)	包括对耐用消费品、非耐用消费品以及劳务的支出,但不包括购买住宅的支出(计入"投资")

续表

要点	具体内容	
核算项目	投资支出(I)	①投资是指增加或更换资本资产的支出，即能形成物质资本的企业支出，不包括对金融资本的投资； ②用支出法核算 GDP 时，投资是指总投资，包括固定资产投资(厂房、设备、住房)与存货投资(可正可负)
	政府购买支出(G)	指各级政府部门对产品和劳务的购买支出，政府转移支付、公债利息等不计入 GDP
	净出口(NX)	指出口(X)与进口(M)的差额($X-M$)
公式	$\text{GDP}=C+I+G+(X-M)$	

考点三：一些重要的恒等式 ★★★★

1. 一种简单的经济

(1)假设：

①没有政府和对外贸易的简单市场经济；

②经济是均衡的。

(2)公式：

$$I=S$$

(3)含义：

在没有政府和对外贸易，且处于均衡的简单市场经济中，投资恒等于储蓄。

2. 引进政府与对外贸易

(1)假设：

①在上述简单市场经济中引入政府活动和对外贸易；

②经济是均衡的。

(2)公式：

$$S-I=(G+TR-TA)+NX$$

其中，右式第一项($G+TR-TA$)表示政府预算赤字，即政府支出超过其收入的数额，通常缩写为 BD。右式第二项 NX 是出口超过进口的数额，即商品与服务的净出口，或简称为净出口，也称作贸易余额。

(3)含义：

私人储蓄超过投资的数额($S-I$)等于政府预算赤字与贸易盈余之和。

考点四：GDP 的核算 ★★★★★

1. GDP 核算原则(见表 2-3)

表 2-3 GDP 核算原则

原则	具体内含
最终产品和服务原则	最终产品是指投入最终使用、而不作为再出售或作为中间品与原材料投入国内当期生产过程中的产品。之所以强调最终产品，目的在于避免重复计算

续表

原则	具体内含
市场价格原则	GDP 的核算要遵循一个统一的计量尺度，即居民对不同商品的相对重要性的评价，而价格反映了消费者对商品的边际支付意愿
流量原则	流量是指在一个时间段上所发生的变化量，存量是指一个时点上所拥有的量。流量是存量的改变量。那些只改变存量分配的经济活动就不计入 GDP

2. GDP 核算中存在的问题

GDP 并不是一个完美的福利度量指标，甚至不能准确度量经济的产出水平。在计量经济产出或福利方面，GDP 数据远不完善。其存在的问题有：

(1)许多经济活动并不进入市场，如地下经济。

(2)价格不能准确度量质量提高所增加的福利，如市场价格不能反映生产活动对社会造成的外部性(环境损害)。

(3)由于不同国家产品结构和市场价格存在差异，难以对两国的国民收入指标进行精确比较。

考点五：通货膨胀与价格指数 ★★★★

1. GDP 核算公式

$$\mathrm{GDP} = \sum_{i=1}^{n} P_i Q_i$$

2. 名义 GDP 和实际 GDP(见表 2－4)

表 2－4　名义 GDP 和实际 GDP

要点	名义 GDP	实际 GDP
概念	以当期价格计算当期 GDP	以不变价格核算每年的 GDP，一般以某一年的价格作为基期价格
影响因素	①实际产出的变化； ②价格的变化	实际产出的变化
区别	在计算的时候采用的市场价格不同，即名义 GDP 是以当年的市场价格计算，而实际 GDP 则是以过去某一年作为基年进行计算。实际 GDP 排除了价格变化因素对 GDP 的影响，真实反映了经济活动规模的变化	

3. 通货膨胀率

通货膨胀率是物价的变化率，物价水平是以前通货膨胀的积累。如以 P_{t-1} 代表去年的物价水平，P_t 代表现在的物价水平，则过去一年的通货膨胀率就可写成：

$$\pi = (P_t - P_{t-1})/P_{t-1}$$

其中，π 代表通货膨胀率。相对应，现在的物价水平等于按通货膨胀率调整的去年物价水平：

$$P_t = P_{t-1} + \pi P_{t-1}$$

4. 价格指数

(1)主要价格指数如表2-5所示:

表2-5　主要价格指数

主要价格指数	具体内容
GDP平减指数(GDP deflator)	指名义GDP与该年实际GDP之比，即GDP平减指数=名义GDP/实际GDP
消费价格指数(CPI)	也称零售物价指数和生活费用指数，是一个反映居民家庭一般所购买的消费品和服务项目价格水平变动情况的宏观经济指标，即CPI=(一组固定商品按当期价格计算的价值/一组固定商品按基期价格计算的价值)×100%
个人消费支出平减指数(PCE)	是衡量一国在不同时期内个人消费支出总水平变动程度的经济指数，个人消费支出平减指数=按当期价格计算的个人消费支出/按基期价格计算的个人消费支出
生产价格指数(PPI)	也称出厂价格指数，是衡量工业企业产品出厂价格变动趋势和变动程度的指数，是反映某一时期生产领域价格变动情况的重要经济指标

(2)CPI与GDP平减指数的区别:

①GDP平减指数计量的范围远比CPI更广泛。

②CPI计量的是年复一年没有变动的一篮子给定商品的费用。但GDP平减指数中包括的一篮子商品每一年都有所不同。

③CPI直接包括进口商品价格，而GDP平减指数只包括在本国生产商品的价格。

(3)PPI与CPI的区别如表2-6所示:

表2-6　PPI与CPI的区别

区别	PPI	CPI
覆盖范围	包括原料、半成品与最终产品	主要包括社会最终产品的居民消费品
计量对象	批发销售系统早期阶段的价格	城市居民实际支付的价格(即处于零售水平的价格)

考点六:失业　★★★

失业率是指失去工作的、正在找工作的、或期望摆脱失业状态的人占劳动力的比率。由于没有工作的人生活困难，也由于在失业率较高的时候找工作更为困难，所以，失业率是衡量经济状况好坏程度的一个重要指标。

考点七:名义利率和实际利率(见表2-7)　★★★

表2-7　名义利率和实际利率

	名义利率	实际利率
概念	指包含了物价变动的利息率	指物价不变、从而货币购买力不变的条件下的利息率
换算公式	实际利率=名义利率-物价上涨率(预期通货膨胀率)	

考点八:汇率　★★★

汇率是指外国通货的价格，分为浮动和固定两种:

(1)汇率浮动，意味着汇价是由供给和需求决定的。

(2)汇率固定，一般通过将该国货币和美元之间按照固定的比率(或在很小的范围内波动)进行交换，进而固定其汇率值。

2.2　课后习题详解

一、概念题

1. 经过调整的 GNP

答：经过调整的 GNP 是指以具有不变购买力的货币单位衡量的国民生产总值。为了消除价格变动对国民生产总值的影响，一般是以某一年为基期，以该年的价格为不变价格，然后用物价指数来矫正名义国民生产总值，计算出实际国民生产总值。由于通货膨胀或通货紧缩会提高或降低物价水平，因而会使货币的购买力随物价的波动而发生变化。实际国民生产总值能准确地反映产量的变动情况。一般来说，在通货膨胀的情况下，实际国民生产总值小于按当年价格计算的国民生产总值；在通货紧缩的情况下，实际国民生产总值大于按当年价格计算的国民生产总值。

2. 政府采购

答：政府采购亦称“公共采购”，是指市场经济国家为加强对政府公共支出的管理，规定各级政府及所属机构在购买执行其职能所需的货物、工程或服务时，必须以公开竞争性招标采购的方式进行购买。政府采购是采购政策、采购程序、采购过程和采购管理的总称。

政府采购主要有以下特点：①政府采购主体是依靠国家预算资金运作的政府机关、事业单位、社会团体等；②政府采购是非商业性、非营利性的购买行为；③政府采购以公开竞争招标的方式进行；④政府采购方式多样，范围广泛。政府采购有利于加强对公共支出资金的管理。竞争招标方式使政府能在购买到较好的产品服务的前提下，尽可能节约资金，也可以避免采购中的腐败行为。

3. 名义 GDP

答：名义 GDP 是指用生产物品和劳务的当年价格计算的全部最终产品的市场价值。影响名义 GDP 的因素有两种：一种是实际产量的变动，另一种是价格的变动。名义 GDP 的变动既反映了实际产量变动的情况，又反映了价格变动的情况，利用名义 GDP 可能会高估或者低估实际的生产率。

实际 GDP 与名义 GDP 之间的关系式为：实际 GDP = 名义 GDP ÷ GDP 平减指数。

4. 权重连锁指数

答：权重连锁指数是指鉴于一种商品的价格提高快于另一种商品价格的提高时，消费者会将其消费从现在相对昂贵的商品转移到相对不太昂贵的商品上，并通过校正商品篮子变化计算的指数。例如，去年甲分别以单价 40 元和 35 元购买一件毛衣和两件衬衫，今年由于价格的变动，甲的消费支出转变为以单价 35 元和 45 元购买两件毛衣和一件衬衫，一般通货膨胀的计算不考虑商品篮子的变化，等于$(1\times35+2\times45)/(1\times40+2\times35)=1.1364$；而权重连锁通货膨胀指数不仅考虑当期价格的变化，同时也考虑因价格变化导致的商品消费权重的变化，为$(2\times35+1\times45)/(1\times40+2\times35)=1.05$。

5. 国内生产总值(GDP)

答：国内生产总值是指一定时期内(通常为一年)，一个经济体产生的全部最终产品和服务的市场价值总和。GDP是一个市场价值的概念，并且测度的是一定时期内生产的最终产品的市场价值，不包括中间产品的价值。GDP是一个地域概念，并且仅包括市场经济活动所产生的值。因此，GDP并不是完美的衡量福利水平的指标，它没有考虑经济活动的外部性以及非市场活动。

6. 名义利率

答：名义利率是指货币的报酬，包含了物价变动的利息率，是相对于“实际利率”而言的。现实的经济生活中物价水平具有不稳定性，并且物价水平的上涨是一种普遍的趋势。划分名义利率和实际利率的理论意义在于其提供了分析通货膨胀条件下利率变动的工具。在经济管理中，能操作的是名义利率，但对经济关系产生实质影响的是实际利率。名义利率大概的计算公式为：

$$r=\pi+P$$

其中，r为名义利率，π为实际利率，P为借贷期内物价的变动率。由于通货膨胀还会使利息部分贬值，考虑到这一点，名义利率还应作向上的调整。这样，名义利率的计算公式可以写成：

$$r=(1+\pi)(1+P)-1$$

名义利率并非同步随着通货膨胀的变化而变化。由于人们对价格变化的预期往往滞后于通货膨胀的变化，所以相对于通货膨胀率的变化，名义利率的变化也往往有滞后的特点。但这不是绝对的。

7. 消费价格指数(CPI)

答：消费价格指数也称零售物价指数和生活费用指数，是一个反映居民家庭一般所购买的消费品和服务项目价格水平变动情况的宏观经济指标。它是根据若干种主要日用消费品的零售价格以及服务费用而编制，用公式来表示即为：

CPI=(一组固定商品按当期价格计算的价值/一组固定商品按基期价格计算的价值)×100%

消费价格指数的优点是能及时反映消费品供给与需求的对比关系，资料容易搜集，能够迅速直接地反映影响居民生活的价格趋势。其缺点是范围较窄，只包括社会最终产品中的居民消费品的这一部分，因而不足以说明全面的情况。例如品质的改善可能带来一部分消费品价格而非商品劳务价格总水平的提高，但消费价格指数不能准确地表明这一点，因而有夸大物价上涨幅度的可能。消费价格指数是用来衡量通货膨胀和通货紧缩程度的指标之一。

8. 总投资

答：总投资是指一定时期内固定资产投资与流动资产投资之和。固定资产投资是指国民经济各部门对固定资产的全部投资，包括基本建设投资、更新改造投资和其他固定资产投资以及与工程项目有关的地质勘探和勘察设计的支出等。流动资产投资是指各部门占用的原材料、在产品、产成品和商品库存以及战略物资储备等的增加额。

9. 个人消费

答：个人消费是指满足个人物质和文化需要的消费行为，包括衣、食、住、行、用、医，以及文化娱乐等方面，是维持劳动力生产和再生产必不可少的条件。个人消费的对象是个人消费资料。个人消费资料归个人所有。在社会主义时期，它主要通过按劳分配取得，此外，还通过国家各种生活补助、社会救济，以及个体劳动收入、私人经营收入和其他形式的非劳动收入（利息、红利等）取得。

10. 不变美元

答：不变美元是指采用币值固定、购买力相等的美元。建立在这个计量单位基础上的财务报表，就能消除一般物价水平变动的影响。这一设想的特点是：仍然以历史成本为基础编制财务报表，但财务报表的计量单位不是分别采取不同时期、代表不同购买力的"历史美元"，而是都采取某个时期的（可比的）、代表相同购买力的"不变价格美元"或"固定美元"。

11. 国民总收入（GNI）

答：国民总收入是反映整体经济活动的重要指标，因此常被使用于宏观经济学的研究中，亦是国际投资者非常关注的国际统计项目。GNI 和 GDP 的关系为：GNI = GDP + 来自国外的要素收入 - 付给国外的要素收入。

12. 个人消费支出平减指数（PCE）

答：个人消费支出平减指数是衡量一国在不同时期内个人消费支出总水平变动程度的经济指数，计量国民收入账户中以消费部分为基础的消费购买支出方面的通货膨胀。个人消费支出平减指数的计算可以采用某一基期（基准年份）的一组价格来估算出本期的个人消费支出，再用现期价格估算出本期的个人消费支出，然后用后者除以前者，即：

个人消费支出平减指数 = 按当期价格计算的个人消费支出/按基期价格计算的个人消费支出

13. 消费支出

答：消费支出是指消费者用于满足家庭日常生活消费需要的全部支出，包括食品、衣着、家庭设备用品及服务、医疗保健、交通和通讯、娱乐教育文化服务、居住、杂项商品和服务等八大类。消费支出与 CPI 的计算息息相关，CPI 一揽子商品的确定就是根据居民消费支出所确认。

14. 国民生产总值（GNP）

答：国民生产总值是指在一定时期内使用某一国或某一地区的国民所拥有的全部生产要素生产出的全部最终产品（商品和劳务）的市场价值，即无论劳动力和其他生产要素处于国内还是国外，只要是本国国民生产的产品和劳务的价值都要计入国民生产总值。这项综合经济指标未扣除生产过程中资本损耗的折旧费用，所以称为"总值"。国民生产总值包含的只是最终产品和劳务，不计算生产中耗费掉的中间产品的价值。

国民生产总值可以用当年的全部支出总和或用全部收入总和计算。从支出方面计算，包括以下四项：①个人消费支出总额；②私人国内投资总额；③政府购买产品和劳务总额；④货物与劳务输出净额。从收入方面计算，主要包括：工资、利息、地租、利润和折旧。

国民生产总值是衡量一个国家的物质产品和劳务的生产总值的综合经济指标，是度量一国经济发展状况的尺度，也是衡量一国经济增长程度的标准。

15. 核心通货膨胀

答：核心通货膨胀是指剔除一些价格变动巨大且频繁或短期性质价格波动的商品或服务后的通货膨胀，以核心CPI来表示。通货膨胀率的测算往往是通过一系列有代表性的商品价格的波动来定义的。一般来说，把能源价格和粮食价格从物价上涨中去掉。因为如果粮食价格上涨是由供求变化引起的，能源价格上涨是由于国际市场价格上涨引起的，这些都是被动的上涨，在这种情况下，国内无法控制物价，只能想办法增加粮食的供给，只能通过经济外交来保证能源供给和价格的稳定。国内的宏观调控，特别是财政政策和货币政策对于抑制能源价格和粮食价格上涨无能为力。去掉能源和粮食价格的通货膨胀称为核心通货膨胀，是真实经历的通货膨胀。

16. 生产价格指数(PPI)

答：生产价格指数也称为出厂价格指数，是衡量工业企业产品出厂价格变动趋势和变动程度的指数，是反映某一时期生产领域价格变动情况的重要经济指标。由于生产价格指数和消费价格指数处于经济运行和商品周转的不同环节上，生产价格指数的变化常常早于消费价格指数的变化，因此，监测生产价格指数的变化，可以及早发现价格变化的动态。

17. 现值美元

答：现值美元是指对未来现金流量以恰当的折现率进行折现后的美元价值，是指将资金折算至基准年的数值。

18. 国内私人总投资

答：国内私人总投资是指个人或企业增加或替换资本资产(包括厂房和住宅建筑、购买机器设备以及存货)的支出。投资可分为固定资产投资和存货投资两大类。国内私人总投资区别于政府投资，政府投资被包含在政府购买中。

固定资产投资是用来增加新厂房、新设备、营业用建筑物以及住宅建筑物的支出，“固定”是表示这类投资品将长期存在并使用。总投资减去重置投资称为净投资。用支出法计算GNP时的投资，指的是总投资。

存货投资是指企业持有的存货价值的增加(或减少)，其数值等于年末存货价值减去年初存货价值，存货投资可以是正数，也可以是负数。

19. 生产函数

答：生产函数是指在一定时期内，在技术水平不变的情况下，生产中所使用的各种生产要素的数量与所能生产的最大产量之间的关系。生产函数按生产者能否变动全部要素投入为标准划分为短期生产函数和长期生产函数。短期是指厂商来不及调整全部生产要素的数量，且至少有一种生产要素的数量是固定不变的情况。通常认为劳动要素的数量在短期是可变的，而资本要素的数量在短期不变。长期是指生产者可以调整全部生产要素数量的情况。

20．通货紧缩

答：通货紧缩是指因流通中货币供应量小于需求量而导致一般物价水平的持续下跌。通货紧缩从本质上来说是一种货币现象，它在实体经济中的根源是总需求对总供给的偏离，或现实经济增长率对潜在经济增长率的偏离。当总需求持续小于总供给，或现实经济增长率持续低于潜在经济增长率时，则会出现通货紧缩现象。通货紧缩是一种实体经济现象。它通常与经济衰退相伴随，表现为投机机会相对减少和投资的边际收益下降，由此造成银行信用紧缩，货币供应量增长持续下降，信贷增长乏力，消费和投资需求减少，企业普遍开工不足，非自愿失业增加，收入增长速度持续放慢，各个市场普遍低迷。同时，通货紧缩也是一种普遍的经济现象。

导致通货紧缩的具体原因有：①货币供给减少；②有效需求不足；③供需结构不合理；④国际市场冲击等。

21．人力资本

答：人力资本是指存在于人体之中的具有经济价值的知识、技能和体力（健康状况）等质量因素之和，是无形资本。人力资本在经济增长中的作用越来越重要，其自身不仅能形成递增的收益，还能使相关的劳动和资本也产生递增的收益，从而使得整个经济的规模收益是递增的。

22．实际 GDP

答：实际 GDP 是指用从前某一年作为基期的价格水平计算出来的全部最终产品（物品和劳务）的市场价值。它衡量在两个不同时期经济中的物质产量的变化，以相同的价格或不变金额来计算两个时期所生产的所有产品的价值，排除了价格变化因素对 GDP 的影响，真实反映了经济活动规模的变化。

23．耐用品

答：耐用品是指商品会持续使用一段时间（一般要超过 3 年），而在此期间其所提供的服务流也是持续不断的商品。耐用品一般是不易耗损的商品，如汽车、飞机等重工业产品和制造业资本，其他诸如电器用品等亦包含在内。耐用品和非耐用品是两大类不同类型的消费品。其区别是，尽管耐用品的购买是一个消费决策，却更多地具有投资决策的特点。买这些商品是因为它将在许多年中为自己提供服务，如买食品，几天可以把它吃完，而一台彩电却可以持续使用多年。

24．通货膨胀

答：通货膨胀是指整体物价水平持续性上升，最初是指因纸币发行量超过商品流通中的实际需要量而引起的货币贬值现象。纸币流通规律表明，纸币发行量不能超过它象征地代表的金银货币量，一旦超过了这个量，纸币就要贬值，物价就要上涨，从而出现通货膨胀。通货膨胀只有在纸币流通的条件下才会出现，在金银货币流通的条件下不会出现这种现象。因为金银货币本身具有价值，具有贮藏手段的职能，可以自发地调节流通中的货币量，使它同商品流通所需要的货币量相适应。而在纸币流通的条件下，因为纸币本身不具有价值，它只是代表金银货币的符号，不能作为贮藏手段，因此，纸币的发行量如果超过了商品流通中所需要的数量，此时流通中的纸币量会比流通中所需要的金银货币量多，货币就会贬值，这就是通货膨胀。

25. 实际利率

答： 实际利率是指在物价不变或货币购买力不变条件下的利息率，它是相对于“名义利率”而言的。实际利率的计算公式为：

$$实际利率 = 名义利率 - 物价上涨率$$

名义利率并非同步适应通货膨胀的变化而变化，从而现实中人们必然以预期的物价上涨率来代替公式中的物价上涨率，否则实际利率的测算往往呈现滞后的问题，但这样同时也使得实际利率水平带有较大的主观性。

26. 汇率

答： “汇率”亦称“外汇行市”或“汇价”，是指一国货币兑换成另一国货币的比率，是以一种货币表示的另一种货币的价格。由于世界各国货币的名称不同，币值不一，所以一国货币对其他国家的货币要规定一个兑换率，即汇率。从短期来看，一国的汇率由对该国货币兑换成外币的需求和供给所决定。外国人购买本国商品、在本国投资以及利用本国货币进行投机会影响本国货币的需求。本国居民想购买外国产品、向外国投资以及外汇投机会影响本国货币的供给。在长期中，影响汇率的主要因素有：相对价格水平、关税和限额、对本国商品相对于外国商品的偏好以及生产率。

27. 中间产品

答： 中间产品是指在核算期间需进一步加工、目前还不能作为社会投资和消费的产品和劳务，包括各种原材料、燃料和动力。例如，服装是最终产品，可以直接消费，但用于服装生产的原材料，如棉布、棉纱等产品就不是最终产品而是中间产品。必须说明的是某些产品，如煤炭、棉纱等，在核算期间没有参与生产，而是以库存形式滞留在生产环节以外的这些产品应理解为社会最终产品。

28. 储蓄

答： 储蓄是指个人可支配收入中用于消费支出后所剩余的部分。从资金运用角度考察，储蓄等于投资。储蓄可能是正数，也可能是负数。当可支配收入大于最终的消费支出时，储蓄值为正数；反之，则为负数。

储蓄包括政府机构储蓄、企业储蓄和个人及家庭储蓄三种。政府机构的储蓄没有一定的动机。企业储蓄的动机则是为了再投资或获取利息，影响企业储蓄的主要因素是投资的边际效率。个人及家庭储蓄的原因主要包括为不测事件建立储备金、为自己的老年积累基金、为保护自己的家属或为了其他某一具体目的等。个人或家庭储蓄为商业资本提供了部分来源。影响个人及家庭储蓄水平的主要因素包括收入的多少、人们对未来收入的预期以及利息率的高低等。

29. 要素报酬

答：要素报酬是指按生产要素的贡献所取得的相应的收入。这些收入通常表现为利息、利润、地租或租金及工资。人们的收入来源于生产要素报酬，即资本的报酬、劳动的报酬和其他资源如土地的报酬。经济增长方式则决定了各种生产要素在生产过程中的比例或贡献份额，从而决定了要素报酬的构成。要素报酬具有递减规律，即在技术给定和其他要素投入不变的情况下，连续将可变要素的投入增加到一定的数量之后，边际产量将会出现递减现象。

30. 投资

答：投资是指为获取预期收益而投入资金或资源的经济活动。预期收益主要指经济收益，也包括社会收益。投入的资金(资本)可以是货币资本，也可以是实物资本或其他资源。由于各种资源都可以折算成一定的货币价值量，所以，投资最一般的表现形式就是投入货币资金。投资作为一个客观经济范畴，具有数量上的集合性、机遇上的选择性、空间上的流动性、产业上的转移性、收益上的风险性和周期上的长期性等特点。

西方国家通常把包含了折旧费的投资称为总投资，将总投资扣除了折旧费后的投资称为净投资。总投资总是大于零，它与国民生产总值(GNP)关系密切，总投资加上消费品总和等于国民生产总值。净投资与国民生产净值(NNP)关系密切，净投资加上消费品总和等于国民生产净值。

31. 贸易赤字

答：贸易赤字亦称贸易入超、贸易逆差，是指各国家或地区在一定时期内的进口额大于出口额的现象，此时净出口为负值，一般表明一国的对外贸易处于较为不利的地位。贸易赤字反映的是国与国之间的商品贸易状况，也是判断宏观经济运行状况的重要指标。

32. 生产要素

答：生产要素是指为进行生产和服务活动而投入的各种经济资源。通常将生产要素分为两大类：中间生产要素(或者称之为中间产品)和原始生产要素。

原始生产要素的所有者是消费者，消费者提供要素的目的是为了实现效用最大化。在经济学中原始生产要素包括以下四种：①劳动；②资本；③土地；④企业家才能。

中间生产要素是指厂商生产出来又投入到生产过程中去的产品，这类要素的所有者是厂商，厂商提供中间生产要素的目的是实现利润最大化。对某一个企业来说是中间产品的东西，对另一个企业来讲可能就是产品。比如，钢铁对于汽车厂来讲是中间产品，但它对于钢铁厂来讲就是产品。

33. 国民收入核算恒等式

答：基本的国民收入核算恒等式为 $Y=C+I+G+NX$，是基于支出法衡量 GDP 的方法。根据经济是否引入政府和对外贸易，可以划分为二部门、三部门和四部门经济。四部门经济中包括政府和对外贸易，所以恒等式中包括消费、投资、政府购买和净出口，即 $Y=C+I+G+NX$；三部门经济中没有对外贸易，却有政府，所以包括消费、投资和政府购买，即 $Y=C+I+G$；二部门经济则进一步简化，只有个人和企业，所以国民收入只包括消费和投资，即 $Y = C + I$。

34. 贸易盈余

答：贸易盈余亦称贸易出超、贸易顺差，是指各国家或地区在一定时期内的出口额大于进口额的现象。贸易盈余并不是越多越好，过高的贸易盈余意味着经济的增长对外依存度过高。国际收支的巨额盈余的不利的经济影响主要表现在：外汇储备过多会造成资金的闲置浪费，不利于本国经济发展；储备货币汇率下跌时，外汇储备会遭受损失；一国的外汇储备增加，本币发行也必然相应增加，从而产生潜在的通货膨胀压力；本币若是可兑换的货币，贸易盈余将使外汇市场上对本国货币求大于供，易受抢购冲击；本国货币被迫升值，使出口处于不利的国际竞争地位。

35. 最终商品和服务

答：最终商品和服务是指在核算期内不需要再继续加工、可直接供社会投资和消费的商品和劳务。可供投资的产品包括机械设备、型钢等；可供消费的产品包括食品、服装、日用品等。但是在衡量 GDP 时并不能仅依靠某种产品是否还需加工来判断其是否为最终商品和服务，因为 GDP 本身是一个地域概念，所以某商品是否为最终商品和服务，依赖于其是否在这一地域中是否仍需加工。

36. 转移支付

答：转移支付是指政府或企业的一种并非为购买本年的商品和劳务而作的支付，即政府或企业无偿地支付给个人或下级政府，以增加其收入和购买力的费用，是一种收入再分配的形式。它包括对非营利组织的慈善捐款、消费者呆账、农产品价格补贴、公债利息等政府与企业支出的一笔款项。这笔款项在西方国家不计算在国民生产总值中，其原因在于这笔款项的支付不是为了购买商品和劳务，所以将其称作转移支付，有时也称转让性支付。转移支付是政府财政预算的一个组成部分。财政盈余等于税收减去政府在物品与劳务上的开支与转移支付之和后的余额。

转移支付又分政府的转移支付和企业的转移支付：①政府的转移支付大多数带有福利支出性质，等于把政府的财政收入又通过上述支付还给本人，因而也有人认为政府的转移支付是负税收。政府转移支付的作用是重新分配收入，即把收入的一部分由就业者转向失业者，从城市居民转向农民。②企业的转移支付通常是通过捐款与赠款进行的，如公司对于下属非营利组织的赠款。由于它也不是直接用来购买当年的商品和劳务，因此，这种款项也被认为是转移支付。

37. 失业率

答：失业率是指失业人口(包括失去工作的、正在找工作的、或期望摆脱失业状态的人)占劳动人口的比率(一定时期全部就业人口中有工作意愿而仍未有工作的劳动力数字)，旨在衡量闲置中的劳动产能，是反映一个国家或地区失业状况的主要指标，也是衡量经济状况好坏程度的重要指标。

38. GDP 平减指数

答：GDP 平减指数是指名义 GDP 和实际 GDP 的比率。名义 GDP 是用生产物品和劳务的当年价格计算的全部最终产品的市场价值。实际 GDP 是用从前某一年作为基期的价格计算出来的全部最终产品的市场价值。用公式表示为：

GDP 平减指数 = 按报告期计算的 GDP/按基期价格计算的 GDP

该指数用来衡量在基年和所有考察的年度之间发生的价格变化，这个指数与消费者价格指数不同，因为它的权数随不同商品所占份额的改变而改变。因为 GDP 平减指数是以涉及经济中所生产的全部产品的计算为基础的，所以它是一个用来衡量通货膨胀状况的具有广泛基础的价格指数。

GDP 平减指数的优点是范围广泛，能比较准确地反映一般物价水平的变动趋向。缺点是资料较难搜集，需要对未在市场上发生交易的商品和劳务进行换算，并且可能受到价格结构因素的影响。

39. 国内生产净值(NDP)

答： 国内生产净值是指一个国家(地区)在一定时期内所有常住单位生产活动的净增加值。它是国内生产总值扣除同期固定资产折旧(或固定资本消耗)之后的净额。

40. 增加值

答： 增加值是指产品在特定生产阶段附加的价值。例如，棉纺织业的增加值就是纺织品的出厂价值减去它们在加工时所使用的原棉和其他材料的价值。换言之，增加值等于纺织业各项生产要素的开支，即支付的劳动工资加上利润、利息、资本折旧以及建筑物和土地的租金。

41. 政府预算赤字

答： 政府预算赤字是指在编制预算时就出现的预算支出大于预算收入的差额。之所以会出现预算赤字，可能的原因包括：为了刺激经济发展而降低税率或增加政府支出；政府管理不当而引起大量的逃税或过分浪费。当一个国家财政赤字累积过高时，就好像一家公司背负的债务过多一样，对国家的长期经济发展而言，并不是一件好事，对于该国货币亦属长期的利空，且日后为了要解决财政赤字只有靠减少政府支出或增加税收，这两项措施，对于经济或社会的稳定都有不良的影响。一国财政赤字若加大，该国货币价格会下跌；反之，若财政赤字缩小，表示该国经济良好，该国货币价格会上扬。

42. 净出口

答： 净出口是指出口与进口的差额。用 X 表示出口，用 M 表示进口，则 $(X-M)$ 就是净出口。进口应从本国总购买中减去，因为进口表示收入从国内流到国外，同时也不是用于购买本国产品的支出；出口则应加进本国总购买量之中，因为出口表示收入从外国流入国内，是用于购买本国产品的支出。因此，净出口应计入总支出，它可能是正值，也可能是负值。当净出口为正值时，表明出口额大于进口额；当净出口为负值时，表明出口额小于进口额。

43. 政府支出

答： 政府支出，又称公共支出，是指政府为履行其职能而支出的一切费用的总和。换句话说，政府支出也就是政府行为的成本。西方财政经济学家认为，国家的经济活动属于

"公共部门经济学",国家是满足社会共同需要的"公共产品"的提供者,国家为提供公共产品而花费的所有费用即为政府的公共支出。在此基础上形成了两种观点:一是"狭义的公共支出",即通过政府预算提供的公共产品、公共服务所形成的支出;另一种是"广义的公共支出",即包括由于政府的政策和法规而导致的私有部门增加的支出。在西方,公共财政对经济的影响作用主要表现在公共支出上,政府干预、调节经济的职能也主要通过公共支出来实现。公共支出的数额反映着政府介入社会经济生活的规模和深度,也反映着公共财政在社会经济中的地位。

44. 净投资

答: 净投资又称新增加投资,也称诱发投资,是指整个社会新增的投资,即新投入的那部分资金。净投资等于总投资减去重置投资,通常为资本存量的增量。用支出法计算GDP时的投资,指的是总投资。当总投资等于折旧额时,社会的总投资全部为重置投资。这时,投资形成的新资本只够补偿折旧部分,社会固定资产总量没有增长。只有当总投资大于当年的折旧时,才有净投资。净投资可以增加社会固定资产的总量。反过来可以说,要增加社会固定资产的价值总量,必须有净投资。

二、简答题

1. 如果政府雇用失业工人,他们曾领取 *TR* 美元的失业救济金,现在他们作为政府雇员领取 *TR* 美元而不从事任何工作,GDP会发生什么变化?请解释。

答: GDP增加。

GDP是指一定时期内(通常为一年),一个经济体生产的全部最终产品和服务的市场价值总和。GDP一般通过支出法和收入法两种方法进行核算。其核算的理论基础是总产出等于总收入,总产出等于总支出。用支出法计算的国内生产总值等于消费、投资、政府采购和净出口之和;用收入法计算的国内生产总值等于工资、利息、租金、利润、间接税和企业转移支付和折旧之和。

根据等式 $C+I+G+NX\equiv Y\equiv C+S+TA-TR$,本题可以从两个角度分析:

(1)从支出法核算角度看:C、I、NX 保持不变,由于转移支付 TR 美元变成了政府对劳务的购买即政府采购增加,使得 G 增加了 TR 美元,GDP会由于 G 的增加而增加。

(2)从收入法核算角度看:以前是转移支付 TR 美元,现在政府改变政策,不进行转移支付了,在 C、S、TA 保持不变的情况下,$C+S+TA-TR$ 变成了 $C+S+TA$,所以GDP增加了。

2. 在国民收入账户中,以下情况之间有什么不同:

(1)厂商为某经理购买轿车,与厂商支付给经理额外收入,由她自己购买轿车有什么不同?

(2)雇用你的配偶(管理房屋),而不是无偿地要他或她担任此工作有什么不同?

(3)你决定购买一辆美国汽车,而不购买德国汽车,有什么不同?

答: 对国民收入(以GDP为例)的核算可用支出法,支出法是指经济社会(指一个国家或一个地区)在一定时期内消费、投资、政府购买以及净出口这几方面支出的总和。公式如下：GDP $= C + I + G + (X - M)$。

（1）从支出法核算的角度看：厂商给总经理买车，应视为投资支出，计入 I；厂商支付给总经理额外收入，然后总经理拿额外收入买车是消费支出，应计入 C。

（2）配偶做无报酬的工作，虽然提供了劳务，但没有通过市场交换，所以不会计入 GDP；雇用配偶收拾房子，该工资收入将计入 GDP，使得 GDP 增加。

（3）个人（题目中的个人是美国人）买美国汽车，应计入消费 C，从而使 GDP 增加；买德国汽车会使净出口（$NX = X - M$）下降，从而使 GDP 减少。

3. GDP 与 GNP 有什么区别？在计算收入/产量方面是否一个比另一个更好？为什么？

答：（1）GDP 与 GNP 的区别：

GDP 是指一定时期内（通常为一年），一个经济体生产的全部最终产品和服务的市场价值总和。它是一国范围内生产的最终产品，是一个地域概念。

GNP 是指在一定时期内使用某一国或某一地区的国民所拥有的全部生产要素生产出的全部最终产品（商品和劳务）的市场价值。它是本国国民生产的最终产品市场价值的总和，是一个国民概念，即无论劳动力和其他生产要素处于国内还是国外，只要是本国国民生产的产品和劳务，其价值都计入国民生产总值。

两者的区别：国内生产总值是“领土”概念，国民生产总值是“生产要素”概念；国内生产总值是“生产”概念，国民生产总值是“收入”概念。在经济封闭的国家或地区，国民生产总值等于国内生产总值；在经济开放的国家或地区，国民生产总值等于国内生产总值加上国外净要素收入。

两者的关系可以表示为：

GNP = GDP + [本国生产要素在其他国家获得的收入（投资利润、劳务收入）－外国生产要素从本国获得的收入]

（2）使用 GDP 比使用 GNP 用于计量产出会更好一些，原因如下：

①世界上大多数国家都采用 GDP 作为计量指标，这样使得统计口径一致，便于国际间进行比较；

②由于国外净收入的数据不足，GDP 比较容易衡量；

③相对于 GNP 而言，GDP 是对经济中就业潜力的一个较好的衡量指标。

由于美国经济中 GDP 和 GNP 的差异非常小，所以在分析美国经济时，使用这两种的任何一个指标，造成的差异都不会大。但对于其他有些国家的经济来说，这个差别是相当大的，因此，使用 GDP 作为衡量指标会更好。

4. NDP 是什么？在计量产量方面，它与 GDP 孰优孰劣？请解释。

答：（1）NDP 的含义：

国内生产净值 NDP 是指国内生产总值扣除了生产过程中的资本消耗即折旧以后的价值，NDP 等于 GDP 减去折旧。国内生产净值包括生产税净额、营业盈余和劳动者报酬，上述三者基本上能反映最终的成果和服务在国家、集体和个人之间的分配关系。

（2）NDP 与 GDP 的比较：

在计量产量时，如果目的是计算一国产品的净产出量，使用 NDP 要优于使用 GDP。这是因为折旧衡量的是在生产过程中消耗掉、又不得不重置的资本价值。因此，NDP近似于衡量一定时期内经济中所生产的产量的净值——生产产品的总价值减去资本在生产过程中所消耗掉的资本量的价值。在典型情况下，折旧大约是GDP的11%，即NDP通常大约是GDP的89%。

5. 实际GDP的增加经常被解释为福利的增加，这种解释有什么问题吗？你认为什么是其最大的问题？为什么？

答：(1)实际GDP的增加经常解释为福利的增加，这种解释存在问题，因为GDP远没有完善地计量经济产量或福利，具体存在三个方面的问题：

①实际GDP存在低估。由于GDP强调的是“市场价值的总和”，无市场价值的物品被排除，在市场不健全的情况下，有些该计入的未计入。如妇女的家务劳动、志愿者提供的义务劳动等。妇女加入劳动力使劳动力队伍的人数大增，增加了正式GDP的数字，但却并未抵消家庭生产的减少。如正式计量收费性日托的价值，但照看自己孩子的价值却为零。

②实际GDP只计算最终产品的市场价值，而没有考虑生产该产品造成的社会成本。计算为增加GDP的一些活动，实际上是利用资源避免或遏制诸如犯罪或危害国家安全的事情发生，同时，引起环境污染和破坏的事情均未从账户中排除，这一现象在发展中国家尤为突出。

③实际GDP反映的只是产品数量，无法反映产品的质量改进。计算机的情况尤其是这样，质量显著改进，价格却大幅下降。这种情况几乎涉及到所有的商品，为了反映质量改进，国民收入核算企图进行调整，但这项任务并不简单，尤其是当发明新产品或新款式时，更不容易。

如果抛开这几个方面的限制，实际GDP在某种程度上确实可以解释为社会福利的增加。

(2)其中第二个方面的问题是最大的问题，因为在发展中国家片面追求发展的速度，结果对社会资源的可持续发展所带来的是灾难性的危害，例如印度尼西亚的报告指出，正确核算环境破坏，应该在近年来计量出的经济增长率中减去3%。正由于此，近年来人们就提出了“绿色GDP”这一概念，即在核算GDP时，应该减去破坏环境所带来的成本。

6. CPI与PPI都计量价格水平，它们有何区别？在什么情况下你会选择其中一个，而不选择另一个？

答：(1)CPI与PPI的区别：

消费价格指数(CPI)也称零售物价指数和生活费用指数，是反映消费品(包括劳务)价格水平变动状况的一种价格指数，一般用加权平均法来编制。生产价格指数(PPI)是指建立在生产中所使用的商品的市场篮子基础上的价格指数。

PPI与CPI的区别在于：①所包括的范围不同：CPI主要包括日用消费品；PPI包括原料和半成品。②PPI被设计为对销售过程中开始阶段的价格的度量；而CPI衡量的是城市居民实际支付的价格，也即零售价格。

(2)两者选择其一的情形：

当关注的是消费品价格波动或通货膨胀问题时，使用CPI来度量；当关注的是经济周期问题或市场价格波动预期时，应该使用 PPI 来度量。这是因为 PPI 是一种相对可变的价格指数，并且是经常发出一般价格水平或 CPI 变化信号的价格指数，有时在后两者出现变化之前就会发出信号。有鉴于此，PPI 特别是其某些子指数，如“敏感材料”指数作为经济周期的指标，决策者应给予密切的关注。

7. GDP 平减指数是什么？它与消费价格指数和生产价格指数有何区别？在什么情况下，用它计量价格比用 CPI 和 PPI 更多？

答：（1）GDP 平减指数的含义：

GDP 平减指数是一个关于通货膨胀的衡量指标，它是给定年份的名义 GDP 与该年实际 GDP 之间的比率。平减指数计量基期年度和现期年度之间发生的价格变化。GDP 平减指数以经济活动中生产的全部商品和服务为计算基础，所以它是一个经常用来计量通货膨胀的具有广泛基础的物价指数。

（2）GDP 平减指数与消费价格指数和生产价格指数的区别：

GDP 平减指数与 CPI 和 PPI 存在三个方面的不同：①GDP 平减指数计量的商品范围远比 CPI 和 PPI 广泛。②CPI 和 PPI 计量的是一篮子给定的商品，年复一年没有变动，但 GDP 平减指数所计量的一篮子商品，年年有所不同。消费者可能已经不再消费某些商品和服务而是用其他替代品，但 CPI 和 PPI 却还要计量，反映不出变化，而 GDP 平减指数则能反映。③CPI 和 PPI 直接包括进口价格，而 GDP 平减指数只包括在国内生产的产品的价格。

（3）用 GDP 平减指数计量价格比用 CPI 和 PPI 更多的情景：

当需要考察国内生产总值（增加值）的实际水平（如实际总量规模等），以及需要核算国内生产总值（增加值）的实际发展水平（如实际发展速度、实际增长速度或发展指数等），或者需要考察一个国家（或地区）物价变动的总水平时，用 GDP 平减指数计量价格比用 CPI 和 PPI 更多。

8. 如果你在早上醒来，发现一夜之间名义 GDP 增长了一倍，在你开始庆祝之前，你需要核实的统计资料是什么？为什么？

答：最先核实的统计资料是 GDP 平减指数变动多少。原因如下：

（1）名义 GDP 是指用生产物品和劳务的当年价格计算的全部最终产品的市场价值。例如，2015 年的名义 GDP 是以 2015 年的市场价格计算的当年所生产的产品价值，2016 年的名义 GDP 是以 2016 年的市场价格计算的在那一年所生产的产品价值。名义 GDP 的高低受价格因素的影响，利用名义 GDP 可能会高估或者低估实际的生产率。

（2）名义 GDP 发生变化的原因有两个：第一是物质产量的变化，第二是市场价格的变化。一夜之间名义 GDP 增加一倍，可能的原因有两个：一是物质产量翻了一番，二是物价翻了一番。第一种情况不太可能在一夜之间实现，所以，在开始庆祝之前，最先核实的统计资料就是物价是否大幅上涨，即 GDP 平减指数变动多少，进而考察实际 GDP 的变动。如果名义 GDP 和 GDP 平减指数都增加一倍，那么实际 GDP 保持不变。

9. 假如你有一项一年后归还的 100 美元的贷款。如果这笔贷款是按照名义利率支付的，当通货膨胀率高于该年内的预期通货膨胀率时，你是应该高兴还是伤心？如果这笔贷款是以实际利率支付的，情况又会如何？

答:(1)当贷款是按名义利率支付时，通货膨胀率高于该年内的预期通货膨胀率，贷款人会伤心。因为该笔贷款实际收益率由于通货膨胀率高于该年内的预期通货膨胀率而下降。例如，一年期贷款的名义利率为 7%，而预期的通货膨胀率为 3%，那么预期实际收益率为 4%。如果实际通货膨胀率为 4%，则实际收益率为 3%，实际收益下降。

(2)当贷款是以实际利率支付时，通货膨胀率高于该年内的预期通货膨胀率，贷款人将不会遭受损失。因为实际收益率不会随着实际通货膨胀率的变化而变化，不用担心损失。

三、计算与分析题

1. 在表 2-8 的经济假设中，以 2009 年价格计算实际 GDP 的变动。计算 2009~2016 年实际 GDP 的变动，利用同一数据但以 2016 年的价格计算。你的回答应该证明，用来计算实际 GDP 使用的价格确实影响增长率的计算，但通常影响不太大。

表 2-8　实际 GDP 与名义 GDP 的例子　　　　**(单位：美元)**

	2009 年名义 GDP	2016 年名义 GDP	2016 年实际 GDP
啤酒	1 瓶 ×1 美元/瓶 =1 美元	2 瓶 ×2 美元/瓶 =4 美元	2 瓶 ×1 美元/瓶 =2 美元
保龄球游戏	1 局 ×0.5 美元/局 =0.5 美元	3 局 ×0.75 美元/局 =2.25 美元	3 局 ×0.5 美元/局 =1.5 美元
总计	1.50 美元	6.25 美元	3.50 美元

说明：教材中表内为 2009 年和 2016 年数据，习题题干表述为 2005 年和 2012 年，疑有误，在此调整为 2009 年和 2016 年进行计算。

解:(1)如果用 2009 年的价格计算实际 GDP 的变动，计算结果如下：

(2016 年的实际 GDP - 2009 年的实际 GDP)/2009 年的实际 GDP = $(3.5-1.5)/1.5\times 100\%=133\%$。

(2)若用 2016 年的价格计算实际 GDP 的变动，计算结果如下：

2009 年的名义 GDP $=1\times 1+1\times 0.5=1.50$;

2009 年的实际 GDP $=1\times 2+1\times 0.75=2.75$;

2016 年的实际 GDP $=2\times 2+3\times 0.75=6.25$;

此时 GDP 的增长率 $=\dfrac{6.25-2.75}{2.75}\times 100\%=127\%$。

所以，采用不同的价格为计算标准会影响增长率，127% 不同于以 2009 年价格为基期所计算的 GDP 的增长率 133%，但影响不大，只相差 6%。

2. 国民收入核算中表明：

(1)(当转移支付保持不变时)增加税收必然意味着净出口、政府采购或者储蓄-投资平衡的改变。

(2)个人可支配收入的增加必然意味着消费或储蓄的增加。

(3)消费与储蓄两者的增加必然意味着可支配收入的增加。

[在问题(2)与问题(3)中假定家庭没有利息支付，也没有对外国人的转移支付。]

答:(1)根据等式 $S-I\equiv(G+TR-TA)+NX$ 可知，当转移支付 TR 不变，且税收 TA 增加时，则 G、NX、$S-I$ 中至少有一个肯定会发生变化：政府采购 G 增加，净出口 NX 增加，

或储蓄与投资差额 $S-I$ 减少。

(2)由等式 $YD\equiv C+S$，个人可支配收入 YD 增加时，则 C、S 中至少有一个增加。

(3)根据 $C+S\equiv YD$ 可知：消费与储蓄的同时增加必然意味着可支配收入的增加。

3. 表 2－9 是来自一个假设国家的国民收入账户的信息：

表 2－9　一国国民收入账户信息　　　　**（单位：美元）**

GDP	6000
总投资	800
净投资	200
消费	4000
政府对商品和服务的采购	1100
政府预算盈余	30

下列项目的值各是多少？

(1)NDP。

(2)净出口。

(3)政府税收与转移支付之差。

(4)个人可支配收入。

(5)个人储蓄。

解：(1)NDP＝GDP－折旧＝GDP－(总投资－净投资)＝6000－(800－200)＝5400(美元)。

(2)$\text{GDP}=Y=C+I+G+NX$，从而 $NX=\text{GDP}-C-I-G=6000-4000-800-1100=100$(美元)。

(3)政府税收减转移支付为 $TA-TR$，而政府预算盈余 $BS=TA-G-TR$，所以 $TA-TR=BS+G$。因此政府税收减转移支付为 $TA-TR=30+1100=1130$(美元)。

(4)个人可支配收入 $YD=C+S=\text{NDP}-(TA-TR)$，而政府预算盈余 $BS=TA-G-TR$，所以 $TA-TR=BS+G$。

故个人可支配收入 $YD=\text{NDP}-(BS+G)=5400-(30+1100)=4270$(美元)。

(5)由 $YD=C+S$ 得 $S=YD-C=4270-4000=270$(美元)。

4. 假定 GDP 是 6000 美元，个人可支配收入是 5100 美元，政府预算赤字是 200 美元，消费是 3800 美元，外贸赤字是 100 美元。

(1)储蓄 S 是多少？

(2)投资 I 是多少？

(3)政府支出(G)是多少？

解：(1)根据等式 $YD=C+S$，则个人储蓄 $S=YD-C=5100-3800=1300$(美元)。

(2)由方程 $S-I=(G+TR-TA)+NX$，得：

$$I=S-(G+TR-TA)-NX=1300-200-(-100)=1200\text{(美元)}$$

(3)由 $Y=C+I+G+NX$，得 $G=Y-C-I-NX=6000-3800-1200-(-100)=1100$(美元)。

5. 如果对一个国家劳动的支付总额是60亿美元，对其资本的支付是20亿美元，利润为零，产出水平是多少?

解：根据总产出的计算公式：

$$产出水平\ Y = 劳动报酬 + 资本报酬 + 利润 = 60 + 20 + 0 = 80(亿美元)$$

6. 设想一个经济体只是由面包师和为其提供原材料的人组成。假如该经济的生产情况如下：100万条面包(每条售价2美元)；120万磅面粉(每磅售价1美元)；酵母、糖和盐各10万磅(所有这些售价都是每磅1美元)。面粉、酵母、糖和盐只卖给面包师，而面包师只用它们生产面包。

(1)该经济中总产出的价值(例如，名义GDP)是多少?

(2)当面包师用这些材料做成面包时，面粉、酵母、糖和盐上面的增加值是多少?

解：(1)名义GDP定义为一个国家当前生产的最终产品与服务的市场价值，所以可以直接计算最终产品(面包)的价值，即名义 $GDP = 100 \times 2 = 200$(万美元)。

(2)各种原材料的初始价值 $= 120 \times 1 + (10 + 10 + 10) \times 1 = 150$(万美元)。又因为名义GDP可以用每一步生产产品的增加值来计算，并且第一步的增加值为150(万美元)，所以增加到面粉、酵母、糖和盐上面的增加值是50万美元($= 200 - 150$)。

7. 假定一个国家在一年的时间里CPI从2.1增加到2.3。利用这一情况计算当年的通货膨胀率。CPI为什么可以说明通货膨胀率?

答：CPI从2.1增加到2.3时，通货膨胀率 $= (2.3 - 2.1)/2.1 = 0.095 = 9.5\%$。

在用CPI计算通货膨胀率时用的是一篮子固定的商品和服务，但篮子中商品和服务的不变的权重不能反映相对价格上涨而引起的消费者对商品的替代行为，仍然以原来的权重来计算将提高CPI的数值，夸大通货膨胀率。

8. 假定你买了100美元第2年到期的政府债券。如果全年的通货膨胀率是4%，而债券承诺3%的实际收益率，你将得到多少名义利息?

答：因为实际利率为名义利率减通货膨胀率，所以名义利率为实际利率(实际收益率)加上通货膨胀率，即为：$i = r + \pi = 3\% + 4\% = 7\%$。所以名义利息为：$100 \times 7\% = 7$(美元)。

第3章 增长与积累

3.1 复习笔记

【知识框架(庖丁解牛)】

- 增长与积累
  - 增长核算
    - 增长核算的概念
    - 增长核算方程
  - 新古典增长模型
    - 模型的基本假定
    - 基本方程
    - 稳态分析
    - 储蓄率对产出增长的影响
    - 资本存量的黄金法则
    - 人口增长对产出增长的影响
    - 有外生技术变革的增长
    - 新古典增长理论的结论

【考点难点归纳(厚积薄发)】

考点一：增长核算 ★★★★

1. 增长核算的概念

增长核算是指经济学中解释经济增长的一套理论，该理论将所采用的国民产量或人均产量增长率在改变和引起增长的决定因素之间进行分配：估计每一个决定产出的因素的既定变化对产出影响的大小。

2. 增长核算方程

(1)增长核算方程的推导：

①符号表示：Y 表示总产出，K 表示投入的资本量，N 表示投入的劳动量，A 表示技术水平(全要素生产率)，MPK 表示资本的边际产出，MPN 表示劳动的边际产出，ΔY、ΔA、ΔN、ΔK 分别表示产出变动、技术变动、劳动变动以及资本变动。

②生产函数：$Y=AF(K,\ N)$。

③方程推导：

由生产函数可知，产出变动可表示为：

$$\Delta Y = MPN \times \Delta N + MPK \times \Delta K + F(K,\ N) \times \Delta A$$

将上述方程等式两边同除以 $Y=AF(K,\ N)$ 可得：

$$\Delta Y/Y = (MPN/Y) \times \Delta N + (MPK/Y) \times \Delta K + \Delta A/A$$

即：

$$\Delta Y/Y=[(MPN\times N)/Y]\times(\Delta N/N)+[(MPK\times K)/Y]\times(\Delta K/K)+\Delta A/A$$

在竞争性的市场上，厂商使用生产要素的原则是，边际产量等于单位生产要素的价格，因此，表达式 $MPN\times N$ 和 $MPK\times K$ 分别为劳动和资本的总支付，从而表达式 $(MPN\times N)/Y$ 就是劳动支付占总支付的份额，简称劳动份额，用 $1-\theta$ 表示；表达式 $(MPK\times K)/Y$ 就是资本收益在产出中所占的份额，简称资本份额，用 θ 表示。则有方程：

$$\Delta Y/Y=(1-\theta)\times(\Delta N/N)+\theta\times(\Delta K/K)+\Delta A/A$$

产出增长 =（劳动份额 × 劳动增长）+（资本份额 × 资本增长）+ 技术进步

(2)增长核算方程的内涵如表3－1所示：

表3－1　增长核算方程的内涵

符号表示	内涵
$(1-\theta)\times(\Delta N/N)$	劳动对产出增长的贡献量等于劳动增长率乘以劳动份额
$\theta\times(\Delta K/K)$	资本对产出增长的贡献量等于资本增长率乘以资本份额
$\Delta A/A$	全要素生产率的增长是作为一个余量计算出来的，即索洛余量，是考虑了可以直接衡量的增长决定因素后剩余的产出增长量

(3)增长核算方程的人均形式：

①符号表示：

在经济增长核算中，通常用小写字母来表示人均值。人均GDP是GDP与人口之比，人均资本是资本与人口之比，因此定义人均产出为 $y=Y/N$，人均资本为 $k=K/N$。

②方程推导：

GDP的增长率等于人均GDP增长率和人口增长率之和：

$$\Delta Y/Y=\Delta y/y+\Delta N/N\text{，即 }\Delta y/y=\Delta Y/Y-\Delta N/N$$

同理，资本增长率等于人均资本增长率和人口增长率之和：

$$\Delta K/K=\Delta k/k+\Delta N/N\text{，即 }\Delta k/k=\Delta K/K-\Delta N/N$$

在增长核算方程两边同减去人口增长率 $\Delta N/N$ 可得：

$$\Delta Y/Y-\Delta N/N=\theta(\Delta K/K-\Delta N/N)+\Delta A/A$$

增长核算方程的人均形式可写成：

$$\Delta y/y=\theta\times(\Delta k/k)+\Delta A/A$$

考点二：新古典增长模型 ★★★★★

新古典增长模型是由美国经济学家罗伯特·索洛提出的发展经济学中著名的模型，该模型的设计是为了说明在一个经济中，资本存量的增长、劳动力的增长和技术进步如何相互作用，以及它们如何影响一国产品与服务的总产出。人均生产函数 $y=f(k)$ 是人均产出与资本-劳动比率 (k) 之间的关系，如图3－1所示。

1. 模型的基本假定

(1)社会储蓄函数为 $S=sY$，其中 s 为储蓄率。

(2)劳动增长率 n 不变。

(3)全社会用两种生产要素生产一种产品，且劳动与资本可以相互替代。

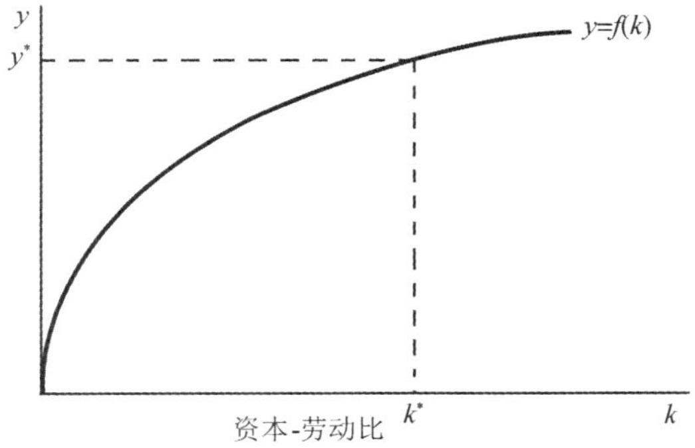

图 3－1　新古典增长理论中的人均生产函数

(4)资本边际报酬递减，生产规模报酬不变。

(5)完全竞争市场，工资率和利润率分别等于劳动与资本的边际产量。

2. 基本方程

(1)在上述假定条件下，索洛推导出新古典增长模型的基本方程为：

$$\Delta k = sy - (n + d)k$$

式中，k 表示人均资本，s 表示储蓄率，y 表示人均产出，n 表示人口增长率，d 表示资本的折旧率。

(2)基本方程的内涵如表 3－2 所示：

表 3－2　基本方程的内涵

符号表示	内涵
sy	人均储蓄
$(n+d)k$	每一新增人口拥有的平均的资本装备和资本折旧，即资本的广化
Δk	人均资本拥有量的增加，即资本的深化
$\Delta k = sy-(n+d)k$	资本的深化 = 人均储蓄 － 资本的广化

3. 稳态分析(见表 3－3)

表 3－3　稳态分析

要点	内容
稳态的概念	稳态是指人均收入与人均资本不变时的经济状态
稳态的形成过程	①储蓄大于必需的投资，工人的人均资本增加，从而人均产出上升； ②储蓄小于必需的投资，工人的人均资本减少，从而人均产出下降
稳态值 y^* 和 k^*	①稳态值 k^* 是指在该资本存量处，投资和折旧相等时人均资本的值； ②稳态值 y^* 是指投资与储蓄相等时人均收入的值
稳态的条件	①$\Delta k = 0$； ②$sy^* = sf(k^*) = (n+d)k^*$
稳态增长率	$\Delta Y/Y = \Delta K/K = \Delta N/N = n$

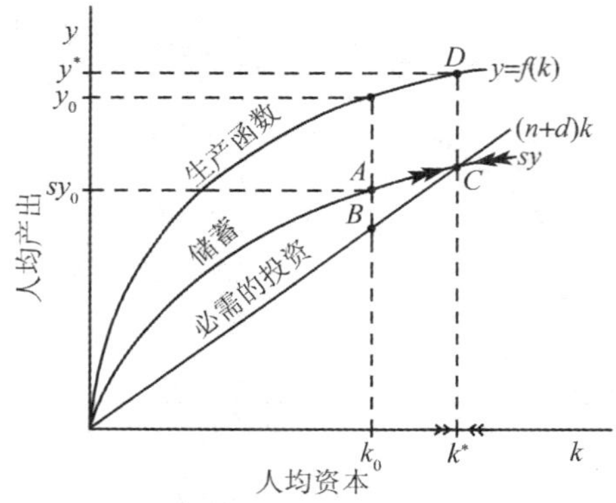

图 3－2　稳态时的图解

4. 储蓄率对产出增长的影响

如图 3－3 所示，经济位于稳态均衡的初始均衡点 C。假定经济活动主体一次性把储蓄率从 s 提高到 s'，形成新的稳态为点 C'，人均资本与人均产出都发生了增长。但是，在长期中，储蓄率的增加只是提高了人均产出水平和人均资本水平，只具有水平效应，而人均产出增长率则保持不变。

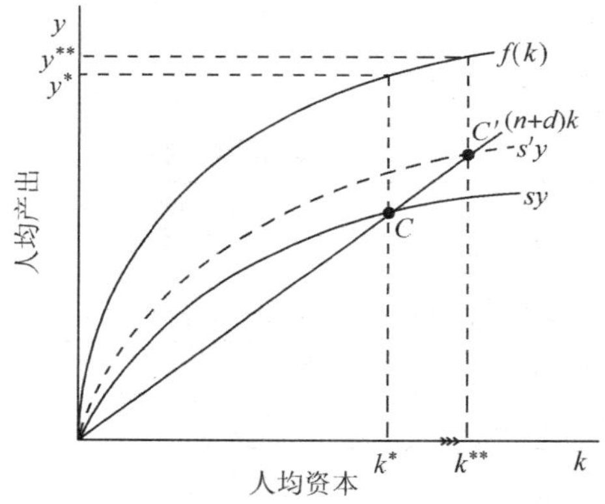

图 3－3　储蓄率增加的影响

如图 3－4(a)所示，储蓄率增加引起人均资本存量和人均产出的增长，但这是一个增长率递减的过程。如图 3－4(b)所示，储蓄率的提高一开始提高了产出增长率，但随着资本的积累，增长率回落到人口增长率的水平。

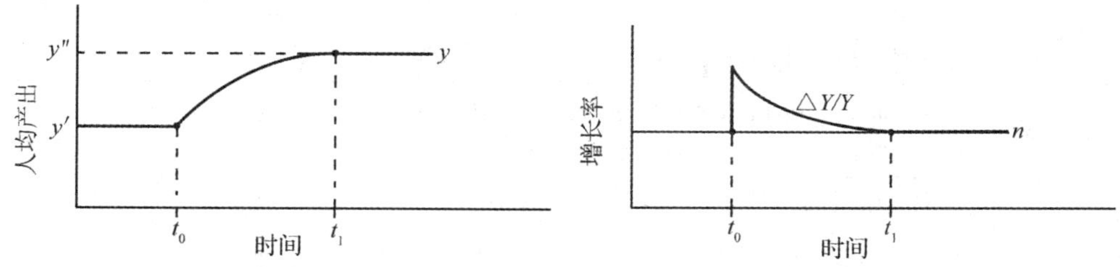

图 3－4　储蓄率变动对经济增长的影响

5. 资本存量的黄金法则

资本存量的黄金法则水平是指使稳态人均消费 c^* 达到最大时的稳态人均资本量，且：

$$c^* = f(k^*) - (n+d)k^*$$

当资本边际产出恰好等于所需投资的增加时，稳态消费 c^* 最大，相对应的资本存量 k^{**} 即为资本存量的黄金法则水平：

$$MPK(k^{**}) = (n+d)$$

由黄金法则可知，当经济处于稳态时，如果人均资本高于黄金法则水平，则可通过消费掉一部分资本使人均资本下降到黄金法则水平来提高人均消费水平；如果人均资本低于黄金法则水平，则该经济能够提高人均消费的途径是缩减消费、增加储蓄，直到人均资本达到黄金法则水平。

6. 人口增长对产出增长的影响

如图3－5所示，人口增长率提高对稳态产出的影响有：

(1)人均资本的稳态水平和人均产出的稳态水平降低；

(2)总产量的稳态增长率增加。

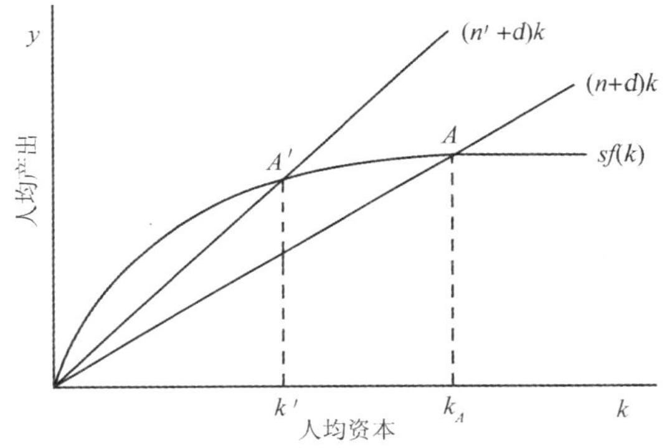

图3－5　人口增长率提高对稳态产出的影响

7. 有外生技术变革的增长

(1)模型修正：

①生产函数：$Y = F(K, AN)$；

②增长核算方程的人均形式：$\Delta y/y = \theta \times (\Delta k/k) + (1-\theta)\Delta A/A$；

③假设技术进步率为 g。

(2)外生技术变革对产出增长的影响：

①生产函数上升，从而储蓄曲线上升，人均产出与人均资本均在更高的位置达到新的稳态；

②人均产出增长率渐趋稳定，且稳定于 g；总产出增长率渐趋稳定，且稳定于 $n+g$。

如图3－6所示。

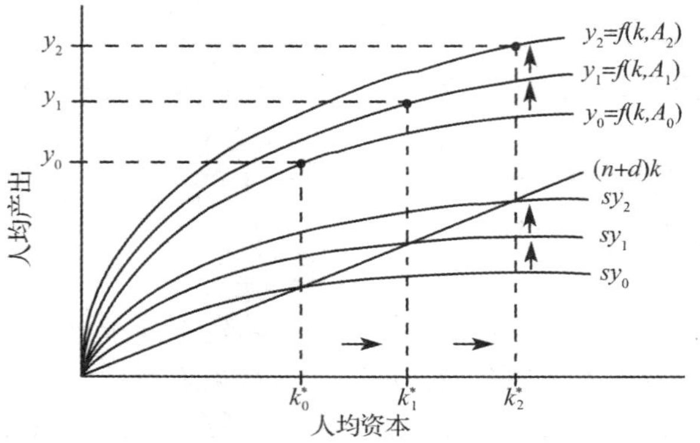

图3－6　外生技术变革的影响

8. 新古典增长理论的结论

(1)无论从任何一点出发，经济向平衡增长路径收敛，在平衡增长路径上，每个变量的增长率都是常数。

(2)在其他外生变量相似的条件下，人均资本低的经济有更快的人均资本的提高，人均收入低的经济有更高的增长率。

(3)人均产出(Y/L)的增长来源于人均资本存量和技术进步，但只有技术进步才能够导致人均产出的永久性增长。

(4)通过调节储蓄率可以实现人均最优消费和最优资本存量的“黄金律”增长。

(5)储蓄率的变化只会暂时性地影响增长率，而不会永久性地影响；储蓄率的显著变化对平衡增长路径上的产出变化只有较小的影响，且作用缓慢。

◆拓展延伸◆

对索洛模型的批评：①未能够解释长期经济增长的真正来源。把技术进步(劳动的有效性)看成为外生给定的，而这恰恰是长期经济增长的关键。②理论预测与实际数据不符。如果资本取得的市场收益大致体现了其对产出的贡献，那么实物资本积累的变化既不能很好地解释世界经济增长，也不能说明国家间的收入差距。

3.2　课后习题详解

一、概念题

1. 资本-劳动比率

答：资本-劳动比率又称为人均资本或资本装备率，是指每个工人使用的可获得的资本的数量。资本-劳动比率的变化路径在技术层面也反映了资本深化的进程及其速度，是厂商对生产技术(投资)的选择结果。

2. 增长核算

答：增长核算是指经济学中解释经济增长的一套理论，该理论将所采用的国民产量或人均产量增长率在改变和引起增长的决定因素之间进行分配：估计每一个决定产出的因素的既定变化对产出影响的大小。在一个简单的模型中国民总收入的增长由资本的增长、劳动力的增长以及所采用的技术的提升来解释。国民收入水平、资本存量和劳动力的大小可以通过经济统计来估算。这样数理模型就可以由劳动力、资本和一个余值来解释国民收入水平。这个余值被称为“全要素生产率”，用来解释没有被资本和劳动投入水平变化所解释的部分。这个全要素生产率通常被用来衡量所采用的技术的水平，有时也称为“索洛余量”。

3. 劳动的边际产量（*MPN*）

答：劳动的边际产量是指在其他要素投入保持不变的情况下，增加一单位劳动所获得的产品的增量。劳动的边际产量用公式可以表示为 $MPN=\Delta TP/\Delta N$，当劳动的增加量非常小时，$MPN=\mathrm{d}TP/\mathrm{d}N$。劳动的边际产量曲线的变化趋势是倒 U 型的，这就意味着当边际产量为零时，总产出达到最大值。在图形上，总产出曲线上各点切线的斜率值，就是各劳动投入量上边际产量的数值。一个企业主在考虑再雇佣一名工人时，在劳动的平均产出和边际产出中他更关心劳动的边际产出。

4. 柯布-道格拉斯生产函数

答：柯布-道格拉斯生产函数是指由美国的数学家柯布和经济学家道格拉斯提出来的生产函数。该生产函数的一般形式为：$Q=AL^{\alpha}K^{\beta}$，式中，Q 代表产量，L 和 K 分别代表劳动和资本，A、α 和 β 为三个参数，且 $0<\alpha$，$\beta<1$。

柯布-道格拉斯生产函数中的参数 α 和 β 的经济含义是：α 和 β 分别表示劳动和资本在生产过程中的相对重要性，$\alpha/(\alpha+\beta)$ 为劳动所得在总产量中所占的份额，$\beta/(\alpha+\beta)$ 为资本所得在总产量中所占的份额。

另外，如果 $\alpha+\beta=1$，则生产为规模报酬不变；如果 $\alpha+\beta<1$，则生产为规模报酬递减；如果 $\alpha+\beta>1$，则生产为规模报酬递增。

5. 增长核算方程

答：增长核算方程是指表明技术进步与经济增长的关系的方程式，它利用生产函数描述在规模收益不变的情况下，技术、劳动和资本对于产出的贡献情况。已知生产函数为 $Y=AF(N,K)$，对其两边取自然对数，全微分后得：$\Delta Y/Y=\alpha\times(\Delta N/N)+\beta\times(\Delta K/K)+\Delta A/A$，即产出增长 =（劳动份额 × 劳动增长）+（资本份额 × 资本增长）+ 技术进步。这里，α、β 分别是劳动收益和资本收益在产出中所占的份额，$\alpha+\beta=1$。

6. 新古典增长理论

答：新古典增长理论是指以美国经济学家索洛为代表提出的经济增长理论。该理论讨论了资本增长率 $\Delta K/K$、劳动增长率 $\Delta N/N$ 以及储蓄倾向 s 变动对经济增长的影响。新古典经济增长模型认为，假定不存在技术进步（$\Delta A/A=0$），劳动增长率 $\Delta N/N$ 与人口增长率 n 一致且保持不变（$\Delta N/N=n$），要使人均收入不变，就必须保持人均资本量不变。这也就是说，在人口增长条件下，维持人均收入不下降，资本增长率等于人口增长率，便达到了经济的稳定状态。

新古典经济增长模型包括四个基本假设条件：①全社会只有一种产品；②劳动与资本可以相互替代，即资本-产出比可以变动；③资本或劳动的边际生产力递减，但规模报酬不变；④完全竞争市场，工资率和利润率分别等于劳动与资本的边际生产力。

7. 消费

答：在宏观经济学中，消费是指某时期一个人或一国用于消费品的总支出。严格地说，“消费”应仅指这一时期中那些完全用掉了的消费品。但实际上，消费支出包括所有已购买的商品，而这其中许多商品的使用时间要远远超出考察时期，如家具、衣物和汽车等。

8. 增长理论

答：增长理论是指试图解释生产为什么在一定时期内会增长，并且证实影响这种增长率的要素的理论。由于经济增长一直是经济学研究的焦点之一，理论流派众多，从亚当·斯密和大卫·李嘉图为代表的古典经济理论到哈罗德-多马经济增长模型，再到索洛含技术进步因素的新古典经济增长理论。近年来，又出现了以罗默和卢卡斯为代表人物的新经济增长理论。

9. 生产函数

答：生产函数是指在生产技术给定的条件下，在一定时期内商品的最大产出量与生产要素的投入量之间的物质数量关系。其一般表达式为：$Q=F(x, y, z\cdots\cdots)$，式中，Q代表商品的实物产出量，x，y，$z\cdots\cdots$代表各种生产要素的投入量，如原材料、机器设备、劳动、土地、企业家才能等。

生产函数表示厂商产出一定量的产品取决于不同生产要素在一定组合比例下的投入量。所以，生产过程也就是投入变为产出的过程。生产函数总是以一定时期的技术水平作为前提条件，一旦技术水平有了改变，就会形成新的生产函数。这个新的生产函数很可能从同样的投入量中产出更大的产量，但也有可能从既定的投入量中产出较少的产量。

10. 趋同

答：趋同是指如果两个国家人口增长率、储蓄率和生产函数相同，则它们最终将达到相同的收入水平的一种现象。新古典增长理论预言，具有相同的储蓄率、相同的人口增长率并得到相同的技术的经济将出现绝对的趋同。进而，如果国与国之间储蓄率不同，它们在稳态中将达到不同的收入水平，但如果它们的技术进步率和人口增长率相同，它们的稳态增长率也将相同。

11. 人力资本

答：人力资本是指为了提高劳动者的文化技术水平和劳动素质而投到劳动者身上的投资，是无形资本，它与物质资本(有形资本)共同构成了经济增长因素中的投资。人力资本在经济增长中的作用越来越重要，其自身不仅能形成递增的收益还能使相关的劳动和资本也产生递增的收益，从而使得整个经济的规模收益是递增的。

12. 索洛剩余

答：索洛剩余是指实际劳动生产率与模型预测值之间的差额，它是对全要素生产率的一种衡量。经济增长归因于不同投资的贡献，无法归因于要素投入的剩余部分被认为是技术进步的贡献，这被称为索洛剩余。在生产函数为规模报酬不变的条件下，劳动和资本的边际产量等于各自的实际报酬，这意味着总产出正好分为劳动的份额和资本的份额。劳动

份额 $SL=(F_L L)/Y$，资本份额 $SK=(F_K K)/Y$，且 $SL+SK=1$。经过简单变换就有：

$$\Delta Y/Y=\Delta A/A+SL(\Delta L/L)+SK(\Delta K/K)$$

上述公式表明，收入的增长率($\Delta Y/Y$)等于以下三项之和：①技术进步率($\Delta A/A$)；②劳动投入增长率($\Delta L/L$)乘以劳动在总产量中的份额(SL)；③资本投入增长率($\Delta K/K$)乘以资本在总产量中的份额(SK)。技术进步率通常称之为全要素生产率，表示在所有投入不变的条件下，由于生产方式改进导致的产出增加量，换句话说，用相同要素投入得到更多产出时，意味着全部要素的生产率提高了。技术进步率 $\Delta A/A$ 就是索洛剩余，反映了技术进步对经济增长的贡献度。

13. 边际产量递减

答：边际产量递减是指在厂商的厂房、机器设备等资本投入不变的情况下，随着劳动投入量的增加，其边际产量一开始是递增的，但当劳动投入量增加到一定程度之后，其边际产量就会递减，直到出现负数。这是一个普遍的规律，在技术给定和其他要素投入不变的情况下，连续增加一单位某一种要素所带来的产量的增量迟早会出现下降(即使在开始阶段可能会上升)，这就是边际产量递减规律。

出现边际产量递减规律的主要原因是，随着可变投入的不断增加，不变投入和可变投入的组合比例变得愈来愈不合理。当可变投入较少的时候，不变投入显得相对较多，此时增加可变投入可以使要素组合比例趋向合理从而提高产量的增量；而当可变投入与不变投入的组合达到最有效率的那一点以后，再增加可变投入，就使可变投入相对于不变投入来说显得太多，从而使产出的增加量递减。

14. 劳动增进型技术

答：劳动增进型技术是指新技术提高了劳动生产率，此时生产函数可写成 $Y=F(K,AN)$。具有劳动增进型技术进步的柯布-道格拉斯生产函数将劳动增进型技术进步纳入其中，可得：

$$Y=K^{\theta}(AN)^{1-\theta}=A^{1-\theta}K^{\theta}N^{1-\theta}$$

15. 稳态均衡

答：稳态均衡是指当经济体系的均衡状态遭到暂时破坏时，依靠其自身的力量最终还会恢复到原来正常状态的一种均衡状态。其特点是一个经济体系的均衡状态，在制约它的各种外部条件发生变动时，会使该经济体系产生脱离均衡状态的运动，但是，经济体系内部又同时会自动地产生一种力量，这种力量使体系中的各种变量重新恢复到原来的均衡状态。例如，当某一商品的供给曲线在均衡点的斜率大于需求曲线的斜率时，脱离均衡状态的波动幅度会自动逐渐缩小以至消失，并最终停留在原均衡点上，这就是阐述动态均衡的蛛网理论所描述的收敛型蛛网情况。

16. 人均 GDP

答：人均 GDP 是指人均国内生产总值，是以某地区一定时期国内生产总值(现价)除以同时期平均人口所得出的结果。GDP 衡量的是一个国家的经济总量，人均 GDP 评价的是一个国家的富裕程度。在经济学界，人们更多地用人均 GDP 作为划分经济发展阶段的重要指标。

17. 资本的边际产量(MPK)

答：资本的边际产量是指在其他要素投入保持不变的情况下，增加一单位资本所获得的产品的增量。资本的边际产量用公式可以表示为 $MPK=\Delta TP/\Delta K$，当资本的增加量非常小时，$MPK=\mathrm{d}TP/\mathrm{d}K$。和劳动的边际产量一样，资本的边际产量曲线的变化趋势也是倒U型的，这就意味着当边际产量为零时总产量达到最大值。

18. 全要素生产率(TFP)

答：全要素生产率是指生产活动在一定时间内的效率，它一般的含义为资源(包括人力、物力、财力)开发利用的效率。从经济增长的角度来说，生产率与资本、劳动等要素投入都贡献于经济的增长。从效率角度考察，生产率等同于一定时间内国民经济中产出与各种资源要素总投入的比值。从本质上讲，它反映的则是一个国家(地区)为了摆脱贫困、落后和发展经济在一定时期里表现出来的能力和努力程度，是技术进步对经济发展作用的综合反映。

19. 资本存量的黄金法则

答：资本存量的黄金法则是指描述产出如何在消费和投资之间分配从而达到经济福利最大化的法则。经济增长是一个长期的动态过程，提高一个国家的人均消费水平是一个国家经济发展的根本目的。在此前提下，经济学家费尔普斯于1961年提出了黄金分割律。

稳态消费 c^* 等于稳态收入 $y^*=f(k^*)$ 减去稳态投资 $(n+d)k^*$，即：

$$c^*=f(k^*)-(n+d)k^*$$

如图3－7所示，经济的产出用于消费或投资。在稳态，投资等于折旧。因此，稳态消费是产出 $f(k^*)$ 和折旧 δk^* 之差。在黄金律稳态，稳态消费达到最大，即满足 $MPK(k^*)=(n+d)$，资本的边际产出等于折旧率加上人口增长率。由黄金法则可知，当经济处于稳态时，如果人均资本高于黄金法则水平，则可通过消费掉一部分资本使人均资本下降到黄金法则水平来提高人均消费水平；如果人均资本低于黄金法则水平，则该经济能够提高人均消费的途径是缩减消费、增加储蓄，直到人均资本达到黄金法则水平。

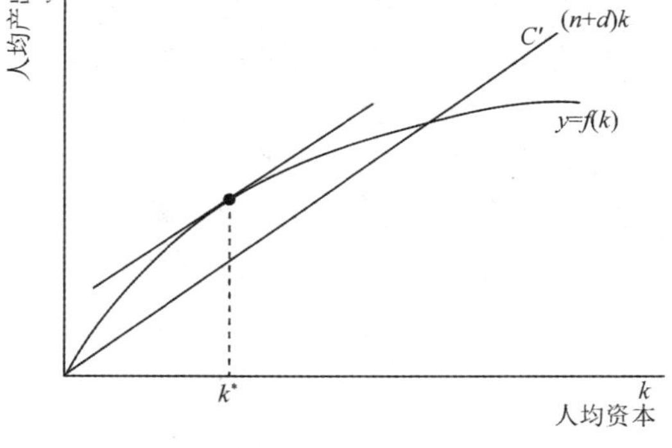

图3－7　经济增长的黄金分割律

二、简答题

1. 生产函数提供了什么信息?

答: 生产函数是指在生产技术给定的条件下，在一定时期内商品的最大产出量与生产要素的投入量之间的物质数量关系。在宏观经济学中，生产函数提供了以下信息:

(1)可以使用生产函数来研究增长的两个来源，生产函数提供了投入和产出间的数量关系。一般而言，生产函数是实际用于生产的劳动量(N)、资本量(K)的投入和技术水平(A)与整个经济的产出量(Y)之间的函数关系，记为 $Y = AF(K, N)$。这说明，产出增长是通过增加要素投入以及通过技术改进导致的生产率提高和生产能力更强的劳动大军实现的。

(2)生产函数反映的是与既定生产要素投入量相联系的最大产出。而且产出取决于要素投入和技术水平，技术水平(A)越高，给定水平的投入所生产的产量就越多。

(3)生产函数说明了资本与劳动两种生产要素可以连续变动，而且可以相互替代。

(4)更多的投入意味着更高的产出，即劳动的边际产品 MPN 和资本的边际产品 MPK 都是正的。

(5)把生产函数加以变形，就可以分析生产要素和生产率提高对产出增长的贡献。

2. 索洛增长模型能否有助于解释趋同现象?

答: 趋同是指如果两个国家人口增长率、储蓄率和生产函数相同，则这两个国家最终将达到相同的收入水平。索洛增长模型能解释趋同现象，原因如下:

索洛增长模型的公式为: $\Delta k = sy - (n + d) \times k$。式中，$k$ 为人均资本，s 为储蓄率，y 为人均产量($y = f(k)$)，n 为劳动力的增长率，d 为资本的折旧率。从而 sy 为社会的人均储蓄，$(n + d) \times k$ 为新增劳动力所配备的资本数量和资本折旧，称为资本广化(即意味着为每一个新生的工人提供平均数量的资本存量); Δk 为人均资本的增加，称为资本深化(即意味着每个工人占有的资本存量上升)。因而索洛增长模型的基本方程又可表述为: 资本深化 = 人均储蓄 - 资本广化。

当经济处于长期均衡状态即稳态时，人均资本达到均衡值并维持在均衡水平不变，即: 在忽略了技术变化的条件下，人均产量也达到稳定状态，k 和 y 达到一个持久性的水平。稳态的条件: $sy = (n + d) \times k$，即 $\Delta k = 0$。

因此，如果两个国家的人口增长率、储蓄率和生产函数相同，它们最终人均收入水平和稳态增长率也将相同。

3. 考虑一个忽略自然资源存量的增长模型。在什么情况下这种忽略确实会产生严重后果?

答: 按照现代西方经济学的理论，在分析生产函数时，常常假定自然资源(主要是土地、矿山、森林等资源)是不变的，主要分析劳动力、资本和技术的作用。例如柯布-道格拉斯生产函数，该生产函数的一般形式为: $Q = AL^{\alpha}K^{\beta}$，式中，Q 代表产量，L 和 K 分别代表劳动和资本，A、α 和 β 为三个参数，且 $0 < \alpha, \beta < 1$。

生产函数和其后的方程忽略了大量的资本和劳动以外的投入。在某些特定的时间和场合下，资本和劳动以外的投入可能会起很大的作用。自然资源与人力资本就是其他两种重要的投入。忽略自然资源存量的生产函数不能准确预测自然资源存量的显著变化对一国经济表现的影响。例如，当发现新的石油储量或一种全新资源对产出水平有较大影响时，这种生产函数是不能预测的。

美国早期繁荣在很大程度上归因于该国有充足而肥沃的土地，与美国开发西部大致同一时间的俄国东部的开发，对俄国的经济的增长也有相似的贡献。所以，经济增长模型不能忽视自然资源存量这个因素。

4. 在标准生产函数 $Y=F(K,N)$ 中，K 代表实物资本，N 代表非熟练劳动力，如果将索洛剩余（$\Delta A/A$）解释为“技术进步”，我们将犯错误。除了技术进步之外，对剩余还可做什么理解呢？你将如何扩展模型来解决这个问题？

答：如果只将索洛剩余解释为“技术进步”，将会忽略人力资本（即熟练劳动）对产出的重要影响。此时的索洛剩余还应包括人力资本（H）对产出增长率的重要影响。为了消除这种影响可以把人力资本（H）加入到生产函数中。则生产函数就变为：

$$Y=F(K,N,H)=A\times N^a\times K^b\times H^c\text{，其中 }a+b+c=1$$

此时产出增长率可以用下面的式子表达：

$$\Delta Y/Y=\Delta A/A+a\times(\Delta N/N)+b\times(\Delta K/K)+c\times(\Delta H/H)$$

此时索洛剩余不仅包括技术进步因素所带来的产出贡献，还包括了人力资本因素所带来的产出贡献。

5. 图3-8提供了对索洛增长模型的基本说明。在进行说明时，要审慎解释储蓄曲线和必需的投资曲线的含义。为什么稳态出现在它们的交汇处？

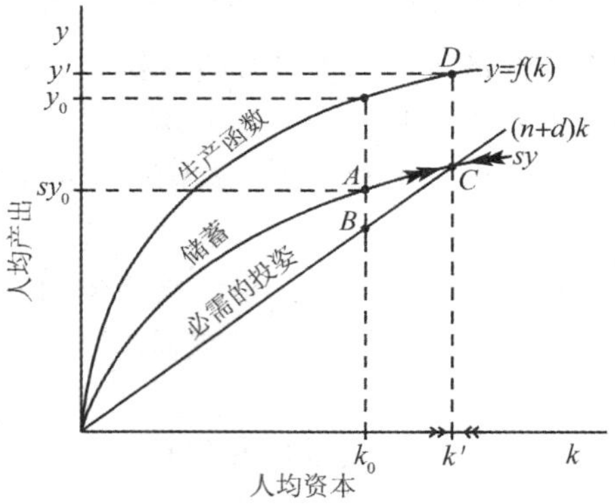

图3-8　稳态产出与投资

答：(1)索洛增长模型的公式为：$\Delta k=sy-(n+d)\times k$。式中 k 为人均资本，s 为储蓄率，y 为人均产量（$y=f(k)$），n 为劳动力的增长率，d 为资本的折旧率。sy 为社会的人均储蓄，即图3-8中的储蓄曲线；$(n+d)\times k$ 为新增劳动力所配备的资本数量和资本折旧，称为资本广化（即意味着为每一个新生的工人提供平均数量的资本存量），即图3-8中必需的投资曲线；Δk 为人均资本的增加，称为资本深化（即意味着每个工人占有的资本存量上升）。因而索洛新古典增长模型的基本方程又可表述为：资本深化=人均储蓄-资本广化。

(2)当经济处于长期均衡状态即稳态时，人均资本达到均衡值并维持在均衡水平不变，即 $\Delta k=0$；在忽略了技术变化的条件下，人均产量也达到稳定状态，k 和 y 达到一个持久性的水平。稳态的条件：$sy=(n+d)\times k$，即 $\Delta k=0$。

(3)交点 C 所对应的人均资本为 k'，人均产量为 y'，这时人均储蓄恰好等于资本广化的需要，即 $sy'=(n+d)\times k'$，人均储蓄恰好能够为不断增长的人口提供资本(设备)和替换折旧资本而不会引起人均资本的变化。

在 C 点以左，$sf(k)$ 曲线比 $(n+d)\times k$ 线高，这表明储蓄高于资本广化的需要。结果，当经济运行在 C 点左侧时，就存在着资本深化。资本深化意味着每个工人占有的资本存量上升，即 $\Delta k>0$。因此，在 C 点以左，经济中的人均资本 k 有上升的趋势，如横轴上的箭头所示。随着时间推移，k 向 k' 逼近，最终用于资本广化所需的资本数量增加到这样一点，即 k' 点，在这一点上，所有的储蓄都仅用于保持人均资本 k 不变，经济达到稳定状态。在 C 点以右，情况正好相反，人均储蓄不能满足资本广化的需要，这时有 $\Delta k<0$。所以，在 C 点以右，人均资本 k 有下降的趋势，如图中横轴上的箭头所示。

因此，只有在 C 点经济才能达到稳态。其中储蓄函数 $sy=sf(k)$，假定储蓄是收入的一个固定部分。投资需求，即 $(n+d)\times k$ 线，表示为保持固定的资本-劳动比率 (k) 所必需的投资量。

6. 决定人均产出稳态增长率的因素有哪些？还有什么其他因素会影响短期产出增长率呢？

答：(1)长期人口增长率 $n=\Delta N/N$ 决定了人均产出稳态增长率。新古典增长理论虽然假定劳动力按一个不变的比率 n 增长，但当把 n 作为参数时，就可以说明人口增长对产量增长的影响。

图3－9中，经济最初位于 A 点的稳态均衡。现在假定人口增长率从 n 增加到 n'，则图中的 $(n+d)k$ 线便移动到 $(n'+d)k$ 线，这时，新的稳态均衡为 A' 点。比较 A' 点与 A 点，可知，人口增长率的增加降低了人均资本的稳态水平(从原来的 k_A 减少到 k')，进而降低了人均产量的稳态水平。这是从新古典增长理论得出的又一重要结论。西方学者进一步指出，因为人口增长率上升产生的人均产量下降正是许多发展中国家面临的问题。所以两个有着相同储蓄率的国家仅仅由于其中一个国家比另一个国家的人口增长率高，就可以有非常不同的人均收入水平。

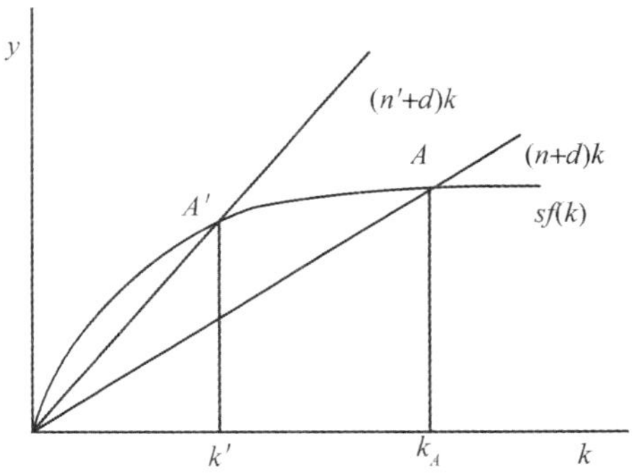

图3－9　人口增长的影响

对人口增长进行比较静态分析的另一个重要结论是，人口增长率的上升增加了产出的稳态增长率，而储蓄率的增加不能影响到稳态增长率，但确实能提高收入的稳态水平。也就是说储蓄率的增加只有水平效应，绝没有增长效应。

(2)在短期内，储蓄率、技术进步和折旧率会对短期产出增长率产生影响。储蓄率的上升和技术进步会提高短期产出增长率，而折旧率的上升会引起短期产出增长率的下降。

7. 20世纪90年代中期以来，美国经济在劳动生产率方面出现了一次变动浪潮，由 Y/N 给定。利用方程(2)对此次浪潮可以给出何种可能的解释？

说明：题中提到的方程(2)为：

$$\Delta Y/Y = [(1-\theta)\times \Delta N/N] + (\theta \times \Delta K/K) + \Delta A/A$$

产出增长 =(劳动份额×劳动增长)+(资本份额×资本增长)+技术进步

答：劳动生产率定义为 Y/N，即产出(Y)与劳动投入(N)的比率。如果产出的增长快于劳动投入的增长，就会带来劳动生产率的迅速提高。20世纪90年代中期以来GDP快速增长，美国经历了一次这样的劳动生产率的急剧变动。

美国劳动生产率的巨大变化可以由方程(2)中的两方面因素来加以解释。一方面为新技术的引进和现有技术更高的利用效率，即 $\Delta A/A$ 的快速增加。许多人认为对计算机技术的投资和应用的增加刺激了经济增长。另一方面，全球竞争的加剧迫使许多工厂通过重组生产和削减一些工作来降低成本，即 $\Delta N/N$ 增长放慢。这样，产出大量增长的同时，工作增长率却相对比较低，这就最终造成了劳动生产率的提高。更高的熟练劳动力也有助于劳动生产率的提高。因为如果工人更加熟练，同样数量的工人能生产更多的产出。

三、计算与分析题

1. 在一个仅包含两个生产要素的简单经济中，假定资本的收入份额是0.4，劳动的份额是0.6。资本和劳动的年增长率分别是6%和2%。假定没有技术进步。

(1)产出增长率是多少？

(2)产出增加一倍要多长时间？

(3)假定技术进步率为2%。重新计算问题(1)、(2)的答案。

答：(1)根据教材中公式(2)可知：产出的增长率 =(劳动增长率×劳动力份额)+(资本增长率×资本份额)+技术进步增长率，即：

$$\Delta Y/Y = (1-\theta)(\Delta N/N) + \theta(\Delta K/K) + \Delta A/A$$

其中 $1-\theta$ 是劳动力 N 所占的份额，θ 是资本 K 所占的份额，由于假设不存在技术进步因素，故 $\Delta A/A = 0$，因此：

$$\Delta Y/Y = 0.6\times 2\% + 0.4\times 6\% = 1.2\% + 2.4\% = 3.6\%$$

所以，产出的增长率为3.6%。

(2)根据通常的“70规则”：

产出增加1倍所用的时间 =70/产出增长率

由上题可知，产出增长率为3.6%，产出增加1倍所需的时间 =70/3.6 =19.44(年)。

(3)根据公式 $\Delta Y/Y = (1-\theta)\Delta N/N + \theta(\Delta K/K) + \Delta A/A$ 可知，其他条件不变，$\Delta A/A = 2\%$，代入公式可得产出增长率：

$$\Delta Y/Y = 0.6\times 2\% + 0.4\times 6\% + 2\% = 5.6\%$$

则产出增加1倍所需时间 =70/5.6 =12.5(年)。

2. 假定产出每年增长3%，资本与劳动的收入份额分别是0.3和0.7。

(1)如果劳动与资本每年都增长1%，那么全要素生产率增长率是多少？

(2)如果劳动与资本存量都固定不变，将会是什么结果？

答：(1)根据教材中公式(2)$\Delta Y/Y=(1-\theta)(\Delta N/N)+\theta(\Delta K/K)+\Delta A/A$，可知：

$$\begin{aligned}\Delta A/A &= \Delta Y/Y-\{(1-\theta)(\Delta N/N)+\theta(\Delta K/K)\}\\ &=3\%-[(0.7\times 1\%)+(0.3\times 1\%)]\\ &=2\%\end{aligned}$$

(2)如果劳动与资本存量都固定不变并且产出增长 3%，那么所有的增长要归因于全要素生产率的增长，即为 $\Delta A/A=3\%$。

3. 再次假定资本与劳动的收入份额分别是 0.3 和 0.7。

(1)资本存量增长 10%对产出有什么影响?

(2)劳动数量扩大 10%对产出有什么影响?

(3)如果劳动的增加完全归因于人口增长，由此引起的产出增长对人民福利会有影响吗?

(4)如果劳动的增长归因于妇女参与劳动力队伍，结果又将会怎样?

答：(1)根据公式 $\Delta Y/Y=(1-\theta)\Delta N/N+\theta(\Delta K/K)+\Delta A/A$ 可知，其他条件不变，$\Delta K/K=10\%$，代入公式可得产出增长率：

$$\Delta Y/Y=0.3\times 10\%+0.7\times 0+0=3\%$$

(2)根据公式 $\Delta Y/Y=(1-\theta)\Delta N/N+\theta(\Delta K/K)+\Delta A/A$ 可知，其他条件不变，$\Delta N/N=10\%$，代入公式可得产出增长率：

$$\Delta Y/Y=0.3\times 0+0.7\times 10\%+0=7\%$$

(3)如果产出以 $\Delta Y/Y=7\%$ 增长是由于劳动以 $\Delta N/N=10\%$ 增长，并且劳动的增长完全是由于人口的增长，那么人均产出就会下降并且人们的福利也会下降，这是因为人均产出的增长率为：

$$\Delta y/y=\Delta Y/Y-\Delta N/N=7\%-10\%=-3\%$$

(4)如果劳动的增长归因于妇女参与劳动力队伍，那么总人口就没有增加而人均产出将增加 7%，因此人们的福利就会上升。

4. 假定一次地震摧毁了 1/4 的资本存量。讨论该经济体的调整过程，并利用图 3－10 显示短期与长期增长会发生什么变化。

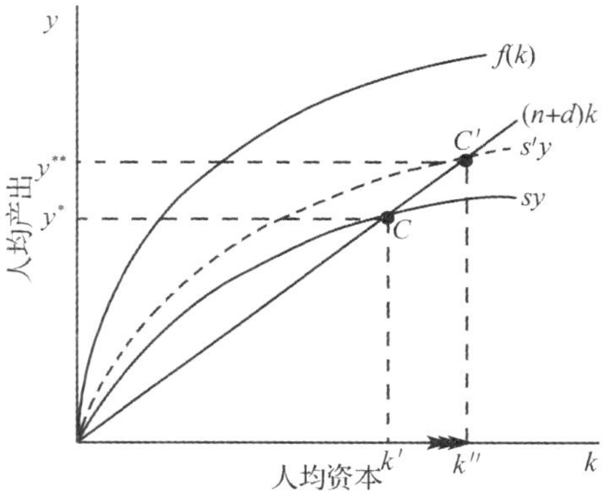

图 3－10　储蓄率的提高移动了稳态

说明：如果储蓄率提高，稳态的资本-劳动比率也将提高。

答：(1)如图 3－11 所示，以人均资本表示的生产函数为 $y=f(k)$。储蓄函数为 $sy=sf(k)$，显示了在每一资本-劳动比率上被储蓄的那部分收入 sy。直线 $(n+d)\times k$ 表示为保证资本-劳动比率固定不变而要求的投资额。在二者相交处经济达到稳态。假设在地震发生之前经济处于稳态，人均资本是 k^*，并假设地震没有影响人们的储蓄行为。

当地震摧毁了 1/4 的资本存量和不到 1/4 的劳动力时，资本-劳动比率就会从 k^* 下降到 k_1，资本产出从 y^* 下降到 y_1。现在储蓄超过投资需求，即 $sy_1>(d+n)\times k_1$，资本存量和人均产出水平将会再次增长到稳态 k^*。

当地震摧毁了 1/4 的资本存量和比 1/4 更多的劳动力时，资本-劳动比率就会从 k^* 上升到 k_2，资本产出从 y^* 上升到 y_2。现在储蓄少于投资需求，即 $sy_2<(d+n)\times k_2$，资本-劳动比率和人均产出水平将会再次下降到稳态 k^*。

地震正好摧毁了 1/4 的资本存量和劳动力，稳态还会继续维持，即资本-劳动比率和人均产出不会发生变化。

(2)如果地震严重到影响人们的储蓄行为，那么储蓄线就会上下移动。这要依赖于储蓄率的增长或下降。如果人们更多地储蓄，则将有更多的投资用于灾后的重建，储蓄函数将向上移动。如图 3－12 所示，储蓄函数将向上移动至 $s'y$，与直线 $(n+d)\times k$ 交于 C' 点，重新达到稳态，此时资本-劳动比率上升到 k^{**}，人均产出增至 y^{**}。

如果人们认为人生短暂，从而决定快乐地生活，他们就会减少储蓄。这样就会使储蓄率下降，储蓄函数下降到 $s''y$。此时与直线 $(n+d)\times k$ 交于 C'' 点，重新达到稳态，那么资本-劳动比率下降到 k^{***}，人均产量下降到 y^{***}。具体情况如图 3－12 所示。

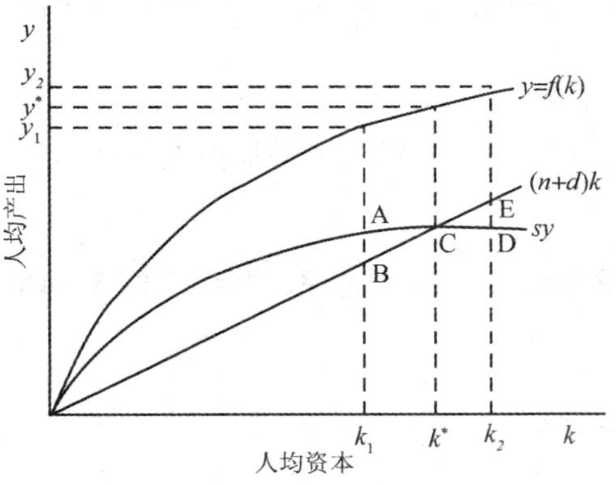

图 3－11　经济的调整过程

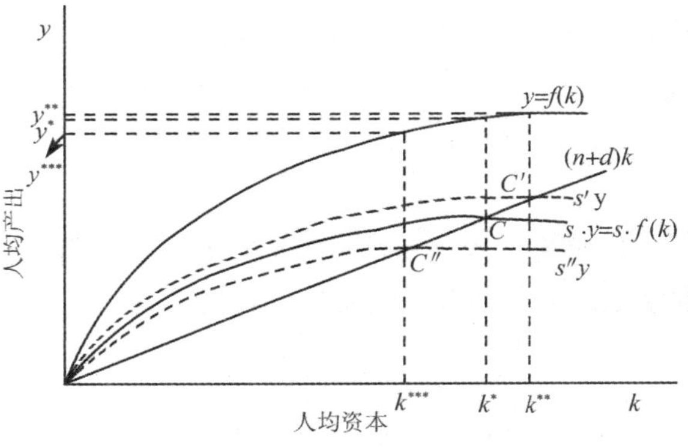

图 3－12　短期与长期增长的情况

5. 假定人口增长率有所提高。

(1)以图形显示这将如何影响人均产出的增长率和短期以及长期的总产出增长率？(提示：使用如图 3－10 的图解。)

(2)描绘该变化后的人均收入与人均资本存量的时间路径。(提示：使用如图 3－13 的图解。)

说明：图中 3－13 中(a)、(b)两图表示人均产出与产出增长率根据图 3－10 中储蓄率的提高进行的调整。

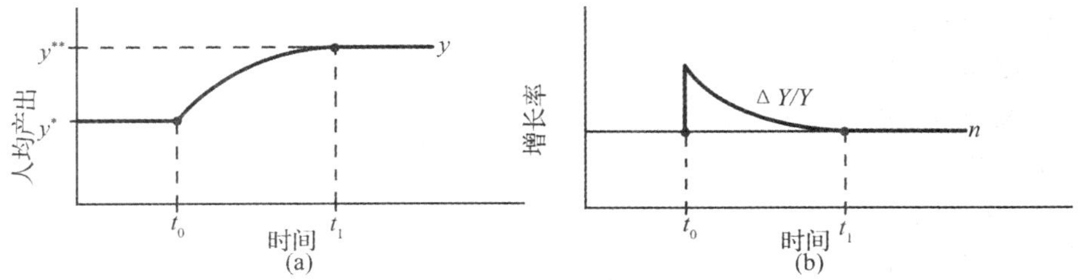

图 3 - 13 调整到新的稳态均衡

答：(1)人口增长率(n)的提高会影响到投资需求，投资线$(n+d)\times k$将会更陡。伴随着人口的增长就会要求更多的储蓄以使新工人拥有其他人已有的资本数量。由曲线 sy 与直线$(n_1+d)\times k$相交决定的新的最优资本-劳动比率会使人均产出(y)下降。因此，在短期会有一个负的增长率。然而在长期中，由新的更高的人口增长率决定的稳态产出增长率将会增长。如图 3 - 14 所示。

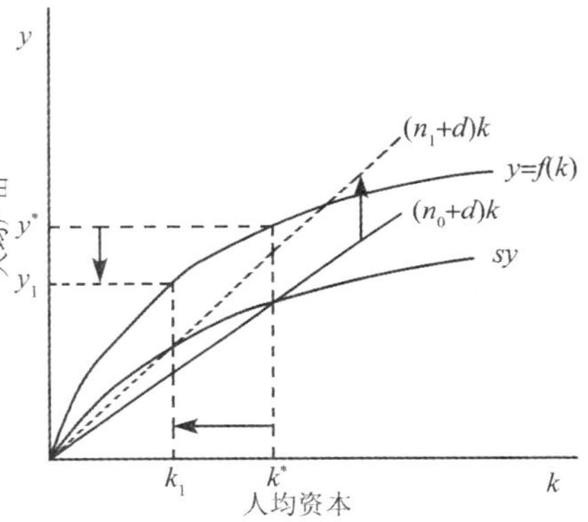

图 3 - 14 人口增长率的影响

(2)从人均产出水平为 y^* 的稳态开始，人口增长率的增长将使资本-劳动比率从 k^* 下降到 k_1。人均产出将会以一个持续的递减速度下降到一个新的稳态水平，即 y_1。产出增长率将会逐渐调整到新的更高水平 n_1。如图 3 - 15 和图 3 - 16 所示。

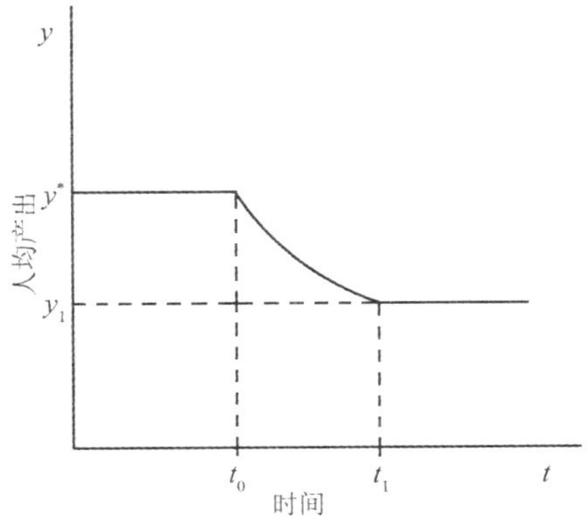

图 3 - 15 人均收入的时间路径

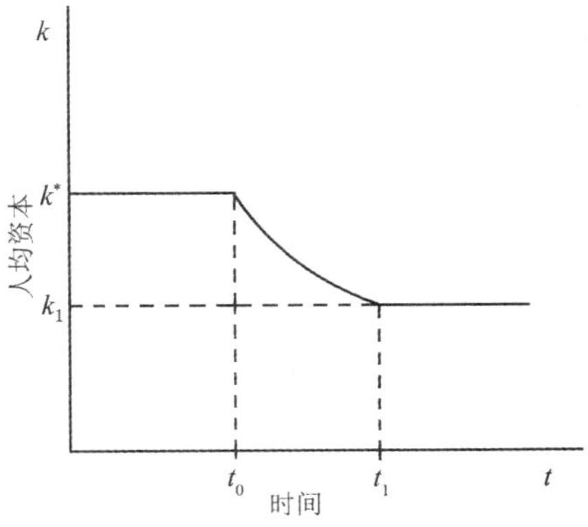

图 3 - 16 人口增长率增长对资本-劳动比率的影响

6. 考虑一个形式为 $Y=AF(K, N, Z)$ 的生产函数，其中 Z 是对用于生产中的自然资源的量度。假定生产函数的规模报酬不变，要素边际报酬递减。

(1)如果资本与劳动均出现增长，而 Z 固定不变，人均产出有何变化？

(2)加入技术进步(A 的增长)后，再考虑问题(1)。

(3)在20世纪70年代，人们害怕自然资源耗尽会限制增长，请用问题(1)、(2)的答案来讨论这种看法。

答：(1)设存在着如下形式的一种生产函数：$Y=A\times F(K, N, Z)=A\times K^a\times N^b\times Z^c$，从而得 $\Delta Y/Y=\Delta A/A+a\times(\Delta K/K)+b\times(\Delta N/N)+c\times(\Delta Z/Z)$。

由于 $a+b+c=1$，现在假设不存在技术进步，即 $\Delta A/A=0$，且资本和劳动的增长率相同，即 $\Delta K/K=\Delta N/N=n$。

如果资源固定不变，即可知 $\Delta Z/Z=0$，那么产出的增长率将是：

$$\Delta Y/Y=a\times n+b\times n=(a+b)\times n$$

由此可知，由于 $a+b+c=1$，$a+b<1$，产出的增长率将小于 n，因此，人均产量将下降。

(2)如果存在技术进步因素，即如果 $\Delta A/A>0$，那么产出的增长率将会变大，即 $\Delta Y/Y=\Delta A/A+(a+b)\times n$。如果 $\Delta A/A>cn$，那么产出的增长率将会大于 n，从而人均产量将会增加。

(3)如果自然资源的供给保持不变，那么产出的增长率将小于人口的增长率，从而可以预期当自然资源耗尽时，增长率就会受到限制。然而，如果技术进步的增长率非常大，即使自然资源的供给保持不变，产出的增长率也仍会大于人口的增长率。

7. 考虑如下生产函数：$Y=K^{0.5}(AN)^{0.5}$，其中人口与劳动数量均以 $n=0.07$ 的速度增长。资本存量的折旧率是 $d=0.03$，A 标准化为1。

(1)资本与劳动的收入份额是多少？

(2)生产函数的形式是什么？

(3)若 $s=0.20$，测定 k 和 y 的稳态值。

(4)稳态的人均产出增长率是多少？总产出增长率是多少？如果全要素生产率以每年2%的比率增长($g=0.02$)，结果会怎样？

答：(1)因为生产函数为 $Y=K^{1/2}\times(A\times N)^{1/2}$，并且 A 标准化为1，可得 $Y=K^{1/2}\times N^{1/2}$。由此可见资本与劳动的收入份额均为50%。

(2)生产函数的形式是柯布-道格拉斯生产函数(C-D函数)。

(3)$Y=K^{1/2}N^{1/2}$两边除以 N，得 $Y/N=K^{1/2}\times N^{-1/2}$，即 $y=k^{1/2}$。

因为稳态时有 $sy=(n+d)\times k$，得 $s\times k^{1/2}=(n+d)\times k$。

从而有 $k^{-1/2}=(n+d)/s=(0.07+0.03)/0.2=1/2$，化简得：$k^{1/2}=2=y$，即 $k=4$。

(4)当经济处于稳态时，人均产出增长率为零，总产出增长率等于人口增长率，即为0.07。

当全要素增长率以0.02的比率增长，即人均产出增长率等于全要素增长率，即为0.02，总产出增长率等于人口增长率与全要素增长率之和，即为0.09。

8. 假定技术水平固定不变，然后跃升至一个更高的新的恒定水平。

(1) 如果保持资本-劳动比率不变，技术的跃升如何影响人均产出？

(2) 给出新的稳态均衡。人均储蓄和资本-劳动比率有什么变化？人均产出有什么变化？

(3) 画出向新的稳态调整的时间路径。在转变过程中，投资比率上升了吗？如果上升，这种影响是暂时的吗？

答：(1) 如果存在技术进步，在资本-劳动比率保持不变的情况下，人均产出将会增加。函数 $y = f(k)$ 将会增加为 $y' = g(k)$，从而储蓄函数将会从 $sf(k)$ 增加为 $sg(k)$。

(2) 如果 k 固定不变，由 $sg(k) > sf(k)$ 可以推导出 $g(k) > f(k)$，$sg(k)$ 曲线和 $(d+n) \times k$ 直线的交点肯定会在一个更高水平的 k 点上。从而，在新的稳态均衡状态下，人均储蓄将会增加，资本-劳动比率将会变大，人均产出也将会增加。如图 3－17 所示。

(3) 如果存在技术进步，储蓄水平和投资比率都将上升，直到资本-劳动比率达到一个最佳的新的更高的水平。为了达到更高水平的最佳资本-劳动比率，必须进行更多的投资，从而资本投资比率将会在转变过程中上升。由技术进步带来的影响是永久的，而不是暂时的。

新的稳态调整的时间路径如图 3－18 所示。

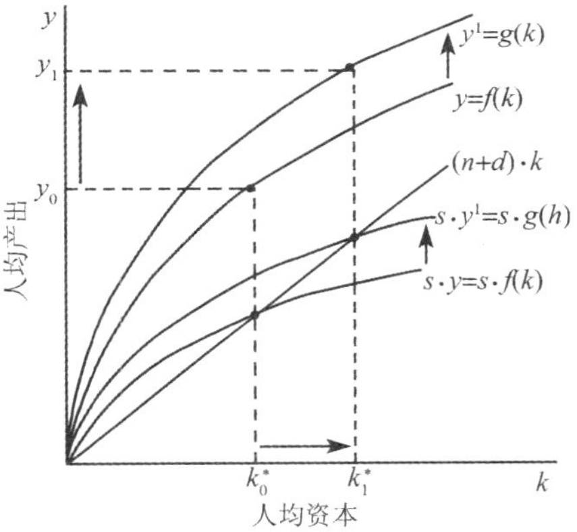

图 3－17　稳态均衡

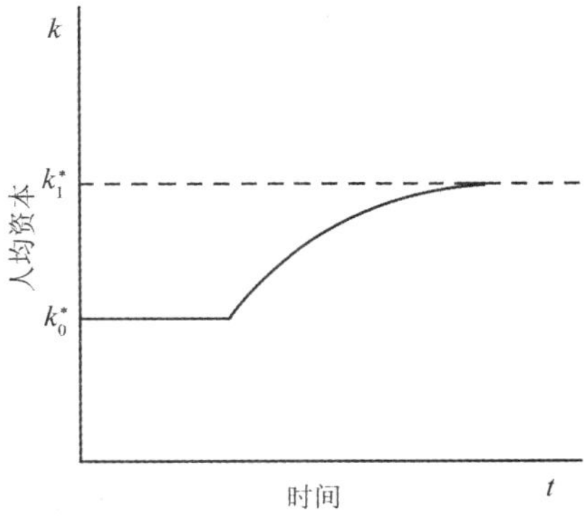

图 3－18　新的稳态调整的时间路径

9. 对于柯布-道格拉斯生产函数 $Y = AK^{\theta}N^{1-\theta}$，证明 $1-\theta$ 是劳动的收入份额。[提示：劳动的收入份额是收入的一部分，是劳动的收入 ($MPL \times N$) 除以总收入。]

证明：柯布-道格拉斯生产函数是由美国的数学家柯布和经济学家道格拉斯提出来的生产函数。对于柯布-道格拉斯生产函数：$Y = AK^{\theta}N^{1-\theta}$，式中 Y 代表产量，N 和 K 分别代表劳动和资本，A 和 θ 为两个参数，且 $0 < \theta < 1$。

劳动的边际产出为：

$MPL = \Delta Y/\Delta N = (1-\theta) \times A \times N^{-\theta} \times K^{\theta} = (1-\theta) \times A \times N^{1-\theta} \times K^{\theta}/N = (1-\theta) \times (Y/N)$

可得劳动的收入份额为：$(MPL \times N)/Y = (1-\theta) \times (Y/N) \times (N/Y) = 1-\theta$。

10. 考虑一个经济体，具有新古典生产函数 $Y = K^{0.5}N^{0.5}$ 的特征。再一次假定储蓄率是 0.1，人口增长率是 0.02，平均折旧率是 0.03。

(1) 写出人均资本形式的生产函数，找到稳定状态的 k 和 y。

(2)在稳定状态下的k比黄金法则水平下的k大还是小?

(3)计算在该模型中,储蓄率要达到多少才能得到黄金法则水平的资本k?

(4)在新古典增长模型中,一个国家可能会有太多的储蓄吗?

答:(1)人均资本形式的生产函数为:$y=f(k)=k^{0.5}$。

稳态时有$sy=sk^{0.5}=(n+d)k$,从而有$0.1k^{0.5}=(0.02+0.03)k$。

解得稳定状态的$k=4$,将$k=4$代入人均资本的生产函数中,得$y=2$。

(2)黄金法则下有$y'=n+d$,代入$n=0.02$,$d=0.03$得$k=100$。

而稳态时的$k=4$,稳态下的k比黄金法则下的k要小。

(3)黄金法则水平下的消费$c=f(k)-(n+d)k=100^{0.5}-(0.02+0.03)\times100=5$。

从而有储蓄$10-5=5$,则储蓄率$s=5/10=0.5$时才能得到黄金法则水平的资本k。

(4)在新古典增长模型中,一个国家不会有太多储蓄。若储蓄过多,稳态的资本和收入也会越高,而k越高,维持资本-劳动比率不变所需要的投资越大,则被用于当前的消费越少,因此太多的储蓄导致高收入和低消费。因此,要达到很高的储蓄水平,就必须减少当期的消费,而这是很难达成的。

第 4 章　增长与政策

4.1　复习笔记

【知识框架(庖丁解牛)】

- 增长与政策
  - 内生增长理论
    - 假设
    - 基本方程
    - 趋同
    - 结论
  - 增长陷阱与两部门模型
    - 假设
    - 生产函数
    - 原理说明
    - 增长陷阱的含义
  - 增长政策
    - 改变储蓄率
    - 配置经济的投资
    - 建立适当的制度
    - 支持促进增长的文化
    - 鼓励技术进步

【考点难点归纳(厚积薄发)】

考点一：内生增长理论　★★★★★

1. 假设

(1)社会储蓄函数为 $S=sY$，其中 s 为储蓄率；

(2)劳动增长率 n 不变；

(3)资本的边际产量不变；

(4)存在外部经济且外部报酬相当大；

(5)技术进步是内生要素，技术与总体经济中每个工人的资本水平成正比例，$A=aK/N=ak$；

(6)技术属于劳动增加型。

2. 基本方程

(1)生产函数：$Y=F(K,\ AN)$，满足规模报酬不变。

(2)人均产出增长率的推导：

对生产函数求全微分：

$$\Delta Y=(\partial F/\partial K)\cdot\Delta K+(\partial F/\partial AN)(N\cdot\Delta A+A\cdot\Delta N)$$

且:

$$\frac{\Delta Y}{Y}=\frac{K\times\partial F/\partial K}{Y}\cdot\frac{\Delta K}{K}+\frac{AN\times\frac{\partial F}{\partial AN}}{Y}\cdot\frac{\Delta N}{N}+\frac{AN\times\frac{\partial F}{\partial AN}}{Y}\cdot\frac{\Delta A}{A}$$

由于生产函数满足规模收益不变且要素及产品市场属于完全竞争市场，运用欧拉定理可得:

$$K\cdot(\partial F/\partial K)/Y=\theta,\ AN\cdot(\partial F/\partial AN)/Y=1-\theta$$

即有:

$$\Delta Y/Y=\theta\cdot\Delta K/K+(1-\theta)\cdot\Delta N/N+(1-\theta)\cdot\Delta A/A$$

可得人均产出增长率表达式:

$$(\Delta Y/Y-\Delta N/N)=(\Delta K/K-\Delta N/N)\cdot\theta+(1-\theta)\Delta A/A$$

即有: $\Delta y/y=(\Delta k/k)\cdot\theta+(\Delta A/A)\cdot(1-\theta)$。

将技术增长公式 $\Delta A/A=\Delta K/K-\Delta N/N=\Delta k/k$ 代入 GDP 增长方程，得:

$$\Delta y/y=(\Delta k/k)\cdot\theta+(\Delta A/A)\cdot(1-\theta)=(\Delta k/k)\cdot\theta+(\Delta k/k)\cdot(1-\theta)=\Delta k/k$$

可以判断，y/k 是常数。

将生产函数除以 K 可得出该常数:

$$y/k=F(K,\ AN)/K=F(K/K,\ AN/K)=F(1,\ a)=a$$

已知资本积累方程为 $\Delta k/k=sy/k-(n+d)$，联立上式可得，内生增长模型的人均产出增长率的基本公式为:

$$\Delta y/y=\Delta k/k=g=sy/k-(n+d)=sa-(n+d)$$

由公式可知，内生增长模型中人均产出增长率是 $sa-(n+d)$。因此，高储蓄率形成高增长率，高人口增长率与高折旧率则导致低增长率。此时，经济进入自我持续，并形成以固定速率 $sa-(n+d)$ 增长的稳态路径。如图 4－1 所示。

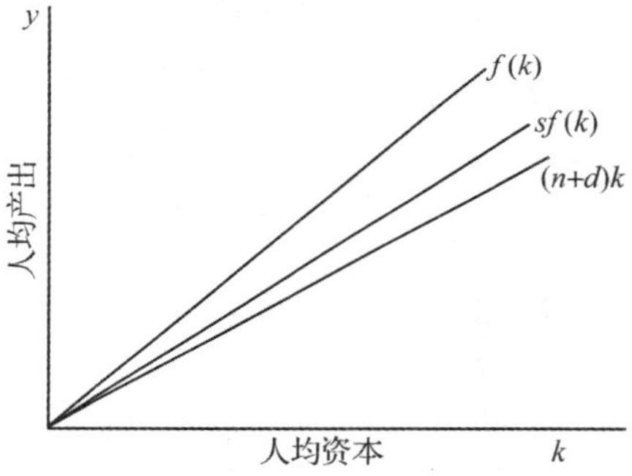

图 4－1　内生增长的图解

3. 趋同

“趋同”是指原本原先产出水平不同的经济体最终会达到相同的产出水平和生活标准。“趋同”分为绝对趋同和条件趋同：绝对趋同是指若两国有相同的储蓄率 s、人口增长率 n、技术水平以及相同生产函数，则他们的稳态增长率相同且会达到同样的稳态收入；有条件的趋同是指实际人均 GDP 的起始水平相对于长期或稳态位置越低，则增长率越快的一种理论，比如较不发达的地区会以更快的速度发展。

4. 结论

(1)内生增长理论依赖于可积累要素的规模报酬不变，以产生持续增长。

(2)作为内生增长理论基础的微观经济学强调，当厂商不能获取某些投资收益时，社会报酬与私人报酬有差异。

(3)技术进步率取决于储蓄，特别是致力于人力资本的储蓄。

(4)储蓄率的增长在提高产出水平的同时也提高产出增长率，即储蓄的增加会导致产出持续增长。

(5)内生增长理论在解释增长率的国际差异方面并不是很重要。

◆拓展延伸◆

内生增长理论的财政政策意义：①增加人力资本投资的政策措施：政府直接增加人力资本投资；政府提供税收刺激或财政补贴鼓励企业增加人力资本投资。②增加基础设施投资的政策措施：政府直接增加基础设施投资；政府提供税收刺激或财政补贴鼓励企业增加基础设施投资。③增加研究与开发投资的政策措施：政府直接增加研究与开发投资；政府提供税收刺激或财政补贴鼓励企业增加研究与开发投资。

考点二：增长陷阱与两部门模型 ★★★★

两部门模型是指将整个经济体系分为从事制造的企业和生产知识的大学两个部门的增长模型。企业部门专门从事财货及劳务的生产，以供应消费及投资等有形资本。大学则专门生产“知识”因素。

1. 假设

经济中存在两种资本，一种是实物资本，边际产出递减(如新古典增长理论)，另一种资本类似于人力资本，边际产出不变(如内生增长理论)。

2. 生产函数

生产函数将从曲线的一个部分开始，并以向上倾斜的直线结束，如图 4－2 中的 $f(k)$ 所示。

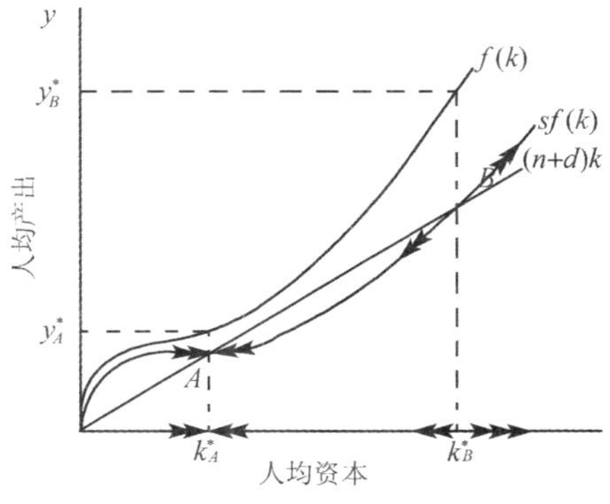

图 4－2　稳态与持续增长的选择

3. 原理说明

如图 4－2 所示，点 A 表示经济位于“新古典增长均衡”，随着时间的变化，经济向右移动达到点 B，这一过程就像内生增长模型一样。当经济处于双低状态(即低收入与低资本水平)时，经济发展必需的投资线和储蓄线相交于新古典区域(点 A)，经济在此时进入无增长的稳态。当经济处于双高状态(高收入和高资本水平)时，越过 B 点，储蓄线超过经济发展必须的投资线之上，此时会出现经济的持续增长。

4. 增长陷阱的含义

由于社会中的资本有两种形式，因此不但要选择一个总投资水平，还要对投资结构进行设计。如果将投资引向科研与开发等方向，经济将出现持续增长(B 点)；如果将投资引向实物资本的方向，只会带来短期内经济的增长，要以较低的长期增长为代价(A 点)，使经济陷入增长陷阱。

考点三：增长政策 ★★★

1. 改变储蓄率

政府影响国民储蓄最直接的方式是通过公共储蓄——政府所得到的税收收入和它的支

出之间的差额。政府还可以通过影响私人储蓄——家庭和企业所进行的储蓄来影响国民储蓄。人们决定储蓄多少取决于他们所面临的激励，而这些激励可以被多种公共政策改变。例如，公司所得税、房地产税还有免税退休金账户等。

2. 配置经济的投资

经济的投资包括实物投资和人力资本投资。政府可以只是为不同类型资本创造一种“公平竞争环境”。

政府也可以积极地促进某些特定形式的资本。

3. 建立适当的制度

各国生产效率水平不同的一个原因是指导稀缺资源配置的制度不同。①一国的法律是传统制度差别的一个例子。②政府的质量和政府官员的正直是制度差别的又一个例子。

4. 支持促进增长的文化

一国的文化是指该国人民的价值观、态度和信念。一国文化产生于不同的历史、人类学和社会学力量，不能轻易被政策制定者控制。但是，文化随时间演化，政策能够起到支持作用。

5. 鼓励技术进步

(1)专利制度给新产品发明者以暂时的垄断地位；
(2)税法为进行研究与开发的企业提供税收优惠；
(3)政府机构资助大学里的基础研究。

4.2 课后习题详解

一、概念题

1. 绝对趋同

答：绝对趋同是指具有相同的储蓄率、人口增长率和技术的经济最终会达到相同的稳态收入水平，也即不论各国的其他特征如何，穷国的人均收入增长倾向比富国更快。从理论上说，经济趋同可分为“绝对趋同”和“条件趋同”两种，但实证研究证明绝对趋同并不存在，而无论是在理论上，还是在现实世界中，条件趋同都是客观存在的现象。

2. 规模报酬递增

答：规模报酬递增是指在其他条件不变的情况下，产量增加的比例大于各种生产要素增加的比例。设生产函数为 $Q=f(L, K)$，则当劳动和资本投入量同时增大 λ 倍时，产量为 $f(\lambda L, \lambda K)=aQ$，$a>\lambda$，即产量增加的幅度要大于要素投入的增长幅度。

产生规模报酬递增的主要原因是企业生产规模扩大所带来的生产效率的提高。它可以表现为：生产规模扩大以后，企业能够利用更先进的技术和机器设备等生产要素，而较小规模的企业可能无法利用这样的技术和生产要素。随着对人力和机器的使用增多，企业内部的生产分工能够更加合理和专业化。此外，人数较多的技术培训和具有一定规模的生产经营管理也可以节省成本。

3. 稳定均衡

答： 稳定均衡是指如果经济体系的均衡状态遭到暂时破坏时，依靠其自身的力量最终还会恢复到原来所处的均衡状态的一种均衡。其特点是一个开始处于均衡状态的经济体系，在制约它的各种外部条件发生变动时，会使该经济体系产生脱离均衡状态的运动。但是，经济体系内部同时又会自动地产生一种力量，这种力量使体系中的各种变量重新恢复到原来的均衡状态。例如，当某一商品的供给曲线在均衡点的斜率大于需求曲线的斜率时，脱离均衡状态的波动幅度会自动逐渐缩小以至消失，并最终停留在原均衡点上，这就是阐述动态均衡的蛛网理论所描述的收敛型蛛网情况。

4. 有条件的趋同

答： 有条件的趋同是指实际人均 GDP 的起始水平相对于长期或稳态位置越低，则增长率越快的一种理论。实际人均 GDP 的起始水平越低，则增长率越快的这一性质是报酬递减规律作用的结果。而趋同之所以是有条件的，是由于各国经济条件不同所致的稳态增长水平不同。稳态水平依赖于储蓄率、人口增长率、生产函数的性质以及政府政策和人力资本初始存量上的差异——正是这些差异导致各国经济增长巨大的差异。当这些差异被排除时，各国经济将趋于收敛到相同的稳态，这就是条件趋同理论，也称作“条件收敛”。

5. 社会基础设施

答： 社会基础设施是指在社会实践基础上形成的社会关系总体的基本构成方式，即决定经济环境的制度和政府的政策的总称。一套好的法律制度、稳定的税收、对政府官僚的限制，所有这些能够影响个人和企业生产性活动的制度与政策，都是社会基础设施的组成部分。许多宏观经济学家都倾向于认为社会基础设施在产出的决定中起到重要的作用，并且从社会基础设施的差异方面的角度来研究为什么一些国家比另一些国家拥有更多的资本以及为什么这些国家的储蓄和投资比其他国家更多。

6. 不稳定均衡

答： 不稳定均衡是指如果经济体系的均衡状态遭到暂时破坏，依靠经济体系自身的力量最终无法恢复到原来所处的均衡状态的一种均衡。

如图 4－3 所示，市场在需求曲线 D 和供给曲线 S 的交点 E 达到均衡，当价格上升时，需求大于供给，形成短缺，驱使价格上升；价格上升继续导致供不应求，价格再上升；……反之，当价格从 E 点开始下降时，是相同的道理。这都使得市场状态离均衡点 E 越来越远。之所以造成上述情况，是因为供给曲线和需求曲线同为负斜率曲线，且供给曲线斜率的绝对值比需求曲线斜率的绝对值小，即供给曲线较需求曲线平坦。这时，一旦价格离开均衡点，则按最初偏离的方向越偏越远。这就是一种不稳定均衡。不稳定均衡表示的经济含义是，如果价格低于均衡价格，供给者将其过剩产品竞相抛售，价格越低，相对过剩越多，竞相抛售的恐慌心理越严重。反之，如果价格高于均衡价格，这时反而供

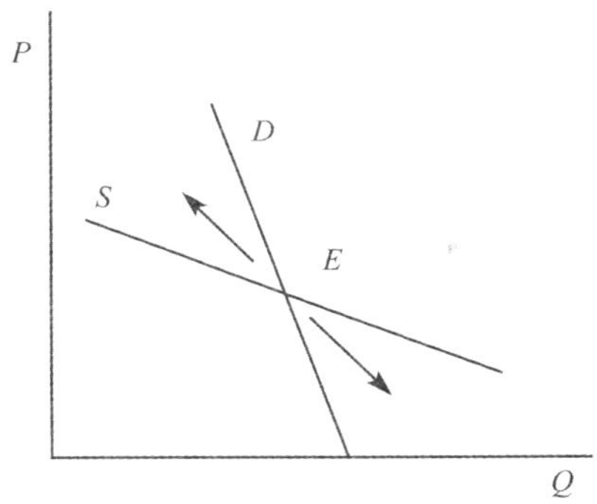

图 4－3 不稳定的均衡

不应求，供给者出现惜售心理，待价而沽，价格越高，惜售心理越严重。

7. 内生增长理论

答： 内生增长理论是指经济能够不依赖外力推动实现持续增长，规模收益递增和内生的技术进步是保证经济持续增长的决定因素。该理论与新古典增长理论不同，内生增长理论认为经济的长期增长依赖于储蓄率和其他因素，而不仅仅依赖于劳动力的增长率，其重要特征就是试图使增长率内生化。根据其依赖的基本假定条件的差异，可以将内生增长理论分为完全竞争条件下的内生增长模型和垄断竞争条件下的内生增长模型。按照完全竞争条件下的内生增长模型，使稳态增长率内生化的两条基本途径就是：①将技术进步率内生化；②如果被积累的生产要素有固定报酬，那么可以通过某种方式使稳态增长率被要素的积累所影响。

二、简答题

1. 什么是内生增长？内生增长模型与第3章中介绍的新古典增长模型有何不同？

答：（1）内生增长理论指罗默、卢卡斯等经济学家提出的，用规模报酬递增和内生技术进步说明一国长期经济增长和各国经济增长率差异的经济增长理论。内生增长理论认为通过政策可以影响一国的储蓄率和与投资对应成比例的GDP从而达到经济增长。其重要特征就是试图使增长率内生化。根据其依赖的基本假定条件的差异可以将内生增长模型分为完全竞争条件下的内生增长模型和垄断竞争条件下的内生增长模型。按照完全竞争条件下的内生增长模型，使稳态增长率内生化的两条基本途径就是：①将技术进步内生化；②如果可以被积累的生产要素有固定报酬，那么可以通过某种方式使稳态增长率被要素的积累所影响。

（2）内生增长模型与新古典增长模型的不同主要有以下几点：

①假设条件不同。内生增长模型假定规模收益递增和技术进步内生化；而新古典增长模型假定劳动力按一个不变的比率 n 增长，而且生产的规模报酬不变。

②理论构成不同。内生增长理论虽然被称为一个理论，但并不像新古典增长理论那样有一个为多数经济学家所共同接受的基本理论模型。确切地讲，内生增长理论是一些持相同或类似观点的经济学家提出的诸多增长模型组成的松散集合体。构成内生增长理论的各种模型之间既存在明显的差别，同时又包含一些有别于其他增长理论并体现内生增长理论特色的基本思想。

③得出的结论不同。内生增长模型认为经济的长期增长依赖于储蓄率和其他因素，而不仅仅依赖于劳动力的增长率，其重要特征就是试图使增长率内生化，储蓄率更高的国家有更高的长期增长并且政府可以通过执行影响储蓄率的政策来影响长期增长。而新古典增长模型认为只有通过技术进步来达到长期的经济增长并且储蓄率的变化只能起短期作用。

内生增长理论所强调的规模收益递增、外溢效应、专业化、人力资本积累等，是对传统经济增长理论的重大突破。它不仅较好地解释了一些经济增长事实，而且其丰富的政策内涵对各国经济长期增长政策的制定和运用也有一定的参考价值。但不可否认，内生增长理论在理论框架、生产函数、分析方法等方面仍存在一些缺陷与不足，有待于进一步发展与完善。

2. 本章中的简单内生增长模型，其资本边际产量不变的假定，为什么不能像传统微观经济学推理所暗示的那样，产生单独一家大厂商统治该经济的局面？

答：资本边际产量不变的简单内生增长模型意味着把所有要素都考虑在内之后是规模收益递增的，这可能导致一家大厂商统治该经济的局面。然而，这个模型忽略了除内部回报之外的外部资本回报的可能性。增加投资不仅会带来更大、更有效的资本存量，而且会产生新的工作思路和工作方式，而这很容易被其他厂商所学习。所以，该单一厂商不可能获得所增加产出的所有收益，也就不会产生单独一家大厂商统治该经济的局面。

3. 在第 3 章扼要说明的新古典增长模型与本章所概述的基本内生增长模型之间，关于产出水平与产出增长率的储蓄增长的含义有何不同？

答：新古典增长模型认为只有通过技术进步来达到长期的经济增长，并且储蓄率的变化只能起短期作用，储蓄率的提高并不能使长期的产出增长率增加。

内生增长模型认为经济的长期增长依赖于储蓄率和其他因素，而不仅仅依赖于劳动力的增长率，其重要特征就是试图使增长率内生化，储蓄率更高的国家有更高的长期增长并且政府可以通过执行影响储蓄率的政策来影响长期增长。

4.（选做题）

(1) 本章指出哪些类型的资本投资对解释长期均衡增长最为有用？

(2) 讨论下列各种政府计划的长期增长潜力：

①投资税收减免；

②研究与开发的补贴与资助；

③旨在增加储蓄的政策；

④增加对初等教育的投入。

答：(1) 经济学家认为，一般的人力资本投资和研究与开发的物质投资对解释长期均衡增长最为有用。人力资本是通过花费一定的资源而投资于人自身的、最终体现为凝结于人自身的一定技能、体能、知识和认识水平的总和，人力资本投资是提高人力资本存量的根本途径。研究与开发的物质投资有助于提高和培养人的创新能力，是人力资本投资的一种形式，或者说有人力资本投资的性质。

(2) ①投资税收减免可以刺激投资，将投资引向科研与开发，从而可能通过实现更高的技术进步率来潜在影响长期的经济增长。

②研究与开发的补贴与资助导致的技术进步会带来对社会和私人回报的增长。它们对刺激经济长期增长非常有效。

③根据内生增长理论，旨在提高储蓄的政策将提高长期的产出增长率，然而缺乏足够的实证经验。

④增加对初等教育的投入会提高对社会和私人的回报，并且对刺激长期的经济增长有非常重要的意义。

5. 新古典增长模型预言的绝对趋同与有条件趋同之间有何差异？根据经验，目前什么情况正在发生？

答：(1) 绝对趋同认为：具有相同的储蓄率和人口增长率的国家，如果能得到相同的技术，将会达到相同的稳态。有条件的趋同认为：具有相同的技术和人口增长率而储蓄率不同的国家将会达到不同产出水平的稳态，但有相同的经济增长率。有条件的趋同是对储蓄率不同的经济所作的预测，即根据索洛增长图形的预测，稳态收入会不同，但增长率最终将相等。

在绝对趋同中，不同国家间的收入差异的程度在减少，而有条件趋同则反映了一种当所有相关的可变因素不尽相同时收入差别趋于缩小的趋势。

(2)经验上，正在发生的似乎是不同国家间的有条件的趋同。将有条件的趋同与内生增长理论关于高储蓄率导致高增长率的预言相比较，罗伯特·巴罗(Robert Barro)在其一系列论文中已指出，虽然投资较多的国家趋向于增长较快，但高投资对增长的影响看来是暂时性的：投资较高的国家将最终达到较高人均收入的稳态，而不是较高增长率的稳态。这意味着这些国家的趋同确实是有条件的。

6. 内生增长理论能解释增长率的国际差异吗？如果能，如何解释？如果不能，它有助于解释什么？

答：内生增长理论不能解释增长率的国际差异。原因如下：

(1)新经济增长理论是指用规模收益递增和内生技术进步来说明一国长期经济增长和各国增长率差异而展开的研究成果的总称。新增长理论最重要的特征是试图使增长率内生化，因而又称为内生增长理论。

(2)内生增长理论认为稳态的产出增长率受累积的产品要素的速率(即资本存量积累的速率)的影响。储蓄率的增长会提高资本存量积累的速率，这将会提高产出增长率。这种提法对于解释拥有一流技术、高度发展的国家的增长率非常重要，然而它不能解释更加贫穷的国家间经济增长率的不同。对于这些国家有条件的趋同看起来更合适。

7. 假定一个社会能对实物资本与人力资本这两类资本进行投资。那么，对投资分配的选择如何影响其长期增长潜力？

答：(1)实物资本与人力资本的区别：

实物资本即物质资本，是指长期存在的生产物资形式，如机器、设备、厂房、建筑物、交通运输设施等。人力资本是相对于物质资本而言的一个概念，是通过花费一定的资源投资于人自身的、最终体现为凝结于人自身的一定技能、体能、知识和认识水平的总和。

人力资本与物质资本的区别在于：①人力资本体现在人身上，不能像物质资本那样可以转移或转让；②人力资本不能像物质资本那样折旧；③物质资本投资的收益只能是货币或与货币相关的物质，而人力资本投资除可带来货币收益外还可带来心理收益和社会收益；④物质资本投资成本直接由投资费用构成，人力资本投资除了直接成本外还有机会成本；⑤物质资本投资直接由投资者决定，人力资本投资可由本人决定，也可由父母、家人或单位组织决定；⑥从投资风险角度看，人力资本投资风险不如物质资本投资风险明显，因为人力资本收益是多元的。

(2)投资分配的选择对长期增长潜力的影响：

进行实物资本投资将会在短期产生更高的资本存量和产出水平，但对长期的经济增长是不利的，除非有明显的外部资本回报。进行人力资本投资是一个比较好的战略，人力资本投资是提高人力资本存量的根本途径，它将产生高的回报并且能导致长期经济增长率的提高。

8. (1)再一次考虑具有稳态人均产出水平的新古典模型。假定一个社会能选择其人口增长率。该选择如何影响其稳态人均产出？这种政策有助于该国免于落入贫困陷阱吗?

(2)现在假定我们有一个内生增长模型。较低的人口增长率如何影响社会的长期增长潜力?

答：(1)如果一个社会能选择较低的人口增长率，那么它可以减少投资需求，同时增加稳态的产出水平。有了较低的人口增长率就有可能通过较少的投资花费水平而达到一个更高的资本产出水平。因此执行可控制的人口政策将会是避免所谓的贫困陷阱的有效方法。

(2)假设有一个内生增长模型，包含资本、劳动的生产函数为 $Y=F(K, AN)$，其关键假定是，更优越的技术是资本投资的副产品，即假定技术与总体经济中每个工人的资本水平成正比例，$A=a\times K/N=a\times k$，并假定技术属于劳动增加型，因此生产函数为 $Y=F(K, AN)$。此时技术增长已经内生化，取决于资本的增长 $\Delta A/A=\Delta K/K-\Delta N/N=\Delta k/k$。

将其代入 GDP 增长方程，得 $g=\Delta y/y=\theta\times\Delta k/k+(1-\theta)\times\Delta A/A=\theta\times\Delta k/k+(1-\theta)\times\Delta k/k=\Delta k/k$，即 $g=\Delta y/y=\Delta k/k$，说明产出与资本以相同速率增长。

由于 y/k 的分子与分母增长率相同，因此 y/k 是常数，将生产函数除以 K 并简化，可得出该常数：$y/k=F(K, AN)/K=F(K/K, AN/K)=F(1, a)=a$。

由于资本积累方程可写为 $\Delta y/y=\Delta k/k=g=sy/k-(n+d)$，把 $y/k=a$ 代入得 $\Delta y/y=\Delta k/k=g=sy/k-(n+d)=sa-(n+d)$。

人均 GDP 增长率是 $sa-(n+d)$。高储蓄率产生高增长率，高人口增长率和高折旧率导致低增长率。因此较低的人口增长率将会提高长期的人均 GDP 增长率。

9. 新古典增长模型与内生增长模型的哪些要素有助于我们解释那些被称为“亚洲四小龙”的经济体的惊人增长?

说明：题中提到的“亚洲四小龙”的经济体是指香港地区、新加坡、韩国和台湾地区。它们的经济增长率曾非常引人注目，它们的增长速度使它们从世界上最贫穷国家和地区的行列转变为与富裕的工业国收入水平相当的国家和地区。它们已经成为世界其他地方有效发展的范例。

答：(1)新古典增长模型认为只有技术进步和人口的增长才能影响长期的经济增长，储蓄率的提高并不能使长期的产出增长率增加。内生增长模型认为经济的长期增长依赖于储蓄率和人力资本、研究和开发支出、知识外溢等因素，而不仅仅依赖于劳动力的增长率，其重要特征就是试图使增长率内生化，储蓄率更高的国家有更高的长期增长，并且政府可以通过执行影响储蓄率和提高人口素质的政策来影响长期增长。

(2)在 1966 ~ 1990 年间，“亚洲四小龙”(香港地区、新加坡、韩国和台湾地区)经历了高速的经济发展，是因为它们都采取了提高人口素质和增加储蓄率的政策。而这些政策措施和内生增长模型所建议的政策是一致的。另外，这些国家的劳动力数量不断增长，尤其是妇女加入劳动力的比例在提高，而这与新古典增长模型的推论是相同的。

10. 在发达工业国和欠发达工业国中，人均产出增长率具有无限增长的潜力吗？请解释。

答：对于人均产出的潜力是否无限这个问题存在着许多争议，没有明确的答案。因为人类面临的自然资源越来越少，环境问题也越来越严重，这是无限增长的一大限制。增长极限论认为，影响人类社会经济增长的主要因素有五个，即人口增长、粮食供应、资本投资、环境污染和资源耗竭。这五个因素的共同特点在于：它们都按指数增长，即按一定的百分比递增。麦多斯等人建立的世界模型得出的结论是：1970年以后，人口和工业仍维持着指数增长，但迅速减少的资源将成为约束条件使工业化不得不放慢速度。工业化达到最高点后，人口和污染还会继续增长。但由于食物与医药缺乏引起死亡率上升，最后人口增长停止，人类社会将在2100年之前崩溃。

然而，如果技术进步持续不断的发生并且对智力资源有着科学合理的管理，那么可以确信经济增长将会持续一段很长的时间。增长极限论的世界模型结论是否正确，取决于所选择的基本经济关系是否恰当，估计的参数是否正确。例如，有的学者根据麦多斯等人的世界模型，假定自1970年起，自然资源发现(包括回收)率每年增长2%，控制污染的技术能力每年增长2%，粮食产量每年增长2%，按照这样的假定，改变了模型结构时，计算机计算的结果表明，产量和人口增长都不受限制，崩溃永远不会发生。

所以，无论是发达工业国还是欠发达工业国，其人均产出增长率的潜力是否无限都没有明确的答案。

三、计算与分析题

1. 考虑一个两部门增长模型，存在两种投资机会，一种是边际产量递减的投资机会，另一种是边际产量不变的投资机会。(提示：参考图4－4。)

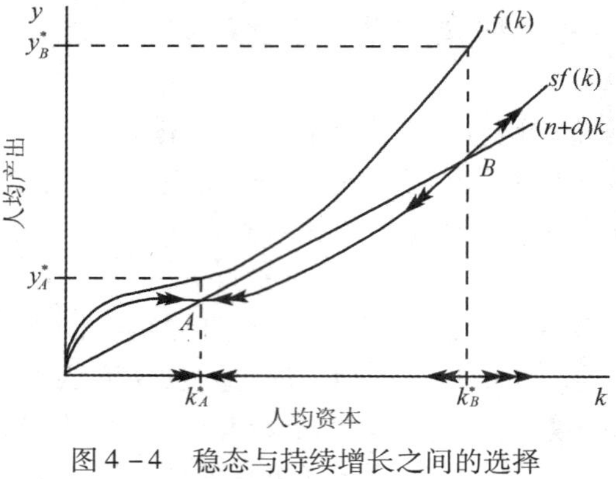

图4－4　稳态与持续增长之间的选择

(1)这个问题的生产函数是什么样的？

(2)描绘这个模型的一组均衡点的特点。人均产出在任何均衡点都是非零增长的吗？

(3)这个模型能否有助于我们解释那些严格的新古典增长模型和内生增长模型所不能解释的事情？

说明：图4－4中的生产函数可以对无增长国家与高增长国家并存的世界作出解释。

答：(1)在均衡点A之前，资本的边际产量是递减的，所以此时所对应的生产函数像新古典增长模型(外生增长模型)的生产函数；而在均衡点 A 之后，资本的边际产量是逐渐递增的，边际产量曲线向右上方倾斜，所以此时所对应的生产函数像内生增长模型的生产函数。

(2)均衡点 A 是一个稳定的低收入稳态均衡。任何背离此点的经济将最终调整到相同的稳态产出水平点，即会回到此点。均衡点 B 是一个非稳定的高收入稳态均衡点。任何背离此点的经济将不会回到此点。如果资本-劳动比率下降则会到达低收入稳态均衡点，反之则会持续地发展。因此并不是人均产出在任何均衡点都是非零增长。

(3)该模型解释了无增长和低收入国家与持续增长和高收入国家并存的现象，而这种现象正是严格的新古典增长模型和内生增长模型所不能解释的。无增长和低收入国家可能投资了大量的实物资本产生了短期的经济增长，但却以较低的长期增长为代价。而持续增长和高收入国家则投资了大量的人力资本，从而产生了显著的社会回报。

2. 现假定我们有一个一部门模型，它具有可变的人口增长率。(提示：参考图 4 –5。)

(1)这个模型的必需的投资线看起来像什么?

(2)描绘一组均衡点的特征，一定要讨论其稳定性。人均产出在任一均衡点都是非零增长的吗?

(3)假定你的国家处于“贫困陷阱”中最低人均产出水平的均衡点上。这个国家可能采取什么行动，使其向收入更高的点移动?

说明：在这个具有两种稳态均衡的模型中，高人口增长率导致低人均收入水平。

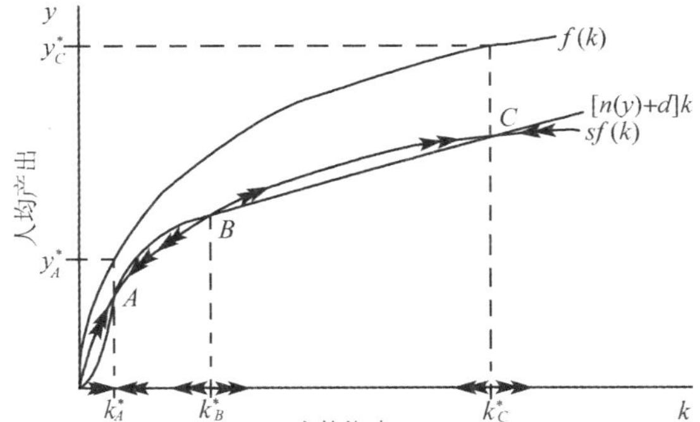

图 4 –5　贫困陷阱

答：(1)如果人口增长是内生变量，即国家可以通过政府政策影响人口增长率，这样投资需求线将不再是直线，此时的形状如图 4 –5 所示。(此时模型为一部门模型且有可变的人口增长率。)

(2)均衡点 A 是一个稳定的均衡点。它处于低收入和高人口增长的状态，意味着此时国家处于贫困陷阱。均衡点 B 是一个非稳定的均衡点，它处于中等收入和低人口增长的状态。均衡点 C 是一个稳定的均衡点，它处于高收入和低人口增长的状态。三个均衡点都不能持续增长，因此人均产出在任何均衡点都是非零增长。

(3)首先，可用一些方法使资本-劳动比率超过均衡点 B 的水平。这些方法可能是举借外债或寻求外商直接投资。其次，可以增加储蓄率。这样就会使储蓄函数不再与投资需求

曲线相交于类似 A 或 B 这样的均衡点。再次，可以通过有计划的人口政策来降低人口增长率。这样投资需求就会下降，从而不再与储蓄函数相交于类似 A 或 B 这样的均衡点。

3. 假定你对一个两部门增长模型添加一个可变的人口增长率(提示：结合图4-4和图4-5)：

(1)生产函数、必需的投资线和储蓄线是什么样的?

(2)描绘该模型的一组均衡点的特征。人均产出在任一均衡点都是非零增长的吗?

(3)在上述模型中添加可变人口增长率有助于你解释具有固定增长率的简单二部门模型，或具有可变增长率的一部门模型所不能解释的任何事情吗?

答：(1)对一个两部门增长模型，添加一个可变的人口增长率后，可以得知必需的投资线为曲线，生产函数在刚开始有一个递减的边际资本产出，然后边际资本产出为常数。具体如图4-6所示。(储蓄函数的形状与生产函数类似。)

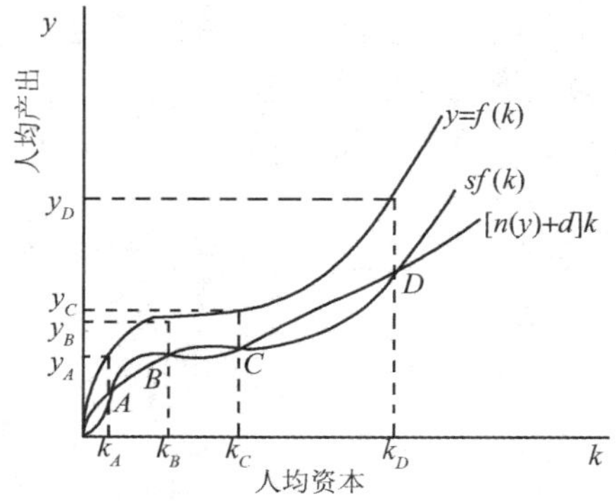

图4-6　两部门增长模型在添加一个可变的人口增长率后的情形

(2)储蓄函数与投资需求有四个交点。均衡点 A 是一个稳定的低收入稳态均衡点。任何背离此点的经济将最终调整到相同的稳态产出水平和资本产出比，即会回到此点。均衡点 B 是一个非稳定的低收入的均衡点。任何背离此点的经济将不会回到原点。如果资本-劳动比率下降则会到达低收入稳态均衡点 A，反之如果资本-劳动比率上升则会到达较高收入稳态均衡点 C。均衡点 C 是一个稳定的中等收入稳态均衡点。任何背离此点的经济将最终调整到相同的稳态产出水平和资本产出比，即会回到此点。均衡点 D 是一个非稳定的高收入均衡点 C。任何背离此点的经济将不会回到原点。如果资本-劳动比率下降则会到达较低收入稳态均衡点 C，反之如果资本-劳动比率上升则会持续地发展。在任一均衡点上人均产出达到稳定状态，保持不变，但总产量的增长率与劳动力增长率相等。

(3)此模型包含了前面讨论的两个模型，并且有更强的解释力。但上面的画图分析太复杂，它可能对引入如此复杂的问题没有作用。

4. 考虑一个经济，其生产函数为 $Y=K^{\theta}(AN)^{1-\theta}$，$A=4K/N$。假定其储蓄率为0.1，人口增长率为0.02，平均折旧率为0.03，$\theta=0.5$。

(1)将生产函数写为 $y=ak$。a 为多少?

(2)模型中产出增长率与资本增长率各是多少?

(3)解释 a。当我们假定劳动增进型的技术 A 正比例于每个人的资本水平时，我们的真

正意思是什么?

(4)是什么因素使它成为一个内生增长模型?

答:(1)因为生产函数为 $Y=K^{\theta}\times(AN)^{(1-\theta)}$，其中 $A=4K/N$，$\theta=0.5$，得 $Y=2K$。

所以，$a=y/k=Y/K=2$。

(2)因为 $a=2$，所以产出增长率为：$g=s\times a-(n+d)=15\%$。由于产出增长率与资本增长率相等，则可知二者均为 15%。

(3)a 代表资本边际产出。当假定劳动增加型的技术 A，正比例于每个人的资本水平 k 时，这就意味着技术水平依赖于每个工人所拥有的资本数量。

(4)在该模型中，因为资本边际产出 $a=2$ 为常数，即资本边际产出不变，所以它就成为一个内生增长模型。

第 5 章　总供给与总需求

5.1　复习笔记

【知识框架(庖丁解牛)】

- 总供给与总需求
  - 总供给曲线
    - 总供给曲线的概述
    - 古典总供给曲线(长期总供给曲线)
    - 凯恩斯总供给曲线(短期总供给曲线)
    - 摩擦性失业和自然失业率
  - 总供给由线和价格调整机制
    - 价格调整机制
    - 结论
  - 总需求曲线
    - 总需求曲线的概述
    - 产出与价格之间的总需求关系
    - 货币数量论
  - 不同供给假定下的总需求政策
    - 均衡产出和均衡价格的决定
    - 凯恩斯情况下的总需求政策
    - 古典情况下的总需求政策
  - 供给学派的经济学
    - 主要观点
    - 税率降低的影响
  - 长期内将总供求放在一起

【考点难点归纳(厚积薄发)】

考点一：总供给曲线　★★★★★

1. 总供给曲线的概述

总供给是指一国的全体厂商在现行的价格、生产能力和总成本既定的条件下，愿意而且能够生产和销售的产品数量。总供给曲线是用来描述总供给(或总产出)和价格水平之间的关系的曲线。

2. 古典总供给曲线(长期总供给曲线)

(1)古典总供给曲线的含义：

在长期，经济的就业水平并不随着价格的变动而变动，而总是处于充分就业的状态。此时，总供给曲线为一条垂直线，其原因在于工资的充分弹性或劳动市场的充分竞争性。

(2)古典总供给曲线的位移：

潜在 GDP 是指实现劳动力充分就业状态的产量水平。随着时间的推移，当资源在经济中积聚并出现技术进步时，潜在 GDP 将不断提高，导致古典总供给曲线的位置逐渐右移，如图 5－1 所示。值得注意的是：潜在 GDP 的变动并不取决于价格水平，特定年份的潜在 GDP 水平主要由增长理论模型决定。

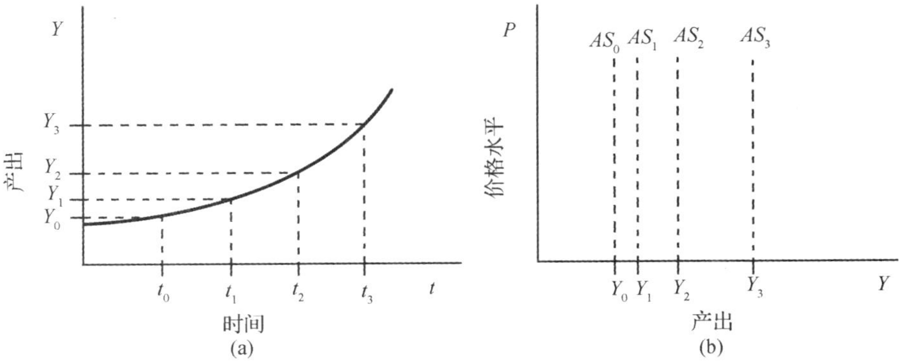

图 5－1　产量随时间而增长转化为总供给的移动

◆小试牛刀◆

当(　　)，古典总供给曲线存在。

A. 产出水平是由劳动力供给等于劳动力需求的就业水平决定时

B. 劳动力市场的均衡不受劳动力供给曲线移动的影响时

C. 劳动力需求和劳动力供给立即对价格水平的变化作出调整时

D. 劳动力市场的均衡不受劳动力需求曲线移动的影响时

【答案】C

【解析】古典总供给曲线为一条位于充分就业产量水平的垂直线，它表明在长期，实际产出主要由潜在产出决定，因而不受价格水平的影响，即当价格水平发生变动，实际工资相应调整后，产出量不会相应变化。古典总供给曲线建立的前提条件是：货币工资具有完全的伸缩性，货币工资随劳动供求关系变动而变化。

3. 凯恩斯总供给曲线(短期总供给曲线)

(1)假设条件：

①在短期内，价格是刚性的。在经济萧条时期，厂商的产量调整先于价格调整，价格水平不随总需求的减少而下降。

②在短期内，货币工资具有刚性。凯恩斯认为，当市场的工资低于均衡工资时，工资有上升的趋势；当工资高于均衡工资时，由于工资契约和工会组织的抵抗，导致工资居高不下。

(2)凯恩斯总供给曲线的形状：

在经济萧条时期，均衡国民收入由有效需求决定，并且由有效需求决定的均衡国民收入反过来决定均衡的就业量。如图 5－2 所示，因为存在大规模的失业，故劳动供给曲线为水平线 N_s。当价格水平为 P_0，实际工资为 W_0/P_0，且劳动需求曲线为 N_d时，就业量为 N_0，由总产量曲线决定均衡国民收入为 y_0，获得总供给量 y_0、价格水平 P_0的组合点 A。同样，当劳动需求曲线为 N_d'时，可以获得总供给量 y_1、价格水平 P_0的组合点 B。把 A、B 连接起来就获得凯恩斯总供给曲线。可以发现，凯恩斯总供给曲线是水平的。

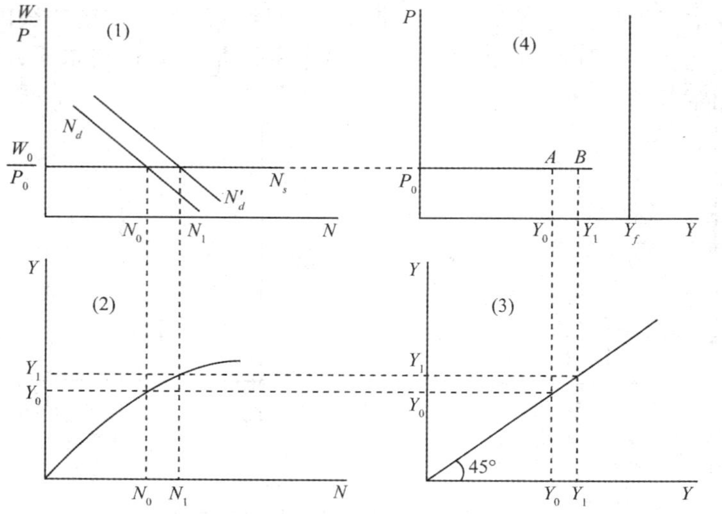

图5－2　凯恩斯总供给曲线的推导

(3)凯恩斯总供给曲线的政策含义：

只要国民收入或产量处在小于充分就业的水平，那么，国家就可以通过使用增加需求的政策来使经济达到充分就业状态。

4. 摩擦性失业和自然失业率

(1)摩擦性失业：

摩擦性失业是指由于经济中正常的劳动力流动所引起的失业，也称工作转换中的失业。它的特点是行业广且涉及人员多，失业期限较短，失业与空位并存。摩擦性失业的原因是劳动力市场的动态属性、信息的不充分及现行经济制度的影响。政府的有些政策，如就业保障制度有时会加剧摩擦性失业。

(2)自然失业率：

自然失业率是指在没有货币因素的影响下，劳动力市场和商品市场自发供求力量发挥作用时应有的处于均衡状态的失业率，也就是充分就业情况下的失业率。

考点二：总供给曲线和价格调整机制 ★★★

1. 价格调整机制

价格调整机制是指价格随时间推移而上升或下降，进而调节市场供求的作用机制。总供给曲线描述了经济中的价格调整机制，用方程表示为：$P_{t+1}=P_t[1+\lambda(Y-Y^*)]$。其中，$P_{t+1}$表示下一时期的价格水平，$P_t$表示本期的价格水平，$Y^*$是潜在产量。$\lambda$是参数，衡量价格的调整速度。如果$\lambda$越大，则总供给曲线运动的越快，即总供给方的调整机制会使经济相当快的回到潜在产出水平；如果λ非常小，则价格调整非常慢，此时就需要运用总需求政策来加快调整过程。

图5－3是对同一价格调整过程的不同描述方法，图5－3(a)表明价格运动的动态过程，图5－3(b)表明在某一给定时间消逝之后的快照情况。

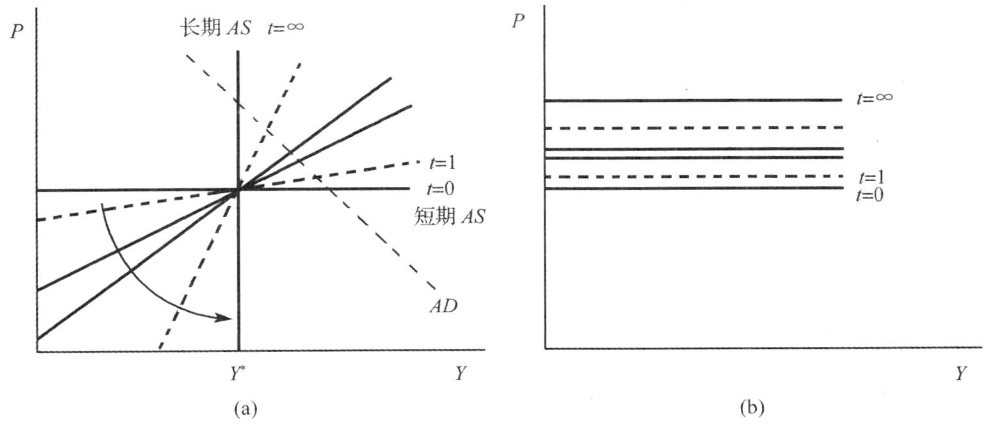

图 5－3　向长期总供给的动态调整

2. 结论

(1) 总供给曲线越平坦，产出与就业变动对当期价格的影响就越小。如果价格对失业变动的反应较小，则图 5－3 中的总供给曲线将非常平坦。系数 λ 能够表示这种产出-价格变动的关系。

(2) 短期总供给曲线的位置取决于价格水平。在 $P_{t+1}=P_t$ 时，该曲线通过充分就业的产出水平 Y^*。更高的产出水平意味着过度就业，因此下期价格水平将高于本期的价格水平。反之，当失业较高时，下期价格水平将低于本期的价格水平。

(3) 短期总供给曲线随时间推移而移动。当产出水平处于充分就业的产出水平 Y^* 之上时，随时间推移，价格将持续上涨，如图 5－4 所示。

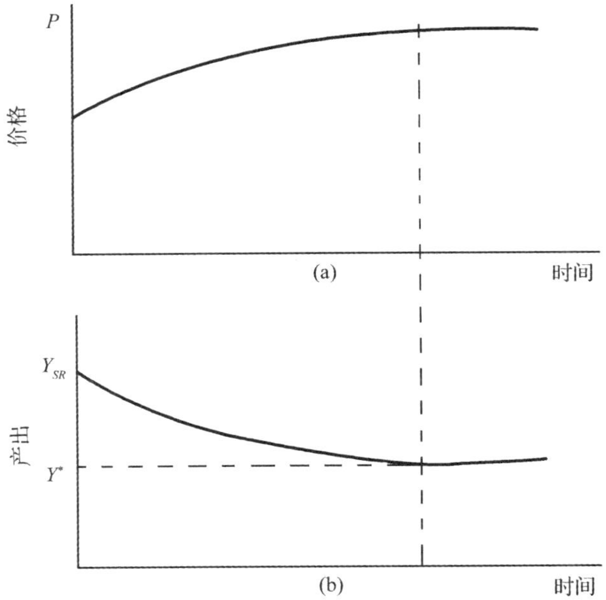

图 5－4　价格水平与产出的调整路径

考点三：总需求曲线 ★★★★

1. 总需求曲线的概述(见表5-1)

表5-1 总需求曲线的概述

概念	具体内容	
总需求	指整个经济社会在每一个价格水平下对产品和劳务的需求总量，它由消费需求、投资需求、政府支出和国外需求构成	
总需求曲线	是表示产品市场和货币市场同时达到均衡时价格水平与国民收入间的依存关系的曲线，该曲线向右下方倾斜	
总需求曲线的斜率	反映价格水平变动一定幅度使国民收入(或均衡支出水平)变动多少。*IS* 曲线斜率不变时，*LM* 曲线越陡，*AD* 曲线越平缓；相反，*LM* 曲线斜率不变时，*IS* 曲线越平缓，*AD* 曲线也越平缓	
总需求曲线的位移	商品市场的扩张	使总需求曲线向右上方移动
	消费者与投资者的信心	当信心增强时，*AD* 曲线向右上方移动；当信心削弱时，*AD* 曲线向左下方移动
	扩张性的货币政策	使总需求曲线向右上方移动，名义货币存量的增加会按照名义货币增加的相应比例来向上移动 *AD* 曲线

◆小试牛刀◆

总需求曲线向右下方倾斜是由于(　　)。

A. 价格水平上升时，投资会减少
B. 价格水平上升时，消费会减少
C. 价格水平上升时，净出口会减少
D. 以上几个因素都是

【答案】D

【解析】总需求曲线是描述与每一总物价水平相适应的均衡支出或者说国民收入的图形。总需求曲线向右下方倾斜是由于，假定其他情况不变，则价格水平的上升(下降)将导致总支出水平下降(上升)。在开放经济中，总支出是由消费、投资、政府支出和净出口构成的。

2. 产出与价格之间的总需求关系

总需求取决于实际货币供给，即中央银行和银行体系提供的货币的价值。对于给定的名义货币供给量 $\overline{M}$ 而言，高价格 P 意味着较低的实际货币供给 $\overline{M}/P$。显然，高价格水平意味着低水平的总需求，低价格水平意味着高水平的总需求。因此，总需求曲线是向右下方倾斜的。

3. 货币数量论

货币数量论是指在其他条件不变的情况下，物价水平的高低和货币价值的大小是由一国的货币数量所决定的。将数量方程式 $MV=PY$ 改写为 $M/P=(M/P)^d=kY$，其中 $k=1/V$。

考点四：不同供给假定下的总需求政策 ★★★★

1. 均衡产出和均衡价格的决定

一般情况下，*AS* 曲线向右上方倾斜，*AD* 曲线向左下方倾斜。*AD* 曲线与 *AS* 曲线的交点

E 决定了均衡产出水平 Y_0 和均衡价格水平 P_0，其中任何一条曲线的移动都会引起价格水平与产出水平的变化，如图 5－5 所示。

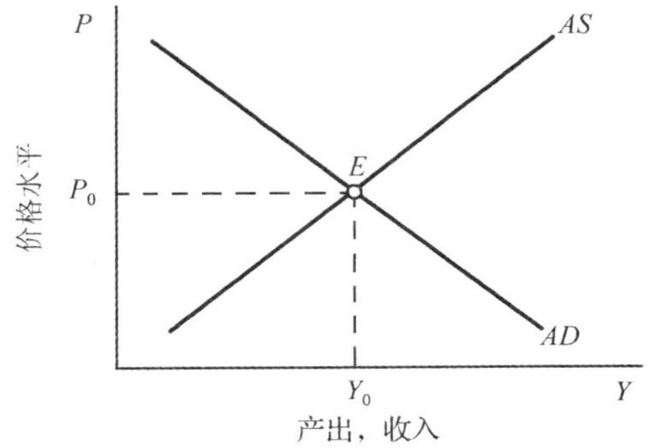

图 5－5　总供给曲线与总需求曲线

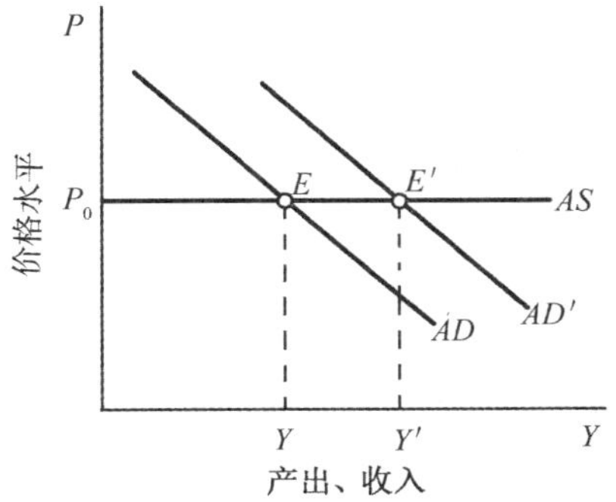

图 5－6　总需求的扩张：凯恩斯情况

2. 凯恩斯情况下的总需求政策

(1) *AD-AS* 图形分析：

如图 5－6 所示，初始状态下，*AS* 与 *AD* 相交于点 *E*。当增加政府支出、减税或者增加货币供给时，*AD* 曲线将向右移动到 *AD′*，达到新的均衡点 *E′*。最终产出与就业将增加，但价格保持不变。

(2) 结论：

在凯恩斯总供给假定下，由于总供给曲线具有完全弹性，因此总需求增加后只会增加产出与就业，不会影响价格。

3. 古典情况下的总需求政策

(1) *AD-AS* 图形分析：

如图 5－7 所示，均衡最初位于点 *E*，点 *E* 处在充分就业状态上。扩张的财政政策使总需求曲线从 *AD* 移动到 *AD′*，在价格水平 P_0 上，市场对产品的需求上升，但产量供给无法适应需求的增加。企业就会试图雇佣更多的工人，提高工资和生产成本。这样，企业产品的价格也会提高。价格上涨，降低了实际货币存量水平，并引起支出的减少，经济将沿 *AD′* 向上推进，直至价格水平升至 *P′*。在点 *E″*，总需求再次与总供给相等。

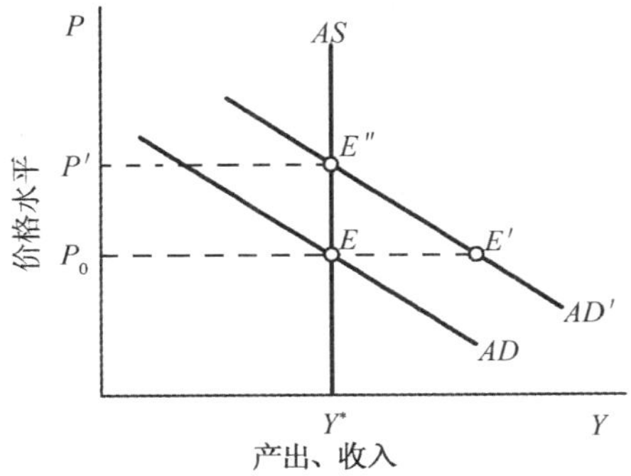

图 5－7　总需求的扩张：古典情况

(2) 结论：

在古典情况下，在充分就业的产出水平上，总供给曲线是一条垂直线，因此增加总需求的政策仅引起价格水平上升，但产出无变化。

考点五：供给学派的经济学　★★

1. 主要观点

(1) 大幅度降低个人和企业纳税的税率，以增加个人储蓄能力，刺激人们工作的积极性，提高对企业的投资能力和投资积极性。

(2)取消国家对经济的过多干预，加强劳动和商品市场上的竞争。

(3)实行货币管理，使货币的增长与经济的增长相适应。减缓政府预算支出的增长速度，逐步实现预算平衡；削减社会福利支出。

2. 税率降低的影响

(1)降低税率对总供给和总需求都有影响，但影响幅度不同：

当税率降低后，总需求曲线从 *AD* 向右移动到 *AD′* 处，移动幅度相对较大；总供给曲线从 *AS* 向右移动到 *AS′*，较低的税率使人们更有积极性去工作，然而这种激励的作用是相当微小的，因此，潜在 GDP 向右移动的幅度很小。总需求大幅度移动和总供给小幅度移动的情况如图 5-8 所示。

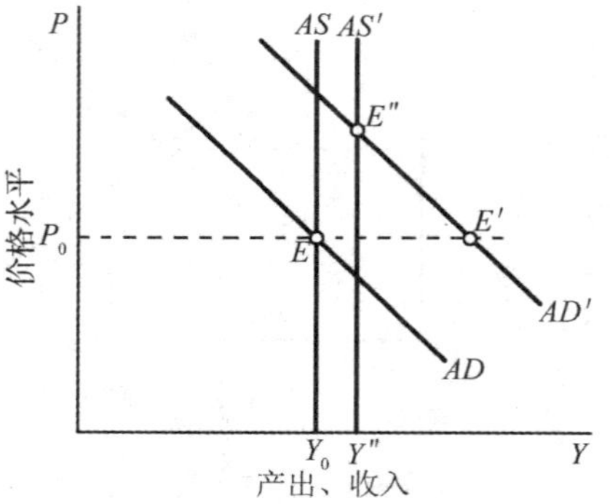

图 5-8 税率降低对总供求的影响

(2)降低税率对税收收入总额的影响：

①短期中，经济从 *E* 移到 *E′*，GDP 显著上升，结果是税收收入总额下降比例小于税率的下降比例，但这纯粹是总需求效应。

②长期中，经济将移动至 *E″*，GDP 有少量的提高。结果税收总额下降，赤字增大，价格永久性升高。

考点六：长期内将总供求放在一起 ★★

随着时间的延伸，长期的总供给曲线向右移动的速度是很稳定的。长期中的总需求大多依据货币供给的变化而发生变化。如图 5-9 所示，无论何时，当总需求变动大于总供给变动时，价格都会上涨。在长期内，产量基本是由总供给决定的，而价格是由相对于总供给变动的总需求变动决定的。

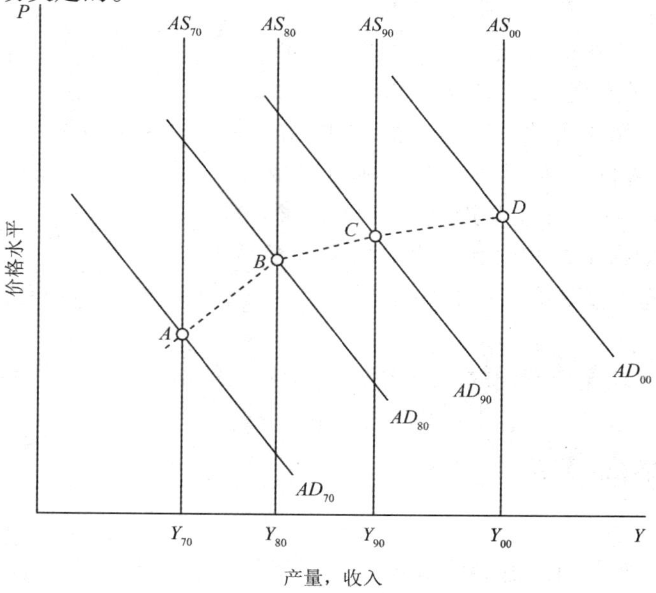

图 5-9 *AD* 和 *AS* 在长期内的移动

5.2 课后习题详解

一、概念题

1. 总供给(*AS*)曲线

答：总供给曲线是指描述总供给(或总产出)和价格水平之间的关系的曲线。在以价格为纵坐标，总产出(或总收入)为横坐标的坐标系中，总供给函数的几何表示为总供给曲线。短期*AS*曲线是水平的(凯恩斯总供给曲线)，长期*AS*曲线是垂直的(古典总供给曲线)。

总供给曲线表明了价格与产量的相结合，即在某种价格水平时整个社会的厂商所愿意供给的产品总量。所有厂商所愿意供给的产品总量取决于它们在提供这些产品时所得到的价格，以及它们在生产这些产品时所必须支付的劳动与其他生产要素的费用。因此，总供给曲线反映了要素市场(特别是劳动市场)与产品市场的状态。

短期和长期的总供给曲线的政策含义有：①在短期内，随着总需求的不同，经济可以处于萧条或高涨的状态。此时，政府可以通过调整总需求使得经济位于充分就业的产出水平。②在长期中，经济保持在潜在产出水平，需求管理政策不能改变国民收入，只能改变价格总水平。

2. 凯恩斯总供给曲线

答：凯恩斯总供给曲线是一种短期总供给曲线，是指凯恩斯学派提出的在资源未得到充分利用情况下的总供给曲线。它的两个假设为：①货币工资刚性，只能升不能降；②人们有“货币幻觉”，只注意货币的票面价值，而忽视货币的实际购买力。凯恩斯总供给曲线是一条水平线。

凯恩斯总供给曲线的经济含义是：在未达到充分就业的国民收入Y_0前，经济社会能够以大致不变的价格提供任何数量的国民收入，而在达到了Y_0后，不管价格被提到何种程度，国民收入不会增长，只会出现通货膨胀。

3. 价格调整机制

答：价格调整机制是指通过价格的升降调节商品和生产要素的供给量和需求量，引导生产、经营和消费的经济运行机制。价格调整机制是价格机制的“外在机制”和补充完善环节。简单而言，价格上升时，供给扩大，需求下降；价格下降时，供给减少，需求增加。

4. 总需求(*AD*)曲线

答：总需求曲线是表示产品市场和货币市场同时达到均衡时价格水平与国民收入间的依存关系的曲线。总需求是指整个经济社会在每一个价格水平下对产品和劳务的需求总量，它由消费需求、投资需求、政府支出和国外需求构成。在其他条件不变的情况下，当价格水平提高时，国民收入水平就下降；当价格水平下降时，国民收入水平就上升。

总需求曲线向下倾斜，其机制在于：当价格水平上升时，将会同时打破产品市场和货币市场上的均衡。在货币市场上，价格水平上升导致实际货币供给下降，从而使*LM*曲线向左移动，均衡利率水平上升，国民收入水平下降。在产品市场上，一方面由于利率水平上升造成投资需求下降(即利率效应)，总需求随之下降；另一方面，价格水平的上升还导致人们的财富和实际收入水平下降以及本国出口产品相对价格的提高，从而使人们的消费需求下降，本国的出口减少，国外需求也会减少，进口增加。这样，随着价格水平的上升，总需求水平就会下降。

当政府采取扩张性财政政策，如政府支出扩大，或扩张性货币政策，都会使总需求曲线向右上方移动；反之，则向左下方移动。

5. 自然失业率

答：自然失业率是指在没有货币因素的影响下，劳动力市场和商品市场自发供求力量发挥作用时应有的处于均衡状态的失业率，也就是充分就业情况下的失业率。自然失业包括摩擦性失业和结构性失业。摩擦性失业是在生产过程中，由于暂时的不可避免的摩擦而导致的失业。结构性失业是劳动力供给结构与劳动力需求结构不一致造成的失业。自然失业率取决于经济中的结构性和摩擦性的因素，取决于劳动市场的组织状况、人口组成、失业者寻找工作的能力和愿望、现有工作的类型、经济结构的变动、新加入劳动者队伍的人数等众多因素。

6. 货币数量论

答：货币数量论是指一种用流通中的货币数量的变动来说明商品价格变动的货币理论。这一理论的核心思想是：假定其他因素不变，商品价格水平涨落与货币数量成正比，货币价值的高低与货币数量的多少成反比。货币数量越多，货币的价值越低，而物价水平越高；反之，货币数量越少，货币的价值越高，而物价水平越低。

7. 古典总供给曲线

答：古典总供给曲线又称长期总供给曲线，是指古典经济学家提出的一条位于充分就业产出水平的垂直总供给曲线。在长期中，经济的就业水平并不随着价格的变动而变动，而是总处于充分就业的状态。此时，总供给曲线为一条垂直线，即古典的总供给曲线。其原因在于工资的充分弹性或劳动市场的充分竞争性。劳动市场的充分竞争性保证了劳动市场经常处于均衡位置即充分就业。劳动的供求主要受实际工资的影响。在名义工资既定时，价格变动将引起实际工资变动，从而导致劳动市场非均衡，或劳动供过于求、或劳动供不应求。由于充分竞争性，非均衡将导致名义工资变动，直至重新回到均衡位置。

8. 名义 GDP

答：名义 GDP 是指用生产物品和劳务的当年价格计算的全部最终产品的市场价值，它没有考虑通货膨胀因素。由于通货膨胀等原因，价格可能会发生强烈变化，故为方便比较而引入实际 GDP 的概念。实际 GDP 是指用从前某一年的价格作为基期价格计算出来的当年全部最终产品的市场价值。二者之间的关系式为：实际 GDP = 名义 GDP ÷ GDP 平减指数。

9. 实际货币供给

答：实际货币供给是指剔除了物价影响之后的一定时点上的货币存量，它等于名义货币供给量除以价格水平。当名义货币供给量不变时，实际货币供给量与价格水平成反方向变动，即价格水平上升，实际货币供给量减少；价格水平下降，实际货币供给量增加。在货币需求不变的情况下，实际货币供给量减少使利息率上升，利息率上升又使投资减少，总需求减少；反之，实际货币供给量增加使利息率下降，利息率下降又使投资增加，总需求增加。

10. 动态评价

答：动态评价是指在估计减税对预算赤字影响时的一种分析方法，这种评价方法认为对于税率的削减将通过供给方面的刺激提高经济增长率，给以足够时间，产量的最终增长将扩大税基。在该较高的税基下征收的额外税收将部分补偿税率削减所造成赤字的增加。依照这种情况，超过由政策变化带来的一些年份内赤字的补偿额，被称为动态评价。

11. 名义货币供给

答：名义货币供给是指一定时点上不考虑物价因素影响的货币存量。名义货币供给为流通中的钞票和硬币的名义价值，不涉及这些钞票和硬币的购买力，是考察一国货币供给量的一个静态指标。但在制定经济政策和进行经济形势分析时，必须考虑到物价水平的变动情况，也就是在考察名义货币供给的基础上，还必须考察实际货币的供给状况。

12. 价格调整速度

答：价格调整速度是指在产出变动一定程度的情况下，衡量价格变动程度大小的一个指标。在凯恩斯的长期总供给曲线中引入了经济中的价格调整机制后得到的总供给曲线为：$P_{t+1}=P_t[1+\lambda(Y-Y^*)]$。其中，$P_{t+1}$是下一时期的价格水平，$P_t$是本期的价格水平，$Y^*$是潜在产量。

公式中的 λ 表示的就是价格调整速度。如果 λ 比较大，则总供给曲线将迅速移动，总供给机制将会很快地把经济带回到潜在产出水平；反之，若 λ 比较小，则总供给曲线调整就很慢，总供给机制的作用很有限，可能需要总需求政策配合加速这一过程。

13. 摩擦性失业

答：摩擦性失业是指劳动力市场运行机制不完善或者因为经济变动过程中的工作转换而产生的失业。摩擦性失业是劳动力在正常流动过程中所产生的失业。在一个动态经济中，各行业、各部门和各地区之间劳动需求的变动是经常发生的。即使在充分就业状态下，由于人们从学校毕业或搬到新城市而要寻找工作，总是会有一些人的周转。

摩擦性失业量的大小取决于劳动力流动性的大小和寻找工作所需要的时间。由于在动态经济中，劳动力的流动是正常的，所以摩擦性失业的存在也是正常的。

14. 产出缺口

答：产出缺口在宏观经济中是指经济体的实际产出与潜在产出的差额，在凯恩斯的长期总供给曲线中引入了经济中的价格调整机制后得到的总供给曲线为：$P_{t+1}=P_t[1+\lambda(Y-Y^*)]$。实际 GDP 和潜在 GDP 之间的差距，即 $Y-Y^*$，就是 GDP 缺口，或者产量缺口。

15. 流通速度

答：流通速度即货币流通速度，是指同一单位的货币在一定时期内平均周转的次数。它可以表明同一单位的货币在一定时期内所支持的流通商品量。货币流通速度是决定商品流通过程中所需货币量的重要因素之一，加快货币流通能在一定程度上弥补流通中货币数量的不足。在确定货币流通速度时，货币应处于流通中，不包括暂时停止或长期沉淀的部分。现实中无法确定有多少货币正处于流通过程中，或有多少货币停止不动，所以，主要根据不同层次货币与相应商品的流通确定货币流通速度。

16. 潜在GDP

答：潜在GDP是指经济实现了充分就业时的GDP，又称充分就业的GDP，反映了经济的潜在生产能力。潜在GDP的增加意味着经济增长，潜在GDP与实际GDP的差别反映了经济周期的情况。如果实际GDP大于潜在GDP，则经济高涨，有通货膨胀的压力；如果实际GDP小于潜在GDP，则经济衰退，有失业的压力。

二、简答题

1. 总供给曲线与总需求曲线分别描述了什么？

答：总供给曲线描述的是在每个价格水平上厂商愿意供给的真实总产出数量，总需求曲线描述的是产品市场与货币市场同时达到均衡时的价格水平与产出水平的所有组合。

(1)总供给曲线的含义：

总供给曲线是指用来表示经济中所生产的最终产品和服务的总量与价格水平之间的关系的曲线，是总供给函数的几何形式。一般地，生产总水平与价格总水平变化方向相同，也就是说总供给曲线是向右上方延伸的。

(2)总需求曲线的含义：

总需求是指整个经济社会在每一个价格水平下对产品和劳务的需求总量，它由消费需求、投资需求、政府支出和国外需求构成，总需求水平受价格水平、公众收入水平、政策变量等因素的影响，这些因素导致总需求曲线的移动。

当政府采取扩张性财政政策，如政府支出扩大，或扩张性货币政策，都会使总需求曲线向右上方移动；反之，则向左下方移动。

(3)总供给-总需求模型可用于解释经济的波动。具体分析如下：

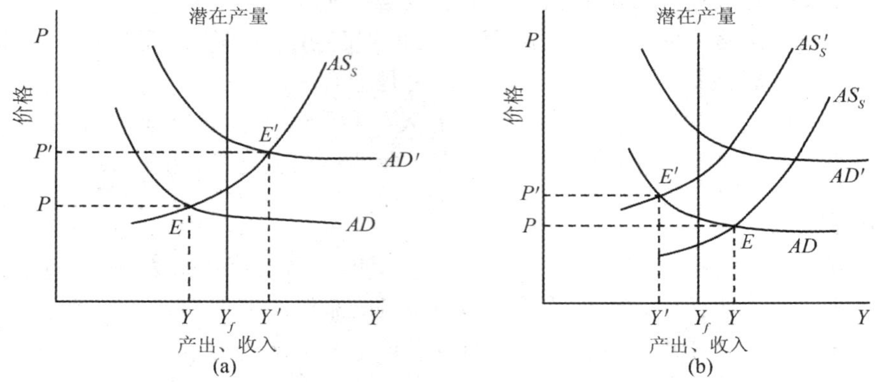

图5－10　总供给-总需求模型

如图5－10(a)所示，短期的收入和价格水平的决定有两种情况：①AD是总需求曲线，AS_S是短期总供给曲线，二者交点E决定的收入或产量为Y，价格水平为P，二者都处于很低的水平。这种情况表示经济处于萧条状态。②当总需求增加，总需求曲线从AD向右移动

到 AD'，短期总供给曲线 AS_S 和新的总需求曲线 AD' 的交点 E' 决定的产量或收入为 Y'，价格水平为 P'，二者都处于很高的水平，这种情况表示经济处于高涨状态。

现在假定短期总供给曲线由于受到供给冲击（如石油价格和工资等提高）而向左移动，但总需求曲线不发生变化。在这种情况下，短期收入和价格水平的决定可用图 5－10(b)表示。

在图 5－10(b)中，AD 是总需求曲线，AS_S 是短期总供给曲线，二者交点 E 决定的产量或收入为 Y，价格水平为 P。现在出现供给冲击，AS_S 左移到 AS_S'，与总需求曲线 AD 交于 E'，E' 点所决定的产量为 Y'，价格水平为 P'。这个产量低于原来的产量，而价格水平却高于原来的价格水平，这种情况表示经济处于滞胀状态，即经济停滞和通货膨胀结合在一起的状态。

2. 为什么古典总供给曲线是垂直的？在古典情况下，保证持续的劳动充分就业的机制是什么？

答：(1)古典总供给曲线是垂直的，因为古典模型假设名义工资会随着物价水平的变化迅速做出调整，这意味着劳动力市场总是处于均衡状态并且产出处于充分就业的水平。如果总需求曲线向右移动，厂商就会提高名义工资以吸引更多的工人来增加产出。但是现在已经处于充分就业状态，没有更多的工人可以被雇佣，厂商只能提高名义工资。最后名义工资和价格水平会按比例增长，而实际工资率和就业与产出水平不会发生变化。如果需求下降，厂商就会解雇工人。此时工人为了能不失业而宁愿接受较低的工资，较低的工资成本会使厂商降低其产品价格，最后名义工资和价格水平会按比例的下降，而实际工资率和就业与产出水平不会发生变化。

(2)在古典情况下，保证劳动充分就业的机制是工资富有弹性或劳动力市场充分竞争，此时工资是影响供求的主要因素。当然劳资双方要信息对称，产出应该处在潜在的产出水平上，这样才能保证劳动的充分就业。

3. 总供给曲线描述了什么关系？你能为此提供直观的理由吗？

答：(1)总供给曲线描述的是产出和价格水平之间的关系，然而却没有单一的总供给曲线理论。尽管目前有大量理论解释了厂商倾向于随着价格水平的提高增加其产出的事实，但凯恩斯模型描述的水平总供给曲线仅适用于短期（几个月或更短），而古典模型描述的垂直总供给曲线仅适用于长期（十年以上）的情况，中期的总供给曲线也是仅适合描述几个季度或几年的情况。

(2)总供给曲线表示经济当中的生产总量与价格总水平之间的对应关系。一般地，生产总水平与价格总水平变化方向相同，因此总供给曲线是向右上方延伸的。总供给曲线可以通过劳动市场和总量生产函数的分析得到。

总供给曲线的形状取决于价格总水平如何影响劳动力市场上的均衡就业量。如果价格总水平的变动以相同的方式影响劳动力的需求和供给，那么它对均衡就业量不产生影响，也就不会对产出量产生影响。这时，总供给曲线是一条直线。如果价格总水平变动对劳动的需求和供给产生不同的影响，则供给曲线就会具有其他形状。例如，如果价格总水平只影响劳动的需求而不影响劳动的供给，那么价格总水平提高将使得劳动需求增加，从而均衡就业量增加，并最终导致产出量增加。由于工资和价格的调整缓慢且不协调，总供给曲线向上倾斜。

不完全信息市场出清模型，合同工资或工会力量的存在，以及效率工资、价格变化成本等等对劳动力市场调整缓慢现象作出了相应的解释。

4．凯恩斯总供给曲线与古典总供给曲线有何不同？是否其中一种解释比另一种更贴切？请给出原因，注意要给出你的回答所适用的时间范围。

答：(1)凯恩斯总供给曲线与古典总供给曲线的不同：

凯恩斯总供给曲线又称为短期总供给曲线，是一条水平线。古典总供给曲线又称为长期总供给曲线，是一条垂直线。凯恩斯总供给曲线和古典总供给曲线的区别主要表现在：

①短期总供给曲线和长期总供给曲线的差别。古典总供给曲线是长期总供给曲线，而凯恩斯总供给曲线是短期总供给曲线。

②图形形状的差别。古典总供给曲线在图形上是一条位于经济的潜在产量水平上的垂直线，如图5－11(a)所示；而凯恩斯总供给曲线是一条水平线，如图5－11(b)所示。

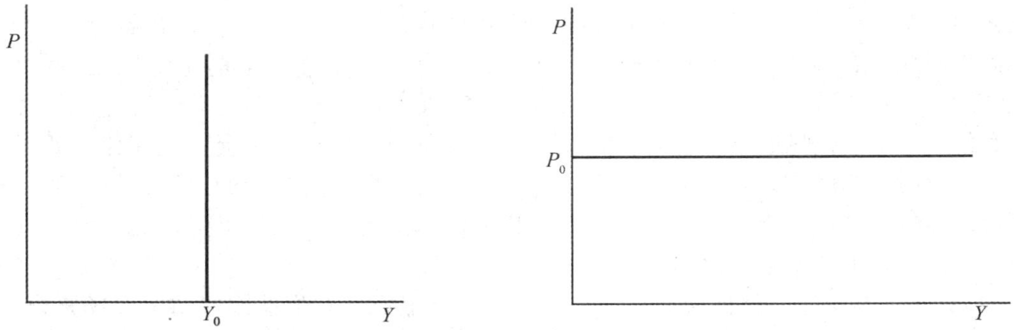

(a)　　(b)

图5－11　古典总供给曲线和凯恩斯总供给曲线

③理论基础不同。古典理论认为，劳动市场运行毫无摩擦，总能维持劳动力的充分就业。既然在劳动力市场，在工资灵活调整下充分就业的状态总能维持，那么，无论价格水平如何变化，经济中的产量总是与劳动力充分就业时的产量即潜在产量相对应，所以总供给曲线总是垂直的；而凯恩斯主义则假设工资刚性，并且劳动力市场存在摩擦，充分就业和达到潜在产量只是一种理想状态。实际工资和名义工资的变化会带来劳动力供求的变化，所以总供给曲线不会在充分就业保持垂直，而是应该保持水平或者至少保持正斜率。

④蕴含的政策效果不同。古典模型中，除非总供给曲线发生变动，否则扩张性的财政和货币政策只会带来价格上涨，没有任何产出效果。凯恩斯模型中，财政和货币政策将导致产出变动，而价格则不受当前GDP的影响。

(2)不能说其中一种的阐释比另一种更贴切：

凯恩斯的总供给曲线假定价格水平是固定的，所以该总供给曲线是水平的，适合用来描述很短时期内(几个月或更短)的情况。而古典的总供给曲线假定产出固定在潜在产出水平上，所以该供给曲线是垂直的，最适合用来描述价格随各种外部因素变化时迅速调整的长期(十年以上)的情况。所以，不能简单的说一种理论比另一理论更贴切，它们各自有不同的适用范围。

5. 总供给模型和总需求模型看起来、听起来都与微观经济学的标准供求模型极为相似。这些模型之间有何联系？

答：应用于宏观经济学的总供给模型和总需求模型与应用在微观经济学的市场供求模型并不相同。虽然两个模型的作用方式(曲线上的移动与曲线的移动的区别)是相似的，但它们之间没有任何相关性。微观经济学的标准供求模型中的价格 P 是指单个商品的价格(或两个贸易商品的价格比)，然而宏观经济总供给和总需求模型中的价格 P 是指一个国家以货币衡量的所有商品和服务的平均价格水平。

三、计算与分析题

1. (1)如果政府要降低所得税，这在短期中将如何影响产出与价格水平？在长期呢？请说明在两种情况下，总供给曲线和总需求曲线将受到什么影响。

(2)什么是供给学派经济学？给定你对问题(1)的回答，它可能就是有效的吗？

答：(1)如图 5-12 所示，个人所得税的下降使 AD 和 AS 曲线向右移动。AD 曲线的移动幅度明显要大。在短期(价格不变)将导致产出在价格没有变化的条件下明显地增加。在长期，AS 曲线也会向右移动，但是移动幅度明显要小，因为更低的个人所得税鼓励了人们更多的工作。因此可以看出，在长期，随着价格水平的大幅度上升，实际产出只有轻微的上涨。

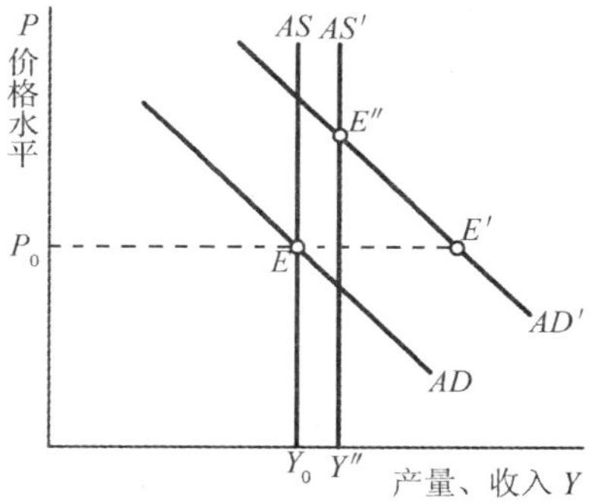

图 5-12　减税使 AD 和 AS 曲线向右移动

(2)供给学派经济学是指通过使长期的(垂直的)AS 曲线向右移动以提高潜在 GDP 的政策理论。在 20 世纪 80 年代初期，供给学派的经济学家宣称降低税率会增加劳动力供给、提高储蓄和投资，这将使总供给大量增加，从而使通货膨胀和失业率下降，即使在低税率的情况下经济的高增长也会使税收收入增加。然而这一预言并没有变成事实，就像上一问所证明的那样，虽然降低税率在长期可以提高潜在 GDP，但是程度非常有限，其作用并不是很大。

2. 假定政府把支出从 G 增至 G'，同时在初始产出水平以保持预算平衡的方式增税。

(1)说明这种变化对总需求曲线的影响。

(2)在凯恩斯情况下，这对产出和价格水平有何影响？

(3)在古典情况下，这对产出和价格水平有何影响？

答：(1)根据平衡预算法则，政府购买和税收同时等量增加将使 AD 曲线向右移。如果 AS 曲线是向上倾斜的，那么平衡预算乘数会小于 1，也就是说产出的增加将少于政府支出的增加，即由于更高的价格水平导致实际货币余额减少，最终使实际利率上升，部分政府支出被挤出。如图 5-13 所示。

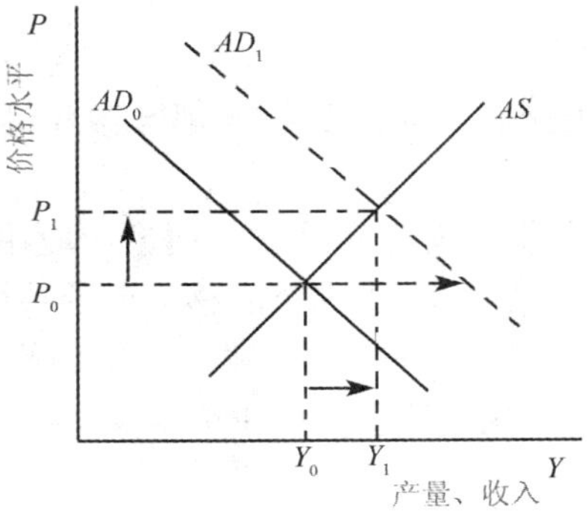

图5-13　对总需求曲线的影响

(2)在凯恩斯情况下，总供给曲线水平且价格水平是固定的，此时没有实际余额效应，因此产出的增加要大于上一问的情形。然而，实际利率仍然会上升，因此平衡预算乘数会小于1(接近于1)。如图5-14所示。

(3)在古典的情况下，总供给曲线是垂直的并且产出固定在潜在产出水平。*AD*曲线的移动会导致价格上升，实际货币余额下降。因此实际利率上升得比上一问的情形要多，直到投资被完全挤出，此时平衡预算乘数为0。如图5-15所示。

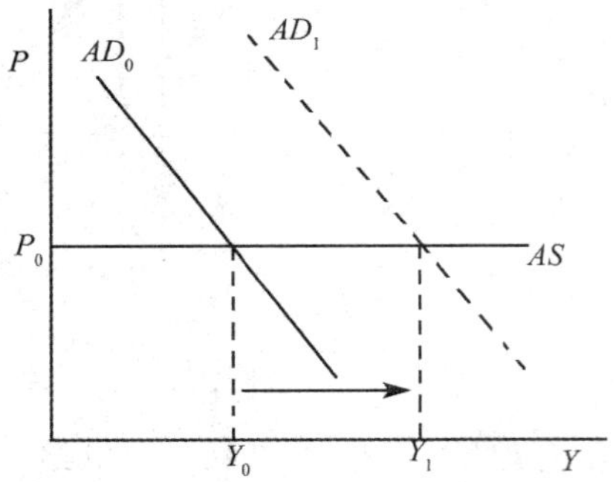

图5-14　在凯恩斯情况下对产出和价格水平的影响

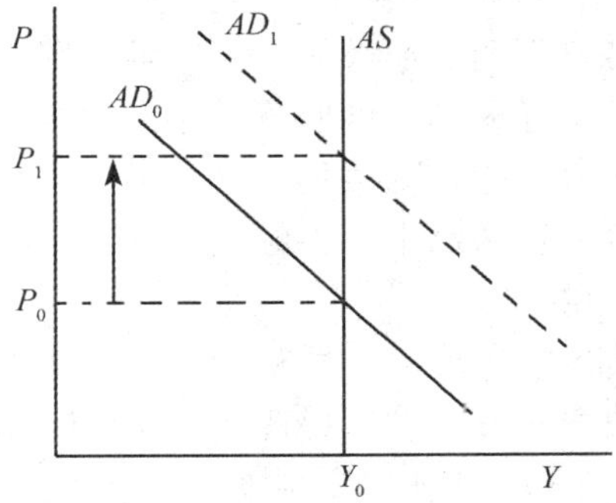

图5-15　在古典情况下对产出和价格水平的影响

第6章　总供给和菲利普斯曲线

6.1　复习笔记

【知识框架(庖丁解牛)】

总供给和菲利普斯曲线

- 通货膨胀和失业
  - 菲利普斯曲线
  - 政策性替代
- 滞胀、预期通货膨胀和附加预期的菲利普斯曲线
  - 预期通货膨胀
  - 附加预期的菲利普斯曲线
  - 滞胀
- 理性预期革命
  - 理性预期的含义
  - 理性预期基础上的菲利普斯曲线
- 工资-失业关系
  - 黏性工资概述
  - 工资和失业的关系
  - 工资调整缓慢的原因分析
- 从菲利普斯曲线推导总供给曲线
  - 奥肯定律
  - 成本与价格
  - 就业、工资与总供给曲线
- 供给冲击
  - 供给冲击
  - 不利的供给冲击
  - 供给冲击的适应
  - 有利的供给冲击
- 失业与通货膨胀——评估权衡
  - 降低通货膨胀的代价——牺牲率
  - 痛苦指数

【考点难点归纳(厚积薄发)】

考点一：通货膨胀和失业　★★★

1. 菲利普斯曲线

(1)菲利普斯曲线的含义：

菲利普斯曲线是指用来表示失业与通货膨胀之间交替关系的曲线，通货膨胀率高时，失业率低；通货膨胀率低时，失业率高。如图6－1所示，菲利普斯曲线(PC)是一条向右下方倾斜的曲线。

(2)菲利普斯曲线的代数表达式:

令 W_t表示本期工资，W_{t+1}表示下期工资，工资膨胀率(名义工资增长率)g_w定义为：$g_w=(W_{t+1}-W_t)/W_t$。用 u^* 表示自然失业率，则简单的菲利普斯曲线函数形式为：$g_w=-\varepsilon(u-u^*)$。其中，ε 衡量工资对失业率的反应程度。$u-u^*$ 表示失业率和自然失业率之差，称作失业缺口。

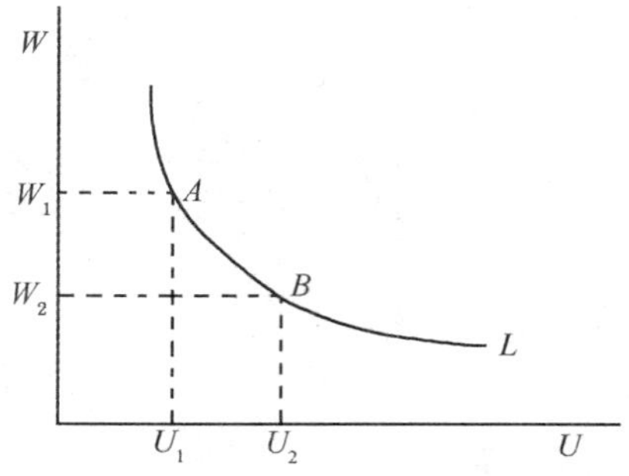

图6－1　菲利普斯曲线

根据工资膨胀率的定义有：$W_{t+1}=W_t[1-\varepsilon(u-u^*)]$，这可以用来考察相对于上期水平的本期工资水平。可见，如果要使工资上涨超过上期水平，失业率必须小于自然失业率。

2. 政策性替代

政策制定者可以利用菲利普斯曲线来选择不同的失业和通货膨胀率的组合。只要政策制定者能够容忍高通货膨胀率，就可以实现较低的失业率；同理，也可以通过高失业率来维持低通货膨胀率。

但是，失业和通货膨胀之间的替代关系是短期的。由于长期总供给曲线是垂直的，长久性的失业-通货膨胀的替代关系不成立。

考点二：滞胀、预期通货膨胀和附加预期的菲利普斯曲线 ★★★★

1. 预期通货膨胀

预期通货膨胀是指由于公众对未来经济发展及物价变化趋势的预测及采取相应的经济行为而引起的通货膨胀。关于预期通货膨胀对实际经济变量产生的影响，主要有以下三种不同的观点：

(1)较高的预期通货膨胀率会导致经济走上更高的资本总额调整的路径，从而带来较高水平的产出以及较高的经济福利。

(2)较高的预期通货膨胀率会导致较低的投资率和较低的资本总额，从而导致较低的经济暂时增长率和较低的永久性收入水平。

(3)前两种观点成立的前提条件是“持有的货币是没有利息的”，否则，完全预期到的通货膨胀没有任何实际效应。

2. 附加预期的菲利普斯曲线

(1)预期调整的菲利普斯曲线的方程及性质:

预期调整的菲利普斯曲线的方程可以表述为：$\pi=\pi^e-\varepsilon(u-u^*)$。其中，$\pi^e$表示预期的通货膨胀水平。

该菲利普斯曲线具有两条关键性质：①预期通货膨胀接连地变成了实际通货膨胀；②当实际通货膨胀等于预期通货膨胀时，失业率就等于自然失业率水平。

(2)预期通货膨胀与短期菲利普斯曲线高度的决定:

现代菲利普斯曲线(即预期调整的菲利普斯曲线)与自然失业率不是在零点相交，而是在预期通货膨胀水平上相交。这条曲线有以下特点：

①随着厂商和工人改变通货膨胀预期，短期菲利普斯曲线的高度即预期通货膨胀水平 π^e 会随时间推移而上下移动。

②当高涨的总需求推动经济沿着短期菲利普斯曲线向左上方移动时，就产生了通货膨胀的结果。当通货膨胀持续下去时，人们就开始预期未来的通货膨胀 π^e 上升，从而短期菲利普斯曲线上移。

3. 滞胀

滞胀又称为萧条膨胀或膨胀衰退，是指经济生活中出现了生产停滞、失业增加和物价水平居高不下同时存在的现象，它是通货膨胀长期发展的结果。西方经济学家把这种经济停滞或衰退、大量失业和严重通货膨胀以及物价持续上涨同时发生的经济现象称为滞胀。图 6－2 中的 *S* 点就是一个滞胀点。

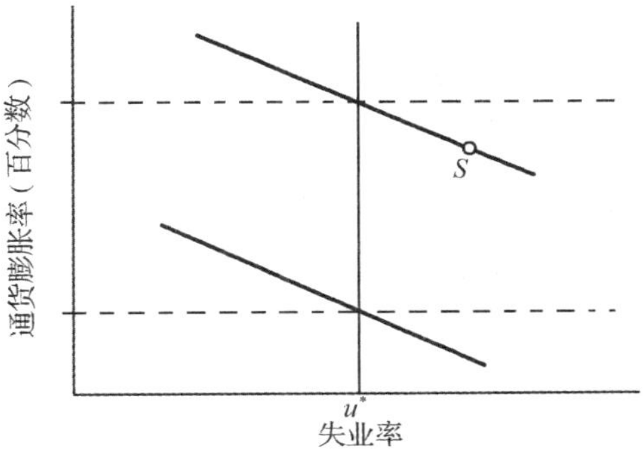

图 6－2　通货膨胀预期与短期菲利普斯曲线

考点三：理性预期革命　★★★

1. 理性预期的含义

理性预期又称合理预期，是指人们的预期符合实际将发生的事实。它的含义有三个：

(1)做出经济决策的经济主体是有理性的。

(2)为正确决策，经济主体会在做出预期时力图获得一切有关的信息。

(3)经济主体在预期时不会犯系统错误，即使犯错误，也会及时进行有效的修正，使得在长期而言保持正确。

2. 理性预期基础上的菲利普斯曲线

理性预期模型使短期菲利普斯曲线随可获得的信息而上下浮动。按照理性预期模型，如果货币增长是持续增加的，在长期中菲利普斯曲线将向上移动，并且这种向上的移动是立即发生的，以至于通货膨胀将随着失业的非长期变化而增加。与之相反，传统模型认为这种移动只是逐渐进行的。

考点四：工资-失业关系　★★★★★

1. 黏性工资概述

(1)黏性工资的含义：

黏性工资是指不能迅速地反映劳动力市场供求的变动，只能缓慢地根据劳动力市场状况改变而调整的工资。工人的名义工资通常不能随着经济条件的变化而迅速调整，在短期内表现为“迟钝的”或“黏性的”。

(2)黏性工资模型：

黏性工资模型即阐述黏性名义工资对总供给影响的模型。该模型假设劳动力的需求数量决定就业，以及工人和企业根据实际工资目标和对价格水平的预期来确定名义工资水平。当名义工资是黏性的时候，价格水平提高会降低实际工资，促使企业多雇佣劳动力，从而生产出更多的产品，总供给增加，所以短期总供给曲线是向上倾斜的。

2. 工资和失业的关系

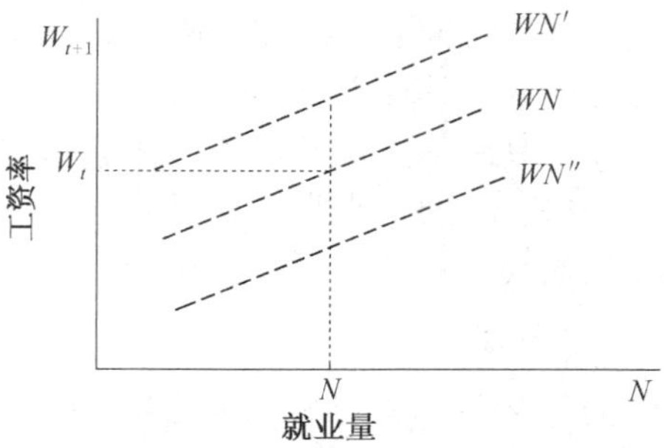

图6－3　工资-就业关系

用N^*表示充分就业水平，N表示实际就业水平，则未就业比例为：$u-u^*=(N^*-N)/N^*$。将上述方程代入菲利普斯方程$g_w-\pi^e=-\varepsilon(u-u^*)$，就可以得到就业水平、预期通货膨胀率与工资变动率之间的菲利普斯曲线关系：$g_w-\pi^e=(W_{t+1}-W_t)/W_t-\pi^e=-\varepsilon(N^*-N)/N^*$。

方程中的工资-就业关系WN如图6－3所示。在充分就业状态($N=N^*$)时，下期工资等于本期工资与对预期通货膨胀率的调整量之和。如果就业高于充分就业水平，通货膨胀率将高于预期通货膨胀率，则下期工资的增加将高过本期工资。参数ε衡量工资对就业的反应程度。如果ε很大，失业对工资的影响就较大，WN线将是陡峭的。

菲利普斯曲线关系也表明WN关系将随着时间推移而移动，如图6－3所示。当本期存在过度就业时，下期WN线将向上移动；当本期存在不充分就业时，下期WN线将向下移动。

3. 工资调整缓慢的原因分析(见表6－1)

表6－1　工资调整缓慢的原因分析

类型	含义	解释
信息不充分——市场出清	信息不充分即信息不完全，不仅是指“绝对”意义上的不完全，而且是指“相对”意义上的不完全，即市场经济本身不能够生产出足够的信息并有效地配置它们	当名义工资因价格上涨而提高时，由于信息不充分，工人错误地相信实际工资已经提高，因此愿意提供更多的工作。这样，在短期内，名义工资的增加将伴随着更高的产出水平和更少的失业
协调问题	当货币存量增加后，经济中的厂商只能在现行价格水平下，通过商品需求的增加，感受到货币存量变动的影响，从而慢慢提高价格，因此存在协调问题	如果企业间相互协调，他们可以一起削减工资，但是在一般情况下，不可能协调一致，因为个别企业削减雇员名义工资时，其利润将受到最严重的打击。因此，当总需求下降时，工资不会立即下降
效率工资和价格变动成本	效率工资是指雇主为了提高生产或经营的效率而支付给其员工的较高的工资	根据效率工资理论，雇主除非迫不得已，否则不愿意降低员工的工资，因为这不利于刺激工人的生产积极性。因此，社会上的工资水平总体上有不断上升的趋势
合同与长期关系	工资的交错调整：指经济当事人调整工资的时间是交错进行的	当需求增加，在所有工资重新商定前，要经过一段时间，且并非所有的工资都能够同时加以协商。工资只能是一步一步地向均衡趋近，逐渐向充分就业均衡下的基本工资靠近
	价格的交错调整：指经济当事人调整价格的时间是交错进行的	在工资调整过程中，企业在工资发生变动时，也将重新制定价格，进而导致价格的调整也是交错的
内部人-外部人模型	内部人-外部人模型是描述工会对劳动市场的影响的一个模型	由于存在工会，内部人在工资决定上有较强的讨价还价能力，因为对企业而言，解雇已经就业的内部人和雇用外部人都有较大的成本。企业愿意对内部人支付较高的工资，即使失业者愿意接受更低的工资水平

考点五：从菲利普斯曲线推导总供给曲线 ★★★★

1. 奥肯定律

奥肯定律是由美国经济学家阿瑟·奥肯提出的，描述失业率与实际国民生产总值之间存在的一种高度负相关关系的定律。奥肯定律的主要内容为：失业率如果超过充分就业的界限时，每使失业率降低 1%，实际国民生产总值则增加 2%；反之，失业率每增加 1%，实际国民生产总值则减少 2%。下面的公式提供了奥肯定律的正规形式：$(Y-Y^*)/Y^*=-\omega(u-u^*)$。其中，$Y$ 为实际产出，Y^* 为潜在产出，u 为实际失业率，u^* 为自然失业率，ω 为大于零的参数，近似取 $\omega=2$。

2. 成本与价格

劳动成本是总成本中的主要部分。假定企业的价格以产品的劳动成本为基础。如果每单位劳动生产 a 单位的产品，则每单位产品的劳动成本就是 W/a，比率 W/a 称作单位劳动成本。企业在劳动成本上附加一个比例 z 来确定价格，有：$P=(1+z)W/a$。其中，z 表示价格在劳动成本上的加成比例。

在劳动成本上的加成弥补了企业使用其他生产要素的成本，还包含了企业的正常利润。如果行业内的竞争是不充分的，则加成部分还会包括垄断利润部分。

3. 就业、工资与总供给曲线

菲利普斯曲线：$g_w-\pi^e=(W_{t+1}-W_t)/W_t-\pi^e=-\varepsilon(u-u^*)$

奥肯定律：$(Y-Y^*)/Y^*=-\omega(u-u^*)$

价格-成本关系：$P=(1+z)W/a$

通货膨胀率：$\pi_t=(P_{t+1}-P_t)/P_t$

联立上述四个方程，可得到：$P_{t+1}=P^e_{t+1}+P_t\dfrac{\varepsilon}{\omega}\left(\dfrac{Y-Y^*}{Y^*}\right)$，简化为：$P_{t+1}=P^e_{t+1}[1+\lambda(Y-Y^*)]$。如图 6－4所示，该曲线是向上倾斜的。与 WN 线一样，AS 曲线也会随时间而变化。当本期产出高于充分就业水平 Y^* 时，下一期的 AS 曲线将向上移动到 AS'；如果本期产出低于充分就业水平，下一期 AS 曲线将向下移动到 AS''。

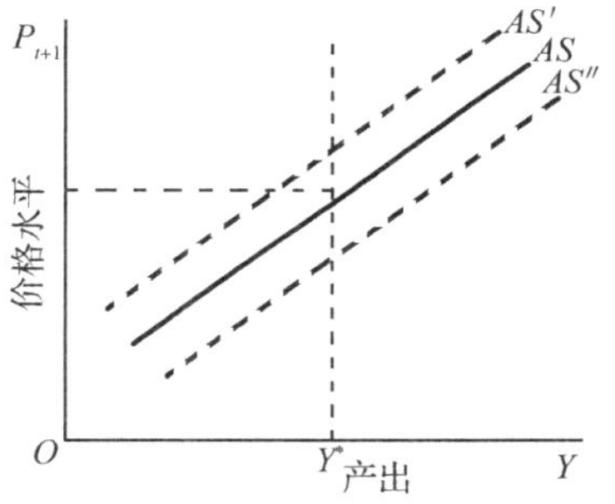

图 6－4　总供给曲线

在工资不能充分灵活变动时，AS 曲线就可以用来表示总供给曲线。价格之所以随产出的增加而增加是因为：产出增加意味着就业增加、失业率下降以及劳动成本增加。

考点六：供给冲击 ★★★★★

1. 供给冲击的含义

供给冲击是指对总供给产生意外重大影响的生产成本或生产率的突然变动。供给冲击是对经济的一种扰动，会导致实际 GDP 和价格水平发生预料不到的变动，其首要影响是使总供给曲线发生移动。

2. 不利的供给冲击

如图6－5所示，不利的供给冲击使 *AS* 曲线向上移动到 *AS′*，经济均衡点从 *E* 点移动到 *E′* 点，价格水平上升，产出水平下降。在 *E′* 点的失业迫使工资连同价格水平一起下降。沿着 *AD* 曲线，名义工资缓慢调整，持续下降，产出水平逐渐恢复，直至 *E* 点为止。在 *E* 点，经济恢复到充分就业，价格水平也与冲击发生之前一样，但名义工资率要低于冲击发生之前，因此不利的供给冲击降低了实际工资水平。

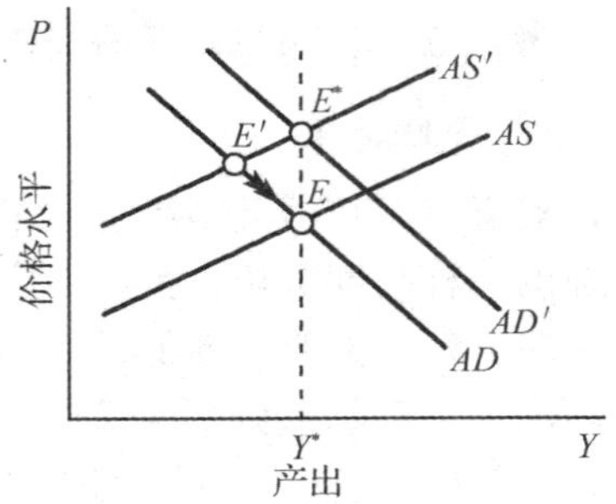

图6－5　不利的供给冲击

3. 供给冲击的适应

(1)适应性政策：

适应性政策主要是指政策本身对经济并不产生直接影响，只是被动地适应客观经济情况的需要，以消除对经济的不利影响。常见的适应性货币政策主要有：①在采取扩张性财政政策刺激经济时，为防止利率上升而相应地采取增加货币供给量的货币政策；②使政府财政赤字货币化的货币政策；③中央银行按通货膨胀率增加货币供应量，使通货膨胀持续的货币政策。

(2)适应性政策对供给冲击的调节：

如图6－6所示，存在不利的供给冲击时，如果政府充分增加总需求，采取使 AD_0 曲线移动到 AD_1 的货币政策和财政政策，经济就会移动到 E^* 点而不是 E_1 点，价格的上升幅度将和总供给曲线上移的幅度完全一样，经济会继续处在充分就业状态。

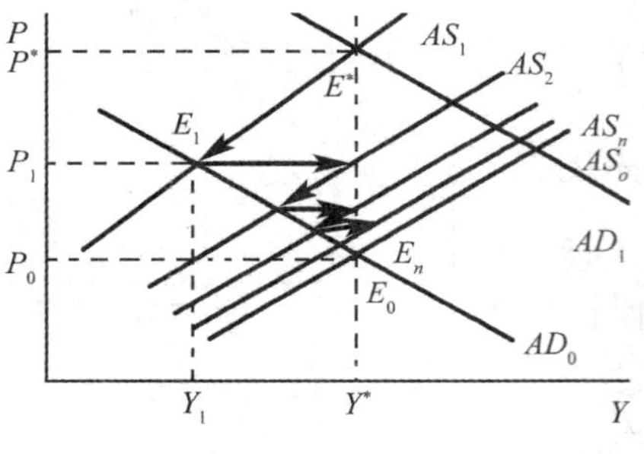

图6－6　适应性政策干预供给冲击的效果

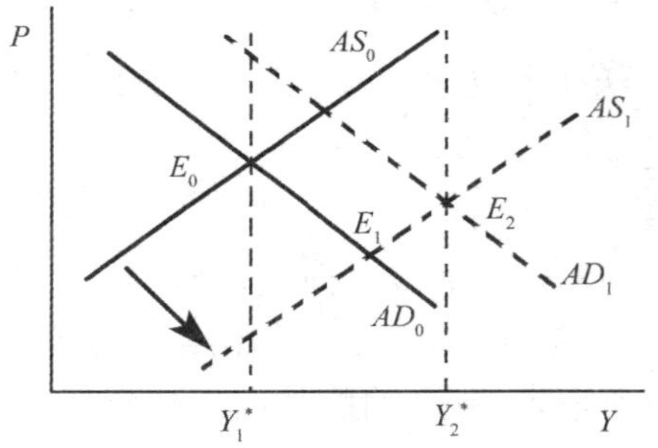

图6－7　技术进步引起的有利的供给冲击

4. 有利的供给冲击

有利的供给冲击是指使总供给曲线向外移动的一种经济干扰，它意味着企业在任何给出的价格上都愿意生产更多。如图6－7所示，诸如技术进步引发的有利的供给冲击，会使短期总供给曲线向右移动，增加潜在的GDP。

考点七：失业与通货膨胀——评估权衡 ★★★

1. 降低通货膨胀的代价——牺牲率

牺牲率是指通货膨胀率每下降一个百分点所丧失的产出百分比，也即(作为反通货膨胀政策结果的）GDP 损失的累计百分比与实际获得的通货膨胀的降低量之间的比率。牺牲率在不同的时间、地点以及降低通货膨胀的方式下测算出来的结果是不相同的。

迅速的反通货膨胀牺牲率往往比缓慢的反通货膨胀牺牲率小；工资决定制度更有伸缩性的国家，如劳动合约时间短的国家，牺牲率较小。

2. 痛苦指数

痛苦指数是一国消费物价年增长率与年失业率之和。判定标准为：当指数超过20%，表示该国经济处于悲惨状态；10% ~20% 之间属正常范围；如果未满10% 则表示该国经济表现优异。

6.2　课后习题详解

一、概念题

1. 适应性政策

答： 适应性政策是指为了消除经济的不利影响，被动地适应客观经济情况的需要的政策。常见的适应性货币政策主要有以下三种情况：①在采取扩张性财政政策刺激经济时，为防止利率上升而相应地采取增加货币供给量的货币政策；②使政府财政赤字货币化的货币政策；③中央银行按通货膨胀率增加货币供应量，使通货膨胀持续的货币政策。

2. 内部人-外部人模型

答： 内部人-外部人模型是指用来描述工会对劳动市场的影响的一个模型。它预言工资对失业不会做出足够大的反应。内部人是指企业内部已经就业的工人，外部人是指企业外部处于失业状态的劳动者。由于工会的存在，内部人在工资决定上有较强的讨价还价能力，因为对企业而言，解雇已经就业的内部人和雇用外部人都有较大的成本。解雇内部人需要根据原先的合同条款做出一定的赔偿，如支付一定的补偿工资；雇用外部人会发生相应的搜寻成本、面试、考核成本以及培训成本。另外，内部人已经在工作岗位上积累了一定的职业技能和经验，要使外部人完全替代内部人，企业还必须投入较大的成本。

内部人-外部人模型说明，实际工资并不会对失业做出较大的反应。这就为解释为什么一旦出现经济衰退就不能很快恢复到充分就业状态提供了另一个理由。

3. 滞胀

答： 滞胀又称为萧条膨胀或膨胀衰退，是指物价上升，但经济停滞不前。它是通货膨胀长期发展的结果。在短期中，滞胀使经济产量下降，物价上升，引起较高的失业和较高的通货膨胀，通货膨胀和失业之间的短期权衡取舍向右移动，即菲利普斯曲线向右移动。因为长期中通货膨胀和失业之间不存在权衡取舍，无论通货膨胀率如何，失业率都趋向于其自然率，因此，滞胀不会导致菲利普斯曲线移动。

4. 不利的供给冲击

答： 不利的供给冲击是指致使总供给曲线向上移动的一种扰动。供给冲击一般是对总供给产生意外重大影响的生产成本或生产率的突然变动。供给冲击会导致实际 GDP 和价格水平发生预料不到的变动。20世纪70年代初期石油输出国组织的石油禁运所引起的石油价格上涨是一个经典的例子。一次不利的供给冲击具有双重的不幸结果：它引起价格的提高和产出的降低。

关于供给冲击的影响有两点需要注意：①由于每单位产出要耗费企业更多的生产成本，供给冲击将使 *AS* 曲线上移；②假定供给冲击不会影响潜在产出水平，它仍是 Y^*。

5. 痛苦指数

答：痛苦指数是指用来计量失业与通货膨胀的政治效应的一种指标。它是通货膨胀率与失业率的总和。该指数认为，失业与通货膨胀给人们带来的痛苦是相同的，失业率上升1%与通胀率上升1%对人们构成同样程度的“痛苦”。痛苦指数的计算公式为：痛苦指数＝失业率＋通胀率。

6. 交错的价格调整

答：交错的价格调整是指经济当事人调整价格的时间是交错进行的。当劳动需求发生变动与企业增加工作时间时，工资的调整是交错的。由于需求增加，工人在下一个劳动协议中，将会施加压力要求增加基本工资。但是，在所有工资重新商定之前，还要经过一段时间。而且，并非所有的工资都能够同时加以协商。因为工资确定的日期是错开的，也就是说，它们是交错的。

在一段时期内先期确定的价格与错开的价格调整结合在一起，导致了在现实世界里观察到的价格和产出的渐进调整。这就解释了短期总供给曲线的逐渐垂直的运动。

7. 协调分析法

答：协调分析法是指一种分析厂商面对需求变动而不是工资变动时调整其价格的过程的方法。它侧重于厂商面对需求变动时调整其价格的过程。假设货币存量增加了，最终价格将与货币供给上升同一比例，产量维持不变。在调整过程中，因为经济中的厂商不可能聚在一起协调其价格上升事宜，每家厂商只能当通过在现行价格水平上商品需求的增加感受到了货币存量变动的效果时才缓慢地提高其价格。协调分析法也有助于解释为什么工资具有向下的黏性，即为什么当总需求下降时，工资并不是立即下降。任何削减工资的厂商在没有其他厂商仿效的情况下都会导致其工人的不满和辞职。如果厂商相互协调，他们可以一起削减工资，但是在一般情况下，他们不可能协调一致，只是个别厂商会削减其雇员的名义工资，率先行动的可能是那些其利润受到最严重打击的厂商，因此工资下降缓慢。

8. 奥肯定律

答：奥肯定律是指一种用来说明实际国内生产总值与失业率之间关系的定律。该定律是美国经济学家阿瑟·奥肯在研究上述两者之间的关系时发现的一种规律，奥肯利用美国55个季度中失业率变化和实际国内生产总值变化的资料，通过简单的回归方程，估算出反映两者变化之间关系的一个数值。奥肯定律的内容是：失业率每高于自然失业率1个百分点，实际GDP将低于潜在GDP 2个百分点。奥肯定律用公式表示为：$(Y-Y_f)/Y_f=-\alpha(u-u^*)$。其中，$Y$ 为实际产出，Y_f 为潜在产出，u 为实际失业率，u^* 为自然失业率，α 为大于零的参数。

奥肯定律的一个重要结论是：实际 GDP 必须保持与潜在 GDP 同样快的增长，以防止失业率的上升。也就是说，GDP 必须不断增长才能保证失业率留在原地，如果想让失业率下降，实际 GDP 的增长必须快于潜在 GDP 的增长。

不同的国家有不同的国情，奥肯定律所揭示的数量关系未必适用于所有国家，但它毕竟说明了经济增长与就业或失业之间存在着相关关系。

9. 供给冲击

答：供给冲击是指对总供给产生意外重大影响的生产成本或生产率的突然变动。供给冲击是对经济的一种扰动，其首要影响是使总供给曲线发生移动。20 世纪 70 年代，总供给曲线被两次重大的石油价格冲击所移动。这两次石油价格冲击提高了生产成本，因而也提高了企业愿意供给产品的价格。换句话说，石油价格冲击移动了总供给曲线。

10. 效率工资理论

答：效率工资理论是指以工人生产率取决于工资水平的假设为基础，认为工人工作的效率与工人的工资有很大的相关性的一种理论。效率工资是指雇主为了提高生产或经营的效率而支付给其员工的较高的工资。根据效率工资理论，雇主必须把工资作为刺激雇员努力工作的手段。雇员在工作时候的努力程度决定了生产和经营的经济效率，如果员工积极性高，则生产的效率就高，反之亦然；而雇员工作时的努力程度又在很大程度上取决于雇员得到的报酬的高低。如果雇主给雇员支付的工资高于其他企业从事同种工作的雇员的工资水平，雇员就会认为自己的工作是有前途的“好工作”，并为了保持这种好工作而努力工作，这就有利于企业效率的提高。因此，社会上的工资水平总体上有不断上升的趋势。而且，高工资率还可以刺激产生高效率，效率的提高不可避免地引起对劳动的需求的下降，从而社会上失业的存在就是可以理解的。

11. 菲利普斯曲线

答：最初的菲利普斯曲线是指用来表示失业率和货币工资变动率之间交替取舍关系的曲线。这条曲线表示失业率和货币工资增长率之间的一种反向关系：当失业率高时，货币工资增长率低；反之，货币工资增长率高。如图 6－8 所示，菲利普斯曲线是一条向右下方倾斜的曲线。根据成本推动型通货膨胀的理论，货币工资增长率决定了价格增长率，所以，菲利普斯曲线也可以表示通货膨胀率与失业率之间的替代关系，即当失业率低时，通货膨胀率高；反之，通货膨胀率低。

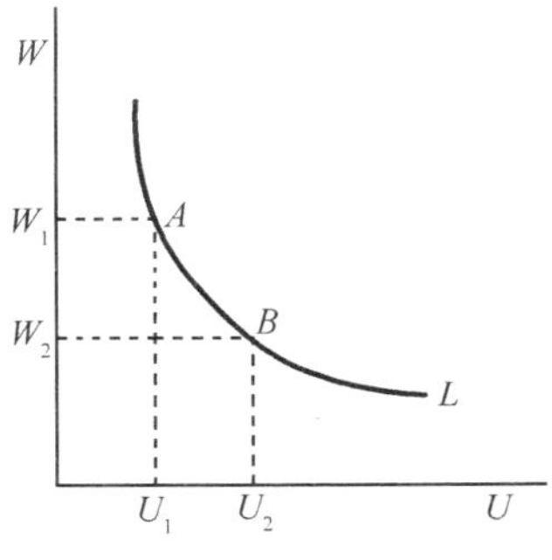

图 6－8　菲利普斯曲线

新古典综合派经济学家把菲利普斯曲线作为调节经济的依据，即当失业率高时，实行扩张性财政政策与货币政策，以承受一定通货膨胀率为代价换取较低的失业率；当通货膨胀率高时，实行紧缩性的财政政策与货币政策，借助提高失业率以降低通货膨胀率。

货币主义者对菲利普斯曲线所表示的通货膨胀率与失业率之间的交替关系提出了质疑，并进一步论述了短期菲利普斯曲线、长期菲利普斯曲线和附加预期的菲利普斯曲线，以解释在不同条件下通货膨胀率与失业率之间的关系。

理性预期学派进一步以理性预期为依据解释了菲利普斯曲线。他们既反对凯恩斯主义的观点，也不同意货币主义的说法。他们认为，由于人们的预期是理性的，预期的通货膨胀率与以后实际发生的通货膨胀率总是一致的，不会出现短期内实际通货膨胀率大于预期通货膨胀率的情况，所以，无论在短期或长期中，菲利普斯曲线所表示的失业与通货膨胀之间都不存在稳定的交替关系，菲利普斯曲线只能是一条垂直线。

12. 失业缺口

答：失业缺口是指失业率与自然失业率之间的差额。宏观经济学中菲利普斯曲线是表明工资膨胀率与失业率之间关系的曲线，令工资膨胀率(名义工资增长速度)为g_w[其中$g_w=(W_{t+1}-W_t)/W_t$，W_t表示本期工资，W_{t+1}表示下期工资]，u^*表示自然失业率，可以写出简单的菲利普斯曲线：$g_w=-\varepsilon(u-u^*)$，其中ε是衡量工资对失业率的反应程度，$u-u^*$就表示失业缺口。

13. 附加预期的菲利普斯曲线

答：附加预期的菲利普斯曲线是指将通货膨胀预期作为通货膨胀率的一个决定因素的菲利普斯曲线。该曲线是由经济学家弗里德曼和费尔普斯提出的，在原有菲利普斯曲线的基础上增加预期的概念来解释失业和通货膨胀的关系。他们认为，在短期内人们的预期来不及调整，当实际通货膨胀率大于预期的通货膨胀率时，实际工资下降，就业与国民收入增加，通货膨胀与失业之间存在着交替关系。长期内，人们可以根据过去预期的失误来调整预期，使实际的通货膨胀率等于预期的通货膨胀率，通货膨胀不会导致实际工资下降，也不会增加就业和国民收入，通货膨胀与失业之间不存在交替关系。

附加预期的菲利普斯曲线方程可以表述为：$\pi=\pi^e-\varepsilon(u-u^*)$。该菲利普斯曲线具有两条关键性质：①预期通货膨胀一个接着一个地成了实际通货膨胀；②当实际通货膨胀等于预期通货膨胀时，失业处于自然失业率水平。

14. 政治性经济周期理论

答：政治性经济周期理论是指研究经济政策的决定与政治考虑之间的相互作用的一种理论。该理论认为，经济运行往往围绕着大选日期而波动，在大选之前，政府实行扩张性的经济政策，以"适度"的通胀率为代价来降低失业率；当选之后，政府则采取紧缩性的经济政策来降低通胀率，导致失业率上升。这样，宏观经济运行就会呈现出明显的通胀偏差周期。这一理论把经济周期性循环的原因归之为政府的周期性的决策(主要是为了循环解决通货膨胀和失业问题)。

政治性周期的产生有三个基本条件：①凯恩斯国民收入决定理论为政策制定者提供了刺激经济的工具；②选民喜欢高经济增长，低失业以及低通货膨胀的时期；③政治家喜欢连选连任。

15. 单位劳动成本

答：单位劳动成本是指每单位产品的劳动生产成本。它是以企业一定时期生产某一种产品所发生的总成本除以产量求得的。单位成本是反映成本水平高低的指标。如果每单位劳动生产a单位的产品，每单位产品的劳动成本就是W/a(W是工人的平均工资水平)。

16. 有利的供给冲击

答：有利的供给冲击是指使总供给曲线向外移动的一种经济干扰，它意味着企业在任何给出的价格上都愿意生产更多。如果中央银行能够正确把握需求侧的调节力度，使总需求曲线的迅速向右移动足以跟上总供给潜在增长的步伐，经济就会出现低通货膨胀条件下的快速增长。

17. 价格黏性

答：价格黏性是新凯恩斯主义理论的一个重要假设，是指价格不能随着总需求的变动而迅速变化。价格黏性分为名义价格黏性和实际价格黏性，名义价格黏性是指名义价格不能按照名义需求的变动而相应地变化；实际价格黏性是指各类产品之间的相对价格比有黏性。新凯恩斯主义认为由于存在价格黏性和工资黏性，经济并不总处于充分就业状态，因此经济活动的正常运行需要政府进行必要的干预。

18. 工资黏性

答：工资黏性是指不能迅速地反映劳动力市场供求的变动，只能缓慢地随着劳动力市场状况改变而调整的工资。工人的名义工资通常不能随着经济条件的变化而迅速调整，在短期内表现为“迟钝的”或“黏性的”。

工资黏性模型即阐述黏性名义工资对总供给影响的模型。该模型假设劳动力的需求数量决定就业，以及工人和企业根据实际工资目标和对价格水平的预期来确定名义工资水平。当名义工资是黏性的时候，价格水平提高会降低实际工资，促使企业多雇佣劳动力，从而生产出更多的产品，使总供给增加，所以短期总供给曲线是向上倾斜的。

新凯恩斯学派提出工资黏性的理由包括：①合同的长期性；②合同分批到期的性质；③效率工资论；④长期劳动合同论。新凯恩斯主义学派黏性工资论认为，无论是通过合同制还是理性预期机制来稳定工资水平，都会导致通货膨胀和失业并存。因此有必要对工资制度进行改革，努力降低劳动力成本，刺激企业生产和用人的积极性。这就要求建立完整而有效的劳动力市场，工资完全由劳动力市场的供求和劳动者提供劳动的质和量来决定，工资是调节劳动力资源配置和流动的唯一手段。

19. 不完全信息

答：不完全信息是指市场的供求双方对于所交换的商品不具有充分的信息。在现实经济中，信息常常是不完全的，称为非完全信息。信息不完全不仅是指那种“绝对”意义上的不完全，即由于认识能力的限制，人们不可能知道在任何时候、任何地方发生的或将要发生的任何情况，而且是指“相对”意义上的不完全，即市场经济本身不能够生产出足够的信息并有效的配置它们。这是因为，作为一种有价值的资源，信息不同于普通的商品。信息的交换只能靠买卖双方的并不十分可靠的相互信赖，卖者让买者充分了解信息的用处，而买者则答应在了解信息的用处之后就购买它。这样，市场的作用在这里受到了很大的限制。信息不完全带来了许多问题，市场机制本身可以解决其中的一部分，但是在很多情况下，市场的价格机制并不能够解决或者至少是不能够有效的解决不完全信息问题，从而导致市场失灵。

20. 理性预期

答：理性预期是指在有效地利用一切信息的前提下，对经济变量作出的在长期中平均说来最为准确的，而又与所使用的经济理论、模型相一致的预期。理性预期思想最初由美国经济学家穆思在《合理预期和价格变动理论》一文中提出，70年代由芝加哥大学的卢卡斯和明尼苏达大学的萨金特和华莱士等人作出了进一步发展，并逐渐形成理性预期学派。

21. 牺牲率

答：牺牲率是指在实行反通货膨胀政策时期，累积的GDP损失与通货膨胀率的降低之间的比率。这种产出和就业机会的下降，是控制通货膨胀的经济政策的一个重要成本，必须被加以考虑。牺牲率就是反映降低通货膨胀的成本，即通货膨胀率减少一个百分点，所引起的产出下降的数量。用公式表示为：牺牲率 = GDP下降百分比/通胀下降百分比。

二、简答题

1. 解释总供给曲线与菲利普斯曲线是怎样相互联系在一起的。能从其中一个推导出的信息能否从另一个推导出来？

答：(1)总供给曲线与菲利普斯曲线描述相似的关系并且可以用于分析相同的现象。总供给曲线表示的是价格与产出水平之间的关系；菲利普斯曲线表示的是在一定的通货膨胀预期下，通货膨胀率与失业率之间的关系。

菲利普斯曲线说明通货膨胀率取决于两种力量：预期的通货膨胀率、失业与自然率的背离(周期性失业)，即：

$$\pi = \pi^e - b(U - U_n)$$

而总供给曲线可以写成：

$$Y = \overline{Y} + a(P - P_e)$$

进一步可写成：

$$P = P_e + (1/a)(Y - \overline{Y})$$

两边减去上一年的物价水平 P_{-1} 得到：

$$P - P_{-1} = (P_e - P_{-1}) + (1/a)(Y - \overline{Y})$$

如此，就将总供给曲线与菲利普斯曲线联系起来。

(2)供给曲线与菲利普斯曲线可以相互推导。总供给曲线提供了产出和价格之间的关系，这可以通过变换得出产出和通货膨胀之间的关系。结合奥肯定律，又可以得出产出和失业的关系，然后就可以得到描述通货膨胀和失业率之间关系的菲利普斯曲线。

例如，沿着总供给曲线向上移动价格水平上升的同时，产出水平增加。根据奥肯定律，产出增加，失业率会下降。因此，伴随着价格水平的上升(更高的通货膨胀率)失业率就会下降，并产生向下倾斜的菲利普斯曲线，当通货膨胀预期变化时菲利普斯曲线就会移动。如果假定当工人的通货膨胀预期变化时，他们会改变工资需求，就可以断定菲利普斯曲线上的移动是对总供给曲线上移动的反映，因为更高的工资意味着更高的生产成本。

2. 短期与长期菲利普斯曲线有何不同？(提示：在长期内，我们回到古典世界。)

答：短期与长期菲利普斯曲线存在明显的不同。短期内，当预期的通货膨胀率低于以后实际发生的通货膨胀率时，存在菲利普斯曲线所表示的失业率与通货膨胀率之间的交替关系，菲利普斯曲线是向下倾斜的。但在长期中，人们要根据适应性预期来决定自己的行为，当预期的通货膨胀率与实际的通货膨胀率一致时，失业与通货膨胀就不存在这种交替关系，从而长期菲利普斯曲线是一条垂直线。

(1)对于短期内通货膨胀率与失业率之间会存在交替关系的原因，货币主义者认为，如果工资契约是在不存在通货膨胀预期的情况下订立的，那么，物价上涨会导致实际工资下降，因而厂商愿意扩大产量，增加就业。当工人们发现实际工资下降时，他们会要求增加货币工资，但货币工资的增长总是滞后于物价上涨。弗里德曼用适应性预期的概念来解释人们的行为。所谓适应性预期，是指人们按以往的通货膨胀经历来预期未来的通货膨胀率。

按照适应性预期的理论，当工人发现物价上涨时，便会要求增加货币工资，把相应的适应性预期放入工资合同，这样一来，厂商就不愿意增加产量和多雇工人了，失业率又回到原来水平；而政府为了降低失业率，采取了刺激性更强的通货膨胀政策，使工资的增长再次滞后于物价上涨，使厂商因实际工资提高慢于物价上涨而再次愿意增加产量和增雇工人，这样，更高的通货膨胀率与失业率又存在交替关系，这在图上表现为菲利普斯曲线向右移动。这种过程如不断持续下去，换取一定失业率的通货膨胀率必然越来越高，菲利普斯曲线不断向右移动，最终演变成为一条垂直的菲利普斯曲线。这条垂直的菲利普斯曲线就是长期菲利普斯曲线，其形成过程可用图6－9表示。

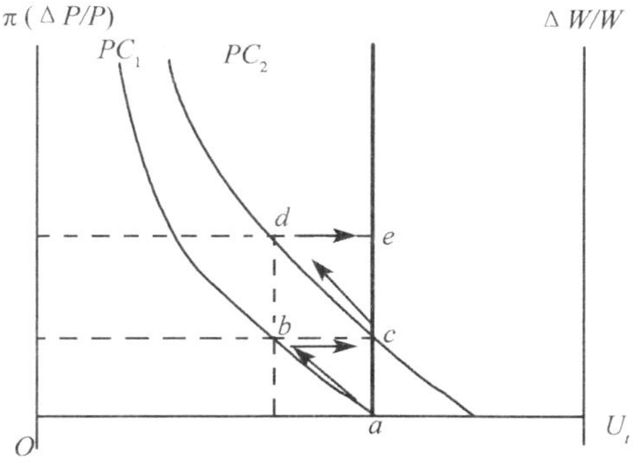

图6－9 长期菲利普斯曲线的形成过程

(2)假定通货膨胀率为零，人们没有通货膨胀预期，经济运行在图6－9的 a 点。现在假定总需求突然增加(由于政府实行扩张性政策等原因)，使通货膨胀率上升。由于人们事先没有预计到有通货膨胀，因此经济沿菲利普斯曲线 PC_1 变动到 b 点，失业率下降，通货膨胀率上升，这就是通货膨胀和失业在短期中的交替关系。

(3)假定通货膨胀率不是突然上升，而是经常上升，则人们就会形成通货膨胀率预期。工人们会要求提高工资，假定要求名义工资上升与预期的通货膨胀率同步，则企业会感到物价上升时工人实际工资没有降低，因而企业的雇工数又回到原来水平，失业率回到原先的自然失业率水平上，从而经济到达 c 点。这时的通货膨胀率就成为自然失业率水平上的通货膨胀率，而原先自然失业率水平上的通货膨胀率是零(a 点上)。如果这时政府再把失业率降到自然失业率以下，则经济沿第二条菲利普斯曲线 PC_2 变动到 d 点，这时通货膨胀率进一步上升。如果这一水平的通货膨胀率成为人们预期的通货膨胀率，人们就会把它纳入下一轮工资谈判中。一旦这样做了，企业劳动使用量又会回到原先的自然失业率水平。这样的过程不断重复，就会形成a、c、e点相连的垂直的菲利普斯曲线。这就是长期菲利普斯曲线。这条长期菲利普斯曲线是连接每一根短期菲利普斯曲线上实际通货膨胀率和预期通货膨胀率相等之点的一根曲线。在短期中，实际通货膨胀率高于预期通货膨胀率时，通货膨胀和失业之间存在交替关系。然而在长期中，通货膨胀和失业之间没有交替关系。

3. 本章讨论了一些可以用来证明黏性工资的存在从而总需求有能力影响产量的不同模型。它们是什么模型？它们之间的相同与不同之处是什么？你认为这些模型中的哪一个更合理？

答：(1)本章中涉及一系列短期和中期条件下证明黏性工资存在的问题。第一种是没有人知道实际价格水平的信息不充分的情况。人们不知道他们名义工资的变化是否是由于价格或实际工资的上升造成的，信息不对称导致劳动力市场不能马上出清。第二种是协调问题。即一个国家的不同企业不能根据货币政策的变化而相互协调调整价格，私人企业由于害怕失去市场份额只能被动地做出价格调整。第三种是效率工资问题。效率工资理论认为，企业会支付工人高于市场出清情况下的工资，来确保工人为了不失去这个好职位而努力工作，企业同样会出于对菜单成本的考虑不愿频繁的更改工资水平。由于企业与工人之间有长期的劳动合同关系，合同中已经确定了一定时期内的名义工资，且合同的签订是周期性的，因此，当价格变化时，实际工资总是滞后于价格的变动。第四种是内部人-外部人模型。该模型认为，企业通常情况下不是和失业者而是同自己的雇员谈判。由于企业解雇劳动力成本高昂，所以企业宁愿对现有雇员提供高于市场出清情况下的工资，也不愿雇佣愿意接受更低工资的失业者。

(2)这些模型的相同之处在于：它们可以为黏性工资提供解释。但是他们还是有区别的，前两个模型侧重于在短期条件下证明黏性工资存在的问题，而后两个模型侧重于在中期条件下证明黏性工资存在的问题。

(3)本章中提到的有关工资黏性的模型并不是相互冲突、矛盾的，对本题的回答完全取决于个人对不同现象的理解并找出他们认为最合理的解释。本题答案可以根据假设条件(如市场出清的快慢、劳动力市场是否能够自由流动等)的不同而不统一。现举出一种回答的方式：以上几个理论都有合理之处，它们从不同角度解释了工资黏性。个人比较倾向于第一种：信息不充分。由于大家对市场都不太了解，掌握的信息不充分，这更容易造成市场不能马上出清。

4. (1)什么是滞胀？

(2)描述能够引起滞胀的一种情况。你所描述的这种情况能够避免吗？它应该避免吗？

答：(1)滞胀是指经济处于高通货膨胀率、高失业率和低经济增长率交织并存的状态。一旦经济处于高通货膨胀预期的短期菲利普斯曲线上，衰退将实际通货膨胀推到低于预期通货膨胀的水平，但是通货膨胀的绝对水平仍然保持很高，即实际通货膨胀低于预期通货膨胀，但仍大大高于零。也就是说，当经济沿着具有高预期通货膨胀因素的菲利普斯曲线运动到自然失业率右边时，滞胀就会出现。

以弗里德曼为代表的货币主义者直接批判凯恩斯主义的通货膨胀政策，认为滞胀是长期实施通货膨胀政策的必然结果，以增加有效需求的办法来刺激经济，实质上是过度发行货币，经济中的自然失业率是无法通过货币发行来消除的。

(2)当人们有高的通货膨胀预期时就有可能产生滞胀。如果经济进入衰退期，实际的通货膨胀率会下降到预期的通货膨胀率之下。然而在失业率仍在增加的情况下，实际的通货膨胀率可能依然很高。例如，央行过去可能保持货币供给量增长很快，人们就会预期一个高的通货膨胀率。如果发生供给冲击，那么即使在预期的和实际的通货膨胀率都很高的情况下，失业率仍会增加。这样的情况在 20 世纪 70 年代就曾发生过。

这样的情况可以避免，而且应该加以避免。主管部门应该密切关注经济形势的变化，一旦发生这种状况，应制定能够减小通货膨胀预期的政策，从而使菲利普斯曲线向左回移。

5. 解释通货膨胀预期使菲利普斯曲线移动的能力，以及它如何有助于经济自动地对总供给与总需求冲击做出调整。

答：通货膨胀预期具有使菲利普斯曲线移动的能力。假设经济发生冲击，总需求曲线向右移动，失业率下降，通货膨胀率上升，会导致向下倾斜的菲利普斯曲线向左移动。然而一旦人们认识到实际的通货膨胀率要比预期的通货膨胀率高，他们会把预期的通货膨胀率向上调，向下倾斜的菲利普斯曲线又会向右移动，最终使失业率回到自然失业率上，也就是说经济又回到了充分就业的产出水平。

如果相反的供给冲击发生(向上倾斜的总供给曲线向左移动)，失业率和通货膨胀率同时上升，这将使向下倾斜的菲利普斯曲线向右移动。然而，当人们认识到实际的通货膨胀率要比预期的通货膨胀率低时，他们会把预期的通货膨胀率向下调，于是向下倾斜的菲利普斯曲线又会向左移动，并且经济最终调整到长期的自然失业率水平上。

6. 讨论第 6 章第 2 节中最初讨论的附加预期的菲利普斯曲线与第 6 章第 3 节中讨论的以理性预期为基础的菲利普斯曲线之间的主要差别。

答：附加预期的菲利普斯曲线与以理性预期为基础的菲利普斯曲线之间的主要差别在于：根据近年历史经验得出的预期通货膨胀水平决定了附加预期的菲利普斯曲线的位置，由通货膨胀预期变化而引起的菲利普斯曲线的移动也只能逐渐发生；而根据理性预期模型，一旦有可获得的有关将来的新信息，菲利普斯曲线就会立刻移动。

附加预期的菲利普斯曲线表明，当失业率下降到自然失业率以下时，通货膨胀会上升到预期水平之上。实际上，即使人们有理性预期，他们也不能立即做出调整。原因之一是工资合同经常规定较长时间的工资。类似地，价格也不能迅速变化，并且变动价格的菜单成本可能超过收益；另一个原因在于，即使是理性人也会犯预测错误，并且学习是需要过程的。

7. 给出牺牲率的定义。在什么水平上牺牲率不是 0？请解释。

答：(1)牺牲率的含义：

牺牲率是指通货膨胀率每下降一个百分点所丧失的产出百分比，也即(作为反通货膨胀政策结果的)GDP 损失的累计百分比与实际获得的通货膨胀的降低量之间的比率。牺牲率按照时间、地点以及降低通货膨胀的方式而有所不同。尽管牺牲率的估算差别很大，但一般的估算是 5% 左右：通货膨胀率每下降 1%，一年的 GDP 必须牺牲 5%。另外，迅速的反通货膨胀往往比缓慢的反通货膨胀牺牲率小；那些工资决定制度更有伸缩性的国家，例如劳动合约时间短的国家，牺牲率较小。

(2)牺牲率不为零的水平：

在短期和中期时，由于实际产出与充分就业产出水平不同，牺牲率不为零。在长期，由于失业最终会达到自然失业率水平，因此产出没有变化，此时牺牲率为零。

三、计算与分析题

1. 当总供给曲线为正斜率，而工资随时间缓慢调整时，请分析名义货币存量减少对价格水平、产出和真实货币存量的影响。

答：名义货币存量的减少将导致对货币的过度需求和利率的上升，利率的上升降低了个人支出的水平，尤其是投资支出的水平。因此，总需求(AD)曲线将会向左边移动(AD_1)，这将会导致在原有价格水平上商品和服务的过度供给，从而导致价格的下跌。由于总供给(AS)曲线向上倾斜，从而会在一个较低的产出水平(较低的产出水平又会带来较高的失业率)和一个较低的价格水平上，达到短期宏观均衡(点2)。

然而，较高的失业水平最终会使工资水平下降，进而减少产品成本，使向上倾斜的AS曲线右移至AS_1。另外，由于这个均衡产出水平低于充分就业时的产出水平，价格将继续下跌，短期供给曲线将又开始向右移动至AS_2，从而产出水平又开始上升。一旦产出低于充分就业的产出水平Y^*，向上倾斜的短期AS曲线将会继续右移动至AS_N，这意味着价格也将继续下降。随着产出一直增加和价格的一直下降，最终会在充分就业产出水平Y^*和较低的价格水平P_N处达到新的长期均衡(点5)。如图6－10所示。

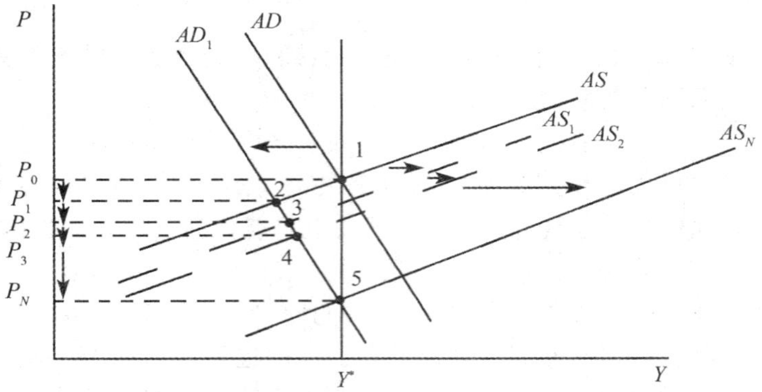

图6－10　名义货币存量减少对价格水平、产出和真实货币存量的影响

在短期内，名义货币存量减少，则名义货币供给(M)减少，由于价格(P)只会缓慢下跌，从而真实货币存量(M/P)将会下跌，但是低于名义货币供给下降的水平。另外，随着价格的进一步降低，真实货币存量又会开始增加，当新的长期宏观均衡最终达到Y^*时，价格也将相应地与名义货币供给同比例地下降，并且真实货币存量也将恢复到原来的水平。

2. 假定联储采取一种完全透明的政策，即假定联储事先宣布它将如何改变货币供给。根据理性预期理论，这种政策将如何影响联储改变实际经济(例如，失业率)的能力？

答：理性预期又称合理预期，是现代经济学中的预期概念之一，指人们的预期符合实际将发生的事实，由约翰·穆思在其《合理预期和价格变动理论》(1961 年)一文中首先提出。它的含义有三个：首先，作出经济决策的经济主体是有理性的；其次，所作的决策为正确决策，经济主体会在做出预期时力图获得一切有关的信息；最后，经济主体在预期时候不会犯系统错误，即使犯错误，他也会及时有效地进行修正，使得在长期而言保持正确。

根据理性预期理论，美联储宣布改变货币政策会立即改变人们对通货膨胀率的预期。如果人们能迅速调整通货膨胀预期的变化，那么失业率或产出水平仍将保持不变。换句话说，在图 6 – 10 中会立即从点 1 移到点 5。然而，实际上即使人们有理性预期并能准确预测政策变化的影响，也会由于各种原因使他们不能立即做出调整，比如受合同工资的影响等等，这样就会经常会有一些偏离潜在产出水平的情况发生。

3. (1) 在总供给和总需求框架中，说明原材料实际价格下降(一种有利的供给冲击)的长期与短期效应。

(2) 假定产出始于其自然率水平(充分就业水平)，描述调整过程。

答：(1)原材料实际价格的下降是一种有利的供给冲击，它会使向上倾斜的 AS 曲线向右移动，导致在现有价格水平下供给过剩，这样就会达到一个更高产出和更低价格的新的短期均衡。

但由于目前的产出水平已经高于充分就业时的产出水平 Y^*，就会对工资和价格产生上涨的压力，并使向上倾斜的 AS 曲线开始向左回移，最终在原有产出水平(Y^*)和原有的价格水平(P_0)下达到新的长期均衡(假设原材料价格的变化对充分就业时的产出没有影响)。如图 6 – 11 所示。此时，名义工资(W)已经上升，价格(P)却没有发生变化，故实际工资(W/P)就会增加。

(2)较低的原材料价格降低了产品成本，使向上倾斜的总供给曲线向右移动，这会导致产出的增加和较低的价格水平。由于此时失业率水平低于自然失业率水平，因此存在劳动力短缺，于是产生了工资上涨的压力，这将再次增加产品成本，最终使向上倾斜的总供给曲线向左回移到初始的长期均衡点(假设潜在 GDP 不受影响)。具体的调整过程如图 6 – 11 所示。

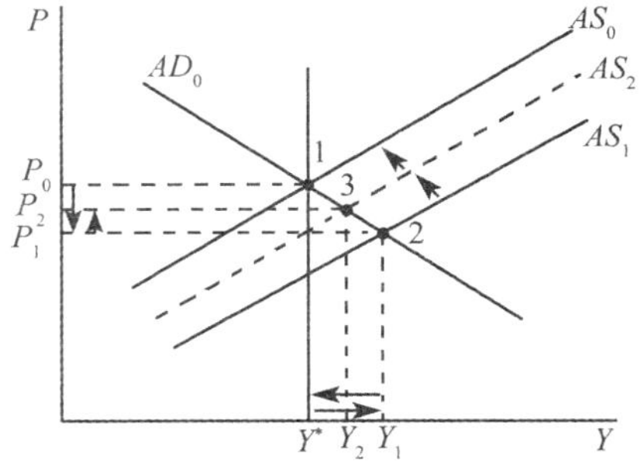

图 6 – 11　原材料实际价格下降的长期与短期效应

4. 假定短期产出高出潜在产出 3 个百分点。

(1) 根据奥肯定律，对失业会有什么影响?

(2) 假定通货膨胀预期不变，对工资有什么影响?

答：(1)奥肯定律的内容为：失业率每高于自然失业率1个百分点，实际GDP将低于潜在GDP 2个百分点。奥肯定律用公式表示为：

$$\frac{Y-Y_f}{Y_f}=-\alpha(u-u^*)$$

其中，Y为实际产出，Y_f为潜在产出，u为实际失业率，u^*为自然失业率，α为大于零的参数。根据奥肯定律的内容，这里$\alpha=2$。短期产出高出潜在产出3个百分点即$\frac{Y-Y_f}{Y_f}=3\%$，计算可得$u-u^*=-\frac{Y-Y_f}{Y_f\alpha}=-1.5\%$，即失业率会降低，低于自然失业率1.5个百分点。

(2)若通货膨胀预期不变，则根据附加的菲利普斯曲线$\pi=\pi^e-\varepsilon(u-u^*)$和工资通胀率$g_w-\pi^e=\frac{W_{t+1}-W_t}{W_t}-\pi^e=-\varepsilon(u-u^*)$知，当短期产出高出潜在产出3个百分点，失业率低于自然失业率，工资上升。

5. 如果工资从10美元/小时上涨到12美元/小时，要想保持价格不变，企业需要降低多少加成比例z?

答：价格公式为：$P=\frac{(1+z)W}{a}$，由题意知a不变，W由10美元涨到12美元，价格相等，则得到式子$12(1+z_1)=10(1+z)$，其中z_1为工资上涨后的成本构成，z为工资上涨前的价格构成，则解得$z_1=(5z-1)/6$，即加成比例需要降低$(z+1)/6$。

第7章　失　业

7.1　复习笔记

【知识框架(庖丁解牛)】

- 失业
  - 失业的解剖
    - 失业的含义和特征
    - 失业后备军
    - 不同人群之间失业的差异
    - 周期性失业与摩擦性失业
    - 失业的持续时间
  - 充分就业
    - 自然失业率
    - 呆滞现象和上升的自然失业率
    - 失业救济金对自然失业率的影响
  - 失业的代价
    - 失业的产出损失
    - 失业对收入分配的影响
    - 失业的其他代价和收益

【考点难点归纳(厚积薄发)】

考点一：失业的解剖　★★★★

1. 失业的含义和特征

(1)劳动力的概念：

劳动力是指具有劳动能力的人口。劳动力是经济活动的主体，对经济增长具有直接的、重要的作用。

(2)失业者和失业率的具体内容如表7－1所示：

表7－1　失业者和失业率

要点	具体内容	
失业者	概念	指在一定年龄范围内，愿意并有能力为获取报酬而工作，但尚未找到工作的人
	不计入失业者的情况	①年龄规定以外的无工作者； ②丧失工作能力者； ③在校学习者； ④由于某种原因不愿工作或不积极寻找工作者； ⑤未领取失业救济的未登记注册的无工作者

续表

要点	具体内容	
失业率	概念	指失业人数占劳动力总数的百分比
	公式	失业率 =(失业人数/劳动力)×100% 其中，劳动力总数等于失业人数和就业人数之和

2. 失业后备军(见表7-2)

表7-2 失业后备军

要点	具体内容
概念	指经济社会在任何时点上都存在的一个特定数量的失业人口群体
形成原因	①正常的劳动力流动； ②经济中一些制度上的原因，如最低工资法、效率工资和工会的存在等
脱离方法	①找到一份新工作； ②被搁置的人被雇主重新召回； ③失业者停止寻找工作

3. 不同人群之间失业的差异

(1)总失业率与各组人群失业率之间的关系：

总失业率是指经济社会在某一时点的失业总水平，用符号 u 表示。总失业率可以通过不同人群组别之间失业率(用 u_i 表示)的加权平均得到：

$$u = w_1 u_1 + w_2 u_2 + \cdots\cdots + w_n u_n$$

其中，权数 w_i 代表特定组别人群在居民劳动力总数中所占的比重。

(2)总失业率变化原因：

由方程 $u = w_1 u_1 + w_2 u_2 + \cdots\cdots + w_n u_n$ 可知，导致总失业率变化的原因可能有两种：

①各组失业率的变动；

②各组在劳动力总数中所占比重的变动。

(3)不同人群之间失业率的差异：

一般而言，青年人的失业率远高于年龄大一些的工人；女性的失业率在过去很长时间都高于男性，但是今天女性失业率与男性基本相同——或者，可能稍低于男性的失业率。

4. 周期性失业与摩擦性失业(见表7-3)

表7-3 周期性失业与摩擦性失业

要点	摩擦性失业	周期性失业
概念	指劳动力在正常流动过程中所产生的失业，由市场制度本身决定，与劳动力供求状态无关，即使实现充分就业也有摩擦性失业	又称需求不足的失业，指由于整个经济周期波动造成劳动力总需求不足产生的失业
产生原因	①劳动力市场运行机制不完善； ②经济变动过程中的工作转换	在经济周期的衰退和萧条阶段，由于总需求不足导致的失业

续表

要点	摩擦性失业	周期性失业
失业量的大小	取决于劳动力流动性的大小和寻找工作所需要的时间	是实际总需求与充分就业总需求之间的差额

◆小试牛刀◆

如果某人刚刚进入劳动力队伍尚未找到工作，这是属于(　　)。

A. 摩擦性失业　　B. 结构性失业　　C. 周期性失业　　D. 永久性失业

【答案】A

【解析】摩擦性失业是指因劳动力市场运行机制不完善或因经济变动过程中工作转换而产生的失业。它被看作一种求职性失业，即一方面存在职位空缺，另一方面存在着与此数量对应的寻找工作的失业者，这是因为劳动力市场的信息不完备，厂商找到所需要的雇员和失业者找到合适的工作都需要花费一定的时间。因此该人刚刚进入劳动力队伍尚未找到工作，属于摩擦性失业。

5. 失业的持续时间

(1)失业的持续时间的含义：

失业的持续时间是指一个人处于失业状态的平均时间长度，其长短影响着整个社会的失业水平，是自然失业率的基本决定因素之一。

(2)失业的持续时间的决定因素：

失业的持续时间取决于周期性因素，同时还取决于以下因素：

①劳动市场的相关设施的完善程度；

②劳动力的人口统计构成；

③失业者的工作能力和愿望，主要取决于失业救济金。

考点二：充分就业 ★★★★

1. 自然失业率(见表7－4)

表7－4　自然失业率

要点	具体内容
含义	指充分就业下的失业率，是失业率围绕其波动的平均水平
决定因素	①失业的持续时间：一个人处于失业状态的平均时间长度； ②失业频率：在一定时期内一个人处于失业状态的平均次数
估计	自然失业率是劳动力中各个组别人群的自然失业率的加权平均数，即 $u^* = w_1 u_1^* + w_2 u_2^* + \cdots + w_n u_n^*$ 其中，权数 w 为劳动力组成的变化

2. 呆滞现象与上升的自然失业率

(1)失业呆滞的含义：

失业呆滞又称失业滞后，是指持续长时间的高失业率提高了自然失业率，从而陷入失业期拉长的恶性循环。

(2)造成失业滞后现象的原因：

①长时间的高失业率使失业者丧失信心，不再全力以赴地搜寻工作岗位；

②在较高的失业救济金水平下，失业者缺乏寻找工作的动力；

③长期失业给企业以工人不愿意工作的信号，企业不再雇佣此类工人。

3. 失业救济金对自然失业率的影响

(1)相关概念的理解如表7-5所示：

表7-5 相关概念的理解

要点	主要内容
替代率	指失业时的税后收入与就业时的税后收入之比。替代率越高，失业者寻求新工作的意愿越低
保留工资	指使失业者愿意到新职位工作所需的最低工资水平。保留工资概念能够建立以下均衡：在保留工资水平以下，就业者接受工作所得到的满意程度与其处于失业状况而得到的满足程度是等价的
就业稳定性	①就业稳定性是指劳动者参与社会劳动的数量在相当的时期内保持着一定的比例。 ②就业稳定性的基本含义： a. 就业总量的稳定； b. 劳动就业在产业间和区域间的转换替代弹性不高； c. 劳动者个体总的就业时间比较长
公告效应	指披露日前1天到披露日后1天的累积超额收益率与从事件考察期开始到披露日后1天的累积超额收益率之比，用于度量并购信息披露对价格的影响，判断是否存在内幕交易

(2)失业救济金提高自然失业率的途径：

①失业救济金让人们有更长的时间去找工作。失业救济金越高，替代率越高，失业者求职的紧迫感就越少，保留工资越高，自然失业率越高。

②就业稳定性。失业救济金的存在减弱了就业稳定性，厂商更愿意暂时搁置工人而不是设法保留他们的工作岗位，提高了自然失业率。

③公告效应。失业救济金通过公告效应提高失业率。为了获取失业救济金，不需要工作的人会成为正在寻找工作的人，被统计为失业者，从而提高了失业率。

考点三：失业的代价 ★★★★★

1. 失业的产出损失

(1)奥肯定律的含义：

奥肯定律是指有关经济周期中失业与产出之间的经验关系的定理。该定理描述了失业率与实际国民生产总值之间存在的一种高度负相关关系，其主要内容是：失业率如果超过充分就业的界限时，失业每额外变动1%，GDP就会反向变动2%。

(2)奥肯定律的结论：

实际GDP必须保持与潜在GDP同样快的增长，以防止失业率的上升。如果政府想让失业率下降，那么该经济社会的实际GDP的增长必须快于潜在GDP的增长。

2. 失业对收入分配的影响

(1)失业的收入损失：

对失业者个人来说，其会受到收入减少的痛苦。但对不同人群而言，收入减少的痛苦程度不同。一般而言，失业对穷人的打击比对富人的打击要大。

(2)失业对收入损失的分配：

获取失业救济金后，失业者不会遭受收入损失，但社会总产出会下降。因此，失业补偿制度只能部分地分散失业负担。

3. 失业的其他代价和收益

(1)补偿性利益：

失业者不用工作而有更多闲暇时间，提供了相应的补偿性收益，但这种闲暇的价值很小。

(2)税收的额外代价：

由于人们挣工资要缴税，社会一般会从在职者那里以税收形式得到利益。当一个工人失去工作时，社会除了损失工人工资外，还承受了失去税收的额外代价。

7.2 课后习题详解

一、概念题

1. 贝弗里奇曲线

答：贝弗里奇曲线是指用来表明职位空缺与失业人数怎样在经济周期中变化的曲线，以英国的经济学家威廉·贝弗里奇命名，可以用来帮助区别摩擦性失业、结构性失业和周期性失业。曲线横轴测量的是失业率，纵轴测量的是经济中职位空缺的数目。贝弗里奇曲线表明在劳动力市场中，失业率与职位空缺之间存在负相关关系。

2. 摩擦性失业

答：摩擦性失业是指劳动力在正常流动过程中所产生的失业，由市场制度本身决定，与劳动力供求状态无关，即使实现充分就业也要有摩擦性失业。摩擦性失业量的大小取决于劳动力流动性的大小和寻找工作所需要的时间。

3. 保留工资

答：保留工资是指使失业者愿意到新职位工作所需的最低工资水平。因此，当个人在市场上寻找工作时，如果雇主开出的工资条件超过保留工资，他就接受这个工作，否则就拒绝接受。在保留工资水平下，就业者接受工作所得到的满意程度与其处于失业状况而得到的满足程度是等价的。

4. 周期性失业

答：周期性失业又称为需求不足的失业，是指由于整个经济周期波动造成劳动力总需求不足产生的失业。它一般出现在产出低于其充分就业水平的时候，即经济周期的萧条阶段。可以用紧缩性缺口来说明周期性失业的总需求，它是实际总需求与充分就业总需求之间的差额。

凯恩斯认为，在经济周期的衰退和萧条阶段，消费需求的不足与投资需求的不足造成了总需求的不足，从而引起了非自愿失业，即周期性失业的存在。

5. 指数化

答：指数化是指以条文规定的形式把工资或价格和某种物价指数联系起来。即当物价上升时，工资或价格也随之上升，如政府规定工人工资的增长率等于通货膨胀率加上经济增长率。指数化可以分为全部指数化和部分指数化两种类型。全部指数化是指工资按物价上升的比例增长，部分指数化是指工资上涨的比例仅为物价上升的部分。

6. 搜寻性失业

答：搜寻性失业是指由于人们退出一种工作而去寻找另一种工作所形成的失业，又称“求职性失业”，即工人为了寻找更理想的工作而产生的失业。搜寻性失业属于自愿失业，人们选择这种失业并不一定是因为工资低，而是因为综合各方面而言目前所能找到的工作并不是很理想。职业选择的费用等于以前就业时的收入减去所得的失业救济金。这种费用可以视为一项投资，通过它可以取得较高的预期工资收入。然而实际情况是，人们不可能了解关于工资待遇的全部信息。当工人感到进一步选择工作的收益要少于为此付出的代价时，便会停止对工作的选择。所以，实际的或觉察到的职业选择的费用和收益及其变化将影响人们进行职业选择的时间跨度，从而影响求职性失业。

7. 收入分配的后果

答：收入分配是指对一定时期的生产成果进行的分配。收入分配的类型分为国民收入分配和个人收入分配两种。收入分配的积极后果有：①提高劳动生产率，促进经济的发展；②促进企业自我发展，进而促进经济增长；③显著增强政府调控能力，保证经济持续快速健康发展。收入分配不公平的后果主要有：①导致国内消费需求不足；②阻碍劳动效率提高；③激化社会矛盾。

8. 劳动力

答：劳动力是指具有劳动能力的人口。劳动力是经济活动的主体，对经济增长具有直接的、重要的作用。劳动力的增长率和劳动生产率决定了一个社会潜在的国民收入的增长率。

一个社会的劳动力是就业者和失业者之和。其中，失业者是指在一定年龄范围内，愿意并有能力为获取报酬而工作，但尚未找到工作的人。如果一个人虽然没有工作，但不愿意工作或不去寻找工作，就不是失业者，而被称为非从事经济活动的人口，不属于劳动力的范畴。

9. 失业期

答：失业期是指一个人失业的连续时间，失业期的长短影响着整个社会的失业程度，是自然失业率的基本决定因素之一。失业期不同于失业的持续时间，失业的持续时间是指一个人保持失业的平均时间长度。

10. 就业者

答：就业者是指具有劳动能力且有劳动愿望，参加社会劳动，并获得相应的劳动报酬或经营收入的人。从就业条件、收入条件和时间条件三个方面界定就业：①就业条件，即要在一定的年龄范围内；②收入条件，是指获得一定的劳动报酬或经营收入；③时间条件，是指每周工作时间的长度。

11. 劳动市场周转率

答：劳动市场周转率是指流入与流出于失业与就业之间以及各个岗位之间的劳动力占总劳动力人数的比例。积极的劳动力市场的一个重要特征是拥有较高的劳动市场周转率，而消极的劳动力市场的劳动市场周转率则较低。

12. 失业者

答：失业者是指在一定年龄范围内，愿意并有能力为获取报酬而工作，但尚未找到工作的人。以下五类不计入失业者的范畴：①年龄规定以外的无工作者不是失业者；②丧失工作能力者不计入失业者；③在校学习的不计入失业者；④由于某种原因不愿工作或不积极寻找工作的人不计入失业者；⑤有些未领取失业救济的未登记注册的无工作者不计入失业者。

13. 就业稳定性

答：就业稳定性是指劳动者参与社会劳动的数量在相当长的时期内保持着一定的稳定比例。它的基本含义包括：①就业总量的稳定；②劳动就业在产业间和区域间的转换替代弹性不高；③劳动者个体的总就业时间比较长。不同的经济主体对就业稳定性的理解和评判是不一致的，从而构成了不同的评价标准。作为国家而言，对就业稳定性的评价标准是以追求社会公平和社会稳定为目标。

14. 解雇

答：解雇是指员工与组织的雇佣关系的非自愿性终止，通常是组织主导型的，由于员工个人方面的原因导致的雇佣关系的解除。在我国国有企业和集体企业中，解雇也称为开除。解雇的原因主要包括：①工作绩效不合要求、行为不当、违反规定、业务水平不合格、不服从等员工个人方面的原因。②不服从。这时常是解雇的原因，虽然它比其他解雇原因更难证明。

15. 失业

答：失业有广义和狭义之分。广义的失业是指生产资料和劳动者分离的一种状态。在这种状态下，劳动者的生产潜能和主观能动性无法发挥，不仅浪费社会资源，还会对社会经济发展造成负面影响。狭义的失业是指有劳动能力的处于法定劳动年龄阶段的并有就业愿望的劳动者失去或没有得到有报酬的工作岗位的社会现象。

16. 经验评级

答：经验评级是指以经验数据为依据而进行的评估。经验评级是在原始评估基础上发展而来的。这种评级的特点是评估人员由于对某一商品的了解较多，以经验数据为依据而进行估价，比原始评估更有可靠性，但还没能实现评估工作的规范化和科学化。经验评级可以减轻就业稳定性效应，刺激厂商提供稳定的就业环境，但只能起到部分减轻作用。

17. 替代率

答：替代率是指失业时的税后收入与就业时的税后收入之比。失业救济金会提高失业率，因为失业救济金让人们有更长的时间去找工作。替代率越高，失业者求职的紧迫感就越少，保留工资越高，从而提高了自然失业率。

18. 失业呆滞

答：失业呆滞又称失业滞后，是指持续长时间的高失业率提高了自然失业率，从而陷入失业期拉长的恶性循环。造成失业滞后现象的原因：①长时间的高失业率使失业者丧失信心，不再全力以赴地搜寻工作岗位；②在较高的失业救济金水平下，失业者缺乏寻找工作的动力；③长期失业给企业以工人不愿意工作的信号，企业不再雇佣此类工人。

19. 失业频率

答：失业频率是指在一定时期内(例如一年内)一个人处于失业状态的平均次数。失业频率有两个基本决定因素：①经济中不同企业对劳动力需求的差异。即使总需求固定不变，一些企业在成长，另外一些企业在收缩，收缩的企业裁减劳动力，而增长的企业则雇用更多的劳动力。不同企业之间对劳动力需求的差异越大，失业率就越高。②新工人进入劳动力队伍的速度。新工人加入劳动力队伍的速度越快——即劳动力增长速度越快，自然失业率就越高。

20. 公告效应

答：公告效应是指披露日前1天到披露日后1天的累积超额收益率与从事件考察期开始到披露日后1天的累积超额收益率之比，可以通过公告效应的大小来判断是否存在内幕交易。

失业救济金会通过公告效应提高失业率的衡量数字。为了获取失业救济金，不需要工作的人会成为正在寻找工作的人，被统计为失业者，从而提高了失业率。

21. 失业后备军

答：失业后备军是指经济社会在任何时点上都存在的一个特定数量的失业人口群体。在这个失业后备军中，存在着人员的流进和流出。一个人可能会因为下列三种原因之一而成为失业者：①正常的劳动力流动；②经济中一些制度上的原因，如最低工资法、效率工资和工会的存在；③经济周期中导致的需求下降。

脱离失业后备军主要有三种方式：①一个人可能被雇用去做一件新工作；②一些人虽然被搁置工作，但可能被雇主召回；③一个失业者可能停止寻找工作，即他不再被看作劳动力。

二、简答题

1. 讨论在下列情况下，政府(联邦、州、地方)减少失业的策略：(1)在衰退行业中；(2)在不熟练工人中；(3)在经济萧条地区；(4)在青年中。并解释在这些不同组别中，你期望看到的失业类型，并解释在这些组别，失业的相对持续时间。

答：失业是指在一定年龄范围内，愿意并有能力的人为获取报酬而工作，但尚未找到工作的状态。衡量经济中失业状况的最基本指标是失业率。失业率是指失业人数占劳动力总数的百分比，公式表示为：

$$\text{失业率}=\frac{\text{失业人数}}{\text{劳动力总数}}\times 100\%$$

影响失业率的因素主要有两个：①失业率受失业频率的影响，失业频率是指在一段时间内，工人失业的次数；②失业率受失业持续时间的影响，失业持续时间是指一个人处于失业状态的平均时间长度。

(1)在衰退行业中，失业持续的时间可能会比较长，但失业频率却较低。这种情况下的失业一般属于结构性失业。帮助这些行业中的失业人员找到新工作的政策包括对他们进行再培训和教育，以使他们能在其他行业中找到工作。

(2)非熟练工人的失业频率较高，但其失业持续的时间通常都相当短。这种情况下的失业一般属于摩擦性失业。为这些不熟练工人提供帮助的最好的策略就是对他们进行在职培训或教育，使其获得找到或维持工作所需的技能。

(3)经济萧条地区的失业通常持续时间较长，但失业频率较低，且失业经常集中在几个特定的行业(与(1)衰退行业的情形相似)。这种情况下的失业一般属于周期性失业。重新安排工人到其他地区工作的政策可能不会太成功，因为工人都不情愿搬迁。因而，政策制定者宁愿采用吸引其他行业来该地区投资的方案，而不愿意采用安置工人到其他地区工作的策略。

(4)青年人失业的频率通常较高，但持续的时间不长。这种情况下的失业一般属于摩擦性失业。因为青年人的工作技能不足且几乎没有什么工作经验，所以需要制定一些培训方案，加快他们向成年劳动力的转变。为他们提供在职的技能培训将会使他们长期受益，但这种在职培训的费用对青年人来说通常都相当高昂。

2. 讨论下列变化如何影响自然(或摩擦性)失业率：

(1)取消工会；

(2)青年参与劳动市场的程度提高；

(3)总需求水平的较大波动；

(4)提高失业救济金；

(5)取消最低工资的规定；

(6)总需求组成部分的较大波动。

答：自然(或摩擦性)失业率是指经济处于充分就业状态时仍存在的那部分失业，这种失业是人们调换工作时，由于劳动市场的自然摩擦而引起的失业。自然失业率受失业持续时间和失业频率的影响。失业的持续时间取决于劳动市场的组织、劳动力的人口统计构成、失业救济金的可获得性以及失业者寻找一份更好的工作的能力和愿望。失业的频率取决于新工人进入劳动力队伍的速度，以及经济中不同企业对劳动力需求的差异性。

(1)取消工会对降低自然失业率的作用并不明显。劳动力市场的“局内人-局外人”理论认为企业与工会(局内人)进行谈判，并没有太多地考虑到失业者(局外人)。如果取消工会，企业很愿意以较低的工资雇佣更早以前失业的工人，从而降低自然失业率。但另一方面，工会倾向于为其成员保持一份稳定的工作，取消工会不仅可能削弱劳动者与企业在工资协商方面的谈判能力，而且也会使自然失业率进一步上升。另外取消工会也可能会消除工会成员与非工会成员之间的工资差别，在这个过程中，会导致工资收入的重新分配。

(2)青年人在劳动力市场上的失业率比较高，且占总失业人数的比例也比较高，因此，青年参与劳动市场的程度提高，至少在刚开始会使自然失业率增加。青年人在劳动力市场上所担任的工作几乎都没有特别的吸引力，这既是他们离开劳动力市场的原因，也是他们进入劳动力市场的原因。正因为如此，青年人在劳动力市场上的流动性比较大，增加了自然失业率。但是随着越来越多的青年人进入劳动力市场并且他们可以获得更多更好更稳定的工作，自然失业率就会开始下降。

(3)如果总需求波动较大，企业提供的稳定的工作就会比较少，失业的频率(从而自然失业率)随后就会增加。这不仅会使产出受到损失，使失业者遭受痛苦，而且也会给失业保险带来更大的资金压力。

(4)提高失业救济金将会降低失业者的工作搜寻成本，这样他们在被解雇后，宁愿花更长的时间去找工作，而不愿意接受不理想的工作。随着失业队伍的壮大，失业者慢慢开始关注厂商提供的不太理想的工作机会，但厂商可能会认为找这些工作的工人可能缺乏为他们工作的动机(热情)，或可能不能胜任此类工作。因此，提高失业救济金确实会增加自然失业率。

(5)那些认为最低工资率要高于技术不熟练工人的边际生产价值的厂商，是不会雇佣技术不熟练工人的。因此，取消最低工资标准可能会导致一些企业更多地雇佣技能不熟练工人，从而降低自然失业率。然而给他们提供的工资可能会远远低于维持必要生活标准所需的工资水平。

(6)如果总需求的组成部分与以前相比波动较大，工人在不同行业间的流动性就会增加，从而增加自然失业率。但由于技能转移不是很容易，所以还需要额外投入其他资源为工人提供技能再培训。

3. 讨论成年人与青年失业情况的差别，这(平均来说)对各个组别寻找的工作类型有什么意义?

答: (1)青年人是劳动力市场上的新进入者，他们的失业频率高于成年劳动力，青年人进入和离开劳动力市场的频率表明，青年人很少能拥有很稳定的工作。由于青年人所从事的工作不能为他们提供未来获得一份更好的工作所必需的技能，所以，这就成为了一直困扰青年人的问题。

但是，成年人失业持续的时间比较长。成年劳动力队伍中几乎没有新进入者，而且他们失业的主要原因是被临时解雇或辞职。总之，成年人的失业率要比青年人的失业率低得多。

(2)由于青年人缺乏培训，技能也不足，所以他们只能从事那些没有太大吸引力的工作。与青年人相比，成年人的失业频率比较低，他们一般寻找比较稳定的、有吸引力的工作。

4. 在夏季，削减最低工资会降低厂商的劳动成本，但也降低了最低工资获得者的工资收入。

(1)谁从这种措施中获益?

(2)谁受到损失?

(3)你支持这种方案吗?

答:(1)削减劳动力的最低工资将会使厂商从中受益，因为此时厂商能够以低于正常最低工资标准的成本雇佣到劳动力，扩大生产规模。同时，也会使一些找工作的年轻人从中受益，他们从工作中获得有价值的工作经验，这些经验可能是他们在其他地方获取不到的，从而也使他们在未来找工作更容易。另外，由于大量的青年人被雇佣，产出就会增加，而且成本还很低，故整个国民经济都会从这种较低的通货膨胀率和较低的失业率中受益。

(2)那些已经以现有最低工资率获得工作的劳动力可能会由于降低最低工资的实施而遭受损失。另外，如果降低最低工资仅仅针对青年人实行，一些厂商可能会采取解雇成年工人，转而以较低的成本雇佣青年人来替代成年人的策略，这样被解雇的成年劳动力就会增加。此外，降低最低工资标准也会阻止那些略高于最低工资标准工人的加薪要求。

(3)降低最低工资标准是否使整个国民经济受益(根据低失业率和低通货膨胀率来衡量)并不明显。很显然这取决于有多少成年劳动力被青年劳动力所替代，以及青年人能够从中增加多少工作技能和获得多少工作经验，同时这还取决于目前有多少工作所支付的工资接近最低工资标准。如果成人劳动力市场中的大多数人以及许多青年人所获得工资实际上都高于最低工资标准，那么降低最低工资标准对整个国民经济的影响就很可能非常小。

5. 有人说，由于在长期通货膨胀会下降并且不会增加失业，因此，应该将通货膨胀降到零。其他人认为一个稳定的通货膨胀率，比如3%，应该是我们追求的目标。这两个论点赞成与反对的各是什么?你认为降低通货膨胀与失业的长期妥善目标是什么?

答:(1)第一个论点赞成强硬的反通货膨胀政策，将通货膨胀降低为零，反对政府保持稳定的通货膨胀率。按照凯恩斯的收入均衡分析和有效需求原理，真正的通货膨胀只有达到充分就业以后，总需求超过总供给时才能产生。要消除通货膨胀，国家要压缩总需求，采取紧缩性政策。

(2)第二个论点赞成政府采取稳定的货币政策，从而保持稳定的通货膨胀率，反对强硬的反通货膨胀政策。确立明确的通货膨胀目标的途径之一就是联邦储备局应遵循货币增长原则。货币学派认为通货膨胀是一种纯粹货币现象，要控制通货膨胀，实现经济稳定，最根本的措施就是控制货币供应增长率，使之与经济增长率一致。货币学派提出“简单规则”的货币政策，即中央银行把货币供应增长率保持在某一水平上(如3%~5%的增长速度)。这时，在市场上价格机制充分发挥作用，由利息率、工资率、价格等自动调节来实现经济的稳定发展。

(3)为了实现长期均衡的目标，必须在通货膨胀和失业的不同组合的调整途径之间进行选择。分析表明，可以采取限制性的财政政策和货币政策的组合使经济处于自然失业率和零通货膨胀水平的长期均衡状态。然而，在短期内，这肯定会使失业率上升，否则，就无法实现长期均衡的目标。

在进行调整时，持久性的低通货膨胀率所带来的利益必须要和短期失业率的增加所带来的成本相匹配。失业的损失包括产出损失，以及失业者个人所遭受的收入损失。如果通货膨胀是不完全预期的，收入和社会财富就会进行再分配。然而，完全预期的通货膨胀的成本是很小的。只要长期目标确定，无论通货膨胀率为零还是为3%，其结果几乎没有差别。实际上通货膨胀率为正可能更有助于对工资和价格进行调节，因为此时实际工资更容易适应供给冲击的状况。

三、计算与分析题

以下信息将用来计算失业率：假定有两个主要组别，成年人与青年，成年人分为男性与女性。青年占劳动力的10%，成年人占90%，女性占成年劳动力的35%。再假定这些组别的失业率如下：青年19%，男性7%，女性6%。

(1)计算总失业率。

(2)如果青年占劳动力的比例由10%增加到15%，那会怎样？这将如何影响总失业率？

答：(1)总失业率是不同组别之间失业率的加权平均，其中的权数代表不同组别的劳动力占劳动力总人数的比重。本题中的数据表明，青年占劳动力的10%，成年劳动力占90%，其中女性占35%，男性占成年劳动力的65%。根据公式：$ur=w_1u_1+w_2u_2+\cdots\cdots+w_nu_n$，可得：

$$ur=0.1\times0.19+0.9\times(0.35\times0.06+0.65\times0.07)=7.9\%$$

(2)青年占劳动力的比例由10%增加到了15%，那么，成年人占劳动力的比例将由90%下降至85%，根据(1)题中的公式可得：

$$ur=0.15\times0.19+0.85\times(0.35\times0.06+0.65\times0.07)=8.5\%$$

可见，青年占劳动力的比重增加，会使总失业率增加。因为青年人相对于成年人来说失业率比较高，青年人的工作经验不足，工资接近最低，且青年人工作技能也相对不稳定，造成青年人流动性比较大，经常会变换工作，失业频繁，所以，青年人占劳动力的比重增加会增加总的失业率。

第8章　通货膨胀

8.1　复习笔记

【知识框架(庖丁解牛)】

- 通货膨胀
  - 通货膨胀的代价
    - 完全预期到的通货膨胀
    - 不能完全预期到的通货膨胀
  - 通货膨胀与指数化
    - 指数化与通货膨胀的联系
    - 几种常见的指数化方法
    - 不普遍实行指数化政策的原因

【考点难点归纳(厚积薄发)】

考点一：通货膨胀的代价　★★★★

1. 完全预期到的通货膨胀

(1)完全预期到的通货膨胀的含义：

完全预期到的通货膨胀是指通货膨胀过程能够被经济主体预期，并且该经济主体针对这种预期采取了各种补偿性行动所引发的物价上升。

(2)完全预期到的通货膨胀的代价如表8－1所示：

表8－1　完全预期到的通货膨胀的代价

要点	具体内容	
假设	①经济中存在的通货膨胀率是低的、温和的，不足以破坏整个支付系统； ②每个人都能正确地预期到未来的通货膨胀率，所有的合同都将在预期通货膨胀率的基础上加以签订； ③真实经济没有受到通货膨胀的影响	
代价	皮鞋成本	指在发生通货膨胀时，为减少货币持有量而产生的成本。随着通货膨胀率的提高，货币的购买力在下降，为了减少损失，人们会更倾向于持有更少的现金而将更多的钱存入银行，从而比以往去银行的次数增多，产生的成本称为皮鞋成本
	菜单成本	指零售商对价格进行调整时所产生的成本，包括决定新价格的成本，印刷新清单和目录的成本，处理顾客对价格变动的恼怒的成本等

2. 不能完全预期到的通货膨胀

(1)不能完全预期到的通货膨胀的含义：

不能完全预期到的通货膨胀是指由于货币当局采取隐蔽的方式来增加货币供应所引发

的物价上涨。

(2)不能完全预期到的通货膨胀的代价如表8－2所示：

表8－2 不能完全预期到的通货膨胀的代价

再分配效应	代价	受益方与受损方
财富再分配	预期到的通货膨胀降低了名义价值固定的资产的实际价值	债务人受益，债权人受损
收入再分配	价格和工资上涨速度不相等	资本家和利润收入接受者受益，而挣取工资者受损
税收再分配	税收结构指数化的失败	提高纳税义务的真实价值，纳税人受损

◆小试牛刀◆

通货膨胀的收入分配效应指(　　)。

A. 收入结构变化　　B. 收入普遍上升　　C. 收入普遍下降　　D. 债权人收入上升

【答案】A

【解析】通货膨胀的收入分配效应体现在，通货膨胀不利于靠固定的货币收入维持生活的人，那些靠变动收入维持生活的人，则会从通货膨胀中受益。通货膨胀可以在债权人和债务人中发生收入再分配，通货膨胀靠牺牲债权人的利益而使债务人受益。由于上述分配效应使得收入结构发生变化。

考点二：通货膨胀与指数化 ★★★★

1. 指数化与通货膨胀的联系

指数化是指以条文规定的形式把工资或价格和某种物价指数联系起来的做法，当物价上升时，工资或价格也随之上升。指数化分为全部指数化和部分指数化两种。全部指数化是指工资按物价上升的比例增长，部分指数化是指工资上涨的比例仅为物价上升的部分。

收入指数化政策是一种事后措施，有利于降低通货膨胀在收入分配上的影响，减少人们遭受通货膨胀伤害的可能性，但对消除通货膨胀本身作用并不大。严格来说，指数化并不能作为一种反通货膨胀的方法。

2. 几种常见的指数化方法

(1)利率可调整的抵押贷款：

利率可调整的抵押贷款(ARM)是指按照当前市场利率而自动调整利率的贷款，是浮动利率贷款的一个特例。利率可调整的抵押贷款是一项长期贷款，是应对未来通货膨胀的不确定性而产生的一种新型融资工具。

(2)指数化债务：

指数化债务是指考虑到通货膨胀而逐年上调利息支付的债务。指数化债券的持有人收到的利息率等于官方宣布的实际利率加上通货膨胀率。通过这种方式，债券持有人在通货膨胀中就可得到补偿。

(3)工资的指数化：

①自动调整生活费用条款的含义：

自动调整生活费用条款(COLA)将货币工资的增加与价格水平的上涨联系起来，其重要内容为当消费品价格提高后，工人们可获得加薪；或者是公司派员工前往消费水平较高的地区工作与生活时，公司必须付给津贴。通过该条款，工人在签订劳动合同之后可以全部或部分地恢复他们在通货膨胀中损失的购买力。

②工资调整的两种方法如表8－3所示：

表8－3 工资调整的两种方法

<table>
<tr><th>方法</th><th>具体形式</th><th>比较</th></tr>
<tr><td>根据CPI或GDP缩减指数</td><td>通过定期的复查，按该段时期内价格的上升来增加工资</td><td rowspan="2">①在通货膨胀的不确定性较高的情况下，指数化方法优于事先宣布的工资增长。
②当通货膨胀是由不利的供给冲击引起时，宣布工资增长率的方法要优于指数化方法，因为在不利的供给冲击下，工资指数化会造成通货膨胀螺旋式上升</td></tr>
<tr><td>根据预期价格上涨率</td><td>定期增加事先宣布的工资</td></tr>
</table>

3. 不普遍实行指数化政策的原因

理论上，通过大规模地实行指数化政策，预期不到的通货膨胀所产生的代价绝大部分会消失，在现实中政府一般不愿实行指数化，主要有三个理由：

(1)指数化给价格、工资设定了一个约束，使得相对价格的调整难度加大。

(2)在实践中，指数化的运用十分复杂，增加了交易成本。

(3)指数化会削弱政府抑止通货膨胀的政治决心，同时由于时滞的存在，有可能使经济整体情况恶化。

8.2 课后习题详解

一、概念题

1. 可调节利率抵押贷款(ARM)

答：可调节利率抵押贷款是指按照当前市场利率而自动调整利率的贷款。可调整抵押贷款是最初在加州兴起的一种房屋贷款，后来获准在全美国使用。该贷款利率随着联邦利率的变动而自动改变。利率每六个月变动一次，但在房屋贷款的生命期中利率变化的幅度不能超过10.5%。另外，银行必须为客户提供在可调整利率贷款和固定利率贷款之间的选择权。

2. 收入分配的结果

答：收入分配是指对一定时期的生产成果进行的分配。收入分配的类型分为国民收入分配和个人收入分配两种。收入分配公平的结果主要有：①提高劳动生产率，促进经济的发展；②促进企业自我发展，进而促进经济增长；③显著增强政府调控能力，保证经济持续快速健康发展。收入分配不公平的结果主要有：①导致国内消费需求不足；②阻碍劳动效率提高；③激化社会矛盾。

3. 菜单成本

答：菜单成本是指零售商对价格进行调整时所产生的成本。厂商改变价格，需要重新印刷产品价格表，并向客户通报改变价格的信息和理由，所有这一切都会引起一笔开支和费用。菜单成本包括印刷新清单和目录的成本、把这些新价格表和目录送给中间商和顾客的成本、为新价格做广告的成本、决定新价格的成本，甚至还包括处理顾客对价格变动怨言的成本。虽然菜单成本的数值并不大，但如果菜单价目表变动的次数很多，也会给厂商带来一些不利之处，如使顾客感觉不快和麻烦等。

4. 生活费用调整(COLA)

答：生活费用调整是指将货币工资与通货膨胀联系起来，随着物价水平的变动进行工资的调整。即为当消费品价格提高后，工人们可获得加薪；或者是公司派员工前往消费水平较高的地区工作和生活时，公司必须付给津贴。通过该条款，工人在签订劳动合同之后可以全部或部分恢复他们在通货膨胀中损失的购买力。

5. 指数化

答：指数化是指以条文规定的形式把工资或价格和某种物价指数联系起来，当物价上升时，工资或价格也随之上升。比如，政府规定，工人工资的增长率等于通货膨胀率加上经济增长率。指数化可以分为全部指数化和部分指数化两种。全部指数化是指工资按物价上升的比例增长，部分指数化是指工资上涨的比例仅为物价上升的部分。收入指数化政策是一种事后措施，有利于降低通货膨胀在收入分配上的影响，但对消除通货膨胀本身的作用并不大。严格来说，指数化并不能作为一种反通货膨胀的方法。

6. 完全预期到的通货膨胀

答：完全预期到的通货膨胀是指通货膨胀被经济主体预期到了，并且经济主体针对这种预期采取各种补偿性行动所引发的物价上升。一般认为，如果通货膨胀的预期现象普遍存在，那么无论是什么原因引起了通货膨胀，即使最初引起通货膨胀的原因被消除，通货膨胀也会因为经济主体针对预期而采取的补偿性行动得以持续，甚至加剧。

7. 指数化债务

答：指数化债务是指根据通货膨胀调整本金或利息的债务。指数化债券的利息率等于官方宣布的实际利率加上通货膨胀率，通过这种方式补偿债券的持有人在通货膨胀中损失的购买力。政府实行指数化债务，使公民们至少能持有一种安全的具有实际收益的资产。

8. 不能完全预期到的通货膨胀

答：不能完全预期到的通货膨胀是指货币当局采取隐藏方式增加货币供应而引发的物价上涨。此时，经济主体难以预料当期通货膨胀的态势，不会产生货币幻觉。一般认为，如果发生不能完全预期到的通货膨胀，经济主体由于在货币需求上不具有货币幻觉，就会提高名义现金持有量，保持实际现金持有量不变，结果会有效遏制物价上涨。

二、简答题

1. 完全预期到的通货膨胀的代价是什么？通货膨胀率变动时，代价也随之变动吗？

答：(1)完全预期到的通货膨胀的代价实际上是非常小的，因为此时买卖双方都考虑到了通货膨胀的影响作用，双方签订的所有合同都是在预期的通货膨胀率基础上签订的。但是为了与预期的通货膨胀保持一致，商品的价格会上涨，从而会带来菜单成本。另外，由于价格的上涨，人们手中所持有的现金的购买力会下降，为了避免损失，人们往往会把钱存进银行进行生息，以获得利息收入。因而人们去银行的次数就会增多，产生皮鞋成本。因此如果通货膨胀是完全预期的，它的代价主要包括"菜单成本"和"皮鞋成本"。

(2) 如果是温和的通货膨胀率变化，这些代价会非常小；但如果通货膨胀率是激变的，这些代价会很大。所以完全预期到的通货膨胀的代价会随通货膨胀率的变动而变动。

2. 未完全预期到的通货膨胀的代价是什么？详细讨论它们。当通货膨胀高于我们的预期时，谁受损，谁获益？

答：(1) 如果通货膨胀是不完全预期的，它所带来的代价就是使收入和社会财富进行再分配。通货膨胀率越高，它的可预见性就越低，也就越难准确预测，这将会使长期决策的不确定性加大，从而增加长期决策的难度。此时一些企业就会延迟已经就绪的投资项目，或者会进行金融投机以保护其资产的购买力不会下降，这就会对产出造成负面影响，而这样通货膨胀成本也不再是可分配的。

(2) 通货膨胀高于预期时，就会通过通货膨胀进行财富的再分配，因为，通货膨胀高于预期会改变以名义价值规定的资产真实价值。通货膨胀高于预期时，价格就会上涨，从而削减以货币价格规定的所有债权或资产的购买力，使资产已实现的真实利率低于其名义利率，甚至可能为负。而从整体经济上看，未完全预期通货膨胀所产生的财富再分配的得失基本上互相抵消了。当政府从通货膨胀中得益时，私人领域则可少纳税。当公司从通货膨胀中得益时，公司所有者所得利益以其他人的损失为代价。

通货膨胀高于预期时，一般地，老年人比青年人更容易受到通货膨胀损害，因为老年人拥有更多的名义资产。若实行社会保障补助金的指数化，退休者财富的很大一部分就可以得到保护，从而免受非预期通货膨胀的影响。

通货膨胀高于预期时，资本家和利润收入接受者从中受益，而使挣取工资者受到损失。通货膨胀高于预期意味着价格上涨快于工资的提高，从而使得资本家的利润扩大，损害挣取工资者的利益。通货膨胀的最后一个重要的分配效应涉及纳税义务的真实价值。税收结构指数化的失败意味着通货膨胀高于预期时，就会使公众进入更高的税率等级，从而提高税收支付的真实价值，即减少个人的真实可支配收入。

3. 美国应该将其工资和价格指数化吗？详细说明赞成与反对该计划的论点。如果你预期该国将面临恶性通货膨胀(比如 300%)，你的回答会有什么不同？

答：指数化是以条文规定的形式把工资或价格和某种物价指数联系起来，当物价上升时，工资或价格也随之上升。它分为全部指数化和部分指数化两种。全部指数化是指工资按物价上升的比例增长，部分指数化是指工资上涨的比例仅为物价上升的部分。收入指数化政策是一种事后措施，有利于降低通货膨胀在收入分配上的影响，但对消除通货膨胀本身作用并不大。严格来说，指数化并不能构成一种反通货膨胀的方法。

(1) 美国不应该将其工资和价格指数化。指数化的目的是使人们更容易适应有通货膨胀的生活，因为它能消除非预期通货膨胀的成本。然而，在实际中，实施指数化比经济学家的预测要复杂的多，政府一直不愿实行指数化。具体原因如下：

①指数化给价格、工资设定了一个约束，使得相对价格的调整难度加大。

②在实践中，指数化的运用十分复杂，增加了交易成本。

③指数化会削弱政府抑止通货膨胀的政治决心，同时由于时滞的存在，有可能使经济整体情况恶化。

(2)如果预期美国将面临极高的通货膨胀(比如300%)，那么应该将其工资和价格指数化。当通货膨胀的不确定性很高时，指数化方法优于事先宣布的工资增长。高通货膨胀率比低通货膨胀率更加变化不定，因此，工资指数化在高通货膨胀国家比在低通货膨胀国家更为流行。

20世纪80年代中期的美国经济中，主要集体协议合同所覆盖的工人中超过50%的人享受生活费用自动调整合同条款。1973年以后，通货膨胀比以往更为严重，波动更为频繁时，COLA条款也更为普遍。当通货膨胀处在低水平上的时候，采用这些条款的企业也就减少了。

4. 根据詹姆斯·托宾的观点，为什么轻微的通货膨胀对经济是有利的?

答：詹姆斯·托宾的观点如下：在一个不断变化的世界里，为了实现经济效益和低失业率，需要提高某些实际工资，又需要降低另外一些实际工资。提高实际工资很容易，只要使名义工资的上涨超过通货膨胀即可。而要削减实际工资，厂商就必须使名义工资的增长低于通货膨胀率。例如，通货膨胀率为10%，保持名义工资增长7%，就可使实际工资削减3%。但在零通货膨胀时，厂商不得不削减工资支票的3%。

除去当企业肯定处于严重困境时的情况外，工人们会特别反对削减名义工资。因此，削减名义工资对企业而言代价非常高。所以，他们提出的建议是保持轻微的通货膨胀，以便不削减名义工资就能对实际工资做出调整。

三、计算与分析题

1. 通货膨胀在时间上的累积效应同复利一样。如果 t 年的通货膨胀是 π_t，$t+1$ 年的通货膨胀是 π_{t+1}，那么2年期的通货膨胀就是 $(1+\pi_t)(1+\pi_{t+1})-1$，这约等于 $\pi_t+\pi_{t+1}$，但不精确。

(1)假定通货膨胀每年以2%的速度持续2年，给出近似和精确的2年期通货膨胀率。按照同样的方法计算通货膨胀率是7%时的情形。

(2)假定通货膨胀每年以2%的速度持续40年，给出近似和精确的40年期通货膨胀率。按照同样的方法计算通货膨胀率是7%的情形。

答：(1)假定通货膨胀每年以2%的速度持续2年时，精确的2年期通货膨胀率为：

$$(1+\pi_1)(1+\pi_2)-1=(1+2\%)(1+2\%)-1=4.04\%$$

近似的2年期通货膨胀率为：

$$\pi_1+\pi_2=2\%+2\%=4\%$$

假定通货膨胀率是7%时，精确的2年期通货膨胀率为：

$$(1+\pi_1)(1+\pi_2)-1=(1+7\%)(1+7\%)-1=1.1449-1=14.49\%$$

近似的2年期通货膨胀率为：

$$\pi_1+\pi_2=7\%+7\%=14\%$$

(2)假定通货膨胀每年以 2% 的速度持续 40 年，精确的 40 年期通货膨胀率为：

$(1+\pi_1)(1+\pi_2)\cdots\cdots(1+\pi_{40})-1=(1+2\%)^{40}-1\approx 2.2080-1=1.2080=120.8\%$

近似的 40 年期通货膨胀率为：

$$\pi_1+\pi_2+\cdots+\pi_{40}=2\%\times 40=80\%$$

同理知当通货膨胀率为 7% 时，精确的 40 年期通货膨胀率为：

$(1+\pi_1)(1+\pi_2)\cdots\cdots(1+\pi_{40})-1=(1+7\%)^{40}-1\approx 14.9745-1=13.9745=1397.45\%$

近似的 40 年期通货膨胀率为：

$$\pi_1+\pi_2+\cdots+\pi_{40}=7\%\times 40=280\%$$

2. 假定你在 2017 年以 5% 的年利率借入学生贷款 6000 美元。

(1)10 年后你需要偿还的累积债务是多少？

(2)如果在此期间，通货膨胀率是每年 6%，那么 10 年后按照 2017 年的实际美元，你需要偿还的债务是多少？

(3)在上述情形下，谁是受损者，你还是银行？

答：(1)10 年后的累计债务为：$6000\times(1+5\%)^{10}\approx 9773.37$(美元)。

(2)按照 2017 年的实际美元，10 年后需偿还：

$$6000\times[1+(5\%-6\%)]^{10}\approx 5426.29(\text{美元})$$

(3)因为 $5426.29<6000$，即通货膨胀的存在使债务发生贬值，债权人受损，因此银行是受损者。

3. 假定你有 250 美元要投资：

(1)你决定把 250 美元放在枕头下存储起来，如果通货膨胀率是 3%，那么枕头下现金的真实价值将是多少？

(2)假定一般储蓄账户的名义利率是 1%，把这笔钱存入银行你会损失多少？

答：(1)真实价值为：$250\times(1-3\%)=242.5$(美元)。

(2)一般储蓄账户的名义利率为 1%，通货膨胀率为 3%，由实际利率 = 名义利率 − 通货膨胀，可得，实际利率 $=1\%-3\%=-2\%$。

若将 250 美元存入银行，损失金额 $=250\times 2\%=5$(美元)。

故若把这笔钱存入银行，将损失 5 美元。

第9章　政策预览

9.1　复习笔记

【知识框架(庖丁解牛)】

政策预览
- 关于政策实践的一个媒体水平的观点
- 作为规则的政策
  - 货币政策规则的一般形式
  - 泰勒规则
- 利率和总需求

【考点难点归纳(厚积薄发)】

考点一：关于政策实践的一个媒体水平的观点(见表9-1)　★★

表9-1　关于政策实践的一个媒体水平的观点

要点	具体内容
政策的"谁"	即政策的制定者，一般是中央银行，在美国就是美联储，在中国就是中国人民银行
政策的"什么"	即政策工具，美联储主要通过决定联邦基准利率来影响经济运行状况，经济过热时提高利率，经济不景气时降低利率
政策的"为什么"	即政策目标，中央银行的短期政策目标有两个：保持经济活跃和低通货膨胀。但两者之间是相互矛盾的。在短期内，刺激经济活动能够提高产量，但同时也会导致未来物价上涨
何时制定政策	即政策制定时间，联邦公开市场委员会每6周召开一次会议来确定联储的基准利率。当利率变化时，美联储会提前发出信号，保持经济的稳定
政策如何贯彻	即政策措施，美联储通过买进(降低利率)或卖出(提高利率)财政部债券来控制利率，实现政策目标

考点二：作为规则的政策　★★★

1. 货币政策规则的一般形式

货币政策规则的一般形式为：

$$i_t = r^* + \pi_t + \alpha(\pi_t - \pi^*) + \beta[100 \times (Y_t - Y_t^*)/Y_t^*]$$

其中，r^*是自然利率，是指经济处于潜在产出水平时对应的利率。π^*是目标通货膨胀率。α和β表示经济对通货膨胀和经济活跃的反应程度。如果α大于β，货币当局更关注通货膨胀；如果$\beta=0$，则是对纯粹通货膨胀目标的响应。

◆拓展延伸◆

(1)如果通货膨胀等于目标通货膨胀($\pi_t = \pi^*$)，失业率等于自然失业率($Y_t = Y_t^*$)，那么中央银行应该将名义利率i_t设为它的目标值$r^* + \pi_t$，这样经济将保持稳定。

(2)如果通货膨胀高于目标值($\pi_t > \pi^*$)，中央银行应该提高名义利率。系数α表示中央银行对失业和通货膨胀关心程度的不同。α越高，中央银行面对通货膨胀时就会增加越高的利率，通货膨胀的下降速度将更快，经济放慢的速度也会变快。

(3)如果失业率高于自然率($Y_t < Y_t^*$)，中央银行应该降低名义利率。名义利率下降将导致失业率下降。系数β反映了中央银行对失业与通货膨胀之间关心程度的不同。β越高，中央银行就越会偏离通货膨胀目标来保证失业率在自然失业率附近。

2. 泰勒规则(见表9－2)

表9－2　泰勒规则

要点	具体内容
含义	也称利率规则，是由泰勒经过长期的研究和实证分析，提出的一条货币政策调整规则，该规则表明了中央银行的短期利率工具依经济状态而进行调整的方法
公式	$i_t = 2 + \pi_t + 0.5(\pi_t - \pi^*) + 0.5[100 \times (Y_t - Y_t^*)/Y_t^*]$ 其中，π^*是目标通货膨胀率，Y^*是潜在产出水平，常数2近似于长期平均实际利率
政策含义	当发生严重的外来冲击时，应选择一个通货膨胀目标，不仅考虑到当前的通货膨胀，而且也考虑失业的情况。保持实际短期利率稳定和中性政策立场，当产出缺口为正(负)和通胀缺口超过(低于)目标值时，应提高(降低)实际利率

考点三：利率和总需求　★★★★

忽略掉其他因素对总需求的影响，仅考虑利率对总需求的影响时，可以将总需求写为：

$$Y = C(i) + I(i) + G + NX = AD(i)$$

(1)当存在较高的通货膨胀时，实施紧缩性货币政策，提高利率，AD曲线向左移动，如图9－1所示。较高的利率会降低价格，但也会降低经济活动。

(2)当经济不景气时，实施扩张性货币政策，降低利率，AD曲线向右移动，刺激经济的活跃程度，提高价格。

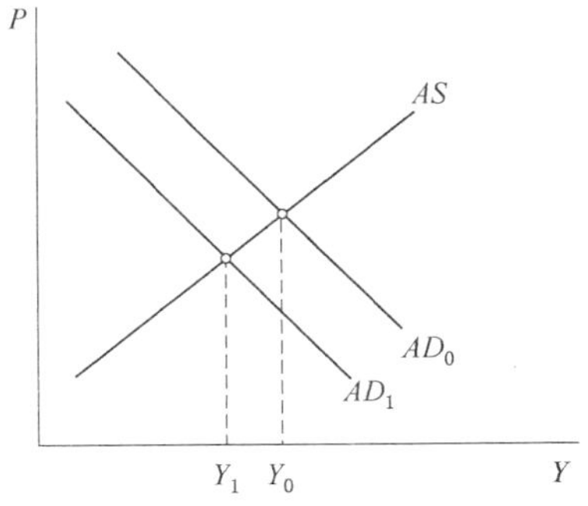

图9－1　利率上升推动总需求左移

9.2　课后习题详解

一、概念题

1. 联邦公开市场委员会

答：联邦公开市场委员会是联邦储备系统中一个重要的机构。它由十二名成员组成，包括：联邦储备委员会全部的七名成员，纽约联邦储备银行行长，其他四个名额由另外11

个联邦储备银行行长轮流担任。该委员会设一名主席(通常由联邦储备委员会主席担任),一名副主席(通常由纽约联邦储备银行行长担任)。另外，其他所有的联邦储备银行行长都可以参加联邦公开市场委员会的讨论会议，但是没有投票权。

联邦公开市场委员会的最主要工作是利用公开市场操作(主要的货币政策之一)，从一定程度上影响市场上货币的存量。另外，它还负责决定货币总量的增长范围(即新投入市场的货币数量)，并对联邦储备银行在外汇市场上的活动进行指导。

2. 货币政策规则

答：货币政策规则是指基础货币和利率等货币政策工具需要根据经济行为的变化而进行调整的一般要求。货币政策规则是相对于货币政策操作中的相机抉择而言的。执行货币政策规则的基本原因在于，随意性会导致政策在时间上前后不能一贯以致互相矛盾，进而影响货币政策的效果。规则型政策的核心是，在方法上遵循计划，不是随机地或偶然地采取行动，而是具有连续性和系统性。系统性是货币政策规则的中心内容。根据系统性的要求，货币当局必须建立系统性的反应机制，以考虑私人部门的预期行为，使这一时期的货币政策优化。货币政策规则的主要好处是，所制定的决策可以用于各种不同的情况，而不是以个别案例为基础进行设定，这种决策对于预期具有积极的作用。货币政策规则的一般形式是：

$$i_t = r^* + \pi_t + \alpha(\pi_t - \pi^*) + \beta[100 \times (Y_t - Y_t^*)/Y_t^*]$$

3. 泰勒规则

答：泰勒规则也称利率规则，是由泰勒经过长期的研究和实证分析，提出的一条货币政策调整规则，该规则表明了中央银行的短期利率工具依经济状态而进行调整的方法。具体说来，泰勒规则是：

$$i_t = 2 + \pi_t + 0.5 \times (\pi_t - \pi^*) + 0.5 \times [100 \times (Y_t - Y_t^*)/Y_t^*]$$

泰勒认为，当发生严重的外来冲击时，应选择一个通货膨胀目标，不仅考虑到当前的通货膨胀，而且也考虑失业的情况。保持实际短期利率稳定和中性政策立场，当产出缺口为正(负)和通胀缺口超过(低于)目标值时，应提高(降低)实际利率。

二、简答题

假定泰勒规则中通货膨胀的系数是负值。请解释为什么这可以导致失控的通货膨胀。

答：货币政策规则的一般形式为：$i_t = r^* + \pi_t + \alpha(\pi_t - \pi^*) + \beta\left[100 \times \frac{Y_t - Y_t^*}{Y_t^*}\right]$。如果泰勒规则中通货膨胀的系数是负值，那么实际通货膨胀率的增加意味着央行应该降低利息率。但是降低利率会增加总需求，从而增加了通胀的压力。这又进一步暗示央行应该降息，最后可能会导致失控的通货膨胀。历史上曾有过这种事情发生，1970年为应对石油冲击，美联储降息，结果导致了严重的通货膨胀。

第 10 章　收入与支出

10.1　复习笔记

【知识框架(庖丁解牛)】

- 收入与支出
  - 总需求与均衡产出
    - 总需求
    - 均衡产出
    - 基本结论
  - 消费函数与总需求
    - 消费函数相关概念
    - 储蓄函数相关概念
    - 消费函数和储蓄函数的关系
    - 自主性支出
    - 储蓄与投资
  - 乘数
  - 政府部门
    - 政府部门影响均衡收入的途径
    - 政府部门与均衡收入的决定
    - 所得税的自动稳定器作用
    - 财政政策变动的效应
  - 预算
    - 预算盈余
    - 政府采购与税收变化对预算盈余的影响
  - 充分就业预算盈余
    - 充分就业预算盈余的含义
    - 实际预算与充分就业预算的差别
    - 充分就业预算盈余提出的意义

【考点难点归纳(厚积薄发)】

考点一：总需求与均衡产出　★★★★★

1. 总需求

总需求(AD)是指在一个指定时期内，经济社会对最终物品及服务的需求的总和，包括消费(C)、投资(I)、政府购买支出(G)与净出口(NX)，即 $AD=C+I+G+NX$。

2. 均衡产出

(1)均衡产出水平的含义：

均衡产出水平是指总供给和总需求相一致时的产出水平，即经济社会的收入正好等于全体居民和企业想要有的产出。当经济处于均衡产出水平状态时，下式成立：

$$Y = AD = C + I + G + NX$$

(2)非计划库存投资与产出调节机制：

当产出不等于总需求时，存在非计划库存投资或负投资，其值等于产出与总需求的差额，即 $IU = Y - AD$。

①如果产出大于总需求，即 $IU > 0$，存在超额库存积累，企业会减少生产，直至产出与总需求相等。

②如果产出小于总需求，即 $IU < 0$，存在超额需求，企业将增加生产，直至产出与总需求相等。

③在均衡状态下，非计划库存投资为零，企业没有增加或减少产出的激励。

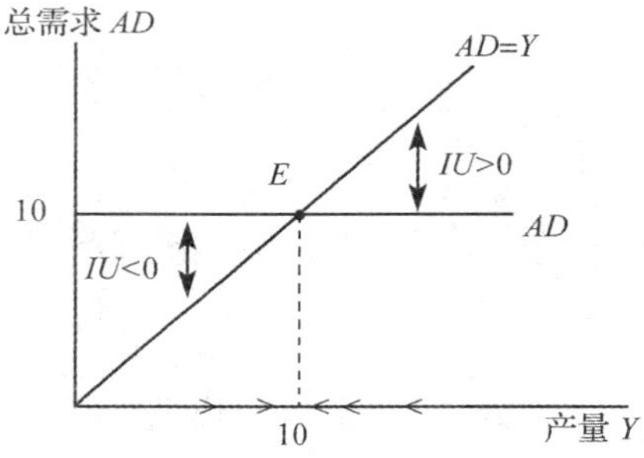

图 10－1　产出调节机制

3. 基本结论

(1)总需求决定均衡产出(收入)水平。

(2)在均衡时，非计划库存投资等于零，消费者、政府以及外国居民都买到了他们想要购买的商品。

(3)以非计划库存变化为基础的产量调整将使经济达到均衡水平。

考点二：消费函数与总需求 ★★★★★

1. 消费函数相关概念(见表10－1)

表 10－1　消费函数相关概念

要点	公式表示	具体内容
消费函数	$C = C(Y)$	①假设价格水平不变，消费水平只是收入水平的函数，消费函数表示的是消费支出与个人可支配收入之间的依存关系。 ②凯恩斯认为存在一条基本心理规律，即收入增加带来的消费增加小于收入本身的增加
边际消费倾向	$MPC = \Delta C/\Delta Y$ $(MPC = dC/dY)$	①边际消费倾向(MPC)是指增加的消费与增加的收入之比，即每增加1单位收入中用于增加消费部分的占比。 ②MPC 是消费曲线上任一点切线的斜率，由基本心理规律，$0 < MPC < 1$
平均消费倾向	$APC = C/Y$	①平均消费倾向(APC)是指任一收入水平上消费支出在收入中所占的比重。 ②APC 是消费曲线上任一点与原点相连而成的射线的斜率： a. $APC < 1$，消费总量＜收入总量(产生储蓄)； b. $APC = 1$，消费总量＝收入总量(储蓄为零)； c. $APC > 1$，消费总量＞收入总量(负债消费，即产生负储蓄)
线性消费函数	$C = \alpha + \beta Y$	①该公式表示消费和收入之间存在线性关系，其中 α 是指必需的自发消费部分，即当收入为零时也要通过借债或动用过去的储蓄来实现的基本生活消费；β 是指边际消费倾向；β 和 Y 的乘积是指引致消费。 ②经济含义：消费等于自发消费与引致消费之和。 ③当消费和收入之间存在线性关系时，消费函数便是一条向右上方倾斜的直线，该直线上斜率处处相等，即等于边际消费倾向，而且边际消费倾向大于0小于1

2. 储蓄函数相关概念(见表 10－2)

表 10－2　储蓄函数相关概念

要点	公式表示	具体内容
储蓄函数	$S=S(Y)$	储蓄函数是指描述储蓄随收入变化而变化的函数
边际储蓄倾向	$MPS=\Delta S/\Delta Y$ $(MPS=\mathrm{d}S/\mathrm{d}Y)$	边际储蓄倾向(MPS)是指储蓄增量与收入增量之比，它是储蓄曲线上任一点的斜率
平均储蓄倾向	$APS=S/Y$	平均储蓄倾向(APS)是指任一收入水平上储蓄在收入中所占比重，它是储蓄曲线上任一点与原点相连而成的射线的斜率
线性储蓄函数	$S=Y-C=Y-(\alpha+\beta Y)$ $=-\alpha+(1-\beta)Y$	如果储蓄和收入的关系是线性的，也就意味着消费曲线和储蓄曲线都是直线

3. 消费函数和储蓄函数的关系

(1)消费函数和储蓄函数之和总等于收入，即：$C+S=Y$。

(2)如果 APC 和 MPC 都随收入增加而递减，那么 APS 和 MPS 也都随收入增加而递增，但 $APC>MPC$，$APS<MPS$。

(3)APC 和 APS 之和与 MPC 和 MPS 之和均恒等于 1。

消费和储蓄的关系可通过图 10－2 得以体现。

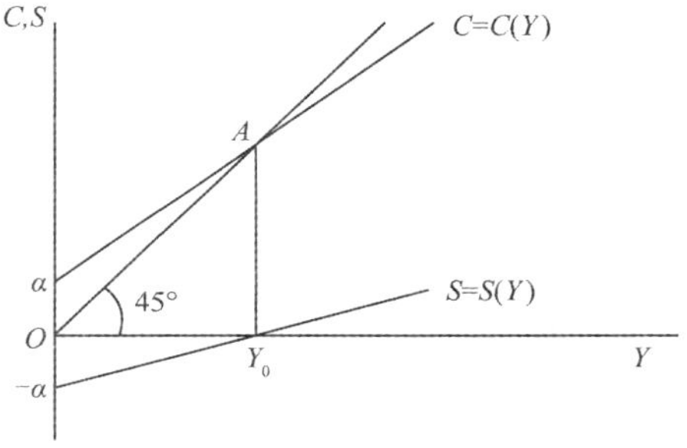

图 10－2　消费曲线和储蓄曲线的关系

4. 自主性支出

$$AD=C+I+G+NX=\bar{C}+c(Y-\overline{TA}+\overline{TR})+\bar{I}+\bar{G}+\overline{NX}=[\bar{C}-c(\overline{TA}-\overline{TR})+\bar{I}+\bar{G}+\overline{NX}]+cY=\bar{A}+cY$$

其中，总需求的组成部分 $\bar{A}\equiv\bar{C}-c(\overline{TA}-\overline{TR})+\bar{I}+\bar{G}+\overline{NX}$ 是外生的，称为自主性支出。

5. 储蓄与投资(见表 10－3)

表 10－3　储蓄与投资

	两部门经济	三部门经济	四部门经济
原理	总支出＝总收入		
假设	经济社会只有消费者和企业	经济社会中存在厂商、居民户和政府	经济社会中存在厂商、居民户、政府和国外部门
储蓄-投资恒等式	$I=S$	$I=S+TA-TR-G$	$I=S+(TA-TR-G)-NX$
含义	事后投资＝事后储蓄	投资＝私人储蓄＋政府预算盈余	投资＝私人储蓄＋政府预算盈余－净出口

考点三：乘数（见表10－4） ★★★★★

表10－4　乘数

要点	具体内容
含义	指反映国民收入的变动与引起这种变动的最初注入量之间的比率，包括投资乘数、政府购买乘数、转移支出乘数、税收乘数和平衡预算乘数
传递机制	自主性支出增加 → 总需求 AD 增加 → 均衡收入 Y 增加 → 消费水平上升 $C=\bar{C}+cY$ → 总需求 AD 增加
影响因素	边际消费倾向越大，收入变动越大，乘数越大

考点四：政府部门 ★★★★★

1．政府部门影响均衡收入的途径

政府以两种相互独立的方式直接影响均衡收入水平：

（1）政府购买支出（G）是总需求的一个组成部分。

（2）税收与转移支付通过影响可支配收入 YD，进而影响均衡收入。

2．政府部门与均衡收入的决定

（1）假设：

①投资 $\bar{I}$、政府购买支出 $\bar{G}$、转移支付 $\overline{TR}$ 以及净出口 $\overline{NX}$ 均为外生变量，固定不变。

②征收比例所得税，税率为 t，即 $TA=tY$。

（2）消费函数与总需求函数：

消费函数为：

$$C=\bar{C}+cYD=\bar{C}+c(Y+\overline{TR}-tY)=\bar{C}+c\overline{TR}+c(1-t)Y$$

总需求函数为：

$$\begin{aligned}AD&=C+I+G+NX=\bar{C}+c\overline{TR}+c(1-t)Y+\bar{I}+\bar{G}+\overline{NX}\\&=(\bar{C}+c\overline{TR}+\bar{I}+\bar{G}+\overline{NX})+c(1-t)Y=\bar{A}+c(1-t)Y\end{aligned}$$

如图10－3所示，引进政府部门后，新的总需求曲线 AD' 与原有的总需求曲线 AD 相比，斜率由 c 变为 $c(1-t)$，曲线较为平坦，截距较大。

（3）均衡收入条件：

当商品市场均衡时，得到 $Y=AD=\bar{A}+c(1-t)Y$，因此均衡收入水平 Y_e 为：

$$Y_e=\frac{\bar{A}}{1-c(1-t)}=\frac{1}{1-c(1-t)}(\bar{C}+c\overline{TR}+\bar{I}+\bar{G}+\overline{NX})$$

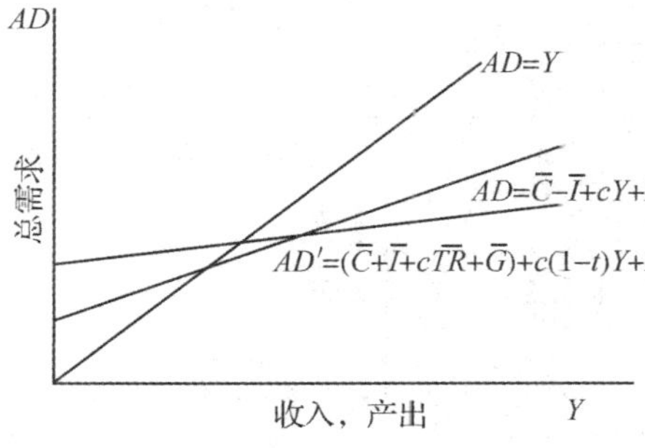

图10－3　政府与总需求

因此，引入政府部门后，自主性支出增加，

但所得税的存在降低了乘数。

3. 所得税的自动稳定器作用

(1) 比例所得税具有自动稳定器作用，它会自动减少为适应自主性需求变动所需要的产出变动量，而不需要政府一步步具体地加以干预。

(2) 所得税降低了乘数机制的放大效应，使产出波动的幅度可以比没有这些稳定器时要小。

(3) 比例所得税并不是唯一的自动稳定器。失业救济金使失业者即便在没有工作时，也能继续消费，因而需求降低得要少，这也会使乘数变小，而使产出更加稳定。

4. 财政政策变动的效应

(1) 政府采购支出的乘数效应：

①政府采购支出乘数：$\alpha_G = 1/[1-c(1-t)]$。

因此，政府采购支出增加一单位会引起 α_G 单位均衡收入的增加。

②政府采购支出的影响途径：

当政府采购支出增加时，自主性支出增加，总需求曲线的截距发生变化，使 AD 曲线向上移动，移动的量等于政府采购支出增加的量，均衡收入变动 $\Delta Y_0 = \Delta\overline{G}/[1-c(1-t)] = \alpha_G \Delta\overline{G}$，如图 10－4 所示。

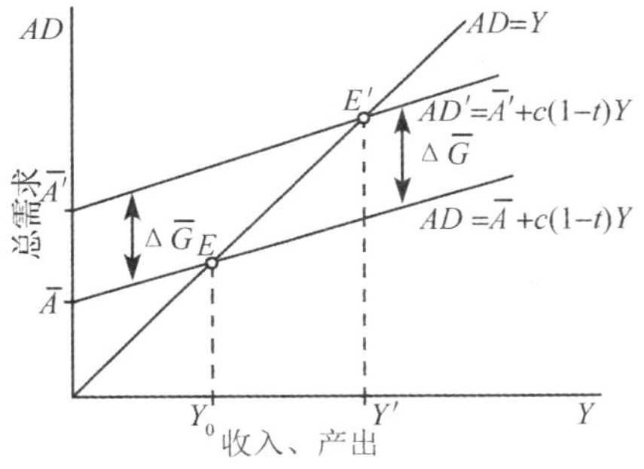

图 10－4　增加政府采购的效应

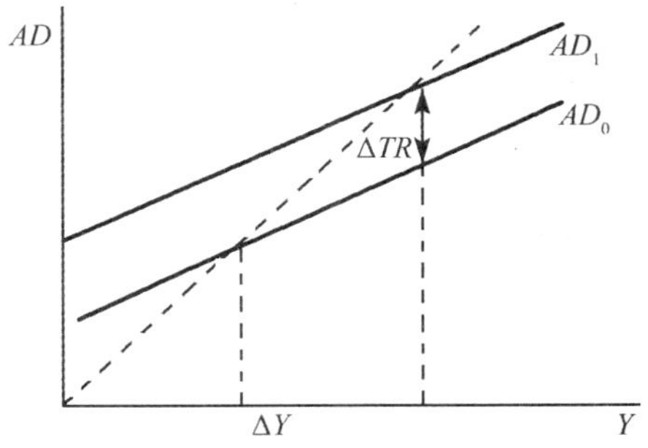

图 10－5　转移支付的乘数效应

(2) 转移支付的乘数效应：

①转移支付乘数：$\alpha_{TR} = c/[1-c(1-t)]$。

因此，转移支付增加一单位会引起 α_{TR} 单位均衡收入的增加，且转移支付乘数小于政府采购支出乘数。

②转移支付的影响途径：

转移支付改变可支配收入以及相应的消费水平，进而影响 AD 曲线的截距，使 AD 曲线上下移动，如图 10－5 所示。

考点五：预算　★★★★

1. 预算盈余 (BS)

预算盈余 (BS) 是指政府收入超过支出的部分，即：

$$BS \equiv TA - \overline{G} - \overline{TR}$$

如果征收的是比例所得税，即 $TA = tY$，则有：

$$BS \equiv tY - \overline{G} - \overline{TR}$$

因此，在 $\overline{G}$、$\overline{TR}$ 与所得税税率 t 既定的情况下，预算盈余是收入水平的增函数。

2. 政府采购与税收变化对预算盈余的影响

当政府采购增加时，均衡收入增加 $\Delta Y_0 \equiv \alpha_G \Delta\overline{G}$，增加的收入中的一部分用于缴税，税款收入增加为 $\Delta TA = t\alpha_G \Delta\overline{G}$。因此，预算盈余的变化为：

$$\begin{aligned}\Delta BS &= \Delta TA - \Delta\overline{G} = t\alpha_G \Delta\overline{G} - \Delta\overline{G} = \left[\frac{t}{1-c(1-t)} - 1\right]\Delta\overline{G} \\ &= -\frac{(1-c)(1-t)}{1-c(1-t)}\Delta\overline{G}\end{aligned}$$

因此，增加政府采购会减少预算盈余，但是预算盈余减少量显著小于采购的增加量。

考点六：充分就业预算盈余 ★★★★

1. 充分就业预算盈余的含义

充分就业预算盈余是指既定的政府预算在充分就业的国民收入水平，即潜在的国民收入水平上所产生的政府预算盈余，即 $BS^* = tY^* - \overline{G} - \overline{TR}$，其中，$Y^*$ 表示充分就业的收入水平。

充分就业预算盈余不受经济周期的特殊形势(繁荣或衰退)的影响，只在政府执行财政政策措施发生变化时才变化，可以作为一个衡量财政政策措施优劣的指标。

2. 实际预算与充分就业预算的差别

充分就业预算盈余与实际预算盈余差额：$BS^* - BS = t(Y^* - Y)$。

如果实际产出低于充分就业产出水平，充分就业预算盈余将会超过实际预算盈余。反之，如果实际产出超过充分就业产出水平，充分就业预算盈余将会小于实际预算盈余。

3. 充分就业预算盈余提出的意义

(1)把收入水平固定在充分就业的水平上，消除了经济中收入水平周期性波动对预算状况的影响，从而能更准确地反映财政政策预算状况的实际影响。

(2)使政策制定者注重充分就业问题，以充分就业为目标确定预算规模，从而确定财政政策。

当然这一概念也存在一定的缺陷，即充分就业的国民收入或潜在国民收入本身就是难以准确估算的。

10.2 课后习题详解

一、概念题

1. 总需求

答：总需求是指在一个指定时期内，整个经济社会在每一个价格水平下对最终产品和劳务的需求总量，它由消费需求、投资需求、政府购买支出和国外需求构成，即 $AD = C + I + G + NX$。总需求函数表示产品市场和货币市场同时达到均衡时的价格水平与国民收入间的依存关系，描述这一函数的曲线称为总需求曲线。

总需求曲线向下倾斜的机制在于：当价格水平上升时，将会同时打破产品市场和货币市场的均衡。在货币市场上，价格水平上升会导致实际的货币供给下降，*LM* 曲线向左移动，使均衡利率水平上升，国民收入水平下降。在产品市场上，一方面由于利率水平上升造成投资需求下降(即利率效应)，总需求随之下降；另一方面，价格水平的上升还导致人们的财富减少和实际收入水平下降，以及本国出口产品相对价格的提高，从而使人们的消费需求下降，本国的出口也会减少、国外需求减少，进口增加。这样，随着价格水平的上升，总需求水平就会下降。

2. 消费函数

答：消费函数是指用来描述消费需求与收入水平之间的关系的函数。根据凯恩斯的收入决定理论，收入是消费的主要决定因素，而利率相对来讲并不重要，因而消费函数的表达式为 $C=C_0+cY$，$C_0>0$，$0<c<1$，其中 c 即是边际消费倾向(*MPC*)，C_0为自主消费。依据收入-消费关系分析时间的长短，消费函数又分为短期消费函数和长期消费函数。

3. 边际消费倾向(*MPC*)

答：边际消费倾向是指当其他条件不变时，一单位收入的变动引起的消费的变动，可以用以下公式表示：

$$MPC=\Delta C/\Delta Y$$

其中，ΔC 表示消费的变动，ΔY 表示收入的变动。

一般而言，边际消费倾向在0和1之间波动，即当收入增加时，消费也会增加，但是没有收入增加得那么快。在西方经济学中，任何增加的收入无非两个用途：消费和储蓄。所以，边际消费倾向与边际储蓄倾向之和必定为1(即 $MPC+MPS=1$)。边际消费倾向是递减的，当人们收入增加时，消费也会随之增加，但增加的幅度却不断下降。即随着收入的上升，在增加的每单位收入中，消费所占的比重越来越小，储蓄所占的比重却越来越大。

4. 自动稳定器

答：自动稳定器又称“内在稳定器”，是指在国民经济中无须经常变动政府政策而有助于经济自动趋向稳定的因素。例如，一些财政支出和税收制度就具有某种自动调整经济的灵活性，可以自动配合需求管理来减缓总需求的摇摆性，从而有助于经济的稳定。

在社会经济生活中，具有内在稳定器作用的主要包括：个人和公司所得税、失业补助和其他福利转移支付、农产品维持价格以及公司储蓄和家庭储蓄等等。例如，在萧条时期，个人收入和公司利润减少，政府所得税收入自动减少，从而相应增加了消费和投资。同时，随着失业人数的增加，政府失业救济金和各种福利支出必然要增加，又将刺激个人消费和促进投资。但是，内在稳定器的作用是有限的，它只能配合需求管理来稳定经济，而其本身不足以完全维持经济的稳定；它只能缓和或减轻经济衰退或通货膨胀的程度，而不能改变它们的总趋势。因此，还必须采用更有力的财政政策措施。

5. 可支配收入

答：可支配收入是指反映居民家庭的全部现金收入中能用于安排家庭日常生活的那部分收入，即用家庭中得到的全部现金收入减去个人所得税、记账补贴以及家庭从事副业生产支出的费用。可支配收入一般指个人可支配收入，或者是一个国家所有个人(包括私人非营利性机构)在一定时期(通常为一年)内实际得到的可用于个人消费或储蓄的那一部分收入。个人收入不能全归个人支配，因为还要缴纳个人所得税，因此，税后的个人收入才是个人可支配收入，即人们可随意用来消费和储蓄的收入。个人可支配收入等于个人收入扣除向政府缴纳的所得税、遗产税和赠予税、不动产税、人头税、汽车使用税以及交给政府的非商业性费用等以后的余额。个人可支配收入被认为是消费开支的最重要的决定性因素，常被用来衡量一国的生活水平。

6. 边际储蓄倾向(*MPS*)

答：边际储蓄倾向是指当其他条件不变时，一单位收入的变动引起的储蓄的变动，即$MPS=\Delta S/\Delta Y$。其中，ΔY表示收入的变化量，ΔS表示储蓄的变化量。

一般而言，边际储蓄倾向在0和1之间波动。因为全部新增收入要么用来消费，要么用来储蓄，所以边际储蓄倾向与边际消费倾向之和为1(即$MPC+MPS=1$)。边际储蓄倾向可以说成是国民收入的储蓄倾向，也可以说成是可支配收入的储蓄倾向。

7. 平衡预算乘数

答：平衡预算乘数是指在税收和政府购买等量增加的时候所引起的产出增加的倍数，是政府收入和支出同时以相等数量增加或减小时国民收入变动与政府支出变动的比率。

假设政府购买和税收各增加同一数量，即$\Delta G=\Delta T$时：

$$\Delta Y=k_g\Delta G+k_T\Delta T=\frac{1}{1-b(1-t)}\Delta G+\frac{-b(1-t)}{1-b(1-t)}\Delta T$$

$$=\frac{1}{1-b(1-t)}\Delta G+\frac{-b(1-t)}{1-b(1-t)}\Delta G=\Delta G$$

$$k_B=\frac{\Delta Y}{\Delta G}=1$$

无论在定量税还是比例税下，平衡预算乘数均为1。根据平衡预算乘数，可以把财政政策的作用归纳为三点：①政府在增加支出的同时减少税收将对国民收入有巨大促进作用；②政府在增加支出的同时增加税收，两者保持平衡，对国民收入的影响较小；③政府在减少支出的同时增加税收将会抑制国民收入的增长。

8. 均衡产出水平

答：均衡产出水平是指总供给和总需求相一致时的产出水平，即经济社会的收入正好等于全体居民和企业想要有的产出。当经济处于均衡产出水平状态时，下式成立：

$$Y=AD=C+I+G+NX$$

当产出不等于总需求时，存在非计划库存投资或负投资，其值等于产出与总需求的差额，企业通过调整生产决策，最终使得产出与总需求相等。

9. 乘数

答：乘数是指国民收入(或GDP)的变动与引起这种变动的最初注入量之间的比率。乘数包括投资乘数、政府购买乘数、转移支出乘数、税收乘数和平衡预算乘数。

一个经济变量的变化对另一个经济变量的变化的倍数放大作用，称为“乘数效应”。乘数效应具有两方面的作用：①一个经济变量的增加会引起另一个经济变量成倍增加；②前者的减少会引起后者成倍减少。

10. 预算约束

答：预算约束是指在给定商品价格和收入的情况下，消费者可以消费的两种商品的数量组合。用(x_1, x_2)表示消费者消费的商品束，(p_1, p_2)表示商品的价格，M表示消费者的收入，预算约束可表示为实际消费支出小于货币收入，即：

$$p_1x_1 + p_2x_2 \leqslant M$$

设x_2为复合商品，即除x_1以外的所有其他商品，令其价格$p_2 = 1$，则$p_2x_2 = x_2$。其表示消费者可用于购买其他商品的货币数量。这时预算约束变为：

$$p_1x_1 + x_2 \leqslant M$$

如果假设商品消费者的偏好具有局部非饱和的性质，他会将全部收入都用于消费，这时预算约束可以表示为：

$$p_1x_1 + p_2x_2 = M$$

11. 预算赤字

答：预算赤字是指政府支出的货币数量与它以税收形式所获得收入的差额，即政府进行财政预算时，预算支出和预算收入的差额。预算盈余与预算赤字相反，根据李嘉图等价原理，政府为了调节宏观经济而采取的财政赤字政策是无效果的，因为人们会将其作为未来潜在的税收考虑到整个预算约束中去。

12. 财政政策

答：财政政策是指政府变动税收和支出以便影响总需求，进而影响就业和国民收入的政策。变动税收是指改变税率和税率结构。变动政府支出是指改变政府对商品与劳务的购买支出以及转移支付。它是利用政府预算(包括税收和政府支出)来影响总需求，从而达到稳定经济目的的宏观经济政策。其特点是政府用行政预算直接控制消费总量和投资总量，调节国家的需求水平，使总需求和总供给达到理想的均衡状态，从而促进充分就业和控制通货膨胀。

从其内容上看，财政政策包括财政收入政策和财政支出政策。前者的政策手段主要是税率，后者的政策手段主要是政府购买(支出)。

从对经济发生作用的结果上看，财政政策分为扩张性的财政政策和紧缩性的财政政策。前者是指降低税率、增加转移支付、扩大政府支出，目的是刺激总需求，以降低失业率。后者则包括提高税率、减少转移支付、降低政府支出，以此抑制总需求的增加，进而遏制通货膨胀。财政政策是需求管理的一种主要手段。

13. 预算盈余

答：预算盈余又称“预算结余”，是指政府收入超过支出的部分。预算盈余是一种预算不平衡的状态，不过它与预算赤字的不平衡是完全不同的两种状态。结余表示财政宽松，赤字表示财政困难。严格地讲，预算应是平衡的，不仅在计划中是平衡的，而且在执行中和执行后也应是平衡的。但在某些时候，适当地使财政收入的安排大于财政支出是可行的。

这时，就会出现预算结余。

14. 充分就业预算盈余

答：充分就业预算盈余是指既定的政府预算在充分就业的国民收入水平(即潜在的国民收入水平)上所产生的政府预算盈余。如果这种盈余为负值，就是充分就业预算赤字，它不同于实际的预算盈余。实际的预算盈余是以实际的国民收入水平来衡量预算状况的。因此二者的差别就在于充分就业的国民收入与实际的国民收入水平的差额。如用 t、$\overline{G}$、$\overline{TR}$ 分别表示边际税率、既定的政府购买支出和政府转移支付支出，用 Y 和 Y^* 分别表示实际国民收入和充分就业国民收入，则充分就业预算盈余 $BS^*=tY^*-\overline{G}-\overline{TR}$，实际预算盈余 $BS=tY-\overline{G}-\overline{TR}$，二者的差额为 $BS^*-BS=t(Y^*-Y)$。

充分就业预算盈余概念的提出具有两个十分重要的作用：①把收入水平固定在充分就业的水平上，以消除经济中收入水平的周期性波动对预算状况的影响，从而能更准确地反映财政政策预算状况的影响；②使政策制定者注重充分就业问题，以充分就业为目标确定预算规模，从而确定财政政策。但这一概念同样存在一定的缺陷，因为充分就业的国民收入或潜在国民收入本身就是难以准确估算的。

二、简答题

1. 我们将本章详细阐述的收入决定模型称为凯恩斯模型。是什么使得凯恩斯模型对立于古典模型呢？

答：在凯恩斯模型中假设价格水平是固定的，即总供给曲线水平且产出水平仅由总需求决定。而古典模型假设价格总是可以充分调整以维持充分就业下的产出水平，即总供给曲线是垂直的。由于本章的收入决定模型假定价格水平是固定的，所以应该属于凯恩斯模型。使得凯恩斯模型成为古典模型的对立面的原因主要有以下几点：

(1)在总供给曲线方面：

古典模型中古典的总供给曲线又称为长期的总供给曲线。在这种情况下，经济的就业水平并不随着价格的变动而变动，而总是处于充分就业的状态，此时总供给曲线为一条垂直线，即古典的总供给曲线。其原因在于工资的充分弹性或劳动市场的充分竞争性。

凯恩斯模型中水平的总供给曲线又称短期的总供给曲线，存在两个基本假设：①货币工资具有“向下的刚性”，只能升不能降；②人们有“货币幻觉”，只注意货币的票面价值，而忽视货币的实际购买力。

(2)在理论基础方面：

古典理论认为，劳动市场运行毫无摩擦，总能维持劳动力的充分就业。既然在劳动市场，在工资灵活调整下充分就业的状态总能维持，因此，无论价格水平如何变化，经济中的产量总是与劳动力充分就业时的产量(即潜在产量)相对应，所以总供给曲线总是垂直的。而凯恩斯主义则假设工资刚性，并且劳动力市场存在摩擦，充分就业和达到潜在产量只是一种理想状态。实际工资和名义工资的变化会带来劳动供给的变化，所以总供给曲线不会在充分就业处保持垂直，而是应该保持水平或者至少保持正斜率。

(3)在政策含义方面：

古典模型中，除非总供给曲线发生变动，否则财政和货币政策只会带来价格上涨，没有任何效果。凯恩斯模型则正好相反，凯恩斯主张政府实施斟酌使用的财政政策和货币政策。

2. 什么是自主性变量？在本章中，我们规定总需求中哪些组成部分是自主性的？

答：自主性变量是指其值不是由模型本身决定，而是由模型以外的因素决定的变量。

本章中，以下构成总需求的组成部分被视作自主性变量：自发消费水平 C_0，自主投资水平 I_0，政府购买 G_0，税收 TA_0，转移支付 TR_0 和净出口 NX_0。

3. 根据你对联邦政府许多部门通过并实现政策(如税收法规、福利制度)变动所需时间的了解，你能想到利用财政政策稳定经济存在的问题吗？

答：联邦政府部门通过并实现政策(即税收法规、福利制度)的变动都需要一定的时间，这就造成政策的时滞。有关财政政策稳定经济的问题可以从以下几点分析：

(1)政府宏观调控政策对经济的作用效果并不是即时的，而是存在一定程度的时滞。任何一种经济政策，无论是按市场规律制定的财政政策、货币政策，还是政府直接干预的经济政策，从施加于经济到产生效应，都会存在时滞。政策时滞包括内部时滞和外部时滞，其中内部时滞由三方面组成：认识时滞、决策时滞和行动时滞。

(2)由于政策的决策者要花很长的时间去确定一个具体的财政政策措施，因此很有可能在这样一个具体的财政政策措施执行前，经济条件就已经发生了急剧的变化。在这些情况下政策措施的效果可能不大，并且可能造成经济的不稳定。也许在决策者决定执行减税政策之前经济已经摆脱了衰退，如果在经济可能经历强劲的增长的时候采取减税政策，会产生通货膨胀的压力。

(3)自动稳定器(如比例所得税、失业救济金、福利制度等)没有内部时滞，但自动稳定器的作用是有限的，它只是缓和经济衰退或通货膨胀的程度，而不能改变他们的总趋势。因此，当经济进入深度衰退时，必须要有积极有力的财政政策。

4. 为什么将比例所得税与福利制度等机制称作自动稳定器？选择其中一个稳定器，详细解释它如何及为何会影响产出波动。

答：(1)自动稳定器，又称“内在稳定器”，是指现代财政制度所具有的一种无须变动政府政策而有助于减轻收入和价格波动的自动稳定的内在功能。按照西方经济学家的解释，这种功能来自财政制度本身的某些特点：一些财政支出和收入政策具有某些自动调节经济的灵活性，这种灵活性有助于经济稳定，能缓和经济波动，可以自动配合需求管理。

比例所得税与福利制度就具有某种自动调整经济的灵活性，可以自动配合需求管理，减缓总需求的摇摆性，从而有助于经济的稳定。在社会经济生活中，通常具有内在稳定器作用的因素主要包括：个人和公司所得税、失业补助和其他福利转移支付、农产品维持价格以及公司储蓄和家庭储蓄等等。

(2)现以比例所得税为例来讨论财政制度的这种自动稳定经济的功能是如何发挥作用的。收入水平上升时，就业人数增多，收入增加，政府税收会自动上升。而且，在实行累进税的情况下，由于纳税人的收入进入了更高的纳税档次，政府税收上升的幅度会超过收入上升的幅度，这样就相对减少了消费，进而遏制或减小了通货膨胀。相反，收入水平下降时，就业人数减少，收入减少，政府税收自动下降。而且，在实行累进税的情况下，由于纳税人的收入进入了较低的纳税档次，政府税收下降的幅度会超过收入下降的幅度，如果没有类似比例所得税或福利制度类的具有稳定器功能的政策，消费就会迅速下降，因此这些政策能够相对地增加消费，减缓经济衰退。由于这些制度可以自动地减少由于总需求变化而产生的产出波动，并且不受政府的干预，故称其为“自动稳定器”。

5. 什么是充分就业预算盈余？它为什么相对于实际的或未校正的预算盈余可能成为更有用的计量方法？本书提供了该计量方法的其他名称，如周期性校正盈余与结构性盈余等。为什么我们会偏好另外的名称呢？

答：(1)充分就业预算盈余是指既定的政府预算在充分就业的国民收入水平(即潜在的国民收入水平)上所产生的政府预算盈余。如果这种盈余为负值，就是充分就业预算赤字，它不同于实际的预算盈余。实际的预算盈余是以实际的国民收入水平来衡量预算状况的。因此二者的差别就在于充分就业的国民收入与实际的国民收入水平的差额。如用 t、$\overline{G}$、$\overline{TR}$ 分别表示边际税率、既定的政府购买支出和政府转移支付支出，用 Y 和 Y^* 分别表示实际国民收入和充分就业国民收入，则充分就业预算盈余 $BS^*=tY^*-\overline{G}-\overline{TR}$，实际预算盈余 $BS=tY-\overline{G}-\overline{TR}$，二者的差额为 $BS^*-BS=t(Y^*-Y)$。

(2)充分就业预算盈余是比实际的或没有校正的预算盈余更有用的衡量方法。由于充分就业预算盈余不依赖于经济周期的位置，只在政府执行财政政策措施发生变化时它才变化，所以充分就业预算盈余可以作为一个衡量财政政策措施优劣的指标。

充分就业预算盈余概念的提出具有两个十分重要的作用：①把收入水平固定在充分就业的水平上，消除经济中收入水平周期性波动对预算状况的影响，从而能更准确地反映财政政策预算状况的影响。②使政策制定者注重充分就业问题，以充分就业为目标确定预算规模，从而确定财政政策。但这一概念同样存在一定的缺陷，因为充分就业的国民收入或潜在国民收入本身就是难以准确估算的。

(3)充分就业预算盈余的其他名称还有周期性校正盈余、结构性盈余、高就业盈余、标准就业盈余等等，由于这些概念并没有表明人们不易保持的具体的充分就业产出水平，人们比较喜欢运用这些名称来描述经济。

三、计算与分析题

1. 现在研究第10章第2节与第3节学习过的无政府部门模型的特例。假如消费函数为 $C=100+0.8Y$，当投资为 $I=50$ 的时候，

(1)本题中的均衡收入水平是多少？

(2)均衡状态时的储蓄水平是多少？

(3)由于某种原因，如果产出水平为800，非意愿库存积累会是多少？

(4)如果 I 增加为100(我们在以后各章讨论什么决定 I)，对均衡收入的影响是什么？

(5)在这里，乘数 α 是多少？

(6)画一幅表明问题(1)与问题(2)的均衡图。

说明：题目中提到的第10章第2节与第3节学习过的无政府部门的模型中国民收入等于消费加储蓄，总需求为消费加投资，即 $Y=C+S$，$AD=C+I$。

答：(1)均衡收入水平 $Y_0 = AD = C + I = 100 + 0.8Y_0 + 50$，解方程可得 $Y_0 = 750$。所以均衡收入水平为 750。

(2)均衡时有 $C + S = Y = AD = C + I$，所以均衡时 $S = I = 50$，所以均衡状态时储蓄水平为 50。也可以由 $C + S = Y$，得 $S = Y - C = Y - (100 + 0.8Y) = 0.2Y - 100 = 0.2 \times 750 - 100 = 50$。

(3)产出水平为 800 时，总需求 $AD = 100 + 0.8Y + 50 = 150 + 0.8 \times 800 = 790$，所以非意愿库存积累水平 $= Y - AD = 800 - 790 = 10$。

(4)因为均衡收入 $Y' = AD = C + cY' + I$，所以当 I 增加到 100 时，$Y' = \frac{C + I}{1 - c} = \frac{100 + 100}{1 - 0.8} = 1000$。

(5)乘数 $\alpha = 1/(1 - c) = 1/(1 - 0.8) = 5$。

(6)如图 10-6 所示。

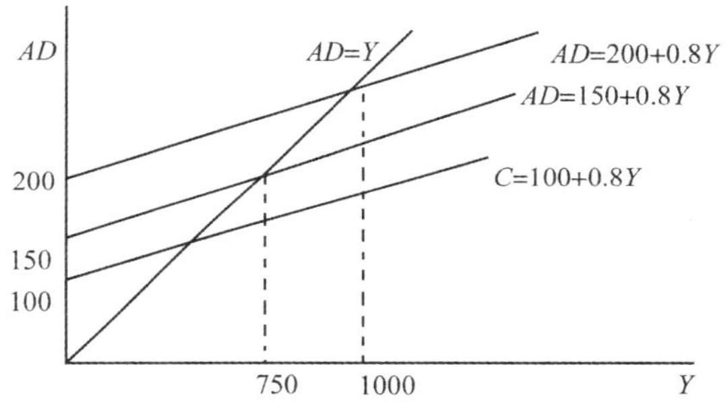

图 10-6　投资变化对均衡国民收入的影响

2. 设想上题中的消费行为发生变动，以致 $C = 100 + 0.9Y$，而 I 仍旧为 50。

(1)均衡收入水平比上题(1)中提高了还是降低了？计算新的均衡水平 Y' 并证明。

(2)现在设想投资与上题(4)一样增加到 $I = 100$，新的均衡收入是多少？

(3)投资支出的这种变动对 Y 的影响比习题 1 中增加了还是减少了？为什么？

(4)画一幅图表明均衡收入在这种情况下的变动。

答：(1)由于边际消费倾向变大，所以预计均衡收入水平增加了，由 $Y' = AD = 100 + 0.9Y' + 50$，计算得 $Y' = 1500$。

(2)新的均衡收入为：$Y'' = AD = 100 + 0.9Y'' + 100$，计算得 $Y'' = 2000$。

(3)与习题 1 的情况相比较，投资支出的这个变化对 Y 的作用比较大，因为此时的乘数 $\alpha = 1/(1 - 0.9) = 10$ 比较大，根据乘数的定义可知，此时投资支出的变化对 Y 的作用比较大，并且是上一题的两倍。

(4)如图 10-7 所示。

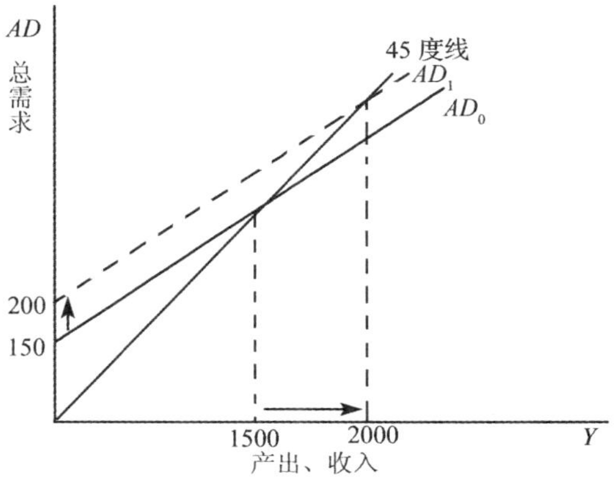

图 10-7　投资变化对均衡国民收入的影响

3. 现在我们来考察税收在决定均衡收入中的作用。我们设想有一个如第10章第4节与第5节中那种形式的经济，它由以下函数加以描述：

$C=50+0.8YD$，$\overline{I}=70$，$\overline{G}=200$，$\overline{TR}=100$，$t=0.20$

(1)计算该模型中的均衡收入水平与乘数。

(2)计算预算盈余 BS。

(3)设想 t 增加到0.25，新的均衡收入是多少？新的乘数是多少？

(4)计算预算盈余的变动。如果 $c=0.9$ 而不是0.8，你预期盈余的变动将会增加还是减少？

(5)当 $t=1$ 时，你能解释为什么乘数等于1吗？

答：(1)计算该模型中的均衡收入水平和乘数：

$$Y=AD=C+I+G=C_0+c\times(Y+\overline{TR}-t\times Y)+\overline{I}+\overline{G}$$

代入数值，得 $Y=50+0.8\times(Y+100-0.2Y)+70+200$。

解得：$Y=400/0.36=1111.11$。

乘数：$\alpha=1/[1-c(1-t)]=1/[1-0.8\times(1-0.20)]=25/9=2.78$。

(2)计算预算盈余 BS：

$$BS=T-TR-G=t\times Y-\overline{G}-\overline{TR}=0.2\times1111.11-200-100=-77.78<0$$

(3)当 $t'=0.25$ 时，$Y'=AD=C+I+G=C_0+c\times(Y'+\overline{TR}-t'\times Y')+\overline{I}+\overline{G}$。

代入数值，得 $Y'=50+0.8\times(Y'+100-0.25Y')+70+200$，计算得：

$$Y'=1000$$

$$\alpha'=1/[1-c(1-t')]=2.5$$

(4)计算预算盈余的变化：

$$BS'=t'\times Y'-\overline{TR}-\overline{G}=0.25\times1000-100-200=-50$$

$$BS=t\times Y-\overline{TR}-\overline{G}=-77.78$$

所以 $\Delta BS=BS'-BS=-50+77.78=27.78$。

如果 $c=0.9$，那么，预计 ΔBS 是增加还是减少有两种计算方法。

方法1：

当 $c=0.9$ 时，$\Delta BS_1=BS'_1-BS_1=(t'\times Y'_1-\overline{TR}-\overline{G})-(t\times Y_1-\overline{TR}-\overline{G})=t'\times Y'_1-t\times Y_1$。

而 $Y_1=50+0.9\times(Y_1+100-0.2Y_1)+70+200$，解得：$Y_1=410/0.28$；

$Y'_1=50+0.9\times(Y'_1+100-0.25Y'_1)+70+200$，解得：$Y'_1=410/0.325$。

进而可以推出 $\Delta BS_1=0.25\times(410/0.325)-0.20\times(410/0.28)=22.5<\Delta BS=27.78$。所以 ΔBS 减少，即预算盈余的变化要更小一些。

方法2：

当 $c=0.8$ 时，记预算盈余的变化为 $\Delta BS_0/\Delta t$；当 $c=0.9$ 时，记预算盈余的变化为 $\Delta BS_1/\Delta t$ 如何变化即可。

由于 $t'=0.25$，$Y=A+c(1-t)\times Y$，所以，$\Delta Y=-c\times\Delta t\times Y+c\times(1-t')\times\Delta Y$，进而

可推出：$\Delta Y=\{-c\times Y/[1-c\times(1-t')]\}\times\Delta t$，其中 $\Delta t=t'-t$，$\Delta Y=Y'-Y$。

所以：

$\Delta BS=t'\times Y'-t\times Y=t'\times(Y+\Delta Y)-t\times Y=(t'-t)\times Y+t'\times\Delta Y=\Delta t\times Y+t'\times\Delta Y=\Delta t\times Y-t'\times\{c\times Y/[1-c\times(1-t')]\}\times\Delta t=\Delta t\times Y\times\{1-t'\times c/[1-c\times(1-t')]\}=\{(1-c)/[1-c\times(1-t')]\}\times\Delta t\times Y$

从而推得：

$$\frac{\Delta BS}{\Delta t}=\frac{1-c}{1-c\times(1-t')}\times Y=\left[1-\frac{t'}{\frac{1}{c}-(1-t)}\right]\times Y$$

从而 c 上升，则 $1/c$ 下降，则 $t'/[1/c-(1-t')]$ 上升，从而 ΔBS 变小，即：$\Delta BS_1<\Delta BS_0$。

(5) $\alpha=\dfrac{1}{1-c(1-t)}$，$t=1$ 时，计算得 $\alpha=1$。

当自发总需求增加 ΔA 时，总产出增加 ΔA，总收入上升 $\Delta Y=\Delta A$，因为 $t=1$，所以增加的收入全部成为税收，使得 YD 没有变化，从而引致支出为零，从而 Y 只增加 $\Delta Y=\Delta A$，据乘数的定义知乘数为 1。

4. 设想经济在均衡状态下运行，$Y_0=1000$。如果政府进行财政变动，将税率增加 0.05，政府支出增加 50，预算盈余将增加还是减少？为什么？

答：考虑第 3 题(4)中的情形：

$Y=1000$，$t=0.25$，$G=200$，$TR=100$

所以 $BS=tY-TR-G=-50$。

假定 $t=0.3$，$G=250$，可以得到：

$$AD'=50+0.8\times(Y-0.3Y+100)+70+250=450+0.56Y$$

$$Y=AD'\Rightarrow Y=450+0.56Y\Rightarrow 0.44Y=450\Rightarrow Y=(1/0.44)\times 450=1022.73$$

$$BS'=0.3\times 1022.73-100-250=306.82-350=-43.18$$

$$BS'-BS=-43.18-(-50)=6.82$$

所以预算盈余增加了，因为税收收益的增加量大于政府购买支出的增加量。

5. 假如国会决定减少转移支付(例如，减少福利)，但等量增加政府对商品与服务的采购，即政府变更其财政政策，使 $\Delta G=-\Delta TR$。

(1) 你预期该项变动的结果是使均衡收入增加还是减少？为什么？用下面的例子来核对你的回答：设想开始时，$c=0.8$，$t=0.25$，而 $Y_0=600$，现在令 $\Delta G=10$，$\Delta TR=-10$。

(2) 求均衡收入 ΔY_0 的变化。

(3) 预算盈余的变化 ΔBS 是多少？ΔBS 为什么会变化？

答：(1) 如果 TR 下降，而 G 上升且 $-\Delta TR=\Delta G$，则均衡收入如何变化有两种方法。

方法 1：

均衡产出 $Y=AD=C_0+c\times(Y+TR-t\times Y)+G+I_0$（令 $T=t\times Y$）

推出 $Y=\{1/[1-c\times(1-t)]\}\times(C_0+I_0+G+c\times TR)$；

$K_g=1/[1-c\times(1-t)]=\Delta Y_1/\Delta G$

$K_{TR}=c/[1-c\times(1-t)]=\Delta Y_2/\Delta TR$

所以：

$$\begin{aligned}\Delta Y&=\Delta Y_1+\Delta Y_2=K_g\times\Delta G+K_{TR}\times\Delta TR=\Delta G\times(K_g-K_{TR})\\&=\Delta G\times\left[\frac{1}{1-c(1-t)}-\frac{c}{1-c(1-t)}\right]\\&=\Delta G\times\frac{1-c}{1-c(1-t)}>0\end{aligned}$$

即均衡收入上升。

方法2：

由总需求：$AD=(C+I+cTR+G)+c(1-t)Y+NX$，可得：政府购买支出 G 的增加，导致总需求水平等量增加 $\Delta AD=\Delta G$，而转移支付减少，从而总需求减少 $c\times\Delta TR$。所以，总需求总的变动为 $\Delta G-c\Delta TR>0$，即总需求增加，进而推出均衡收入增加。

用本问中给出的例子来检验上述结论：

代入数值计算 ΔY：$\Delta Y=5$。

所以 $Y_1=\Delta Y+Y_0=5+600=605$。

(2)由(1)中的方法1可知，均衡收入的变化 $\Delta Y_0=5$。

(3)预算盈余 $BS=t\times Y-G-TR$，所以预算盈余变动：

$$\Delta BS=\Delta t\times Y+t\times\Delta Y-\Delta G-\Delta TR=t\times\Delta Y-\Delta G-\Delta TR=0.25\times5-10+10=1.25$$

虽然购买支出 G 的变化与 TR 的变化对 BS 的影响抵消，但由于二者变化引起了均衡收入 Y_0 的变化，进而使得 $t\times Y_0$ 发生了变化，从而 ΔBS 发生变化。

第11章　货币、利息与收入

11.1　复习笔记

【知识框架(庖丁解牛)】

- 货币、利息与收入
  - 商品市场与 *IS* 曲线
    - 投资需求曲线
    - 投资与利率
    - *IS* 曲线
  - 货币市场与 *LM* 曲线
    - 货币需求
    - 货币供给、货币市场均衡与 *LM* 曲线
  - 商品市场与货币市场的均衡
    - 假定条件
    - 商品市场和货币市场的一般均衡
    - 均衡的收入水平与利率的变动
    - *IS-LM* 模型的规范分析
  - 总需求曲线的推导
    - 总需求曲线的概述
    - 总需求曲线的推导过程
  - 财政政策乘数与货币政策乘数
    - 财政政策乘数
    - 货币政策乘数

【考点难点归纳(厚积薄发)】

考点一：商品市场与 *IS* 曲线　★★★★★

1. 投资需求曲线

投资需求曲线表示在每一个利率水平上的计划投资支出水平。利率越高，意愿的或计划的投资就越低。反之，利率较低时，厂商就会通过借款来增加投资。

2. 投资与利率

投资支出函数用公式表示为：$I=\bar{I}-bi$。其中，i 是利率；系数 $b(b>0)$ 度量投资支出对利率变化的敏感程度；$\bar{I}$ 表示自主性投资支出，与收入和利率的变动无关。可以发现：利率越低，计划投资支出越高。如果系数 b 大，利率的少量增加就会导致计划投资支出的大量下降。

3. *IS* 曲线

(1)总需求函数：

总需求函数是指以产量(国民收入)所表示的需求总量和价格水平之间的关系。总需求

等于消费、投资、政府支出与净出口的总和，其中投资支出取决于利率。可以得出以下公式：

$$AD=C+I+G+NX=[\overline{C}+c\,\overline{TR}+c(1-t)Y]+(\overline{I}-bi)+\overline{G}+\overline{NX}=\overline{A}+c(1-t)Y-bi$$

其中，$\overline{A}=\overline{C}+c\,\overline{TR}+\overline{I}+\overline{G}+\overline{NX}$，$\overline{A}$ 是既不受收入水平影响，又不受利率影响的总需求的部分。总需求函数表明：在收入水平固定的情况下，提高利率水平会使总需求下降。

(2) *IS* 曲线的含义和推导：

①*IS* 曲线的含义。*IS* 曲线又称商品市场均衡曲线，是指所有满足产品市场上均衡的收入与利率的组合点的轨迹。利率下降会提高总需求，因此 *IS* 曲线的斜率为负。

②*IS* 曲线的推导。利用商品市场均衡条件，即收入等于计划支出，可以推导出 *IS* 曲线的代数形式为：$Y=AD=\overline{A}+c(1-t)Y-bi$，简化为：$Y=\alpha_G(\overline{A}-bi)$。其中，$\alpha_G$ 是乘数，$\alpha_G=1/[1-c(1-t)]$；$\overline{A}$ 为既定的自主性支出。可见，均衡国民收入与利率之间存在反方向变化的关系。以 i 为纵轴，Y 为横轴，所画出的 *IS* 曲线是由左向右下倾斜的，如图 11－1 所示。

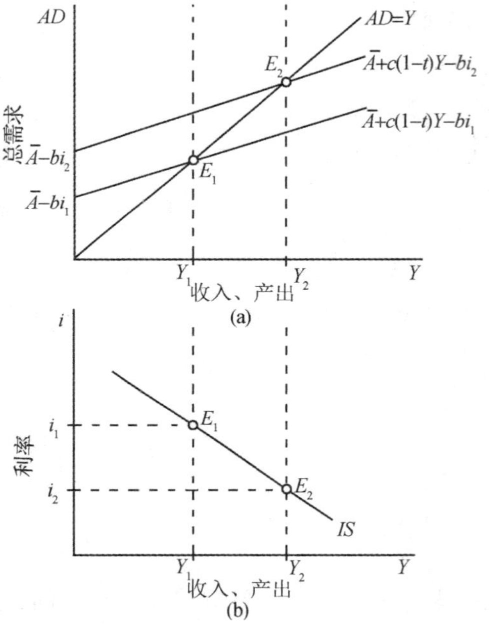

图 11－1　*IS* 曲线的推导

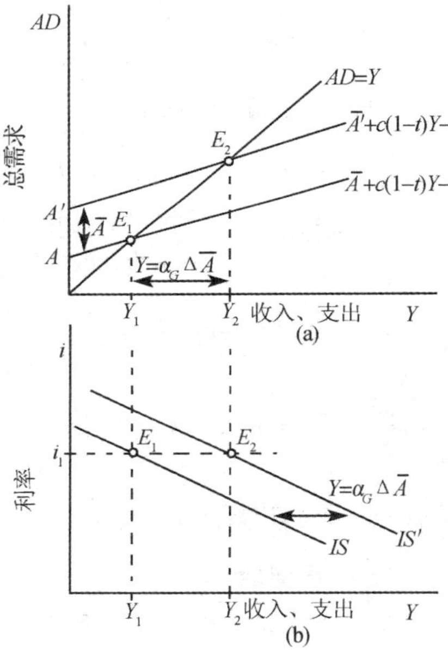

图 11－2　自主性支出的变动引起的 *IS* 曲线移动

(3) *IS* 曲线的斜率及其决定因素：

根据方程 $Y=\alpha_G(\overline{A}-bi)$，可得：$i=\overline{A}/b-Y/(b\alpha_G)$。因此，*IS* 曲线的陡峭程度取决于投资支出对利率变动的敏感程度和乘数 α_G 的大小。

(4) *IS* 曲线的位置及其影响因素：

自主支出的变动会导致 *IS* 曲线移动。如图 11－2 所示，自主支出增加，包括政府采购或转移支付的增加，会使 *IS* 曲线向右移动。自主支出变动，使收入变动的幅度等于乘数乘以自主支出变动额。这意味着 *IS* 曲线如图 11－2(b) 表示的那样，水平移动的距离等于乘数乘以自主支出的变动额。

考点二：货币市场与 *LM* 曲线 ★★★★★

1. 货币需求

（1）货币需求的含义：

货币需求是对实际货币余额的需求，是以货币表示的能买到若干单位商品的货币需求。它等于名义货币需求除以价格水平。物价水平越高，就必须持有更多的名义余额，才能购买一定量的商品。

（2）货币需求的决定因素如表 11－1 所示：

表 11－1　货币需求的决定因素

决定因素	具体内容
实际收入水平	人们持有货币是为了在购物时付款，因此当实际收入水平上升后，对商品的购买需求增加，货币需求也就会增加
持有货币的成本	即持有货币而不持有其他资产所放弃的利息。利率越高，持有货币的成本越高，在各个收入水平上持有的现金也就越少

（3）货币需求函数：

以 L 表示实际余额需求，则货币需求函数可以表示为：$L=kY-hi$，k、$h>0$。其中，参数 k 与 h 分别表示实际余额需求对收入水平与利率的反应程度。货币需求函数意味着，收入水平既定时，实际货币余额的需求量是利率的递减函数。如图 11－3 所示，给定收入水平，利率越高，实际余额需求量越低。收入增加提高了货币需求，表现为货币需求曲线向右移动。

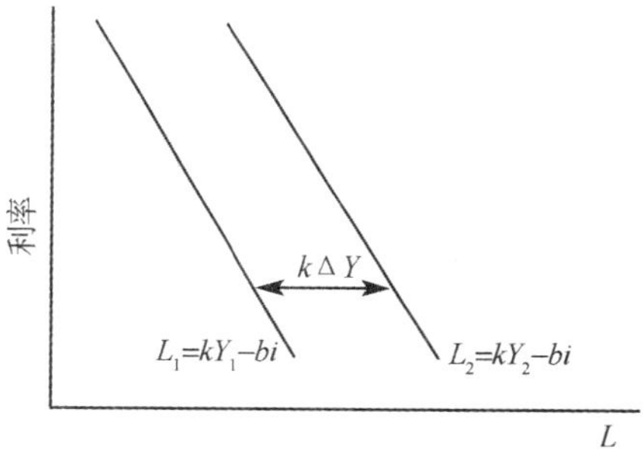

图 11－3　作为利率与实际收入函数的实际余额需求

2. 货币供给、货币市场均衡与 *LM* 曲线

（1）货币供给：

货币供给是一个存量概念，它是一个国家在某一时点上所持有的不属于政府和银行所有的硬币、纸币和银行存款的总和。货币供给量是由国家通过货币政策来调节的，是一个外生变量，其大小与利率高低无关，因此货币供给曲线是一条垂直于横轴的直线。名义货币量给定在 $\overline{M}$ 水平，价格水平为 $\overline{P}$，对应的实际货币供给为 $\overline{M}/\overline{P}$ 的水平。

（2）货币市场均衡与 *LM* 曲线：

如图 11－4（b）所示，收入水平提高使得各个利率水平的实际余额需求增加，对应的货币市场的均衡利率水平增加。按照这种分析方法，可得到图 11－4（a）中向右上方倾斜的 *LM* 曲线。*LM* 曲线即货币市场的均衡曲线，它是能使其实际余额需求等于供给的所有利率与收入水平的组合。沿着 *LM* 曲线，货币市场处于均衡状态。

（3）*LM* 曲线方程的推导：

当货币市场处于均衡状态时，实际余额需求必须等于实际余额供给，即：$\overline{M}/\overline{P}=kY-hi$。求出利率，得：$i=(kY-\overline{M}/\overline{P})/h$，这就是 *LM* 曲线方程。

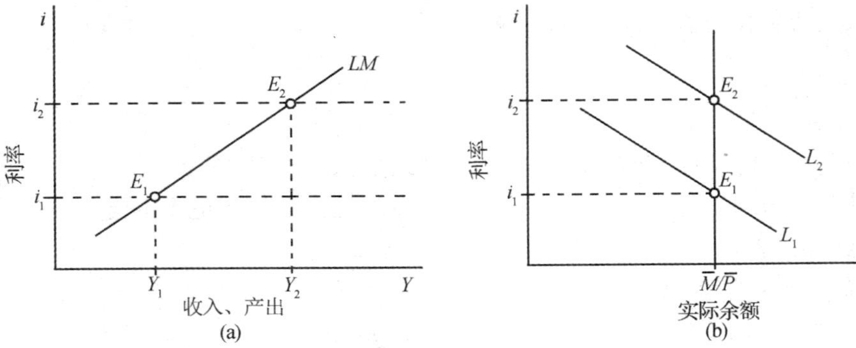

图 11－4　*LM* 曲线的推导

(4)*LM* 曲线斜率的影响因素如表 11－2 所示:

表 11－2　*LM* 曲线斜率的影响因素

影响因素	具体内容
货币需求对收入的反应程度 k	当 h 一定时，k 越大，则收入的固定变动对利率的影响也越大，*LM* 曲线的斜率越大，*LM* 曲线越陡峭
货币需求对利率的反应程度 h	当 k 一定时，h 越大，*LM* 曲线的斜率越小，*LM* 曲线越平缓。当货币需求对利率特别不敏感时，*LM* 曲线几乎是垂直的；当货币需求对利率非常敏感时，*LM* 曲线接近水平

(5)*LM* 曲线的位置:

在同一条 *LM* 曲线上，实际货币供给保持不变。由此得出，实际货币供给的变动将使 *LM* 曲线发生移动。如图 11－5(b)所示，实际货币供给增加，货币供给曲线向右移动，此时利率 i 下降。因此，如图 11－5(a)所示，在每一个收入水平上，均衡利率都必须降低，以便使人们持有更多的实际货币量；反过来说，在每一个利率水平上，收入水平都必须提高，以增加交易性货币需求，从而吸收更多的实际货币供给，即导致 *LM* 向右下方移动。

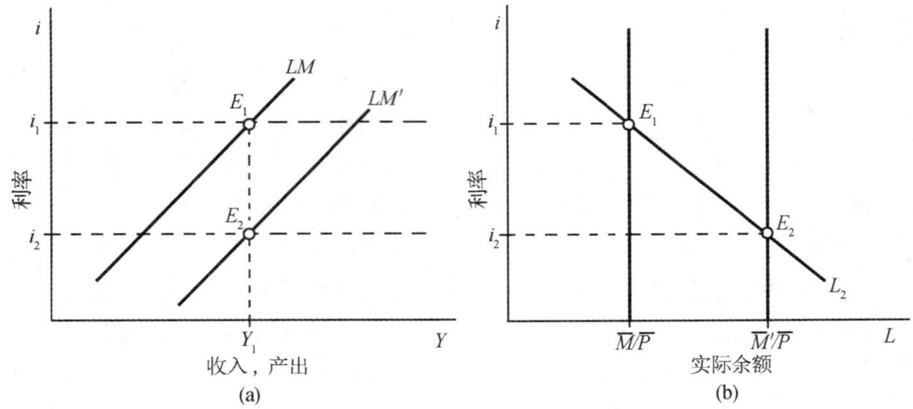

图 11－5　增加货币供给使 *LM* 曲线向右移动

◆拓展延伸◆

LM 曲线以外的点的经济含义：

如图 11－6 所示，*A* 点为 *LM* 曲线左边的任意一点，与 *A* 点对应的国民收入为 Y_A，利率为 i_A。当收入为 Y_A 时，$i_A > i_E$，这说明，*A* 点对货币的投机需求小于货币市场均衡时对货币的投机需求。在 Y_A 既定的条件下，*A* 点的货币需求将小于均衡时的货币需求，又因 $L_E = M$，所以在 *A* 点有 $L < M$。此时，货币市场上出现过剩供给，在市场机制本身的作用下，将导致利率降低，直至恢复到 *LM* 曲线上的 *A′* 点。同理，*B* 点会恢复到 *LM* 曲线上的 *B′* 点。

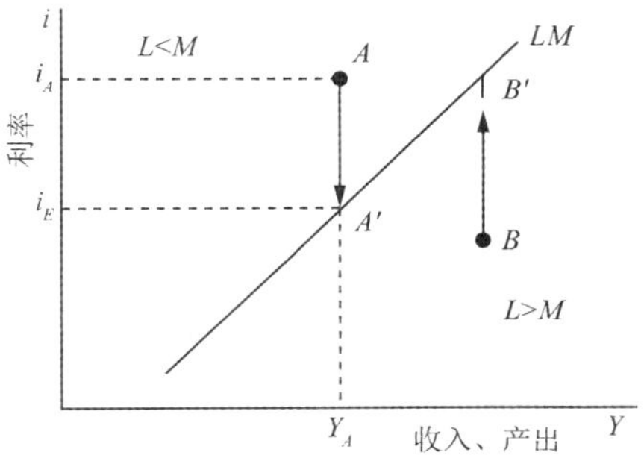

图 11－6 货币市场的失衡及调整

结论：在 *LM* 曲线左上方的点，存在过度货币供给及过度债券需求；在 *LM* 曲线右下方的点，存在过度货币需求及过度债券供给。

考点三：商品市场与货币市场的均衡 ★★★★★

1. 假定条件

分析时的一个重要假定是价格水平固定不变。即在该价格水平上，不论需要多少数量的商品，企业都愿意供应。因此，假定图 11－7 中的产出水平 Y_0 是企业在价格水平 $\overline{P}$ 时愿意供给的数量。

2. 商品市场和货币市场的一般均衡

商品市场与货币市场的相互作用决定了利率与产出水平。*IS* 曲线与 *LM* 曲线交于一点时，在该点上，商品市场和货币市场同时达到均衡，均衡利率与收入的数值可通过解 *IS* 与 *LM* 的联立方程得到。如图 11－7 所示，商品市场和货币市场的均衡在 *E* 点实现，均衡利率为 i_0，均衡收入水平为 Y_0。

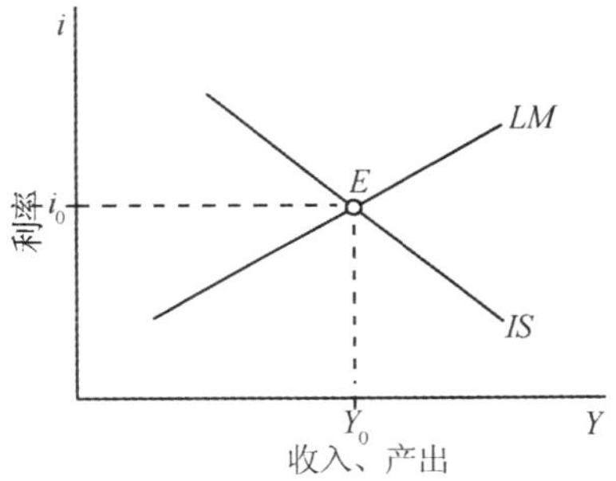

图 11－7 商品市场与货币市场均衡

3. 均衡的收入水平与利率的变动

(1) 当 *IS* 或 *LM* 曲线移动时，均衡收入水平与利率的变动：

图 11－8 说明了自主投资比例增加对均衡收入水平与利率的影响。自主投资比例的增加会提高自主性支出 $\overline{A}$，从而使 *IS* 曲线向右移动。最终结果是，收入水平提高到 Y'，利率则增加到 i' 点，均衡利率与收入水平两者都得到提高。

(2)均衡利率与收入的变动幅度：

当自主投资支出增加 $\Delta\bar{I}$时，IS 曲线向右移动 $\alpha_G\Delta\bar{I}$。在图11－8中，收入变动了 ΔY_0，明显小于 IS 曲线移动的距离 $\alpha_G\Delta\bar{I}$。这一现象的经济学含义为：自主支出的增加会提高收入水平，但是收入提高后会增加货币需求，为了使货币需求等于固定的货币供给，利率就必须上升。利率上升时，投资支出就会下降。因此，均衡收入的变动就会小于 IS 曲线的水平移动 $\alpha_G\Delta\bar{I}$。

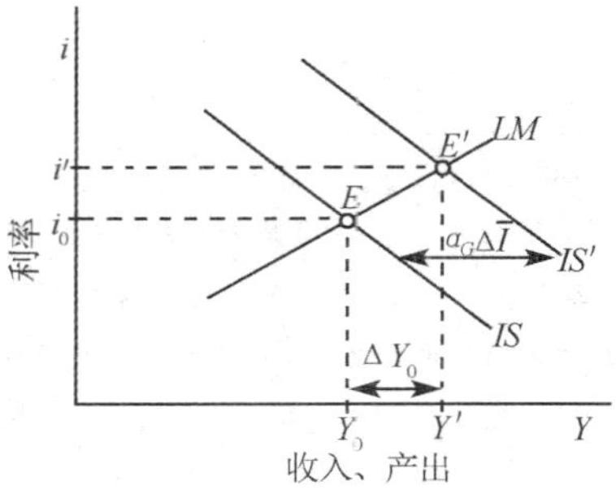

图11－8　支出增加使 IS 曲线向右移动

4. *IS-LM* 模型的规范分析

IS 曲线方程为：$Y=\alpha_G(\bar{A}-bi)$。LM 曲线方程为：$i=(kY-\bar{M}/\bar{P})/h$。联立 IS 曲线方程和 LM 曲线方程，可得均衡解。通过求解，可以发现：①均衡收入 Y_0依赖于自发性支出 $\bar{A}$ 和实际货币存量 $\bar{M}/\bar{P}$。两者越大，则均衡收入也越大。②均衡利率 i_0也依赖于自发性支出 $\bar{A}$ 和实际货币存量 $\bar{M}/\bar{P}$。不过，较高的实际货币存量，隐含着较低的均衡利率。

考点四：总需求曲线的推导　★★★

1. 总需求曲线的概述

总需求函数是指用来表示产品市场和货币市场同时达到均衡时价格水平和国民收入水平之间的依存关系的函数，描述这一关系的曲线称为总需求曲线。总需求曲线向右下方倾斜。

2. 总需求曲线的推导过程

假定经济中价格水平为 P_1，决定 LM_1 曲线位置的实际货币供给是 $\bar{M}/\bar{P}_1$。IS 曲线与 LM_1 曲线的交点 E_1给出了对应于价格 P_1的总需求水平。价格上升为 P_2时，曲线 LM_2表示基于实际货币供给 $\bar{M}/\bar{P}_2$的一条 LM 曲线。由于 $\bar{M}/\bar{P}_2<\bar{M}/\bar{P}_1$，$LM_2$ 在 LM_1的左边。IS 曲线与 LM_2 曲线的交点 E_2 给出了对应于价格 P_2的总需求水平。对各种价格水平重复上述操作，并将这些点连接起来，就推导出总需求曲线，如图11－9所示。

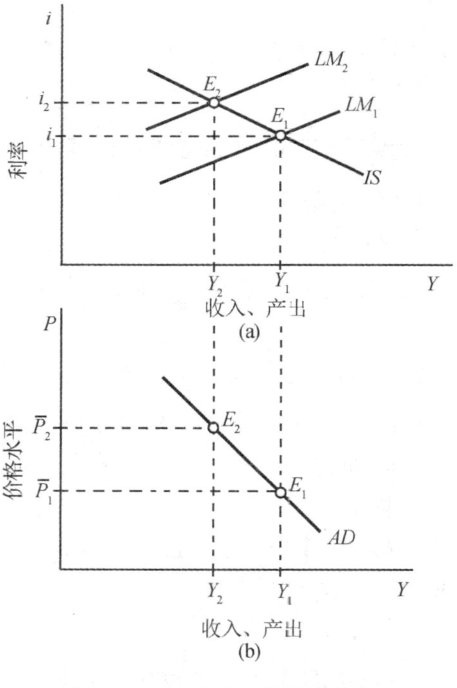

图11－9　总需求曲线的推导

考点五：财政政策乘数与货币政策乘数　★★★

1. 财政政策乘数

(1)财政政策乘数的含义：

财政政策乘数是指在实际货币供给量不变时，国民收入变动与带来这种变动的政府收支的变动的比率，也就是增加一美元的政府购买能使国民收入增加多少，表达式为：$\Delta Y/$

$\Delta\bar{G}=\gamma$，$\gamma=h\alpha_G/(h+kb\alpha_G)$。其中，政府支出增加 $\Delta\bar{G}$ 是自主支出的变动，即 $\Delta\bar{A}=\Delta\bar{G}$；$\gamma$ 就是考虑利率因素的财政政策乘数或政府支出的乘数。$1/(1+k\alpha_G b/h)$ 小于 1，因此 γ 小于 α_G。这表明，伴随着 *IS-LM* 模型中的财政扩张，利率上涨会带来抑制效应。

(2)财政政策乘数的影响因素如表 11－3 所示：

表 11－3　财政政策乘数的影响因素

影响因素	具体内容
货币需求对利率的敏感度 h	当 h 接近于 0 时，财政政策乘数 γ 几乎为零，*LM* 曲线为垂直形状；当 h 趋于无限大时，γ 接近于 α_G，*LM* 曲线为水平形状
货币需求对收入的敏感度 k 与投资对利率的敏感度 b	如果 b 或 k 的数值大，则可以降低政府支出对收入的效应。k 数值大意味着收入提高时，会大幅提高货币需求，为了维持货币市场均衡，需要大幅度提高利率。与数值大的 b 相结合，就意味着私人总需求的大幅度下降

2. 货币政策乘数

货币政策乘数是指当 *IS* 曲线不变或者说产品市场均衡情况不变时，国民收入变动与带来这种变动的实际货币供应量变化的比率，也就是实际货币供应量变化能使均衡收入变动多少，其表达式推导如下：$Y=h\alpha_G\bar{A}/(h+kb\alpha_G)+[b\alpha_G/(h+kb\alpha_G)]\times(\bar{M}/\bar{P})$。

根据以上公式，可以得到货币政策乘数为：$\Delta Y/\Delta(\bar{M}/\bar{P})=\gamma(b/h)=b\alpha_G/(h+kb\alpha_G)$。其中，$h$ 与 k 数值越小，b 与 α_G 数值越大，实际余额增加对均衡收入水平的扩张性效应也越大，对应着 *IS* 曲线越平坦。

11.2　课后习题详解

一、概念题

1. 总需求曲线

答：总需求曲线是指表示产品市场和货币市场同时达到均衡时价格水平与国民收入间的依存关系的曲线。总需求是指整个经济社会在每一个价格水平下对产品和劳务的需求总量，它由消费需求、投资需求、政府支出和国外需求构成。在其他条件不变的情况下，当价格水平提高时，国民收入水平就下降；当价格水平下降时，国民收入水平就上升。

当政府采取扩张性财政政策，如政府支出扩大，或扩张性货币政策，都会使总需求曲线向右上方移动；反之，则向左下方移动。

2. 商品市场均衡曲线

答：商品市场均衡曲线也称 *IS* 曲线，是指由可以使商品市场出清的利率和收入的各个组合点所组成的曲线。利率下降，总需求将会提高。*IS* 曲线表明了利率与收入之间存在的反向关系。一般来说，在产品市场上，位于 *IS* 曲线左方的收入和利率的组合都是投资大于储蓄的非均衡组合，产品市场上存在过剩的需求；而位于 *IS* 曲线右方的，都是投资小于储蓄的非均衡组合，产品市场上存在过剩的供给；只有位于 *IS* 曲线上，才是投资等于储蓄的均衡组合。

IS 曲线的表达式为：$Y=AD=\overline{A}+c(1-t)Y-bi$，可简化为 $Y=\alpha_G(\overline{A}-bi)$，$\alpha_G=1/[1-c(1-t)]$。

3. 货币政策乘数

答：货币政策乘数是指当 IS 曲线不变或者说产品市场均衡情况不变时，国民收入变动与带来这种变动的实际货币供应量变化的比率，也就是实际货币供应量变化能使均衡收入变动多少，用公式表示是：

$$\frac{\Delta Y}{\Delta(\overline{M}/\overline{P})}=\frac{b}{h}\gamma=\frac{b\alpha_G}{h+kb\alpha_G}$$

h 与 k 数值越小，b 与 α_G 数值越大，增加实际余额对均衡收入水平的扩张性效应也越大。b 与 α_G 的数值大，对应着非常平直的 IS 曲线。

4. 中央银行

答：中央银行是指在一国金融体系中居于主导地位，负责制定和执行国家的金融政策，调节货币流通与信用活动，对国家负责，在对外金融活动中代表国家，并对国内整个金融体系和金融活动实行管理与监督的金融中心机构。中央银行具有三大职能，即“发行的银行”、“银行的银行”和“政府的银行”：①中央银行是“发行的银行”，这一职能指中央银行服务于社会和经济发展，并起到供应货币、调节货币量、管理货币流通的职能；②中央银行是“银行的银行”，这一职能指中央银行服务于商业银行和整个金融机构体系，履行维持金融稳定、促进金融业发展的职责；③中央银行是“国家的银行”，是指中央银行对一国政府提供金融服务，同时中央银行代表国家从事金融活动，实施金融监管。

5. *IS* 曲线

答：IS 曲线是指将满足产品市场均衡条件的收入和利率的各种组合的点连接起来而形成的曲线。它是反映产品市场均衡状态的一幅简单图像。它表示的是任一给定的利率水平上都有相对应的国民收入水平，在这样的水平上，投资恰好等于储蓄。可以利用商品市场均衡条件，即收入等于计划支出，或：$Y=AD=\overline{A}+c(1-t)Y-bi$ 推导 IS 曲线。上面的式子可以简化为：$Y=\alpha_G(\overline{A}-bi)$，$\alpha_G=1/[1-c(1-t)]$。

可见，均衡国民收入与利率间存在反方向变化的关系。以利率为纵轴，国民收入为横轴，所画出的 IS 曲线是向右下倾斜的。

6. 货币市场均衡曲线

答：货币市场均衡曲线也称 LM 曲线，具体参见本章“概念题”第11题。

7. 实际余额需求

答：实际余额需求即实际货币需求，是指名义货币数量在扣除了物价变动因素之后的货币余额，它等于名义货币需求除以物价水平，即 $(M/P)^d$。可以将货币需求细分为名义货币需求和实际货币需求，且名义货币需求是在通货膨胀或物价变动的条件下产生的。如果价格是稳定不变的，就没有必要再去区分名义货币需求和实际货币需求。

对实际余额的需求取决于实际收入水平与利率水平。它之所以取决于实际收入水平，是因为人们持有货币是为购物付款之用，这种购买又取决于收入。货币需求也取决于持有货币的成本。持有货币的成本就是由于持有货币而不持有其他资产所放弃的利息。利率越高，持有货币的成本越高，相应地，在各个收入水平上，持有的现金也越少。在利率高涨时，人们会更加精打细算地使用其货币，更仔细地管理其持有的现金。无论何时，当持有的现金数量过多时，人们就会将它转换为债券。以 L 表示的实际余额需求可以表示为：$L=kY-hi(k,\ h>0)$。参数 k 与 h 分别反映实际余额需求对收入水平与利率的敏感程度。

8. *IS-LM* 模型

答： *IS-LM* 模型是指用于解释凯恩斯的宏观经济学理论的一个模型，它描述了产品市场和货币市场的相互联系和一般均衡。在产品市场上，国民收入取决于消费、投资、政府支出和净出口加总起来的总支出，或者说总需求水平。而总需求，尤其是投资需求要受到利率影响。利率则由货币市场的供求情况决定，也就是说，货币市场会影响产品市场；另一方面，产品市场上所决定的国民收入又会影响货币需求，从而影响利率，这又是产品市场对货币市场的影响。可见，产品市场和货币市场是相互联系、相互作用的，而收入和利率也只有在这种相互联系、相互作用中才能决定。

IS 曲线是描述商品市场达到均衡，即 $I=S$ 时，国民收入与利率之间存在的反向变动关系的曲线。*LM* 曲线是描述货币市场达到均衡，即 $L=M$ 时，国民收入和利率之间存在着同向变动的曲线。把 *IS* 曲线和 *LM* 曲线放在同一个图上，就可以得到说明两个市场同时均衡时，国民收入与利率决定的 *IS-LM* 模型。

9. 实际货币余额

答： 实际货币余额是指按不变价格计量的货币余额的数量。它扣除了通货膨胀或通货紧缩对名义货币数量的影响，这时货币的价值表现为其能够购买物品和服务的数量。实际货币余额等于名义货币量除以价格水平。假定货币总量为10000元，价格指数 P 为100%，即从前期到本期的价格总水平不变，则实际货币余额就是名义货币余额。如果价格总水平为120%，则实际货币余额为 $10000/1.2=8333$（元）。

10. 财政政策乘数

答： 财政政策乘数是指在实际货币供给量不变时，国民收入变动与带来这种变动的政府收支的变动的比率，也就是增加一美元的政府购买能使国民收入增加多少，用公式表示是：$\Delta Y/\Delta\overline{G}=\gamma$，$\gamma=h\alpha_G/(h+kb\alpha_G)$。

一旦将利率调整考虑在内，γ 就是财政的或政府支出的乘数。这个乘数 γ 与应用于不变利率情况下的简单表达式 α_G 是不同的。检验结果表明，因为 $1/(1+k\alpha_G b/h)$ 小于1，所以 γ 小于 α_G。这表明，伴随着 *IS-LM* 模型中的财政扩张，利率上涨产生了抑制效应。

如果 h 很小，则方程中的表达式几乎为零；如果 h 趋于无限大，则它等于 α_G。这些情况分别符合垂直的与水平的 *LM* 曲线。与此类似，b 或 k 的数值大，其作用是降低政府支出对收入的效应。k 数值越大，则意味着收入提高时，货币需求增加得越多。因此需要大幅度提高利率，才能维持货币市场的均衡。较大的 k 数值与较大的 b 数值相结合，就意味着私人总需求的大幅度下降。

11. *LM* 曲线

答: *LM* 曲线是指货币市场上达到均衡状态时，各种收入与利率的变动轨迹。在该曲线上，对实际货币余额的需求等于实际货币余额的供给，沿着 *LM* 曲线，货币市场处于均衡状态。为了使货币市场处于均衡状态，需求必须等于供给，即：$\overline{M}/\overline{P}=kY-hi$。求出利率：$i=(kY-\overline{M}/\overline{P})/h$。该关系式就是 *LM* 曲线。*LM* 曲线的斜率为正，可以看出以国民收入为横轴，利率为纵轴，所画的 *LM* 曲线是向右上方倾斜的。

假如货币供给固定不变，收入水平增加将导致货币需求量的增加，且不得不伴随着利率的提高。这就维持了货币需求量不变，从而保持了货币市场的均衡。在货币市场上，对应于特定的收入水平，货币需求(L)与货币供给(M)相等时所决定的利率为均衡利率。但不同的收入水平对应着不同货币需求，故在不同的收入水平下也就有不同的均衡利率。

二、简答题

1. 本章的 *IS-LM* 模型是如何与第10章阐明的总需求模型相关的?

答: 第10章讨论的总需求模型假设价格水平和利率都是固定的，而 *IS-LM* 模型则允许利率浮动，并且在固定的价格水平下决定产出需求和利率的组合。但需要强调的是第10章中向上倾斜的总需求曲线(凯恩斯交叉图中的[$C+I+G+NX$]线)假设价格水平和利率都是固定的，然而第11章最后由 *IS-LM* 模型推导出来的向下倾斜的总需求曲线却允许价格浮动，并且描述了在产品和货币市场同时达到均衡时价格水平和产出需求水平的组合。

简单凯恩斯模型、*IS-LM* 模型和 *AS-AD* 模型这三个模型之间的内在联系如下：

(1)简单凯恩斯模型假设价格不变、利息率不变。用乘数理论刻画财政政策效应。该模型对总产出决定和政策效应的分析实际上是总需求分析。

(2)*IS-LM* 模型保持价格不变的假设。重点引入货币因素从而利息率变动对宏观经济的影响。该模型在利率可变情况下分析总产出决定，并分析了利率决定。对财政政策效应的分析既保留了乘数效应，又引入了挤出效应。此外，还分析了货币政策效应。该模型仍然是总需求分析。

(3)总供求模型引入劳动市场从而分析总供给对宏观经济的影响，放弃了价格不变假设。该模型在价格可变的情况下分析总产出决定，并分析了价格水平决定。不仅分析了需求管理政策的产出效应，而且分析了它的价格效应。不仅进行了总需求分析，而且进行了总供给分析。

2. (1)用文字解释乘数 α_G 与总需求的利率敏感性如何以及为何会影响 *IS* 曲线的斜率。
(2)解释 *IS* 曲线的斜率为什么是决定货币政策作用的因素。

答: (1)支出乘数 α_G 变大意味着当自发性支出变化后，每单位自发性支出增加引起的收入增加会变得更大。假定利率变化一定程度引起自发性支出增加，如果支出乘数 α_G 变大，任何支出增加将会使均衡收入增加的更多。这就意味着支出乘数 α_G 越大，*IS* 曲线越平坦。如果总需求变得对利率更敏感，即总需求对利率的敏感度 b 变大，利率的任何变化将使总需求曲线[$C+I+G+NX$]移动的幅度更大，假定支出乘数 α_G 既定，均衡收入的增加也会越大，最终 *IS* 曲线越平坦。这两种情况都使 *IS* 曲线斜率绝对值变小，变得更加平坦。反之则变得更加陡峭。

(2)货币政策通过控制货币供应量引起货币需求变化，引发利率变化，进而导致自主性支出发生变化。*IS* 曲线的斜率表示利率变化所能够引起的收入变化的大小。*IS* 曲线越陡峭，既定的利率变动引起的收入变动幅度就越小；*IS* 曲线越平坦，既定的利率变动引起的收入变动幅度就越大。因此，*IS* 曲线斜率越大(比较陡峭)，意味着乘数比较小或总需求对利率敏感度比较小，这样货币政策使利率变化一定量引起的收入的变化量很小，货币政策的效果就不明显，反之则相反。

3. 用文字解释收入与实际余额需求的利率敏感性如何以及为何影响 *LM* 曲线的斜率。

答：假定货币供给是一定的，收入增加会引起交易性货币需求增加，交易性货币需求的增加将会导致利率上升，利率上升维持了货币需求量不变，从而保持了货币市场的均衡。但是如果实际货币余额需求对利率的敏感性较小，则在其他条件不变的情况下，为使货币市场达到新的均衡就需要利率上升较大幅度，也就是说 *LM* 曲线的斜率比较大，即 *LM* 曲线变得更加陡峭。

沿 *LM* 曲线，任何利率的增加总是伴随着收入的增加。这意味着由于收入增加引起的货币需求增加将会被由于利率上升而引起的投机性货币需求的下降所抵消，从而保持了货币市场的均衡。但是如果实际余额需求对收入的敏感度比较大，则即使利率变化很大，仍仅需收入的很小变化就可以保持货币市场均衡。此时，*LM* 曲线随着货币需求对收入的敏感性加强而变得更加陡峭。

4. (1)为什么水平的 *LM* 曲线意味着财政政策对经济的影响与第 10 章的推导相同?

(2)就图 11－10 而论，会发生什么情况?

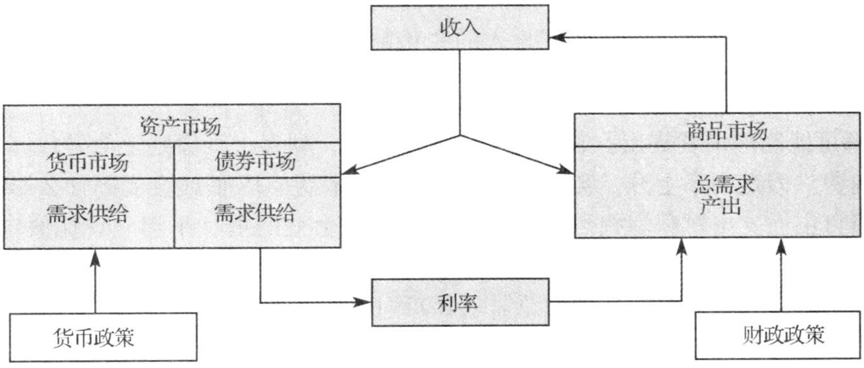

图 11－10　*IS-LM* 模型的结构

(3)在什么情况下，*LM* 曲线是水平的?

说明：题中提到的第 10 章中推导出的财政政策效应是假设投资为外生变量固定不变，此时不会有任何的挤出效应。因此此时的财政政策乘数为：$\alpha_G \equiv \frac{1}{1-c\times(1-t)}$。

IS-LM 模型强调商品市场与资产市场间的相互作用。支出、利率与收入由商品市场与货币市场的均衡状态所共同决定。

答：(1)水平的 *LM* 曲线意味着在给定的利率水平下公众愿意持有任何数量的货币，即收入的变化不会影响货币市场的均衡利率。但是，一旦利率固定，就相当于回到了第 10 章所提到的最初的模型，$I=I_0$ 是常数，这时财政政策没有挤出效应的发生。

(2)在水平的 *LM* 曲线中，收入的变化并不影响货币市场的利率，即利率一定，自主投资支出一定，不受政府财政政策的影响，也没有挤出效应。如果采用扩张性的财政政策，*IS* 曲线向右移动，但利率不变，自主投资支出不变，所以没有挤出效应。

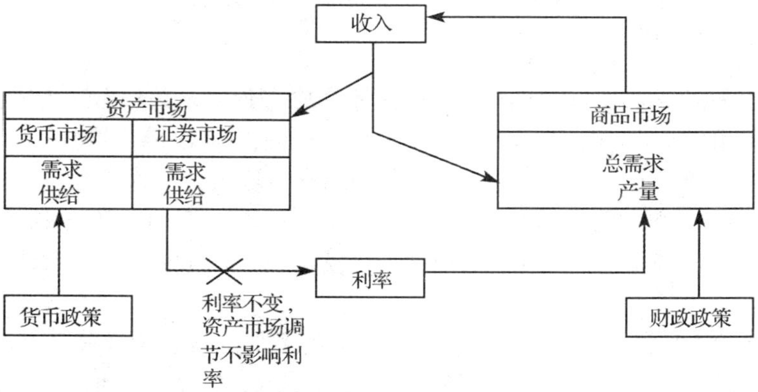

图 11－11　资本市场与商品市场之间的联系

就图 11－11 而论，利率不再是商品市场与资本市场之间联系的纽带，此时的情况如图 11－11 所示。

(3)在一定的利率水平下，公众持有货币的意愿无限的时候，*LM* 曲线就会成为水平，这时货币需求对利率的敏感度变得无限大。通常当利率水平比较低的时候，持有货币的机会成本非常小，普遍预期利率上升，投机性动机无限大，也就是“流动性陷阱”。如果货币当局实行固定利率的政策，那么任何收入的变化都会伴随着相应的货币供给的变化，这将会使 *LM* 曲线不断水平移动，而利率却并不变化，从长期看也会造成 *LM* 曲线变成水平。

5. 利率可能影响消费支出。在既定的收入水平上，利率上升原则上会导致储蓄的增加，因而降低消费。假定利率上升，实际上就已经降低了消费。*IS* 曲线会受到什么影响?

答：当自主性支出对利率相当敏感时，*IS* 曲线就会变的更加平坦。现在假定利率上升刺激了储蓄的增长，并降低了消费，这意味着利率上升不仅消极地影响了投资支出还降低了消费。换句话说，凯恩斯模型中的总需求 *AD* 线($C+I+G+NX$)将会进一步向下移动，同时均衡收入水平也会比之前低，也就是说 *IS* 曲线变的更平坦了。假定利率 i 影响 C(即 i 增加使 S 增加，从而使 C 减少)，求此时 *IS* 曲线的变化，有以下两种方法：

(1)传导途径：$i\uparrow\Rightarrow I\downarrow\Rightarrow AD\downarrow\Rightarrow Y\downarrow$ 并且 $i\uparrow\Rightarrow C\downarrow\Rightarrow AD\downarrow\Rightarrow Y\downarrow$。

利率 i 上升不仅使投资 I 下降，并且降低了消费 C，因此总需求要比以前下降得更多，进而使收入下降得也更多。从而可知 i 上升相同时，在利率影响消费的情况下 Y 将下降得更多，从而 *IS* 变得平坦。

(2)数学推导：即推导 *IS* 曲线的表达式，看其有何变化。

利率 i 增加对消费的影响可以用数学式表达为：$C=C_0+c\times YD-g\times i$。又 $Y=AD$，$AD=C+I+G+NX$，$I=I_0-b\times i$，$YD=Y+TR-t\times Y$，将上述所有的等式联立，得：

$$\begin{cases} Y = AD \\ AD = C + I + G + NX \\ I = I_0 - b \times i \\ YD = Y + TR - t \times Y \\ C = C_0 + c \times YD - g \times i \end{cases}$$

可以推出：

$Y = C_0 + c \times TR + G + NX + I_0 + c \times (1 - t) \times Y - (b + g) \times i = A_0 + c \times (1 - t) \times Y - (b + g) \times i$，即 $Y = [A_0 - (b + g) \times i] / [1 - c \times (1 - t)]$，也即：$i = \dfrac{A_0 - [1 - c(1 - t)]Y}{b + g}$。

比较以前的 IS 曲线的表达式 $i = \dfrac{A_0 - [1 - c(1 - t)]Y}{b}$，可知截距变小，而斜率变大，即：

$$-\frac{[1 - c(1 - t)]}{b + g} > -\frac{[1 - c(1 - t)]}{b}$$

6. 1991 年 1～12 月，美国经济深陷衰退之中，国债利率从 6.3% 下降到 4.1%。请用 *IS-LM* 模型解释产出与利率的下降这种情况。哪条曲线必定已经移动了？你能否想出一个理由（历史上曾经发生的，或仅仅是想象的），说明这种移动也许已经发生了？

答：在 IS-LM 模型中，利率下降伴随着产出下降的情形只能是 IS 曲线向左移动造成的。这种移动可能是由于悲观的商业预期或消费者信心下降造成的自发性支出的减少。在 1991 年，经济处于衰退期，并且工厂也不愿意对新设备进行投资，由于消费信心非常低，人们也不愿意增加支出水平，在 IS-LM 模型中，它的变化过程如下所示：

$$I_0 \downarrow \Rightarrow AD \downarrow \Rightarrow Y \downarrow (\text{使 } IS \text{ 曲线向左移动}) \Rightarrow M_d \downarrow \Rightarrow i \downarrow \Rightarrow I \uparrow \Rightarrow Y \uparrow$$

总的效应是收入下降，利率下降，如图 11－12 所示。

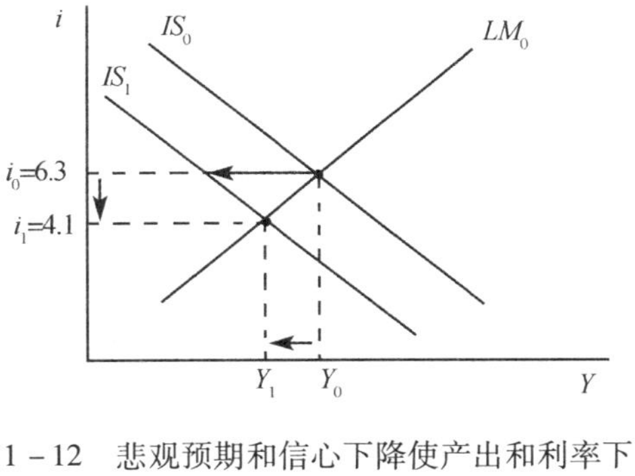

图 11－12　悲观预期和信心下降使产出和利率下降

三、计算与分析题

1. 以下等式描绘了一个经济（*C*、*I*、*G* 等以 10 亿美元为计量单位，*i* 以百分比计量，5% 的利率意味着 *i* = 5）。

$$C = 0.8(1 - t)Y \qquad (1)$$

$$t = 0.25 \qquad (2)$$

$$I = 900 - 50i \qquad (3)$$

$$\bar{G} = 800 \qquad (4)$$

$$L = 0.25Y - 62.5i \qquad (5)$$

$$\bar{M}/\bar{P} = 500 \qquad (6)$$

(1)描述 *IS* 曲线的是什么方程?

(2)*IS* 曲线的一般定义是什么?

(3)描述 *LM* 曲线的是什么方程?

(4)*LM* 曲线的一般定义是什么?

(5)均衡收入水平与均衡利率水平各是多少?

答:(1)*IS* 曲线上的每一点都代表产品市场中的一个均衡。于是可以从商品市场的均衡条件——即总收入等于总支出来推导 *IS* 曲线,由给出的(1)、(2)、(3)、(4)四个等式可得:$Y = C + I + G = 0.8(1 - 0.25) \times Y + 900 - 50i + 800$,可推出:$0.4Y = 1700 - 50i$,从而可以推出:$Y = (1700 - 50i)/0.4 = 4250 - 125i$,即 $Y = 4250 - 125i$,这就是 *IS* 曲线。

(2)*IS* 曲线是指将满足产品市场均衡条件的收入和利率的各种组合的点连接起来而形成的曲线。它是反映产品市场均衡状态的一幅简单图像。它表示的是任一给定的利率水平上都有相对应的国民收入水平,在这样的水平上,投资恰好等于储蓄。*IS* 曲线描述了利率和收入的反向变动关系,利率下降会导致投资支出增加,从而厂商的实际产出增加,收入增加,即 *IS* 曲线是向右下方倾斜的。

一般来说,在产品市场上,位于 *IS* 曲线右方的收入和利率的组合,都是投资小于储蓄的非均衡组合,即商品市场上存在着过剩的供给;位于 *IS* 曲线左方的收入和利率的组合,都是投资大于储蓄的非均衡组合,即商品市场上存在着过度需求;只有位于 *IS* 曲线上的收入和利率的组合,才是投资等于储蓄的均衡组合。

(3)*LM* 曲线上的每一点都代表了货币市场的一个均衡。于是可以从货币市场的均衡条件——即货币供给等于货币需求来推导 *LM* 曲线,由(5)和(6)可得:$\frac{\bar{M}}{\bar{P}} = L$,由此可以推出:$500 = 0.25Y - 62.5i$,从而推出:$Y = 2000 + 250i$,这就是 *LM* 曲线。

(4)*LM* 曲线代表了货币市场处于均衡状态时,利率与收入水平的组合,即实际货币供给等于实际货币需求时的利率和收入水平的组合。它描述了利率和收入水平的同向变动关系,收入增加会引起实际货币余额的需求增加,在货币供给不变的情况下,会导致利率的提高,利率的提高又会减少实际货币余额的需求,并使之重新回到原来的需求水平,与货币供给相等。换句话说,*LM* 曲线是向右上方倾斜的。

(5)*IS* 曲线和 *LM* 曲线的交点代表了收入和利率的均衡水平。在这个例子中,有:$IS = LM$,由此可以推导出:$4250 - 125i = 2000 + 250i$,即 $375i = 2250$,计算得 $i^* = 6$。

所以,$Y^* = 4250 - 125i^* = 4250 - 125 \times 6 = 3500$,即均衡收入水平是3500,均衡利率是6%。

2. 继续利用相同的方程。

(1) 对应于第 10 章的简单乘数(包括税收)，α_G的值是多少?

(2) 在这个包括货币市场的模型中，增加政府支出 $\Delta\overline{G}$ 会使收入增加多少?

(3) 政府支出变动 $\Delta\overline{G}$ 对均衡利率的影响有多大?

(4) 解释你对问题(1)与问题(2)答案的差别。

说明：题中提到的第 10 章的简单乘数(包括税收)α_G的值为 $\alpha_G \equiv \dfrac{1}{1-c\times(1-t)}$。

答：(1) 简单乘数 $\alpha_G = 1/[1-c\times(1-t)] = 1/[1-0.8\times(1-0.25)] = 2.5$。

由于现在意愿支出也受利率的影响，所以由 $Y=\alpha_G\times A_0$变为：

$$Y=\alpha_G\times(A_0-b\times i)=[1/(1-c+ct)](A_0-b\times i)$$

进而得 $Y=2.5(1700-50i)=4250-125i$。

(2) 在加入货币市场后，乘数有所变化，在同时考虑 *IS* 曲线和 *LM* 曲线时有均衡收入：

$$\begin{cases} Y=\alpha_G\times(A_0-b\times i) \\ i=\dfrac{1}{h}\times\left(k\times Y-\dfrac{\overline{M}}{\overline{P}}\right) \end{cases} \Rightarrow Y=\gamma\times A_0+\gamma\times\frac{b}{h}\times\frac{\overline{M}}{\overline{P}}$$

其中，$\gamma=\dfrac{\alpha_G}{1+\dfrac{k\times\alpha_G\times b}{h}}$。

这时财政政策乘数 $k_g=\dfrac{\partial Y}{\partial A_0}=\gamma=\alpha_G/(1+k\times\alpha_G\times b/h)=1.67$，即政府支出增加 $\Delta\overline{G}$，会导致收入上升 $1.67\Delta\overline{G}$。

(3) 与前面类似，由 *IS* 曲线和 *LM* 曲线有均衡利率：

$$\begin{cases} Y=\alpha_G\times(A_0-b\times i) \\ i=\dfrac{1}{h}\times\left(k\times Y-\dfrac{\overline{M}}{\overline{P}}\right) \end{cases} \Rightarrow i=\frac{k}{h}\times\gamma\times A_0-\frac{1}{h+k\times\alpha_G\times b}\times\frac{\overline{M}}{\overline{P}}$$

γ 定义与(2)中相同，则政府支出对均衡利率的影响为：

$$\frac{\partial i}{\partial A_0}=\frac{k}{h}\gamma=\frac{(k/h)\alpha_G}{1+\alpha_G bk/h}=\frac{\alpha_G}{h/k+\alpha_G b}=\frac{2.5}{62.5/0.25+2.5\times50}=0.0067$$

即政府支出增加 $\Delta\overline{G}$，会导致均衡利率上升 $0.0067\Delta\overline{G}$。

(4) (1) 中的简单乘数实际上描述了在利率水平一定的时候，每单位自发支出所引起的 *IS* 曲线水平移动的数量。(2) 在加入货币市场以后，自发支出会带来收入增加，同时收入增加又引起货币需求的增加，在货币供给不变的情况下会导致利率上升，从而减少投资，减少收入，也就是“挤出效应”，对收入增加的总影响即乘数不如(1)中大。

3. (1) 提高税率如何影响 *IS* 曲线?

(2) 提高税率如何影响均衡收入水平?

(3) 提高税率如何影响均衡利率?

答：(1)所得税税率 t 增加会使支出乘数 α 变小。由于乘数变小，*IS* 曲线变陡。由 *IS* 曲线的方程可知，*IS* 曲线将发生旋转，而不是平行移动，如图11－13所示。

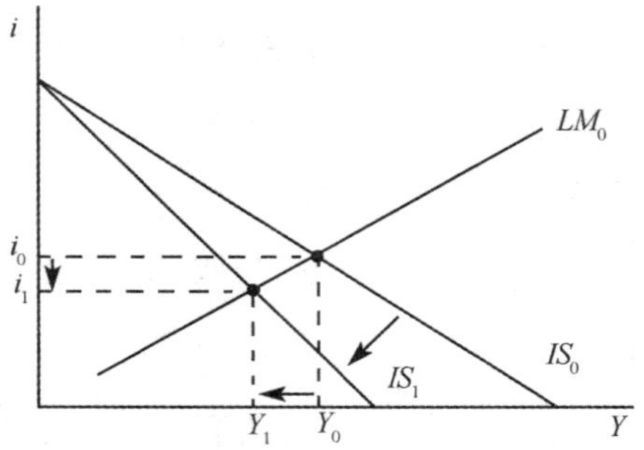

图11－13　所得税税率变化对 *IS* 曲线和总产出的影响

$$Y=\alpha\times(A_0-b\times i)=1/[1-c\times(1-t)]\times(A_0-b\times i)$$

$$i=(1/b)\times A_0-(1/b\alpha)\times Y=(1/b)\times A_0-(1/b)\times[1-c\times(1-t)]\times Y$$

因此，当 t 增加时，截距不变，曲线变得更加陡峭。

(2)因为 *IS* 曲线向左转动，变得更加陡峭，所以均衡收入下降。由于税率上升，使可支配收入减少，这就造成了消费下降，进而总需求下降，最终使均衡收入从 Y_0 下降到 Y_1。

(3)增加税率也会使均衡利率下降。由上一问可知由于税率上升，使收入下降，这将会减少货币需求，从而使均衡利率从 i_0 下降到 i_1。可以用下面的关系式来表示这一影响：

$$t\uparrow\Rightarrow C\downarrow\Rightarrow Y\downarrow\Rightarrow M_d\downarrow\Rightarrow i\downarrow\Rightarrow I\uparrow\Rightarrow Y\uparrow$$

最后：$Y\downarrow$，$i\downarrow$。

也可以用数学表达式来证明此过程。利用 *IS*、*LM* 的公式联立求解：

$$\begin{cases}IS: Y=\alpha\times A_0-\alpha\times b\times i\\ LM: M_0/P=k\times Y-h\times i\end{cases}$$

解得 $Y=\dfrac{A_0+\dfrac{b}{h}\dfrac{M_0}{P}}{1-c(1-t)+\dfrac{bk}{h}}$，从公式可知，当 t 上升时，均衡收入减少；

$i^*=\dfrac{kA_0-[1-c(1-t)]\dfrac{M_0}{P}}{h[1-c(1-t)]+bk}=\dfrac{kA_0}{h[1-c(1-t)]+bk}-\dfrac{\dfrac{M_0}{P}}{h+\dfrac{bk}{[1-c(1-t)]}}$，从该公式可知，当 t 上升时，均衡利率减少。

4. (1)证明货币需求的利率敏感性越小，给定的货币量的变动对产出的影响就越大。利用第11章第5节的规范分析。

(2)利率对货币存量变动的反应如何取决于货币需求的利率敏感性？

说明：题中提到的第11章第5节的规范分析是指 *IS-LM* 模型的代数式分析。简单过程如下：

IS 曲线和 *LM* 曲线的交点确定均衡收入和均衡利率。因此用它们的方程式就可以推导出均衡值的表达式。商品市场均衡方程为：

IS 曲线：$Y=\alpha_G\times(\bar{A}-b\times i)$

货币市场的均衡方程为：

LM 曲线：$i=\frac{1}{h}\times\left(k\times Y-\frac{\bar{M}}{\bar{P}}\right)$

由于均衡时两个市场的利率相等，因此将 LM 曲线的利率表达式代入 IS 曲线方程得：

均衡收入水平 $Y=\frac{h\times\alpha_G}{h+k\times b\times\alpha_G}\times\bar{A}+\frac{b\times\alpha_G}{h+k\times b\times\alpha_G}\times\frac{\bar{M}}{\bar{P}}$，或者 $Y=\gamma\times\bar{A}+\gamma\times\frac{b}{h}\times\frac{\bar{M}}{\bar{P}}$，其中 $\gamma=\frac{h\times\alpha_G}{h+k\times b\times\alpha_G}$，$\alpha_G=\frac{1}{1-c\times(1-t)}$。这表明均衡收入水平取决于两个外生变量：自主性支出($\bar{A}$)与实际货币存量($\bar{M}/\bar{P}$)。前者包括自主消费与自主投资($\bar{C}$ 与 $\bar{I}$)以及财政政策参数(G 与 TR)。

同理，可以得均衡利率 $i=\frac{k\times\alpha_G}{h+k\times b\times\alpha_G}\times\bar{A}-\frac{1}{h+k\times b\times\alpha_G}\times\frac{\bar{M}}{\bar{P}}$，或者 $i=\frac{k}{h}\times\gamma\times\bar{A}-\frac{1}{h+k\times b\times\alpha_G}\times\frac{\bar{M}}{\bar{P}}$。这表明均衡利率取决于乘数与 $\bar{A}$ 项所获得的财政政策参数，并取决于实际货币存量。

此时的财政政策乘数为 $\frac{\Delta Y}{\Delta \bar{G}}=\gamma=\frac{h\times\alpha_G}{h+k\times b\times\alpha_G}$，货币政策乘数为 $\frac{\Delta Y}{\Delta(\bar{M}/\bar{P})}=\frac{b}{h}\times\gamma=\frac{b\times\alpha_G}{h+k\times b\times\alpha_G}$。

答：(1)如果货币需求对利率的敏感性比较弱，即 h 较小，则 LM 曲线变得更陡峭。那么，当货币存量变化时，要求货币需求做出相应调整，这时只有利率变化更大，从而引起收入变化更大，才能使货币需求量产生一定变化，使货币市场重新达到均衡。如果假定货币供给固定不变，那么要回到新的货币市场均衡点只有完全通过改变货币需求。如果货币需求对利率不敏感，只有更多地提高收入以及更大幅度的下降利率才能达到在增加货币供给条件下的货币市场均衡的目的。如图 11－14 所示。

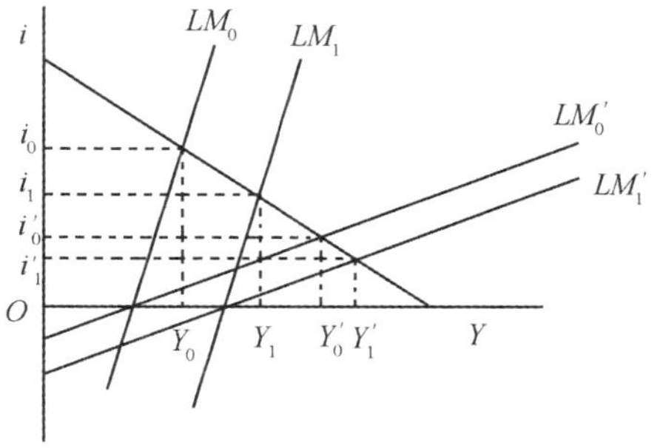

图 11－14　不同的货币需求敏感性对 LM 曲线的影响

可见 $\Delta Y>\Delta Y'$，$\Delta i>\Delta i'$。

由 $Y=\gamma\bar{A}+\gamma\frac{b}{h}\times\frac{\bar{M}}{\bar{P}}$，于是 $k_m=\frac{\partial Y}{\partial(\bar{M}/\bar{P})}=\gamma\frac{b}{h}=\frac{\alpha_G(b/h)}{1+k\alpha_G b/h}=\frac{\alpha_G}{h/b+k\alpha_G}$，可见，货币需求的利率敏感度 h 越小，货币存量对产出的影响 k_m 越大。

(2)货币供给的增加会引起货币需求相对不足，从而债券需求过剩，导致债券价格上升和利率的下降，进而刺激投资的增加，总收入增加，进而增加货币需求，使货币市场达到新的均衡点。如果货币需求对利率的反应不够敏感，一方面要求收入更大幅度的增加，才能使交易性货币需求增加，这依赖于利率的大幅度下降；另一方面只有利率下降更大，对货币的投机需求才会有所增加。但是这也表明，在支出利率敏感性不变的情况下，利率总体下降也将会较大。

5. 利用 *IS-LM* 模型，讨论价格沿着一定的 *AD* 曲线变动，利率会发生什么变化。

答：沿一定的 *AD* 曲线变动的价格调整可以理解为：假定名义货币供给量 M 固定，实际货币余额 M/P 随着价格水平 P 的上升而下降，这将导致对实际货币余额的超额需求，利率就会上升。这又会使投资支出下降，产出水平也会随之下降，也就是说 *LM* 曲线将因为实际货币余额的下降而向左移动，所以沿一定的 *AD* 曲线变动的价格调整与利率成正向变动。

6. 利用 *IS* 曲线与 *LM* 曲线，证明在古典供给情况下，货币为什么不影响产出。

答：在古典供给情况下，*AS* 曲线是垂直的。因此，任何由于货币扩张政策而引起的总需求增加在长期将不会导致任何的产出增加，而只能导致价格水平的上升。如图11－15所示，货币供给的增加将首先使 *LM* 曲线向右移动，这意味着 *AD* 曲线也会向右移动。因此会存在对产品和服务的超额需求，于是价格开始上升。然而随着价格水平的上升，实际货币余额开始下降，并最终回到其初始水平。因此由货币扩张政策引起的 *LM* 曲线向右移动及 *AD* 曲线向右移动将会被 *LM* 曲线向左移动及沿 *AD* 曲线的运动完全抵消，从而达到一个由于价格调整而产生的新的长期均衡点。在这个新的长期均衡点上，尽管价格水平会与名义货币供给成比例上升，使实际货币余额不变，产出水平和利率仍将不会变化。这也就是说，在古典的长期情况下，货币是中性的，对产出没有影响。

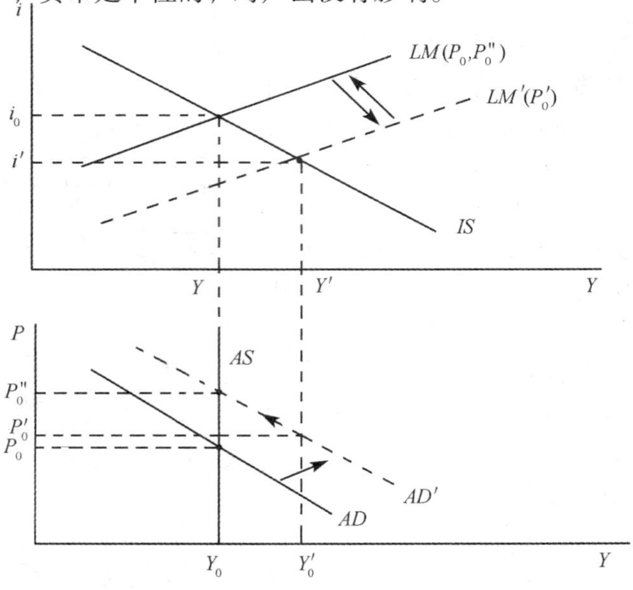

图11－15 扩张性货币政策对总需求的影响

以上结果说明，在古典供给情况下，由于总供给曲线是一条垂线，所以不论总需求如何变化，总供给和总需求曲线相交总是对应于充分就业之点。这就是说，不会长期处于大量失业的状态。此外，由于 *AD* 线的移动只会影响价格水平，而不会影响国民收入，所以通过经济政策来改变总需求并不能对宏观经济的运行产生任何实质性的后果，而仅仅会使价格水平发生波动。

7. 设想货币需求下降。在每一产出水平和利率水平，公众现在都愿意持有较少的实际余额。

(1)在凯恩斯理论中，均衡产出与价格会发生什么变化?

(2)在古典理论中，对产出与价格的影响是什么?

答: (1)对货币的需求下降会使 *LM* 曲线向右移动，从而利率下降并且产出需求上升。结果，*AD* 曲线也会向右移动。在凯恩斯理论中，假定价格水平固定，即 *AS* 曲线水平。在这样的情况下，由于价格固定不变，*AD-AS* 模型中收入的上升幅度与 *IS-LM* 模型中收入的上升幅度相同，即没有实际余额效应发生。

(2)货币需求下降会使 *LM* 曲线向右移动，从而利率下降，产出需求水平上升，*AD* 曲线也向右移动。在古典理论中，由于 *AS* 曲线是垂直的，产出水平不会变化。在这种情况下，*AD* 曲线的移动将简单地反映为价格的上升，但产出水平仍然没有变化。由于价格上升造成实际货币余额下降，所以根据实际余额效应，*LM* 曲线回移到初始水平。

第 12 章　货币政策与财政政策

12.1　复习笔记

【知识框架(庖丁解牛)】

- 货币政策与财政政策
  - 货币政策
    - 货币政策效果的 *IS-LM* 图形分析
    - 活期存款的货币创造机制
    - 流动性陷阱
    - 古典情况
  - 零利率约束与非常规货币政策
  - 财政政策
    - 财政政策效果的 *IS-LM* 图形分析
    - 财政政策的分类
    - 挤出效应
  - 产出构成与政策组合
    - 财政政策与货币政策的区别
    - 政策组合

【考点难点归纳(厚积薄发)】

考点一：货币政策　★★★★★

货币政策是指中央银行通过变动货币供给量来影响利率和国民收入的政策措施。

1．货币政策效果的 *IS-LM* 图形分析

货币政策的效果是指变动货币供给量的政策对总需求的影响效果。若增加货币供给量能使国民收入有较大的增加，则货币政策的效果就大；反之则小。货币政策的效果取决于 *IS* 和 *LM* 曲线的斜率。

(1)货币政策效果因 *IS* 曲线的斜率而异：

如图 12－1 所示，在 *LM* 曲线斜率不变时，*LM* 曲线由于货币供给量的变动发生移动时，*IS* 曲线越平坦，国民收入受到的影响就越大；反之，*IS* 曲线越陡峭，国民收入受到的影响就越小。

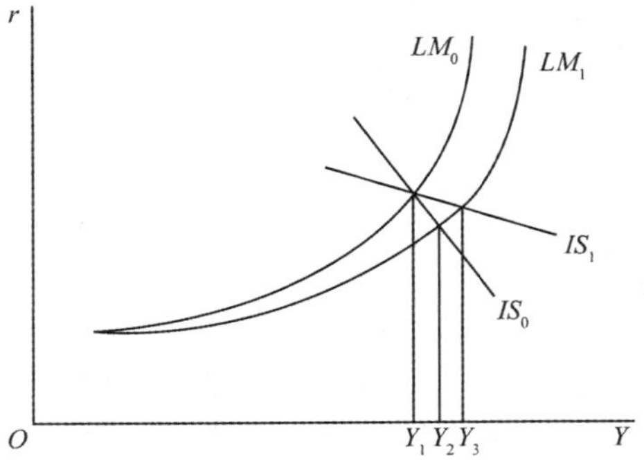

图 12－1　货币政策效果因 *IS* 曲线的斜率而异

(2)货币政策效果因 *LM* 曲线的斜率而异：

如图 12－2 所示，当 *IS* 曲线的斜率不变时，*LM* 曲线越平坦，货币政策效果越小；反之，则货币政策效果越大。

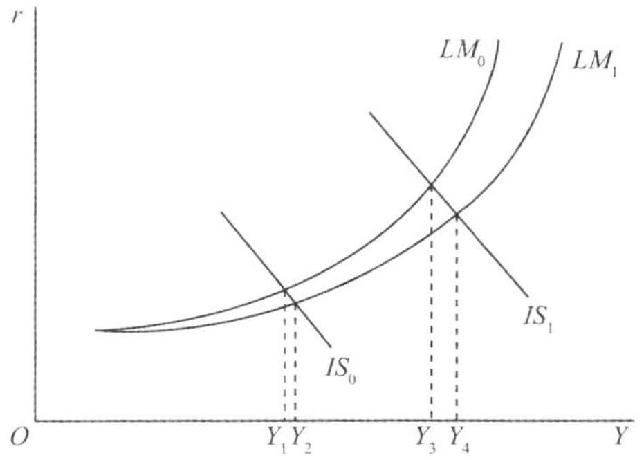

图 12－2　货币政策效果因 *LM* 曲线的斜率而异

2．活期存款的货币创造机制

活期存款能通过活期存款派生机制创造货币。公式为 $D=R/r_d$ 和 $D=R/(r_d+r_e)$。其中，D 为活期存款总额，R 为原始存款，r_d 为存款准备率，r_e 为超额准备率。如果在存款创造机制中还存在现金流出，即贷款并不完全转化为存款，那么货币创造乘数为：$k=1/(r_d+r_e+r_c)$，其中 r_c 为现金-存款比率。此时，仅把活期存款考虑为货币供给量。如果把活期存款和通货都考虑为货币供给量，即 $M=D+C_u$，同时，引入强力货币 H（银行准备金加上非银行部门持有的通货），此时的货币创造公式如下：

$$\frac{M}{H}=\frac{C_u+D}{C_u+R_d+R_e}=\frac{\frac{C_u}{D}+1}{\frac{C_u}{D}+\frac{R_d}{D}+\frac{R_e}{D}}=\frac{r_c+1}{r_c+r_d+r_e}$$

3．流动性陷阱

流动性陷阱是指利率已经降到极低水平时，货币需求弹性就会变得无限大，即无论增加多少货币，都会被人们储存起来，单单依靠调整货币政策无法达到刺激经济的目的，极低的利率和国民总支出水平不会发生变动的状况。在这种情况下，*LM* 曲线是水平的，货币数量的变化不会使它移动。

4．古典情况

在古典情况下，*LM* 曲线是垂直的，此时货币需求对利率完全无反应。根据 *LM* 曲线方程：$\overline{M}/\overline{P}=kY-hi$，古典情况下 h 为零，对于既定的实际货币供给 $\overline{M}/\overline{P}$，存在一个唯一的收入水平，此时 *LM* 曲线方程将改写为：$\overline{M}=k(\overline{P}\times Y)$，意味着名义 GDP（即 $P\times Y$）只取决于货币量，这就是古典的货币数量论。

当 *LM* 曲线垂直时，货币政策对收入水平产生最大效应，而财政政策对收入无影响。

◆拓展延伸◆

货币政策的局限性：

(1) 扩张性货币政策在经济衰退时期的政策效果不够明显。

(2) 货币流通速度的改变会削弱货币政策的影响。

(3) 货币政策存在外部时滞。

(4) 货币的国际流动会削弱货币政策的影响。

考点二：零利率约束与非常规货币政策(见表12－1) ★★★

表12－1 零利率约束与非常规货币政策

要点	具体内容	
零利率约束	含义	指联储不能把利率降低到零以下，因为投资者只要简单地持有现金就可以获得零收益率。零利率约束限制了货币政策能达到的效果
	产生重要作用的两种情况	①名义利率已经很低并需要采取扩张性货币政策。 ②当通货膨胀较低时，利率也可能较低
非常规货币政策（量化宽松政策）	含义	指在隔夜拆借利率为零时，通过购买大规模的金融资产来降低长期利率的一种政策策略
	没有导致通货膨胀的原因	①大量新增的货币存储在联储的账户上而没有被商业银行贷放出去。 ②公众对联储在经济危机结束后将停止新的购买行为的预期是显而易见的，所以认为大部分基础货币的增加是暂时的
	不能长期使用的原因	推动长期利率的变化需要非常大的货币干预。这是因为长期金融资产的供给非常庞大，联储增加的需求对均衡利率难以产生较大效果

考点三：财政政策 ★★★★★

财政政策是指政府通过变动税收和支出以便影响总需求，进而影响就业和国民收入，从而达到稳定国民经济目标的政策。变动税收是指改变税率和税率结构；变动政府支出是指改变政府对商品和劳务的购买支出以及转移支付。

1. 财政政策效果的*IS-LM*图形分析

财政政策的效果是指政府收支发生变化(包括变动税收、政府购买和转移支付等)导致*IS*曲线也发生变动并进一步对国民收入变动产生的影响。在*IS-LM*图形上表现为随*IS*曲线和*LM*曲线的斜率不同而有所区别。

(1)财政政策效果因*IS*曲线的斜率而异：

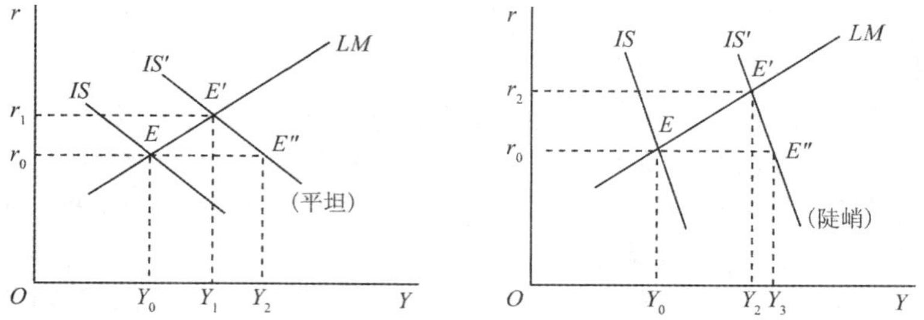

(a)政策效果小　　(b)政策效果大

图12－3 财政政策效果因*IS*曲线的斜率而异

如图12－3所示，$Y_0Y_1 < Y_0Y_2$，这就是说在*LM*曲线不变时，*IS*曲线斜率的绝对值越大，即*IS*曲线越陡峭，则移动*IS*曲线时收入变化就越大，即财政政策效果就越大；反之，*IS*曲线越平坦，则*IS*曲线移动时收入变化就越小，即财政政策效果就越小。

(2)财政政策效果因*LM*曲线的斜率而异：

如图 12－4 所示，当 *IS* 曲线的斜率保持不变时，*LM* 曲线的斜率越大，即 *LM* 曲线越陡峭，*IS* 曲线受到冲击发生变动时，收入变动越小，即财政政策效果就越小；反之，*LM* 越平坦，财政政策效果就越大。

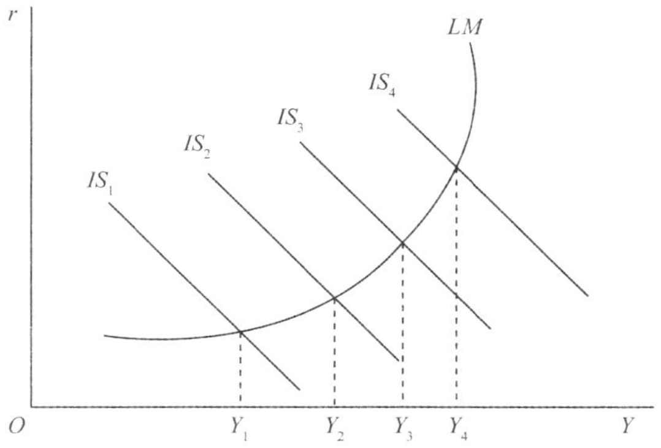

图 12－4　财政政策效果因 *LM* 曲线的斜率而异

2. 财政政策的分类（见表 12－2）

表 12－2　财政政策的分类

依据	分类	含义
根据财政政策调节经济周期的作用来划分	相机决策的财政政策	指政府根据一定时期的经济社会状况，主动灵活选择不同类型的反经济周期的财政政策工具，干预经济运行行为，实现财政政策目标
	自动稳定的财政政策	指财政制度本身存在一种内在的、不需要政府采取其他干预行为就可以随着经济社会的发展，自动调节经济的运行机制
根据财政政策调节国民经济总量和结构中的不同功能来划分	扩张性财政政策	指通过增加国债、降低税率、提高政府购买和转移支付等财政分配活动来增加和刺激社会的总需求
	紧缩性财政政策	指通过减少国债、提高税率、减少政府购买和转移支付等财政分配活动来减少和抑制总需求
	中性财政政策	指财政的分配活动对社会总需求的影响保持中性

3. 挤出效应（见表 12－3）

表 12－3　挤出效应

要点	具体内容
含义	指政府支出增加所引起的私人消费或投资降低的经济效应。在 *IS-LM* 模型中，若 *LM* 曲线不变，向右移动 *IS* 曲线，增加的国民收入将小于不考虑货币市场的均衡或利率不变条件下的国民收入增量，这两种情况下国民收入增量的差额就是利率上升引起的“挤出效应”
影响因素	①当政府支出增加时，*LM* 曲线越平坦，则收入增加得越多、利率增加得越少，挤出效应越小。②当政府支出增加时，*IS* 曲线越平坦，则收入增加得越少、利率增加得越少，挤出效应越大。③当政府支出增加时，乘数 α_G 越大，则收入与利率提高得越多，从而 *IS* 曲线的水平移动也越多，挤出效应越小

续表

要点	具体内容
流动性陷阱下的挤出效应	当经济处于流动性陷阱时，*LM* 曲线为水平，增加政府支出，对均衡收入水平就会产生充分的乘数效应；但利率不会变动，因而投资支出不会发生削减，政府支出增加的收入效应也不会受到抑制
古典情况下的挤出效应	如果 *LM* 曲线为垂直的，则政府支出的增加对均衡收入水平没有影响，而只会提高利率。在这种情况下，利率的增加会导致挤出的私人支出(特别是投资)量等于政府支出增加量。因此 *LM* 曲线垂直时，会发生完全的挤出现象

考点四：产出构成与政策组合 ★★★★

1. 财政政策与货币政策的区别(见表12-4)

表12-4 财政政策与货币政策的区别

	财政政策	货币政策
运行机制	通过财政支出和收入来影响经济，见效快，但增加支出会迫使利率上升，产生挤出效应	通过利率的变动对总产出产生影响。若货币增加，则利率下降，改善整个经济状况
执行渠道	由财政部执行	由中央银行执行
动用机制	任意性和多变性	连续性
政策效果的显著性决定因素	取决于乘数效应和挤出效应的大小	取决于 *IS* 曲线的陡峭程度，*IS* 曲线越平坦，货币政策的效果越显著；反之则微弱

2. 政策组合

虽然所有政策都能提高产出，但对经济各个领域的影响程度却有很大的不同，货币政策与财政政策的变动对产量组成有着不同的影响。财政政策和货币政策的混合使用如表12-5所示。

表12-5 财政政策和货币政策的混合使用

政策组合	产出	利率
膨胀性财政政策和紧缩性货币政策	不确定	上升
紧缩性财政政策和紧缩性货币政策	减少	不确定
紧缩性财政政策和膨胀性货币政策	不确定	下降
膨胀性财政政策和膨胀性货币政策	增加	不确定

12.2 课后习题详解

一、概念题

1. 预期性货币政策

答：预期性货币政策是指为了对估计到的未来将会发生的问题(例如通货膨胀的压力)作出反应而采用的货币政策。比如，在一个预先防范的货币政策的例子中，央行不是对总需求与通货膨胀压力的现有情况作出反应，而是对经济如果增长过快，会发生通货膨胀的这种担心作出反应。该政策的基本问题是：确定货币政策时，应当往前看。

2. 投资税减免

答： 投资税减免是指国家以法律形式规定的，在一定条件下允许纳税人以用于某些方面的投资抵免一定税款的政策措施。实行这种政策表明国家是鼓励税收减免的，即国家为支持投资而在税收方面作出优惠的减免税的规定。这种政策对鼓励和吸引投资有一定成效。我国在改革开放中也使用了这种政策。

3. 资产组合失衡

答： 资产组合失衡是指当人们在现行的利率而不是他们意愿的利率上选择持有更多某种资产(例如货币)时的情形。资产组合是指通过对不同资产进行组合，在追求最大收益或预期收益的同时，借助于消除非系统风险以降低投资风险。实际余额的增加将会导致资产组合的失衡，即在现行利率与收入水平上，人们持有的货币超过了他们的需要，这使资产组合持有人设法购买其他资产以降低其持有的货币量，因而改变了资产价格及其收益。也就是说，货币供给的改变使利率发生了变动。

4. 基点

答： 在金融学中，基点是指衡量债券和票据利率变动的最小度量单位。利率一般以年化百分比为单位报价，而 1 个基点是 1 个百分点的年利率的 1%。基点价值(PVBP)是一个在实践中广泛使用的衡量债券价格弹性的指标，也称为基点美元值，其含义是相对于初始价格，如果市场要求收益率上、下波动 1 个基点时，债券价格的变动值。

5. 流动性陷阱

答： 流动性陷阱是指利率已经降到极低水平时，货币需求弹性就会变得无限大，即无论增加多少货币，都会被人们储存起来，单单依靠调整货币政策无法达到刺激经济的目的，极低的利率和国民总支出水平不会发生变动的状况。在这种情况下，*LM* 曲线是水平的，货币数量的变化不会使它移动。

当利率极低时，有价证券的价格会达到很高。人们为了避免因有价证券价格跌落而遭受损失，几乎每个人都宁愿持有现金而不愿持有有价证券，这意味着货币需求会变得完全有弹性。人们对货币的需求量趋于无限大，表现为流动偏好曲线或货币需求曲线的右端会变成水平线。在此情况下，货币供给的增加不会使利率下降，从而也就不会增加投资引诱和有效需求。当经济出现上述状态时，就称之为流动性陷阱。但实际上，以经验为根据的论据从未证实过流动性陷阱的存在，而且流动性陷阱也未能被精确地说明是如何形成的。

6. 量化宽松

答： 量化宽松是指中央银行在实行零利率或近似零利率政策后，通过购买国债等中长期债券来增加基础货币的供给，向市场注入大量流动性资金以鼓励开支和借贷的干预方式，也被简化地形容为间接增印钞票。量化指的是扩大一定数量的货币发行，宽松即减少银行的资金压力。当银行和金融机构的有价证券被央行收购时，新发行的钱币便被成功地投入到私有银行体系。量化宽松政策所涉及的政府债券，不仅金额庞大，而且周期也较长。一般来说，只有在利率等常规工具不再有效的情况下，货币当局才会采取这种极端做法。

7．古典情况

答：古典情况即垂直的*LM*曲线，是指货币需求对于实际利率十分敏感的情况。古典情况是一种极端情况。如果*IS*越平坦，或*LM*越陡峭，财政政策效果越小，货币政策效果越大。如果出现一种*LM*曲线垂直而*IS*曲线水平的情况，财政政策将完全无效，而货币政策将完全有效。这种情况被称为古典情况。

8．货币调节

答：货币调节又称“预算赤字货币化”，参见本章“概念题”第11题。

9．货币数量论

答：货币数量论是指用流通中的货币数量的变动来说明商品价格变动的货币理论。这一理论的基本思想是：货币的价值(即货币的购买力)和物价水平都由货币数量决定。货币的价值与货币数量成反比例变动，物价水平与货币数量同方向变动。这就是说货币数量越多，货币的价值越低，而物价水平越高；反之，货币数量越少，货币的价值越高，而物价水平越低。

古典货币数量论和现代货币数量论在解释货币数量与物价水平之间的关系时，实际上都假设货币政策的传导过程是通畅无阻的。也就是说，中央银行供给的基础货币，经过金融机构与市场的乘数扩张而形成的货币供给量，都没有偏离货币政策目标，而是完全作用于实体经济之中。在这种情况下，中央银行与商业银行的货币供给直接对实体经济产生作用，即在实际产出比较稳定时，中央银行与商业银行的货币供给增加将会导致物价水平的上涨；反之，则会导致物价水平的下降。货币供给量的变化，虽然不一定引起物价水平同比例的变化，但货币供给量的变化与物价水平的变化应该是同方向的。

10．挤出

答：挤出是指政府支出增加引起私人部门的消费和投资下降的情况。在*IS-LM*模型中，若*LM*曲线不变，向右移动*IS*曲线，两种市场同时均衡时会引起利率的上升和国民收入的增加。但是，这一增加的国民收入小于不考虑货币市场的均衡(即*LM*曲线)或利率不变条件下的国民收入的增量。这两种情况下的国民收入增量之差，就是利率上升而引起的“挤出效应”。“挤出效应”的大小取决于支出乘数的大小、货币需求对收入变动的敏感程度、货币需求对利率变动的敏感程度、投资需求对利率变动的敏感程度等。其中，货币的利率敏感程度和投资的利率敏感程度是“挤出效应”大小的决定性因素。“挤出效应”与货币的利率敏感程度负相关，与投资的利率敏感性正相关。

11．预算赤字货币化

答：预算赤字货币化是指联邦储备系统印制纸币去购买那些政府用来弥补其赤字的债券。中央银行购买公共债券，一般被称为预算赤字的货币化，但从根本上说中央银行购买债券使得政府只要靠印制纸币就可以购买商品和服务。财政部欠中央银行的债务不需要真正偿还：它只代表着政府的一个部门对另一个部门的债权。因此，中央银行购买债券的最终效应是政府能够维持预算赤字，而靠增加公众持有的货币供给来进行支付。由于印制货币并不昂贵，所以政府能够以很少的直接成本获取商品和服务。但是，这里有一个棘手的问题：预算赤字的货币化通常会导致通货膨胀。

12. 实际利率

答：实际利率是名义利率的对称，是指名义利率减去物价上涨后余下的利率。名义利率扣除了物价上涨因素即为实际利率，它是以实物为标准进行计算的利率。实际利率为正值时有利于吸收储蓄，有助于降低通货膨胀率；为负值时，则会减少储蓄，刺激金融投机，恶化通货膨胀。其计算公式为：实际利率 = 名义利率 - 通货膨胀率。

从根本上讲，实际利率代表着社会资金的平均成本，实际利率的变动改变着资金的分布和流向。若是实际利率低，则意味着企业资金成本走低、企业利润上升，利率调节资金供求关系的杠杆作用就会被发挥出来，资金成本下降，生产者开始有利可图，企业利润和效益也将相应上升。

13. 通货紧缩

答：通货紧缩是指在一定的时期内，经济中的大多数产品和劳务的价格连续普遍下降的现象。通货紧缩往往伴随着生产下降，市场萎缩，企业利润率降低，生产投资减少，以及失业增加、收入下降，经济增长乏力等现象。通货紧缩导致物价下降，在一定程度上对居民生活有好处，但从长远看会严重影响投资者的信心和居民的消费心理，导致恶性的价格竞争，对经济的长远发展和人民的长远利益不利。

14. 公开市场业务

答：公开市场业务是指中央银行在证券市场上公开买卖有价证券（主要是政府公债、国库券和银行承兑票据等），以期调节信用和货币供应量的一种业务活动，是中央银行的三大法宝之一。作为中央银行最重要的货币政策工具之一，公开市场业务具有明显的优越性，这主要体现在：①通过公开市场业务可以直接调控银行系统的准备金总量，使其符合政策目标的需要；②中央银行通过公开市场业务可以“主动出击”，避免“被动等待”；③公开市场业务操作可以对货币供应量进行微调，也可以进行连续性、经常性、试探性甚至逆向性操作，以灵活调节货币供应量。但是，公开市场业务受到诸如商业周期、货币流通速度变化、商业银行的信贷意愿等因素的影响，同时必须具备一个高度发达的证券市场。

15. 传导机制

答：传导机制是指货币政策的改变对总需求产生影响的过程。当中央银行实行扩张性货币政策时，如果价格水平不变，货币供应量上升，利率将下降；利率的下降会刺激投资的上升，从而增加总需求，最终引起总产出的增加。反之，中央银行实行紧缩性货币政策时，货币供应量下降，利率、投资和总产出就会沿着相反的方向运动。

传导机制有两个最重要的步骤。第一个步骤是实际余额的增加，它导致资产组合的失衡。这就是，在现行利率与收入水平上，人们持有的货币超过了他们的需要，这使资产组合持有人设法购买其他资产以降低其持有的货币量，因而改变了资产价格及其收益。换言之，货币供给的改变使利率发生了变动。第二个步骤是在利率的变动影响到总需求的时候发生的。几乎在每一个有关货币供给变动对经济发生影响的分析中，都出现了这样两个阶段的传递过程。分析的细节往往不太一样，有些分析有两种以上的资产与一种以上的利率；有些分析则包括利率对其他类型需求的影响，特别是对消费与地方政府支出的影响。

16. 投资补贴

答：投资补贴是指私人投资成本中由政府支付的部分。政府有可能通过投资补贴增加投资支出，有时通过投资税减免来补贴投资，因而企业增加投资支出即可少纳税。例如，中国在改革开放的过程中实行了投资税减免政策。

政府补助投资时，实质上就是为每一家企业的投资支付部分成本。投资补贴使投资曲线移动，在每一个利率水平，企业现在都计划更多地投资。由于投资支出提高，总需求会随之增加。对投资者进行补贴的优点是可以调动投资者的积极性，增加生产能力，扩大产业规模；缺点是与企业生产经营状况无关，不能起到刺激更新技术、降低成本的作用。

17. 政策组合

答：政策组合是指为了实现宏观经济目标而采取的财政政策、货币政策以及其他一些政策工具的组合。扩张性的财政政策表现为 *IS* 曲线右移，在使收入增加的同时会带来利率的上升，而扩张性的货币政策表现为 *LM* 曲线右移，在使收入增加的同时会带来利率的下降。因此，为实现收入和利率的不同组合，可以将两种政策搭配使用，即财政政策和货币政策的混合使用。

政府和中央银行可以根据具体情况和不同目标选择不同的政策组合。例如，当经济萧条但又不太严重时，用扩张性财政政策刺激总需求，同时用紧缩性货币政策控制通货膨胀；当经济发生严重通货膨胀时，用紧缩货币来提高利率，降低总需求水平，同时紧缩财政，以防止利率过分提高；当经济中出现通货膨胀又不太严重时，用紧缩财政压缩总需求，同时使用扩张性货币政策降低利率，以免财政政策紧缩而引起衰退；当经济严重萧条时，用扩张财政增加总需求，同时用扩张货币降低利率以克服“挤出效应”。

18. 零利率约束(ZLB)

答：零利率约束是指利率的较低限制，联储不能把利率降低到零以下，因为投资者只要简单地持有现金就可以获得零收益率。这个约束一般没有太多的实际意义，因为利率一般都在零值之上。这意味着，联储存在降低利率的空间而没必要实施零利率。零利率约束限制了货币政策能达到的效果。

二、简答题

1. 本教材描述了联储公开市场购买的效应。

(1)定义联储公开市场出售。

(2)说明公开市场出售对利率与产出的影响，说明直接影响与长期影响。

答：(1)联储公开市场出售是指在债券二级市场上出售债券换取债券购买者支付的货币，从而减少货币存量。公开市场业务是联储在公开市场上买进或卖出政府债券以增加或减少商业银行准备金的一种政策性手段。中央银行公开市场业务是进行宏观经济调控的一种手段，常逆经济风向行事。当总需求过度，价格水平持续上涨时，政府卖出政府债券。商业银行向中央银行付款，或者其他人向中央银行付款(所付款项也将从商业银行活期存款提取），都将减少商业银行的准备金。商业银行准备金的减少会使活期存款多倍收缩（即由于乘数效应导致货币供给量的减少），并引起利率上升。同时，公开市场卖出政府债券也会使政府债券价格下降，利率上升。利率的上升会引起投资下降，并引起收入、价格和就业的下降。

（2）下面以卖出债券来说明公开市场出售对产量和利率的直接影响和长期影响。如图12-5所示。

直接影响：出售债券，货币存量减少，即货币供给减少（LM 曲线左移至 LM_1），利率由 T_1 上升到 T_3，产出 Y_1 没有改变。

长期影响：出售债券后货币供给减少，利率上升，投资下降，此时产出会减少，人们的收入下降导致收入引起的货币需求的减少，从而会使利率缓慢地由 T_3 下降到 T_2，最终由于出售债券货币供给减少而使得利率由 T_1 上升到 T_2，产量由 Y_1 下降到 Y_2。

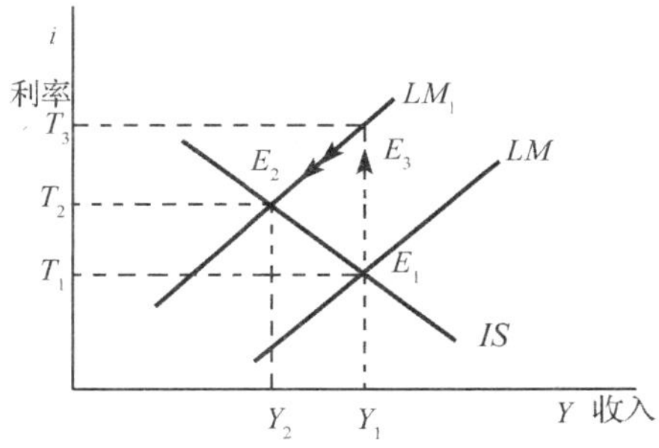

图 12－5　公开市场业务的直接影响和长期影响

2. 讨论货币政策乘数与财政政策乘数在什么条件下分别等于零。用文字解释为什么这有可能发生，以及你认为这有多大的可能性。

答：（1）货币政策乘数为：$k_m=\dfrac{\frac{b}{h}}{1-c(1-t)+\frac{bk}{h}}$，关于货币政策乘数等于零时所处的环境以及可能性分析如下。

显然，由上述公式可知：

①当 $b=0$ 时，$k_m=0$，即无论利率如何变化，投资都不会随之发生改变的情况下，当货币供给 M/P 增加时，引起货币市场上利率下降，此时由于投资不受利率影响而保持不变，从而产品市场上投资需求不变，产出不变，进而货币政策乘数为 0。

②当 $h\to+\infty$ 时，$k_m=0$，即当投机动机的货币需求对利率变化非常敏感时，LM 为一条水平线，此时增加的货币供给 $\Delta(M/P)$ 都会被公众持有，使得货币供给的增加对利率不能产生影响，进而投资没有变化，从而产出不变，所以货币政策乘数为 0。

③当 $k\to+\infty$ 时，$k_m=0$，即当交易和预防的货币需求对收入非常敏感时，LM 也为一条水平线，此时，货币供给增加 $\Delta(M/P)$，使得利率下降，从而投资上升，产出增加，人们收入增加，由于 $k\to+\infty$，所以对货币需求增加会很大，从而使得货币市场上利率上升较多，进而引起投资下降，产出减少，最后增加的货币供给量只会引起很少的产出增加，从而使得 k_m 近似等于零。

（2）财政政策乘数为：$k_g=\dfrac{1}{1-c(1-t)+\frac{bk}{h}}$，关于财政政策乘数等于零时所处的环境以及可能性分析如下。

显然，由上述公式可知：

①当 $h=0$ 时，$k_g=0$，即当利率变化，投机动机的货币需求不变的情况下，政府支出增加，使得总需求增加，从而使总产出增加 ΔY，人们收入增加后对货币需求增加，为了使货币市场达到均衡，从而利率上升，但由于 $h=0$，投机动机的货币需求不变，所以，最终由于利率上升所引起的投资减少，进而由投资减少引起的总产出的减少量应该等于 ΔY，从而使人们最终的收入没有发生变化，进而货币需求没有发生增加。此时 $k_g=0$。

②当 $b\to+\infty$ 时，$k_g=0$，即当投资对利率非常敏感的情况下，在政府支出增加 ΔG 时，总产出会增加，人们由于收入增加而引起了对货币需求的增加，货币市场为了实现均衡，利率上升使得投资货币需求减少，但由于 $b\to+\infty$，所以上升的利率会使得投资减少很多，进而使得产出减少很多，最终总产出的增加相对于 ΔG 会很少，进而 k_g 近似等于0。

③当 $k\to+\infty$ 时，$k_g=0$，即当交易和预防的货币需求对收入非常敏感的情况下，在政府增加支出 ΔG 时，总产出会增加，人们由于收入增加而引起了对货币需求增加，由于 $k\to+\infty$，所以对货币需求的增加会很大，货币市场为了实现均衡，利率会上升很多，进而投资货币需求才能下降很大，这样上升很大的利率又会引起投资下降得很多，进而产出下降很多，最终总产出的增加相对于 ΔG 会很少，从而 k_g 近似为0。

(3)以上使得 $k_g=0$，$k_m=0$ 发生的几种情况的可能性都很小，是一种近似的极限情况的分析。

3. 什么是流动性陷阱？如果经济陷入其中，你建议采用货币政策还是财政政策？

答：(1)流动性陷阱的含义：

流动性陷阱是指即使利息率降到零也无法把储蓄动员出来加入到直接投资和消费中，即 *LM* 曲线是水平时的状况，又称“凯恩斯陷阱”。当一定时期的利率水平降低到不能再低时，人们就会产生利率上升而债券价格下降的预期，货币需求弹性就会变得无限大，即无论增加多少货币，都会被人们储存起来。发生流动性陷阱时，再宽松的货币政策也无法改变市场利率，使得货币政策失效。

(2)建议采用财政政策：

当利率降低到很低水平时，持有货币的利息损失很小，可是如果购买债券的话，由于债券价格异常高(利率极低表示债券价格极高)，因而只会跌而不会再涨，从而使购买债券的货币资本损失的风险变得很大，这时，人们即使有闲置货币也不肯去购买债券，这就是说，货币的投机需求变得很大甚至无限大，经济陷入“流动性陷阱”(又称“凯恩斯陷阱”)状态，这时的货币需求曲线 *LM* 曲线呈水平状。

如果政府增加支出，*IS* 曲线右移，货币需求增加，并不会引起利率上升而发生“挤出效应”，于是财政政策极有效；相反，这时政府如果增加货币供给量，则不可能再使利率进一步下降，因为人们再不肯去用多余的货币购买债券而宁愿让货币保留在手中，因此债券价格不会上升，即利率不会下降，既然如此，想通过增加货币供给使利率下降并增加投资和国民收入，就不可能，因此货币政策无效，因而凯恩斯主义首先强调财政政策而不是货币政策的作用。

4. 什么是挤出？你估计挤出什么时候会发生？在面临大量的挤出时，财政政策和货币政策哪个更可能成功？

答：(1)挤出的含义：

挤出是指政府支出增加引起私人部门消费和投资下降。挤出的作用机制是：①政府支出增加，商品市场上竞争加剧，价格上涨，实际货币供应量减少。因而用于投机目的的货币量减少；②用于投机目的的货币量减少引起债券价格下降，利率上升，结果投资减少。由于存在着货币幻觉，在短期内，将会有产量的增加。但在长期内，如果经济已经处于充分就业状态，那么增加政府支出只能挤占私人支出。货币主义者认为，当政府增加政府支出而没有增加货币供给时，那么实际上是用政府支出代替私人支出，总需求不变、生产也不会增长。所以，货币主义者认为财政政策不能刺激经济增长。

(2)挤出发生的时机：

在 *IS-LM* 模型中，若 *LM* 曲线不变，向右移动 *IS* 曲线，两个市场同时均衡时会引起利率的上升和国民收入的增加。但是，这一增加的国民收入小于不考虑货币市场的均衡(即 *LM* 曲线)或利率不变条件下的国民收入的增量，这两种情况下的国民收入增量之差，就是利率上升而引起的“挤出效应”。

“挤出效应”的大小取决于支出乘数的大小、货币需求对收入变动的敏感程度、货币需求对利率变动的敏感程度、投资需求对利率变动的敏感程度等。其中，货币的利率敏感程度和投资的利率敏感程度是“挤出效应”大小的决定性因素。“挤出效应”与货币的利率敏感程度负相关；与投资的利率敏感程度正相关。

(3)针对挤出的政策：

面临大量的挤出，采取货币政策更能成功。当 *LM* 曲线垂直时挤出最大，私人投资完全被挤出，不会引起国民收入的增加只能导致利率上升。当人们只有交易需求而没有投机需求时，如果政策采用膨胀性货币政策，这些增加的货币将全部用来购买债券，而不愿为投机而持有货币，这样，增加货币供给就会导致债券价格大幅度上升，而利率大幅度下降，使投资和收入大幅度增加，因而货币政策很有效。相反，实行增加政府支出的政策则完全无效，因为支出增加时，货币需求增加会导致利率大幅度上升(因为货币需求的利率弹性极小，几乎接近于零)，从而导致极大的挤出，因而使得增加政府支出的财政政策效果极小，所以古典主义者强调货币政策的作用而否定财政政策作用。

5. 在古典世界中，*LM* 曲线看起来像什么？如果这是我们认为最能表示经济特征的 *LM* 曲线，你倾向于利用财政政策还是货币政策？(你可以假定你的目的是影响产出。)

答：(1)在古典世界中，*LM* 曲线在充分就业的产出水平下是垂直的，是货币需求对于实际利率十分敏感的情况。古典情况是一种极端情况。如果 *IS* 越平坦，或 *LM* 越陡峭，则财政政策效果越小，货币政策效果越大。如果出现一种 *LM* 曲线为垂直线而 *IS* 曲线为水平线的情况，则财政政策将完全无效，而货币政策将完全有效。这种情况被称为古典情况。

(2)在古典世界里，应该利用货币政策而不是财政政策。*LM* 曲线垂直时，货币需求和货币供给完全没有利率弹性，挤出效应最大。如果想影响国民收入，比如说增加国民收入，货币政策会非常有效而财政政策则完全无效。因为任何财政政策都会被完全挤出，只能引起利率上升而不会改变产出水平。相反货币政策会非常有效，因为它能引起产出水平的变化。

6. 联储货币化预算赤字时会发生什么?这是应该经常努力去做的事吗?(提示:大致谈谈随着时间的推移,这种政策的优点与成本。)

答:(1)预算赤字货币化是指联邦储备系统印制纸币去购买那些政府用来弥补其赤字的债券。中央银行购买公共债券,一般被称为预算赤字的货币化,但从根本上说中央银行购买债券使得政府只要靠印制纸币就可以购买商品和服务。财政部欠中央银行的债务不需要真正偿还:它只代表着政府的一个部门对另一个部门的债权。因此,中央银行购买债券的最终效应是政府能够维持预算赤字,而靠增加公众持有的货币供给来进行支付。由于印制货币并不昂贵,所以政府能够以很少的直接成本获取商品和服务。但是,这里有一个棘手的问题:预算赤字的货币化通常会导致通货膨胀。

假设政府通过发行国债从公众手中融得资金来增加政府支出。由于政府的信用需求增加会使利率上升。如果担心高利率,联储可以实行货币化预算赤字,即购买公众持有的国债。这会使经济中的货币供给增加从而使利率下降。这样至少在短期内私人支出不会被挤出。

(2)实行预算赤字货币化并不是应该经常努力去做的事。在*IS-LM*模型中,扩张性的财政政策会使*IS*曲线向右移,同时联储的行为(实为扩张性的货币政策)也会使*LM*曲线向右移。这样*AD*曲线就要比联储没有货币化预算赤字时向右移动的多。然而,这会进一步加大价格水平上升的压力。在衰退期,当只有较小的通货膨胀压力时,这样的财政/货币政策组合是非常有效的并且只引起价格水平的小幅增长。然而如果经济接近充分就业水平,就会出现价格水平的明显上涨。在长期,当*AS*垂直时就会被完全挤出,不管联储是否货币化预算赤字。

7. "在非常广泛的范围内,采用紧缩性财政政策与宽松性货币政策,或者反过来也一样,使我们能够掌握的GDP路径与我们想要的同样好。选择的真正基础,除了实际GDP与通货膨胀外,在于受财政政策与货币政策不同影响的许多次要目标。"这一段文字中所涉及的某些次要目标是什么?它们怎样受不同政策组合的影响?

答:(1)紧缩性财政政策与宽松性货币政策或宽松性财政政策与紧缩性货币政策都不会明显地影响总需求或产出。如图12-6所示。

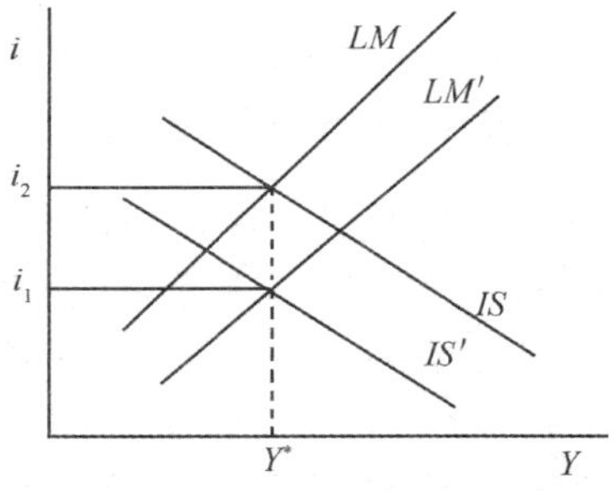

图12-6 紧财政与松货币政策组合或松财政与紧货币政策组合效应

第一个政策组合使*IS*曲线向左移动,*LM*曲线向右移动,那么产出大概不变而利率下降。税收增加降低了消费,同时政府支出的下降降低了公共支出占GDP的份额。由于利率降低投资支出增加。

第二个政策组合使*IS*曲线向右移动,*LM*曲线向左移动,那么产出大概不变而利率上升。这使投资支出下降,但政府支出或消费(通过削减税收)增加了。

既定政策组合效应包括的其他考虑因素有:预算赤字、美元价值和净出口。第一个政策组合使预算赤字下降。较低的利率可能导致资本的外流,从而使美元贬值,最终提高了净出口。第二个政策组合提高了预算赤字。较高的利率可能导致资本的流入,从而使美元升值,最终降低了净出口。

次要目标还包括：利率水平(i)，货币供给量(M)，投资和消费在总需求中的比重。

(2)受不同政策组合的影响如表 12－6 所示。

表 12－6　不同政策组合效应

	直接影响	间接影响	利率水平	货币供给	消费比重	投资比重
紧财政松货币	$Y\downarrow$	$i\downarrow$	$i\downarrow$	$M\uparrow$	$C\downarrow$	$I\uparrow$
	$i\downarrow$	$Y\uparrow$				
松财政紧货币	$Y\uparrow$	$i\uparrow$	$i\uparrow$	$M\downarrow$	$C\uparrow$	$I\downarrow$
	$i\uparrow$	$Y\downarrow$				

三、计算与分析题

1. 经济处于充分就业状态。现在政府要改变需求构成，从消费转向投资，但不允许超过充分就业水平。需要的政策组合是什么？采用 *IS-LM* 图解显示你的政策提议。

答：需要的政策组合为：扩张性货币政策和紧缩性财政政策相结合。

为了实现增加投资比重而减少消费比重，同时保证总需求不变，则可以采用扩张性货币政策使 *LM* 线向右平移，采用紧缩性财政政策使 *IS* 曲线向左下方平移，如图 12－7 所示，这样最终使得利率下降，投资需求增加，紧缩性财政政策则可以使消费减少。个人所得税的增加或转移支付的下降将减少消费。这样 *IS* 曲线向左移动，导致收入水平和利率的下降。为了使收入水平恢复到原来的水平中央银行应该采取扩张性货币政策使 *LM* 线向右平移，这会导致利率的进一步下降，从而刺激了投资增加，最终使总需求增加。如果新的 *IS* 曲线和 *LM* 曲线在原来的收入水平上相交，那么由于利率下降而引起的投资增加正好抵消消费的下降。

图 12－7 反映了伴随着货币供给(M/P)的增加，政府减少转移支付(TR)的影响，调整过程如下：

1→2：$TR\downarrow \Rightarrow C\downarrow \Rightarrow Y\downarrow = M_d\downarrow \Rightarrow i\downarrow \Rightarrow I\uparrow \Rightarrow Y\uparrow$，结果：$Y\downarrow$，$i\downarrow$。

2→3：$(M/P)\uparrow \Rightarrow i\downarrow \Rightarrow I\uparrow \Rightarrow Y\uparrow \Rightarrow M_d\uparrow \Rightarrow i\uparrow$，结果：$Y\uparrow$，$i\downarrow$。

最终综合影响：Y 大体保持不变，i 下降。

注意：增加税收时可以同时进行投资补贴，这样 *IS* 曲线就不会向左移动得那么多。

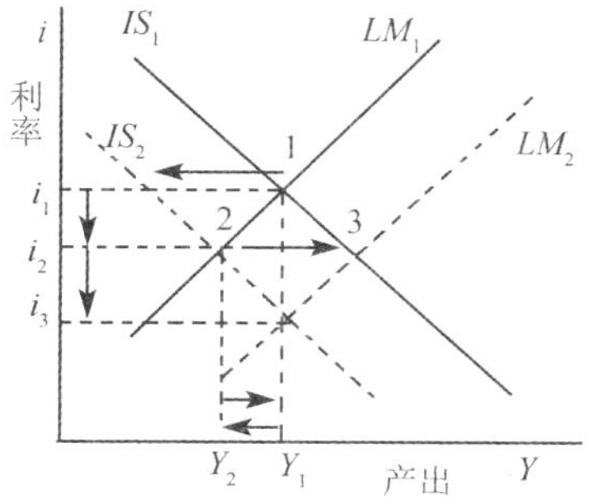

图 12－7　扩张性货币政策和紧缩性财政政策组合效应分析

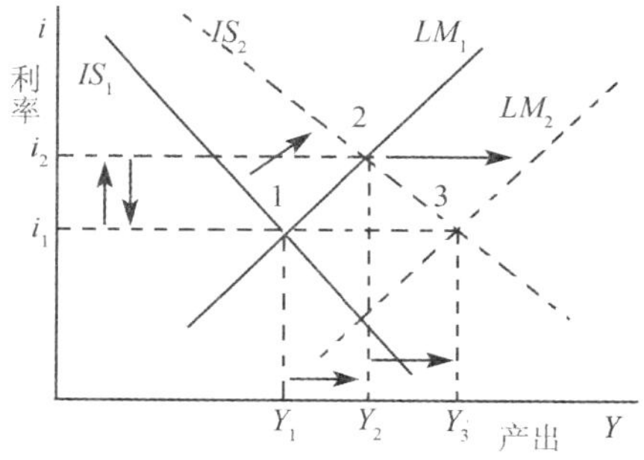

图 12－8　两种货币政策下削减个人所得税的效应分析

2. 设想政府削减所得税。请在 *IS-LM* 模型中给出减税在以下两种假设下的影响：(1)政府通过调节性货币政策保持利率不变；(2)货币存量保持不变。并解释不同的结果。

答：当政府削减所得税时，*IS* 曲线将变得平滑，而且向右移动。收入和利率水平都会上升。如果此时中央银行增加货币供给来保持利率不变，则 *LM* 曲线向右移动，最大的乘数作用得以发挥，因为此时没有挤出效应发生。但是，如果货币供给保持不变，*LM* 曲线不会发生移动，则财政扩张对收入的总体效应会得到缩减，因为利率的上升会挤出一部分投资。

如图 12 - 8 所示，调整过程如下：

1→2：$t\downarrow \Rightarrow C\uparrow \Rightarrow Y\uparrow = M_d\uparrow \Rightarrow i\uparrow \Rightarrow I\downarrow \Rightarrow Y\downarrow$，结果：$Y\uparrow$，$i\uparrow$。

2→3：$(M/P)\uparrow \Rightarrow i\downarrow \Rightarrow I\uparrow \Rightarrow Y\uparrow \Rightarrow M_d\uparrow \Rightarrow i\uparrow$，结果：$Y\uparrow$，$i\downarrow$。

最终综合影响：Y 增加，i 大体保持不变。

3. 考虑两种紧缩方案。一种是取消投资补贴；另一种是提高所得税税率。如图 12 - 9 所示，利用 *IS-LM* 模型与投资曲线讨论不同政策对收入、利率与投资的影响。

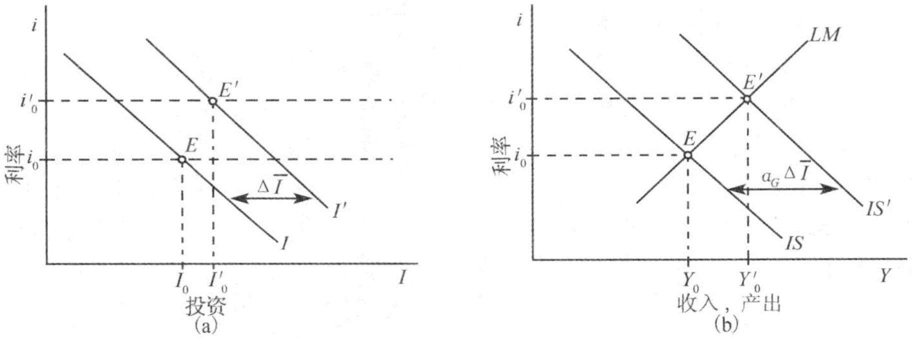

图 12 - 9 投资变化及对 *IS* 的影响

答：(1)第一种方案：取消投资补贴，对收入、利率、投资的影响如图 12 - 10 所示。

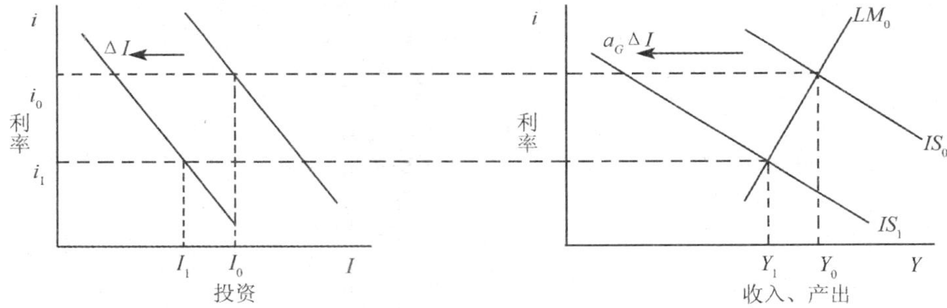

图 12 - 10 取消投资补贴的效应分析

由图形可以看出，取消投资补贴后，在每一个利率水平下，投资会减少 ΔI，*IS* 曲线会向左平移到 IS_1，最终收入会由 Y_0 下降到 Y_1，利率由 i_0 下降到 i_1，投资由 I_0 下降到 I_1，由于利率下降使投资会有一定的上升，从而使得实际投资的下降量少于 ΔI。

(2)第二种方案：提高所得税税率，对收入、利率、投资的影响如图 12 - 11 所示。

提高税率，乘数 α 减小，*IS* 曲线在纵轴截距不变的条件下，变得更加陡峭，如图 12 - 11所示，收入由 Y_2 减少到 Y_1，利率由 i_0 降低为 i_1，投资由 I_0 上升到 I_1。

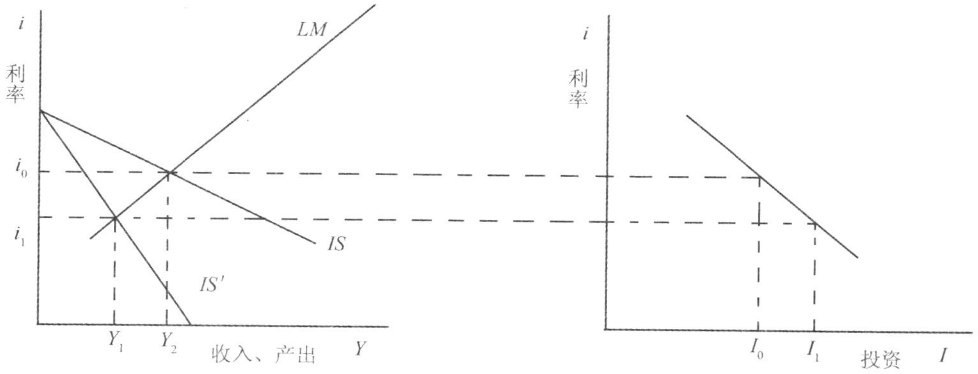

图 12－11　提高税率的效应分析

4. 在图 12－12 中，通过扩大货币或者扩大充分就业赤字，经济已达到充分就业。哪个政策导向 E_1 点，哪个政策导向 E_2 点？你希望如何选择？谁更强烈偏好达到 E_1 点？对于 E_2 点呢？什么政策相当于“平衡增长”？

答： 货币扩张导致利率下降，从而刺激投资增加收入。*LM* 曲线向右移动，可以达到图 12-12中的新均衡点 E_2。财政扩张导致收入和利率上升。*IS* 曲线向右移动，可以达到图 12－12 中的新均衡点 E_1。

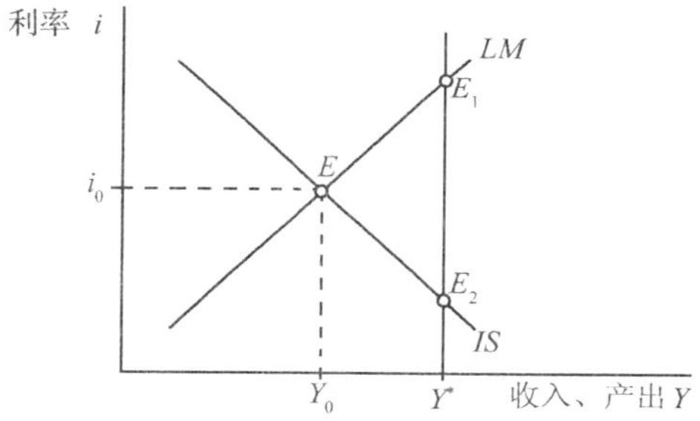

图 12－12　扩张性政策与产出构成

增加政府购买的财政扩张使作为 GDP 一部分的公共支出增加，而私人支出(尤其是投资)占 GDP 的份额下降。税收的削减提高了消费水平，但由于利率上升降低了投资水平。货币扩张增加了投资(由于利率下降)和消费(由于收入增加)。

“平衡增长”指投资和消费与收入同时获得增长的一种情形。基于这种情况，应该采用“投资补贴”使得 *IS* 曲线向右上方移动，从而达到图 12－12 中的新均衡点 E_1，使得产出增加，进而消费也随之增加，尽管利率的上升会产生一定的挤出效应，但由于投资补贴的作用，还是会使得投资增加，从而实现经济的平衡增长。这样消费(由于收入增加)和投资(由于投资补贴)都将上升。也可以通过扩张性财政政策和扩张性货币政策的组合实现充分就业。此时 *IS* 曲线和 *LM* 曲线都会向右移动，并且均衡点在 E_1 和 E_2 之间。

作为投资者，希望选择扩张性的货币政策；作为就业者，希望选择增加充分就业的扩张性财政政策。强烈偏爱于达到 E_1 的最坚定的支持者是那些失业者、领取救济的人、公共物品的生产者、政府干预主义者；对于 E_2 来说，强烈偏爱于达到 E_2 的是投资者、私有企业主。

第13章　国际联系

13.1　复习笔记

【知识框架(庖丁解牛)】

- 国际联系
  - 国际收支与汇率
    - 国际收支的定义
    - 国际收支平衡表
    - 外汇与汇率
  - 长期汇率
    - 购买力平价理论
    - 实际汇率
  - 商品贸易、市场均衡与贸易余额
    - 本国支出、对本国商品的支出与净出口
    - 商品市场的均衡
    - 回响效应
  - 资本的流动性
    - 资本完全流动的含义
    - 利率平价
    - 国际收支与资本流动
    - 政策的两难处境：内部均衡和外部均衡
  - 固定汇率制下的资本完全流动性(蒙代尔-弗莱明模型)
    - 蒙代尔-弗莱明模型概述
    - 蒙代尔-弗莱明模型中的货币扩张
    - 蒙代尔-弗莱明模型中的财政扩张
  - 资本完全流动性与浮动汇率制
    - 对实际干扰的调整
    - 财政政策
    - 适应于货币存量变动的调整
    - 资本完全流动情况下的货币政策与财政政策的作用
    - 以邻为壑的政策与竞争性贬值

【考点难点归纳(厚积薄发)】

考点一：国际收支与汇率　★★★★★

1. 国际收支的定义

国际收支是指一个国家或地区与世界上其他国家或地区之间，由于贸易、非贸易和资本往来而发生的一种国际间的资金收支行为。

2. 国际收支平衡表（见表 13－1）

表 13－1　国际收支平衡表

要点	具体内容
含义	是反映一定时期一国（或地区）同外国的全部经济往来的收支流量表，可综合反映一国的国际收支状况、收支结构及储备资产的增减变动情况
主要项目	①经常账户：主要记录商品与服务贸易以及转移支付。②资本账户：主要记录股票、债券和土地等资产的买卖
核算原则	一国居民国际收支的增加项就是另一国居民国际收支中的赤字项
国际收支平衡的原理	当一国的经常账户出现赤字时，表示支付给国外的收入大于它从世界其他地方所得的收入，此时必须用出售资产或向国外借债的方式获得资金来弥补赤字。这时该国资本账户就会出现盈余，满足：经常项目赤字＋资本项目盈余＝0
国际收支盈余	指官方储备的增加，计算公式为：国际收支盈余＝官方外汇储备的增加＝经常账户盈余＋净私人资本流入

3. 外汇与汇率（见表 13－2）

表 13－2　外汇与汇率

<table>
<tr><th>要点</th><th colspan="3">具体内容</th></tr>
<tr><td>外汇</td><td colspan="3">指用外币表示的，能用于国际间结算的使用凭证和支付手段。外汇的买卖价格即汇率，是指两种不同货币之间的交换比率，衡量一国货币的对外价值</td></tr>
<tr><td>固定汇率</td><td colspan="3">与浮动汇率相对，是指由政府和中央银行决定的汇率。固定汇率制度下，政府和中央银行会对外汇市场进行全面干预</td></tr>
<tr><td rowspan="3">浮动汇率</td><td>定义</td><td colspan="2">也称弹性汇率，是指国家货币主管部门不规定本国货币与另一国货币的官方汇率，而根据市场供求关系来决定的汇率</td></tr>
<tr><td rowspan="2">类型</td><td>清洁浮动</td><td>又称自由浮动，是指汇率完全按照市场供需情况自由浮动，且上下浮动的幅度完全按照外汇市场的供需进行调节。实践中不存在完全的清洁浮动</td></tr>
<tr><td>肮脏浮动</td><td>又称管理浮动，是指一国货币当局为使市场汇率朝着有利于本国的方向浮动，避免汇率波动幅度过大影响对外贸易和本国国际收支，而对市场汇率的升降幅度进行公开或隐蔽干预的汇率制度</td></tr>
<tr><td rowspan="2">汇率标价方法</td><td>直接标价法</td><td colspan="2">指用一单位的外国货币作为标准，折算为一定数额的本国货币来表示的汇率。世界上大多数国家（包括中国）都采用直接标价法</td></tr>
<tr><td>间接标价法</td><td colspan="2">指用一单位的本国货币作为标准，折算为一定数额的外国货币来表示的汇率。采用间接标价法的国家主要有美国和英国</td></tr>
</table>

考点二：长期汇率 ★★★

1. 购买力平价理论（见表 13－3）

表13－3　购买力平价理论

要点	具体内容
概述	是一种汇率决定理论，认为当一单位本国货币能在本国或国外购买到同样的一篮子商品时，两国货币就处于购买力平价上，这时的汇率就是均衡汇率
理论成立的前提	一价定律，即同一商品在不同国家的价格是相同的
理论成立的条件	①经济的变动来自货币方面。 ②价格水平与货币供给量成正比。 ③国内的相对价格结构比较稳定。 ④经济中的实际因素(如技术、消费倾向)不变，也不会对经济结构产生实质影响

2. 实际汇率(见表13－4)

表13－4　实际汇率

要点	具体内容
含义	指在名义汇率的基础上剔除通货膨胀因素后的汇率，衡量一国在国际贸易中的竞争力。计算公式为：$R=eP_f/P$。其中，P表示本国物价水平，P_f表示外国物价水平，e表示直接标价法的名义汇率
与购买力平价的关系	①当实际汇率等于1时，各种货币就处于购买力平价上。 ②当实际汇率大于1时，本国产品竞争力增强，对国内商品的相对需求将会增加。最终使国内价格上升或汇率下降，从而更接近于购买力平价。 ③PPP意味着在长期中实际汇率将回到其平均水平(也称相对PPP)
作用	消除了货币之间存在的通货膨胀差异，比名义汇率更能反映不同货币实际的购买力水平。因此，实际汇率与购买力平价(PPP)有着相似的作用和特点

考点三：商品贸易、市场均衡与贸易余额 ★★★★

1. 本国支出、对本国商品的支出与净出口

用DS表示本国居民的支出，则：

$$\text{国内居民支出 } DS=C+I+G$$

$$\text{对国内商品的支出}=DS+NX=(C+I+G)+(X-Q)=(C+I+G)+NX$$

其中X是出口，Q是进口，$NX\equiv X-Q$是贸易(商品与服务)盈余。

假定国内支出取决于利率与收入，因此有：$DS\equiv DS(Y,\ i)$。由于净出口取决于收入、国外收入Y_f和实际汇率R，因此：$NX=X(Y_f,\ R)-Q(Y,\ R)=NX(Y_f,\ Y,\ R)$。因此：

(1)在其他条件不变的情况下，国外收入的增加将会改善本国的贸易平衡状况，从而提高总需求。

(2)本国货币的实际贬值将会改善贸易余额，从而使总需求增加。

(3)本国收入的提高将会增加进口支出，导致贸易余额恶化。

2. 商品市场的均衡

(1)边际进口倾向：

边际进口倾向是指收入每增加一单位所引起的进口需求增加的比重。边际进口倾向越大，乘数效应对于经济的刺激作用就会越小。

(2)开放经济下的 IS 曲线:

开放经济下的 IS 曲线包括了作为总需求组成部分的净出口。因此,此时的 IS 曲线方程为:$Y = DS(Y, i) + NX(Y, Y_f, R)$。开放经济下的 IS 曲线比封闭经济中的 IS 曲线更陡峭。

①国外收入提高的影响:

随着国外收入的增加,国外对国内商品的需求将会增加,对本国商品的支出增加,导致净出口增加。因此,在利率不变时,国外收入提高表现为 IS 曲线向右移动,如图 13-1 所示。

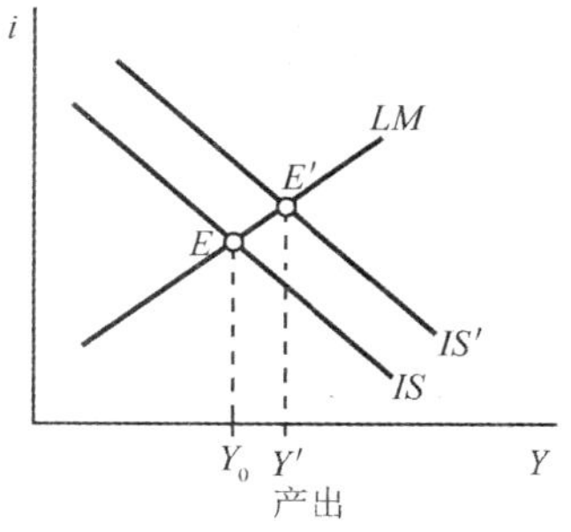

图 13-1 国外收入提高的影响

②实际贬值的影响:

实际贬值将增加对国内商品的需求,导致净出口提高,使 IS 曲线向右移动。不同扰动对均衡收入水平与净出口的效应如表 13-5 所示。

表 13-5 不同扰动对均衡收入水平与净出口的效应

指标	国内支出增加	国外收入增加	实际贬值
收入	+	+	+
净出口	-	+	+

3. 回响效应

回响效应是指一个地区的经济增长对另一个地区的经济增长产生影响的效应,比如资本、技术等要素从增长缓慢的地区流向增长迅速的地区。在相互依存的世界中,一国的政策变化既影响其他国家,也影响该国,然后又反馈于该国的经济。

考点四:资本的流动性 ★★★★

1. 资本完全流动的含义

资本完全流动是指投资者能在选定的任何国家,以低交易成本迅速而无限量地购买资产。资产持有者愿意并能够调动大量资金,超越国界去寻求最高的回报或最低借贷成本。

2. 利率平价

利率平价是指所有可自由兑换货币的预期回报率相等时,外汇市场所达到的均衡条件。利率平价是一种货币对另一种货币的升值(贬值)将被利率差异的变动所抵消的现象。根据利率平价关系,投资者通过在远期外汇市场上的套期保值,不管在国内投资还是国外投资,都会实现同样的国内收益率。

3. 国际收支与资本流动

(1)假定条件:

①本国面临的是既定的进口价格和既定的出口需求。

②世界利率为固定的 i_f,即国外资本市场利率是既定的。

③资本完全流动。

④没有外汇风险。

(2)资本完全流动下的国际收支盈余:

国际收支盈余(BP)等于贸易盈余(NX)加上资本账户盈余(CF),满足:$BP=NX(Y, Y_f, R)+CF(i-i_f)$。其中,收入的增加会恶化贸易余额,而利率超过世界水平时也会吸引国外资本,从而改善资本账户盈余。

4. 政策的两难处境:内部均衡和外部均衡

(1)开放经济中宏观经济政策的两难选择:

内部均衡与外部均衡一起,构成了宏观经济政策的两大目标。内部均衡是指一国国内经济处于稳定、协调增长的状态,主要指标是经济达到充分就业水平而又没有通货膨胀。外部均衡是指一国经济发展和世界经济相协调的状态,国际收支保持基本平衡,没有大量的赤字或盈余。

内部均衡和外部均衡之间存在政策目标冲突。当实现内部均衡时,由于充分就业,工资水平较高,不利于本国产品在国际市场上的竞争,出口减少或进口增加,对国际收支不利,因而不利于实现外部平衡。

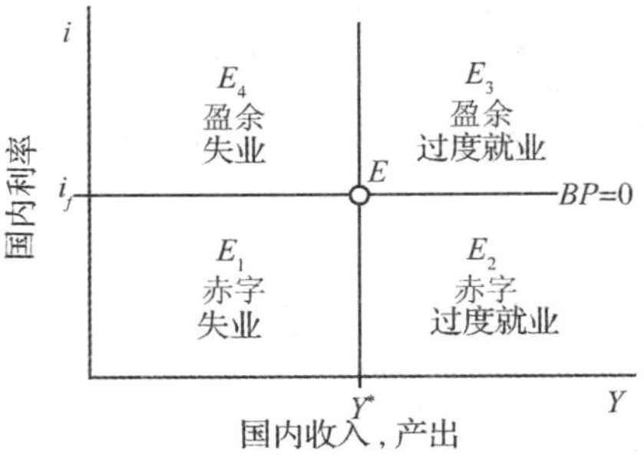

图13-2 固定汇率制下的内部均衡与外部均衡

如图13-2所示,曲线$BP=0$代表国际收支均衡时,利率与国民收入的所有组合点。在资本完全流动条件下,$BP=0$为一条水平线,因此,只有在国内利率水平等于国外水平(即$i=i_f$)时,才处于外部平衡。充分就业的产出水平为Y^*,E点是同时达到内部均衡与外部均衡的唯一的点。

(2)政策选择:

通过财政政策和货币政策的有机配合,在充分就业、工资水平较高的条件下,仍能维持国际收支平衡,同时实现内部均衡和外部均衡。但如何配合使用财政政策和货币政策,严格地说,要取决于汇率制度。

考点五:固定汇率制下的资本完全流动性(蒙代尔-弗莱明模型) ★★★★★

1. 蒙代尔-弗莱明模型概述

蒙代尔-弗莱明模型是指将标准*IS-LM*模型扩展为对资本完全流动情况下的开放经济的分析,说明资本是否自由流动以及不同的汇率制度对一国宏观经济的影响的模型。

2. 蒙代尔-弗莱明模型中的货币扩张

如图13-3所示,初始均衡点为E点。当货币扩张后,LM曲线向右下方移动,经济移到E'点,但是在E'点出现了大量国际收支赤字,因而有货币贬值的压力。在固定汇率制度下,中央银行必须进行干预,售出外币,并收进本国货币,造成LM曲线移回到左上方。这个过程将会一直继续下去,直至经济在E点恢复到初始均衡为止。

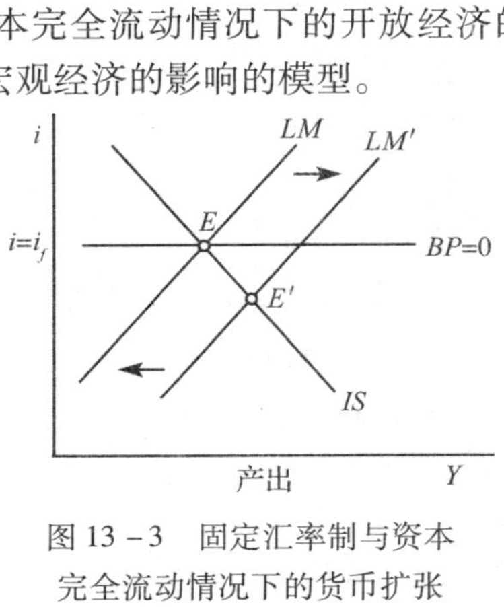

图13-3 固定汇率制与资本完全流动情况下的货币扩张

3. 蒙代尔-弗莱明模型中的财政扩张

图 13－4 表明，在不改变原先的货币供给的情况下，财政扩张使 *IS* 曲线移向右上方，导致利率和产出水平二者的增加。利率提高会引起资本流入，将使汇率升值。为了维持汇率不变，中央银行不得不扩大货币供给，于是，收入会进一步增加。当货币供应量增加到足以使利率恢复到其原先的水平，即 $i=i_f$ 时，均衡也重新恢复。

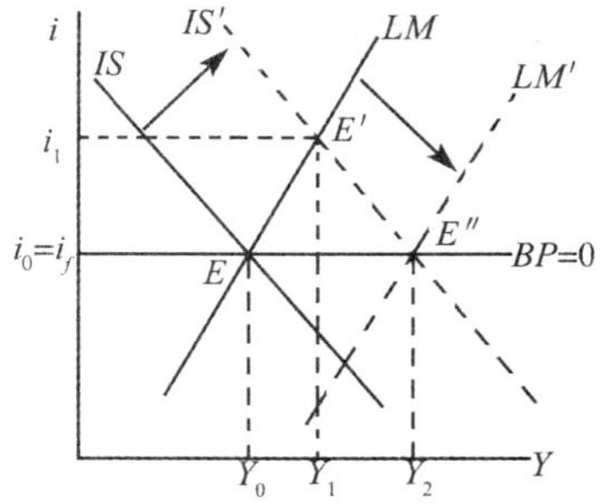

图 13－4　固定汇率制与资本完全流动情况下的财政扩张

总结：蒙代尔-弗莱明模型的结论是，货币政策在固定汇率下对刺激经济毫无效果，在浮动汇率下则效果显著；财政政策在固定汇率下对刺激经济效果显著，在浮动汇率下则效果甚微或毫无效果。

考点六：资本完全流动性与浮动汇率制 ★★★★★

1. 对实际干扰的调整

如图 13－5 所示，*E* 点为初始均衡点。当对本国商品的需求增加时，*IS* 曲线向右移动到 *IS'*。在 *E'* 点，商品市场与货币市场都将出清，但是 *E'* 点并不是一个均衡点，因为此时国际收支并未处于均衡状态。实际上，经济根本不会达到 *E'* 点，因为经济的走向使汇率升值，*IS* 曲线从 *IS'* 向左回移，一直移回到初始位置为止。

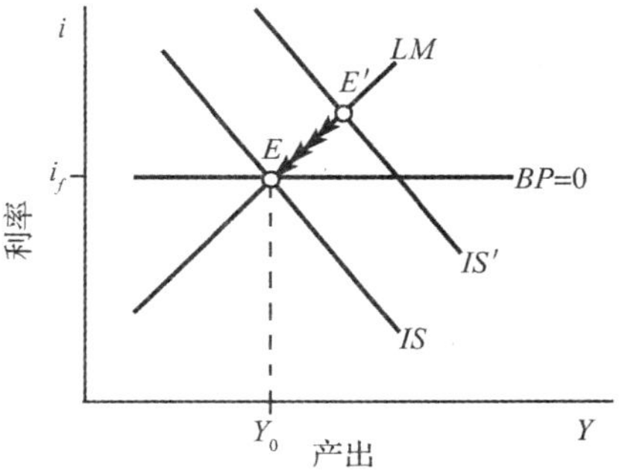

图 13－5　出口需求增加的效应

2. 财政政策

(1)完全的挤出效应：

财政扩张导致需求增加，利率再一次上升的倾向使得货币升值并导致出口下降，进口增加。出现完全的挤出，这种挤出不是由较高的利率减少投资而引起的挤出，而是由于汇率升值，减少净出口产生的挤出。

(2)结论：

在资本完全流动的浮动汇率制下，对需求的实际干扰不影响均衡产出，财政扩张并不能改变均衡产出，但会使国内的一些需求从本国商品转向外国商品。

3. 适应于货币存量变动的调整

如图 13－6 所示，初始均衡为 *E* 点。在价格 *P* 给定的情况下，名义货币数量 $\overline{M}$ 的增加，会使实际货币存量 $\overline{M}/\overline{P}$ 增大，导致 *LM* 曲线向右下方移动至 *LM'*。在 *E'* 点，商品市场与货币市场处于均衡状态，利率低于世界水平，资本的流出对汇率施加压力，导致贬值，净出口增加。*IS* 曲线会向右一直移动，直到贬值的汇率将需求与产出提高到 *E''* 点所表示的水平为止。

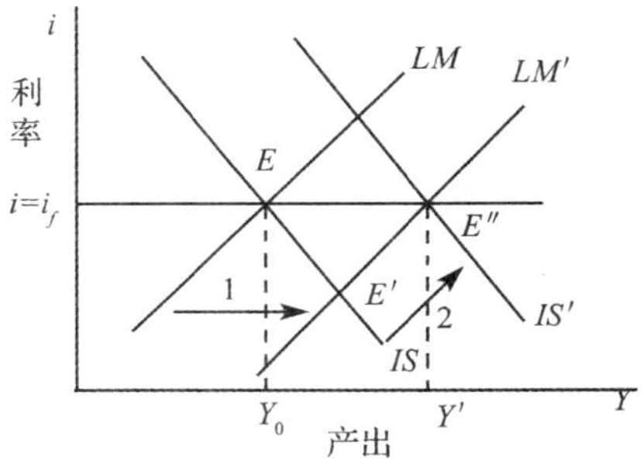

图 13－6　增加货币量的效应

4. 资本完全流动情况下的货币政策与财政政策的作用(见表13－6)

表13－6 资本完全流动情况下的货币政策与财政政策的作用

制度政策 汇率	固定汇率制	浮动汇率制
货币扩张	产出无变化；储备减少等于货币增加	产出扩张；贸易余额改善，汇率贬值
财政扩张	产出扩张；贸易余额恶化	产出无变化；净出口减少，汇率升值

5. 以邻为壑的政策与竞争性贬值

(1)以邻为壑的政策：

以邻为壑的政策是指试图以牺牲别国的产出来增加本国产出的政策，是输出失业，或以损害他国利益来创造本国就业的一种方式。

(2)竞争性贬值：

竞争性贬值是指某些国家为了刺激出口或限制进口，纷纷降低本国货币对外币的汇率，即促使本币对外贬值。从个别国家看来，汇率贬值可以吸引世界需求，提高本国产出。但是，如果各个国家都试图贬值时，就会面临竞争性贬值，此时只是在世界范围内转移需求。

13.2 课后习题详解

一、概念题

1. 国际收支

答：国际收支是指一个国家或地区与世界上其他国家或地区之间，由于贸易、非贸易和资本往来而发生的一种国际间的资金收支行为。

国际收支主要包括资本账户和经常账户两个账户。经常账户主要记录商品与服务贸易以及转移支付。其中，商品与服务贸易项目包括运输、专利支付、利息支付以及净投资收入。而资本账户主要记录了资产的买卖，即股票、债券与土地等资产的买卖。国际收支核算的简单原则就是在任何交易中，一国居民付出款项就是增加国际收支中的亏损项目。

2. 汇率

答：汇率是指两种不同货币之间的交换比率，是以另一种通货表示的某种通货的价格，是衡量一国货币的对外价值的尺度，在国际间经济往来中有着重要职能。汇率是各个国家为了达到其政治目的的金融手段。汇率会因为利率、通货膨胀、国家的政治和每个国家的经济等原因而变动。

3. 蒙代尔-弗莱明模型

答：蒙代尔-弗莱明模型是指蒙代尔与弗莱明在扩展米德对外开放经济条件下不同政策效应的分析的基础上，说明资本是否自由流动以及不同的汇率制度对一国宏观经济的影响的模型。

该模型的基本结论是：货币政策在固定汇率下对刺激经济毫无效果，而在浮动汇率下则效果显著；财政政策在固定汇率下对刺激经济效果显著，而在浮动汇率下则效果甚微或毫无效果。1962 年，蒙代尔提出“政策配合说”，强调以货币政策促进外部均衡，以财政政策促进内部均衡。他的开放经济下的两国模型也分析了两国经济的相互依存性及政策的传导效应。相互依存意味着一国政策当局要实现自己的目标，就必须与其贸易伙伴国采取的政策协调一致。

4. 国际收支盈余

答：国际收支盈余是指官方储备的增加，官方储备的交易相当于中央银行活动。当经常账户出现赤字时，政府可以为其提供资金来弥补经常账户赤字，也可以通过减少其外汇储备的方式来弥补赤字，即在外汇市场出售外币；当出现盈余时，中央银行可购买私人领域赚得的(净)外国通货来增加中央银行的储备。用公式可以表示为：国际收支盈余 = 官方外汇储备的增加 = 经常账户盈余 + 净私人资本流入。

5. 外部均衡

答：外部均衡是指一国的经济发展处于和世界经济相协调的状态，主要的衡量标准是国际收支指标保持基本平衡，没有大量的赤字或盈余。外部均衡与内部均衡构成了宏观经济政策的两大目标。如果一国只使用货币政策、财政政策中的一种，要同时达到内部均衡和外部均衡是非常困难的。

6. 净投资收入

答：净投资收入是指本国居民持有的外国资产的利息和利润减去外国人拥有本国资产所得到的收入的差额。投资收入由国际利息、股息和本国在国外经营的企业返回的利润所构成。产品和服务的出口与进口间的差额通常称为经常账户余额，除产品和服务的净出口外，经常账户余额还包括净劳务收入、净投资收入和净单方面转移支付。把对外净投资收入归入经常账户，是因为这部分收入是对外投资提供的服务所获的补偿。

7. 以邻为壑政策

答：以邻为壑政策是指试图以牺牲别国的产出来增加本国产出的政策。本国货币扩张会引起汇率贬值，净出口增加，从而增加本国的产出与就业，但是本国净出口的增加会导致国外贸易余额的恶化。本国货币贬值使需求从国外商品转移到本国商品上，国外的产出与就业会因此下降。正是由于这个原因，由贬值引起的贸易余额的变动被称为以邻为壑的政策。它是输出失业，或以损害其他国家来增加本国就业的一种方式。本国福利的提高是以牺牲别国利益为代价的，因此这一政策很容易引起别国的报复和贸易战的爆发，最终损害双方的利益。

8. 金融

答：金融是指货币流通和信用活动以及与之相联系的经济活动的总称，在本章主要指“国际金融”，即国际间一切与货币信用有关的业务活动的总称。它是在国际商品交换发展到一定历史条件下产生和发展起来的。当商品交换越出了国界，成为国际商品交换之后，必然导致货币的收支在各国之间进行。随着国际商品交换的不断发展，国际间的政治、文化和其他各种往来关系不断发展，国际间的经济关系也由最初的商品贸易关系发展为包括资本借贷、对外投资等在内的更为广泛的经济往来，从而促进了国际间货币信用活动的发展。

国际金融是超越国家界限的更为广泛而复杂的金融活动，其基本内容包括：国际汇兑、国际货币制度、国际金融机构、国际资本移动、国际金融市场、国际收支及调节机制、汇率制度、利率政策、外汇管制制度以及与货币信用有关的其他金融制度、政策等。它所研究的对象是货币在国际间运动的基本规律。

9. 名义汇率

答：名义汇率是指在外汇市场上进行日常交易时使用的外币价格，即外汇牌价。汇率可以分为名义汇率和实际汇率。名义汇率通常是先设定一种特殊的货币，如美元、特别提款权作为标准，然后确定本币与此种货币的汇率。汇率随美元、特别提款权的币值变动而变动。名义汇率不能反映两种货币的实际价值，而是反映随外汇市场上外汇供求的变动而变动的外汇买卖价格。

10. 资本账户

答：资本账户是指国与国之间发生的资本流出与流入。换言之，就是一国为了某种经济目的在国际经济交易中发生的资本跨国界的收支项目。国际收支平衡表的内容非常复杂、广泛。各国编制的国际收支平衡表也不尽相同，但均包括三个主要项目：经常项目、资本项目和平衡项目。其中资本项目包括资本项目和金融项目两项。资本项目的主要组成部分包括资本转移和非生产、非金融资产的收买或出售。金融项目是反映金融资产和负债所有权变更的所有权交易的账户，包括直接投资、证券投资、其他投资和储备资产。

11. 固定汇率制

答：固定汇率制是指汇率由政府和中央银行而不是由自由市场决定，并且政府和中央银行对外汇市场进行全面干预的汇率制度，固定汇率是浮动汇率制的对称。固定汇率下各国货币的汇率基本保持固定，同时会将汇率的波动幅度限制在一个规定的范围内。

在金本位制下，各国货币的金平价是固定汇率确定的基础，黄金输送点则是汇率波动的界限。第二次世界大战后建立了以美元为中心的固定汇率制，国际货币基金组织建立之初曾经规定，会员国的货币平价一律以一定数量的黄金或美元来表示，并据此形成国际固定汇率制度。在这种制度下，会员国的货币汇率只能围绕该国货币同金平价之比在上下限各1%的幅度范围内波动。后来，虽然汇率的波动幅度不断扩大，但波幅规定仍不变。当某国货币对美元汇率的波动超过这一幅度时，该国货币当局有义务干预外汇市场，并将汇率波动限制在规定的上下限内。20世纪60年代以后，美元一再贬值。1971年8月15日美国宣布停止外国银行用美元向美国兑换黄金后，1973年2月美元再次大幅度贬值，西方各国货币纷纷与美元脱钩，不再实行固定汇率制而改为实行浮动汇率制。

12. 开放经济

答：开放经济是指在全球范围内实行资源配置的经济，是与封闭型经济相对立的概念。在开放型经济中，要素、商品与服务可以较自由地跨国界流动，从而实现最优资源配置和最高经济效率。一般而言，一国经济发展水平越高，市场化程度越高，该国经济就越接近于开放型经济。在经济全球化的趋势下，发展开放型经济已成为各国的主流选择。

开放型经济与外向型经济的不同在于：外向型经济以出口导向为主，开放型经济则以降低关税壁垒和提高资本自由流动程度为主。在开放型经济中，既出口，也进口，基本不存在孰重孰轻的问题，关键在于发挥比较优势；既吸引外资，也对外投资，对资本流动限制较少。

13. 清洁浮动

答：清洁浮动是指中央银行对外汇市场不采取任何干预措施，汇率完全由市场力量自发地决定。在清洁浮动制度下，汇率完全按照市场的供需情况自由浮动，上下浮动的幅度完全按供需自行调节，政府不对汇率市场采取任何干预措施。当外国货币供过于求时，外国货币价格会下跌，本国货币对外汇率上浮；当外国货币供不应求时，外国货币的价格会上涨，本国货币对外汇率下浮。美国曾一度主张实行汇率的清洁浮动。由于汇率的浮动往往会影响一国的国际收支状况，各国为了避免汇率的剧烈波动，一般都会直接或间接地对外汇市场进行干预，因此在实践中根本不存在完全的清洁浮动汇率。

14. 弹性(浮动)汇率制

答：弹性(浮动)汇率制是固定汇率制的对称，是指国家货币主管部门不规定本国货币与另一国货币的官方汇率，只根据市场供求关系来决定的汇率制度。外国货币供过于求时，外币贬值，本币就升值，外币的汇率就下浮；而外国货币供不应求时，外币升值，本币就贬值，外币的汇率就上浮。即使汇价跌至低限度或涨到高限度时，国家货币主管部门也没有义务进行调控。

浮动汇率制可分为自由浮动与管理浮动，前者指中央银行对外汇市场不采取任何干预措施，汇率完全由外汇市场的供求力量自发地决定；后者指实行浮动汇率制的国家，对外汇市场进行各种形式的干预活动，主要是根据外汇市场的供求情况售出或购入外汇，以通过对外汇供求的影响来影响汇率。实行浮动汇率制有利于通过汇率的波动来调节经济，也有利于促进国际贸易，尤其是在中央银行的外汇与黄金储备不足以维持固定汇率的情况下，实行浮动汇率对经济较为有利，同时也能取缔非法的外汇黑市交易。但浮动汇率不利于国内经济和国际经济关系的稳定，会加剧经济波动。

15. 资本完全流动

答：资本完全流动是指投资者能在其选定的任何国家以低(无)交易成本，迅速且无限制地购买资产。资本完全流动时，资产持有者愿意并能够调动大量资金，超越国界去寻求最高的回报或最低借贷成本。

在固定汇率制与资本完全流动的情况下，货币政策无力影响产出。通过增加货币存量来降低本国利率的任何企图，都将引起资本的大量外流，导致货币发生贬值，迫使中央银行不得不以外币购买本国货币，进行抵消货币的贬值。这种减少本国货币存量的情况将会持续到汇率回到初始水平时为止。在资本流动的固定汇率制下，中央银行不能独立运用货币政策。在资本具有完全流动性的固定汇率制下，财政政策高度有效。财政扩张能够提高利率，从而使中央银行增加货币存量，以保持汇率的固定不变，加强了扩张性财政政策的效应。

在浮动汇率制与资本完全流动的情况下，财政政策完全无效，而货币政策则十分有效。

16. 竞争性贬值

答：竞争性贬值是指某些国家为了刺激出口或限制进口，纷纷降低本国货币对外币的汇率，即促使本币对外贬值。这是有些国家进行贸易战的手段之一。竞争性贬值多发生于一国允许其通货发生贬值来改善其贸易余额，并会损害其他国家的情况，也指一系列报复性的贬值。

从个别国家看来，汇率发生贬值可以吸引世界需求，从而提高本国产出。如果各个国家都试图贬值，以吸引世界需求，该国就会面临竞争性贬值。竞争性贬值的结果只是在世界各处转移世界需求，而不是增加全世界的支出水平。另外，如果各国大致以相同的程度贬值，那么汇率与开始时的情况差不多。当世界范围内的总需求处于不正常的水平时，需要协调货币政策与(或)财政政策，而不是通过贬值来提高各个国家的需求与产出。

17. 购买力平价(PPP)

答：购买力平价是指一种汇率决定理论，认为货币如果在各国国内具有相等的购买力，那么这时的汇率就是均衡汇率。如果2美元和1英镑在各自的国内市场上可以购买等量的货物，则2美元兑换1英镑便存在购买力平价。购买力平价有绝对购买力平价和相对购买力平价两种类型。

购买力平价理论的思想基础是，如果一国的货物相对便宜，那么人们就会兑换该国货币并在该国购买商品。购买力平价成立的前提是一价定律，即同一商品在不同国家以同一单位货币计算的价格是相同的。此外，购买力平价成立还需要满足一些其他条件：①经济的变动来自货币方面；②价格水平与货币供给量成正比；③国内的相对价格结构比较稳定；④经济中的如技术、消费倾向等实际因素不变，也不对经济结构产生实质影响。

18. 抛补利率平价

答：抛补利率平价是指利用远期汇率来覆盖汇率波动风险时产生的条件。在完全理想的条件下，如果在两个国家，同一种金融工具或两种相似的金融工具的预期收益不同，储蓄者会将资金从一个国家转移到另一个国家。只有预期收益率相等时，这种转移才会停止，市场达到均衡。也就是说，在国际金融市场上应该存在一个利率平价，在利率平价下，各国的利率会相同，确保资金不发生流动。抛补利率平价就是根据这一思想推导出来的。

19. 远期汇率

答：远期汇率也称期汇汇率，与即期汇率相对，是指交易双方达成外汇买卖协议，约定在未来某一时间进行外汇实际交割所使用的汇率。这一汇率是双方以即期汇率为基础事先约定好的，但往往与即期汇率有一定差价，其差价称为升水或贴水。远期汇率虽然是未来交割所使用的汇率，但与未来交割时的市场现汇率是不同的。前者是事先约定的远期汇率，后者是未来的即期汇率。

20. 实际汇率

答：实际汇率是指在名义汇率的基础上剔除了通货膨胀因素后的汇率。从计算方法上，它是在现期名义汇率的基础上，用过去一段时期两种货币各自的通货膨胀率(物价指数上涨幅度)来加以校正，从而得出实际的汇率水平及汇率变化程度。由于消除了货币之间存在的通货膨胀差异，它比名义汇率更能反映不同货币实际的购买力水平。由此可以看出，实际汇率与购买力平价（PPP）有着相似的作用和特点。

21. 货币升值

答：货币升值也叫“货币增值”，是指在汇率浮动的条件下，本国货币的价值相对于其他国家货币价值的增加，是货币贬值的对称，指一单位本国货币兑换外国货币能力的提高，即本国货币对外汇价的提高。

22. 全球化

答：全球化是一种认为世界正在朝着单一化全球经济变动的观点，是指商品、劳务、资本及信息在全球范围内自由流动的趋势。随着现代科学技术的迅猛发展和社会生产力的提高，世界各国经济间相互联系、相互作用、相互渗透、相互依存的程度日益深化，经济活动与经济发展过程的全球性得以不断加强。

国际贸易自由化的迅速发展是经济全球化的基础和第一大推动因素。国际资本的自由流动是经济全球化的第二大推动因素，全球投资领域管制的解除或放松，为外国直接投资消除了制度障碍。国际直接投资不断增长，将世界各国的经济越来越密切地联系在一起。此外，国际金融市场迅猛发展和国际金融市场的扩大，都促进了各国之间的投资、筹资和融资。

20 世纪 90 年代以来，随着冷战局面的结束，特别是随着以信息技术为核心的新技术革命的兴起，经济全球化的进程加快，世界各国经济上的联系和合作不断加强；但在经济全球化的过程中也出现了全球统一经济规则与各国经济主权的矛盾，以及全球金融市场动荡、风险增大等问题。

23. 回响效应

答：回响效应是指一个地区的经济增长对另一个地区的经济增长产生影响的效应，比如资本、技术等要素从增长缓慢的地区流向增长迅速的地区。回响效应是由瑞典经济学家、诺贝尔经济学奖获得者贡纳尔·缪尔达尔提出来的。

在相互依存的世界中，一国的政策变化既影响其他国家，也影响该国，然后又反馈于该国的经济。增加政府支出时，该国的收入上升；部分增加的收入将花费在购买进口品上，这意味着国外收入也将增加。国外收入增加后，会提高国外对该国商品的需求，这又会增加因政府增加支出而引起国内收入扩大的势头等。

这些回响效应在实践中可能很重要。当一国经济扩展时，它会像一个火车头把其余的世界拉进经济扩展之中。同样，如果其余的世界经济扩展了，一国也会同时分享这种扩展。

24. 货币贬值

答：货币贬值是指在浮动汇率制下的外汇价格的上升，表示需要较多数额本币才能换得一定数量外币，或者一定数量外币能换得较多数额本币。货币贬值使本国货币兑换价值下降，因而本国货币变弱了。

25. 利差

答：利差是指不同国家为相同的资产支付的利息率的差异，或者在同一国家为不同的资产所支付的利率的差异。当一个国家紧缩信贷时，利率会上升，与国际市场上形成利率差异，将引起短期资金在国际间移动，资本一般总是从利率低的国家流向利率高的国家。这样，如果一国的利率水平高于其他国家，就会吸引大量的资本流入，本国的资金流出减少，导致国际市场上抢购这种货币；同时资本账户收支得到改善，本国货币汇价得到提高。反之，如果一国松动信贷时，利率下降。如果利率水平低于其他国家，则会造成资本大量流出，外国资本流入减少，资本账户收支恶化。同时外汇交易市场上就会抛售这种货币，引起汇率下跌。

26．储备

答：“储备”主要指“国际储备”，是指一国政府所持有的，备用于弥补国际收支赤字，维持本国货币汇率，且国际间可以接受的一切资产。

目前，国际货币基金组织会员国的国际储备，一般包括以下几项：①货币性黄金，即一国货币当局作为金融资产持有的黄金，在金本位制度下，黄金为全世界最主要的国际储备资产，但由于黄金的开采量受自然条件的限制，而且私人窖藏、工业与艺术用途的黄金需求不断增长，黄金日渐难以满足世界贸易和国际投资的扩大对货币的需要。②外汇储备，指各国货币当局持有的对外流动性资产，主要是银行存款和国库券等。而一国货币充当国际储备货币，必须具备两个基本特征：一是能够自由兑换为其他货币(或黄金)，为世界各国普遍接受作为国际计价手段和支付手段；二是内在价值相对比较稳定。③在IMF的储备头寸，指在IMF普通账户中会员国可以自由提取使用的资产，具体包括会员国向IMF缴纳份额中的外汇部分和IMF用去的本国货币持有量部分。④特别提款权，IMF对会员国根据其份额分配的，可用以归还IMF贷款和会员国政府之间偿付国际收支、弥补赤字的一种账面资产。IMF分配的而尚未使用完的特别提款权，就构成一国国际储备的一部分。

27．经常账户

答：经常账户是指实质资源的流动，包括进出口货物、输入输出的服务、对外应收及应付的收益，以及在无同等回报的情况下，与其他国家或地区之间发生的提供或接受经济价值的经常转移。

国际收支平衡表分为两大账户：经常账户(又称“经常项目”)、资本和金融账户(又称“资本和金融项目”)。经常账户(或经常项目)是记录一国居民与非居民之间在货物和服务、收入、经常转移方面交易的账户。“居民”概念相当于国民账户体系中的“常住机构单位”，“非居民”概念相当于国民账户体系中的“非常住机构单位”。经常账户分为三类项目：货物和服务(细分为货物、服务两个分项)、收入(细分为雇员报酬、投资收入)、经常转移。

28．内部均衡

答：内部均衡是“外部平衡”的对称，是指一国国内经济处于稳定、协调增长的状态，主要指标是经济达到充分就业水平而又没有通货膨胀。内部均衡与外部均衡一起，构成了宏观经济政策的两大目标。但是，内部均衡和外部均衡并不是没有矛盾的。如在内部均衡实现时，由于就业充分，工资水平较高，不利于本国产品在国际市场上的竞争，出口减少或进口增加，对国际收支不利，因而不利于实现外部均衡。

29. 升值

答：升值是指国家通过增加本国货币的含金量，提高本国货币对外国货币的比价。这种升值常常是在世界金融危机时，一国为了阻止外国货币的大量流入，避免本国货币在国内加速贬值而被迫采取的一种措施。货币升值的国家，由于货币对外比价提高，出口商品价格随之提高，进口商品价格相应降低，削弱了商品的竞争能力。

30. 贬值

答：贬值是升值的对称，是指单位货币所含有的价值或所代表的价值的下降，即单位货币价格下降。贬值在国内引起物价上涨现象。但由于贬值在一定条件下能刺激生产，并且降低本国商品在国外的价格，有利于扩大出口和减少进口，因此第二次世界大战后，许多国家把它作为反经济危机、刺激经济发展的一种手段。

31. 干预

答：干预是指中央银行通过买卖外汇来稳定汇率的行为。中央银行对于固定汇率的操作类似于其他的价格支持方案，如同农产品市场上的情况一样。即当市场供求一定时，价格的维持者就必须弥补超额需求或吸收超额供给。为了能保证价格（汇率）继续固定不变，中央银行必须持有外币或外汇库存，用来兑换本国通货。只要中央银行拥有必需的储备，它就能继续干预外汇市场，以保持汇率不变。但是，如果一国的国际收支持续出现赤字，中央银行最终将会用尽外汇储备，无法继续进行干预。

32. 即期汇率

答：即期汇率也称现汇率，与远期汇率相对，是指某货币目前在现货市场上进行交易的价格，即交易双方达成外汇买卖协议后，在两个工作日以内办理交割的汇率。这一汇率一般就是现时外汇市场的汇率水平。即期汇率是由当场交货时货币的供求关系情况决定的。在外汇市场上挂牌的汇率，除特别标明远期汇率以外，一般指即期汇率。

33. 经济和货币联盟（EMU）

答：经济和货币联盟简称“欧盟”，是指由欧洲共同体进一步发展而成的欧洲区域性组织。它建立在经济与货币联盟、外交与安全政策、协调各国内政与司法事务三项内容的基础上。1991 年 12 月，欧洲共同体 12 国政府首脑在荷兰的马斯特里赫特城召开会议，并于 1992 年 2 月签署了《欧洲经济与货币联盟条约》和《政治联盟条约》，合称《欧洲联盟条约》，通常又称为《马斯特里赫特条约》，简称《马约》。《马约》于 1993 年正式生效，标志着欧洲共同体成为欧盟。

欧洲货币联盟的主要目标是要建立名为欧元的单一欧洲货币。从 1999 年 1 月 1 日欧元的初步使用过渡阶段开始，欧元仅以银行业务货币的形式存在，用于账面金融交易和外汇交易。欧元于 2002 年正式取代欧洲联盟成员国的国家货币。欧元将以纸币与硬币形式全面流通。

欧洲货币联盟的成员国目前包括：德国、法国、比利时、卢森堡、奥地利、芬兰、爱尔兰、荷兰、意大利、西班牙以及葡萄牙。

34. 管理(肮脏)浮动

答: 管理浮动又称"肮脏浮动",是指一国货币当局为使市场汇率向有利于本国的方向浮动,避免汇率波动幅度过大影响对外贸易和本国国际收支,而对市场汇率的升降幅度进行公开或隐蔽的干预。它具有如下特点:①不需要满足金本位和布雷顿森林体系下的金平价;②汇率波动尽管没有公开界限但仍受到控制;③存在不同程度的政府干预,甚至国际社会的联合干预;④可以在一定程度上避免汇率的波动过大,进而避免其对经济造成的损失;⑤不存在全球统一的汇率管理模式,汇率的管理或干预比较困难。

35. 贸易

答: 贸易在本章中特指"国际贸易",又称"世界贸易",是指世界各国之间商品及劳务的交换活动,是国际分工的表现形式,是国际政治与经济关系的基础。国际贸易按其特点可以划分为直接贸易、间接贸易、转口贸易和边境贸易等。

国际贸易对各国的国民经济有着重大影响。虽然各国对外贸易额占国民生产总值的比例并不一定很大,但其影响往往具有决定性的意义。

36. 欧元

答: 欧元是指欧洲经济体与货币联盟成员国的统一货币,其取代了欧洲货币单位的地位。欧元于1999年1月1日在欧盟正式启用,由纸币和硬币组成。

根据《马斯特里赫特条约》(简称《马约》)的规定,欧盟成员国正式启用欧元必须达到四个趋同标准:①物价稳定趋同标准。这是《马约》规定的最主要的经济趋同标准。具体内容是:成员国的通货膨胀率不得高于欧盟内物价最平稳的一个成员国的平均通货膨胀率再加上1.5个百分点的水平。②政府预算趋同标准。它要求成员国具有稳健的政府财政。具体指标是:成员国的政府预算赤字不能超过当年GDP的3%,公债余额不能超过GDP的60%。③汇率趋同标准。《马约》规定所有成员国都要加入欧洲货币体系中的汇率机制,并且汇率在最近两年内没有出现持续性的贬值。④长期利率趋同标准。具体要求是:成员国的长期利率不能超过欧盟内三个物价最平稳的成员国的平均利率再加上2个百分点的水平。按照这四个标准审查,发现欧盟15个成员国有11个国家达到了要求,它们是德国、法国、比利时、西班牙、爱尔兰、意大利、卢森堡、荷兰、奥地利、葡萄牙和芬兰。因此,这11个国家于1999年1月1日率先正式启用欧元。

根据《马约》的安排,1999年1月1日到2002年1月1日是欧元的转换期。1999年1月1日,欧元成为流通货币,欧洲货币单位废止。从这一天开始,欧元和各成员国货币之间的兑换率不可更改地固定下来,欧元以1:1的比价代替欧洲货币单位。银行部门的批发交易和同业拆借市场操作从1999年1月1日起以欧元标价,零售业务在2002年1月1日以后完全采用欧元标价。企业部门在欧元启用后可以自由选择时间开始以欧元计价。政府部门于1999年1月1日起发行的政府债券以欧元标价,未清偿的公债余额也按1998年底确定的固定兑换率转换为欧元。债券的零售交易最迟从2002年1月1日起采用欧元计价。在欧元转换期,个人可以使用本国货币进行日常交易。2002年1月1日起,欧元纸币和硬币正式在欧元区流通。同年3月1日,各成员国的纸币和硬币彻底退出市场。无论是大额的交易还是零星的小额商品支付,欧元是唯一的价值尺度、流通手段和支付手段。

37. 边际进口倾向

答：边际进口倾向是国际贸易理论中的一个重要的概念，是指每一单位国民收入增量中，用于增加进口的比重，通常在公式中用 m 来表示。边际进口倾向大，则每一单位国民收入增量中用于进口的比重大，乘数效应对于经济的刺激作用就会较小，反之则较大。一般来说，出口增加所引起的国内生产总值增加不会全用于进口，所以边际进口倾向是小于 1 的，即 $m<1$。

38. 贸易余额

答：贸易余额是指一国在一定时期(如一年)内出口总额与进口总额的差额，一般以出口总额减去进口总额来表示。贸易余额只记录商品贸易，是衡量国际收支状况的指标之一。当出口总额超过进口总额时，表现为贸易顺差，又称“贸易盈余”；进口总额超过出口总额时，表现为贸易逆差，亦称“贸易赤字”；进出口总额相等，则为贸易平衡。

39. 无抛补利率平价

答：无抛补利率平价又称非抛补利率平价、未抛补利率平价，是一个比抛补利率平价更加宽泛的定义。无抛补利率平价是指投资者根据自己对未来汇率变动的预期，在承担一定的汇率风险的情况下进行投资活动，并根据利率的升贴水水平对未来汇率的变动作出预期的汇率决定理论。

其经济含义是：预期的远期汇率变动率等于两国货币利率之差。在未抛补利率平价成立时，如果本国利率水平高于外国利率，市场将预期本币在远期贬值。再如，如果本国政府提高利率，当市场预期未来的即期汇率不变时，本币的即期汇率将升值。

二、简答题

1. 有时说中央银行是国际收支赤字的必要因素。如何解释这一观点？

答：(1)国际收支是一个国家或地区在一定时期内各种对外经济交易所产生的外汇的收入与支出。在国际收支中，当对外交易产生的外汇收入大于支出时，便是国际收支顺差，反之，则是国际收支逆差，即国际收支赤字。

(2)如果国际收支出现赤字，则意味着一国支付给外国人的外汇多于该国从外国人那里得到的外汇，而进行国际支付所需要的外币是由中央银行提供的。如果中央银行拒绝提供进行支付所需的货币，则整个国家的货币供给将会减少，最终会导致该国经济的衰退。随着国内收入的下降，进口将会减少，从而国内的物价将会下降，有利于扩大出口，最终将会达成新的外部均衡。因而，从这个角度来说，中央银行是平衡国际收支赤字的必要因素。

2. 让我们来研究一个处于充分就业与贸易平衡的国家。汇率是固定的，而资本是不流动的。下面哪种类型的干扰，能用标准的稳定总需求的工具加以纠正？指出在每一事例中，对外部均衡与内部均衡的冲击以及合适的政策反应。

(1)出口市场的损失。

(2)储蓄减少，而对本国商品的需求相应增加。

(3)政府支出增加。

(4)对进口品的需求转移为对国内商品的需求。

(5)进口减少，储蓄相应增加。

答：(1)出口的下降导致收入的减少，同时也会带来贸易赤字，这种情况不能用标准的稳定总需求的工具加以纠正。最适合的政策反应是贸易保护措施与扩张性财政政策的结合。

(2)储蓄减少，而对本国商品需求的增加将会带来国民收入的增加，同时也会导致贸易赤字，削减政府开支是最适合的政策反应。

(3)政府支出的增加将会导致国民收入的增加，同时也会带来贸易赤字。削减开支是最合适的政策反应。

(4)对进口品的需求转移为对国内商品的需求将会使国民收入增加，带来贸易盈余。这种情况不能用标准的稳定总需求的工具加以纠正。削减政府开支，同时降低关税税率是最合适的政策反应。

(5)进口减少同时储蓄相应增加将会导致贸易盈余，但不会使国民收入发生变化。降低所得税同时降低关税是最适合的政策反应。

3. 解释当资本完全流动时，货币政策如何以及为何会保持其有效性。

答：(1)资本完全流动的含义：

资本完全流动是指投资者能在其选定的任何国家以低交易成本，迅速且无限制地购买资产。资本完全流动时，资产持有者愿意并能够调动大量资金，超越国界去寻求最高的回报或最低借贷成本。

(2)保持货币政策有效性的方法：

在资本具有完全流动性的浮动汇率制下，扩张性的货币政策降低了利率，同时由于资本是完全流动的，这将会导致资金的流出，资金的流出将会导致货币贬值。出口商品的价格会下降，外国人购买时会更便宜，这将会导致对出口商品的更大的需求。出口的增加将会带来总需求和国民收入的增加。

在资本具有完全流动性的固定汇率制下，财政政策高度有效。财政扩张会提高利率，从而使中央银行增加货币存量，以保持汇率的固定不变。所以，在实施货币政策时，应该同时采取相应的财政政策，从而保持货币政策的有效性。

(3)货币政策要保持其有效性的原因：

在固定汇率制与资本完全流动的情况下，货币政策无力影响产出。通过增加货币存量，来降低本国利率的任何企图，都将引起资本大量外流，趋向于引起货币贬值，迫使中央银行不得不以外币购买本国货币，进行抵消。这种减少本国货币存量的情况直到它回到初始水平时为止。在资本流动的固定汇率制下，中央银行不能独立运用货币政策。所以，要采取配套的措施来保持货币政策的有效性。

4. (1)如果美元-英镑汇率上升，美元是贬值还是升值？

(2)英镑发生了什么？

答：汇率是指买卖外国货币或对外国货币索取权所支付的价格，是两种不同货币之间的交换比率。汇率是衡量一国货币的对外价值的尺度，在国际间经济往来中有着重要职能。

由于在汇率标价时采取了不同的标准，就出现了两种不同的标价方法。直接标价法，又称应付标价法，是以一定单位的外国货币为标准，折算成一定数额的本国货币。采用这种标价方法，如果外汇汇率上升，说明外币币值上升，本币币值下跌；反之亦然。目前世界上绝大数国家都采用直接标价法。而间接标价法又称应收标价法，是以一定单位的本国货币为标准，折算成一定数额的外国货币。采用这种标价方法，则外汇汇率的升降与本国货币币值的高低成正比，即外汇汇率上升，说明外币币值下跌，本币币值上升，反之亦然。目前，世界上只有英国对美国采取间接标价法，但美国对英镑使用直接标价法。

（1）如果美元-英镑汇率上升，美元是贬值，因为需要更多的美元才可以换 1 单位英镑。

（2）英镑升值了，因为单位英镑可以兑换更多的美元了。（升值或贬值都要有一个参照物，这是相对概念。）

5. devaluation 与 depreciation 的区别是什么？

答：（1）devaluation 即贬值，指一国政府宣布调低本国货币对外国货币的比价。在信用货币流通条件下，贬值可区分为对内贬值和对外贬值。对内贬值通常是因为出现通货膨胀而导致货币购买力下降，对外贬值是指政府宣布调低本国货币对外国货币的比价。前者属于自行贬值，后者则是法定贬值。货币对外贬值旨在增强本国商品在国际上的竞争力，以扩大出口和减少进口。一般来说，货币对外贬值是由对内贬值造成的，但汇率的变动还受国际收支状况和对外贸易政策的影响。

（2）depreciation 即货币贬值，指需要用较多数额本币才能换得一定数量外币，或者一定数量外币能换得较多数额本币。贬值使本国货币兑换价值下降，因而本国货币变便宜了。

（3）贬值与货币贬值的区别在于二者发生的机制不同，二者分别对应于固定汇率制和浮动汇率制，但无经济学意义上的区别。贬值是指在固定汇率制下官方提高外国通货的汇价，是与升值相对应的；而货币贬值是指浮动汇率制下的外汇价格的上升，是与货币升值相对应的。

6. 以购买力平价理论解释汇率的长期行为。指出是否存在一种环境，在这种环境中 PPP 关系不会成立。

答：（1）汇率长期行为的购买力平价理论：

购买力平价是指一种传统的，但在实际中不太成立的汇率决定理论。它认为货币如果在各国国内具有相等的购买力，那么这时的汇率就是均衡汇率。如果 2 美元和 1 英镑在各自的国内可以购买等量的货物，则 2 美元兑换 1 英镑便存在购买力平价。

购买力平价理论的思想基础是，如果一国的货物相对便宜，那么人们就会兑换该国货币并在那里购买商品。购买力平价成立的前提是一价定律，即同一商品在不同国家的价格是相同的。此外，购买力平价成立还需要一些其他的条件：①经济的变动来自货币方面；②价格水平与货币供给量成正比；③国内相对价格结构比较稳定；④经济中如技术、消费倾向等实际因素不变，也不对经济结构产生实质影响。由于这些条件在现实中难以完全满足，因此，很多的西方学者认为，购买力平价理论不能良好地解释短期汇率的波动。但这一理论给出了货币间兑换的实质，即购买力的比较。因此，购买力平价理论更多的是作为解释汇率长期变化趋势的一种理论。

购买力平价存在两种形式：①绝对购买力平价，即两国货币的兑换比率等于两国价格水平的比率；②相对购买力平价，即两国货币兑换比率的变动等于两国价格水平变动的比率。

但由于运输成本及关税等因素的存在，这种情况并非是实际上的那样。此外，汇率并非由商品和劳务的国际贸易决定，而是由外汇的供求、资本转移以及政府的汇率政策等决定的，因而实际汇率会经常背离购买力平价，况且在许多情况下也难以对不同国家选择一套合适的商品加以比较，并计算平衡价格。

根据购买力平价理论，一国的价格水平上升，该国的货币就会贬值，反之则升值。或者说，通货膨胀率高的国家的货币会贬值，通货膨胀率低的国家的货币会升值。

（2）PPP关系不成立的环境：

购买力平价理论认为汇率的长期变动主要反映了国家间通货膨胀率的不同。在长期，购买力平价理论会很好的起作用，尤其是在通货膨胀率比较高并且是由于货币变化造成的时候。然而在短期，因为汇率变化比价格变化快很多，即使是货币扰动也将会影响竞争力。与此相类似，当发生实际扰动时，因为调整过程将影响贸易平衡条件，购买力平价关系将不会起作用。实际扰动的例子有不同国家间的技术的变化，出口需求的转移或潜在产出的转移。如果一揽子中“非贸易商品”占大多数，PPP关系不会成立，比如理发，即使在其他国家较为便宜，但是人们也不一定能消费。

7. 为什么经济学家关心PPP是否成立？

答：经济学家关心PPP是否成立的原因主要有以下几点：

（1）购买力平价理论（PPP）的主要内容为：一个国家货币的购买力之强弱，会影响对其他国家货币汇率的高低。不过这种理论要成立，必须有四个假设前提：①国际贸易必须完全自由；②所有的商品价格均呈同幅度的变动；③物价为影响汇率的唯一因素；④影响购买力的因素只有货币数量。

（2）购买力平价理论主张两国之间的汇率必须由两国货币的购买力比率来决定。虽然购买力平价理论的四种前提假设条件偏离现实太远，但实际上，在外汇市场中，如果一个国家通货膨胀相当严重，每一单位该国货币的购买力逐日下降时，持有该弱势货币者将会转换成其他较强势的货币，这样确实会使该国货币贬值。

（3）购买力平价理论提供了一个实际汇率的变动要受到限制的理由。它的基本逻辑有许多适用性：实际汇率离购买力平价预测的水平越远，对个人从事国际产品套利交易的激励就越大。它实际上是一价定律在国际市场上的应用。在所有的汇率理论中，购买力平价是最有影响的，这是因为首先它是从货币的基本功能（具有购买力）角度分析货币的交换问题，这非常符合逻辑，易于理解；同时它的表达式也最为简单，对汇率决定这样一个复杂问题给出了最为简洁的描述。购买力平价理论的这一特点使得它对政府的汇率政策产生了特别的影响，被广泛运用于对汇率水平的分析，成为许多经济学家和政府计算均衡汇率的常用方法。另外，购买力平价理论中所牵涉到的一系列问题都是汇率决定中的非常基本的问题，因此对购买力平价理论的争论最为激烈，它正是在这种争论中得到发展的，可以说始终处于汇率理论中的核心位置，是全部汇率理论的基础。

（4）经济学家的研究依赖于简化的经济模型，这些模型要尽可能地模拟现实世界，所以模型的任何假定都要与现实接近。经济学家的确需要关注购买力平价理论是否成立，因为在国际经济中很多模型都假定自身是正确的，而且从直观上看也是正确的。

8. 什么时候一国出现外部均衡？什么时候出现内部均衡？其中任一个还是两者都是政策目标？

答：(1)当国际收支接近平衡时，就会出现外部均衡。外部均衡指一国经济发展和世界经济相协调的状态，主要指标是国际收支保持基本平衡，没有大量的赤字或盈余。

(2)当产出处于充分就业水平并且没有通货膨胀时就会出现内部均衡。内部均衡是“外部均衡”的对称，指一国国内经济处于稳定、协调增长的状态，主要指标是经济达到充分就业水平而又没有通货膨胀。

(3)外部均衡与内部均衡构成了宏观经济政策的两大目标。但是，内部均衡和外部均衡并不是没有矛盾的。如在内部均衡实现时，由于充分就业，工资水平较高，不利于本国产品在国际市场上的竞争，出口减少或进口增加，对国际收支不利，因而不利于实现外部均衡。解决的办法是：微观层次上，采取适当的贸易鼓励政策，加强技术创新，提高劳动生产率，增强本国产品的国际竞争力；宏观层次上，通过财政政策和货币政策的有机配合，在充分就业、工资水平较高的条件下，仍能维持国际收支平衡。所以，要使二者同时达到均衡，必须综合运用货币政策和财政政策。

如果一国只使用货币政策、财政政策中的一种，要同时达到内部均衡和外部均衡是非常困难的。比如，一国面临高通货膨胀，国际收支又有顺差时，使用紧缩性货币政策可以压缩总需求以降低通货膨胀率，但会因本国出口商品价格下降，更增加国际收支顺差；如果让本国货币升值，虽可减少顺差，但会因进口商品价格上涨而加剧通货膨胀。如果同时使用上述两种政策，就有可能实现双均衡。

9. 根据蒙代尔-弗莱明模型，当汇率是固定汇率制，资本完全流动时，财政政策还是货币政策更成功？请解释。

答：根据蒙代尔-弗莱明模型，当汇率是固定的，资本完全流动时，财政政策会更为成功。原因如下：

(1)蒙代尔-弗莱明模型是指蒙代尔与弗莱明在扩展米德对外开放经济条件下不同政策效应的分析的基础上，说明资本是否自由流动以及不同的汇率制度对一国宏观经济的影响的模型。该模型的基本结论是：货币政策在固定汇率制下对刺激经济毫无效果，在浮动汇率制下则效果显著；财政政策在固定汇率制下对刺激经济效果显著，在浮动汇率制下则效果甚微或毫无效果。

(2)根据蒙代尔-弗莱明模型，当汇率是固定的，资本完全流动时，财政政策更为成功。在固定汇率制和资本完全流动的情况下，一国无法采取独立的货币政策。利率无法背离在世界市场上通行的利率水平。实施独立的货币政策的任何尝试都会导致资本流动，并且需要干预，直到利率重新回到与世界市场上的利率水平一致时为止。例如一开始紧缩货币供给，从而提高了利率。由于资本完全流动，大量的资本流入，导致本币有升值的压力。央行为维持固定汇率要对外汇市场进行干预，卖出本币，买进外币。这样就会使货币供给增加，降低了利率。这就使经济回到了原先的利率、货币存量和国际收支水平。因此货币政策无效。

与此相反，此时财政政策非常有效。在刚开始只是财政扩张，这样就会增加产出和提高利率。由于资本完全流动，大量的资本流入，导致本币有升值的压力。央行为维持固定汇率要对外汇市场进行干预，卖出本币，买进外币。这样就会使货币供给增加，降低了利率，产出增加。这实际上就是扩大了货币供给。最终会使利率达到初始水平，同时产出增加。所以财政政策非常有效。

10. 你的国家处于衰退中。你认为汇率贬值政策会刺激总需求，从而使国家脱离衰退。

(1)可以做些什么来引发贬值？

(2)其他国家会做何反应？

(3)在什么情况下，这就成为以邻为壑政策？

答：对单个国家而言，汇率贬值政策会刺激总需求，但是总体来说，并不一定使得国家脱离衰退。当多个国家进行竞争性贬值时，与贬值之前相比较，各国的经济状况不会发生太大的改变。

(1)可以实施货币扩张政策，这样就会降低本国利率。由于资本自由流动，大量资本流出本国。由于采取浮动汇率，在外汇市场上本币的供给会超过需求，从而造成本币的贬值。

(2)由于本币贬值，本国商品更具竞争力，外国商品的价格相对上升，因而使对本国商品的需求增加，出口增加、进口减少，即本国净出口增加，从而增加了产出与就业，但是本国增加的净出口对应着国外贸易余额的恶化。本国货币贬值使需求从国外商品转移到本国商品上，国外的产出和就业会因此下降。其他国家对于贬值的反应依赖于其所处的经济周期的位置。如果他国处于衰退阶段，那么贬值政策使得他国失业率更高，可能同样也会进行货币扩张造成货币贬值，从而使各国的状况会回到初始水平；如果他国处于繁荣阶段，贬值政策会受到欢迎，因为贬值使得他国的货币升值，公众对进口商品的需求增加使得国内通货膨胀的压力减小。

(3)当各国的经济周期高度同步的时候，就会成为以邻为壑政策。因为在总需求不变的情况下，只能造成需求从一个国家转移到另一个国家。如果世界总需求处于不正常水平，汇率调整就不能纠正总需求水平，基本上只是影响既定的世界需求在各国的分配。所以它实际上是在输出失业，或是损害别国就业来创造本国就业的一种方式。如果各国都试图贬值，以吸引世界需求，就会面临竞争性贬值，只是在世界各处转移世界需求，而不是增加全世界的支出水平，就会产生以邻为壑政策。

三、计算与分析题

1. 假定资本是完全流动的，价格水平固定不变，汇率是可变的。现在增加政府采购。首先解释为什么均衡产出水平与利率不受影响。然后证明由于政府采购商品与服务，经常账户是改善了还是恶化了。

答：(1)资本完全流动是指投资者能在其选定的任何国家以低交易成本，迅速且无限制地购买资产。资本完全流动时，资产持有者愿意并能够调动大量资金，超越国界去寻求最高的回报或最低借贷成本。

(2)假定资本是完全流动的，价格水平固定不变，增加政府采购将会带来收入的增加和利率的上升，这将会导致资金的流入，从而导致一国货币价值的上升，即导致货币升值。货币升值将会带来竞争性损失，净出口也被挤出到另一个水平——在这种水平上，对国内商品的需求也降低到原有的水平，而收入和利率仍将保持不变。只要存在利率差异这种情况还会继续，因此最终均衡产出水平与利率不受影响。

(3)此时的财政政策被完全挤出，它是由于汇率升值，减少净出口而产生挤出。所以净出口下降，即出口减少、进口增加，这将会使经常账户恶化。在资本完全流动的浮动汇率下，国际收支会自动地恢复到平衡状态。而其主要由经常账户与资本账户组成。由于利率曾经升高，这就产生了资金流入，造成资本账户盈余。因为国际收支总体是平衡的，所以伴随着资本账户盈余，经常账户肯定是赤字。所以由于政府采购商品与服务，经常账户是恶化了。

2. 1990 ~ 1992 年芬兰遭到严重困难。对苏联的出口锐减，而作为出口重要项目的纸浆与纸张的价格暴跌，导致衰退与经常账户赤字。对这种情况，你推荐什么调整政策？

答：面对经济衰退和经常账户赤字，一国最好采用扩张性的货币政策，并辅之以扩张性的财政政策。

因为增加货币的供给量将会降低国内的利率，这不仅会刺激国内投资的增加，从而增加产出，而且也会造成通货膨胀，导致通货贬值，这就会使出口的需求增加，从而进一步刺激产出的增加。在完全资本流动和可变汇率制的情况下，货币的扩张将会导致产出扩张、外汇贬值和改善贸易平衡。

然而，由于对苏联这个重要的贸易伙伴的出口锐减，且由于纸和纸浆这两种重要出口商品的价格下跌，使芬兰跌入了灾难的深渊。在这种情况下，扩张性的货币政策还不能够完全治愈芬兰的困难状况。同时采用扩张性的财政政策可能会是更好的选择，应该以刺激投资为辅，大力帮助那些出口企业开拓新的市场领域，同时对他们采取一些保护性的措施，从而来缓解这种困难的局面。

3. 假定你预期来年英镑将贬值 6%。假定美国利率为 4%。像政府债券这样的英镑证券需要达到什么样的利率，你才愿意以你今日的美元购买它，然后在一年内卖出兑换为美元？

答：如果预期来年英镑将贬值 6%，同时假定美国利率为 4%。像政府债券这样的英镑证券的利率至少达到 10% 时，人们才愿意以今日的美元购买，然后在一年中卖出兑换为美元。

因为假设英镑证券的利率为 10%，今天进行投资，用美元购买英镑证券。一年后将获得 10% 的英镑收益，由于预期英镑贬值 6%，所以收益变成 4%，与存入利率为 4% 的美国银行收益相当。所以当英镑证券达到或超过 10% 时，人们才会买进。

当资本完全流动时，国内利率等于国外利率加上汇率预期的调整变化。即 $i = i_f + (\Delta e/e)$，所以，$i_f = i - (\Delta e/e) = 4\% - (-6\%) = 10\%$。

4. 画图说明当资本是流动的，而价格与汇率均固定时的财政扩张效应。在什么范围内固定价格假设才被认为是有效的？试解释。

答：如图 13 - 7 所示，财政扩张使 IS 曲线由 IS_1 右移到 IS_2，这使产出增加以及利率上升，即 i_1 上升到 i_2，Y_1 上升到 Y_2。由于资本是完全流动的，利率上升后会有大量的资本流入，从而造成本币升值的压力。同时由于价格与汇率固定不变，央行为维持汇率不变就不得不扩大货币供给，从而 LM 曲线也由 LM_1 右移到 LM_2。导致利率降低，产出增加，即 i_2 下

降到 i_1，Y_2 上升到 Y_3。最终利率恢复到国际水平，产出扩张。在这种情况下没有挤出效应，拥有完全乘数效应。但是由于收入增加而价格与汇率固定不变，就增加了进口，从而导致贸易余额恶化。

如果价格变化使实际汇率下降，就会使本币升值，从而进口增加，出口减少，产出下降。若产出下降到 Y_1 的水平(此时财政扩张已经完全被挤出)，就会使财政扩张无效。假定使实际汇率不变的价格为 P_1，导致实际汇率下降，产出减小为 Y_1 时对应的价格为 P_2。则(P_1，P_2)就是固定价格的有效范围，此时财政扩张不至于被完全挤出，财政扩张才会有效。

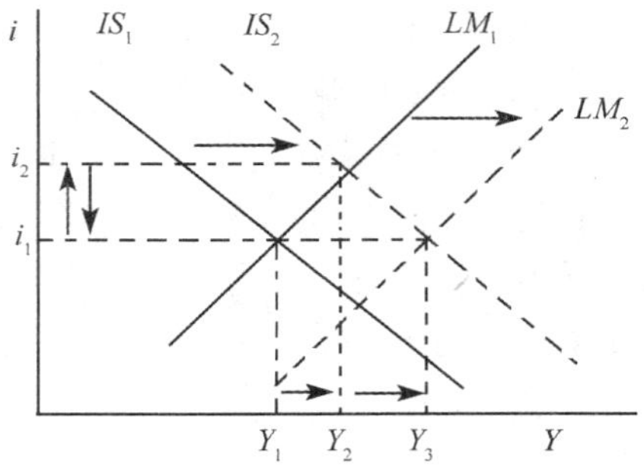

图13-7　资本流动、价格与汇率均固定时的财政扩张效应

5. 当汇率固定，资本完全流动时，财政扩张对产出与利率有什么作用？利用第13章第5节提出的模型进行精确的论证。

说明：题目中提到的第13章第5节阐述的模型实际上是蒙代尔-弗莱明模型在固定汇率制下资本完全流动的情况。在资本完全流动的情况下，最微小的利差也会引起资本的无限制流动。在固定汇率制下，由于资本的完全流动，中央银行无法独立实施货币政策。假定它采取了紧缩的货币政策，利率就会上升。世界范围的组合资产持有者就会立刻将其财富调拨过来，对新利率加以利用以便从中获利。其结果是大量资本流入，该国国际收支出现巨额盈余；外国人设法购买国内资产，使得汇率升值，迫使中央银行进行干预，以维持汇率固定不变。中国银行购买外币，放出本国货币。这种干预导致本国货币存量增加，结果是最初的货币紧缩被逆转了。当本国利率被压低到原有水平时，这个过程便归于结束。

结论是：在固定汇率制和资本完全流动的情况下，一国无法采取独立的货币政策。利率无法背离在世界市场上通行的利率水平。实施独立的货币政策的任何尝试都会导致资本流动，并且需要干预，直至利率重新回到与世界市场上的利率水平一致时为止。此时的财政政策非常有效，它使货币存量内生化。

答：资本完全流动是指投资者能在其选定的任何国家以低交易成本，迅速且无限制地购买资产。资本完全流动时，资产持有者愿意并能够调动大量资金，超越国界去寻求最高的回报或最低借贷成本。在资本具有完全流动性的固定汇率制下，财政政策高度有效。财政扩张会提高利率，从而使中央银行增加货币存量，以保持汇率的固定不变，加强了扩张性财政政策的效应。

如图13-8所示，扩张性的财政政策将会使 *IS* 曲线右移，导致产出的增加和利率的上升，暂时达到 E' 点。由于资本是完全流动的，利率上升将会产生资本的流入，从而导致本国货币有升值压力。中央银行为保持汇率不变将会通过增加货币供给量来对此做出回应，这又将导致 *LM* 曲线向右移动，直到国内利率水平同国际利率水平一致，从而增加了产出，到达点 E''。由于资本完全流动和汇率固定，此过程会非常短。在这种情况下，由于有了内生的货币供

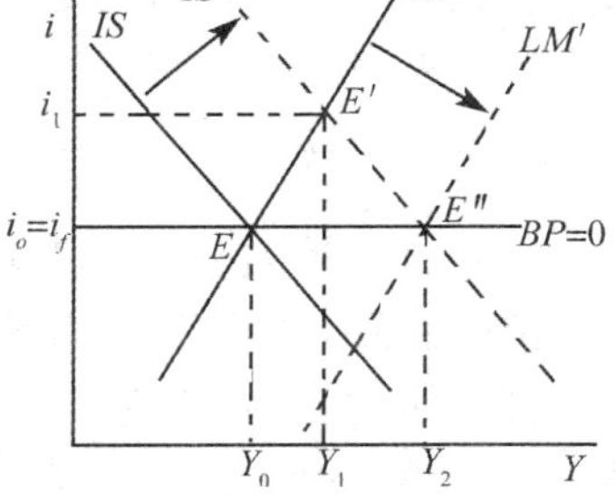

图13-8　汇率固定、资本完全流动下财政扩张效应

给，利率被有效地固定了，从而没有挤出效应，将会产生完全乘数效应。所以当汇率固定，资本完全流动时，财政扩张使产出增加，利率不变。

6. **一旦我们认识到国外产出的扩张是本国扩张的结果，这个问题就关系到本国扩张的回响效应。假定本国增加的自主性支出为 $\Delta\bar{A}$，完全用于本国商品中（在整个问题中，均假定利率不变）。**

（1）不考虑回响效应时，对收入的影响是什么？对本国进口的冲击是什么？以 ΔQ 代表增加的进口。

（2）借助增加进口的结果，研究国外发生了什么。本国进口增加意味着外国出口增加，从而对外国产品的需求增加。它们的产量也随之增加。假定外国边际储蓄倾向为 s^*，外国进口倾向为 m^*，由于其出口增加，外国收入将扩大多少？

（3）现在写出大家熟悉的国内商品市场均衡方程并将各个部分结合在一起：供给的变动为 ΔY，等于总需求的变动，$\Delta\bar{A}+\Delta X-m\Delta Y+(1-s)\Delta Y$，或者 $\Delta Y=\dfrac{\Delta\bar{A}+\Delta X}{s+m}$，请注意本国出口增加 ΔX，等于外国的进口增加 ΔX，我们可将 ΔX 替换成问题（2）的答案，给出具有回响效应的乘数一般公式。

（4）将你对问题（2）的答案代入本国出口变化量的公式 $\Delta X=m^*\Delta Y^*$。

（5）计算包括回响效应在内的本国收入的全部变动。现在将你的计算结果与省略回响效应的结果进行比较。回响效应造成了什么差别？考虑回响效应，本国收入扩张变大了还是变小了？

（6）研究包括或不包括回响效应的国内扩张对贸易余额的影响。一旦将回响效应考虑在内，贸易赤字是变大了还是变小了？

答：（1）在一个包含有国际贸易项目的简单支出模型中，当国内自主性支出增加 $\Delta\bar{A}$，将会对国民收入和贸易余额产生如下的影响（不考虑回响效应）：$\Delta Y=[1/(1-c+m)]\cdot(\Delta\bar{A})$ 和 $\Delta Q=[m/(1-c+m)]\cdot(\Delta\bar{A})$。

推导过程如下：

假定国际收支平衡时：$NX=X-Q=X_0-Q_0-mY$。

$Sp=C+I+G+NX\Rightarrow Sp=C_0+cY+I_0-bi_0+G_0+X_0-Q_0-mY=A-bi_0+(c-m)Y$

其中 $A=C_0+I_0+G_0+X_0-Q_0$（为了简化起见，假定 $TA=TR=0$）。

因为 $Y=Sp\Rightarrow Y=A-bi_0+(c-m)Y\Rightarrow(1-c+m)Y=A-bi_0\Rightarrow Y=[1/(1-c+m)](A-bi_0)$

所以，$\Delta Y=[1/(1-c+m)]\cdot(\Delta\bar{A})$；$Q=Q_0+mY\Rightarrow\Delta Q=m(\Delta Y)=[m/(1-c+m)]\cdot(\Delta\bar{A})$。

（2）由于本国收入增加 ΔY，从而使国外出口（即本国进口）的增加为 $\Delta Q=\Delta X^*=m\times\Delta Y$，所带来的外国国民收入的增加值为 ΔY^*。

将 $\Delta Q=\Delta X^*=m\times\Delta Y$ 代入 $\Delta Y^*=[1/(s^*+m^*)]\times\Delta X^*$，得：

$\Delta Y^*=[1/(s^*+m^*)]\times\Delta X^*=[m/(s^*+m^*)]\times\Delta Y$，其中 $s^*=1-c^*$。

（3）从 $Y=AD$ 可以推导出 $Y=A+X+(c-m)\times Y$，从而可以推导出 $Y=[1/(s+m)]\times(A+X)$，进而推出 $\Delta Y=[1/(s+m)]\times[\Delta\bar{A}+\Delta X]$。

所以本国自主性支出增加 $\Delta\bar{A}$，使本国收入在刚开始增加 $\Delta Y=[1/(1-c+m)]\times\Delta\bar{A}$。

由于 $\Delta Y^*=[m/(s^*+m^*)]\times\Delta Y$，从而推导出外国国民收入增加：

$$\Delta Y^* = [m/(s^* + m^*)] \times [1/(s+m)] \times \Delta\bar{A}$$

(4)由于 $\Delta X = m^* \times \Delta Y^*$，将上式代入，得本国出口增加：

$$\Delta X = m^* \times \Delta Y^* = [m^*/(s^* + m^*)] \times [m/(s+m)] \times \Delta\bar{A}$$

(5)由于 $Y = [1/(1-c+m)] \times [\Delta\bar{A} + \Delta X]$，且由于 $1-c=s$，所以，不难推出本国国民收入最终增加(注意为了简单起见，本题只考虑了一次回荡对自身的影响) $\Delta Y' = [1/(s+m)] \times \{\Delta\bar{A} + [m^*/(s^* + m^*)] \times [m/(s+m) \times \Delta\bar{A}]\}$，进一步化简，得本国国民收入最终增加 $\Delta Y' = [1/(s+m)] \times \{1 + [m^*/(s^* + m^*)] \times [m/(s+m)]\} \times \Delta\bar{A}$。

不考虑回响效应时，$\Delta Y = [1/(s+m)] \cdot \Delta\bar{A}$，$1 + [m^*/(s^* + m^*)] \times [m/(s+m)] > 1$，因此 $\Delta Y' > \Delta Y$。即考虑回响效应时，本国收入的扩张将大于省略回响效应时本国收入的扩张，因为通过外国收入增加而引起的出口增加弥补了部分进口的损失，从而使本国收入扩张变大。

(6)在不考虑回响效应的情况下，国内扩张对贸易余额的影响为 $\Delta NX = -m \times \Delta Y$。

因为 $\Delta NX = [(-m)/(s+m)] \times \Delta\bar{A} < 0$，所以 $\Delta\bar{A}$ 与 ΔNX 成反向变动，即自主性支出增加 $\Delta\bar{A}$，贸易余额就会减少 $[m/(s+m)] \times \Delta\bar{A}$。

但由于

$$\Delta X = m^* \times \Delta Y^* = [m^*/(s^* + m^*)] \times [m/(s+m)] \times \Delta\bar{A}$$

$$\Delta Y' = [1/(s+m)] \times \{1 + [m^*/(s^* + m^*)] \times [m/(s+m)]\} \times \Delta\bar{A}$$

因此，$\Delta NX' = (s \times M - m)/(s+m) \times \Delta\bar{A}$，此时 $M = [m^*/(s^* + m^*)] \times [m/(s+m)]$。

从代数式可以看出 $\Delta NX'$ 明显大于 ΔNX，其实此时 $\Delta NX'$ 也为负，即当考虑到回响效应时 $\Delta\bar{A}$ 与 $\Delta NX'$ 成反向变动。

因为

$$\begin{aligned}\Delta NX' &= (s \times M - m)/(s+m) \times \Delta\bar{A} = \{s \times [m^*/(s^* + m^*)] \times [m/(s+m)] - m\}/(s+m) \times \Delta\bar{A} \\ &= [m/(s+m)] \times \Delta\bar{A} \times \{[m^*/(s^* + m^*)] \times [s/(s+m)] - 1\}\end{aligned}$$

其中 $[m^*/(s^* + m^*)] < 1$，$[s/(s+m)] < 1$，所以 $[m^*/(s^* + m^*)] \times [s/(s+m)] - 1 < 0$，$\Delta NX' < 0$。

由于国外收入的引致增加，本国出口的增加在一定程度上抵消了本国进口的增加。从而在考虑回响效应的情况下，国内扩张对贸易余额的负面影响就变小了，使得贸易赤字相对变小。

注意：本题中字母带 * 的表示此变量为国外的，例如 m^* 表示为外国进口倾向，ΔX^* 为国外出口(即本国进口)的增加量。不带 * 的字母表示此变量为本国的，例如 ΔX 为本国出口增加 ΔX，$\Delta Y'$ 为本国国民收入的最终增加量。

第 14 章　消费与储蓄

14.1　复习笔记

【知识框架(庖丁解牛)】

消费与储蓄
- 消费函数之谜
- 消费与储蓄的生命周期-持久性收入理论
  - 生命周期理论(假说)
  - 持久性收入理论
  - 生命周期-持久性收入假说
- 用现代分析方法分析不确定情况下的消费
  - LC-PIH 理论——传统模型的回击
  - 对理论失效的解释
  - 缓冲库存储蓄
- 消费行为的深层方面
  - 利率变动对储蓄的影响
  - 巴罗-李嘉图等价定理
  - 储蓄的相关概念

【考点难点归纳(厚积薄发)】

考点一：消费函数之谜　★

消费函数之谜是指消费统计资料研究的结论与原有消费函数理论之间的矛盾。凯恩斯绝对收入假说得出的线性消费函数($C=a+bY_d$)在短期内得到现实的验证，但是在长期中难以满足，长期消费函数表达式应为 $C=bY_d$，即不存在自发消费。这种短期消费函数和长期消费函数表现出来的差异被称为“消费函数之谜”或“凯恩斯-库兹涅茨悖论”。

考点二：消费与储蓄的生命周期-持久性收入理论　★★★★

1. 生命周期理论(假说)

(1)概述：

生命周期理论(假说)是由美国经济学家 F·莫迪利亚尼、R·布伦伯格和 A·安东提出的一种消费函数理论。该假说认为，消费不取决于现期收入，而主要取决于一生的收入。理性人根据自己一生的收入和财产在长期中计划其消费与储蓄行为，以便在他们整个一生中，以最好的可能方式配置其消费。

(2)关键假定：

生命周期理论(假说)的关键假定是绝大多数人在各个时期大致消费相似的水平，即该理论假定人们试图每年消费相同的数量。

(3)消费函数:

函数形式为:$C = WL \times YL/NL$。其中,WL 表示工作年限,NL 表示生活年数,YL 表示每年收入水平。从公式中可以看出,边际消费倾向为 WL/NL。在这种分析中,假定储蓄不赚取利息,当前的储蓄将等额转换为未来的消费,所有资产将在生命终结耗尽。图 14－1 说明了消费与储蓄的方式。

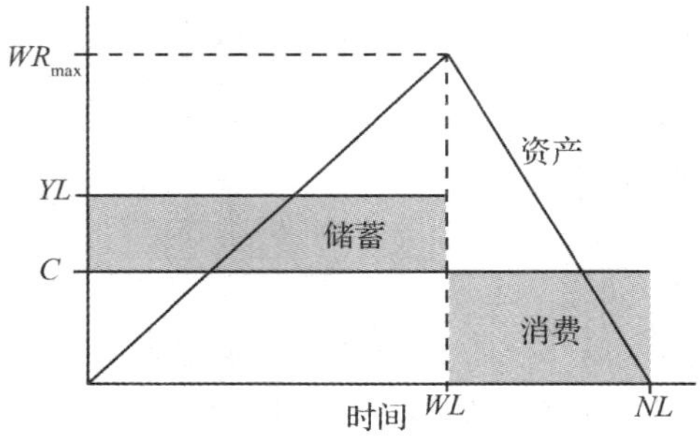

图 14－1　生命周期模型中一生的收入、消费、储蓄和财富

①边际消费倾向:

根据公式可知,边际消费倾向为 WL/NL,且随着年龄的变化而变化。由于经济体由多个不同寿命的个体组成,因此经济体的 MPC 是所有个体 MPC 的混合,所以经济体的 MPC 与个体的 MPC 是存在差异的。产生于财富的边际消费倾向等于产生于暂时性收入的边际消费倾向 $1/NL$,两者都非常小。

②平均消费倾向:

人们在一生中的消费规律是:青年时以未来收入换取借款,中年时或清偿早期债务或储蓄防老,老年时逐日消耗一生积蓄。一般而言,中年人具有较高水平的收入,青年人和老年人收入水平较低。因此,中年人具有较低的平均消费倾向,而青年人和老年人具有较高的消费倾向。但终其一生,个人具有相对稳定的长期消费倾向。

2. 持久性收入理论(见表 14－1)

表 14－1　持久性收入理论

要点	具体内容
提出者	美国经济学家 M·弗里德曼
概述	该理论认为个人或家庭的消费取决于持久性收入,与当前收入无关。在保持财富完整性的同时,个人的消费在其工作和财富的收入流量的现值中占有一个固定的比例。该理论在其最简单形态上,认为消费与持久性收入成比例
消费函数	$C = cYP$。其中:C 代表消费,c 代表边际消费倾向,YP 代表持久性收入
持久性收入的衡量	持久性收入和暂时性收入的差别是非常重要的,因为暂时性收入被假定对消费无任何实质性影响。在特定情况下,个人可以判断一项增加的收入是持久性的,还是暂时性的。但在一般情况下,个人很可能无法进行准确的判断

◆小试牛刀◆

根据持久性收入理论，下列哪一项是正确的？（　　）

A. 收入的变动总是在一段时间之后才会影响消费

B. 个人在给定年度的消费与利率有很大关系

C. 个人在某年的消费与他之前的最高收入有密切关系

D. 以上都不对

【答案】D

【解析】根据持久性收入理论，消费者的消费支出不是由他的现期收入决定的，而是由持久性收入决定的，持久性收入是消费者可以预计到的长期收入，即他一生中可得到的收入的平均值，由于消费取决于持久性收入，故消费者的长期消费倾向比较稳定，不会因为经济波动发生波动。因此给定年度的消费与利率、之前的最高收入、当期收入的变动都不会影响消费。

3. 生命周期-持久性收入假说

该假说结合了生命周期假说对财富和人口统计变量的强调和持久收入假说对收入预期的强调。按照“生命周期-持久性收入假说(简称 LC-PIH)”，暂时性收入所引起的开支将被分配到许多年份中去，因此消费比收入更稳定。

◆拓展延伸◆

LC-PIH 的观点：

(1)消费者以一生或永久的收入作为消费决策的依据。

(2)一次性暂时收入的变化所引起的消费支出变动甚小，即其边际消费倾向很低，甚至接近于0。但来自持久性收入变动的消费倾向很大，甚至接近于1。

(3)当政府想用税收政策影响消费时，如果减税或增税只是临时性的，则消费者并不会受到很大影响，只有税收变动是持久性的，政策才会有明显效果。

考点三：用现代分析方法分析不确定情况下的消费 ★★★★

1. LC-PIH 理论——传统模型的回击

根据 LC-PIH 理论，收入的意外变动会导致消费波动，如果收入没有意外变动，则本期消费应与上期的消费保持一致。典型的消费者一生效用最大化问题可表示为：

$$\max U = U(C_t) + U(C_{t+1}) + \cdots + U(C_{T-1}) + U(C_T)$$

$$s.t.\ \ C_t + C_{t+1} + \cdots + C_{T-1} + C_T = wr + YL_t + YL_{t+1} + \cdots + YL_{T-1} + YL_T$$

消费者为实现一生效用最大化，应满足一阶条件：$MU(C_{t+1}) = MU(C_t)$，即跨期的边际效用应该相等。实际上，由于未来边际效用在本期无法确定，消费者是无法实施边际效用相等原则的。

考虑到：①急躁情绪的影响，导致人们更愿意现在消费，以参数 δ 表示时间偏好率；②各期的消费和收入流之间不能直接比较，假定贴现率为 r(利率)。这两个因素对消费的影响是相互抵消的。因此，更充分的形式为：

$$\max U = U(C_t) + U(C_{t+1})(1+\delta)^{-1} + \cdots + U(C_T)(1+\delta)^{-T+t}$$

$$s.t.\ \ C_t + C_{t+1}(1+r)^{-1} + \cdots + C_T(1+r)^{-T+t} = wr + YL_t + YL_{t+1}(1+r)^{-1} + \cdots + YL_T(1+r)^{-T+t}$$

此时，消费者为实现一生效用最大化，应满足：$MU(C_{t+1})=[(1+\delta)/(1+r)]MU(C_t)$。假定边际效用函数满足线性的、单调的特征，则有：$E[MU(C_{t+1})]=MU[E(C_{t+1})]$，$MU[E(C_{t+1})]=MU(C_t)$，$E(C_{t+1})=C_t$，最后得到：$C_{t+1}=E(C_{t+1})+\varepsilon=C_t+\varepsilon$。这就是霍尔的随机游走模型。

2. 对理论失效的解释(见表14－2)

表14－2 对理论失效的解释

解释	具体内容
流动性约束	指经济活动主体因货币与资金量不足，且难以从外部得到货币与资金，从而难以实现预期的消费和投资量，造成经济中总需求不足的现象。由于流动性约束的缓解，当收入提高时，消费会提高得很多。因此，消费与当前收入的联系比LC-PIH理论暗示的要密切得多
缺乏远见	指家庭关于未来收入流的短视眼光，不能正确认识到未来的真正收入，这在实际中难以和流动性约束假说区别开

3. 缓冲库存储蓄(见表14－3)

表14－3 缓冲库存储蓄

要点	具体内容	
含义	指为了实现预防性目的而进行的储蓄。收入乐观时增加储蓄，以便在收入悲观时维持消费	
LC-PIH理论中的缓冲库存储蓄	不确定性	一个人的生命预期或退休时间具有不确定性，将来的需求也具有不确定性。对消费者而言，支出大量下降所产生的痛苦，大于增加同样规模的支出所得到的快乐，因此消费者会进行缓冲库存储蓄，从而避免在光景坏时大量削减消费
	目标财富水平	在存在缓冲库存储蓄的同时，许多消费者缺乏耐心，会有一个“目标”财富水平。如果财富低于目标水平，预防性储蓄动机比急躁情绪强烈，消费者将努力积累财富；如果财富高于目标水平，急躁情绪将强于预防性动机，消费者将削减储蓄。这些效应会导致更高的*MPC*

考点四：消费行为的深层方面 ★★★★★

1. 利率变动对储蓄的影响(见表14－4)

表14－4 利率变动对储蓄的影响

要点	具体内容
替代效应	当利率提高时，增加未来消费将会增加人们总效用，从而导致消费者减少当期消费，增加储蓄
收入效应	利率提高会使消费者将来的利息收入，即消费者的总收入水平增加，从而当期消费增加，储蓄相对降低
低收入者的情况	低收入者没有多少储蓄来获得利息收入，利率的提高对将来收入的提高不会产生大的影响。因此，利率的提高对低收入者主要产生替代效应，使低收入者减少当期消费，增加储蓄
高收入者的情况	利率提高的收入效应大于替代效应，利率变化产生的主要是收入效应。因此，在利率提高的情况下，高收入者会增加当期消费，减少储蓄

2. 巴罗-李嘉图等价定理(见表 14-5)

表 14-5 巴罗-李嘉图等价定理

<table>
<tr><th>要点</th><th colspan="2">主要内容</th></tr>
<tr><td>核心思想</td><td colspan="2">如果公众的预期是理性的，则政府的债务与税收是等价的，即对于发行政府债券或增加税收，政府无论采用哪种方式筹资，对经济总量都不会产生影响。实际上，该定理成立的前提条件太苛刻，现实经济很难满足</td></tr>
<tr><td>假定条件</td><td colspan="2">①无论是用税收还是公债来融资，初始时期的政府支出不变；
②初始时期发行的公债必须用以后课征的税收收入偿还；
③资本市场是完全的，即不存在流动性约束，而且个人与政府的借贷利率是相同的；
④个人对现在和将来的收入具有理性预期；
⑤个人作为现行纳税人和将来的潜在纳税人，其行为就好像能永远生存下去一样；
⑥个人能完全预见包含在公债发行中的将来时期的纳税义务；
⑦征收的是总税额，并且减税及税收负担的下降是均等地落在每一个消费者身上，每个消费者具有相同的边际消费倾向；
⑧公债持有者的数额与未来纳税额的负担是对称的</td></tr>
<tr><td rowspan="2">反对巴罗-李嘉图观点的主要理论</td><td>生命的有限性</td><td>已知人们生命是有限的，今天得到减税的人们不同于将来偿还债务的人。这种观点假定：现在活着的人并没有考虑后代在将来要支付的税收</td></tr>
<tr><td>流动性约束</td><td>面临流动性约束时，许多人的消费比他们按照其持久性收入所进行的要更少。对于这些人的税收削减缓和了他们的流动性约束，使得消费增加</td></tr>
</table>

3. 储蓄的相关概念(见表 14-6)

表 14-6 储蓄的相关概念

要点	具体内容
储蓄等式	国民总储蓄 = 政府储蓄 + 私人储蓄 = 政府储蓄 + 企业储蓄 + 个人储蓄
政府储蓄	也称公共储蓄，指财政收入与财政支出的差额。财政盈余称为正储蓄；财政赤字称为负储蓄。政府储蓄可以通过增收和节支的手段来实现
私人储蓄	指社会公众或居民将个人可支配收入用于消费以后所余下的部分。它是市场经济中投资活动的主要来源，是一国资本形成和经济增长的重要支柱
企业储蓄	指企业将在征收所得税和进行分配之后的净利润存入金融机构的行为，由企业留存收益，即未分配给企业所有者的利润总量构成。影响企业储蓄的主要因素是投资的边际效率
个人储蓄	指由个人和家庭进行的储蓄。影响个人及家庭储蓄水平的主要因素包括收入的多少、人们对未来收入的预期以及利息率的高低等

14.2 课后习题详解

一、概念题

1. 巴罗-李嘉图等价命题(李嘉图等价)

答：巴罗-李嘉图等价命题(李嘉图等价)是指由英国经济学家李嘉图提出，并由新古典主义学者巴罗根据理性预期重新进行论述的一种理论。该理论认为，在政府支出一定的情况下，政府通过采取征税或发行公债来为政府筹措资金，其效应是相同的。

李嘉图等价理论的思路是：假设政府预算在初始时是平衡的。政府实行减税以增加私人部门和公众的支出来扩大总需求，但减税会导致财政赤字。如果政府发行债券来弥补财政赤字，由于在未来某个时点，政府将不得不增加税收，以便支付债务和积累的利息。具有前瞻性的消费者知道，政府今天借债意味着未来将会征收更高的税收。用政府债务融资的减税并没有减少税收负担，它仅仅是重新安排税收的时间。因此，这种政策不会鼓励消费者更多支出。根据这一定理，政府因减税措施而增发的公债会被人们作为未来潜在的税收考虑到整个预算约束中去，在不存在流动性约束的情况下，公债和潜在税收的现值是相等的。这样，变化前后两种预算约束本质上是一致的，从而不会影响人们的消费和投资。

2. 政府储蓄

答：政府储蓄亦称“公共储蓄”，是指财政收入与财政支出的差额。若财政收入大于财政支出，就称财政盈余为正储蓄；如果财政收入小于财政支出，就称财政赤字为负储蓄。一般说政府储蓄指的是正储蓄。政府储蓄可以通过增收、节支的手段来实现，但从目前大多数国家情况看，节支与增收均较困难，财政多呈现赤字，政府没有储蓄，反而需发行国债，借老百姓的钱弥补财政赤字。

3. 缺乏远见

答：缺乏远见是指家庭关于未来收入流的短视眼光，不能正确认识到未来的真正收入。消费对当前收入的敏感性的另一种解释就是消费者缺乏远见，这在实际上难以和流动性约束假说区别开。如政府已经发布增加社会保障福利金的公告，但是直到福利金真正发生，人们才会相信这种福利的增加，才会调整个人或家庭消费支出。

4. 生命周期假说

答：生命周期假说是指由美国经济学家 F·莫迪利亚尼、R·布伦伯格和 A·安东提出的一种消费函数理论。该假说指出，在人一生中的各个阶段，个人消费占其一生收入现值的比例是固定的。消费不取决于现期收入，而主要取决于一生的收入。

生命周期假说的消费函数可以表示为：$C=bY_L+\sigma W_R$。其中：C 代表消费，b 代表劳动收入中的边际消费倾向，Y_L代表劳动收入，σ 代表实际财产的边际消费倾向，W_R代表实际财产。

生命周期假说认为，理性人根据自己一生的收入和财产来安排自己一生的消费并保证每年的消费水平保持在一定水平。人们在一生中的消费规律是：青年时以未来收入换取借款，中年时清偿早期债务或储蓄防老，老年时逐日消耗一生积蓄。一般而言，中年人具有较高水平的收入，青年人和老年人收入水平较低。所以，中年人具有较低的平均消费倾向，青年人和老年人具有较高的平均消费倾向。但终其一生，个人具有相对稳定的长期消费倾向。这就很好地解释了消费函数在长期和短期中的不同形式。

5. 具有可操作性的遗产动机

答：具有可操作性的遗产动机是指某人将遗产留给后代或朋友或慈善施舍的意愿。遗产动机是储蓄的原因之一。如果由于遗产动机而进行的储蓄占总储蓄的比重较大，而生命周期储蓄的比重较小，那么由于收入再分配政策主要影响遗赠储蓄，其对增加总消费的作用也较大。

生命周期储蓄是必需品，而遗赠储蓄是奢侈品。高收入者进行储蓄的动机，更多是出于遗赠目的(因为他们的收入很高，不必担心退休后消费水平会降低而进行大量的生命周期储蓄，同时他们有能力进行遗赠储蓄)，所以其遗赠储蓄的比重很高；而低收入者则更多出于生命周期动机而储蓄(为保证退休后消费水平不致降低，同时也没有能力考虑过多遗赠)，所以其生命周期储蓄的比重较大。

6. 缓冲库存

答：缓冲库存是指为了平抑市场上商品价格的波动而保持的一定数量的库存。通常情况下，主要由政府、地区联盟或世界性经济组织来担当建立缓冲存货的角色。当某种商品价格看跌时，则购进该种商品；当商品价格继续看涨时，就出售该种商品。其目的是为了避免因商品价格的大起大落而影响生产者和消费者的利益及他们预期的稳定性。建立缓冲存货往往是有针对性的，所储存的商品通常是那些需求弹性小、容易受到市场炒作和冲击的商品。同时，在操作中也需要考虑到这类商品是否便于储存，以及储存的费用是否昂贵等。

7. 一生的预算约束

答：一生的预算约束是指现在和未来一定时期内，以贴现值计算的消费总量必须等于资源总量。它是反映跨期的所有可行的消费组合的曲线，适用于一个以上时期的支出与收入的预算限制。终生预算约束的公式为：$C_t + (1+r)^{-1}C_{t+1} + \cdots + (1+r)^{-T}C_T =$ 财富 $+ YL_t + (1+r)^{-1}YL_{t+1} + \cdots + (1+r)^{-T}YL_T$。

8. 持久性收入

答：持久性收入是指美国经济学家 M · 弗里德曼提出的一种消费函数理论。它指出个人或家庭的消费取决于持久性收入。持久性收入可以被认为是一个人期望终身从其工作或持有的财富中产生的收入。弗里德曼的理论认为，在保持财富完整性的同时，个人的消费在其工作和财富的收入流量的现值中占有一个固定的比例。持久性收入假说的消费函数可以表示为：$C = cYP$。其中：C 代表消费，c 代表边际消费倾向，YP 代表持久性收入。

而在实际情况下，个人在任何时期的实际收入可能与持久收入不同。这种不同可以解释在消费函数形式方面相互矛盾的原因。该假说认为，个人的收入和消费都包含一个持久部分和一个暂时部分。持久收入和持久消费分别由一个预计的、有计划的收入成分和消费成分组成；暂时收入和暂时消费则分别由收入方面的意外收益或意外损失以及消费方面的不可预知的变化构成。在长期内，个人消费占有固定比例的持久收入，这就解释了长期消费函数。在短期内，许多家庭或个人在经济周期中会面临一个负值的暂时收入。然而他们的消费与其持久收入相关，因而他们的平均消费倾向增加，这就解释了短期消费函数。由于每个家庭和个人都寻求消费其持久收入的一个固定比例，因而意外的收益或损失将不会影响消费。但在实际运用中，持久收入和消费的价值估计非常困难。弗里德曼的持久收入假说还是他的现代货币数量论的重要组成部分。弗里德曼用持久收入的稳定性，证明了货币需求的稳定性，从而说明了货币供给量对经济的决定性作用。

9. 企业储蓄

答：企业储蓄是指企业将征收所得税和进行分配之后的净利润存入金融机构的行为。其目的主要有：①获取利息收益；②将一部分闲置资金保存下来作为扩大再生产之用。对企业利息征收所得税的直接影响是减少了企业的税后留利，对企业的扩大再生产产生不利影响，其结果是降低了企业储蓄愿望。影响企业储蓄的主要因素是投资的边际效率。

10. 一生的效用

答：一生的效用是指各个时期效用的总和。LC-PIH理论的现代方法开始在形式上描述一个代表性消费者终生效用最大化问题。在一个特定时期内，消费者享受该时期的消费效用$U(C_t)$。人们宁愿现在消费而不是将收入放到以后消费，因此以参数δ表示的时间偏好率较高，使得消费提前。抵消这种影响的是推迟消费，将收入储蓄起来获取利息(利率为r)。如果人们耐心等待，就能增加消费。计算每个时期的δ与r的百分比，则得到终生效用的方程，即：一生的效用$=U(C_t)+(1+\delta)^{-1}U(C_{t+1})+\cdots+(1+\delta)^{-T}U(C_T)$；取决于：$C_t+(1+r)^{-1}C_{t+1}+\cdots+(1+r)^{-T}C_T=$财富$+YL_t+(1+r)^{-1}YL_{t+1}+\cdots+(1+r)^{-T}YL_T$。消费者通过选择各个时期的消费，以便使其一生的效用达到最大化。

11. 个人储蓄

答：个人储蓄是指由个人和家庭进行的储蓄。个人及家庭储蓄的原因主要包括为不测事件建立储备金、为自己年老时积累资金、为保护自己的家属或为了其他某一具体目的等储蓄资金。个人和家庭储蓄也为商业资本投资提供了部分资金来源。影响个人及家庭储蓄水平的主要因素包括收入的多少、人们对未来收入的预期以及利息率的高低等。

12. 过度敏感性

答：过度敏感性是指当一个变量对另一个变量变化的反应比理论上预计的程度更大时的情况。例如，消费存在着过度敏感性，就是指消费的反应太强烈，以至于无法对收入变动作出预期。

消费的过度敏感性的发现与消费理论的发展密不可分。西方对消费理论的研究可以分为几个阶段：第一阶段是凯恩斯的消费理论，凯恩斯认为消费是当期收入的函数。第二阶段的代表是弗里德曼的持久收入假说(PIH)，以及莫迪利亚尼等的生命周期假说(LCH)。这两种消费理论都认为当期消费取决于持久收入，而和当期收入关系不大。第三阶段消费理论是在宏观经济学发展到理性预期的大环境下产生的，其代表是霍尔把理性预期方法论应用到生命周期假说和持久收入假说之上，提出了革命性的随机游走假说。根据随机游走假说，当期消费与上期消费和预期持久收入有关，而与滞后的收入水平无关。

霍尔的结论引起后续大量的计量检验。弗莱文的计量研究否定了随机游走假说，他认为当期和滞后的劳动收入变化与消费有显著的正相关性，消费不仅取决于持久收入，而且也受到当期收入变化的影响。这就是消费的过度敏感性。

13. 流动性约束

答: 流动性约束是指经济活动主体(企业与居民)因其货币与资金量不足,且难以从外部(如银行)得到,从而难以实现其预想的消费和投资量,造成经济中总需求不足的现象。当消费者在预期有较高的未来收入情况下无法借款维持当前消费时,就存在流动性约束。

根据生命周期理论,只要收入的增加是被预期到的,当收入增加时,消费将不会增加得太多。事实上,由于流动性约束的缓解,当收入提高时,消费会提高得很多。因此,消费与当前收入的联系,比 LC-PIH 理论所暗示的要密切得多。同样,当人们收入暂时下降,同时不能举债时,他们同样会遇到流动性约束。

14. 私人储蓄

答: 私人储蓄是指社会公众或居民将个人可支配收入扣除消费以后所余下的部分,在内容上由个人储蓄和企业储蓄两部分构成。私人储蓄是市场经济中投资活动的主要来源,因此也是一国资本形成和经济增长的重要支柱。进行私人储蓄的行为是典型的市场主体决策行为。所以,经济学中关于储蓄的理论(如储蓄动机、储蓄倾向、储蓄水平等)大部分是围绕着私人储蓄来展开的。由于私人储蓄可能大于或小于意愿的投资水平,因此政府需要采取宏观政策以对公共储蓄进行调节,或引入国外储蓄进行补充。

15. 过度平稳性

答: 过度平稳性也称过度平滑性,是指当一个变量对另一个变量变化的反应比理论上预计的程度更小时的情况。例如,消费存在着过度平稳性,就是指消费的反应太弱,以至于对意外的收入变动也不会产生什么反应。

16. 边际消费效用

答: 边际消费效用是指消费者从增加的物品或服务的消费中得到的增加的效用,即由多消费一单位某种商品所引起的效用的增量。消费者选择各个时期的消费,以便使其一生的效用最大化,他的最优选择是,消费途径等于跨时期的边际消费效用,即 $MU(C_{t+1})=MU(C_t)$。如果 t 期的边际效用稍高于 $t+1$ 期的边际效用,那么,将消费从 $t+1$ 期转移到 t 期,一生的效用就能增加,因为从 t 期获得的效用将超过从 $t+1$ 期获得的效用。

现在再增加对不确定性的考虑。实际上消费者无法贯彻边际效用相等的原则,因为未来的边际效用 $MU(C_{t+1})$ 在 t 期内无法确定。消费者只能让今天的边际效用与他对 $t+1$ 期的边际效用的最好猜测相等,因此修改过的原则是让今天的边际效用与明天边际效用的期望值相等,即 $E[MU(C_{t+1})]=MU(C_t)$。

17. 消费的随机游走模型

答: 消费的随机游走模型是指罗伯特·霍尔提出的消费随机游走的理论模型。根据该模型,消费被假定是以预期的未来收入和当前收入为基础的,所以,消费的变化是不可预测的。

边际效用函数是看不到的,只有函数的自变量相等,函数才会相等,因此消费原则可写为 $E(C_{t+1})=C_t$。期望值也是看不见的,但在 20 世纪 70 年代末,罗伯特·霍尔认识到理性预期理论可以应用于这个问题时,他就将宏观经济计量学革命化了。观察到的消费可重写为预期消费加上意外消费，即 $C_{t+1}=E(C_{t+1})+$意外消费。根据理性预期理论，意外消费确实是随机的和不可预测的。将这种理性预期公式与预期消费相等原则结合在一起．由 $E(C_{t+1})=C_t$，导出霍尔著名的随机游走模型：$C_{t+1}=C_t+\varepsilon$。

二、简答题

1.(教材)正文暗示消费与累积储蓄之比随时间而下降直至退休。

(1)为什么？有关消费行为的什么假定导致这种结果？

(2)退休之后，该比率会如何变化？

答：对生命周期假说的解释参见本章“概念题”第4题。

(1)根据消费的生命周期理论，人在一生中会保持一种相对稳定的消费形态。人们在职业生涯中储蓄，以维持其退休后的消费形态保持不变。从而可知在退休前个人的财富会稳步增加，而消费却会保持平稳。因此，退休前消费与积累储蓄比率会下降。

(2)退休后，财富会被用来维持相对平稳的消费流。从而消费与积累储蓄比率在退休后会上升，最后逐步接近1。

2.(1)假如你挣得的和你的邻居一样多，但是你更为健康，并且预期比她更长寿。你比她消费得多还是消费得少呢？为什么？使用正文中的方程 $C=(WL/NL)\times YL$ 推导出你的答案。

(2)根据生命周期假说，社会保障制度对你产生于(可支配)收入的平均消费倾向有什么影响？在这里，社会保障制度的可靠性是问题吗？

答：(1)假设你与邻居退休前的工龄相同，且年收入也相同。由于你的邻居健康状况不佳，估计活的时间可能没有你长，因此预料她退休生活的时间可能比较短，利用积累的财富维持平稳得消费流的时间也比较短。因此，你的邻居的退休储蓄目标可能也没有你的目标高，与你相比，她在退休前工作期间的消费水平可能会比你的消费水平高。

一生的消费必须与一生的收入相等，即：

$$C=(WL/NL)\times YL$$

该公式表明，计划的年消费 C 是由工作年限即工龄 WL、人的寿命 NL 以及每年劳动收入 YL 决定的。

对于你和你的邻居来说，WL 和 YL 是相同的，但是，你邻居的 NL 比较小，因而你的消费水平 C 比较低。

注意：本题可能会有不同的答案，一种情况是你的邻居由于健康状况不佳，所以很可能她的医疗费用支出要高于你，从而她很可能无法为退休准备足够多的储蓄，即使她希望能同你活得一样长。另一种可能情况就是她现在没有太多的医疗费用支出，而在退休后会大量增加，她毕竟已经老了。这样就会使她现在储蓄得更多。然而，这种解释却与生命周期理论无关。

(2)如果假设社会保障的收益率与个人储蓄的收益率相同，那么，建立在诚信基金基础上的社会保障体系将不会对个人的消费水平产生任何影响。因此，社会保障被认为是一种“强制储蓄”的形式，因为在你工作期间你会被强制缴纳社会保障税，从而在退休后获得收益。你的自愿储蓄与政府通过征收社会保障税“强迫”你储蓄的金额是相等的，因此它不影响你的消费行为。社会保障税的征收降低了工作期间的可支配收入，提高了消费与可支配收入的比率，即平均消费倾向。现在，私人储蓄已经被“政府储蓄”所取代，国家储蓄不会受到影响。

然而，在现实生活中，社会保障体系并不是严格地通过诚信基金来集资的，而更多的是建立在“现收现付”的基础上，而且在 1983 年的系统修改之前，社会保障诚信基金的规模也是相当小的，甚至是可忽略的。现在诚信基金正在增加，并且使联邦预算盈余。由于人口老龄化问题，社会保障系统将在接下来的 20 到 30 年内经历严重的融资困难。如果社会保障系统的可信度出现问题，人们可能强化他们的储蓄意识，因为他们感觉将再不会依赖社会保障系统在退休期间为他们提供资金。过去所缴纳的社会保障税不属于“储蓄”，而是迅速被政府用来为目前退休的工人谋取福利的手段。这也就是为什么大多数经济学家声称社会保障体系的建立导致了国家储蓄率和资本积累率下降的原因。然而，这种巨大的下降还不确定。

3. 根据持久性收入假说，如果(1)你知道每年圣诞节都有奖金，或者(2)这是发放奖金的唯一年份，你会更多地消费你的圣诞节奖金吗？

答：持久性收入假说是指美国经济学家 M·弗里德曼提出的一种消费函数理论。它指出个人或家庭的消费取决于持久收入。持久收入可以被认为是一个人期望终身从其工作或持有的财富中产生的收入。弗里德曼的理论认为，在保持财富完整性的同时，个人的消费在其工作和财富的收入流量的现值中占有一个固定的比例。持久收入假说的消费函数可以表示为：$C=cYP$。其中：C 代表消费，c 代表边际消费倾向，YP 代表持久收入。

(1)如果你知道你每年都会得到圣诞节奖金，你会毫不犹豫地将其视为持久性收入的一部分，从而你也将会消费该项奖金，即此时 $\Delta C=c\times(\Delta Y)$。这时你的消费水平明显变化。

(2)如果你只在今年得到圣诞节奖金，这是发放奖金的唯一年份，你会将其视为短期收入。由于此项奖金很难改变你的持久性收入，所以你仅会消费此奖金的一小部分，而将剩下的大部分进行储蓄，此时 $\Delta C=c\times\theta\times(\Delta Y)$。这时你的消费水平没有明显变化。

4. 解释为什么得手的赌徒(与小偷)即使在他们运气不佳的时候也会期望过好日子。

答：赌徒几乎没有非常稳定的收入，然而他们的消费却是由他们的持久性收入，即其预期的一生平均收入决定的。无论他们在任何时期的收入是多还是少，他们的消费形态会保持相对的平稳，因为他们的持久性收入受短期收入变化的影响不明显。得手的赌徒(与小偷)的持久性收入是比较高的，相对应的是他们的平均消费水平也比较高。所以，即使在他们运气不佳的时候，也会期望过好日子。

5. 生命周期假说与持久性收入假说的相似之处是什么？在解释为什么长期 *MPC* 大于短期 *MPC* 时，使用的分析方法是不同的吗？

答：(1)生命周期假说与持久性收入假说的相似之处：

生命周期理论与持久性收入理论都体现了一个基本思想：单个消费者并不是简单地根据当前的绝对收入作出消费决策的，而是根据终生的或持久的收入来作决策，并预言暂时性税收变化(从而收入的暂时性变化)对当前消费支出的影响很小。按照此观点消费者不只单单考虑本年可支配收入，还要把他们在将来可能获得的可支配收入考虑进去。

持久性收入理论和生命周期理论相结合构成现代消费理论，这两种收入理论不是互相排斥的，而是基本一致的，互相补充的。

(2)两种理论各自试图解释长期 *MPC* 大于短期 *MPC* 所用的方法不同：

两种理论通过各自不同的方法试图证明长期 *MPC* 大于短期 *MPC*。生命周期理论认为人们更喜欢在一生中有一个平稳的消费流。因此平均的预期终生收入是当前消费的真正决定性因素。持久性收入理论认为区别在于测量方法的不同。测量的收入由两部分组成，持久的和暂时的收入。然而只有持久的收入才是当前消费的真正决定性因素。

6. 在20世纪80年代，美国的个人储蓄率特别低。也是在那段时期，在美国有一个人口统计学上的“亮点”——“婴儿潮”一代正处于他们二三十岁的年龄。

(1)生命周期假说是否对这两个事实可能有联系给出了理由？

(2)根据这种假说，当这一代人上年纪时，我们将看到什么情况？

答：(1)一种可能的解释是“婴儿潮”一代仍然处于支出大于收入的阶段。就是说婴儿出生高峰的一代的家庭在他们30岁左右的时候必须买房或支付照看抚养孩子的费用。

(2)如果上面的解释成立，可以预计当这一代人变老时，他们会在经济上更加独立，更具有偿付能力。并且他们开始为退休而做准备，例如储蓄、购买保险等，此时他们会处于储蓄大于支出阶段。当他们退休后就会享用现在做出的努力并进入纯支出阶段。

7. 将下面的边际消费倾向分成等级：

(1)产生于持久性收入的边际消费倾向。

(2)产生于暂时性收入的边际消费倾向。

(3)当消费者受到流动性约束时，产生于持久性收入的边际消费倾向。

(4)当消费者受到流动性约束时，产生于暂时性收入的边际消费倾向。

答：等级从高到低依次为(1)、(4)、(2)。(3)应该比(1)低，但具体排在哪里很大程度上依赖于流动性约束的严厉程度。

8. 什么是随机游走？霍尔的消费的随机游走模型如何与生命周期假说以及持久性收入假说联系起来？

答：(1)随机游走的含义：

随机游走是指一种随着时间变动而发生的并且无法预测的变动。这一词语对于股市而言指股价的短期变动不可预测，各种投资咨询服务、收益预测和复杂的图形都毫无用处。

随机游走的消费模型是指罗伯特·霍尔提出的消费随机游走的理论模型。根据该模型，消费被假定是以预期的未来收入和当前收入为基础的，当将来的行为不能根据过去的行为进行预测时就会产生随机变动。换句话说就是它不能有一个平均的或清晰的长期价值。任何主要变化的产生都是由于随机冲击。霍尔认为当前消费的变化很大程度上产生于不可预期的收入变化。

(2)霍尔的消费的随机游走模型与生命周期假说以及持久性收入假说的联系：

根据生命周期理论或持久性收入理论，人们试图平稳他们的消费流。他们是通过在每个阶段有相同的预期价值的方法来进行的。然而，边际效用函数是看不到的，只有函数的自变量相等，函数才会相等，因此消费原则可写为 $E(C_{t+1})=C_t$。期望值也是看不见的，但在 20 世纪 70 年代末，罗伯特 · 霍尔认识到理性预期理论可以应用于这个问题——这样做时，他就将宏观计量经济学革命化了。观察到的消费可重写为预期消费加上意外，即 $C_{t+1}=E(C_{t+1})+$意外。根据理性预期理论，意外确实是随机的和不可预测的。将这种理性预期公式与预期消费相等原则结合在一起，$E(C_{t+1})=C_t$，导出霍尔著名的随机游走模型：$C_{t+1}=C_t+\varepsilon$。

因此可以用预期价值加上一些误差项来表达将来收入，所以一些随机价值是不可预期的。这个误差项是对将来收入的冲击并且存在于剩下的生命周期里。霍尔的模型表明滞后消费是将来消费最明显的决定因素，并支持持久性收入假设。

9. 什么是过度敏感性与过度平稳性问题？试解释它们的存在否定了 LC-PIH 理论，还是使该理论失效了。

答：(1)过度敏感性是指当一个变量对另一个变量变化的反应比理论上预计的程度更大的情况。例如，消费存在着过度敏感性，就是指消费的反应太强烈，以至于无法对收入变动做出预期。

过度平稳性是指当一个变量对另一个变量变化的反应比理论上预计的程度更小的情况。例如，消费存在着过度平稳性，就是指消费的反应太弱，以至于意外的收入变动也不会产生什么反应。

(2)过度敏感性与过度平稳性问题的存在，在一定程度上否定了 LC-PIH 理论，但是并未使其失效。实际消费行为既显示出过度敏感性，又显示出过度平稳性。前者意味着消费的反应太强烈，后者则意味着消费的反应太弱。然而这些问题的存在并没有使理论失效。它仅仅意味着理论只能在一定程度上解释消费行为。

10. 在生命周期-持久性收入假说中，为了解释预防性或者缓冲库存储蓄的存在，我们需要改变有关消费者的知识与行为的什么假定？在你看来，那些假定使得模型更接近你们知道的世界，还是更远离这个世界？

答：预防性或缓冲库存是指为了平抑市场上商品价格的波动而保持一定数量的库存。在通常情况下，主要由政府、地区联盟或世界性经济组织来担当建立缓冲存货的角色。当某种商品价格看跌时，则购进该种商品；当商品价格趋势继续看涨时，就出售该种商品。其目的是为了避免因商品价格的大起大落而影响生产者和消费者的利益及他们预期的稳定性。

(1)在生命周期-持久性收入假说中，为了解释预防性或者缓冲库存性储蓄的存在，需要改变有关消费者的知识与行为的确定性假定，即引入不确定性分析。预防性的(或缓冲库存)储蓄可以用不确定性来解释。一个人的生命预期或退休时间(影响用来负担退休的累计储蓄)具有不确定性，将来的需求(可能产生于家庭组成的或健康的变化)也具有不确定性。

(2)很明显，如果考虑了这些不确定性，会使模型更加接近现实。例如，为了预防医疗保险不包括的预期高额医疗成本，许多老人在退休后仍然进行储蓄。

11. (1)解释利率为什么可能会影响储蓄。

(2)这种关系被经验所证实了吗？

答:(1)利率变化会同时对储蓄产生替代效应和收入效应，利率提高是否会增加储蓄、减少消费要视利率变动对储蓄的替代效应和收入效应而定。

利率变动对储蓄的替代效应是指，当利率提高时，人们会认为减少目前消费、增加将来消费是有利的，从而导致消费者改变消费计划，减少目前消费，增加储蓄，从而导致储蓄增加。利率变动对储蓄的收入效应是指，利率提高会使消费者将来的利息收入增加，使消费者感觉自己变得较为富有，从而增加目前的消费，导致储蓄减少。利率变化对储蓄变化的这种双重效应，使得利率变化对储蓄的影响，必须视利率变化对储蓄的替代效应和收入效应的总和来决定。

西方经济学者认为，对于处于不同收入层次的消费者来说，利率变化对储蓄的替代效应和收入效应是不同的。对低收入者来说，替代效应大于收入效应，利率变化产生的主要是替代效应。因为低收入者并没有多少储蓄来获得利息收入，利率提高对他将来收入的提高不会产生大的影响，因此，利率提高对低收入者主要产生替代效应，使低收入者减少目前消费，增加储蓄。但对于高收入者来说，情况则正好相反，利率提高的收入效应大于替代效应，利率变化产生的主要是收入效应，因此，在利率提高的情况下，高收入者会增加目前消费，减少储蓄。就整个社会来说，利率提高究竟是增加储蓄还是减少储蓄，则必须由这些人的储蓄增加额和储蓄减少额的总和来决定。

(2)这种关系还未被经验所确认。替代效应和收入效应通常作用的方向是相反的，并且最终结果依赖于两种效应相对数量的大小。直到现在，经验证据还不能确定针对利率变化储蓄是否具有明显敏感性。这意味着替代效应和收入效应可能有相同的数量。

12.(1)按照巴罗-李嘉图的观点，政府通过增加税收或者发行债券来支付其开支，有什么不同吗?

(2)为什么?

(3)反对巴罗-李嘉图观点的两个主要理论是什么?

答:(1)按照巴罗-李嘉图的观点，政府债务与税收是等价的，政府通过增加税收或者发行债券来支付其开支是没有区别的。

(2)因为巴罗-李嘉图理论认为人们认识到了政府通过发行债券来融资只不过是简单地推迟了征税。在特定条件(例如完备的资本市场、一次总付税、代际利他等)下，如果公众是理性预期的，对于发行债券或增加税收，政府不论采用哪种融资方式，都不会对经济的运行产生影响。这是因为，政府发行债券融资造成的赤字会引起未来税收上升，这种上升一定会被具有完全理性的居民预期到，居民为了不使后代税收负担过重必然相应地调整目前的消费。简言之，居民不会将政府发行公债融资这样的财政扩张看作是幸运的意外收获，他们宁愿将一部分收入储蓄起来以支付未来的税收负担，因此消费需求不会上升，更不会出现消费支出的乘数效应。同时，居民增加的这些储蓄都购买了债券，使得债券需求的上升刚好等于债券供给的增加，货币需求不变，所以对利率也没有影响。

(3)反对巴罗-李嘉图观点的主要理论有两个:①人们的生命是有限的，和那些今天正在得到税收削减好处的人们相比，债务将会由不同的人们来偿付。这种观点假定，现在活着的人们并没有考虑到后代在将来不得不付出的更高的税收。②许多人不能借债，因此，不能根据他们的持久性收入来消费。他们本应该更多地在今天消费，但是，由于流动性约束（即他们无法借款），他们的消费便被迫（被约束）比按照其持久性收入所进行的要更少。这些人的税收削减缓和了他们的流动性约束，并允许他们更多地消费。

三、计算与分析题

1. 假定将持久性收入计算为过去 5 年的平均收入，即

$$YP = 1/5(Y + Y_{-1} + Y_{-2} + Y_{-3} + Y_{-4}) \quad \text{(P1)}$$

再假定消费给定为 $C = 0.9YP$。

(1) 如果你在过去 10 年中，每年挣得 2 万美元，你的持久性收入是多少？

(2) 假定下一年（时期为 $t+1$）你挣得 3 万美元。你的新 YP 是多少？

(3) 你今年和明年的消费各是多少？

(4) 你的短期 MPC 是多少？长期 MPC 是多少？

(5) 假定你从第 $t+1$ 期开始继续每年挣 3 万美元，根据方程（P1）画出每个时期你的持久性收入。

答：(1) 如果收入保持不变，那么持久性收入就等于当前收入，你今年的持久性收入就为：$YP_0 = \frac{1}{5} \times 5 \times 20000 = 20000$。

(2) 你下一年的持久性收入将为：$YP_1 = \frac{1}{5} \times (30000 + 4 \times 20000) = 22000$。

(3) 由于 $C = 0.9YP$，你今年的消费 $C_0 = 0.9 \times 20000 = 18000$。

来年的消费 $C_1 = 0.9 \times 22000 = 19800$。

(4) 消费 $C = 0.9YP = 0.9 \times 1/5(Y + Y_{-1} + Y_{-2} + Y_{-3} + Y_{-4})$，所以短期边际消费倾向 $MPC = 0.9 \times \frac{1}{5} = 0.18$，但长期时各期收入相等，所以长期边际消费倾向 $MPC = 0.9$。

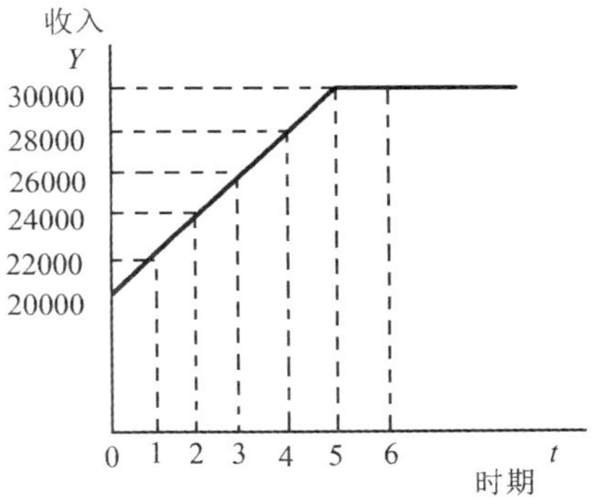

图 14－2　持久性收入变化情况

(5) 已知今年和下一年的持久性收入，在每一个下一年中，加上 3 万美元，再减去 2 万美元，从而持久性收入（即 5 年期的平均收入）每年都将增加 2000 美元，直到 5 年后持久性收入达到 3 万美元，如图 14－2 所示。

$$YP(0) = (1/5) \times (5 \times 20000) = 20000$$

$$YP(1) = (1/5) \times (30000 + 4 \times 20000) = 22000$$

$$YP(2) = (1/5) \times (2 \times 30000 + 3 \times 20000) = 24000$$

$$YP(3) = (1/5) \times (3 \times 30000 + 2 \times 20000) = 26000$$

$$YP(4) = (1/5) \times (4 \times 30000 + 1 \times 20000) = 28000$$

$$YP(5) = (1/5) \times (5 \times 30000) = 30000$$

$$YP(6) = (1/5) \times (5 \times 30000) = 30000$$

2. 下图显示一个人一生的收入情况。他的生存时间为四个时期，在其生命周期的前三个时期分别挣得30美元、60美元与90美元。退休时，他没有收入。假定利率为零。

(1)某个人希望在其生命周期内能有均匀的消费水平，试确定符合其预算约束的消费水平。指出这个人在哪个时期进行储蓄与负储蓄，储蓄与负储蓄各是多少。

(2)现在假定与问题(1)情况相反，没有借款的可能。信用市场也不对此人开放。在这样的假定下，个人在生命周期中会选择什么样的消费流？为了提供答案，继续假定，如果可能，最好是一种均匀的消费流。(注意：在该假定下存在着流动性约束。)

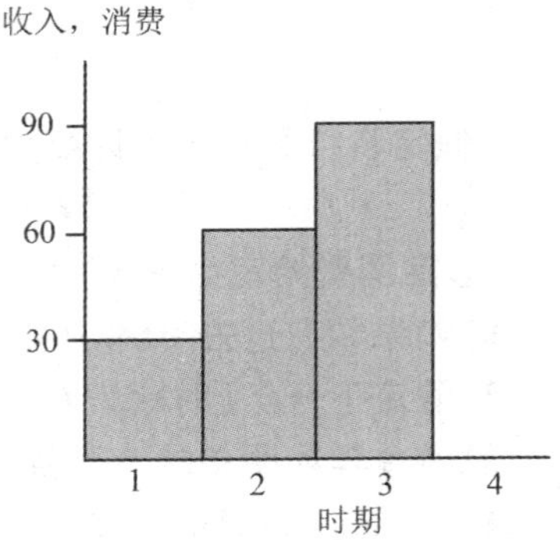

图14-3　个人生命中四个时期收入情况

(3)接下来假定在问题(2)中所说的个人接受财富增加或非劳动收入增加。财富增加为13美元。在能够进入与不能够进入信用市场两种情况下，该财富如何在生命周期内进行分配？如果财富的增加为23美元，你的回答又有什么不同？

答：(1)此人的一生 $NL=4$ 个生命周期，其生命周期的收入 $YL=30+60+90=180$，从而其在每个生命周期的消费为：$C(i)=(1/4)\times180=45$(此时，$i=1$、2、3、4)。

这意味着她在每个生命周期的储蓄水平为：

$$S(1)=30-45=-15$$
$$S(2)=60-45=+15$$
$$S(3)=90-45=+45$$
$$S(4)=0-45=-45$$

(2)假定存在流动性约束，而且此人在第一个生命周期中无借款的可能，那么，他将消费掉其第一周期的所有收入，即 $Y(1)=C(1)=30$。在剩余的三个生命周期里，他希望有稳定的消费流，所以他在剩余的第2、3、4周期的消费为：$C(i)=\frac{1}{3}\times(60+90+0)=50$(此时，$i=2$、3、4)。

(3)①在能够进入信用市场的情况下，财富增加13美元，其在每个生命周期的消费为 $C(i)=(1/4)\times(180+13)=48.25$(此时，$i=1$、2、3、4)。

如果财富增加23美元，其在每个生命周期的消费为 $C(i)=(1/4)\times(180+23)=50.75$(此时，$i=1$、2、3、4)。这意味着，几乎所有增加的财富(20.75美元)都将在第一周期被消费掉，而剩余的2.25美元则被分配在剩下的三个生命周期中。

②在不能够进入信用市场的情况下，财富仅仅增加13美元并不足以抵消生命周期第一阶段的消费与其阶段的消费之间的差距，因此，所有增加的财富都将在第一周期被消费掉，即 $C(1)=43$，在剩余的三个生命周期中，消费水平将与(2)题中的相同，即 $C(i)=50$(此时，$i=2$、3、4)。

如果财富增加23美元，那就足以抵消不同生命周期之间的消费差距，此时不同生命周期的消费将为 $C(i)=\frac{1}{4}\times(180+23)=50.75$(此时，$i=1$、2、3、4)。

3. 假定一国 70%的人口，作为流动性约束和按照传统消费模型进行消费的结果，在每一时期都消费其可支配收入中既定的一小部分。其余 30%的人口则按照 LC-PIH 行事。

(1)如果传统模型的 *MPC* 为 0.8，可支配收入的变动为 1000 万美元(你可以假定这项变动完全是由暂时性收入的变化带来的)，那么，消费的变化是多少?

(2)如果 70%的人口按 LC-PIH 行事，而 30%的人口按传统模型行事，将会怎样?

(3)如果 100%的人口按照 LC-PIH 行事，又将如何?

答：(1)根据生命周期理论或持久性收入理论(LC-PIH)，消费的变化为随机误差项，即 $\Delta C_{\text{LC-PIH}}=\varepsilon$。根据传统模型，消费方程的变化等于 $\Delta C_{tr}=c\times\Delta YD$。

设 λ 为人口中按传统模型行事的比例。则总的消费变化为：

$$\Delta C=\lambda\times\Delta C_{tr}+(1-\lambda)\times\Delta C_{\text{LC-PIH}}=\lambda\times c\times\Delta YD+(1-\lambda)\times\varepsilon=560+0.3\times\varepsilon$$

(2)当 $\lambda=0.3$ 时，总的消费变化为：

$$\Delta C=\lambda\times\Delta C_{tr}+(1-\lambda)\times\Delta C_{\text{LC-PIH}}=\lambda\times c\times\Delta YD+(1-\lambda)\times\varepsilon=240+0.7\times\varepsilon$$

(3)当 $\lambda=0$ 时，总的消费变化为：

$$\Delta C=\lambda\times\Delta C_{tr}+(1-\lambda)\times\Delta C_{\text{LC-PIH}}=\lambda\times c\times\Delta YD+(1-\lambda)\times\varepsilon=\varepsilon$$

4. 假定实际利率已从 2%增加到 4%。

(1)与明天相比，今天消费一组商品的机会成本会如何变化?请解释这将如何影响你的收入中决定用于储蓄的部分?

(2)现在假定你进行储蓄只是为退休提供资金，而你的目标是到 70 岁时储蓄 100 万美元。请解释在这种背景下，你的储蓄率对利率的提高会做何反应。

(3)你能预测提高 *r*(利率)对储蓄率的净效应吗?为什么?

答：(1)如果实际利率已从 2%增加到 4%，消费的机会成本会增加。它会使收入中决定储蓄的部分即边际储蓄倾向上升。

(2)如果进行储蓄只是为退休提供资金，而目标是固定的，实际上会减少储蓄。因为利率提高使得每年储蓄更少的金额就能达到目标。

(3)不能预测提高 r(利率)对储蓄率的净效应。其中(1)为替代效应，(2)为收入效应，由于不知道二者的具体数据或相对大小，不能判断净效应为正还是为负(二者的作用方向相反)。

5. 假设你的目的是将美国储蓄率提高 3 个百分点。完成这一目的的方法是什么?你喜欢哪种解决方法?

答：(1)增加储蓄率的方法可能是私有化或消除社会保障系统，这样人们就会为各自的退休进行储蓄。消除社会保障是一个不受欢迎的方法，但是私有化社会保障经常被讨论。社会保障私有化是社会保障制度改革的一种模式，它主要包含两层意思：一是规定收益制下的公共账户转为规定缴费制下的私人账户；二是政府公共部门的集中垄断性管理转为私人基金公司的分散竞争性管理。私有化社会保障可以废除由于负担社会保障的现收现付制度对储蓄造成的负面效应。

另一种方法可以使借贷变得更加困难。美国的税收制度鼓励人们(和企业)借贷而不是储蓄。

(2)个人喜欢第一种方法中的私有化社会保障。现收现付式社会保障制度的天生弱点就是以社会理性代替个人经济理性，在缴费者与收益者比例平衡时这一弱点并不显著，一旦缴费者与收益者比例失衡，如人口老龄化加速、失业队伍扩大、经济陷于滞胀等外生因素产生，这一弱点就会加剧。延长退休年龄、提高工薪税、降低社会保障金给付标准都极其有限，只有遵循个人经济理性，进行私有化效果才会明显，因为：

①社会保障私有化能减少“公共地悲剧”。传统的观点一直认为社会保障是公共物品，甚至是纯公共物品，因为在现收现付制下一旦一项保障方案颁布，凡是符合条件的个人都可以享有，具有非排他性和非竞争性。但严格地讲社会保障只是一种私有性公共物品，它有公共性，但公共性是外生的。在人的自利性驱动下，公共供应的私有性物品最容易产生过度消费，即“公共地悲剧”。社会保障改革自然而然向私有化演化，而私有化的立足点就是亚当·斯密的自利即公益。

②社会保障私有化能实现激励机制与社会保障功能的兼容。在现收现付制采取的规定收益制下，缴纳得多不一定享用得多，存在很强的共济性，可视为在不同的投保人之间存在差别税率；在完全基金制采取的规定缴费制下，缴费与受益挂钩，缴纳得多消费得多，要消费得多势必缴纳得多，故可近似视为在投保人之间存在均一税率(之所以说近似是因为完全基金制下仍有一个最低保障标准)。差别性的税率结构会产生更大的扭曲效应，而私有化排除了这种扭曲。

③社会保障私有化能减少“岗位约束”。这能让雇员感到时刻在为自己工作，并可在流动性很强的劳动力市场上寻找到真正适合自己的岗位，从而激发工作热情。

第15章　投资支出

15.1　复习笔记

【知识框架（庖丁解牛）】

- 投资支出
  - 对资本存量的需求和投资流量
    - 关于投资的几个基本概念
    - 合意的资本存量概述
    - 从合意的资本存量到投资
  - 投资的构成
    - 企业固定投资
    - 住宅投资
    - 存货投资
  - 投资和总供给

【考点难点归纳（厚积薄发）】

考点一：对资本存量的需求和投资流量　★★★

1. 关于投资的几个基本概念

（1）投资的具体内容如表15－1所示：

表15－1　投资

要点	具体内容	
含义	一般含义	指经济主体为获取预期收益而垫付货币或其他资源于某些事业的经济活动
	企业会计核算中的含义	指企业为通过分配来增加财富或为谋求其他利益，将资产让渡给其他单位而获得的另一项资产
类型	实物投资	指对固定资产和存货等资本品的投资。实物投资按是否增加资本品的存量，可分为净投资和重置投资。净投资和重置投资之和称为“总投资”
	金融投资	指对金融资产的购买
	人力资本投资	指使人力资本形成和增值的投资活动，多指教育和培训活动
投资支出的特点	①投资支出变动剧烈，造成了贯穿整个经济周期过程的GDP的绝大部分波动。 ②投资支出是货币政策和财政政策影响经济的基本环节。 ③在长期，投资决定了资本存量的规模，并有助于长期经济增长的决定	

（2）投资流量：

在宏观经济学中，投资流量是指用来增加物质资本存量的支出流量。投资流量与资本存量相比也是很小的，但是经过长时期以后，投资流量就完全决定了资本存量的高度，并且成为总供给的最重要的决定因素之一。

(3)资本存量:

资本存量是指资本在某一时点上的总量，它给定了所有建筑物、机器的货币(美元)价值和某一时点上的存货。资本存量变化的原因有：①投资增加了资本存量；②原有资本磨损，即折旧减少了资本存量。

2. 合意的资本存量概述

(1)资本边际产量:

资本边际产量是指在其他投入要素不变的条件下，当资本投入增加一单位时所增加的产出。资本边际产量存在递减规律，是指在一定的技术条件下，如果其他投入要素的数量保持不变，在生产过程中不断增加资本的使用量，最终会超过某一定点，造成总产量的边际增加量(变动投入要素的边际产量)递减。

(2)实际利率与预期实际利率的比较如表15-2所示:

表15-2 实际利率与预期实际利率

概念	含义	计算公式
实际利率	指物价不变从而货币购买力不变条件下的利率或剔除了通货膨胀率的利率	实际利率=名义利率-通货膨胀率
预期实际利率	指工人和企业预期的未来实际利率。企业进行投资时，不知道下一年的通货膨胀率，所以必须以其预期通货膨胀率π^e为基础来做出决策	预期实际利率(r)=名义利率(i)-预期通货膨胀率(π^e)

(3)资本的租用成本如表15-3所示:

表15-3 资本的租用成本

要点	具体内容
含义	指在生产中多使用1单位资本的成本，是对机会成本的正确量度
公式	假设企业以利率i借款为购买资本融资，由于折旧成本也属于资本租用成本的一部分，假定折旧率为d，则租用成本为：$rc=r+d=i-\pi^e+d$
税收的影响	资本的租用成本受税收的影响，两个主要的税收变量是：①公司所得税。公司所得税越高，资本成本就越高，从而租用成本越高。②投资税减免。投资税减免降低了企业的资本的价格，所以投资税减免降低了资本的租用成本
证券市场和资本成本	当企业通过出售股票或股本筹集支付投资所需的资金时，股票价格越高，资本租用成本越低；股票价格越低，资本租用成本越高。证券交易所需的手续费越高，则资本租用成本越高

(4)合意的资本存量及其决定:

①合意的资本存量的含义和公式:

合意的资本存量是指在使用资本的成本和收益以及企业预期产出水平既定的情况下，不考虑企业在调整其资本所需时间的条件下，企业愿意长期持有的资本存量。合意的资本存量K^*、资本的租金成本rc与产出水平之间的关系为：$K^*=g(rc,\ Y)$。其中，rc的增加会降低K^*，Y的增加会提高K^*。

②资本租金成本与合意的资本存量：

如图 15－1 所示，对于给定的资本边际产品曲线，当租金成本从 rc_0增加到 rc_1时，合意的资本存量从 K_0^* 减少到 K_1^*。可见，给定资本边际产品曲线，较高的资本租金成本与较低的合意资本存量相一致。

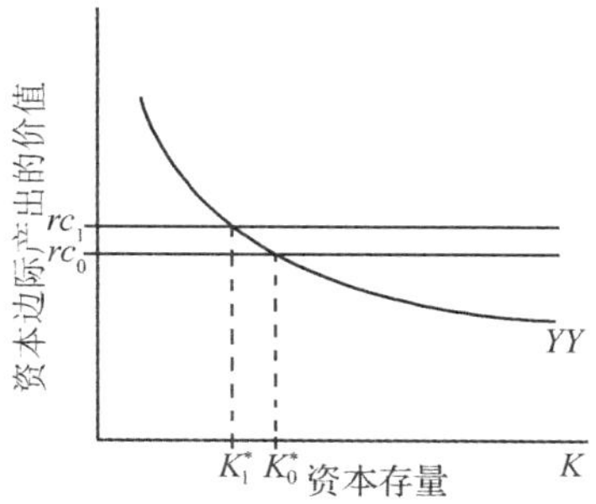

图 15－1　资本边际产量与资本存量的关系

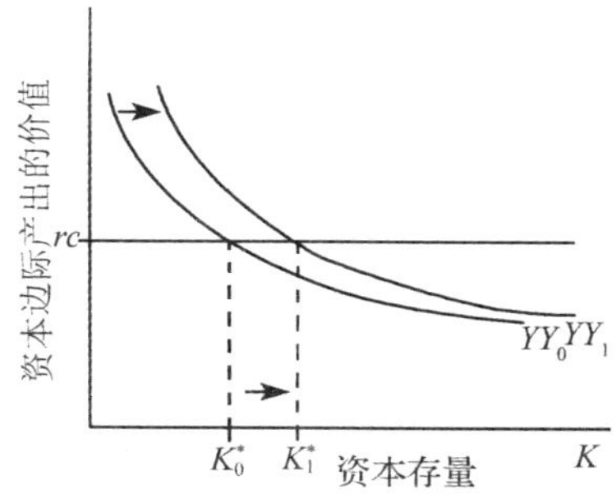

图 15－2　经济规模扩大使资本的边际产品曲线位移

如图 15－2 所示，当经济规模扩大后，资本边际产品曲线向右移动，在任何给定的租用成本下，合意的资本存量都得到了增加。

③预期产出与合意的资本存量：

对资本的需求取决于潜在产出和预期产出，但是不取决于当前产出。但是当前产出会影响预期产出，从而影响对于资本的需求。

④财政政策与货币政策对合意的资本存量的影响如表 15－4 所示：

表 15－4　财政政策与货币政策对合意的资本存量的影响

要点	具体内容
财政政策	①通过公司所得税率与投资税调整对合意资本存量施加影响。公司所得税率增加，会减少合意资本存量；投资税减低通过降低资本的租用成本使合意资本存量增加。 ②财政政策使 *IS* 曲线移动，影响利率，也会影响合意的资本存量。如高税收低政府支出的政策，保持了较低的实际利率，从而促进了资本需求
货币政策	通过影响市场利率来影响资本需求。中央银行在给定预期通货膨胀率的情况下降低名义利率，使得资本需求扩大，从而影响投资支出

(5)投资的 q 理论：

投资的 q 理论是由托宾创立的一种投资理论，该理论强调投资与股票市场之间的一种联系：在资产相对于其再生产成本更有价值时，投资将会增加。其中，q 是股票市场对企业资产相对于生产这些资产的成本进行的价值估算，最简单形式是企业的市场价值与资本重置成本的比值。

当 $q>1$，即企业资产的市场价值大于企业资产的重置成本时，企业就有扩张的愿望，企业就应该增加实物资本。企业资产市场价值的提高（如股票价格的上涨）意味着 q 值的上升，q 越大，企业扩张的激励就越大，企业投资扩张的速度通常就越快。

◆小试牛刀◆

依据托宾的投资 q 理论，q 大于1，意味着(　　)。

A. 企业愿意进行新的投资　　B. 企业资产存量过大

C. 企业的股票价值小于资本重置成本　　D. 企业不会进行新的投资

【答案】A

【解析】根据托宾的投资 q 理论：q = 企业的股票市场价值/新建造企业的成本(重置成本)，当企业的市场价值小于新建造成本时，$q<1$，说明买旧的企业比建设新企业便宜，于是就不会有投资；相反，$q>1$ 时，说明新建造企业比买旧企业要便宜，因此会有新投资。

3. 从合意的资本存量到投资

(1)实际资本存量和合意资本存量之间的缺口：

实际资本存量与合意资本存量经常是不一致的，且投资不能立即弥补两者之间的缺口。这是由于“调整成本”，即设计与完成投资项目需要时间，以及由于生产新资本的生产要素在较短时期内不会大量增加。因此企业一般计划在一段时间中逐渐地调整其资本存量至合意的水平。

如图15－3(a)所示，在短期内，当价格从 P_0 上升到 P_1 时，对资本存量的需求增加了；在长期中，资本存量从 K_0 增加到了 K_1。图15－3(b)表明了投资流量的相应增加。

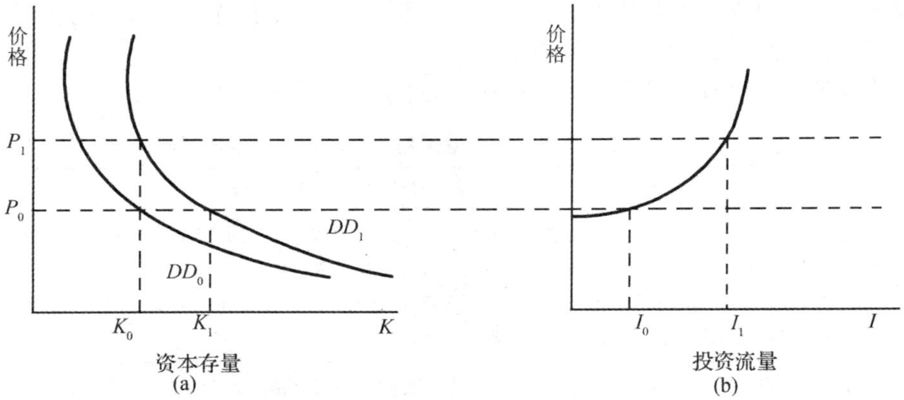

图15－3　资本需求曲线向右移动表明了对资本存量需求的增加及其长短期效应

(2)资本存量的调整：

可变加速数模型是指关于企业如何设定其调整资本存量速度的理论，该理论认为现有资本存量与合意资本存量之间的差距越大，企业投资速度就越快。企业在每一时期进行调整，以便使当前时期结束时的实际资本存量 K 成为：$K_0=K_{-1}+\lambda(K^*-K_{-1})$，其中，资本存量调整速度为 $\lambda>0$。

根据上述方程，净投资逐渐调整的表达式为：$I=K_0-K_{-1}=\lambda(K^*-K_{-1})$。可见，$K^*$ 与 K_{-1} 二者之间的差额越大，企业投资速度越快。任何增加合意资本存量的因素都会提高投资率，如增加预期产量、降低实际利率或增加投资税减免。

考点二：投资的构成 ★★★

1. 企业固定投资

(1)企业固定投资的含义及其波动：

企业固定投资是指企业投资支出中用于购买机器设备、工具、厂房等的部分。企业固定投资一方面是用来弥补固定资产的折旧，另一方面是增加企业的固定资产，即净投资。净投资受到预期产量和利率水平的影响。

固定投资是 GDP 的组成部分，并且固定投资随经济周期的变动先于 GDP 的变动。由于固定投资对于经济运行的影响重大，因此固定投资被认为是经济波动的主要原因。

(2)投资的时机如表 15－5 所示：

表 15－5　投资的时机

<table>
<tr><th>要点</th><th colspan="2">具体内容</th></tr>
<tr><td rowspan="2">信用配给</td><td>含义</td><td>指商业银行在面临对贷款的超额需求时，实行贷款配给，部分满足借款人的信贷需求的现象</td></tr>
<tr><td>产生的原因</td><td>①放款人往往不能说出一位特定的客户(项目)的信用是好的还是差的，因为背景调查并不能获得客户全部的信息。
②中央银行对商业银行和其他放贷人实行信贷限制。信用配给能够使繁荣突然结束，以非常生硬的方式在起作用，并不经常被使用，通常作为中央银行的紧急刹车制动器</td></tr>
<tr><td>融资的内部资源</td><td colspan="2">企业的投资决策不仅受到利率的影响，而且受到企业从过去的所得中储蓄起来的资金数量以及当前利润的影响。拥有留存收益的企业必须考虑改变持有的金融资产和利润而得到的利息，因此资本成本一定会影响投资决策</td></tr>
<tr><td>现金流量贴现分析</td><td colspan="2">指把现金流量(成本和收益)按一定的百分比变成现值，并据以判断一项投资是否可行的分析方法。只要项目的现金流量现值大于0，企业就有动机对该项目进行投资</td></tr>
</table>

2. 住宅投资

(1)住宅投资的含义及其波动：

住宅投资是指建造住宅和公寓的投资支出。住宅投资取决于原有住房的价格、人口增长的速度、财政收入水平、利率和其他资产的收益率。一般说来，原有住房价格越高，人口增长越快，收入水平越高，住宅投资的规模越大。利率水平越高，其他资产的收益率越高，则住宅投资的规模越小。

住宅投资支出作为 GDP 一个百分比，其波动构成了 GDP 具体的实际波动部分，当抵押贷款利率高时，住宅投资低，而且，在衰退时期中，住宅投资下降。

(2)住宅投资需求的决定：

①住宅存量需求：

对住宅存量的需求取决于实际净收益。总收益包括出租获得的租金或者自用所获得的隐含收益，以及住宅价值增加产生的资本收益。拥有住宅的成本包含利息成本(如抵押贷款利率)、缴纳的税金与折旧。在总收益中扣除这些成本，并进行税负调整后，就得到了实际净收益。

②住宅投资率的决定：

每年住宅投资在住宅存量中占有的比重较小。住宅的流量供给曲线 FS 代表在既定的时期内，作为住宅价格函数的新住宅供给，如图15－4所示。住宅建造中所使用要素的成本与影响建筑成本的技术因素都会影响 FS 曲线的位置。

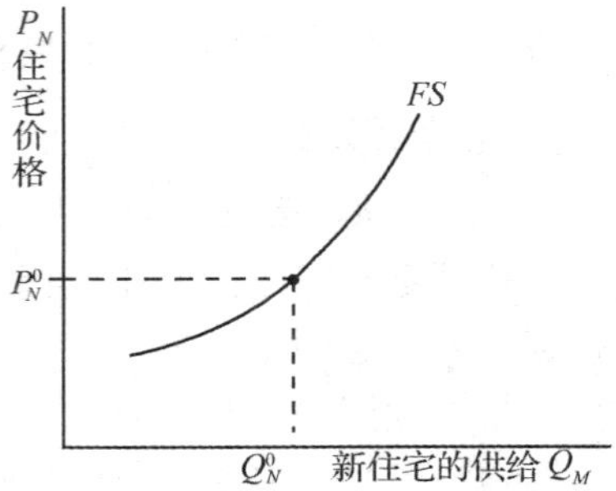

图15－4　住宅的流量供给曲线

3. 存货投资

(1)存货投资的含义和类型如表15－6所示：

表15－6　存货投资的含义和类型

要点	具体内容
含义	指产量超过实际销售量时发生的存货积累，以及为保持生产连续性而准备的各种原材料等。存货投资水平的变动与经济周期反向变动
类型	①合意的存货投资，包括为确保生产顺利进行所持有的最低限度的原材料、为保证产品供应的连续性而持有的合意的产品。 ②非合意的存货投资是指实际存货超出合意存货的部分

(2)企业持有存货的原因：

①满足商品的未来需求。

②非经常性大额订单的成本会比经常性小额订单的成本更低。

③作为一种稳定生产的手段。

④有些存货是生产过程中不可避免的，如中间品。

(3)加速数模型：

存货投资可以用简单的加速数模型加以解释，加速数模型表明：投资支出与产出变动成比例，而且不受资本成本的影响，形式为：$I=\alpha(Y-Y_{-1})$。

(4)预期到的与未预期到的存货投资：

①未预期到的存货投资是指由销售量意外降低引起的企业存货增加。

②预期到的存货投资是指企业预期到实际需求的变化而进行的存货投资。

(5)经济周期中的存货：

①存货投资的波动与经济周期波动成比例。当经济进入衰退时，需求下降，企业存货投资增加，导致存货-销售额比率上升。随后，企业削减生产，出售库存商品满足需求。在每次衰退结束时，存货投资都为负。

②存货周期是存货投资对引起总需求进一步变动的销售变动所做出的反应。存货周期理论认为，存货投资的波动本身会形成经济繁荣与衰退的轻度交替而出现的经济波动。大多数经济学家认为，存货投资变动本身并不足以引起经济波动，只是加重了经济波动的幅度。

(6)适时存货管理：

适时存货管理是指借助于企业一生产出产品就将其卖掉，并且订购的只是它们最需要的部分的办法，企业尽可能缩短持有存货的时间的一种存货管理策略。它强调物资供应者与使用者协调一致，以少量的存货进行运作生产，使生产过程的预备存货减少。

考点三：投资和总供给　★

投资属于总需求的一个重要组成部分，也会影响资本存量和经济的生产能力。短期内，任何投资对总供给都不重要；但在长期内，投资对于总供给具有重要意义，增加投资可能会创造长期经济繁荣，资本存量最小的年增长效应在长期中也可能积累得相当大。

15.2　课后习题详解

一、概念题

1. 加速数模型

答： 加速数模型是指描述收入变动或消费需求变动引起投资变动的模型。加速数模型表明投资支出与产出变动成比例，而不受资本成本的影响，公式为：$I=\alpha(Y-Y_{-1})$。该模型的含义包括：

①投资并不是产量(或收入)的绝对量的函数，而是产量变动率的函数。即投资变动取决于产量的变动率，若产量的增加逐期保持不变(产量变动率为零)，则投资总额也不变。

②投资率变动的幅度大于产量(或收入)的变动率，产量的微小变化会引起投资率较大幅度的变化。

③若要保持投资增长率不至于下降，产量必须按一定比率持续增长。因为一旦产量的增长率变缓，投资增长率就会停止或下降。即使产量不是绝对地下降，而只是相对地放缓了增长速度，也可能引起投资缩减。

④加速数与乘数一样都从两个方向发生作用。即当产量增加时，投资的增长是加速的，当产量停止增长或减少时，投资的减少也是加速的。

⑤要使加速原理发挥正常作用，只有在不存在过剩生产能力时才能实现。

2. 动态行为

答： 动态行为是指行为不取决于当前时期，而是取决于其他时期的经济变量值。任何增加合意资本存量的因素，都会提高投资率。所以，增加预期产量，降低实际利率，或者增加投资税减免，都将提高投资率。可变加速系数证明，投资包含动态行为的方面。但是经验证据表明，可变加速系数的动态有点太僵硬了(例如，投资在资本需求变动以后，花费大约两年时间才能达到高峰)，但是逐渐调整的基本原则却是清楚的。

3. 适时存货管理

答： 适时存货管理是指企业一生产出产品就立即将其卖掉，并且订购的只是它们最需要的部分，企业尽可能缩短持有存货时间的这样一种存货管理策略。

如果存货与销售量或总需求能够更紧密地保持一致，存货投资与 GDP 两者的波动将会减少。由于企业的经营方法一直在改进，经常希望新的管理方法能使企业对其存货保持严格的控制，因而更为稳定的增长前景得以改善。“适时制”存货管理技术是从日本输入的，它强调物资供应者与使用者的协调一致，从而，容许企业以少量的存货进行运作，使生产过程减少预备存货。这些改进方法有助于说明存货的下降趋势。

4. 企业固定投资

答: 企业固定投资是指企业投资支出中用于购买机器设备、工具、厂房等的部分。企业固定投资分为用以维持原有固定资产水平、弥补耗损的重置投资和用以增加固定资产的净投资。重置投资与原有资本存量和折旧率成正比，原有的固定投资多，折旧率高，企业重置投资也就大。净投资取决于投资的边际收益和边际成本，也即投资后的产量和利率水平。预期产量越大，投资越多；利率水平越低，投资越多。企业固定投资对经济运行有重大影响，并被认为是经济周期波动的主要原因。因此政府也特别注重利用各种政策，如财政政策和货币政策来影响企业固定投资。

5. 预期通货膨胀率

答: 预期通货膨胀率是指工人和企业预期的未来的通货膨胀率。在这种情况下，通货膨胀过程被经济主体预期到了，经济主体会根据这种预期而采取各种补偿性行动。如在工资合同中规定价格的条款，在商品定价中加进未来原材料及劳动成本上升因素等。但是一般认为，如果通货膨胀的预期现象普遍存在，那么无论是什么原因引起了通货膨胀，即使最初引起通货膨胀的原因消除了，通货膨胀也会因经济主体预期采取的行动而得以持续，甚至加剧。

6. 资本边际产量

答: 资本边际产量是指在其他投入要素不变的条件下，一个产业中当资本投入增加一单位所增加的产出量。资本边际产量存在递减规律，即在一定的技术条件下，如果其他投入要素的数量保持不变，在生产过程中不断增加一种资本的使用量，最终会超过某一定点，造成总产量的边际增加量(变动投入要素的边际产量)递减。凯恩斯认为不断增加的资本投入，其单位资本的收益率是递减的，这一规律必然引起投资需求的不足。

7. 资本收益

答: 资本收益是指出售或交易有价证券这种特殊商品的所得。股票持有者持股票到市场上进行交易，当股票的市场价格高于买入价格时，卖出股票就可以赚取差价收益，这种差价收益就是资本收益。在证券市场发展过程中，资本收益会逐渐在个人可支配收入中占有重要的位置，对有价证券的资本利得征税是为了不歧视通过其他渠道所得的收入，至少对各种来源的收入应公平对待。

8. 预期实际利率

答: 预期实际利率是指工人和企业预期的未来实际利率。企业进行投资时，名义利率是已知的，但并不知道下一年的通货膨胀率。因此，企业必须以预期通货膨胀率 π^e 为基础来做出决定。换言之，借款的实际成本是预期实际利率。从名义利率中减去预期通货膨胀率，就可以计算出预期实际利率，即 $r=i-\pi^e$。

9. 机会成本

答: 机会成本是指选择生产要素的某种用途，而必须放弃的其他用途所带来的最大收益。这一概念是以资源的稀缺性为前提提出的。一个社会在任何一个时期内，它的资源的供给量总是相当固定的，或者说总是一个有限的量，而绝不可能同时生产它所需要的一切东西。因此，社会生产某种产品的真正成本就是它不能生产另一些产品的代价。

10. 资本存量

答：资本存量是指给定了的所有建筑物、机器的货币价值在某一时点上的存货量，是一个存量概念。而投资是由企业在一个给定的时期内加到资本存量上去的支出数量，是一个流量概念。资本存量的变化有两个原因：①投资增加了资本存量；②原有资本磨损（即折旧）减少了资本存量。

11. 可变加速数模型

答：可变加速数模型是指描述现有资本存量与合意资本存量之间的差距越大，企业投资速度就越快的一个模型。企业计划进行投资以便弥补他们的实际资本存量和他们的意愿资本存量之间的差额资产，其结果是，实际资本存量和意愿的资本存量之间具有较大缺口的企业，其积累资本的速度会比其他企业更快。

12. 投资的 q 理论

答：投资的 q 理论是指托宾创建的一种投资理论，该理论认为：在资产相对于其再生产成本更有价值时，投资将会很高。其中，q 是指现有资本的市场价值与其重置成本的比率。根据企业投资的 q 理论，当 $q>1$ 时，即企业资产的市场价值大于企业资产的重置成本时，企业就有扩张的愿望。企业资产市场价值的提高（如股票价格的上涨）意味着 q 值的上升，q 越大，企业扩张的激励就越大，企业投资扩张的速度通常就越快。

13. 信用配给

答：信用配给是指商业银行在面临对贷款的超额需求时，不是通过提高利率的途径来增加存款供给，同时抑制贷款需求来实现信贷市场的均衡，而是实行贷款配给，部分地满足借款人信贷需求的这样一种现象。

信用配给产生的原因包括：①放贷人往往不能判断某一特定客户（项目）的好坏；②中央银行对商业银行和其他放贷人实行信贷限制。

14. 投资流量

答：投资流量是指投资是用来增加物质资本存货的支出流量。在宏观经济学中，投资具有狭窄和技术性的含义。投资的流量和资本的存量相比是相当小的。按照一个典型的投资率，大约需要 15 年的投资流量总和才能达到其资本存量通常的水平。当然，经过长时期以后，投资流量的累积就完全决定了资本存量的高度，因而成为总供给的最重要的决定因素之一。

15. 实际利率

答：实际利率是指物价不变，从而货币购买力不变条件下的利息率，是与“名义利率”相对而言的。美国经济学家费雪首次在其《利息理论》一书中提出以货币和以实际财物计量利率的观点。一般物价总水平存在变动的趋势，在计算实际利率时，就必须扣除名义利率中的物价上涨率。实际利率的计算公式为：

$$实际利率 = 名义利率 - 通货膨胀率$$

名义利率随着通货膨胀的变化而变化，但并非同步的，从而现实中人们必然以预期的物价上涨率来代替公式中的物价上涨率，否则实际利率的测算往往呈现滞后的问题，但这样同时也使得实际利率水平带有较大的主观性。

16. 边际产量递减

答：边际产量递减是指在其他条件不变的情况下，如果一种投入要素连续地等量增加，增加到一定产值后，所提供的产品的增量就会下降，即可变要素的边际产量会递减。

边际产量递减存在的原因是：随着可变要素投入量的增加，可变要素投入量与固定要素投入量之间的比例在发生变化。在可变要素投入量增加的最初阶段，相对于固定要素来说，可变要素投入过少，因此，随着可变要素投入量的增加，其边际产量递增；当可变要素与固定要素的配合比例恰当时，边际产量达到最大。如果再继续增加可变要素投入量，由于其他要素的数量是固定的，可变要素就相对过多，于是边际产量就必然递减。

17. 存货周期

答：存货周期是指存货投资对于那些引起总需求进一步变动的销售变动所作出的反应，即存货投资的变动引起的经济周期性波动。存货周期理论认为，存货投资的波动本身会形成经济繁荣与衰退的轻度交替，从而出现经济波动。但大多数经济学家认为，存货投资变动本身并不足以引起经济波动，它只是加重了波动的幅度。

存货周期是通过当期的销售额和库存资金占用之比来体现的，只有通过缩短存货在生产经营过程中的停留时间和减少库存、加速产品销售，才能缩短周期，加速资金周转，减少资金占用。

18. 资本的租金（使用者）成本

答：资本的租金成本是指在生产中多使用1单位资本的成本。不管企业实际上是自己购买资本还是租赁，租金成本都是对机会成本的正确度量。只要资本边际产出的价值高于租金成本，企业就值得增加其资本存量。因而，企业将继续投资，直到多增加1单位资本所生产的产品价值，等于使用该资本的成本——即资本的租金成本为止。

实际利率高，企业股价低，而且资本折旧率高，则资本租金成本高。税赋也影响资本租用成本，特别是通过投资税减免来施加影响。投资税减免实际上是政府对投资的补贴。

19. 现金流量贴现分析

答：现金流量贴现分析是指把现金流量，包括成本和收益，都按一定的百分比变成现值，并据以判断一项投资是否可行的分析方法。资金具有时间价值，因为存在利率和通货膨胀，今天的钱比明天的钱更值钱。利用现金流量贴现分析可以得出准确的净收益率，如果不进行贴现，就会高估收益率，并可能得出错误的投资决策。

20. 存货投资

答：存货投资是指产量超过实际销售量时发生的存货积累，以及为保持生产连续性而准备的各种原材料等。

存货投资分为合意的存货投资和非合意的存货投资。为确保生产顺利进行所持有的最低限度的原材料，以及为保证产品供应的连续性而持有的合意的产品，都属于合意的存货投资的范畴。合意的存货水平可以用存货-销售比率来表示。合意的存货水平与产品生产速度、订货到来的快慢成反比，与利率水平成反比，与销售水平和社会需求的不确定性成正比。如果实际存货超过了合意存货，超过的部分便被称为非合意存货。存货投资往往无法预料，它在产量和不确定的销售量之间起缓冲的作用。存货投资水平的变动与经济周期有关。

21. 住宅投资

答：住宅投资是指建造住宅和公寓的投资支出。住宅投资取决于原有住房的价格、人口增长的速度、财政收入水平、利率和其他资产的收益率。一般来说，原有住房价格越高，人口增长越快，收入水平越高，住宅投资的规模越大。利率水平越高，其他资产的收益率越高，则住宅投资的规模越小。政府为调控住房建设规模可以使用利率杠杆，但应注意使用合理的长短期利率结构。

22. 投资

答：投资一般是指经济主体为获取预期收益而垫付货币或其他资源于某些事业的经济活动。具体来讲，投资具有多方面的含义：一般说来，投资是指将现有资金投入某项事物，以期获得未来收益的活动。按投资对象不同，可分为以下几种投资类型：①实物投资，是指对固定资产和存货等资本品的投资。②金融投资，是指对金融资产的购买，如购买债券、股票等。③人力资本投资，是指使人力资本形成和增值的投资活动。

二、简答题

1. 如果一个经济达到了其合意资本存量，并希望仅仅维持该合意资本存量不变，是否应该进行任何投资呢？如果不是，为什么？如果是，是多少？

答：即使经济实现其合意资本存量，还必须进行一些投资以使资本存量维持在合意水平。投资的水平要足够弥补折旧(由于磨损或资本过时)。具体来讲：

(1)投资是指增加实际资本的行为，表现为一定时期内增加新的建筑物、耐用设备以及增加存货等。净投资是指新增加的投资，它取决于收入的变动情况；重置投资即折旧，是指用于补偿所损耗的资本设备的投资，它取决于原有资本的数量、使用年限及其构成。净投资加上重置投资就是总投资。

(2)合意资本存量取决于产出水平和资本使用成本，资本使用成本又由资本的价格、实际利率和折旧率决定。由于投资调整成本的存在，资本存量的调整是渐进的，投资方程则反映了当前资本存量向合意资本存量的调整过程。任何能够增加合意资本存量的因素都会增加投资率，所以预期产量的增加，实际利率的降低都将增加投资率。

(3)重置投资的作用仅在于补偿经济中已经报废的资本。如果一个经济达到了其意愿的资本存量，即合意资本存量，并仅仅希望维持它不变，那么投资的水平必须等于重置投资，这时净投资为零。

2. 新近的投资转移到高科技的资本品方面，这对折旧率有什么影响？你想过与人力资本存量有关的折旧率了吗？

答：折旧率是指一定时期内资产折旧额与资产原值的比率。折旧是指机器在使用过程中，因逐渐磨损而转移到产品中去的那部分价值的补偿方式。它摊入产品的成本中，从销售产品的收入中扣除。企业一般对每年年初时固定资产的余额采用相同的折旧率提取折旧费。

(1)高科技的资本过时的速度非常快，因此如果公司想保持竞争力就需要更早地进行替换更新。所以如果更多地投资高科技资本品，折旧率就会上升。

(2)人力资本也会折旧，因为知识也会过时(新理论的提出和连续的新发现)。这样知识就需要进行更新。同样地，把健康看作是人力资本，当人们变老时，其健康存在折旧。但是人们越多的投资于健康，即人们更健康地生活并且更多地采取预防措施，这样人力资本存量的折旧也会越慢。

3. 如果一家企业用留存收益，而不是用借入资金进行投资，其投资决策还会受利率变动的影响吗？请解释。

答：如果一家企业用未分配盈余，而不是用借入的资金进行投资，其投资决策还要受利率变动的影响。原因如下：

(1)资本租金成本是指在生产中多使用1单位资本的成本。不管企业实际上是自己购买资本还是租赁它，租金成本都是对机会成本的正确量度。只要资本边际产品的价值高于租金成本，企业就值得增加其资本存量。因而，企业将继续投资，直到多增加1单位资本所生产的产品价值，等于使用该资本的成本——即资本的租金成本为止。

(2)利率不能简单地理解为资本的租金成本，利率也是一种机会成本。企业未分配盈余可以用于投资新机器，但也可以借贷给其他人。就是说任何时候企业未分配盈余都可以用于金融投资，即借给需要资金的人(例如政府)以收取利息。例如，如果国债或商业票据的收益高于实物投资的预期回报率，公司可能不需要进行实物投资而“投资”于国债。

4. 在第15章第1节研究的企业固定投资模型考察了企业拥有资本品的成本与效益。它的基本结论是，只要企业的资本边际产量超过边际成本，就会增加资本存量。什么是托宾的 q，它与第15章第1节中的这个模型是如何联系的？

说明：题中提到的第15章第1节的企业固定投资模型是指企业为达到合意的资本存量而进行的成本与收益的分析。除了劳动之外，企业还使用资本来生产商品与劳务以出售。它们的目的是获得最大化的利润。在决定生产中使用多少资本时，企业必须在使用更多资本为其获得的收益所做的贡献，与使用更多资本所承担的成本之间求得平衡。资本的边际产出就是在生产中多使用1单位资本所增加的产出。资本的租金(使用者)成本是，在生产中多使用1单位资本的成本(注意，这两个概念都是流量的概念)。不管企业实际上是自己购买资本还是租赁它，租金成本都是对机会成本的正确量度。即使企业从以往获得的利润(未分配盈余中)提供资金，仍然认为利率是用于新资本的机会成本，因为它能贷出这些资金并取得利息，或者作为股息支付给股东。只要资本边际产品的价值高于租金成本，企业就值得增加其资本存量。因而，企业将继续投资，直到多增加1单位资本所产生的产品价值，等于使用该资本的成本——即资本的租金成本为止。资本的租金成本与名义利率、预期通货膨胀率、折旧和税收有关。合意的资本存量除受资本的租金成本影响外，还要受到收入水平、预期产出、财政政策与货币政策等的影响。

答：(1)托宾的 q：

托宾的 q 是指现有资本的市场价值与其重置成本的比率。托宾投资 q 理论是指在资产相对于其再生产成本更有价值时，投资将会很高的投资理论，该理论是托宾(Tobin)创建的一种投资理论。根据企业投资的 q 理论，当 $q=\frac{\text{企业资产的市场价值}}{\text{企业资产的重置成本}}>1$，即企业资产的市场价值大于企业资产的重置成本时，企业就会有扩张的愿望。企业资产的市场价值提高(如股票价格的上涨)意味着 q 值的上升，q 越大，企业扩张的激励就越大，企业投资扩张的速度通常就越快。

(2)托宾的 q 理论与企业固定投资模型的联系：

在一个有效率的股票市场，公司每股股票的价格应该等于对该公司资本要求权的价格。托宾 q 是股票市场对企业资产相对于生产这些资产的成本进行的价值估算。换句话说它是企业的市场价值与资本重置成本之比。资本重置成本是测量边际资本产出的一种方法。如果 q 大于 1，公司应该增加实物资本，因为对公司新机器的每 1 美元的价值，企业能出售股票卖的 q 美元，大于 1 美元，赚取 $(q-1)$ 的利润。这意味着资本的边际产出大于其边际成本。

5. 根据本章所描述的企业固定投资，一家企业的投资决策会受到对其产品的需求突然增加的影响，你是如何看待这一观点的？什么因素会决定其反应速度？

答：企业固定投资模型是指企业为达到合意的资本存量而进行的成本与收益的分析。只要资本边际产品的价值高于租金成本，企业就值得增加其资本存量。因而，企业将继续投资，直到多增加 1 单位资本所产生的产品价值，等于使用该资本的成本(即资本的租金成本)为止。

(1)公司产品的需求突然增加会增加未来销售预期，这就意味着资本边际产品的价值将会提高，即在租金成本不变的情况下资本边际产品的价值高于租金成本。所以企业就值得增加其资本存量，这将要求净投资的增加。

(2)资本存量增长到新的合意资本存量水平的速度，依赖于公司认为销售的增长是永久性的还是暂时性的以及公司快速调整资本存量到其新的合意资本存量水平的成本。

6. 在过去的 10 年里，美国经济中小企业的数量大大增加。如果小企业的信用配给确实比大企业多，这对美国产出波动(经济周期)会产生什么影响？

答：(1)信用配给和经济周期的含义：

信用配给是货币政策的另一个重要传递渠道。信用配给发生在这样一种情况下：尽管借款人愿意以现行利率借款，但是，放款人会限制其能够借到的金额数量。

信用配给产生的原因为：

①放贷人往往不能判断一位特定的客户(或者这位客户融资的项目)的好坏。由于信用差的客户会拖欠借款，不予归还。所以，给定拖欠的风险时，明显的答案似乎是提高利率。然而，提高利率是不当的方法：诚实的或者保守的客户被阻止了借款，因为他们认识到，在高利率下其投资无利可图。可是，敢冒险的或不诚实的客户却愿意借款，因为，如果项目遭遇失败，则任何情况下也不能指望他们还款。然而，放贷人不论试图如何仔细地评估

其客户，他们都无法在整体上避开这一问题。解决的办法就是，对任何客户的贷款金额都加以限制。绝大多数客户都得到一个大致相同的利率(有某种调整)，但是，同意给予他们的信贷数量却是按照客户所能提供的担保品的种类和经济前景来配给的。

②中央银行对商业银行和其他放贷人实行信贷限制。信用配给为货币政策提供了另一个渠道：如果放贷人觉察到了联储已转向紧缩政策，并且提高利率以冷却经济的话，害怕经济出现下跌的放贷人就会紧缩信贷；相反，如果他们认为政府的政策是扩张的，而且经济前景比较好，他们就会通过降低利率和扩大信贷配额，来放松信贷。

经济周期又称经济波动或国民收入波动，是指总体经济活动的扩张和收缩交替反复出现的过程。现代经济学中关于经济周期的论述一般是指经济增长率的上升和下降的交替过程，而不是经济总量的增加和减少。一个完整的经济周期包括繁荣、衰退、萧条、复苏(也可以称为扩张、持平、收缩、复苏)四个阶段。在繁荣阶段，经济活动全面扩张，不断达到新的高峰。在衰退阶段，经济短时间保持均衡后出现紧缩的趋势。在萧条阶段，经济出现急剧的收缩和下降，很快从活动量的最高点下降到最低点。在复苏阶段，经济从最低点恢复并逐渐上升到先前的活动量高度，进入繁荣。衡量经济周期处于什么阶段，主要依据国民生产总值、工业生产指数、就业和收入、价格指数、利息率等综合经济活动指标的波动。

(2)中小企业遭受更多的信用配给对美国经济周期的效应：

因为大公司倾向于拥有一个已经确立并良好的信用等级，所以大公司比小公司更容易获得信贷。因此小公司的留存收益经常限制其投资机会。但是如果有比大公司多得多的中小公司，经济周期中可能出现更大的产出波动。因为在衰退期由于小公司不能获得信贷以及利润下降，所以它们的投资会比可能的投资要小。另一方面，在繁荣期，中小公司的投资很可能比正常的投资要大，因为利润丰厚并且它们想弥补在过去低迷时期的投资缺乏。

7.(1)至少举出两个理由说明为什么高利润会提高投资率。

(2)解释为什么放款人会配给信用量，而不仅是向承担更多风险的借款人收取更高的利率。

答：(1)高利润意味着企业可以获得更多的内部资金，即使是在外部资金不易获得的情况下，企业进行投资的可能性也会增大。高的利润也有可能来自销售收入的增加，这可能会使企业对未来的销售持有更加乐观的态度，从而进一步刺激其增加投资支出。

同时，高利润也意味着较高的股利，从而也就意味着较高的股票价值。如果股票价格很高，企业就很容易融到更多的投资资金，也会进一步提高投资率。

然而，高的利润和内部资金的可得性并不意味着资金成本不是投资决策时要考虑的一个重要因素。这些资金所产生的利息是投资决策时必须要考虑的机会成本。

(2)放款人认为高利率会阻止一些谨慎的借款人的投资，而那些不顾后果的冒险的借款人却无视这种高利率而继续进行投资，在这种情况下，放款人就给这些借款人配给不同的信用量。那些不顾后果的借款人很可能会失败，从而就会不履行偿还贷款的义务。因此，对放款人来说，在货币紧缩时期给借款人配给信用量是比增加贷款利率更为有效的保证其获得利润的方法。

8. (1)解释(实际)抵押贷款利率低时，为什么住宅市场经常是兴旺的。

(2)在美国的一些州，高利贷限制法禁止(名义)抵押贷款利率超过法定限额。解释这为什么会成为问题(1)结论的一个例外。

答：(1)在买房时，抵押贷款利率是一个需要考虑的重要因素。即使是利率的很小变化，也会引起购房者每月抵押支出的巨大变化，因此，大多数人在购房时都会等待观望，直到利率变低。购房不同于购买一般消费品，因为如果市场条件不利，大多数人会延迟一段时间买房。如果市场利率较低，一些购房心切的购买者就会采取抵押贷款方式购房。就供给方来说，如果信用成本降低，有着巨大融资需求的房地产开发商很可能会去开发建设新的房产项目。但是随着新的房产供给的增加，房屋的价格就会下跌，从而引发购房者人数的增加。

(2)一些州的高利贷法禁止银行或储蓄贷款机构收取高于法定最高限额的抵押贷款利率，这实际上是为抵押贷款利率设置了一个价格上限。但是当市场利率超过这个规定的利率上限时，抵押贷款市场就会处于一种不均衡状态，对抵押资金的需求就会超过抵押资金的供给(如图 15－5 所示)。在市场利率这么高的情况下，银行很可能会将其资金投入到收益率高的其他投资项目中，而不是进行抵押贷款，从而抵押信用的供给就会降低。如果通货膨胀率很高，那么购房者实际支付的真实利率可能会相当低，从而买房者可能会需要更多的抵押贷款，使抵押贷款的需求增加，然而由于价格上限的存在，使得信贷市场很难有出清的机会。这就解释了为什么在真实利率较低时，也可能存在着房地产投资水平较低的情况。

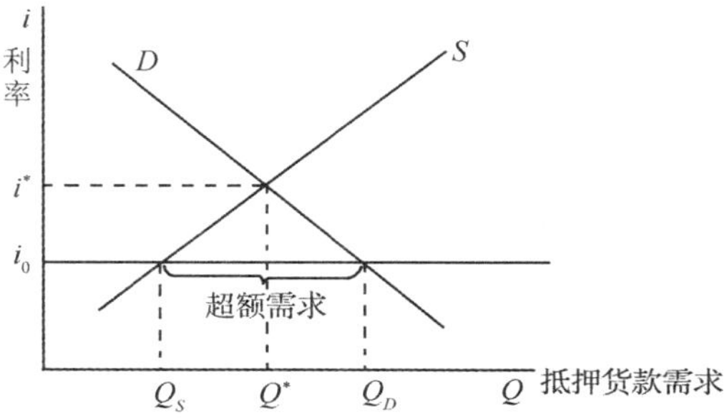

图 15－5　最高限额的抵押贷款利率导致了超额贷款需求

9. 存货投资加速数模型与资本积累的可变加速数模型之间是什么关系？

答：(1)存货投资加速数模型与资本积累的可变加速数模型的含义：

①存货投资加速数模型是指描述收入变动或消费需求的变动引起存货投资变动的模型。加速数模型表明投资支出与产出变动成比例，而不受资本成本的影响。

$$I=\alpha(Y-Y_{-1})$$

该模型的含义包括：第一，投资并不是产量(或收入)的绝对量的函数，而是产量变动率的函数。即投资变动取决于产量的变动，若产量的增加逐期保持不变(产量变动率为零)，则投资总额也不变。第二，投资率变动的幅度大于产量(或收入)的变动率，产量的微小变化会引起投资率较大幅度的变化。第三，若要保持投资增长率不至于下降，产量必须持续按一定比率增长。因为一旦产量的增长率变缓，投资增长率就会停止或下降。即使产量不是绝对地下降，而只是相对地放缓了增长速度，也可能引起投资缩减。第四，加速数与乘数一样都从两个方向发生作用。即当产量增加时，投资的增长是加速的，当产量停止增长或减少时，投资的减少也是加速的。第五，要使加速原理发挥正常作用，只有在不存在过剩生产能力时才能实现。存货投资水平与产出变动的联系，是增加经济整体易变性的重要渠道。

②可变加速数模型是用来解释企业如何计划其调整资本存量速度的。资本存量 K 是预期产出 Y、劳动力的实际工资率 ω 和资本租金成本 rc(实际利率 + 折旧率)的函数。它背后的基本观点是，现有资本存量与合意资本存量之间的差距越大，企业投资速度就越快。

根据可变加速数模型，企业在每一时期都打算填补合意资本存量与实际资本存量之间差距的 λ 部分。上期结束时的资本存量表示为 K_{-1}，合意资本存量与实际资本存量之间的差距则表示为$(K^* - K_{-1})$。企业打算在上期资本存量 K_{-1}上增加差距$(K^* - K_{-1})$的一部分，即 λ，以便使得当前时期结束时的实际资本存量 K 成为：

$$K_0 = K_{-1} + \lambda \times (K^* - K_{-1}) \tag{1}$$

方程(1)表明了要将资本存量从 K_{-1}增加到 K 的水平，企业必须实现净投资量 $I \equiv K - K_{-1}$，因此，可以写出净投资：

$$I = K_0 - K_{-1} = \lambda \times (K^* - K_{-1}) \tag{2}$$

它是净投资渐进调整的表达式。在图 15－6 中，表明了资本存量是如何从初始水平 K_{-1}调整到合意水平 K^* 的。假定的调整速度为 $\lambda = 0.5$。从 K_1 水平开始，每一时期的目标资本与当前实际资本间差距的一半得到了填补。因此，开始的一个时期的净投资为 $0.5 \times (K^* - K_{-1})$。在第二个时期，投资将是上一期速率的一半，因为差距已减少了一半。投资继续到实际资本存量达到目标水平为止。λ 越大，差距减少得就越快。

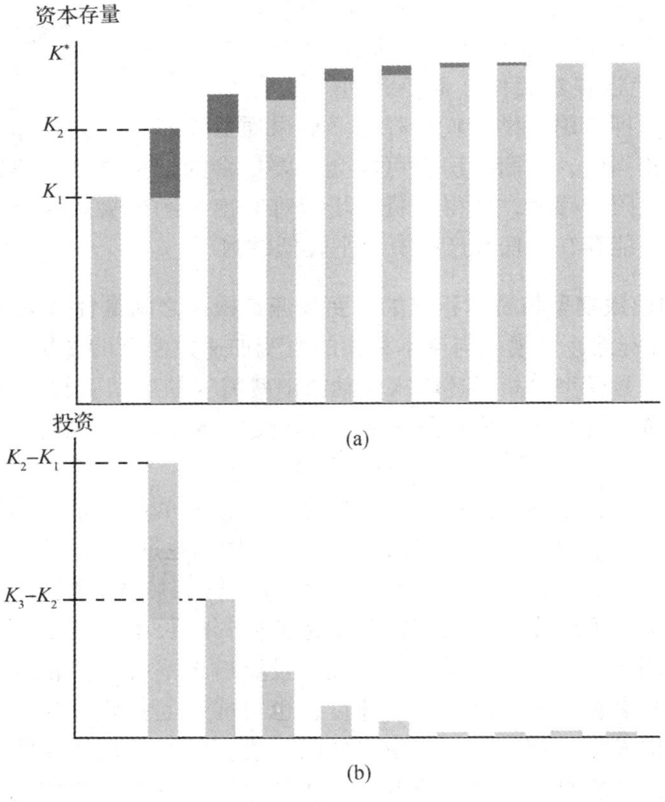

图 15－6　资本存量的调整

在方程(2)中，达到了目标，即推导出一个投资函数，它表明当前投资支出取决于合意资本存量 K^* 与实际资本存量 K 之间的差额。任何增加合意资本存量的因素，都会提高投资率。可变加速系数证明，投资包含动态行为的方面——行为不取决于当前时期的，而是取决于其他时期的经济变量值。经验数据表明，可变加速系数的动态有点太僵硬了。例如，投资在资本需求变动以后要花费大约两年时间才能达到高峰。但是逐渐调整的基本原则却是清楚的。

说明：如果合意资本存量变动，在一段时间内，资本存量调整到新的合意水平，每期的投资取决于调整速度参数 λ。

(2)两个模型之间的联系：

存货投资的加速数模型与资本积累的可变加速数模型之间存在密切的联系，两个模型都反映了其他因素引起的资本的变动，加速数模型实际上是可变加速数的特例。了解加速数模型，就要忽略租金成本的作用，并让可变加速数公式中的 $\lambda=1$。

但是这两个模型还是有区别的。可变的加速数模型试图解释公司调整其资本存量的速度，该模型强调资本存量变动的动态过程；而加速数模型强调投资变动的结果。意愿资本存量与实际资本存量的差距越大，公司对机器的投资支出水平越高，但并不是全部的存货投资都可以用加速数模型来解释，所以资本积累的可变加速数模型解释的范围更广。

10. 存货的变动能预示经济周期的运动吗？为什么不管这些变动是计划的还是非计划的，都十分重要？

答：(1)存货的变动能大体上预示经济周期的运动，但是不能完全预示，因为存在一些特殊情况。

在正常情况下，存货与销售量保持一个固定的比例。但有两种情况会使存货水平比正常水平高。一种情况是销售量出乎意料的低，企业不得不把卖不出去的产品作为存货投资，存货大量增加，高于正常水平的存货为非意愿存货。这种情况发生在经济衰退时。另一种情况是销售量之高出乎意料，企业为了适应市场需要而提高存货水平，这时高出正常水平的存货为意愿存货。这种情况发生在经济繁荣时。可见同样是存货数量上升，却是在截然相反的经济运行状态中出现的。

(2)库存-销售额比率不仅会由于在衰退开始时的非意愿存货的增加而上升，而且会由于在新的繁荣开始时的意愿存货的增加而上升。这表明库存支出的角色在经济周期中可能已经变化了。所以仅仅从库存的变动不能预示经济周期的运动。

11. 在 1990～1991 年衰退期间，存货-销售额比率并无显著的上升，你如何解释这个事实？

答：存货-销售额比率是存货和销售额的比例关系的简称。比如，用数量来说，本期购进 120 个，期末存货 20 个，那么，本期的“存货-销售额比率”是$(20/100)\times100\%=20\%$。该比率是一个检测存货量是否合理的指标，如果存货产品占销售额的比例太低，可能会缺货、断货；如果所占比例太大，说明产品有积压的倾向。

存货-销售额比率在 1990～1991 年间的衰退期没有显著上升可能是由于新的更好的管理方法的采用以及公司对它们的存货进行了更加严格地控制。先进的计算机技术和货物运输的同步性使企业能在较小的存货成本基础上运营。所以可能是由于先进的技术、科学的管理方法以及对存货态度的改变使企业能在拥有较少的存货的情况下正常地运作。这会使存货-销售额比率明显地下降。正是由于这种下降作用使得存货-销售额比率在1990～1991年间的衰退期没有显著上升。

12. 为什么决策者应该(或不应该)关注过去10年中在美国发生的相对低水平的投资?

答：净投资水平是资本存量的增加，即 $I_N=\Delta K$。低水平的净投资意味着资本存量和未来生产能力的缓慢增加。低的资本积累率通常暗示将来较低的生活标准。所以决策者应该关注过去10年中在美国发生的相对低水平的投资。

13. 在第5章读者已经了解到当总供给曲线是垂直的时候，货币政策对实际利率是没有影响的。请给出两个原因说明即使货币政策不能影响利率，货币政策仍然会影响投资。

答：(1)当总供给曲线垂直时，货币政策不能影响利率：

如图15－7所示，在古典情况下，在充分就业的产出水平上，总供给曲线是垂直的。无论价格水平怎样，厂商都将供给 Y^* 水平的产量。此时的货币政策只影响价格水平，因为货币政策引起 AD 曲线左右移动，虽然价格水平会变，但长期产出水平不变。这样货币政策引起的价格变化只能影响通货膨胀率和名义利率，而实际利率保持不变。

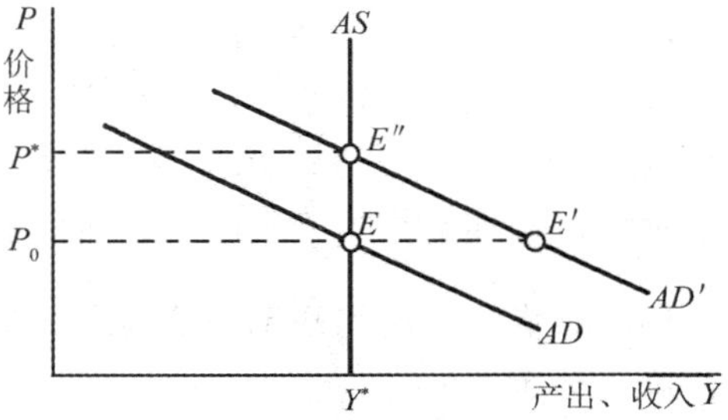

图15－7　总需求的扩张：古典情况

(2)即使货币政策不能影响利率，货币政策仍然会影响投资的原因：

①在长期(当总供给曲线垂直的时候)，货币政策对于实际利率没有影响，但它会影响通货膨胀率和名义利率。名义利率取决于实际利率和通货膨胀率，即 $i_n=i_r+\pi$。如果名义利率增加，就会使投资的名义的资金借款成本上升，并且由于认识到现金流问题使一些借款者不具备贷款资格。当名义利率增加时银行会限制信用，因为他们认为仍然对贷款感兴趣的借款人可能有信用风险。因为房屋价格对名义和实际利率都很敏感，所以住宅投资变化会更明显。一个原因是美国的税收系统对名义利率支付是免税的，而对于由于通货膨胀的名义资本收益是免征税的。

②由于增加了对未来的不确定性，更高的通货膨胀率可能也会影响股票的市场价值。然而股票市场价值的下降可能增加了通过发行新股票来为投资项目筹集资金的难度。对通货膨胀的预期也可能影响投资的时机。结果是虽然货币政策对于实际利率没有影响，但却影响了投资水平。

三、计算与分析题

1. 描述一家汽车出租行如何计算出租汽车的价格，并将你的描述与正文中给出的租金成本公式联系起来。

答：租金成本公式认为租金成本(rc)等于真实利率(r)加上折旧率(d)，而真实利率等于名义利率(i)减去预期通货膨胀率(π^e)：$rc=r+d=i-\pi^e+d$。

这家汽车出租公司很想知道其汽车折旧的速度有多快(或者说为了将其库存的汽车保持在原有的价格水平上，汽车出租公司需要做什么)，以及拥有这些出租车所需要的资金成本是多少。为了保持盈利，这家汽车出租公司对每辆车所收取的租金必须大于购买这辆车所需资金的利息收入(或必须支付的利息)加上这辆车的价格乘以这辆车的折旧率之和。由于这家汽车出租公司收取的名义价格，即是根据银行对每笔贷款所收取的名义利率计算的，那么收取的这笔租金将是 $p>(i+d)\times v$，v 为所出租汽车的价值(价格)。

例如，假设当前的市场利率是10%，折旧率是20%，汽车的价值即价格为10000 美元，则这家汽车出租公司对这辆汽车收取的租金每年最少应为：$(0.1+0.2)\times 10000=3000$(美元)。即这家汽车出租公司每年至少要对这辆车收取3000 美元的租金，或者粗略地说，每天要对这辆车收取8.22 美元(=3000/365)的租金(一年以365 天计算)。如果进一步假设该车出租的时间仅为上面的一半，那么租金成本将上升到每天16.44 美元。由于这16.44 美元的租金并没有包括这家汽车出租公司的其他成本，也没有包括利润，因此不难预期这家汽车出租公司对每辆车所收取的租金实际会更高一些。

2. 一个投资项目的现金流量如下所示。如果现金流量的现值为正数，这家企业将会投资。

第1年	第2年	第3年
-200	100	120

在下列情况下，该企业应该投资该项目吗?

(1)如果利率为5%。

(2)如果利率为10%。

答：如果该投资项目的净现值(*NPV*)为正，该项目将是盈利的。在这个例子中，该投资项目的净现值可用下面的方法进行计算：

$$NPV=R_1+R_2/(1+r)+R_3/(1+r)^2$$

(1)假设第一年就是今年，当利率 $r=5\%$ 时，可以得到：

$$NPV=-200+100/1.05+120/1.1025=4.08>0$$

这意味着在此条件下，该项目是盈利的，应该对其进行投资。

(2)在利率为 $r=10\%$ 时，可以得到：

$$NPV=-200+100/1.1+120/1.21=-9.92<0$$

这意味着这个项目是不盈利的，不应该对其进行投资。

3. 假设颁布一项明确的暂时税收减免。税收减免率为10%，期限为1年。

(1)这种税收减免对长期(比如4年或5年以上)投资的影响是什么?

(2)在本年与下一年的影响是什么?

(3)如果税收减免是永久性的，你对问题(1)与问题(2)的答案有何不同?

答：(1)当前的这种投资税收政策对政策适用期内的投资的影响是正面的。然而，从长远来看，其对长期投资并没有明显影响。预期的资本存量主要取决于企业对未来或当前产出的预期，而当前的投资税收政策是不会对企业预期的长期资本存量产生影响的，所以，这种投资税收政策对长期投资是没有明显影响的。

(2)当前的这种投资税收政策将会增加当前的投资项目的数量，因为在这种政策下，一些企业会将其延迟的投资项目放到当前进行投资。同时，在当前的条件下，企业也会开始投资一些在当前条件下不盈利的边缘项目。从而在实行该项税收政策的今年，投资水平当然会增加。由于大多数投资项目会在今年开始启动，几乎没有项目会延迟到下一年，因为在下一年，这项优惠的税收政策的效果就没有了。因此，在下一年投资水平将会比实际预期的要低。

(3)即使一项长期的税收减免政策没有使企业加速进行投资，它也会鼓励企业投资那些在此之前不盈利的边缘投资项目。因此在长期税收减免政策的影响下，投资水平会全面提高，无论是实施该项政策的第一年还是以后的年份。长期税收减免政策对投资的长期影响将会比暂时税收减免政策对长期投资的影响要大。

4. (1)解释最终销售额与产出为何有所区别。

(2)指出图 15 -8 中的计划存货投资与非计划存货投资的时期，并且画下来。

(3)在缓慢但稳定的经济增长时期，你预期最终销售额与产出如何相关？请解释，并为这类时期画出一个类似于图 15 -8 的假设图。

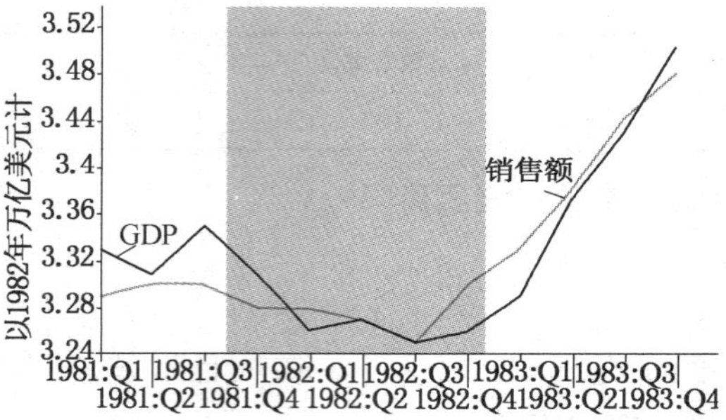

图 15 - 8　1981 ~ 1983 年衰退与复苏期间的销售量与产出

注：阴影区为衰退时期。

资料来源：Bureau of Economic Analysis。

答：(1)产出与最终销售额之间的差异是存货调整的结果。在衰退前期，销售额可能会下降，而产量对衰退的反应就会比较慢，从而就会积累存货。这会导致企业削减生产以降低产出。另一方面，如果企业预期销售额会增加，它会扩大生产以增加存货，这就会使得产出的增加早于销售额的增加。

(2)在 1981 年，GDP 超过了最终销售额，这意味着存货将会增加。最初积累存货是有目的的，因为经过 1980 年的经济衰退后，预期经济将会出现较大的回升，因此工厂就增加存货，为经济的回升做准备。然而，在 1981 年的后半年，随着经济跌入到 1981 ~ 1982 年的衰退中，销售额始终低于 GDP，此时就使得存货变为非意愿性存货。1981 ~ 1982 年之后，产出急剧下降，企业试图减少存货。在 1982 年的第一季度，企业有目的地降低存货，使得该季度的销售额超过了产出。在 1982 年中期，销售额与 GDP 几乎相等，但是到了第四季度，销售额增加的速度开始快于 GDP 增加的速度。这意味着总需求增加了(这是经济复苏的一个信号)，这导致了非意愿性存货的降低。

(3)如图 15 -9，在缓慢但稳定地增长时期，企业预期销售额会增加，从而企业需要持有更多的存货以为未来的销售做准备。然而，由于增长是缓慢且平稳的，这就不难预期产出仅会略高于销售额，而且产出和销售额的增长率应该是相同的，因此不难看到存货和销售额的比率几乎是一个常数。

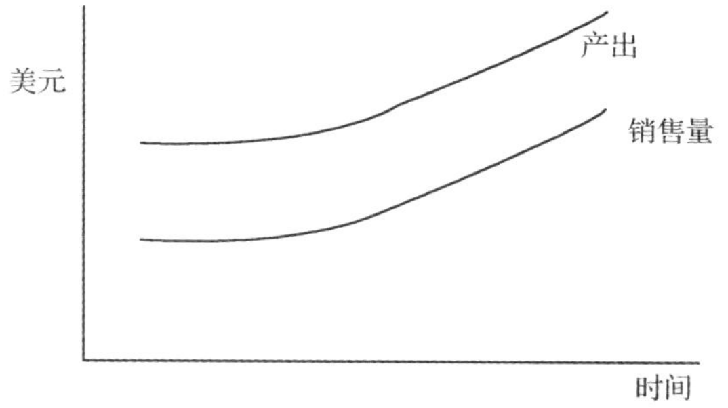

图 15 -9　缓慢而稳定的经济增长时期，企业产出与销售额变化及其关系

5. 给出下列信息，计算托宾 q 的统计量：假定一个公司有 100 万股流通股票，每股价值 25 美元，再假定它的实物资本存量的重置成本为 1800 万美元。

(1)该企业应该(净)投资于更多的实物资本吗？

(2)如果该企业的实物资本存量的重置成本现在是 2500 万美元或 2800 万美元，你的回答会改变吗？

答：(1)公司的市场价值为 100 ×25 =2500(万美元)。所以，托宾的 q = 市场价值/重置成本 =2500/1800 =25/18 =1. 4 >1。这意味着资本的边际产出大于其边际成本，企业应该投资于更多的实物资本。

(2)当重置成本为 2500 万美元时，托宾的 q = 市场价值/重置成本 =2500/2500 =1。则净投资为零，但应该有一些投资以替换资本存量中的折旧。

当重置成本为 2800 万美元时，托宾的 q = 市场价值/重置成本 =2500/2800 =0. 89。所以企业应该“减资”，即不进行投资让资本存量折旧但不增加投资替代它。

6. 本习题使用柯布-道格拉斯生产函数与相应的合意资本存量，给定 $K^* = g(rc, Y) = \theta Y/rc$。假定 $\theta = 0.3$，$Y = 5$ 万亿美元，$rc = 0.12$。

(1)计算合意资本存量 K^*。

(2)现在假定预期 Y 将上涨到 6 万亿美元，相应的合意资本存量是多少？

(3)假如在预期收入变动之前，资本存量处于合意水平。再假设在投资逐步调整模型中，$\lambda = 0.4$。在预期收入变动后，第 1 年的投资率是多少？第 2 年呢？

(4)你对问题(3)的回答涉及的是总投资还是净投资？

答：(1)由于 $K^* = \theta Y/rc$，所以可以推出 $K^* = 0.3 \times 5/0.12 = 12.5$。

故合意资本存量为 12. 5 万亿美元。

(2)预期 Y 将上涨到 6 万亿美元时，$K^* = \theta Y/rc = 0.3 \times 6/0.12 = 15$。故相应的合意资本存量为 15 万亿美元。

(3)根据 $I = \lambda \times (K^* - K)$，可推导出 $I_1 = 0.4 \times (15 - 12.5) = 1$，在第一年，净投资将

为 1 万亿美元，新的资本存量将为 13.5 万亿美元。所以 $I_2=0.4\times(15-13.5)=0.6$，在第二年，净投资将为 0.6 万亿美元，新的资本存量将为 14.1 万亿美元。

(4)对问题(3)回答的是净投资，即额外的资本存量，而总投资将包括过去投资的资本量。

7. 1947～1991 年间，持有正常资本存量的年平均收益率是 7%，而同期企业固定投资的年平均增长率是 3.5%。1992～1999 年期间，持有正常资本存量的年平均收益率是 16%，同期企业固定投资的年平均增长率是 8%。q 理论怎样和这种变化相联系?

答：投资的 q 理论预测高的股票价格将促使公司经理们投资于更多的实物资本。在一个有效率的股票市场，公司每股股票的价格应该等于对该公司资本要求权的价格。托宾的 q 被认为是企业的市场价值与资本重置成本的比率，因为它是股票市场对企业资产相对于生产这些资产的成本进行的价值估算。如果 q 的值高，企业愿意增加实物资本并且投资水平上升。这意味着在股票价格快速上涨的期间，公司会增加他们的投资支出。

与 1947 年到 1991 年间相比，从 1992 年到 1999 年期间，持有正常资本存量的年平均收益率从 7% 上升到 16%，企业固定投资的年平均增长百分比从 3.5% 上升到 8%。年平均收益率提高则意味着股票价格的上涨，伴随着股票价格的上涨，公司会增加他们的企业固定投资支出。所以 q 理论的预测和这种变化是一致的。

第 16 章　货币需求

16.1　复习笔记

【知识框架（庖丁解牛）】

- 货币需求
  - 货币存量的构成
    - 货币总量的构成
    - 金融创新
  - 货币的职能
  - 货币需求理论
    - 货币需求的含义
    - 凯恩斯货币需求理论
    - 鲍莫尔-托宾的货币需求的平方根定律
  - 关于货币需求理论的经验证据
    - 货币需求的调整滞后
    - 货币需求的四个基本特性
  - 货币的收入流通速度
    - 货币的收入流通速度的含义
    - 货币数量论

【考点难点归纳（厚积薄发）】

考点一：货币存量的构成　★★★

1. 货币总量的构成（见表 16－1）

表 16－1　货币总量的构成

要点	含义	构成
M_1	狭义的货币供应量，是指能够直接、立即并且无限制的进行支付的要求权，流动性很强	①通货：包括流通中的硬币和纸币。 ②活期存款：指商业银行的无息支票账户。 ③旅行支票：指只能由非银行机构发行的支票。 ④其他支票存款：指具有各种法律安排和各种市场名称的生息支票账户
M_2	广义的货币供应量，是在 M_1 的基础上加上那些接近于充当交换媒介的资产，其绝大部分是银行和储蓄机构中的储蓄存款与小额定期存款。M_2 与 M_1 的差额，即单位的定期存款和个人的储蓄存款之和，通常称作准货币	①M_1 的所有具体内容。 ②货币市场共同基金（MMMF）股份：指投资于短期资产的共同基金中的生息支票存款。 ③货币市场存款账户（MMDAs）：指由银行经营的 MMMFs。 ④储蓄存款：银行和其他储蓄机构中的存款，不能由支票进行转让。 ⑤小额定期存款：指有特定到期日的，在到期日前提取必须支付罚金的，小于 10 万美元的生息存款

2. 金融创新

(1)金融创新的含义:

金融创新是指金融机构和金融管理当局出于对微观和宏观利益的考虑，在金融机构、金融制度、金融业务以及金融市场等方面所进行的创新性变革和开发活动。金融创新极大地丰富了金融产品、金融机构和金融制度的内容，是金融业发展演变的主要表现。

(2)金融创新和货币总量的界定:

金融创新可以引起货币供给的变化，同时规避政府管制。因此，随着金融创新的推进，货币总量的定义也不断随之变化。

考点二：货币的职能(见表16-2) ★★★★

表16-2 货币的职能

要点	具体内容
交换媒介 (最重要的职能)	①货币在商品和劳务交易中担当中介的角色。 ②货币的出现克服了简单的“以货易货”经济在时间和空间上“需求的双重巧合”的困难，降低了交易成本，大大促进了交换的发展
价值尺度	①价值尺度是指报价和簿记的单位。 ②货币单位通常也是计量单位，但并不是最基本的计量单位。 ③货币在执行价值尺度时，人们可以在观念语言中用货币来衡量商品的价值，而不需要现实货币的存在
价值贮藏	①价值贮藏是指一种资产能长久地保持其价值。 ②价值贮藏是交换媒介的前提
延期支付的标准 (支付手段)	①货币用来清偿债务或支付赋税、租金、工资等的职能。 ②相对而言，支付手段虽不是货币的基本职能，但随着商品货币经济的发展，货币执行支付手段的职能也越来越普遍。 ③克服了一手交钱、一手交货的局限性，极大地促进了商品交换，也使商品经济的矛盾进一步复杂化
世界货币(拓展)	货币流通超过一国范围，在世界市场上执行一般等价物的职能

考点三：货币需求理论 ★★★★

1. 货币需求的含义

货币需求是指社会各部门在既定的收入或财富情况下愿意并且能够以货币形式持有的数量。在现代高度货币化的经济社会里，社会各部门需要持有一定的货币用作媒介交换、支付费用、偿还债务、从事投资或保存价值，因此便产生了货币需求。货币需求通常表现为一国在既定时间上社会各部门所持有的货币量。

◆拓展延伸◆

(1)货币需求是一个存量而非流量概念。它考察的是在某个时点和空间内，社会各部门在其拥有的全部资产中愿意以货币形式持有的数量或份额。

(2)货币需求量是有条件限制的，是一种能力与愿望的统一。它以收入或财富的存在为前提，是在具备获得或持有货币的能力范围之内人们愿意持有的货币量。

(3)现实中的货币需求不仅包括对现金的需求，而且包括对存款货币的需求。

(4)名义货币需求和实际货币需求存在区别：

将货币需求细分为名义货币需求和实际货币需求，是在通货膨胀或物价变动的条件下产生的。

①名义货币需求，即社会各经济部门所持有的货币单位的数量，通常以M表示；

②实际货币需求，即名义货币数量在扣除了通货膨胀因素之后的实际货币购买力，等于名义货币需求除以物价水平，即M/P。

2. 凯恩斯货币需求理论

(1)假设前提：

①凯恩斯货币需求理论研究的货币需求是实际货币需求M/P，即对实际余额的需求，而不是对名义余额的需求M。

②假定人们只在货币、债券两种流动性强的资产形式中进行选择，即债券是货币的唯一替代物。在投机性货币需求的决定中，人们选择持有两种资产的最优组合比例，以获得最大的收益和便利。

(2)货币需求的三大动机如表16－3所示：

表16－3 货币需求的三大动机

动机	含义	决定因素
交易动机	指用于应对日常交易需要而持有的货币	①货币的交易需求产生于收支之间缺乏同步性：a. 从个人角度看，持有货币用于度过从支出费用到取得收入这一段时间；b. 从企业角度看，持有货币用于在业务上度过从支出成本到获得销售收入这一段时间。②由交易动机引起的货币需求取决于收入水平
预防性动机	指用于应对未来收入和支出不确定性而持有的货币	货币的预防性需求取决于人们的预期和判断，从全社会看，货币的预防性动机取决于收入水平
投机性动机	指用于避免资本损失或增加收益而持有的货币	货币的投机性动机取决于市场利率，市场利率与货币的投机性动机反向变化，因为利率过高，债券价格过低，人们就会预期利率下降，从而购买债券，降低货币持有量

◆小试牛刀◆

如果人们工资增加，则增加的将是(　　)。

A. 货币的交易需求

B. 货币的预防需求

C. 货币的投机需求

D. 上述三方面需求中任何一种

【答案】AB

【解析】出于交易动机和预防动机的货币需求量主要决定于收入。因而工资增加，收入增加，货币的交易需求和预防需求增加。

3. 鲍莫尔-托宾的货币需求的平方根定律

(1)内容：

平方根定律是由美国经济学家鲍莫尔和托宾提出的关于货币需求与利率关系的理论。

鲍莫尔和托宾通过运用存货理论，深入分析了由交易性动机产生的货币需求同利率的关系，该理论分析了持有货币的成本与收益。

(2)公式推导：

到银行提款的人所承担的总成本是放弃的利息和去银行的成本，即总成本 = 放弃的利息 + 去银行的成本 $= iY/(2n) + n \times tc$，Y 是一年中的实际支出，n 是去银行的次数，tc 是每次去银行的固定成本，i 是利率。$Y/(2n)$ 表示持有的平均货币量。

持有货币的总成本是：

$$\text{总成本} = iY/(2n) + n \times tc$$

通过对 n 求总成本的最小化，则可得到最优的交易次数，即有：

$$n^* = \sqrt{\frac{iY}{2tc}}$$

对应地，平均货币持有量为$\frac{Y}{2n^*} = \sqrt{\frac{tcY}{2i}}$。

其中，n^* 是最优交易次数。存货理论分析表明，个人持有的实际余额存量将与利率成反方向变动，但随实际收入水平和交易成本的增加而增加。

◆拓展延伸◆

关于交易性货币需求的结论：

(1)当所有价格上升一倍或任何幅度时，实际货币需求余额不发生任何变化。平方根公式意味着货币需求没有幻觉。

(2)当收入增加时，货币需求的增加小于收入的增加，这被称作现金管理中的规模经济。这说明当收入增加时，货币得到更有效的运用。证明如下：

$$E_Y = \frac{\partial M/M}{\partial Y/Y} = \frac{\partial M}{\partial Y} \cdot \frac{Y}{M} = \sqrt{\frac{tc}{2i}} \cdot \frac{1}{2\sqrt{Y}} \cdot \frac{Y}{\sqrt{\frac{tcY}{2i}}} = \frac{1}{2}$$

(3)货币需求对利率和收入变动的短期反应，与长期反应相比是相当小的。之所以会出现弹性的长短期区别，原因在于：

①调整货币持有量需要成本；

②人们对任何统计信息(收入和利率的变动)都存在调整预期的时间过程，不会做出即时的巨大反应。

(4)了解 E_Y 和 E_i 具有现实意义。了解货币需求对利率的反应系数 h 的取值范围，可以很好的判断财政政策和货币政策的效力；了解货币需求对收入的反应系数 k 的取值范围，可以使一国货币当局很好的控制货币增长率而不至引发通货膨胀或紧缩。

考点四：关于货币需求理论的经验证据 ★★

1. 货币需求的调整滞后

(1)货币需求的调整滞后于收入与利率的变动：当收入水平或利率变化时，起初货币需求的变化很小，但是随着时间的推移，货币需求的变化不断增强，逐渐增加到长期充分的变化。

(2)货币需求调整滞后的原因：①调整货币的持有量需要付出成本和代价。②货币持有者的期望放慢调整。

2. 货币需求的四个基本特性

(1)货币需求与实际收入水平正向变动。

(2)实际货币余额需求与利率反向变动。

(3)名义货币余额需求同价格水平成比例地变动。

(4)与短期反应相比，货币需求对利率和收入变动的长期反应是相当大的。

考点五：货币的收入流通速度 ★★★★★

1. 货币的收入流通速度的含义

货币的收入流通速度又称货币流通速度，是指单位货币在一定时期内的周转(或实现交换)次数。它等于名义 GDP 与名义货币存量的比率，或者等于实际收入与实际货币余额之比，即：

$$V = P \times Y/M = Y/(M/P)$$

实际余额需求 $M/P = L(i,\ Y)$，$V = P \times Y/M = Y/(M/P)$，则有：$V = Y/L(i,\ Y)$。

假设货币需求与收入成比例，则货币需求 $L(i,\ Y) = Y \times L(i)$，则有 $V = 1/L(i)$。

根据货币流通速度公式 $V = 1/L(i)$ 可知，流通速度是概括利率对货币需求影响的一条捷径，流通速度随市场利率变化而一同涨落；高流通速度意味着低货币需求。

2. 货币数量论

货币数量论是关于名义总收入只决定于货币数量变动的一种历史悠久的货币理论，其基本思想是：货币的价值(即货币的购买力)和物价水平都由货币数量决定。货币的价值与货币数量成反方向变动，物价水平与货币数量成同方向变动。

货币数量论以费雪交易方程式($MV = PY$)为依据，是价格水平与货币存量成比例变化的命题。对交易方程两侧同时取对数并微分，则可以用增长率来表示交易方程式，即有：

货币增长率 + 货币流通速度变化率 = 通货膨胀率 + 实际 GDP 增长率

求出通货膨胀率为：

通货膨胀率 = 货币增长率 + 货币流通速度变化率 - 实际 GDP 增长率

从长期来看，货币流通速度变化率不受经济增长率的影响，即 V 是常量，货币流通速度变化率接近于零。经济在充分就业的水平上，实际 GDP 等于潜在 GDP，所以实际 GDP 增长率等于潜在 GDP 的增长率。因此，通货膨胀率主要受货币增长率影响，古典货币数量论是一个通货膨胀的理论。

16.2　课后习题详解

一、概念题

1. 古典数量论

答：古典数量论是指古典经济学提出的价格水平与货币存量成比例变化的理论。货币的收入流通速度是指每年内货币存量在融通该年收入流量时被转手的次数。它等于名义 GDP 与名义货币存量的比率。收入流通速度被定义为：

$$V = P \times Y/M = Y/(M/P)$$

即名义收入与名义货币存量之比，或者等同于实际收入与实际余额之比。

将上式变形可以得到货币数量论的数学表达式：

$$M(\text{货币数量})\times V(\text{货币的流通速度})=P(\text{价格})\times Y(\text{实际收入})$$

上式就是著名的数量方程，它将价格水平和产出水平与货币存量联系起来。当货币流通速度 V 与产出水平 Y 两者固定不变时，这一数量方程就成为古典的货币数量理论。如果 Y 和 V 都是固定不变的，则价格水平和货币存量按比例变化。因此，古典数量理论就成了一种通货膨胀的理论。

2. 交换媒介

答：交换媒介又称"交易媒介"、"交易手段"，是指在商品流通中充当交换媒介的工具。货币作为交换手段，把物物交换分割成买和卖两个环节，降低了物物交换的交易成本，极大地提高了交换的效率。货币的这种职能被称为"流通手段"，是货币最重要的职能，即货币用来充当商品和服务交易活动中的媒介，也就是用于支付。货币克服了以货易货贸易中在时空上需要严格的"需求双重巧合"这一条件的限制，降低了交易成本，大大促进了交换的发展。

3. 货币数量论

答：货币数量论是指关于名义总收入只决定于货币数量变动的理论，是一种历史悠久的货币理论。货币数量论以费雪交易方程式为依据，即 $MV=PY$(其中 P 为价格，Y 为实际产出，故 PY 为名义总收入，M 为货币数量，V 为货币流通速度)。这种理论最早由16世纪法国经济学家波丹提出，现在继承这一传统的是美国经济学家弗里德曼的现代货币数量论。

这一理论的基本思想是：货币的价值(即货币的购买力)和物价水平都由货币数量决定。货币的价值与货币数量成反比例变动，物价水平与货币数量同方向变动。这就是说，货币数量越多，货币的价值越低，而物价水平越高；反之，货币数量越少，货币的价值越高，而物价水平越低。

4. 货币外逃

答：货币外逃又称资本外逃，是指为了避免因不利的经济、政治或军事等形势所带来的损失而发生的货币从一国向另一国的大规模转移，反映了在高通货膨胀时期人们有持有商品而不是资产的倾向。

资本外逃是为了规避经济风险，但其具体原因是各不相同的，包括：逃避税收和严格的外汇管制；本币定值过高，有趋软的危机；国内存在通货膨胀等等。资本外逃会使本来恶化的形势雪上加霜，在国际资金流通中造成很大的骚乱，使资本外逃的国家出现巨额国际收支逆差，而这又引起了大规模的货币投机浪潮，致使政府不得不实行货币管制，以阻止资本外流。

5. 货币

答：货币是指从商品中分离出来的，固定地充当交易中支付手段或交换媒介的商品。过去，贝壳、可可或金币在不同的地方都充当过货币。

货币之所以为社会所接受，在于它所具有的职能。人们需要货币的原因在于货币的职能可以满足人们日常生活的需要。一般认为货币有五个职能：①交换媒介，即货币作为对商品和劳务交易进行支付的中介。②价值标准或核算单位，即人们利用货币来计值，作为比较价值的工具。③价值贮藏，即它是一种超越时间的购买力的贮藏。作为一般购买力的代表，货币便有可能作为一种金融资产，成为财富贮藏的手段，其显著特征是具有高度流动性。一般情况下，货币必须有贮藏价值，但是有贮藏价值的不一定是货币。④延期支付标准（支付手段），一切长期性的交易契约均可用货币作为支付单位来结清，从而使信用制度下的借贷关系得以不断发展和完善。⑤世界货币，即货币流通超出一国，在世界市场执行一般等价物职能。

6. 实际余额

答： 实际余额是指货币存量的实际值，即名义货币余额与物价水平之比（M/P）。货币需求是对实际货币余额的需求，实际货币余额衡量的是货币的实际购买力。实际货币余额（M/P）是家庭财富的一部分，随着物价水平 P 的下降，实际货币余额（M/P）增加，消费者会感到富有，并更多地进行支出（消费）。这被称作是“实际货币余额效应”。

7. 收入弹性

答： 收入弹性在本章特指货币需求的收入弹性，即收入增加 1% 所引起的实际货币余额需求变动的百分比，收入弹性表明了货币需求对收入变化的敏感程度。货币需求的收入弹性越小，既定的实际货币供给量变动所引起的总需求的变动就大，从而总需求曲线的斜率就越小。相反，货币需求的收入弹性越大，既定的实际货币供给量变动所引起的总需求的变动就小，从而总需求曲线的斜率就越大。

8. 货币幻觉

答： 货币幻觉是指在通货膨胀时期出现的，将货币收入的名义价值当作实际价值的一种误解，及其由此导致的相关的错误行为方式。

在通货膨胀发生时，个人无法了解通货膨胀或物价上涨的程度，只能凭借自己接触的本地区少数商品的价格来判断。这样，个人的物价信息就是不完全的，个人只能将主要注意力放在自己的货币收入上。例如，作为工作者的个人，在与企业进行单个的或集体的工资谈判时，就可能将企业允诺的名义工资的上升幅度当作实际工资的上升。而实际上，实际工资可能并没有上升，甚至还有所下降。这样，企业就通过货币幻觉获得了额外利润。再如，作为消费者的个人在名义收入上升时，可能误以为是实际收入上升，于是就扩大消费支出，由此带动总需求的过度增加和加剧通货膨胀。

一般认为，货币幻觉只是在通货膨胀的形成阶段比较严重，一旦通货膨胀普遍化和为大众普遍意识到以后，货币幻觉就会逐渐消失。

9. 风险资产

答： 风险资产是指未来收益能力具有不确定性的资产，比如股息、债券利息等等。风险资产的未来收益是不确定的，否则，所有的投资者都会追求那些收益最高的资产，而放弃那些收益最低的资产。于是，在供求均衡的条件下，所有资产的收益将趋于一致。这显然是不符合现实的。

在不确定性的经济环境下，必须引入预期效用函数，并假定投资者都是风险厌恶型的，只能在风险和收益之间取得某种平衡。由于不同的风险资产具有不同的预期收益和风险，在预期效用的作用下，所有的风险资产将被组合成一个价格和风险之间的反比关系。风险越高，收益越高，相对价格就越低；风险越低，收益越低，相对价格就越高。于是，风险资产特有的风险属性成为其价格决定的唯一影响因素。

由于风险被界定为一种资产与其他资产之间的相互关系，也就是说，某一种风险资产的定价不可能不依赖于其他所有资产的价格。因此，风险资产的定价不能仅仅局限于局部均衡，而必须在一开始就进入一般均衡领域。任何资产的价格都严格依赖于它与其他资产之间的相互关系。

10. 货币的收入流通速度

答：货币的收入流通速度是指同一单位的货币在一定时期内流通的次数。它是决定商品流通过程中所需要货币量的重要因素之一，能在一定程度上弥补流通中货币数量的不足。但在确定货币流通速度时，应该是处于流通中不断运动的货币，不包括暂时停止或长期沉淀的部分。因此，现实中，无法确定有多少货币正处于流通过程中，有多少停滞不动。所以，对货币流通速度的测定，主要根据不同层次货币与相应商品的流通，确定各层次货币的流通速度，如以商品零售额与现金余额的比值，测定这时期现金的流通速度；以国民生产总值与M_1或M_2的比值，测定M_1或M_2的流通速度。但无论得出的比值如何，与严格意义上的货币流通速度都会有所差异。

11. 机会成本

答：机会成本是指选择生产要素的某种用途，而必须放弃的其他用途所带来的最大收益。这一概念是以资源的稀缺性为前提提出的。一个社会在任何一个时期内，它的资源的供给量总是固定的，或者说总是一个有限的量，而绝不可能同时生产它所需要的一切东西。因此，社会生产某种产品的真正成本就是它不能生产另一些产品的代价。

机会成本可以用实物量表示，也可以用价值量表示。但机会成本不是一般会计人员传统的成本概念，而是从经济学角度分析资源利用的更为广泛的概念。机会成本说明，要把有限的(稀缺的)资源用于最有利的地方，或者说在使用某种资源时应该是各种用途中最优的，或者至少是同样有利的。

12. 投机性动机

答：投机性动机是指由个人可能持有的其他资产的货币价值的不确定性而引起的货币需求，也就是指人们根据自己对利率变化的预期，为避免资产损失或增加资产收益而产生的货币需求。若利率过低，债券价格过高，投资者预期利率会上升，将增加对货币的需求，以待利率变化时进行投机。若利率过高，债券价格过低，投资者预期利率会下降，将增加对债券的购买而减少货币持有量，以待利率变化时卖出债券以获得资本利得。

13. 利率弹性

答：利率弹性在本章是指货币需求的利率弹性，即利率每增加1%所引起的实际货币余额需求变动的百分比，利率弹性表明货币需求对利率变化的敏感程度。货币主义者认为，货币需求是比较缺乏弹性的。同样是灵活偏好曲线水平上移，利率会有较大幅度的上升，而财政政策由于挤出效应的存在而效果不明显。凯恩斯主义者认为货币需求是较有弹性的，总需求扩张后，对货币的交易需求也增加了，货币的灵活偏好曲线会上升，结果利率的上升幅度不大，所以财政政策效果明显。

14. 自身的利率

答：自身的利率是指货币的利率，持有货币的机会成本等于其他资产的收益率和货币自身利率的差异。在实践中，以支付给货币的利率与支付给最近似的、可以比较的其他资产的利率之间的差额来衡量持有货币的成本，这些其他资产有储蓄存款，或对公司而言的存款凭证或商业票据等。

15. 延期支付的标准

答：延期支付的标准是指在诸如贷款等的长期交易中，货币单位所充当的一种支付标准。货币单位被用于诸如贷款等长期交易中。5 年或 10 年后必须偿还的数量由美元和美分明确表示。美元和美分充当着延期支付的标准。延期支付的标准本质上并非一定是货币单位。如指数化贷款，最终的支付可能随价格变化，而非固定。

在商品交易的信用形式中，货币充当延期支付的标准，发挥支付手段职能。延期支付职能的重要特点是以信用关系为基础。由于货币发挥支付手段职能，会形成债权债务关系，一方面对现实经济有促进作用，可以克服现金交易对商品生产和流通的限制；另一方面又可能导致到期不能支付而形成的债务链断裂的问题。

16. 流动性(资产)

答：流动性(资产)是指把资产转换为现金，从而可以立即、直接、无限制地进行支付的速度和难易程度。它体现了资产的变现能力，由于在所有资产中，货币或者说现金的流动性是最强的，因此流动性(资产)常用来指人们为应付日常开支、意外支出和进行投机活动所愿意持有的现金。

引发流动性的动机有三个，即交易动机、预防动机和投机动机。流动性的强弱程度取决于持有货币所得的效用和放弃持有货币所得的收益之间的比较。流动性规律使人们必须得到利息才肯放弃持有货币，因而利率总是维持在较高的水平，这会妨碍投资的增加。所以，资产组合中只需保持一定比例的易变现资产，如现金、银行存款和短期有价证券等，以应付流动性不足的风险。

17. 资产组合

答：资产组合是指个人或机构投资者所持有的各种资产的总称，通常包括各种类型的债券、股票及存款单等。资产组合理论的核心是如何减少投资风险，其理论的中心思想可以用一句话来概括："不要把所有的鸡蛋放在同一个篮子里。"

资产可以以不同形式存在，不同的资产在流动性、收益性、安全性等方面是有差异的。托宾认为，人们会根据收益和风险的选择来安排其资产组合。货币在不存在通胀的情况下是最安全的资产，且流动性最好，但没有利息收入，收益性较差；若将货币用来购买股票、债券等有价证券会有收益，因为这时可以得到利息、股息、红利及证券价格上涨带来的资产升值，但同时也要承担亏损的风险。

现实中的普遍规律是，收益越大的资产，风险也就越大，因此必须考虑资产选择的安全性。总的来讲，人们首先要考虑资产的收益性和安全性，当收益相同时，人们则选择流动性较好的资产。因此，当利率上升时，为得到更多的利息收入，人们会减少手中持有的货币，而当人们认为投资债券、股票的预期收益较高时，就会增加对股票、债券的购买，减少货币的持有。当人们将收入的一部分用于购买股票，一部分存入银行，一部分购买债券，一部分用于汽车首付时，实际上就是在进行资产组合，这样组合的目的就是为了能尽量降低风险、获取最大收益。

18. 价值贮藏

答：价值贮藏是指一种资产能长久地保持其价值。这样，持有贮藏价值的个人就能够在将来的某个时候使用这笔资产购买其他商品和服务。如果一种资产没有贮藏价值，它将不能用作交换媒介。价值贮藏是货币的职能之一，货币充当一种在时间变动过程中能够保持其价值的资产的职能，即货币是一种超越时间的购买力的贮藏。作为一般购买力的代表，货币可以被作为一种金融资产，成为贮藏财富的手段，其显著特征是具有高度流动性。

实物货币和信用货币发挥价值贮藏职能有不同的特点。信用货币可以提高储蓄的效率，相对于其他财富具有流动性高、成本低等无法比拟的优点。在信用货币条件下，贮藏手段要正常发挥，购买力的稳定是前提。

19. M_1

答：M_1是狭义的货币供应量，是指那些能够直接、立即并且无限制地进行支付的要求权。这些要求权具有流动性。如果一种资产能够立即、方便而又低廉地用于支付，它就具有流动性。M_1最符合货币作为支付手段的传统定义。一般来说，M_1包括通货、活期存款、旅行支票和其他支票存款等。

其中，通货由流通中的硬币和纸币构成。活期存款是指商业银行的无息支票账户，不包括其他银行、政府和外国政府的存款。旅行支票是指只能由非银行机构(如美国运通公司)发行的那些支票，银行发行的旅行支票包括在活期存款中。其他支票存款是指具有各种法律安排和各种市场名称的生息支票账户。

20. 预防性动机

答：预防性动机也称谨慎动机，是指为了应付无法预见到的意外事故而产生的货币需求。由于预防性动机而持有货币，对于个人而言，是应付失业、患病等意料不到的因素影响的需要；对于企业来说，其目的在于预防不时之需，或者准备用于事前没有料到的进货机会。这种支出都是突发的、不确定的。

交易性动机下的货币需求主要用于即时支出，预防性动机下的货币需求则用于以后的支出。货币的预防性需求产生于个人今后收入与支出的不确定性，其量的多少取决于个人的预期与判断。但从全社会来看，出于预防性动机的货币需求仍然取决于收入，其量的多少与收入成正比。

21. 交易动机

答：交易动机又称交易性需求，是指由于进行日常支付所引起的货币需求。从个人的角度看，在这方面持有货币的目的在于度过从支出费用到取得收入这一段时间间隔。交易动机的强度主要取决于收入的多少和收入间隔时间的长短。从一家企业着眼，持有货币是为了在业务上度过从支出成本到获得销售收入这样一段时间间隔。这种需求的强度主要取决于本期收入数额和本期产品到达消费者手中所需时间的长短。不管是企业还是商人，他们持有货币都是为了应付在收支时差中的业务开支需要。

一般来说，满足交易动机的货币需求数量取决于收入水平，并与收入多少成正比，所以可将交易性货币需求看作是收入的增函数。

22. M_2

答：M_2是广义的货币供应量，是指 M_1加上企业、机关、团体、部队、学校等单位在银行的定期存款和城乡居民个人在银行的各项储蓄存款以及证券客户保证金。M_2与 M_1的差额，即单位的定期存款和个人的储蓄存款之和，通常称作准货币。一般来说，M_2包括 M_1、货币市场共同基金（MMMF）股份、货币市场存款账户（MMDAs）、储蓄存款和小额定期存款。

23. 数量方程

答：数量方程是指货币数量论中表示货币供给与货币流通速度的乘积等于名义支出的恒等式，即 $MV = PY$。它将价格水平和产出水平与货币存量联系起来。当货币的收入流通速度 V 与产出水平 Y 两者固定不变时，这一数量方程就成为古典的货币数量理论。如果 Y 和 V 都是固定不变的，则价格水平和货币存量按比例变化。因此，古典货币数量理论就是一种通货膨胀的理论。

24. 价值尺度

答：价值尺度是指报价和簿记的单位。价值尺度是用来衡量和表现商品价值的一种职能，是货币的最基本的职能。货币在执行价值尺度的职能时，并不需要有现实的货币，只需要观念上的货币。即使仅需要观念上的货币，这种货币仍然要以实在的货币为基础。

二、简答题

1. 什么是货币？为什么人们都需要它？

答：(1)货币的含义：

货币是指从商品中分离出来的，固定地充当交易中支付手段或交换媒介的商品。过去，贝壳、可可或金币在不同的地方都充当过货币。关于货币的定义是不存在争议的，但是，关于货币的构成则存在极大的争议。现代经济是货币信用经济，现实中多种信用工具都在某种程度上充当了“货币”的角色。经济学界关于货币构成的定义有两种方法：

①先验法，从货币概念内涵着眼，以货币所具有的职能为基础。理论上认为货币的主要职能是交换媒介或支付手段的人主张狭义的货币定义，以 M_1表示狭义货币定义：

$$M_1 = 银行体系外通货 + 银行体系内活期存款$$

而理论上认为货币的主要职能是价值贮藏职能的人则主张广义货币定义，以 M_2表示：

$$M_2 = M_1 + 商业银行储蓄存款 + 商业银行定期存款$$

此外还有更加广义的货币定义，如M_3、M_4等。

②实证法，由于货币定义在理论上长期无法形成共识，许多人主张从实际政策用途或实验方法角度来对货币加以认识。著名经济学家凯恩斯就提出根据不同的政策用途拟定不同货币定义，并为大多数金融当局所接受，各国实践上均从本国货币政策出发同时定义多种货币。该派学者另一典型的观点是货币定义应以严格的经济计量学的方法测定，弗里德曼为其代表人物之一。

总之，货币构成的定义在理论上目前尚无定论，但是M_1作为基本货币定义已为绝大多数学者所认可。

(2)人人都需要货币的原因：

货币之所以为社会所接受，在于它所具有的职能。人们需要货币的原因在于货币的职能可以满足人们日常生活的需要。一般认为货币有五个职能：

①交换媒介，即货币作为商品和劳务交易的支付中介。作为交易媒介，货币的出现克服了简单以货易货经济中在时空上"需求的双重巧合"的困难，降低了交易成本，大大促进了交换的发展。

②价值尺度，即人们利用货币来计价，作为比较价值的工具。货币代表一定的价值单位，用以衡量其他一切商品、劳务、资产、负债的相对价值，减少了交易中需考虑的价格数目，从而降低了经济中的交易成本。一般来讲，货币单位即是核算单位，但是在高通货膨胀的国家，这一说法不成立。

③价值贮藏，即它是一种超越时间的购买力的贮藏。作为一般购买力的代表，货币便有可能作为一种金融资产，成为财富贮藏的手段，其显著特征是具有高度流动性。一般情况下，货币必须有贮藏价值，但是有贮藏价值的不一定是货币。

④延期支付标准，一切长期性的交易契约均可用货币作为支付单位来结清，从而使信用制度下的借贷关系得以不断发展和完善。

⑤世界货币，货币流通超过一国范围，在世界市场上执行一般等价物的职能。

货币在经济生活中的这五种重要的职能都是现代经济生活所必不可少的。货币是交易中被普遍接受的任何物品，是一般等价物，所以在经济生活中，人人都需要货币，否则交易将不能进行，经济将无法运转。人们愿意持有货币是因为它简化了他们现在或将来的交易。因为货币的名义价值是确定的，所以它是一种非常安全并且流动性强的资产，除非发生恶性通货膨胀。

2. 在什么程度上有可能设计一个没有货币的社会？存在什么问题？能废除通货吗？怎么废除？(为了避免所有这些事看起来过于不着边际，你应该了解有些人正开始讨论21世纪的一种"无现金经济"。)

答：(1)在原始的以货易货的经济中，社会是没有货币的，但是这并不意味着不存在一些具有货币职能的一般等价物。因此在原始社会中，货币只是在一定程度上被掩盖，但其职能仍然存在。作为货币替代物的一个极好的例子就是美国雪茄香烟，它于1922~1923年在德国的高通货膨胀时期以及二战后的俘虏营中被用作交换的中介。

在现代社会中，电子银行交易系统在很大程度上代替了货币，出现了无纸化社会。但是，这只是说明传统的货币定义失效了，并不能说明货币不存在了。

(2)在一定程度上不存在货币的最大问题是交易的无效率。因为供给方所提供的商品和劳务并不一定总能找到合适的需求方，他们刚好既需要供给方提供的商品和劳务，同时又愿意以同等价值的其他货物与供给方进行交易。从而，迟早会有类似货币形式的一些物品被发明出来为交易提供方便。

在电子转账系统发达的现代社会，虽然货币在很大程度上消失了，但是随之而来的问题是为使货币消失而需要在转账系统上进行的巨额投资。同时，一些小额交易也很难通过电子交易系统进行。

(3)在电子交易系统发达的社会中可以废止通货，人们可以通过一张信用卡或者借记卡来进行交易。但是这并不意味着货币会消失，而只是说明传统的货币定义需要更新。

(4)信用卡或者借记卡可以作为传统的纸质货币的替代物，当全社会都开始使用电子货币来替代纸币时，通货便消失了。

3. 你认为信用卡的信用限额应当计入货币存量吗？为什么？

答： 信用卡的信用限额不应当计入货币存量中，原因如下：

(1)通常，人们很自然地就认为应当将信用卡的信用限额计入货币存量中，因为人们用信用卡代替现金作为一种支付手段。但是如果将信用卡的信用限额计入货币存量中则会产生一些不易解决的问题，因此最好还是不要计入。

(2)现实生活中会有各种意外事情发生，为了达到预防的目的，人们会把未使用过的或者说信用额度的剩余部分作为预防。如果意外发生，消费了信用额度，显然应计入货币存量；但是，如果意外没有发生，信用额度就没有被使用，那么就不应计入货币存量。因此，如果将信用卡的信用限额计入货币存量中，将很难区分信用额度将来是否会被使用。因此，不将信用卡的信用限额计入货币存量中可能会更好。

4. 请讨论一个人决定带多少旅行支票去度假时所考虑的各种因素。

答： 在决定带多少旅行支票去度假时，必须考虑三个因素：获得这些支票的成本、携带现金被偷的概率、个人支票和信用卡不能使用的概率。决策者应以自身的利益最大化为目标，在上述三个因素之间进行权衡：

(1)如果获得旅行支票的成本比较低，现金被偷的概率比较高，那么携带旅行支票的数额可能就比较大。

(2)持有现金或旅行支票包含了一个机会成本，因为现金或旅行支票不能获得利息。因此，如果度假的地方接受信用卡，度假者可能把信用卡作为一种主要的支付方式，因为它们在使用之前是可以获得利息的。

(3)个人支票和信用卡不能使用的情况。在国外银行员工可能罢工或偏远地区没有 ATM 机的情况下，使用旅行支票便成为必然的选择。

注意： 在国外旅行者实际上主要依赖于 ATM 卡获得现金。这不仅允许他们少带现金或旅行支票，而且也消除了兑换通货的费用。一些 ATM 卡也可以作为借记卡并用于购买商品或服务。

5. 解释持有货币的机会成本这一概念。

答:持有货币的机会成本是指人们因持有货币而不得不放弃的,持有其他资产所能取得的最大收益。可以从以下几个方面来理解这一概念。

(1)机会成本衡量的是将一项资源运用于某一方面而放弃的运用于其他方面所能获得的最大利润或收入。一个人如果持有货币就放弃了将这笔资金投资于债券所能获得的收益(或者其他不以货币来定义的利息收益资产)。

(2)每个家庭在一定时期所拥有的财富数量总是有限的。人们必须决定他所拥有的那笔财富的形式。他们也许想以拥有一定数量货币的形式来拥有这笔财富,但如果以货币形式拥有财富的比例越大,则以其他形式(如证券、实物资产等)拥有财富的比例就越小。以其他形式拥有财富会给他带来收益,例如,以房地产形式拥有财富会带来租金,以债券形式拥有财富会带来利息,而以货币形式拥有财富则会丧失这种收益。这就是持有货币的机会成本。利率越高,人们越不愿意把过多货币放在手中,或者说对货币需求量就越小。这就是说,货币需求和利率是反方向变化的。

(3)在一般情况下,持有货币的机会成本是名义利率。此时名义利率包括实际利率和通货膨胀两个部分。包括通货膨胀是因为通货膨胀可以导致货币持有期内购买力的损失。在通货膨胀很高的情况下,名义利率将不足以反映通货膨胀率。在这种情况下,通货膨胀率应该被当作合适的机会成本。

6. 名义货币余额需求会随价格水平的上升而增加。同时,通货膨胀会引起实际货币需求的下降。请解释为什么这两种说法都是正确的。

答:这两者都正确是因为它们所适用的条件是不一样的,前者真实变量没有发生变化,后者真实变量发生了变化。

(1)当价格水平上升时,如果所有其他实际变量(如利率、实际收入与实际财富)都保持不变,从而实际货币余额需求不变,此时从货币均衡的条件[$m_d = L(i, Y) = M/P$]可知,名义货币余额需求须相应增长以保持货币市场的均衡。因此说名义货币余额需求会随价格水平的上升而增加。

(2)当价格水平上升或者说发生了通货膨胀,这将会引起名义利率的提高,即持有货币的机会成本增大,这将会降低人们对货币的需求。从货币均衡的条件[$m_d = L(i, Y) = M/P$]可知,如果价格的增长高于名义货币供给的增长,那么实际货币余额(M/P)就会下降,从而对实际货币余额的需求也会跟着下降,以使货币回到新的均衡状态。因此说通货膨胀引起实际货币需求的下降。

7. 请评论“强盗喜欢通货紧缩”这句话。

答:“强盗喜欢通货紧缩”这句话可以从以下几个方面来评论:

(1)通货紧缩是与通货膨胀相对立的概念,它是指由于货币供应量相对于经济增长和劳动生产率增长等要素减少而引致的有效需求严重不足,一般物价水平持续下跌,货币供应量持续下降和经济衰退等现象。

(2)通货紧缩通常与经济衰退相伴随,表现为投机机会相对减少和投资的边际收益下降,由此造成银行信用紧缩,货币供应量增长持续下降,信贷增长乏力,消费和投资需求减少，企业普遍开工不足，非自愿失业增加，收入增长速度持续放慢，各个市场普遍低迷。同时，通货紧缩也是一种普遍的经济现象。

(3) 在通货紧缩时期，持有现金的成本降低，人们倾向于在身上携带更多的现金。因此强盗就会预期，在通货紧缩时期抢劫得到的收益会比较高，因为在抢劫时他们能得到更多的钱，所以强盗喜欢通货紧缩。

三、计算与分析题

1. 评价下列变动对 M_1 和 M_2 需求的影响，它们与货币的哪种功能有关？

(1) 可以在 24 小时的任何时间里从银行储蓄账户提款的“随时提款机”。

(2) 银行雇用了更多的出纳员。

(3) 通货膨胀预期上升。

(4) 对信用卡的普遍接受。

(5) 对政府即将倒台的恐慌。

(6) 提高定期存款利率。

(7) 电子商务的兴起。

答： (1) 可以 24 小时从银行储蓄账户提款的"随时提款机"降低了人们以现金或支票账户持有预防资金的需要，因此对于 M_1 的需求降低，但是由于人们的收入没有变化，持有的通货被转移到投资或者定期存款，所以不会影响对 M_2 的需求。这一变动主要与货币的交换媒介的职能有关。

(2) 银行的出纳员增多将会降低完成交易所需要的时间，此时你会更愿意经常去银行取钱，持有的现金减少。因此，对 M_1 的需求就会降低，但是却不会影响对 M_2 的需求，这主要涉及货币的交易动机和预防性动机，与货币的交换媒介的职能有关，交易成本在这种情况下降低了。

(3) 通货膨胀预期上升将会降低人们对货币的需求，因为人们担心所持有的货币的购买力下降。在低通货膨胀期间，人们的低利率账户会转变为高利率账户，从而对 M_1 的需求就会降低，但是对 M_2 的需求不会受到影响。然而，如果通货膨胀率很高，人们会减少货币持有，转而购买更多的耐用消费品。在这种情况下，对 M_1 和 M_2 的需求都将会降低。这里主要涉及货币的投机需求，与货币的贮藏价值的职能有关。

(4) 信用卡使用量的增加将会降低人们在交易时持有货币的需求，尽管人们仍需要用一种便利的方式每月对信用卡的花费情况进行清算。因此人们很可能将活期存款转为定期存款，即将存款从 M_1 转变为 M_2，从而对 M_1 的需求就会降低，但因为人们的收入没有发生变化，对 M_2 的需求将不会因此受到影响。这里主要涉及货币的交易动机，与货币的交换媒介的职能有关。

(5) 如果对政府倒台的恐慌导致了对货币失去价值的恐慌，那么人们将会在政府倒台之前尽可能多地购买耐用消费品或交易便利的商品。从而人们对 M_1 和 M_2 的需求都将大幅下降。这里涉及到货币的交易性动机、预防性动机和投机性动机，与货币的交换媒介、价值贮藏的职能有关。

(6) 如果提高定期存款的利率，人们将会把存款资金从活期存款转变为定期存款，从而

对 M_1 的需求就会降低，而对 M_2 的需求将不会受到影响。然而，如果 M_2 的利率的增加大于其他资产的收益率，那么对其他资产的需求也将会降低。在这种情况下，对 M_2 的需求将会增加。这里主要涉及到货币的预防动机，与货币的交换媒介的职能有关。

(7)随着电子商务的发展，有了更多的无现金交易。因此人们很可能把资金从活期存款转为高利息收益账户直到他们的账户结清。大部分电子商务的交易包括信用卡的使用，所以答案与(4)相同。M_1 的需求下降，而 M_2 的需求没有受影响。这里主要与货币的支付手段相关。

2. (1)货币流通速度的高低与衰退时期的趋势有关吗？为什么？

(2)联储如何影响货币流通速度？

答：(1)货币流通速度的高低与衰退时期的趋势是相关的，原因如下：

当经济进入衰退期时，收入和利率都很可能会下降。由于流通速度会随着收入和利率的降低而降低，因此可以预期在经济衰退时期，货币流通速度将会下降。

由于流通速度是以名义 GDP 除以名义货币供给来定义的($V=\frac{PY}{M}$)，名义收入增长的速度慢于名义货币供给增长的速度，可以很容易判断出流通速度将会下降。

(2)联储可以通过公开市场业务注入或回笼资金来影响流通速度。如果货币供给的增长速度快于名义 GDP 的增长速度，流通速度就会降低。由于$\frac{\Delta V}{V}=\frac{\Delta P}{P}+\frac{\Delta Y}{Y}-\frac{\Delta M}{M}$，当联储使得货币供给的增长速度$\frac{\Delta M}{M}$大于名义 GDP 的增长速度$\frac{\Delta Y}{Y}$时，$\frac{\Delta V}{V}<0$。因此货币流通速度会降低。

3. 交易性货币需求模型也适用于公司。假设某公司在该月内平稳地进行销售，而且该月末必须支付工人工资。请解释该公司如何确定其货币持有量。

说明：这个问题恰好与鲍莫尔-托宾的库存方法相反，因为在一月内的任何时候都可以向银行存款，但在月末时却必须有一次取款来支付工人的工资。该公司必须谨慎计算存款所能取得的利息收益以及进行储蓄所需要的成本，并在两者之间进行比较。图 16－1 表明了该公司必须的货币持有量。因此，该公司必须用计算库存所用的方法来计算货币持有量。

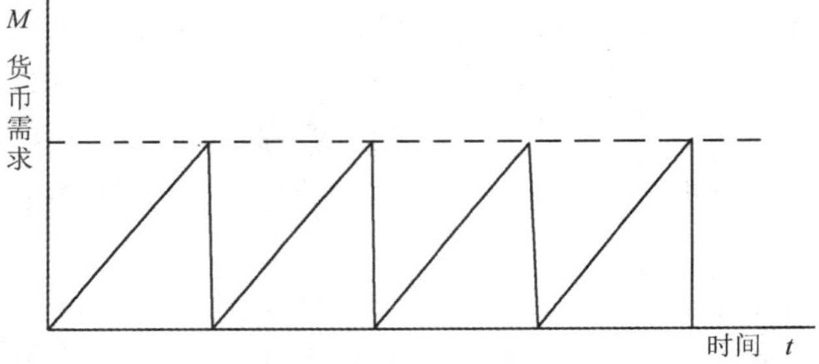

图 16－1　公司持有的现金量

答：题目中提到的交易性货币需求模型在本题及下一题中均有涉及，现介绍如下。

货币的交易性需求产生于收支之间的缺乏同步性。换句话说就是，你不能恰好在需要进行支付的时候完成支付，因而，在两次付账之间，你要保持一定的货币以便能购买物品。一个人在每月月初得到的报酬为 Y，并且这个月内以相等的速度花掉它。他可以从储蓄账户（相当于债券）中所拥有的货币上面，以月息 I 获得利息。每次在债券和货币之间进行转换的交易成本是 tc。用 n 代表每月在债券和货币之间转换的交易次数。为了方便，假定每月的收入以储蓄账户或债券的形式进行支付。这个人在该月中，使其货币管理成本最小化。这些成本包括交易成本（$n\times tc$），以及在该月中因持有货币而不是债券所放弃的利息。这里的利息成本是（$i\times M$），M 是该月中持有货币的平均数。持有货币的平均数 M 取决于交易次数 n。假定这个人在每次交易中，将数量 Z 的债券转化成货币。如果这个人在这个月里进行 n 次相等数量的提款，由于 Y 必须全部转换掉，所以，每次交易的数量就是 Y/n，因此：

$$n\times Z=Y \tag{1}$$

在图 16－2(a)中，该月中持有的平均现金余额为 $Y/(2n)=Z/2$，因为现金余额开始为 Y，然后直线下降到零。在图 16－2(b)中，该月中持有的平均现金余额为 $Y/4=Z/2$，该月下半月的平均现金余额也是 $Z/2$。于是，整个月的现金余额就是 $Y/4=Z/2$。总之，平均现金余额就是 $Z/2$，可以画出与图 16－2 相似的图形，令 $n=3$ 或其他的 n 值，来证实这一点。由方程(1)，可得出平均现金余额为 $Y/(2n)$。相应地，现金管理的总成本是：

$$总成本=(n\times tc)+i\times Y/(2n) \tag{2}$$

通过对 n 求总成本的最小化（令总成本关于 n 的一阶导等于零），则得到最优的交易次数。这就是：

$$n^{*}=\sqrt{\frac{i\times Y}{2\times tc}} \tag{3}$$

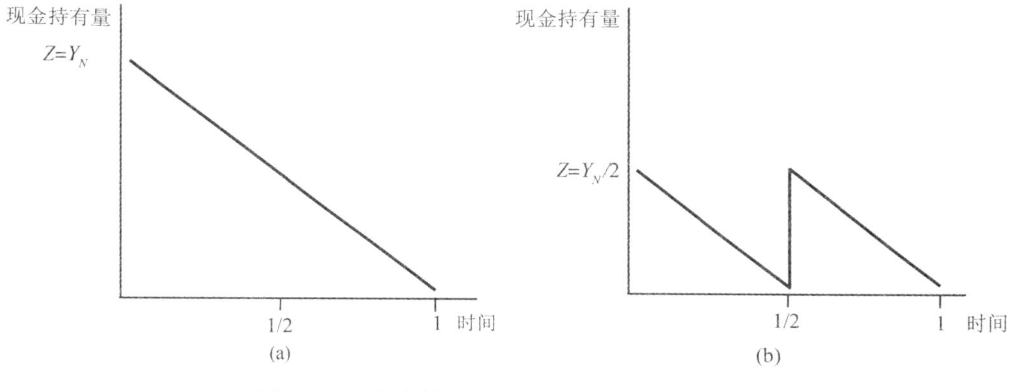

图 16－2 与交易次数有关的公众持有的现金量

其中：n^{*} 是最优交易次数。正如预期的那样，利率越高，收入越多，交易成本越低，此人进行的交易次数越多。

4.（1）为一个每月挣 1600 美元的人确定最佳的现金管理策略，此人的储蓄账户每月可挣得 0.5%的利息；交易成本为 1 美元。（提示：这里强调的是整数约束问题。）

（2）这个人的平均现金余额是多少？

（3）假定收入提高到 1800 美元，这个人的货币需求变化了多少个百分比？

答：（1）这个人试图将其现金管理的成本降到最低，该成本的计算公式为：

$$C = n \times tc + i \times Y/(2n)$$

当 $n=1$ 时，可推出：$C=1\times1+0.005\times1600/(2\times1)=5$；

当 $n=2$ 时，可推出：$C=2\times1+0.005\times1600/(2\times2)=4$；

当 $n=3$ 时，可推出：$C=3\times1+0.005\times1600/(2\times3)=4.33$；

当 $n=4$ 时，可推出：$C=4\times1+0.005\times1600/(2\times4)=5$。

因此，当 $n=2$ 时进行交易是最佳的，此时现金管理的成本最低。

或者直接使用公式：$n^*=\sqrt{\dfrac{i\times Y}{2\times tc}}$，则此人每月的最佳交易次数为2。

(2)当 $n=2$ 时进行交易，此时的最佳平均现金余额是：

$$M=Y/(2n)=1600/(2\times2)=400\text{(美元)}$$

(3)根据(1)中的公式可知：

当 $n=1$ 时，可推出：$C=1\times1+0.005\times1800/(2\times1)=5.5$；

当 $n=2$ 时，可推出：$C=2\times1+0.005\times1800/(2\times2)=4.25$；

当 $n=3$ 时，可推出：$C=3\times1+0.005\times1800/(2\times3)=4.5$；

当 $n=4$ 时，可推出：$C=4\times1+0.005\times1800/(2\times4)=5.125$。

因此不难看出，当 $n=2$ 时进行交易成本依然是最佳的，只是最佳平均现金余额此时变为 $1800/(2\times2)=450$，与以前相比增加了12.5%，即 $(450-400)/400=0.125$。

第 17 章　联邦储备、货币与信用

17.1　复习笔记

【知识框架（庖丁解牛）】

联邦储备、货币与信用
- 货币乘数
  - 基本概念理解
  - 货币存量的决定
- 控制货币供应量的工具
- 控制货币存量与控制利率
  - 货币存量目标和利率目标不能同时达到
  - 货币存量目标和利率目标的可控性比较
  - 货币存量目标与利率目标的选择
  - 货币、信用和利率
- 货币政策的目标体系
  - 货币政策的最终目标与中间目标
  - 基础货币目标
  - 通货膨胀目标
  - 名义 GDP 目标

【考点难点归纳（厚积薄发）】

考点一：货币乘数　★★★★

1. 基本概念理解

（1）部分准备金银行制度：

部分准备金银行制度又称部分准备金制度，是指银行只把它们的部分存款作为准备金的制度。部分准备金的银行制度是银行能够进行多倍货币创造的前提条件，在百分之百准备金银行制度下，银行不能进行多倍货币创造。

（2）高能货币：

高能货币亦称“基础货币”、“强力货币”、“货币基数”或“货币基础”，是指经过商业银行的存贷款业务而能扩张或收缩货币供应量的货币，即商业银行存入央行的存款准备金（包括法定准备金和超额准备金）与社会公众所持有的现金之和。控制高能货币是央行决定货币供应量的主要途径。

2. 货币存量的决定

（1）货币乘数的相关内容：

①货币乘数的含义：

货币乘数又称为"货币创造乘数"或"货币扩张乘数"，是指央行创造一单位的基础货币所能增加的货币供应量，是货币存量对高能货币存量的比率，且货币乘数大于1。

②货币乘数的表达式：

忽略不计各种存款之间的差别，以M表示货币供给量，即货币存量，以D表示一个相同类型的存款，CU表示通货，H表示高能货币，mm表示货币乘数，RE表示准备金，由$M=CU+D$和$H=CU+RE$，可以得到：

$$mm=M/H=(CU+D)/(CU+RE)$$

令通货-存款比率$cu=CU/D$，准备金比率$re=RE/D$，则：

$$mm=(1+cu)/(re+cu)$$

③货币乘数的决定因素：

根据公式$mm=(1+cu)/(re+cu)$可知，通货-存款比率和准备金比率是决定货币乘数大小的两大因素。

(2)货币存量的决定机制：

高能货币构成市场货币存量的基础，央行通过调节高能货币的数量，数倍扩张或收缩货币供应量。其具体操作过程是：

①银行行为。当央行提高或降低存款准备金率时，各商业银行就要调整资产负债项目，相应增加或减少其在央行的法定准备金，通过货币乘数的作用，可对货币供应量产生紧缩或扩张的作用。

②公众行为。社会公众持有现金的变动也会引起派生存款的变化，从而影响货币供应量的扩大或缩小：当公众将现金存入银行时，银行就可以按一定比例(即扣除应缴准备金后)进行放款，从而在银行体系内引起一系列的存款扩张过程；当公众从银行提取现金时，又会在银行体系内引起一系列的存款收缩过程。

考点二：控制货币供应量的工具(见表17－1) ★★★★★

表17－1　控制货币供应量的工具

工具	含义	优点	缺点
再贴现率	指商业银行将其贴现的未到期票据向中央银行申请再贴现时的预扣利率	①有利于中央银行发挥最后贷款者的作用； ②既能调节货币供给的总量，也能调节货币供给的结构	①限制了中央银行的主动性； ②调节作用有限； ③具有顺经济走势的倾向
公开市场业务	指中央银行在金融市场上买卖政府债券来控制货币供给和利率的政策行为	①中央银行可以准确控制银行体系的准备金和基础货币，保持主动地位； ②没有告示效应，不会引起公众误解； ③不会影响其他证券的收益率或利率，因而不直接影响银行的收益	①要求中央银行有强大的实力； ②要求有发达完善的金融市场； ③必须有其他政策工具的配合

续表

工具	含义	优点	缺点
法定存款准备金率	指中央银行规定的应付提款需要的准备金在商业银行存款中所占比例。法定准备金制度是指中央银行规定商业银行必须将其存款的一部分缴纳中央银行作为准备金的制度	①中央银行有完全的自主权； ②对货币供应量的作用迅速； ③所有商业银行和金融机构受到同样的影响	①对整个经济和社会心理预期的作用过大； ②效果受到银行超额存款准备的影响

◆拓展延伸◆

选择性货币政策工具是以上三种工具之外的调整货币供应量的工具，包括消费者信用控制、证券市场信用控制、不动产信用控制、优惠利率、特种存款等。

◆小试牛刀◆

中央银行如果想增加货币供给，可以采取的行动包括（　　）。（暨南大学 2019 研）

A. 出售国债　　B. 向商业银行提供贷款

C. 实行固定汇率　　D. 提高存款准备金率

【答案】B

【解析】中央银行调节货币供给的货币工具主要包括：公开市场业务、再贴现率、改变法定存款准备率。中央银行向商业银行提供贷款，也就是增加了基础货币，使得货币供给增加。AD 两项都是减少货币供给的措施。

考点三：控制货币存量与控制利率 ★★★★

1. 货币存量目标和利率目标不能同时达到

央行只能通过控制名义货币存量来移动货币供给曲线，而不能变动货币需求函数。因此央行只能沿着既定的货币需求曲线来确定利率和货币存量的组合点，而不能在它所选择的任何既定目标水平上，同时确定货币存量和利率，如图 17－1 所示。

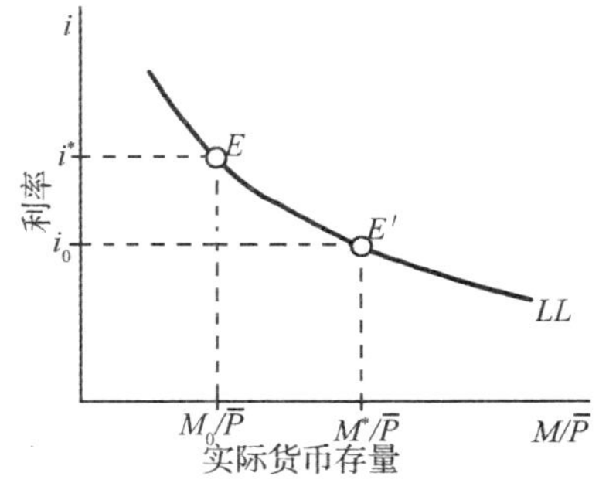

图 17－1　实际货币存量与利率之间的关系

图 17－1 中，假定央行设定利率目标为 i^*，货币存量目标为 M^*，货币需求曲线为 LL。由于需求曲线不受央行控制，因此央行只能沿着 LL 来确定利率和货币供给的组合点。在目标利率 i^* 处，货币供给为 $M_0/\overline{P}$；而在目标货币存量 $M^*/\overline{P}$ 处，利率为 i_0，不能同时达到既定的货币存量目标 $M^*/\overline{P}$ 和利率目标 i^*。

2. 货币存量目标和利率目标的可控性比较

（1）利率目标的可控性：

相比控制货币存量，在央行的日常操作中，央行能够更为准确地控制利率。央行通过在公开市场上买卖有价证券，可以十分准确地控制市场利率水平。如果央行想要降低利率，就进行公开市场购买操作；如果想要提高利率，就可以从大量资产组合中，抛出足够数量的证券。

(2)货币存量目标的可控性:

由于存在一些技术上的原因，央行不能十分准确地达到其货币增长目标。

但是在长期，央行能够相当准确地确定货币供给。当货币存量行为和货币乘数的数据可得时，央行可以中途调整货币存量增长基数。

3. 货币存量目标与利率目标的选择

(1)假定条件:

①央行的目标是使经济达到一个特定的产出水平 Y^*。

②考虑3至9个月的短时期情况。

③应用 *IS-LM* 模型进行分析，以货币存量 M^* 为目标的 *LM* 曲线为单调上升的 *LM* 曲线，用 *LM*(*M*)表示；以利率 i^* 为目标的 *LM* 曲线平行于横轴，用 *LM*(*i*)表示。

(2)产量波动的根源为 *IS* 曲线移动的情况:

在货币需求函数稳定时，*LM*(*M*)曲线的位置稳定，如果产出偏离其均衡水平的主要原因是 *IS* 曲线向附近移动，那么产出水平可以通过保持货币存量不变而得到稳定。因此，在这种情况下，央行应该选择以货币存量为目标的货币政策。如图17-2所示。

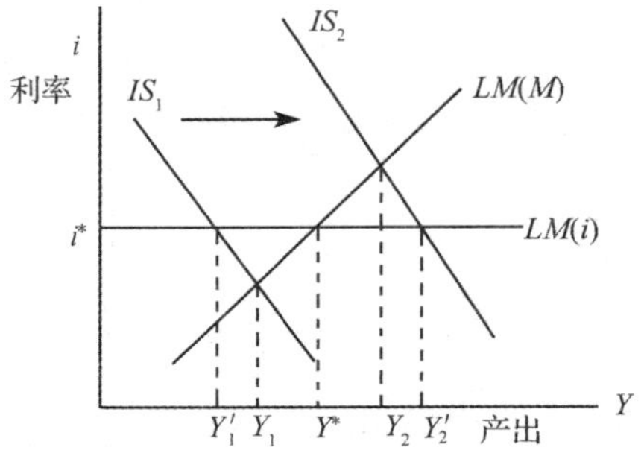

图17-2 选择货币存量目标时政策调节的准确性

(3)产量波动的根源为 *LM* 曲线移动的情况:

在 *IS* 曲线稳定的条件下，如果产出偏离其均衡水平的主要原因是货币需求函数向附近移动，即 *LM* 曲线的移动，那么固定的利率水平可以保持产量水平的稳定，因此央行应该实施以利率为目标的货币政策。如图17-3所示。

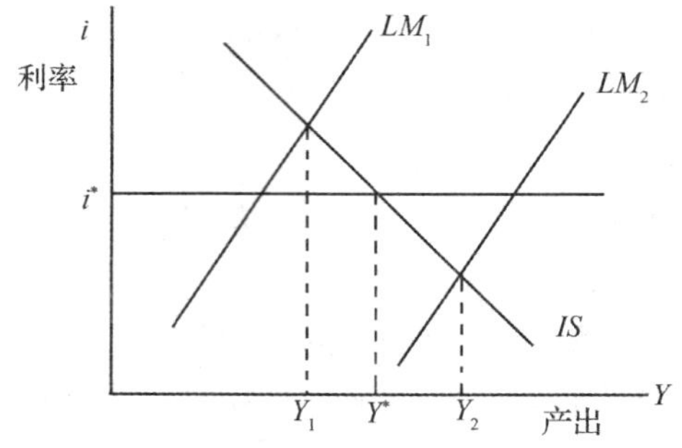

图17-3 选择利率目标时政策调节的准确性

总结: 货币管理当局选择货币存量还是利率为目标因条件而异。从现实看，随着对货币存量的不可预测性的逐步增加，货币管理当局越来越重视利率目标。事实上，央行不但以货币存量和利率为目标，而且也以经济中的非金融性债务总额，或者以信贷额为目标。

4. 货币、信用和利率(见表 17－2)

表 17－2　货币、信用和利率

要点		具体内容
信用目标	概念	指央行运用货币政策工具使得非金融性公众的债务水平与提供给他们的信用(贷款)相等的一个目标，是央行的一个货币政策目标
	依据	弗里德曼的经济计量证据表明：债务量与 GNP 之间的关系比货币和名义 GNP 之间的关系更为密切，所以央行应该关注债务量，即采用信用目标
信用配给	概念	指在借贷人愿意支付规定利率甚至更高利率时，贷款人仍不愿发放贷款或发放贷款的数额小于申请贷款额的情形
	依据	信贷中存在逆向选择和道德风险问题：一般愿意支付高利率的借款人，投资项目的风险也相应高。银行不愿意发放此类贷款是因为投资风险太大，如果投资失败，贷款就难以偿还，银行宁愿不发放任何高利率贷款而进行信用配给。银行从事信用配给是为了防范道德风险，因为贷款规模越大，借款人从事那些难以归还贷款活动的动力就越大
关于利率目标和信用目标的结论	①如果利率与投资之间的关系确定，货币政策应直接控制利率，即实行以既定利率为目标的货币政策； ②如果利率与投资之间的关系不确定，政府应实行适度的信用配给，直接控制投资，实行投资税减免等财政政策	

考点四：货币政策的目标体系　★★

1. 货币政策的最终目标与中间目标

(1)最终目标的含义：

货币政策的最终目标是指政策运行的宏观经济总体目标，一般包括充分就业、稳定物价、经济增长和国际收支平衡四项内容。

(2)中间目标的含义：

货币政策的中间目标是指央行为了实现货币政策的最终目标而设置的可供观测和调整的指标，央行在货币政策的过程中可据以衡量对最终目标所产生的初步影响。货币政策主要的中介目标是利率和货币供应量。

2. 基础货币目标

基础货币目标是指把通过保持一定量的基础货币与流通中需要的货币数量相符作为经济发展的目标。

3. 通货膨胀目标

通货膨胀目标是指政府所采取的一种治理通货膨胀的政策，即由官方确定通货膨胀的目标、宣布通货膨胀率波动的范围，并明确表示货币政策的首要目标是实现较低而且稳定的通货膨胀。

4. 名义 GDP 目标

名义 GDP 目标是指以名义 GDP 保持一定的增长速度作为国内经济发展的目标。央行不能直接控制名义 GDP，而是通过逐期计算，使它能最接近于达到该名义 GDP 目标的货币存量或通过基础货币来控制名义GDP。

17.2 课后习题详解

一、概念题

1. 信用

答：信用是指未来偿还商品赊销或商品借贷的一种承诺，是关于债权债务关系的约定。它以商品货币的使用权为交易标的，以还本付息为条件，以信任为基础，以利益最大化为目标，是价值运动的特殊形式。

信用主要有银行信用、商业信用、消费信用和国家信用四种形式。银行信用是指有银行参与的货币借贷活动；商业信用是指商品交易中的延期付款或交货；消费信用是指由企业、银行或其他消费信用机构向消费者个人提供的信用；国家信用是指政府以债务人的身份筹集资金的一种借贷行为。

2. 外汇市场干预

答：外汇市场干预是指央行买卖外汇以稳定汇率的行为。各国央行经常对外汇市场进行干预，通过影响外汇市场供求状况，使得汇率朝有利于本国的方向波动。外汇市场干预会影响基础货币，通过货币乘数影响货币供应量。当央行购买黄金或外汇，会使基础货币供应量增加，使货币供应量数倍增加；反之会使货币供应量减少。外汇市场干预使货币供应量变动，会对本国经济产生不利影响，因此一般情况下，一国央行在进行外汇市场干预时，会同时在国内货币市场采取反向的操作，使得货币供应量保持不变。

3. 公开市场购买

答：公开市场购买是指央行在公开市场上买进有价证券或外汇。公开市场购买将产生三方面的效果：①基础货币投放量增加。当货币乘数不变时，货币供应量将增加。央行在公开市场购买有价证券或外汇时，以自身的负债进行支付，从而创造了高能货币。在货币乘数的影响下，货币供应量成倍增加，将会引起信用扩张。②有价证券和票据的价格上升，市场利率下降，刺激投资增加。③向公众传达放松银根的信息，影响心理预期。

4. 信用配给

答：信用配给是指在借贷人愿意支付规定利率甚至更高利率时，贷款人仍不愿发放贷款或发放贷款的数额小于申请贷款额的情形。信用配给有两种情况：①银行拒绝发放任何数额的贷款，哪怕借款人愿意支付较高的利率；②银行愿意发放贷款，但数额低于借款人的要求。

信用配给出现的原因是信贷中的逆向选择和道德风险问题。一般愿意支付高利率的借款人，投资项目的风险也相应高，银行不愿意发放此类贷款是因为投资风险太大，如果投资失败，贷款就难以偿还，银行宁愿不发放任何高利率贷款而进行信用配给。银行进行信用配给的第二个原因是为了防范道德风险，因为贷款规模越大，借款人从事那些难以归还贷款的活动的动力就越大，因此银行会进行信用配给，向借款人提供的资金少于申请额。

5. 钉住利率

答： 钉住利率是指将利率设定在某个给定的水平，并通过运用货币政策工具使之保持不变的政策。钉住利率制要求央行必须时刻维持一定的利率水平，并将其作为货币政策的中介目标，这有利于运用利率杠杆调节经济，但同时使得央行失去了对货币供给的控制。央行就将利率作为货币政策的中介指标，通过公开市场业务买卖政府债券，影响市场利率，使得利率维持在目标水平上。

6. 信用目标

答： 信用目标是指央行运用货币政策工具使得非金融性公众的债务水平与提供给他们的信用（贷款）相等的一个目标。它是央行的一个货币政策目标。弗里德曼的经济计量证据表明：债务量与 GNP 之间的关系比货币和名义 GNP 之间的关系更为密切，所以央行应该关注债务量，即采用信用目标。

7. 部分银行准备金

答： 部分银行准备金是指银行只把它们的部分存款作为准备金。在部分银行准备金制度下，银行将部分存款作为准备金，而将其余存款用于向企业或个人发放贷款或者投资，若得到贷款的人再将贷款存入其他银行，从而使其他银行增加了发放贷款或者投资的资金，这一过程持续下去，使得更多的货币被创造出来了。因此，部分准备金的银行制度是银行能够进行多倍货币创造的前提条件，在百分之百准备金银行制度下，银行不能进行多倍货币创造。

8. 法定准备金

答： 法定准备金是指法律规定的存款机构为保证客户提取存款和资金清算需要而必须提交到央行的存款。法定准备金率是法定准备金占存款总额的比率，它是三大传统货币政策工具之一。央行通过调整准备金率，影响金融机构的信贷扩张能力，从而间接调控货币供应量。当经济过热时，提高法定准备金率，收缩银行的信贷扩张能力，从而使货币供应量减少，抑制通货膨胀；当经济衰退时，降低法定准备金率，扩张银行的信贷扩张能力，从而增加货币供应量，刺激总需求和产出增加。但法定准备金率的变动，对货币供应量的影响剧烈，不宜作为日常的操作工具。

9. 通货-存款比率

答： 通货-存款比率是指通货对银行存款的比率，是货币乘数的基本决定因素之一。通货-存款比率越小，货币乘数越大。这是因为该比率越小，高能货币存量中，被用作通货的比例就越小，因而用作准备金的比例也越大。

公众的支付习惯决定相对于存款的现金持有数量的多少。通货-存款比率受到取得现金的成本和取得现金的便利与否的影响。

10. 高能货币

答： 高能货币又称基础货币。参见本章“概念题”第 19 题。

11. 法定准备金比率

答：法定准备金比率是指央行规定的各商业银行和存款机构交存的存款准备金占其存款总额的比率。法定准备金率是三大传统货币政策工具之一。央行通过调整法定准备金比率控制商业银行的信用扩张能力，进而调节社会货币供应量。当经济过热时，提高法定准备金比率，缩小货币乘数，使商业银行收缩信贷规模，从而减少货币供应量。反之，当经济衰退时，降低法定准备金比率，提高货币乘数，增加商业银行信贷扩张能力，从而增加货币供应量。

央行调整法定准备金比率对货币供给的影响很大，它的局限性在于：效果太强烈，不宜作为日常性工具，而且对于不同类别的存款影响不一致，效果不易把握。因此，法定准备金比率的变动是三大传统政策工具中最不常用的。

12. 贴现率

答：贴现率是指商业银行同客户办理贴现业务时所使用的利率。在多恩布什《宏观经济学》教材中，贴现率指的是“再贴现率”，是央行对商业银行提交的未到期商业票据办理再贴现时所使用的利率。再贴现率的调整是三大传统货币政策工具之一，当经济过热时，提高再贴现率，提高商业银行的借款成本，使商业银行向央行借入资金的需求减少，从而压缩它的贷款规模；反之，会扩大贷款规模。因此，央行可以通过升降再贴现率来紧缩或放松银根。

再贴现率的特点：①短期性：再贴现票据一般不超过一年；②官方性：再贴现率是由央行确定的官方利率；③基准性：它是一种基准利率，是其他利率赖以变动和调整的基础。

再贴现率的调整，具有一种告示作用，影响商业银行的决策，但它也有一些局限性：①央行在此政策中，不能处于主动地位；②再贴现率的调整幅度有一定限度，不可能降为零；③再贴现率的变动会引起市场利率的波动，经常变动不利于经济稳定。

13. 工具

答：工具在本章中是指货币政策的工具，是央行调控货币政策的政策手段。一般性货币政策工具包括：公开市场业务、贴现政策、法定存款准备金率，以及利率和贷款规模等。①公开市场业务就是央行在金融市场上买进或卖出有价证券的活动。买进有价证券实际上就是投放货币，从而增加货币供应量。卖出有价证券实际上就是回笼货币，从而减少货币供应量。②贴现是指商业银行将未到期的已同客户办理贴现的票据提交央行，要求支付现金的行为。贴现政策包括变动贴现率与贴现条件，其中最重要的是变动贴现率。央行降低贴现率，降低了商业银行向央行的借款成本，从而商业银行会扩张信贷规模，使得社会货币供应量增加，刺激总需求和产出增加；反之，则相反。③法定准备金比率是指央行规定的各商业银行和存款机构交存的存款准备金占其存款总额的比率。法定准备金率的变动会影响货币乘数，进而影响货币供应量。

14. 准备金比率

答：准备金比率是指银行准备金在其持有的存款中的比例。它由银行的经营政策和管制银行的法律决定。准备金-存款比率是影响货币乘数的一个因素，准备金-存款比率越低，银行发放的贷款越多，银行从每1美元准备金中创造出来的货币也越多。因此，准备金-存款比率的下降提高了货币乘数，增加了货币供给。

15. 去中介化

答：去中介化又称“金融中介机构作用的削弱”或“金融非中介化”，是指资金由原来通过金融中介机构（特别是银行）从资金供给者流入资金需求者变成直接流通的过程。由于存在对存款利率的上限（比如 Q 条例），当市场利率高于利率上限时，存款人为了获得更高收益，就将资金从存款机构取出，直接投资于其他金融工具，如股票、债券以及货币市场工具。

去中介化对存款机构的流动性造成了严重影响：①在存款流失的同时，提高了银行吸收存款的成本；②使储蓄机构增加了亏损的可能；③去中介化现象改变了国民经济中信贷资金的流向，使中小企业不易从金融中介机构借得资金，而那些能在公开市场上筹资的机构则可筹得更多的资金，从而造成了事实上的不公平。自 1986 年 4 月 1 日 Q 条例废除，去中介化的公平竞争问题已得到基本解决。

16. 中间目标

答：中间目标是指央行为了实现货币政策最终目标而设置的可供观测和调整的指标，在实施货币政策的过程中可据以衡量对最终目标所产生的初步影响。一般货币政策的中间目标满足可测性、可控性和相关性的特征。主要的货币政策中间目标是利率和货币供应量。

中间目标在货币政策的传导过程中有两个重要作用：①能够提供及时和持续性的政策反馈信息，有助于央行判断货币政策工具是否已经对经济产生了预计的影响；②能够决定货币政策的总体效应是扩张性的，还是紧缩性的。

理想的中间目标是那些央行可以准确控制，并同时与最终目标关系密切的变量。但现实中，央行必须在那些能够准确控制的目标和那些与最终目标关系密切的目标之间进行取舍。

17. 银行挤兑

答：银行挤兑是指存款人担心其资产的安全都奔向银行迅速提取现金的一种现象。银行挤兑是部分准备金银行体系下银行的一个问题，存款人把钱存入银行后，银行只把其中的一部分用作准备金，其他的钱被银行用于投资或放贷，当挤兑事件因某种原因发生时，银行不可能满足所有存款人提款的要求。即使银行实际上有偿付能力（它的资产大于负债），但它手头上也没有足够的现金来允许所有存款人马上得到他们所有的货币。结果是银行被迫关门，直至银行收回以前发放出的贷款，或直至最后贷款人向它提供满足存款人所需要的通货。

为了减少银行挤兑一般采取以下措施：①规定法定准备金率，并要求把法定准备金交存于央行，央行充当“最后贷款者”，提高储户对银行体系的信心；②规定银行的最低资本充足率，保证银行的偿付能力；③成立存款保险公司，银行交纳一定保费后，当出现流动性问题，不能支付存款人的提款要求时，就由存款保险公司在一定额度内代为支付。

18. 超额准备金

答：超额准备金是指商业银行或存款机构在货币当局规定除必须缴纳的法定准备金之

外，还保留的那部分准备金。超额准备金等于总准备金减去法定准备金。商业银行保留超额准备金主要是解决意外的大额提现、结清存款或更好地投资。超额准备金的变动将影响到货币乘数大小，在基础货币供应量不变的情况下，它制约着银行体系创造货币的能力。

19. 基础货币

答： 基础货币亦称“货币基数”、“货币基础”、“强力货币”或“高能货币”，是指经过商业银行的存贷款业务而能扩张或收缩货币供应量的货币。基础货币包括商业银行存入央行的存款准备金(包括法定准备金和超额准备金)与社会公众所持有的现金之和。

基础货币有四个属性：①可控性，它是央行能调控的货币；②负债性，它是央行的负债；③扩张性，它能被央行吸收作为创造存款货币的基础，具有多倍创造的功能；④初始来源唯一性，即其增量只能来源于央行。

20. 最终目标

答： 最终目标是指政策运行的宏观经济总体目标，一般包括充分就业、稳定物价、经济增长和国际收支平衡四项内容。

货币政策四大最终目标之间基本存在着两种类型的关系：①替代性关系，即在货币政策的实施过程中两项目标不能同时实现，一项目标的实现必须以另一目标的牺牲为代价；②互补性关系，即在货币政策的实施过程中两项目标不仅能够同时达到，而且可以互为前提，互相促进。货币政策的最终目标是多元的，它们之间的关系既有一致性的一面也有相互冲突的一面。因此，为了正确选择货币政策最终目标，央行首先必须搞清货币政策最终目标之间的关系，有所取舍地以一种或几种为货币政策的最终目标。

21. 联邦存款保险公司(FDIC)

答： 联邦存款保险公司是指美国联邦政府的一个独立机构，是为绝大多数商业银行和最大额达到100000美元的互助储蓄银行的储蓄提供保险的一个政府机构。FDIC的存在，有利于增强公众对银行系统的信心，防止挤兑现象的发生，维护金融体系的稳定。但同时FDIC的存在弱化了存款人对银行的外部约束，存款人不再选择稳健的银行，而是将钱存在提供高利率的银行，这可能会加大银行的风险行为，使得道德风险的问题更加严重。因此，我国在构建存款保险制度时，要注意在制度设计上防范风险，真正发挥存款保险制度的有利之处。

22. 货币乘数

答： 货币乘数又称为“货币创造乘数”或“货币扩张乘数”，是指央行创造一单位的基础货币所能增加的货币供应量。货币乘数用 mm 表示，$mm=(1+cu)/(re+cu)$。其中，re 为准备金-存款比率，cu 为通货-存款比率。

影响货币乘数的因素有通货-存款比率和准备金-存款比率。通货-存款比率越低，公众作为通货持有的基础货币越少，银行作为准备金持有的基础货币越多，银行能够创造的货币越多。因此，通货-存款比率的下降提高了货币乘数，增加了货币供给。准备金-存款比率越低，银行发放的贷款越多，银行从每1单位准备金中创造出来的货币也越多。因此，准备金-存款比率的下降提高了货币乘数，增加了货币供给。

货币乘数可以从两个方面对货币供给起作用：它既可以使货币供给多倍扩大，又能使货币供给多倍收缩。因此，央行控制准备金和调整准备金率对货币供给会产生重大影响。

23. 联邦基金利率

答：联邦基金利率是指美国银行间同业拆借准备金时所使用的利率。这种利率的变动能够敏感地反映银行之间资金的余缺，美联储瞄准并调节同业拆借利率能直接影响商业银行的资金成本，并且将同业拆借市场的资金余缺传递给工商企业，进而影响消费、投资和国民经济。联邦基金利率是美国的基准利率，它的变化会引起其他利率的变化。联储运用货币政策工具，影响联邦基金利率，从而影响其他利率，对消费和投资产生影响。

24. 公开市场柜台

答：公开市场柜台是指央行实施公开市场业务的交易柜台。央行在日常的操作中，能够比控制货币存量更为准确地控制利率。央行每天通过公开市场柜台，买卖政府证券。如果央行想要提高政府证券价格（降低利率），它就以一定价格买入证券；反之，如果央行想要降低政府证券价格（提高利率），它就以一定价格抛出足够数量的证券。通过在公开市场柜台上买卖政府债券，央行可以实现对市场利率的控制。

25. 公开市场业务

答：公开市场业务是指央行在公开市场上买卖有价证券（主要是政府债券），以期调节信用和货币供应量的一种业务活动。它是央行三大传统政策工具之一。

在公开市场上买进有价证券，将产生三方面的效果：①基础货币投放量增加。当货币乘数不变时，货币供应量将增加。②有价证券和票据的价格上升，市场利率下降，刺激投资增加。③向公众传达放松银根的信息，影响心理预期。比如，央行通过买进有价证券，实际等于向社会投放了一笔基础货币，增加了货币供应量，引起信用的扩张；相反当卖出有价证券和票据时，就会减少市场上相应数量的基础货币，达到信用的收缩。

公开市场业务的优越性体现在：①央行能够运用公开市场业务影响银行准备金，从而直接影响货币供应量；②公开市场业务使央行能够随时根据金融市场的变化，进行经常性、连续性的操作；③通过公开市场业务，央行可以主动出击，不像贴现政策那样处于被动地位；④由于公开市场业务的规模和方向可以灵活安排，央行可以运用它对货币供应量进行微调，而不会像存款准备金的变动那样，产生震动性影响。

其局限性在于：公开市场操作受到诸如商业周期、货币流通速度变化、商业银行的信贷意愿等因素的影响，同时必须具备一个高度发达的证券市场。

二、简答题

1. 联储想要增加货币供应量，可使用哪些主要工具来达到这个目的？具体地讲，如何运用每种工具来增加货币供给？（提示：有三种工具。）

答：联储想要增加货币供应量，它可以使用公开市场业务、再贴现率政策和存款准备率这三大传统货币政策工具来实现。具体来讲：

（1）公开市场业务。公开市场业务是指联储在公开市场上买卖有价证券（主要是政府债券），影响基础货币，进而影响货币供给的行为。联储想要增加货币供应量，可以在公开市场上买进政府债券，向流通领域注入一笔基础货币，使社会货币供应量数倍增加。它是联储最经常使用的货币政策工具。

(2)再贴现率政策。再贴现率是联储向商业银行办理再贴现时使用的利率。再贴现率的变动会影响商业银行的准备金状况，影响商业银行的信用扩张能力，从而影响整个社会的货币供应量。联储想要增加货币供应量，可以降低贴现率，从而降低商业银行向联储借款的成本，使商业银行的借款量增加，信用扩张，使社会货币供应量增加。

(3)改变法定准备金比率。法定准备金比率是联储要求商业银行缴纳的准备金占其存款总额的比率。联储通过变动法定准备金率，会影响货币乘数，从而影响货币供给。联储想要增加货币供应量，可以降低法定准备率，提高货币乘数，从而增加货币供给。

2. 联储能影响通货-存款比率吗?

答: 联储不能直接影响通货-存款比率，但是可以间接影响它。原因如下:

(1)通货-存款比率是指公众手持现金和活期存款的比率，简称通货比率。这一比率主要由公众支付习惯决定，也受从银行取得现金的便利性影响，当十分容易从银行取得现金时，个人就不会多持现金。许多西方经济学家认为，以下因素也会影响通货-存款比率:①开设活期存款账户的成本，成本提高时，这一比率也会提高;②隐蔽性交易的规模和程度，当逃避税收的隐蔽性交易增加时，这一比率也会提高;③人们对流动性和安全性的偏好，由于现金最具有流动性和安全性，因而这一比率随流动性偏好增强而提高。通货-存款比率是货币乘数大小的决定因素之一，这一比率越高，货币乘数越小。

(2)联储不能直接影响通货-存款比率，因为公众的支付习惯决定相对于存款的现金持有数量的多少，并且取得现金的成本和取得现金的便利程度会影响通货-存款比率。然而通过改变银行规定(将会影响现金取得的难易)或利率(将会改变持有现金的机会成本)，联储能间接影响人们愿意持有的现金数量。

3. 在什么情况下，联储主要以(1)利率或者(2)以货币存量为目标来运用货币政策?

答:(1)如果经济的大多数冲击来自于货币因素，比如货币需求的变动，那么联储应该以利率为目标来运用货币政策。由图17-4可知，当货币需求上升时，*LM* 曲线将会向左移动，利率会上升。在这种情况下，联储只要通过增加货币的供给量以保持利率不变，就可以使 *LM* 曲线回移到原来位置，使经济恢复到原有的均衡状态。

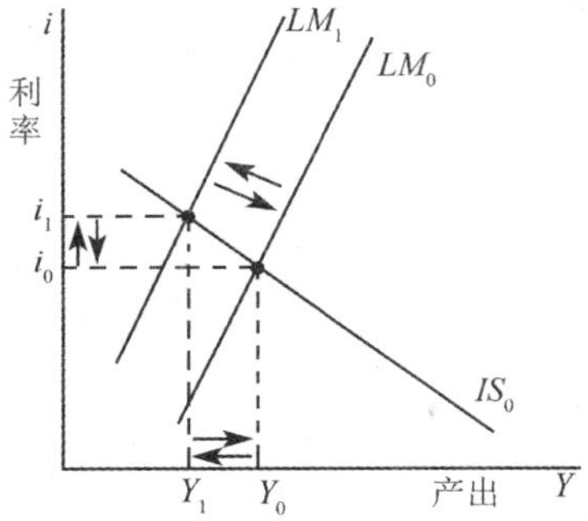

图17-4 以利率为目标

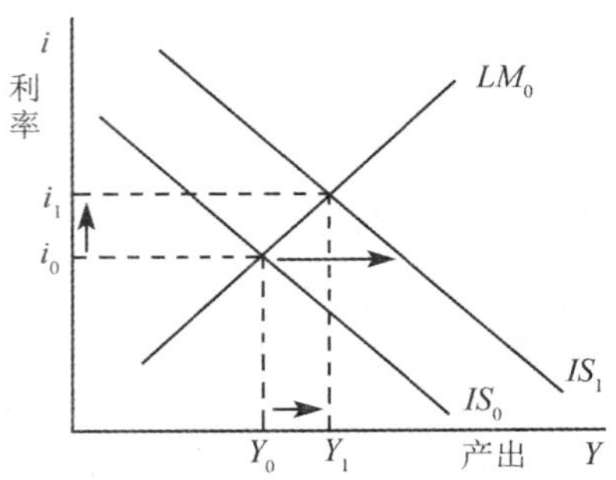

图17-5 以货币存量为目标

(2)如果经济的大多数冲击来自于支出因素，那么联储应该以货币存量为目标来运用货币政策。由图 17－5 可知，如果支出增加，IS 曲线将会向右移动，利率会上升。如果联储采用增加货币存量的方法使利率回到原有的水平上，就会使经济不平衡更加严重。相反，联储应该使货币存量保持平稳，从而使这种不平衡维持在一个最小的水平上。

4. (1)什么是银行挤兑？

(2)为什么会发生银行挤兑？

(3)面对银行挤兑，如果联储不采取行动，对货币供应量和货币乘数会产生什么影响？

(4)联邦存款保险公司的存在，能够怎样有助于阻止这种问题的发生？

答：(1)银行挤兑是指存款人担心其资产的安全性，因而都奔向银行迅速提取现金的一种现象，它是部分准备金银行体系下银行所面对的一个问题。

(2)发生银行挤兑的原因在于信息不对称。存款人并不能真正准确地了解银行的经营状况，一旦银行有不利的经营决策或者宏观经济发生不利的变动，存款人担心银行倒闭造成损失，而去提取存款，不利的消息传播使得其他存款人也去迅速提取存款，这就会发生挤兑。大量挤兑会使银行流动性出现问题，因为银行将准备金之外的存款用于投资或者发放贷款，这些资产不能迅速收回来满足存款人提款的需要，这样银行就可能面临倒闭。

(3)面对银行挤兑，如果联储不采取行动，那么通货-存款比率会上升，货币乘数下降，货币供应量减少。

(4)联邦存款保险公司(FDIC)的存在增加了公众对银行系统的信心，从而减少了银行挤兑，有利于金融的稳定。FDIC 保证了银行破产时在一定额度内支付存款人的存款，这样小额存款人就不会在银行出现不利的信息时去提取存款，银行就不容易出现流动性的问题，有利于银行系统的稳定。同时，由于挤兑不易发生，这使通货-存款比率比较稳定，货币乘数比较稳定，联储通过影响基础货币进而影响货币供应量的能力就大。

5. (1)为什么联储不再坚持准确地达到货币目标的路线？

(2)以名义利率为目标有什么危险？

答：(1)联储不再坚持准确地达到其货币增长目标，有两个基本的原因：

第一个原因是技术性的。由于货币乘数的变动性以及收集有关货币供给数据的滞后性，使得联储并不总是能够达到其货币增长目标。

第二个原因是目标间的矛盾性。在短期内，联储在运用利率目标的同时也运用了货币增长目标，但是这两个目标同时都获得成功是不可能的。因此，当联储对经济的变动做出反应，它至少会暂时地背离其货币增长目标。联储希望在短期内有一定的灵活性而在长期保持可信性，这可能导致对其所宣布的货币增长目标的暂时性的背离。

(2)以名义利率为目标所存在的危险主要在于：利率目标与货币目标间可能存在冲突，尤其是在高通货膨胀时期，可能导致以名义利率为目标的失败。具体地讲：如果联储以名义利率为目标，则当利率上升时，联储必须增加货币供给以使利率降低到其原有的水平。然而在高通货膨胀时期，扩张性的货币政策会进一步加大通货膨胀压力，而通货膨胀加大最终会使名义利率升高。根据费雪方程，名义利率(i)等于真实利率(r)加上通货膨胀率(π)，即$i = r + \pi$。特别是在长期，实际利率不受扩张性货币政策的影响，而名义利率会由于通货膨胀的上升而更高。因此，为进一步降低名义利率的扩张性，货币政策可能会恶化通货膨胀并最终不能使名义利率下降。

6. 将以下各项区分为最终目标、中间目标或货币政策工具。

(1)名义GDP;

(2)贴现率;

(3)基础货币;

(4)M_1;

(5)国债利率;

(6)失业率。

答: 最终目标是指政策运行的宏观经济总体目标，一般包括充分就业、稳定物价、经济增长和国际收支平衡四项内容。

中间目标是指联储为了实现货币政策最终目标而设置的可供观测和调整的指标，联储在实施货币政策的过程中可据以衡量对最终目标所产生的初步影响。一般货币政策的中间目标满足可测性、可控性和相关性的特征。主要的货币政策中间目标是利率和货币供应量。

货币政策的工具是指联储为调控货币政策而采取的政策手段。货币政策工具一般包括：公开市场业务、贴现政策、存款准备金率以及利率和贷款规模等。

根据以上定义：

(1)名义GDP是最终目标。

(2)贴现率是货币政策工具。

(3)基础货币是货币政策的中间目标。

(4)M_1是中间目标。

(5)国债利率是中间目标。

(6)失业率是最终目标。

7. 当发生信用配给时，以利率作为货币政策目标会有什么危险?

答: 信用配给是指在借款人愿意支付规定利率甚至更高利率时，贷款人仍不愿发放贷款或发放贷款的数额小于申请贷款额的情形。

发生信用配给时以利率作为货币政策目标的危险性在于：出现信用配给时，因为贷款人担心愿意借款的借款人可能没有能力偿还，从而限制借款人的借款数量。这时，如果以利率为目标，即信贷市场以一个给定的利率配给，这个利率就不能充分体现货币政策对投资和总需求的影响，利率将不再是信贷市场的一种有效可靠的货币政策指示器，因为此时利率已经不能反映真实的市场条件。

8. 为什么联储会选择中间目标作为货币政策，而不是直接追求其最终目标?运用这些中间目标有什么好处和缺点?

答: 最终目标是指政策运行的宏观经济总体目标，一般包括充分就业、稳定物价、经济增长和国际收支平衡四项内容。中间目标是指联储为达到最终目标，在政策工具和需要达到的最终目标之间所选定一些变量，如货币供应量、利率等。

(1)联储会选择中间目标作为货币政策的原因：

①相对于最终目标，联储在实施货币政策的过程中，可以更容易控制中间目标。

②中间目标与最终目标之间的密切程度要高于政策工具。由于最终目标和政策工具之间的关系是不确定的和经常变化的，如果没有中间目标的指导，货币政策的效应偏差可能要大得多，从而中间目标起了“缓冲区”式的作用，使联储通过它更有可能实现货币政策最终目标。中间目标的变化不能立即影响最终目标，因此联储能比较容易地改变或加强它的政策措施。由于货币政策的滞后，联储运用这些中间目标作为政策变化的效果以及政策措施实现其最终目标的可能性的反馈。

(2)运用中间目标的好处：

中间目标能够及时和持续性地反馈政策信息，有助于联储判断货币政策工具是否已经对经济产生了预计的影响；而且由于货币政策有较长的时滞，需要运用中间目标来判断货币政策的效果，决定货币政策的总体效应是扩张性的，还是紧缩性的。

(3)运用中间目标的缺点：

运用中间目标的缺点在于理想的中间目标不易选择。理想的中间目标是那些联储能够准确控制，并同时与政策最终目标有密切关系的变量。作为中间目标的金融变量必须具备可测性、可控性和相关性的特征。这并不容易满足，因此一旦中间目标选取不当，可能会妨碍最终目标的实现，因为所选择的中间目标可能与最终目标之间并不具有一种稳定的因果联系。

三、计算与分析题

1．说明联储在公开市场上出售债券对其资产负债表的影响，以及对购买联储债券的商业银行的资产负债表的影响。

答：公开市场业务是指联储在公开市场上买进或卖出政府债券以增加或减少商业银行准备金的一种政策手段。联储在公开市场出售政府债券，回笼货币，会减少货币供应量，引起价格、就业和收入的下降。这对自身以及商业银行的资产负债表都有一定的影响，可以从以下两个方面来分析：

(1)假设联储卖给商业银行的国库券价值为 1000 万美元，此时联储和商业银行的资产负债表变为：

联储的资产负债表

资产		负债	
政府证券	-1000 万美元	流通中的现金	0
其他资产	0	银行存款	-1000 万美元

商业银行的资产负债表

资产		负债	
联储的存款	-1000 万美元	存款	0
政府证券	+1000 万美元		
其他资产	0		

银行现在损失了 1000 万美元的存款(联储的存款)。为提高流动性，银行需吸收新的存款，或者收回部分资产。

(2)如果国库券被银行的一位存款者购买，此时联储和商业银行的资产负债表变为：

联储的资产负债表

资产		负债	
政府证券	-1000万美元	流通中的现金	0
其他资产	0	银行存款	-1000万美元

商业银行的资产负债表

资产		负债	
准备金	-1000万美元	存款	-1000万美元
其他资产	0		

同样地，银行存款也减少1000万美元。

2. 当联储买入或卖出黄金或外汇时，通过补偿性公开市场业务，它自动地抵消或冻结以上买卖对基础货币的影响。联储所做的是买入黄金，同时从它的资产组合中卖出债券。说明购买黄金对联储资产负债表的影响，以及相应地通过公开市场出售债券的冻结作用。

答：(1)假设联储买进价值1000万美元的黄金，此时联储的资产负债表变为：

联储的资产负债表

资产		负债	
黄金	+1000万美元	流通中的现金	0
其他资产	0	银行存款	+1000万美元

购买黄金的行为使基础货币(银行存款)增加了1000万美元。

(2)联储通过在公开市场上卖出债券来抵消购买黄金对基础货币所造成的影响，此时联储的资产负债表变为：

冻结后联储的资产负债表

资产		负债
黄金	+1000万美元	银行存款(+1000-1000)=0美元
政府证券	-1000万美元	

通过以上两项操作基础货币在总体上没有发生变化。

3. "100%的银行业务"的建议，包含准备金-存款比率为1，美国已经提出这样一个建议，以便增强联储对货币供给的控制。

(1)为什么这一方案有助于控制货币供给？

(2)在这个方案下，银行资产负债表将会怎样？

(3)在100%货币的情况下，银行业务如何仍然保持有利可图？

答：准备金-存款比率是指银行持有的准备金对银行存款的比率，是联储调节货币供应量的工具。准备金-存款比率是货币乘数的基本决定因素，准备金比率越小，货币乘数就越大。

(1)如果在“100%的银行业务”的情况下，准备金-存款比率为 1，那么银行必须将所有存款用作准备金，银行不能发放贷款和投资。此时货币乘数等于 1，这意味着联储通过控制基础货币能够完全控制货币供给。

(2)由于在这种情况下银行不能发放任何贷款或投资，所以银行的资产负债表中的资产项目只包含准备金这一项。

(3)在这种情况下，只要银行通过提供服务收取费用来弥补成本，银行仍可保持有利可图。

4. 你作为联储主席，正在考虑应该以基础货币还是以利率作为政策目标。为了必须做出的有信息支持的决定，你需要了解什么信息？在什么情况下，每个选择都会是一个好的(或坏的！)选择？

答：需要知道经济的冲击主要是来自货币因素还是支出因素。

(1)如果经济的大多数冲击来自于货币因素，比如货币需求的变动，那么可以选择以利率为目标来运用货币政策。由图 17-6 可知，当货币需求上升时，*LM* 曲线将会向左移动，利率会上升。在这种情况下，联储只要通过增加货币的供给量以保持利率不变，就可以使 *LM* 曲线回移到原来位置，使经济恢复到原有的均衡状态。

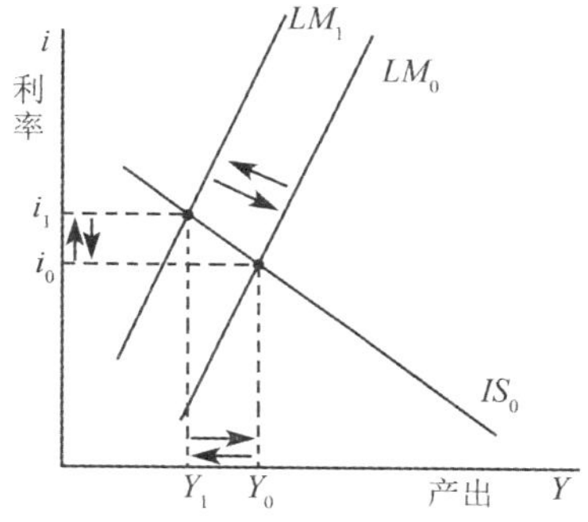

图 17-6　以利率为目标

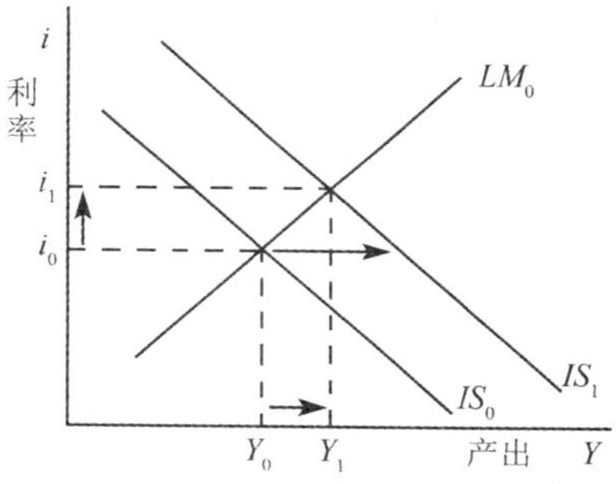

图 17-7　以基础货币为目标

(2)如果经济的大多数冲击来自于支出因素，那么可以选择以基础货币为目标来运用货币政策。由图 17-7 可知，如果支出增加，*IS* 曲线将会向右移动，利率会上升。如果联储采用增加基础货币的方法使利率回到原有的水平上，就会使经济不平衡更加严重。相反，联储应该使基础货币保持平稳，从而使这种不平衡维持在一个最小的水平上。

第 18 章　政　策

18.1　复习笔记

【知识框架(庖丁解牛)】

- 政策
  - 政策作用的时滞
    - 政策时滞的含义与分类
    - 货币政策时滞和财政政策时滞
    - 自动稳定器与政策时滞
    - 政策时滞与政策效果
    - 渐进式政策和冷火鸡式政策
  - 预期和反应
    - 反应的不确定性
    - 政策制度的变化
  - 不确定性和经济政策
    - 乘数的不确定性
    - 不确定性下的政策工具组合
  - 经济变量的种类
  - 积极性政策
    - 微调
    - 规则与相机抉择
  - 可供选择的政策目标
  - 动态不一致
    - 动态不一致性成立的前提及概念
    - 动态不一致性的图示
    - 避免动态不一致性产生的途径

【考点难点归纳(厚积薄发)】

考点一：政策作用的时滞　★★★★

1. 政策时滞的含义与分类(见表 18－1)

表 18－1　政策时滞的含义与分类

要点	具体内容
含义	指当经济出现扰动，均衡国民收入偏离充分就业水平时，政策行动影响经济的过程

续表

要点		具体内容
分类	外部时滞	①外部时滞是指从一项经济政策，特别是宏观经济政策的开始执行到其充分地发挥全部效果，并达到预期目标之间的时间间隔。 ②外部时滞一般呈现分布滞后的形式。 ③外部时滞由政策影响中间变量所需要的时间和中间变量影响目标变量所需要的时间两部分组成。 ④货币政策的外部时滞长，财政政策的外部时滞短
	内部时滞	①含义：指从经济发生变动，认识到有采取政策措施的必要性到决策者制定出适当的经济政策，并付诸实施之间的时间间隔。 ②分类： a. 认识时滞：处于决策时滞和实施时滞之前的，从扰动产生到政策制定者认识到需要采取行动之间所花费的时间。 b. 决策时滞：介于认识时滞和实施时滞之间的，对一个经济问题，从认识到需要采取行动和做出政策决策之间所延续的时间。 c. 行动时滞(实施时滞)：从做出决策到具体实施之间的时间间隔

2. 货币政策时滞和财政政策时滞(见表18－2)

表18－2 货币政策时滞和财政政策时滞

	内部时滞	外部时滞
货币政策	较短，因为从决策到执行所需的环节较少	较长，原因在于：货币政策真正对目标变量发生作用之前，需要先作用于某个中间变量，再由这个中间变量去影响目标变量
财政政策	较长，因为财政政策是由立法机构通过讨论和表决来制定的，再由中央和地方政府执行	较短，因为其对收入的影响较为直接

3. 自动稳定器与政策时滞

(1)自动稳定器的含义：

“自动稳定器”是指这样一种宏观经济的内在调节机制：它能在宏观经济的不稳定情况下自动发挥作用，使宏观经济趋向稳定。

(2)自动稳定器的时滞：

当经济发生波动时，经济中存在的自动稳定器会在一定程度上起到熨平经济周期的作用。自动稳定器自动地发生作用，调节经济，无须政府做出任何决策，因而其内部时滞为零。

◆拓展延伸◆

自动稳定器的作用是有限的。它只能减轻萧条或通货膨胀的程度，并不能改变萧条或通货膨胀的总趋势；只能对财政政策起到自动配合的作用，并不能代替财政政策。因此，尽管某些财政政策具有自动稳定器的作用，但仍需要政府有意识地运用财政政策来调节经济。

◆小试牛刀◆

自动稳定器的功能是(　　)。

A. 缓解周期性的经济波动　　B. 稳定收入

C. 刺激经济增长　　D. 推迟经济的衰退

【答案】A

【解析】自动稳定器是指经济系统本身存在的一种会减少各种干扰对国民收入冲击的机制，能够在经济繁荣时期自动抑制通胀，在经济衰退时期自动减轻萧条，无须政府采取任何行动。稳定收入、刺激经济增长和推迟经济的衰退是宏观经济政策的功能。

4. 政策时滞与政策效果

(1)暂时性扰动：

暂时性扰动是指只会影响这一时期的收入，但不会有永久性影响的扰动。此时，政策运作存在时滞，最好不对扰动做出任何反应。

(2)持久性扰动：

在这种情况下，扰动产生的影响将持续几个季度。

①经济中小的扰动：对于经济中的小扰动，政策只需微调。

②重大经济冲击：对于重大经济冲击，需要政府和中央银行根据具体情况和不同目标积极运用反周期性质的货币和财政政策。

5. 渐进式政策和冷火鸡式政策

渐进式政策是指缓慢地将经济移向目标的政策模式，而冷火鸡式的政策是指尽可能快地达到目标的政策模式。冷火鸡式政策会对经济产生“冲击效应”，这种冲击效应有时是破坏性的，有时会有助于增加对政策制定者的信任。而渐进主义的政策具有政策实施时可以将新信息结合进去的优势。

考点二：预期和反应　★★★

1. 反应的不确定性

(1)减税政策中的反应不确定性：

假设政府在经济衰退的情况下做出短期内减税的决定，减税的幅度取决于公众对暂时性减税政策的反应：

①如果暂时性减税所增加的永久性收入较少，则其增加的支出也会比较小。因此为实现政策目标，要采取较大的减税幅度。

②如果消费者预期减税持续的时间将长于政府所说的，则消费者的边际支出倾向就比较大，只需采取较小的减税幅度就足以增加很多的支出。

(2)关于反应的不确定性的结论：

厂商和消费者对于政策的预期和反应，政府是不确定的，这会造成政策影响的不确定性，进而造成经济的不稳定。

2. 政策制度的变化

(1)可信性的概念：

可信性是指公众对政府将履行其宣布的政策的信任程度。由于政策制定者可能缺乏充分的可信性，公众不可能立即完全相信政府的公告。只有当事人采取信任态度时，政策制定者才有信誉。政策制定者通常需要通过长时期内采取始终如一的行动，赢得信誉，以获得政策可信性。

(2)政策当局的变化：

政策本身就会影响公众的预期，当政府实施新政策，就可能影响公众预期的形成方式，从而造成需求的额外变动。因此政策的可信性对于实现预期政策目标具有重要意义。然而为获得可信性，可能需要付出昂贵的代价，并且只有经过一段时间，当新的政策得到理解时，政策制定者才会赢得信誉。

考点三：不确定性和经济政策 ★★★

1. 乘数的不确定性

乘数的不确定性是指产生于特定政策行为的影响程度的不确定性，包括预期的不确定性和对经济结构的不确定性。

对于这些不确定性，如果政策制定者能够准确地估计有关的参数信息，就能够提供积极的政策。反之，政策则应该较为谨慎。如果政策制定者拥有的信息不够准确，则十分积极的政策有可能造成经济的不必要波动。

2. 不确定性下的政策工具组合(见表18－3)

表18－3 不确定性下的政策工具组合

政策混合	使用情景	对总需求的影响	对利率的影响
扩张性财政政策＋紧缩性货币政策	经济萧条但又不太严重时	不确定	上升
紧缩性财政政策＋紧缩性货币政策	经济发生严重的通货膨胀时	减少	不确定
紧缩性财政政策＋扩张性货币政策	经济出现通货膨胀但又不太严重时	不确定	下降
扩张性财政政策＋扩张性货币政策	经济严重萧条时	增加	不确定

考点四：经济变量的种类(见表18－4) ★★★

表18－4 经济变量的种类

种类	具体内容
目标变量	①目标变量是表明政策目标的变量。 ②目标变量进一步划分为“最终目标变量”和“中间目标变量”
工具变量	工具变量是指被政策制定者用于直接影响经济的“工具”
指标变量	指标变量提供了允许政策制定者调整工具变量，以便使其更好地完成任务的信息反馈

考点五：积极性政策 ★★★★

1. 微调

微调是指针对经济中经常发生的较小波动而对政策变量进行小幅度的调整。

(1)由于财政政策存在较长的内部时滞，相机抉择的微调在实际上可行性较小。

(2)由于货币政策的内部时滞较小，则可以进行微调；特别地，如果货币政策反应一直是以小的变化对应小的扰动，微调便是恰当的。

2. 规则与相机抉择

(1)相机抉择：

相机抉择是指政府进行需求管理时根据市场情况和各项调节措施的特点，机动灵活地采取一种或几种措施，使财政政策和货币政策相互搭配。实行相机抉择的目的在于既保持总需求，又不引起较高的通货膨胀率。

(2)单一政策规则：

单一政策规则又称稳定货币增长率规则，是指将货币供应量作为唯一的政策工具，并制定货币供应量增长的数量法则，使货币增长率同预期的经济增长率保持一致。

(3)积极的规则：

积极的规则是指针对重大经济冲击所做出的具有反周期性质的规则。面对重大经济冲击时，政府和中央银行可以根据具体情况和不同目标，及时采取反周期性质的政策措施。

考点六：可供选择的政策目标(见表18-5) ★★

表18-5 可供选择的政策目标

要点	具体内容
实际GDP目标	①实际GDP目标是指运用货币和财政政策来达到一个实际GDP增长的具体比率。 ②实际GDP是指用从前某一年的价格作为基期价格计算出来的当年全部最终产品和服务的市场价值。 ③实际GDP和名义GDP的关系式为：实际GDP=名义GDP÷GDP折算指数
名义GDP目标	①名义GDP目标是指运用货币和财政政策来达到一个名义GDP增长的具体比率。 ②名义GDP是指按当年价格计算的全部最终产品及服务的市场价值。 ③如果潜在GDP增长率被高估并且政策制定者可能会过多地刺激经济，那么增长率与通货膨胀率都要低于以实际GDP为目标的情况
通货膨胀目标	通货膨胀目标是指使用货币和财政政策来降低或维持一定的通货膨胀率

考点七：动态不一致 ★★★★

1. 动态不一致性成立的前提及概念

(1)动态不一致性成立的前提：

①政策制定者不喜欢通货膨胀和失业，认为充分就业和零(或者至少是低)通货膨胀才是经济的最佳长期情况。

②在短期，通货膨胀和失业之间存在着替代关系，但是由于通货膨胀预期的调整，二者之间没有长期的替代关系。

(2)动态不一致性的概念：

动态不一致性是指决策者的偏好随着时间而改变(按照某种特定的方式)，导致他在某一时间的偏好和他在另一时间的偏好不一致。

2. 动态不一致性的图示

如图18-1所示，经济初始处于A点，在零通货膨胀水平，公众和政策制定者都愿意小幅增加通货膨胀来减少失业，经济沿着短期菲利普斯曲线向左上方滑行到达 B 点(此时通货膨胀恰好高到使较高通货膨胀的边际损失等于较低失业的边际收益)。在 B 点，通货膨胀的预期更高，从而短期菲利普斯曲线右移，经济最终在处于充分就业但有正的通货膨胀的 C 点达到均衡(此时通货膨胀的边际损失高到使政策制定者不愿意进一步增加通货膨胀来减少失业)。这一经济均衡点从 A 点到 C 点的移动过程体现了动态不一致性。

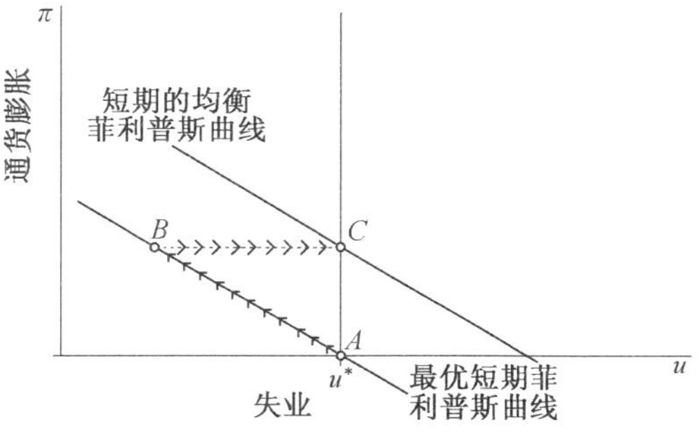

图 18－1 菲利普斯线和经济政策

3. 避免动态不一致性产生的途径

(1)政策制定者保持言行一致的信誉。困难在于总有推动短期通货膨胀倾向的外部压力。

(2)政府要选择一个比其他公众更具有反通货膨胀倾向的政策制定者。

(3)政府与政策制定者签订一份奖励低通货膨胀的合同。

(4)采取低通货膨胀的规则，防止政策制定者运用“相机抉择”导致动态不一致性。

(5)建立独立的中央银行。要求中央银行遵循一个货币规则，明确授权中央银行与通货膨胀做斗争。

18.2 课后习题详解

一、概念题

1. 行动时滞

答: 行动时滞也称作“实施时滞”，是指从做出决策到具体实施之间的时间间隔。实施时滞是内部时滞的一部分，处于认识时滞和决策时滞之后。实施时滞的长短受经济管理当局的制度结构和运行效率的影响。货币政策由中央银行决定和实施，因而实施时滞较短；财政政策由立法机构做出决定，再由财政部具体实施，因而实施时滞较长。另外经济管理当局的行政效率也在很大程度上影响实施时滞：当局行政效率高，则实施时滞短；当局行政效率低，则实施时滞长。实施时滞的长短与经济政策能否起到积极有效的作用之间具有很强的关联性，因此各国经济管理当局应尽力缩短各项政策的实施时滞。

2. 动态不一致

答: 动态不一致是指所选择的政策在不同的时点上将会有的差异。动态不一致的前提是政策制定者对于通货膨胀和失业同样地反感。由于通货膨胀和失业之间短期内存在替代关系，尽管政策制定者会事先宣布一项政策，例如零通货膨胀政策，政策制定者会利用相机抉择的方法，在通货膨胀较低的时候，用很少的通货膨胀作为代价来减少失业，从而实现短期各方利益最大，但是由于通货膨胀和失业之间在长期内不存在替代关系，最终结果是失业没有降低，通货膨胀却提高了，这就是“动态不一致性”。

3. 边际损失函数

答：边际损失函数是指在其他条件不变的情况下，增加一个单位的行动所带来的损失的增加量的损失函数。假设对货币政策对经济的影响的全部认识能够归结为一个方程：

$$Y=\beta M$$

其中：Y是产出，M是货币存量，β是货币政策乘数，Y^*是产出目标。由于不可能准确地达到目标，就需要一个评估政策成功的规则。这个规则可以测量当没有达到目标时所造成的危害。当希望Y准确地达到Y^*时，通常在实际产出Y和目标产出Y^*之间产生缺口，$Y-Y^*$。可以用损失函数来测量“失误”造成的危害：

$$L=(Y-Y^*)^2/2$$

注意，这个损失函数对于较大损失比较小损失所给予的惩罚要大得多。通过用βM替代方程中的实际产出Y，来评估政策选择M的成功与否，相对政策工具M变化的边际损失函数为：

$$ML(M)=(\beta M-Y^*)\times\beta$$

在经济学中考虑损失最小化的方法通常是令边际损失函数等于零。

4. 积极性政策

答：积极性政策是指政府根据实际经济运行情况，对当前或预期的经济状况做出反应的政策。凯恩斯主义的经济政策主张是政府应该根据经济运行情况进行相机的干预与管理，实行积极性政策，以促进经济的稳定；而以弗里德曼为代表的货币学派则主张实行简单的单一货币规则，在该规则下，政府不对经济情况做出任何反应。

5. 动态规划

答：动态规划是指在时间的推移过程中，在每个时间阶段选择适当的决策，以便使整个系统达到最优。动态规划是解决多阶段决策过程最优化的一种方法，该方法把困难的多阶段决策问题变换成一系列互相联系比较容易的单阶段问题。解决了一系列比较容易的单阶段问题，也就解决了困难的多阶段决策问题。有时阶段可以用时间表示，在各个时间段，采用不同决策，它随时间而变动，这就有“动态”的含义。用动态规划可以解决管理中的最短路问题、装载问题、库存问题、资源分配，以及生产过程最优化问题。

6. 乘数的不确定性

答：乘数的不确定性是指产生于特定政策行为的影响程度的不确定性，包括预期的不确定性和对经济结构的不确定性。

例如，对政府支出乘数的最好估计可能是1.2。如果要GDP增加600亿美元，政府支出就要增加500亿美元。但是，对统计证据的较好解释，只能使人确信乘数介于0.9～1.5之间。在这种情况下，当政府支出增加500亿美元时，可以预期GDP增加的数量会在450

亿美元至750亿美元之间。

对于这些不确定性，如果政策制定者能够准确地估计有关的参数信息，就能够提供积极的政策。反之，政策则应该较为谨慎。如果政策制定者拥有的信息不够准确，则十分积极的政策有可能造成经济的不必要波动。

7. 积极性规则

答：积极性规则是指对重大经济冲击做出的具有反周期性质的规则。在讨论积极的货币政策和积极的财政政策的合意性时，要把对重大经济冲击做出反应的政策行动与微调加以区别。后者是政策变量对经济中的小扰动做出反应时的连续调整。面对重大经济冲击时，不能主张不积极运用货币和财政政策。政府和中央银行可以根据具体情况和不同目标，及时采取反周期性质的政策措施。例如，当经济萧条但又不太严重时，用扩张性的财政政策来刺激总需求，同时用紧缩性的货币政策控制通货膨胀；当经济发生严重通货膨胀时，用紧缩性的货币政策来提高利率，降低总需求水平，同时采用紧缩性的财政政策，以防止利率过分提高；当经济中出现通货膨胀，同时通货膨胀水平不太严重时，用紧缩性的财政政策来压缩总需求，同时用扩张性的货币政策降低利率，以免紧缩性的财政政策造成衰退；当经济严重萧条时，用扩张性的财政政策增加总需求，用扩张性的货币政策降低利率以克服“挤出效应”。

8. 计量经济模型

答：计量经济模型是指由具体的方程式所组成的随机的经济数学模型。计量经济模型包括一个或一个以上的随机方程式，它简洁有效地描述和概括了某个真实经济系统的数量特征，更深刻地揭示出该经济系统的数量变化规律。计量经济模型由系统或方程组成，方程由变量和系数组成。其中，系统也是由方程组成。

计量经济模型是通过对观察的经济数据进行分析而得到经济结果的方法，所以不可随意运用计量方法来构造经济预测模型并进行政策分析，其原因是可能会存在数据误差或模型内部存在偏差。

9. 外部时滞

答：外部时滞是指从一项经济政策，特别是宏观经济政策开始执行到其充分地发挥全部效果并达到预期目标之间的时间间隔，是与“内部时滞”相对而言的。在正常情况下，外部时滞呈分布滞后的形式。政策付诸实施后，它会随着时间的推移逐渐对经济产生影响。只有经过一定时间以后，政策才会完全发挥作用，从而达到预期目标。这是因为政策实施以后一般不会马上对目标变量发生作用，而是首先作用于某个中间变量，再由这个中间变量去影响目标变量。外部时滞由政策影响中间变量所需要的时间和中间变量影响目标变量所需要的时间两部分组成。不同的经济政策具有不同的外部时滞。

货币政策影响目标变量一般要经过多个中间变量，因而外部时滞较长；财政政策影响目标变量一般较为直接，因而外部时滞较短。经济管理当局在制定经济政策时应该考虑到所实行的经济政策所具有的外部时滞。只有在了解了各种政策的外部时滞之后，才能更好地把握经济活动，才能使所实行的经济政策具有更好的效果。

10. 自动稳定器

答: 自动稳定器又称内在稳定器，是指在国民经济中无须经常变动政府政策而有助于经济自动趋向稳定的一种机制。例如，一些财政支出和税收制度就具有某种自动调整经济的灵活性，可以自动配合需求管理，减缓总需求的波动性，从而有助于经济的稳定。

在社会经济生活中，具有内在稳定器作用的因素主要包括：个人和公司所得税、失业补助和其他福利转移支付、农产品维持价格以及公司储蓄和家庭储蓄等等。例如，在萧条时期，个人收入和公司利润减少，政府所得税收入自动减少，从而相应增加了消费和投资。同时，随着失业人数的增加，政府失业救济金和各种福利支出必然要增加，这又将刺激个人消费和促进投资。

但是，内在稳定器的作用是有限的。它只能配合需求管理来稳定经济，而本身不足以完全维持经济的稳定；它只能缓和或减轻经济衰退或通货膨胀的程度，而不能改变它们的总趋势。因此，还必须采用更有力的财政政策措施。

11. 微调

答: 微调是指政府在宏观调控中，在面临着小的干扰时，针对经济运行中的小冲击、小波动、小扰动而做出相应的小调整，不断地试图稳定经济的政策行为。就财政政策来说，长时间的内部时滞，使得相机抉择的微调在实际上变得不可能，尽管自动稳定器在事实上一直在起微调作用。但是由于货币政策的决策是经常进行的，货币政策的微调的确是可能的。因此，问题便是失业率的少量增加是否应该引起货币增长率的少量增加，或者政策是否应该在失业增加得很多，譬如超过1%时，才做出反应。

12. 政策工具的组合(多样化)

答: 政策工具的组合(多样化)是指在货币政策和财政政策两者的乘数都不确定的情况下，政府采取多样化的政策工具。在乘数不确定的情况下，考虑在货币政策和财政政策之间进行选择。最佳办法是利用政策工具的组合，少量地使用货币政策和财政政策。

实行多样化政策工具的原因在于，至少有机会使一个乘数的估计误差被其他乘数的估计误差所抵消。如果运气好，制定政策中的误差会部分地相互抵消。即使不走运，也不会比完全依赖一个政策工具时的情况更糟。

13. 确定性对等政策

答: 确定性对等政策是指在假定不存在未来事件的不确定性时所采取的政策。确定性等价政策可以使投资者在一定时点所获得的无风险的确定收益与在同一时点预期得到的有风险的收益具有相同的效用或满意程度。

14. 指标

答: 指标是指发出信号以便逐渐接近意愿目标的经济变量。例如，利率的上升(指标)有时就是市场预期未来通货膨胀(目标)上升的信号。所以，指标提供了允许政策制定者调整工具，以便在达到目标方面做得更好的信息反馈。

15. 可信性

答: 可信性是指公众相信政府将履行其宣布的政策的程度。公众不可能立即完全相信政府的公告，政策制定者可能缺乏充分的可信性。政策制定者有信誉时，政策制定者的公告才为经济当事人所信任。政策制定者通常必须通过在长时期内始终如一的行动来赢得信誉，为的是让公众相信他们的言行。

获得可信性的代价可能是昂贵的。例如，如果美联储宣布它将保持低通货膨胀而不被公众相信时，预期的通货膨胀率会高于实际的通货膨胀率（如菲利普斯曲线所示），衰退会随之而来。只有经过一段时间，当新的政策被理解时，才会赢得信誉。

16. 通货膨胀目标

答：通货膨胀目标是指使用货币政策和财政政策来降低或维持一定的通货膨胀率。与实际 GDP 目标相反的是通货膨胀目标。当政策制定者也许不能恰好达到一个通货膨胀目标时，他们肯定能够接近这一目标。通过完全放弃首要目标，政策制定者们就处于能够很好地达到其第二目标的地位上。从完全关注产出到完全关注价格，实际 GDP 目标对于达到首要目标是最好的选择，但是也具有在第二目标方面遭受巨大损失的风险。那些认为宏观经济在很大程度上是自我矫正的经济学家宁愿选择名义目标变量。

17. 实际 GDP 目标

答：实际 GDP 目标是指运用货币和财政政策来达到一个实际 GDP 增长的具体比率。实际 GDP 是指用从前某一年的价格作为基期价格计算出来的当年全部最终产品和服务的市场价值。实际 GDP 和名义 GDP 的关系式为：实际 GDP = 名义 GDP ÷ GDP 折算指数。

如果刚好达到潜在的 GDP 水平，那么，实际 GDP 的目标就是最优的。由于在实际通货膨胀率等于预期通货膨胀率时，菲利普斯曲线表明自然失业率等于实际失业率，所以，达到潜在的 GDP，较低的实际通货膨胀率就与预期通货膨胀率相一致。

18. 决策时滞

答：决策时滞是指对一个经济问题，特别是宏观经济问题，从认识到需要采取行动到实际做出决策之间的时间间隔。决策时滞是内部时滞之一，介于认识时滞和实施时滞之间。决策时滞的长短取决于决策者的意见是否一致，立法程序是否复杂等。一般而言，不同种类的经济政策的决策时滞是不同的：货币政策的决策时滞比较短，财政政策的决策时滞比较长。决策时滞的长短直接影响到经济管理当局治理经济的效果，因而各国当局都比较注重缩短决策时滞。

19. 内部时滞

答：内部时滞是指从经济发生变动，决策者认识到有必要采取政策措施，到制定出适当的经济政策并付诸实施之间的时间间隔，是与“外部时滞”相对而言的。内部时滞可以分为三个组成部分：认识时滞、决策时滞和行动时滞。

不同的经济政策具有不同的内部时滞。货币政策由于从决策到执行所需的环节较少，其内部时滞较短；财政政策的制定和执行需通过立法机构讨论和表决，再由中央和地方政府执行，因而其内部时滞较长。值得一提的是，当经济发生波动时，经济中存在的自动稳定器会在一定程度上起到熨平经济周期的作用，但由于自动稳定器无须政府干预而会自动发挥作用，因而其内部时滞为零。

政府要有效地影响经济运行，其制定和执行经济政策的内部时滞就必须尽可能缩短。但由于内部时滞受一系列客观因素的制约，故其变动不可能太大。

20. 认识时滞

答： 认识时滞也称察觉时滞，是指从一种潜在的不稳定的动乱情况发生时起，到这种情况被政策制定者认识为止的一段时间。它是内部时滞的一部分，处于决策时滞和实施时滞之前。如果政策制定者能准确地预测经济变动，并在这种变动发生之前采取相应政策，那么，认识时滞就小于零。但在现实的经济生活中，认识时滞一般为正。因为在经济活动发生后，对相关资料进行搜集、加工、整理并据以做出判断是需要时间的。对资料的加工和分析是制定正确决策所必需的。认识时滞的长短取决于加工整理资料所需的时间和政策制定者对经济运行规律的把握程度。无论何种经济政策，在实施之前必须对经济形势有一个准确的把握。迅速而正确地分析经济变动并及时采取相应的政策是其取得良好效果所必需的。故为了实现宏观经济目标，政策的制定必须尽量减少认识时滞。

21. 甄别时滞

答： 甄别时滞是指从认识到决策和贯彻执行需要一定的时间，政策的内部时滞是一种甄别时滞。具体参见本章“概念题”第19题。

22. 工具

答： 工具是指被政策制定者操纵来直接影响经济的“工具”。例如，中央银行也许有一个汇率目标，它的工具将是买卖黄金或者其他外汇。

23. 规则与相机抉择

答： (1)规则是指以弗里德曼为代表的货币主义学派关于货币供给量每年按固定的比例增长的政策主张。弗里德曼建议的唯一政策便是货币供给量每年按固定的比例增长，其中固定的比例等于实际国民收入增长率加上通货膨胀率。可以看到，政策的目的在于使货币供给量不要限制国民收入的自然增长。货币主义者主张的这一政策也被称为单一的政策规则。

(2)相机抉择是指政府进行需求管理时根据市场情况和各项调节措施的特点，机动灵活地采取一种或几种措施，使财政政策和货币政策相互搭配的政策主张。根据宏观财政政策和货币政策在决策速度、作用速度、预测的可靠程度和中立程度这四方面的差异，相机抉择一般具有四种搭配方式：①松的财政政策与松的货币政策相搭配；②紧的财政政策与紧的货币政策搭配；③松的财政政策与紧的货币政策搭配；④紧的财政政策与松的货币政策搭配。实行相机抉择的目的在于既保持总需求，又不引起较高的通货膨胀率。

24. 分布时滞

答： 分布时滞是指政府一旦采取政策行动，它对经济的作用就会随时间扩展，一项政策或许会有一些直接的作用，但其他作用出现较晚。外部时滞通常是一种分布时滞。具体参见本章“概念题”第9题。

25. 损失函数

答：损失函数是指人为定义的一种判别函数，用以判断估计值和真实值之间的偏离。设参数的真值为 θ，采取的行动为 a，则所遭受的损失可表示为 a 与 θ 的函数 $L(\theta, a)$，称之为损失函数。在一个具体问题中，采取什么损失函数最好是一个需要进行大量调查研究以至理论分析的问题，也是在使用决策理论时的一个难点。

26. 目标

答：目标是指表明政策目标的变量。当政策目标是“社会的利益”时，人们会更加具体地关注产出和价格、失业和通货膨胀。把目标变量进一步划分为“最终目标”和“中间目标”很有用。一个最终目标变量的例子就是“零通货膨胀”。作为全部经济政策的一部分，一个具体的经济政策制定单位也许被分配给达到一个具体的中间目标的任务。例如，中央银行也许被指令达到每年增长 2% 货币存量的目标。即便货币增长本身并不是一项最终的经济目标，但作为目标的货币增长也许是分配给中央银行的适当任务(中间目标)。

二、简答题

1. 假定有一个小的对需求的反向冲击。作为一名政策制定者，你面前有一大堆详细论述这一冲击的重要性及它对你国人民产生破坏性影响的论文。你被引诱使用积极性政策去抵消这种影响。你的顾问估计了它对经济的长期和短期影响。在承诺这种行动路线之前，你将会问自己什么问题呢？为什么？

答：第一个问题是扰动是永久性的还是短暂性的，或者说是要持续一段时间还是瞬间的。第二个问题是从建议被提出到被采用要多长时间以及实施政策措施后多久会起作用。另外还要知道建议者对政策效果估计的可靠性到底有多大。

如果扰动很小并且是暂时性的，最好是不采取任何行动。因为实施的任何措施在经济得到恢复后其影响会继续存在，因此任何行动都有可能进一步恶化问题。

2. (1) 什么是内部时滞？

(2) 我们可以将内部时滞分为三个小的、前后衔接的时滞。这些时滞是什么？它们按照什么顺序发生？

(3) 财政政策还是货币政策有小的内部时滞？为什么？

(4) 什么是自动稳定器的内部时滞？

答：(1) 内部时滞是指从经济发生变动，决策者认识到有采取政策措施的必要性，到制定出适当的经济政策并付诸实施之间的时间间隔，是与“外部时滞”相对而言的。不同的经济政策具有不同的内部时滞。货币政策由于从决策到执行所需的环节较少，其内部时滞较短；财政政策的制定和执行需通过立法机构讨论和表决，再由中央和地方政府执行，因而其内部时滞较长。

(2) 内部时滞可以分为三部分：认识时滞、决策时滞和行动时滞。

首先是认识时滞，它是指从一种潜在的不稳定的动乱情况发生时起到这种情况被政策制定者认识为止的一段时间。

其次是决策时滞，即认识到需要采取行动和做出政策决定之间的时间间隔。决策时滞的长短直接影响到经济管理当局治理经济的效果，因而各国当局都比较注重缩短决策时滞。

最后是行动时滞，也称实施时滞，即从做出决策到具体实施之间的时间间隔。实施时滞的长短受经济管理当局的制度结构和运行效率的影响。实施时滞的长短对经济政策能否起到积极有效的作用具有很强的关联性，因此各国经济管理当局应尽力缩短各项政策的实施时滞。

(3)货币政策的内部时滞较小。因为美国联邦公开市场委员会(FOMC)在满足基本规定下讨论并执行货币政策。而财政政策的提出和通过都要通过美国议会的讨论表决，这个程序非常漫长。自动稳定器是一个例外，但它只对小的暂时的扰动起到较好的作用。

(4)自动稳定器没有内部时滞。它们都是内生的，可以在没有具体的政府干涉的情况下发挥作用。例如个人所得税制度、福利制度、失业保险和社会保障制度，在对经济扰动作出反应时他们都会通过产出变化减少数量。

3. (1)什么是外部时滞？

(2)为什么通常外部时滞采取分布时滞的形式？

(3)财政政策还是货币政策有小的外部时滞？

答：(1)外部时滞是指从一项经济政策特别是宏观经济政策开始执行到其充分地发挥全部效果并达到预期目标之间的时间间隔，是与"内部时滞"相对而言的。在正常情况下。外部时滞呈分布滞后的形式。政策付诸实施后，它会随着时间的推移逐渐对经济产生影响。只有经过一定时间以后，政策才会完全发挥作用，才能达到预期目标。这是因为政策实施以后一般不会马上对目标变量发生作用，而是首先作用于某个中间变量，再由这个中间变量去影响目标变量。外部时滞由政策影响中间变量所需要的时间和中间变量影响目标变量所需要的时间两部分组成。不同的经济政策具有不同的外部时滞。货币政策影响目标变量一般要经过多个中间变量，因而外部时滞长；财政政策影响目标变量一般较为直接，因而外部时滞短。经济管理当局在制定经济政策时应该考虑到所实行的经济政策所具有的外部时滞。只有在了解了各种政策的外部时滞之后，才能更好地把握经济活动，才能使所实行的经济政策具有更好的效果。

(2)分布时滞是指当一种效果逐渐积累时所经过的时间。外部时滞通常是分布时滞：一旦采取政策行动，它对经济影响的传播要经过一段时间。也许政策行动只有很小的即刻影响，而其他影响以后才会出现，效果分布在不同的时间，因为总需求对任何政策变化的反应是非常慢的。

(3)财政政策有小的外部时滞。因为货币政策影响目标变量要经过多个中间变量，因而外部时滞长；财政政策影响目标变量一般较为直接，因而外部时滞短。

4. 你将推荐使用财政政策还是货币政策来抵消对产出的暂时冲击？为什么？

答：建议运用货币政策来抵消一个对产出暂时冲击的影响。

财政政策有较小的外部时滞，但内部时滞非常大。另一方面，货币政策有较小的内部时滞和较长的外部时滞。因此应采用公开市场操作以产生直接影响，但要有一个相反的措施来避免较大的长期影响。如果冲击十分的短暂和微小，政策制定者最好不要采取任何政策变化。

5. (1) 什么是计量经济模型?

(2) 它被如何使用?

(3) 总是有些不确定性会涉及以这种模型为基础的预期。为什么? 这种不确定性的根源是什么?

答: (1) 计量经济模型是对经济或经济的某些部分所进行的一种统计学的描述。它由以过去经济行为为基础的方程组成的。计量经济模型包括一个或一个以上的随机方程式，它简洁有效地描述和概括某个真实经济系统的数量特征，更深刻地揭示出该经济系统的数量变化规律。计量经济模型由系统或方程组成，方程由变量和系数组成。其中，系统也是由方程组成。

(2) 计量经济模型的应用大体可以被概括为四个方面：结构分析、经济预测、政策评价、检验与发展经济理论。

①经济学中的结构分析是对经济现象中变量之间相互关系的研究。它不同于人们通常所说的，诸如产业结构、产品结构、消费结构、投资结构中的结构分析。它研究的是当一个变量或几个变量发生变化时会对其他变量以至经济系统产生什么样的影响。结构分析所采用的主要方法是弹性分析、乘数分析与比较静态分析。

②计量经济模型作为一类经济数学模型，是从经济预测，特别是短期预测而发展起来的。计量经济模型是以模拟历史、从已经发生的经济活动中找出变化规律为主要技术手段。于是，对于非稳定发展的经济过程，对于缺乏规范行为理论的经济活动，计量经济模型显得无能为力。

③计量经济模型用于政策评价，主要有三种方法。一是工具-目标法：给定目标变量的预期值，即人们希望达到的目标，通过求解模型，可以得到政策变量值。二是政策模拟：即将各种不同的政策代入模型，计算各自的目标值，然后比较其优劣，决定政策的取舍。三是最优控制方法：将计量经济模型与最优化方法结合起来，选择使目标最优的政策或政策组合。

④计量经济模型提供了一种检验经济理论的很好的方法。从建立计量经济模型的步骤中不难发现，一个成功的模型，必须很好地拟合样本数据，而样本数据则是已经发生的经济活动的客观再现，所以在模型中表现出来的经济活动的数量关系，是经济活动所遵循的经济规律，即理论的客观再现。于是，就提出了计量经济模型的两方面功能。一是按照某种经济理论去建立模型，然后用已经发生的经济活动的样本数据去拟合，如果拟合很好，则这种经济理论得到了检验。这就是检验理论。二是用已经发生的经济活动的样本数据去拟合各种模型，拟合最好的模型所表现出来的数量关系，就是经济活动所遵循的经济规律，即理论。这就是发现和发展理论。

(3) 关于计量经济模型如何很好地、真实地反映经济运行，存在大量的不确定性。企业和消费者的预期及其对政策变化的反应也有很大的不确定性。这些不确定性的根源在于信息的缺乏或不对称。如果作为决策基础的信息是贫乏的，任何政策注定都会失败。

6. 请评价货币政策应该按照规则而不是相机抉择方式来决定的观点。并评价财政政策。

答: (1) 对于"应该按照规则而不是相机抉择来制定货币政策"的观点，可以从以下几个方面来评价：

①相机抉择的稳定政策有三个主要困难：第一，政策作用存在时滞。第二，政策的效果极大程度上取决于私人部门的预期，而预期是难以预测的，且对政策产生反应。第三，存在经济结构的不确定性和使经济遭受打击的冲击的不确定性。

②货币政策规则能在很大程度上减少对联储政策反应的不确定性。如果政府有始终如一的行为，那么私人部门也会采取一致的行为，这样经济波动就会很大程度地减少。货币政策规则将减少由行政部门施加给联储的任何政策压力。最初不清楚扰动是暂时的还是永久的。如果扰动实际上是暂时的，货币政策规则能防止政策错误。如果针对暂时的扰动采取积极的货币政策，时滞将会使经济不稳定。

③另一方面，现在还不能完全理解经济的运行并且不能准确预期扰动事件。这就很难赞同固定政策规则。非预期的大的扰动需要积极的政策，特别是当它们是持久的时候，应该构造一个更加积极的货币政策规则如泰勒规则。例如，方程 $\Delta M/M=4.0+2\times(u-5.5)$ 表明失业率每高出自然失业率一个百分点，年货币增长率就应该增加两个百分点。这个规则是以货币数量理论方程(关于货币供给增长与名义 GDP 增长)和奥肯定律(关于失业率与经济增长)为基础的。很明显，由于货币政策的长期时滞，在长期任何货币政策规则的效果都比在短期好。

(2)财政政策规则可能比货币政策规则更有意义，因为财政政策有长的内部时滞但其外部时滞较短。虽然通常不认为建立稳定器的方法是“规则”，但它已经提供了没有任何内部时滞的稳定性。许多经济学家反对货币政策规则的争论对财政政策规则也适用，经常建议修改宪法以规定年度平衡预算就是财政政策规则的一个例子。关于这样的修正案有明显的问题，因为它将严重限制政府采取积极的财政稳定政策的能力。

7. 请评价关于货币的不变增长率规则的观点。

答：对于“固定不变的货币增长率规则”，可以从以下几个方面来评价：

(1)20世纪五六十年代货币主义的出现旨在对凯恩斯主义的经济政策及理论进行批判。凯恩斯主义认为控制经济波动最有效的手段是财政政策，使用货币政策的主要目标在于控制利率。由于长期执行财政政策，并且在相当长的时期内压低利息刺激投资，使得西方国家在提高国民收入的努力中，忽视了货币数量的增加所造成的通货膨胀。货币主义试图从理论上对凯恩斯主义进行批判，说明货币数量在长期中对价格水平有着直接的影响，并且是影响总需求变动的主要原因。从而在政策上，货币主义反对凯恩斯主义斟酌使用的经济政策，主张使用稳定货币供给的经济政策：单一的政策规则，即固定不变的货币增长率规则。

(2)固定不变的货币增长率规则主张的基础是货币数量理论方程，即 $MV=PY$。从这个方程可以推导出：$\%\Delta P=\%\Delta M-\%\Delta Y+\%\Delta V$。如果假设长期的真实产出($Y$)的趋势与长期的流通速度($V$)的趋势均完全稳定，并且工资和价格完全浮动，那么固定不变的货币增长率(M)将保证固定不变的通货膨胀率，即固定不变的价格水平(P)变化率。因为货币政策有较长的外部时滞，积极的货币政策实际上更加不稳定。另外因为现在还不能准确地知道经济如何运作或对具体政策的可能反应，所以最好是采取一个规则而不是采取有不确定后果的行为。

(3)货币主义认为，由于货币需求函数是稳定的，货币的总支出或总需求取决于货币供给或信用水平，从而货币供给或信用的变动是造成总需求变动的主要原因，因此货币政策是稳定总需求最有效、最直接的方法。货币主义提出了自然率假说，试图重新肯定资本主义经济制度有其内在的稳定性及自行达到充分就业状态的能力，从而主张政府采取不干预的经济政策，并指出凯恩斯的经济政策不仅没有控制经济波动，反而可能造成经济波动。

（4）固定不变的货币增长率规则对于 20 世纪五六十年代的资本主义社会具有一定的现实意义。然而，规则不是没有问题，因为对主要的扰动它不允许有弹性。

8. 什么是动态不一致？请直觉地解释在通货膨胀和失业之间有短期替代的情况下，它是怎样发生的。

答：动态不一致是指所选择的政策在不同的时点上将会有的差异。动态不一致的前提是政策制定者对于通货膨胀和失业同样反感。由于通货膨胀和失业之间短期内存在替代关系，尽管政策制定者会事先宣布一项政策，例如零通货膨胀政策，政策制定者会利用相机抉择的方法，在通货膨胀较低的时候，用很少的通货膨胀作为代价来减少失业，从而实现短期各方利益最大，但是由于通货膨胀和失业之间在长期内不存在替代关系，最终结果是失业没有降低，通货膨胀却提高了，这就是所谓的“动态不一致”。

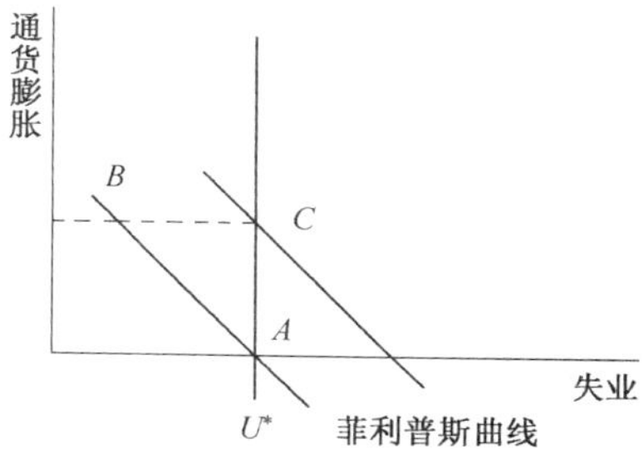

图 18－2　动态不一致性

如图 18－2 所示，经济初始处于 A 点，公众和政策制定者都愿意小幅增加通货膨胀来减少失业，到达 B 点，在 B 点通货膨胀的预期更高，从而短期菲利普斯曲线右移，最终经济在 C 点达到均衡。

9. 名义 GDP 和实际 GDP 有什么区别？为什么实际 GDP 目标更具风险性？

答：（1）名义 GDP 和实际 GDP 的不同：

①实际 GDP 是指用从前某一年的价格作为基期价格计算出来的当年全部最终产品和劳务的市场价值，而名义 GDP 是指按当年价格计算的全部最终产品及劳务的市场价格，两者的关系式为：实际 GDP = 名义 GDP ÷ GDP 折算指数。

②如果采用一个以 4% 的速率增长名义 GDP 的计划。如果从潜在 GDP 水平开始，潜在 GDP 以 4% 的速率增长，那么，将恰好达到首要目标和第二目标。不过，要是开始时恰好低于潜在水平，则要放弃迅速变动实际 GDP 的机会。

③如果假定潜在 GDP 实际上仅仅是以每年 2% 的速率增长。在长期内，4% 的名义 GDP 增长将分成 2% 的实际增长和 2% 的通货膨胀。这种情况并不太好，而且 2% 的长期通货膨胀率肯定会造成不受限制的通货膨胀，后者是可以在实际 GDP 目标下出现的。

（2）实际 GDP 目标更具风险性的原因：

如果货币政策的首要目标是达到充分就业，那么以实际 GDP 为目标就是最好的选择。如果政策制定者能准确地预测潜在 GDP，那么就会实现低通货膨胀下的充分就业。然而，以实际 GDP 为目标具有巨大风险。如果潜在 GDP 增长率被高估，那么政策制定者可能会过多地刺激经济。在这种情况下，就不能成功地实现价格稳定。通过以名义 GDP 为目标，央行在通货膨胀与失业之间进行政策权衡。如果潜在 GDP 增长率被高估并且政策制定者过多地刺激经济，那么增长率与通货膨胀率都要低于以实际GDP为目标的时候。应该采用哪种目标方法取决于所观察到的菲利普斯曲线的倾斜程度。

三、计算与分析题

1. 假定GDP低于它的潜在水平400亿美元。预期下一时期GDP将低于潜在水平200亿美元，从现在起两个时期后将回到其潜在水平。你被告知政府支出乘数是2，而增加政府支出的效果可以立即显现。采用什么政策行动可以使GDP回到每期的目标?

答：如果实际GDP预期低于充分就业水平400亿美元，且已知政府支出乘数为2，那么政府支出应该在目前初始水平上增加200亿美元。

对于下一期来说，当实际GDP预期低于潜在水平200亿美元，政府支出应该在新的水平上削减100亿美元，也即在原有初始水平上增加100亿美元。

在第三期，当实际GDP预期达到了充分就业水平，此时政府支出水平应该在上一期水平的基础上再削减100亿美元，这就使得预算又回到了开始时期的水平。

2. 关于GDP路径的基本事实和问题1一样。但是，现在有一个时期的政府支出外部时滞。今天的支出决策只是被转变为明天的实际支出。政府支出乘数在支出发生的这个时期仍然是2。

(1)能使每个时期的GDP尽可能地接近目标的最好做法是什么?

(2)将这个问题中GDP的路径和习题1中采取政策行动后的路径进行比较。

答：(1)如果政府支出存在有一期的外部时滞，那么任何措施也不能弥补当前的GDP缺口。但是政府应该做出在本期多增加100亿美元支出的决策，然后在下一期再降低支出，从而使其恢复到原有的水平。

(2)图18－3显示的是习题1中不存在外部滞后情况下的GDP路径，图18－4显示的是习题2(1)中存在一期外部时滞情况下的GDP路径。在每一幅图中，没有政策行动下的实际GDP路径都与习题1和习题2(1)中政策行动开始后的实际GDP路径进行了比较。

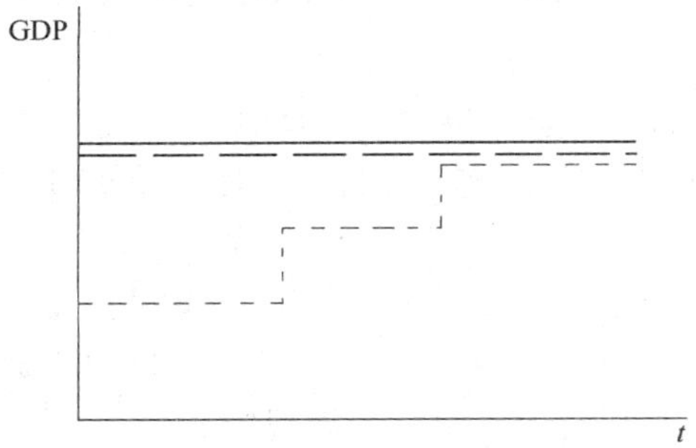

图18－3　不存在外部滞后情况GDP路径

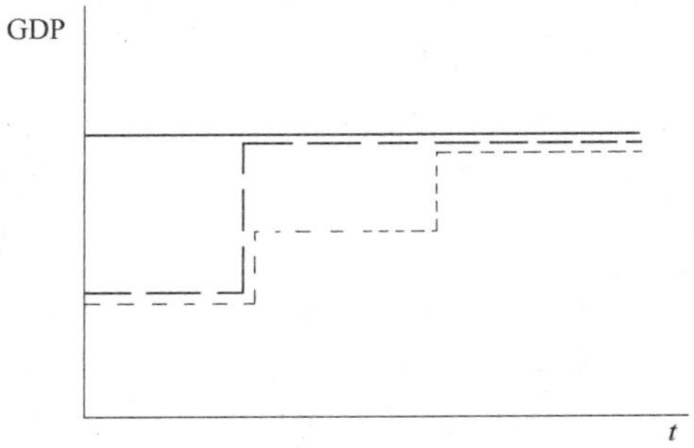

图18－4　存在一期外部时滞情况下GDP路径

其中，潜在GDP以实线“————”表示；实施财政政策后的GDP以线条“— — —”表示；没有实施财政政策的GDP以线条“－－－－－”表示。

3. 生活变得更加复杂了。政府支出的运行伴随着一个分布时滞。当今天支出10亿美元时，GDP在这一时期增加10亿美元，在下一时期增加15亿美元。

(1) 如果这个时期的政府支出增加足以使 GDP 回到它在这个时期的潜在水平，GDP 的路径会出现什么情况？

(2) 假定采用的财政政策行动使 GDP 回到它在这个时期的潜在水平。要使 GDP 达到它在下个时期的目标需要什么财政政策？

(3) 请解释在这个案例中为什么政府必须积极地将 GDP 保持在它的目标上。

答：(1) 由于第一期的政府支出乘数为 1，政府支出水平必须增加 400 亿美元才能弥补 400 亿美元的 GDP 缺口。但是由于下一期的政府支出乘数为 1.5，因此在第一时期政府支出增加 400 亿美元会使第二时期的 GDP 增加 600 亿美元。

(2) 对于第二时期预期 GDP 的缺口为 200 亿美元。然而，正如在(1)中知道，如果政府在第一时期增加 400 亿美元的支出，GDP 就会在第二时期增加 600 亿美元。因此在第二时期政府就必须在新的水平上削减 400 亿美元的支出(回到其原有的水平)，因为在同一时期支出变化的乘数为 1。

(3) 在这个问题中，财政政策存在一个分布时滞，这意味着增加政府支出既会对支出增加的当期产生影响，同时也会对随后的时期产生影响(而且影响的程度可能会更大)。为了弥补第一时期的 GDP 缺口所需增加的政府支出，必须保证能够超额满足下一时期的既定目标。从而政府必须在第二时期将其增加的支出恢复到原有水平以抵消这种影响。在这种情况下，政府必须采取比不存在分布时滞时更为积极的财政政策。

4. 假定你知道政府支出乘数在 1 和 2.5 之间，但是，它的影响在支出增加的这个时期就结束了。如果没有政策，GDP 的行为就像习题 1 一样，你如何制定财政政策？

答：如果政府支出乘数的大小不确定，财政政策就会变得比较复杂。

如果政府支出乘数为 1，那么政府支出增加 400 亿美元将可以弥补第一时期的 GDP 缺口。如果乘数为 2.5，将比潜在 GDP 超出 600 亿美元。如果支出乘数为 2.5，增加 400/2.5 = 160 亿美元的支出是最佳的。

从而，谨慎的政府很可能在第一时期增加的支出不超过 160 亿美元，然后在第二时期将支出水平削减 80 亿美元(高出原有水平 80 亿美元)。设计这样的政策行动来在一定程度上弥补前两个时期的 GDP 缺口，而且绝不会超过潜在的 GDP。在第三时期，政府支出回到原有初始水平，GDP 将回到充分就业的水平。

不太谨慎的政府，其支出超出建议支出的程度在很大程度上取决于该政府对失业和通货膨胀的关注程度。

5. 假定你是联储主席，决定“让政策自动调节”，并要求货币政策遵循一项建立起来的规则。在什么情况下，下面两种规则都是适合的？(1) 维持不变的利率；(2) 维持不变的货币供给。

答：为了使货币政策遵循一个确定的规则，美联储需要知道每个扰动的来源。如果扰动来自于产品部门，最好采取一个货币供给目标；如果扰动来自于货币部门，最好采取一个利率目标。假定此时美联储的目标是使产出尽可能接近于目标水平 Y^*。

(1) 假定扰动来自于货币部门。如果货币需求的增加使利率上升，美联储应该通过增加货币供应来保持一个固定的利率。这就会恢复以前的利率和产出的均衡点，从而有效地抵消扰动。这时美联储只有固定利率不变才能保证产出水平不变。如图18－5所示，当扰动来自于货币部门时，若以固定利率 i^* 为目标，投资水平就不会发生变化，将保证产出水平为 Y^*。

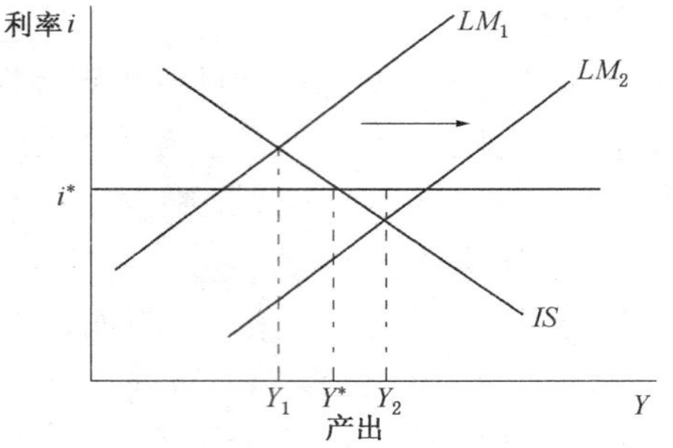

图18－5　扰动来自于货币部门，以固定利率 i^* 为目标，产出波动小

(2)假定扰动来自于产品部门。如果投资量的增加会使利率上升，那么保持固定利率就是不明智的，美联储应保持一个固定不变的货币供应量。如果通过增加货币供给来降低利率会加重扰动(这会使产出更加偏离最佳产出水平)。另一方面，保持货币供给不变虽不能抵消扰动但至少不会使情况变得更糟。如图18－6所示，当扰动来自于产品部门时，若以保持货币供给不变为目标[$LM(M)$]，由于利率会发生变化，进而影响投资，可以使产出水平出现较小的波动。

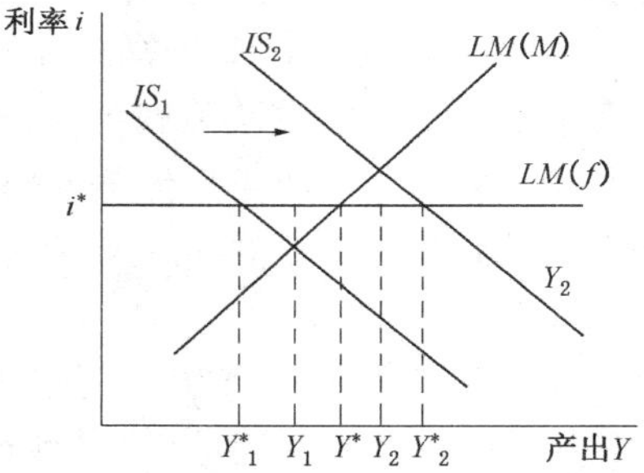

图18－6　扰动来自产品部门，以固定货币供给为目标，产出波动小

第19章 金融市场与资产价格

19.1 复习笔记

【知识框架(庖丁解牛)】

- 金融市场与资产价格
  - 长期利率与短期利率
    - 利率的期限结构概述
    - 套利与期限结构预期理论
    - 收益率曲线
    - 债券价格和收益
  - 股票价格的随机游走
    - 随机游走
    - 利率对股票价格的影响
    - 股票价格决定模型
  - 汇率与利率
    - 汇率与利率的关系
    - 未抛补的利率平价

【考点难点归纳(厚积薄发)】

考点一：长期利率与短期利率 ★★★

1. 利率的期限结构概述

(1)利率的期限结构的含义：

利率的期限结构是指某个时点不同期限的即期利率与到期期限的关系及变化规律。由于零息债券的到期收益率等于相同期限的市场即期利率，从对应关系上来说，任何时刻的利率期限结构是利率水平和期限相联系的函数。

(2)短期利率和长期利率的关系：

①不同偿还期利率的上升或下降趋势大体相同；

②长期利率与短期利率的差值变化较大；

③长期利率一般高于短期利率。

2. 套利与期限结构预期理论

(1)套利与套利均衡思想：

套利是指投资者或借贷者同时利用两地利息率的差价和货币汇率的差价，流动资本以赚取利润。套利分为抵补套利和非抵补套利两种。

套利均衡是指广义套利活动所达成的不存在额外无风险利润的平衡状态。在套利均衡条件下，价格必须使愿意买入或愿意卖出一种资产的投资者收益相等，任何其他价格将只会把所有的投资者置于市场的一个方向。

(2)期限结构预期理论:

①假定条件:

a. 具有完善的资本市场，资金的借贷双方能够正确合理地预期短期利率的未来值。

b. 不同期限的债券可以完全替代，即不同期限的债券预期总收益必须相等。

②套利均衡条件：长期利率等于当前短期利率与未来短期利率的平均值。

a. 简单期限结构模型中，长期利率是短期利率的算术平均值。

b. 以复利计算的期限结构模型中，长期利率是短期利率的几何平均值。

③在未来短期利率不确定的条件下，需要对期限结构的预期理论做出两种修改:

a. 今天的长期利率由当前的短期利率和预期的未来短期利率决定；

b. 不确定性意味着风险，因此为了弥补这种风险，长期投资需要增加一个期限贴水 PR。

3. 收益率曲线

(1)收益率曲线的概念:

收益率曲线是指描述不同到期期限息票债券的即期利率和到期期限之间的关系的曲线。收益曲线图形中横轴为债券期限，纵轴为债券利率，如图19-1所示。最常见的是向上倾斜的收益率曲线，因为一般情况下，长期债券的利率高于短期债券的利率。

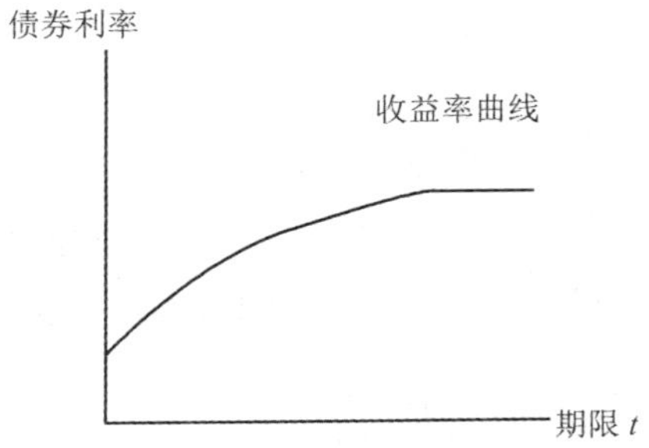

图19-1　收益率曲线

(2)收益率曲线与利率期限结构:

利率期限结构呈现上升趋势时，息票债券利率会出现低估无息票债券利率(纯折现率)的情形，导致收益曲线上升速度较利率期限结构更为平缓。

利率期限结构随到期期限呈现下降趋势时，由于息票债券利率高估无息票债券利率(纯折现率)，收益率曲线下降速度要比利率期限结构慢。

4. 债券价格和收益

(1)息票:

息票是指附印于各种债券面上的利息票券，到付息日期时，凭息票领取利息，证明付款人应支付利息的证明书。

(2)债券面值:

债券面值是指债券票面上标明的金额，它是到期日支付给债券持有人的约定价值。

(3)债券的收益:

为了精确衡量债券收益，一般使用债券收益率这个指标。债券收益率是指债券收益与其投入本金的利率，通常用年率表示。

(4)债券价格与利率的关系:

债券价格与利率呈反向关系。从形式上看，在当前的利率下，债券的价格等于息票的净现值(NPV)加上其面值。如果一种债券每年按息票付息(每年付息 c)共付 T 年，T 年底归

还面值 F，则它的价格为：

$$P=\frac{c}{i}\left[1-\frac{1}{(1+i)^{T}}\right]+\frac{F}{(1+i)^{T}}$$

考点二：股票价格的随机游走 ★★★

1. 随机游走（见表 19－1）

表 19－1　随机游走

要点		具体内容
概念		①随机游走是指一种随着时间变动发生的无法预测的变动； ②对于股市而言，随机游走是指股价的短期变动不可预测，各种投资咨询服务、收益预测和复杂的图形都毫无用处
分类	强式	①有关公司已知或可知的任何信息都无助于基本分析； ②无论是已经公布或可能公布的公司的消息都已反映在股价之中，“内幕”消息也不能帮助投资者
	半强式	没有一种已公布的信息有助于分析家选出低估价的证券，股价已将这些因素包含在内
	弱式	考察过去的股价无助于将来投资
应用		随机游走是市场效率的信号，但处于随机游走情况下的股票市场并非都是有“效率”的，真正重要的股市确实是按随机游走的形式来变动的

2. 利率对股票价格的影响

利率的高低以及利率同股票市场的关系，是股票投资者据以买进和卖出股票的重要依据。从理论上来说，股票的价格和利率价格呈反方向变动，利率下降时，股票的价格就上涨；利率上升时，股票的价格就会下跌。

3. 股票价格决定模型

（1）模型推导：

假设股票持有者期望在日期 t，开始接受 k 个时期的红利水平，为 d_{t+k}，d_{t+k+1}，d_{t+k+2}，…。在贴现率为 r 的情况下（贴现率 r 高于国库券利率，用来补偿股票的投资风险），日期 t 的股票价格将等于这些预期红利贴现后的净现值。可将这一关系写为：

$$P_t=\frac{d_{t+k}}{(1+r)^{k}}+\frac{d_{t+k+1}}{(1+r)^{k+1}}+\frac{d_{t+k+2}}{(1+r)^{k+2}}+\cdots$$

$$P_{t+1}=(1+r)P_t$$

考虑到未来股利的期望值可能会发生变动，因此在上述方程中加入该信息的效应：

$$P_{t+1}=(1+r)P_t+\varepsilon$$

（2）结论：

①股票价格是预期红利的净现值。

②只有在发生意外变动时，新信息才改变未来红利的期望值；如果不是意外的变动，就不是新信息。

考点三：汇率与利率 ★★

1. 汇率与利率的关系

国际间的利率差异会导致汇率的变化。一般情况下，一国货币如果升息，则该国货币的汇率有上升的趋势；而当一国货币降息时，则该国货币有贬值的趋势。

2. 未抛补的利率平价

用 i 表示以本币计价的资产收益率(年率)，i^* 表示外币计价的相似资产的平均收益率，S 表示即期汇率(直接标价)，e_{t+1} 表示将来某个时点的预期汇率。

投资者的投资资本为一个单位的资本。若投资本国货币，一年后的预期收益为 $(1+i)$；若投资外币，一个单位本币现在换成外币的值为 $1/e_t$，一年后的预期收益为外币 $(1+i^*)/e_t$，再将其换成本币则为 $(1+i^*)\times e_{t+1}/e_t$。资本自由流动的结果是：最终两个收益趋于相等，即：

$$1+i=(1+i^*)\times e_{t+1}/e_t \quad ①$$

如果预期汇率的变动率为 Δe_t，则：

$$e_{t+1}/e_t=1+(e_{t+1}-e_t)/e_t=1+\Delta e_t \quad ②$$

根据①、②两式，忽略“二阶小量”$i^*\times\Delta e_t$，得：

$$\Delta e_t=i-i^* \quad ③$$

这就是未抛补利率平价的表达式。未抛补利率平价理论认为：本国利率高于(低于)外国利率的差额=本国货币预期贬值(升值)幅度。

◆拓展延伸◆

汇率的表示方法：

(1)直接标价法。直接标价法也称应付标价法，是指以一定单位的外国货币标准，计算应付出多少单位的本国货币。也就是说，在直接标价法下，汇率是以本国货币表示的单位外国货币的价格。

(2)间接标价法。间接标价法也称应收标价法或数量标价法，是指以一定单位的本国货币为标准，计算应兑换多少外国货币。在间接标价法下，汇率是以外国货币来表示的单位本国货币的价格。目前在世界上只有英国和美国等少数国家使用间接标价法。

19.2 课后习题详解

一、概念题

1. 套利

答：从广义上来说，套利是指利用不同市场中某一方面(如汇率、利率、价格、风险水平等)的差异来获利的活动。其基本方式是在一个市场购进(或借入)某种资产(如货币、商品、证券等)，同时在另一个市场卖出(或贷出)同种资产。

具体来说，套利主要有以下几种形式：①货币套利，又简称为套汇，是指利用不同外汇市场中同一种或多种货币的汇率差异，在汇率低的市场买进，同时在汇率高的市场卖出，以套取投机利润的活动。根据我国外汇管理条例的规定，凡在我国境内的企业或个人采取各种方式，用人民币或物资非法换取外宾、侨民或其他个人和团体的外汇的行为，统称为套汇。②利率套利，又简称为套利，是指利用不同市场中利率的差异进行牟利的投机活动。③商品套利，又简称为套购，是指利用不同市场中同种商品的价格差异，在价格低的市场买进，同时在价格高的市场卖出，以套取投机利润的活动。④证券套利，是指利用不同的市场中同种证券的价格差异，通过贱买贵卖的方式以获取投机利润的活动。目前，由于电子技术的广泛应用，以及交易信息的及时报道等原因，证券套利已基本不复存在。⑤风险套利，又称之为收购套利，是指在套利的过程中没有采取规避汇率风险的措施。

从狭义上来讲，套利是指货币套利和利率套利。

2. 终值

答：终值又称将来值或本利和，是指现在一定量的资金在未来某一时点上的价值，通常记作 F。用复利计息方法计算的一定金额的初始投资在未来某一时点的本利和，$FV = PV(1+i)^n$，其中 FV 表示终值，PV 表示现值，i 表示利息率，n 表示计息期数。终值大小与初始投资、期限和利率同方向变化。

3. 期限贴水

答：期限贴水是指债券到期日的利率低于即期利率。长期利率等于当前短期利率与预期未来短期利率的平均值再加期限贴水。如果投资人不考虑期限贴水，或者流动性贴水，则隐含的远期利率代表市场对于未来利率走势的预期。

期限贴水随时间推移而有较大变化，但长期利率的期限贴水一般要高一些。期限贴水较高，在一定程度上反映了长期债券价格不稳定的风险更大。期限贴水大于零，表示由于市场投资者偏好高流动性债券(此大多为短期债券)，市场必须对到期期限较长的债券给予较高的报酬率。

4. 统一公债(永久性公债)

答：统一公债又称“永久性公债”，是指一种没有偿还期限、定期发放固定债息的特殊债券。其表达式可以简化为 $P = c/I$，其中 P 表示债券的价格，c 表示利息，I 表示利率。利用统一公债表达式可以合理地估算出像美国政府的30年期债券之类的普通长期债券的价格。

5. 到期

答：到期在本章中特指债券到期期限。债券到期期限是指债券从发行之日起至偿清本息之日止的时间，也是债券发行人承诺履行合同义务的全部时间。各种债券有不同的偿还期限，传统的债券到期期限是20～30年。自20世纪80年代以来，债券的到期期限缩短为7～10年，短则几个月，长则几十年，习惯上有短期债券、中期债券和长期债券之分。

6. 利率的期限结构

答：利率的期限结构是指影响利率的其他因素相同时，期限不同的金融资产收益率之间的关系。它是在一个时点上因期限差异而产生的不同的利率组合，在本章中主要指债券利率期限结构。通常用收益率曲线(又称“回报率曲线”)作为描述债券利率期限结构的工具。它是用来刻画债券的期限与利率之间关系的曲线，其横轴为债券期限，纵轴为债券利率。一般来说，收益率曲线有三种可能的形态：水平的曲线代表各种期限的债券利率相同，向上倾斜的曲线代表期限越长的债券利率越高，向下倾斜的曲线则代表期限越长的债券利率反而越低。最常见的是向上倾斜的收益率曲线，因为一般情况下，长期债券的利率高于短期债券的利率。

利率的期限结构表现出两个现象：①各种期限证券的利率往往是同向波动的；②长期证券的利率往往高于短期证券。对这两个现象的研究理论主要有：预期理论、市场分割理论和优先聚集地理论。

7. 息票

答：息票是指附于债券上的利息票据，是债权人按期取息的凭证。息票债券采用分次付息的方法，在每张债券上都按约定的付息次数附有若干张息票，每张息票上都标明该息票付息的日期和金额，到付息日时，持券人将到期息票剪下，到发行人指定的机构办理取息手续。息票债券大多采用固定利率，分为记名和不记名两种。

8. 净现值

答：净现值是指在项目计算期内，按行业基准折现率或其他设定折现率计算的各年净现金流量现值的代数和。净现值是一个折现的绝对值正指标，即在进行长期投资决策分析时，应当选择净现值大的项目。净现值的计算公式为：

$$净现值(NPV)=\sum(第\ t\ 年的净现金流量\times第\ t\ 年复利现值系数)$$

净现值是进行投资决策分析的一种工具，如果把整个企业的运转和经营看成一项投资的话，那么这一分析方法可应用于企业的全部营业活动和每个环节，从战略规划到管理控制、计划控制，从研究开发、生产、供应、销售、人力资源开发到财务运营，都可以用净现值来判断其是否会为企业创造价值并进行决策。

9. 未抛补利率平价

答：未抛补利率平价是指投资者根据自己对未来汇率变动的预期，在承担一定的汇率风险的情况下进行投资活动，并根据利率的升贴水水平对未来汇率的变动作出预期的汇率决定理论。

在假定投资者采取风险中立，即对利率相等而风险不同的资产不加区分的前提下，在不进行远期交易时，投资者是通过对未来汇率的预期来计算投资活动收益的，如果投资者预期一年后的汇率为 Ee_f，则在外国金融市场投资活动的最终收入为：$Ee_f(1+i^*)/e$。如果在本国市场上进行相应的操作以使两者相同，这样，在市场处于平衡状态时，有下式成立：$1+i=Ee_f(1+i^*)/e$。整理可得：$E_p=i-i^*$，其中，E_p表示预期的汇率远期变动率，该式即为未抛补利率平价的一般形式。

其经济含义是：预期的远期汇率变动率等于两国货币利率之差。在未抛补利率平价成立时，如果本国利率水平高于外国利率，则意味着市场预期本币在远期将贬值；如果本国政府提高利率，则当市场预期未来的即期汇率不变时，本币的即期汇率将升值。

利用未抛补利率平价的一般形式进行实证检验的并不多见，这是因为预期的汇率变动率是一个心理变量，很难获得可信的数据进行分析，并且实际意义也不大。在经济分析中，对未抛补利率平价的实证研究一般是与对远期外汇市场的分析相联系的。

10. 期限结构的预期理论

答：期限结构的预期理论是指关于确定长期债券利率的一种理论，该理论认为长期债券的利率等于该段期间内预期的未来短期利率的平均值。

期限结构的预期理论的假设条件是：①具有完善的资本市场，资金的借贷双方能够正确合理地预期短期利率的未来值；②不同期限的债券可以完全替代，也就是说，不同期限的债券预期收益率必须相等。

在以上假设下，该理论表明当预期未来短期利率高于当前市场短期利率时，收益率曲线向上倾斜，说明将来投资的回报要大于现在的投资；而当预期未来短期利率低于当前市场短期利率时，收益曲线向下倾斜；而当预期短期利率不变时，收益率曲线则相应持平。

该预期理论可以说明短期利率和长期利率的同方向变动，也可以说明，收益率曲线向上或者向下倾斜，因为现在的短期收益率低或者高，人们会预期它将来上升或下降，从而带动收益率上升或下降。但它却无法解释收益率曲线往往向上倾斜的原因。

11. 现值

答：现值又称为净现值。具体参见本章“概念题”第 8 题。

12. 收益率曲线

答：收益率曲线又称“回报率曲线”，是指用来刻画债券的期限与利率之间关系的曲线，其横轴为债券期限，纵轴为债券利率。一般来说，收益率曲线有三种可能的形态：水平的曲线代表各种期限的债券利率相同；向上倾斜的曲线代表期限越长的债券利率越高；向下倾斜的曲线则代表期限越长的债券利率反而越低。最常见的是向上倾斜的收益率曲线，因为一般情况下，长期债券的利率高于短期债券的利率。

13. 随机游走

答：随机游走又称随机变动，是指一种随着时间变动而发生的并且无法预测的变动。随机游走对于股市而言指股价的短期变动不可预测，各种投资咨询服务、收益预测和复杂的图形都毫无用处。

现在，随机游走理论已发展成三种形式：强式、半强式、弱式。“强式”认为有关公司已知或可知的任何信息都无助于基本分析。无论是已经公布或可能公布的公司的消息都已反映在股价之中。强式理论甚至认为“内幕”消息也不能帮助投资者。“半强式”认为没有一种已公布的信息有助于分析家选出低估价的证券，其论点是股价已将这些因素包含在内。“弱式”则仅仅认为考察过去的股价无助于将来投资。

14. 面值

答：面值是指债券票面上标明的金额，它是到期日支付给债券持有人的约定价值。企业可根据不同认购者的需要，使债券面值多样化，既有大额面值，也有小额面值。

如果债券的卖价高于面值，称为溢价出售；如果债券的卖价低于面值，则称为折价出售；如果债券的卖价等于面值，称为平价出售。债券共有的特点就是都具有到期日，要求公司在特定的期限内向债券持有者偿还债券面值。债券面值也相当于公司借款的本金。当然，并不是借钱之后只偿还本金就可以了，在借款期间，公司要定期向债权人支付利息，利息额是用债券面值乘以利息率算出的。

零息债券发行时是按低于票面值的价格出售，到期按面值收回，其差价即为投资人的收益。息票债券(分期付息债券)的发行人每年需向债券持有人支付定额的利息(息票利息)直至债券的到期日，并于到期日偿还确定的最后金额，即债券面值。

15. (债券的)期限

答：债券的期限是指从债券发行一直到债券到期的时间间隔。企业通常根据资金需求的期限、未来市场利率走势、流通市场的发达程度、债券市场上的其他债券的期限情况、投资者的偏好等来确定发行债券的期限结构。各种债券有不同的偿还期限，短则几个月，长则几十年，习惯上有短期债券、中期债券和长期债券之分。一般而言，当资金需求量较大，债券流通较发达，利率有上升趋势时，可发行长期债券，否则，应发行短期债券。

二、简答题

1. 金融市场在经济中起什么作用？作为宏观经济学家，我们为什么要研究金融市场？

答：(1)金融市场在经济中的作用：

金融市场是指资金融通和金融工具交易的场所。金融市场在经济中具有非常重要的作用，具体来讲主要有以下几点：

①有利于提高社会资金使用效率。开放金融市场能有效地从社会各个角落中吸收游资和闲散资金，形成根据货币供求状况在各部门、各地区之间重新分配资金的机制。另外，在资金市场上，资金在追逐利益中自由流动，因而必然流向经济效益高的部门。资金在市场上的融通，也有利于发挥资金的规模效益，而且资金融通能及时满足商品生产和商品流通变化的需要，能有效地促进全社会生产要素的合理配置。

②有利于企业成为自主经营、自负盈亏的商品生产者。资金是重要的生产要素，如果没有金融市场，企业就不可能具有对资金的筹集和运用的权力，也就没有对生产要素的选择和运用的权力；同时，金融市场还可以加强对企业的信用约束，增强企业的投资风险观念和时间价值观念，完善企业的自我约束机制，促进企业自主经营和自负盈亏。

③有利于市场机制功能的发挥。完整的市场机制是以价值规律、供求规律等客观规律为基础，通过供求变动、价格变动、资金融通以及利率升降等要素作用的总和而形成的一种综合的客观调节过程。培育和完善金融市场，资金可以顺利流动，信贷机制才能发挥调节作用，利率对企业经济活动才能起自发的调节作用，才能使市场机制发挥作用。

④有利于全国统一市场的形成和发展。金融市场是现代市场体系中最活跃、最有渗透力的因素。它是商品交易和生产要素交换的媒介，使资金在部门间、地区间、经济单位间流动，因而也是打破封闭、分割，促进全国统一市场形成和发展的有力工具。

(2)宏观经济学家研究金融市场的原因：

金融市场将宏观经济的冲击和政府政策直接与人们的日常生活联系起来。简单地说，金融市场主要有聚敛功能，配置功能(资源的配置，财富的再分配和风险的再分配)，调节功能(直接和间接调整宏观经济)和反映功能(微观经济的运行，货币供应量的变动，企业的发展动态和世界经济的发展变化)。

金融市场主要包括货币市场，资本市场，外汇市场和黄金市场。利率的变化影响人们为购买房产或汽车而筹资的能力。股票市场的震荡，决定了许多人养老金的价值。金融市场的收益率，通过影响投资水平与消费水平，也反馈到商品市场上。正因为它如此重要，与人们的生活有如此紧密地联系，宏观经济学家才研究它们，以便使经济更好地发展，更好地服务于人们。

2. 什么是套利？什么使得套利概念成为我们理解金融市场的核心？

答：(1)套利是指利用不同市场中某一方面(如汇率、利率、价格、风险水平等)的差异来获利的活动。其基本方式是在一个市场购进(或借入)某种资产(如货币、商品、证券等)，同时在另一个市场卖出(或贷出)同种资产。从狭义上来讲，套利特指货币套利和利率套利。

货币套利，又简称为套汇，指利用不同外汇市场中同一种或多种货币的汇率差异，在汇率低的市场买进，同时在汇率高的市场卖出，以套取投机利润的活动。根据我国外汇管理条例的规定，凡在我国境内的企业或个人采取各种方式，用人民币或物资非法换取外宾、侨民或其他个人和团体的外汇的行为，统称为套汇。利率套利，又简称为套利，指利用不同市场中利率的差异进行牟利的投机活动。

(2)套利概念成为理解金融市场的核心的原因是：

金融市场上的套利实际上是利用不合理的价格或是由于预期金融工具之间价格关系的异常变化，同时买卖不同的金融工具以获取利润的行为。在理论上，套利过程可以消除市场的不完善因素。当市场价格不均衡时，人们就会进行套利赚取利润，最终导致价格向一个均衡点收敛，在这一点上，任何套利机会都将不存在。所以说，套利是保证金融市场有效率，有效发挥价格杠杆作用，使金融市场处于均衡状态的条件。而且金融市场是有前瞻性的，考虑套利机会，并考虑到不确定性，可以帮助人们了解现在与未来的联系。所以说套利概念是理解金融市场的核心。

3. 假定你注意到短期利率高于长期利率：

(1)对于未来利率，人们应该做何种预期？

(2)为什么上述关系也许是萧条的信号？或者，为什么它可能不是？

(3)在这种情况下，收益率曲线看上去是什么样的？

答：(1)根据利率的期限结构理论，长期利率等于当前短期利率与预期未来短期利率的平均值。如果短期利率高于长期利率，则预期未来短期利率低于当前短期利率，也就是说人们将会预期未来利率会下降。

(2)短期利率高于长期利率可能是萧条的信号。一般来说，利率在萧条时下降，在繁荣时上升。如果人们预期利率下降，他们就可能认为是萧条的信号。但是并不总是这样。比如，人们可能由于扩张性的货币政策从而预期未来利率下降，但是扩张性的货币政策会使产出增加，并不会把经济引向衰退。

(3)在此情况下，收益率曲线是向下倾斜的，表示短期利率高于长期利率。如图 19－2 所示。

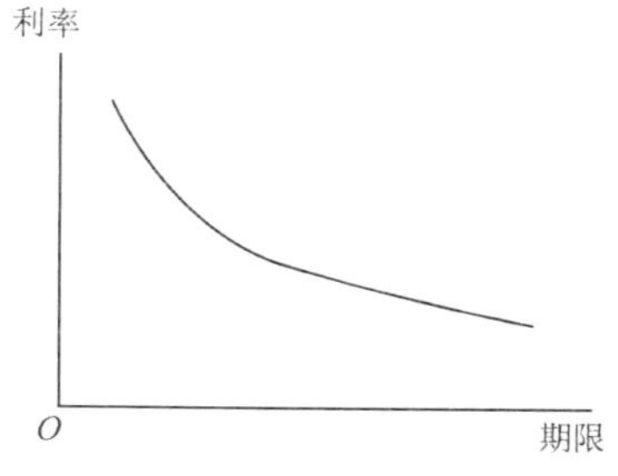

图 19－2　向下倾斜的收益率曲线

4. 为什么股票价格按随机游走的方式变动是股票市场有效率的标志？若股票价格不按随机游走方式变动，会出现什么情况？

答：(1)随机游走是指一种随着时间变动而发生的并且无法预测的变动。根据效率市场理论，股票价格是预期股利的净现值，如果股票价格反应了所有相关信息，投资者无法通过某种既定的模式始终如一地获取超额利润，则股票市场是有效的。股票市场的有效表现为股票价格的随机游走，也就是说，在有效的股票市场中，投资者要想获取超额利润只能寄希望于获取新出现的信息，而新信息显然是投资者所无法预知的，所以股票价格随着新信息的不断出现而随机游走。这种情况下的股票市场不存在无风险的套利机会，是有效率的。所以股票价格按随机游走的方式变动是股票市场有效率的标志。

(2)若股票价格不按随机游走的方式变动，则金融投资者可以利用其他人还没有发现的套利机会，来获取巨额收益，此时的股票市场是没有效率的。

5. 在第19章第2节中，我们看到股票价格反映了对于企业的未来红利支付，以及利率未来方向的预期。给定这些，股票价格为什么会成为预测萧条的很好指示器？

答：股票价格成为预测经济衰退的指示器的原因如下：

股票价格反映了对于企业的未来红利支付，以及利率的未来方向的预期。任何改变未来预期分红的新信息都会影响到股票价格。因此，如果金融投资者预期到经济的衰退，他们就会预期到未来更少的红利支付，相应地大量抛售股票，使得股票价格下跌。股票市场和债券市场是相连的，一旦投资者预期到经济衰退，也会预期未来利率下降，债券价格上升。投资者就会以现在的价格买进债券等到未来债券价格上升时再卖出从中赚取差价收益。这样，如果投资者预期经济衰退，则会把投资从股票转向债券，从而导致股票价格下跌。

因此，股票价格经常用作预测经济衰退的指示器。

6. 为什么相对于加拿大利率，美国利率的提高会影响美元与加拿大元的汇率？

答：汇率是两国货币的相对价格，即一国货币用另一国货币表示的价格。相对于加拿大利率，美国利率提高，会使美国的投资更加有利可图，套利资金会从加拿大流向美国，使得外汇市场上美元需求增加，则美元升值，加拿大元相对贬值。也即在间接标价法下，美元与加拿大元的汇率上升，1美元可以兑换更多的加元。

三、计算与分析题

1. (1)假设现在所有的利率都已知，因而没有不确定性。那么，10年期债券的利率与同一期限的几个1年期债券利率之间的关系是什么？

(2)设10年期债券利率为12%，1年期债券利率预期在10年内一直保持为10%，那么10年期债券的期限贴水应是多少？

答：(1)根据期限结构的预期理论，在没有不确定性的情况下，十年期的债券利率等于n个一年期债券利率的平均值，即：

$$i_{10} = \frac{1}{n}\sum_{t=1}^{n} i_t$$

其中i_{10}表示10年期债券的利率，i_t表示第t年的1年期债券利率。

(2)如果存在不确定性，则：$i_{10} = \frac{1}{10}\sum_{t=1}^{10} i_t + PR$，其中 PR 表示期限贴水。

把已知条件代入，得 $i_{10} = \frac{1}{10}\sum_{t=1}^{10} 10\% + PR = 10\% + PR = 12\%, PR = 2\%$。

所以，10 年期债券的期限贴水是 2%。

2.（1）假设一种 10 年期债券将按票面价值发行，因此，其价格等于其面值 100 美元。再假设现行利率为 10%，那么，该债券的息票必须是多少才能吸引人们持有这种债券？

（2）假如就在这种债券发行后[其息票现在固定在你在问题（1）中计算出的利率上]，所有 10 年期债券的利率下降到 5%，债券价格将发生什么变动？如果你刚好持有该种债券，这种情况于你有益、有害，还是无影响？

答：（1）根据现值的计算公式：

$$PV = \sum_{t=1}^{10} c/(1+i)^t + FV/(1+i)^{10} \Rightarrow 100 = \sum_{t=1}^{10} c/(1+0.1)^t + 100/(1+0.1)^{10} \Rightarrow c = 10$$

所以该债券的息票必须大于等于 10 美元才能吸引人们持有这种债券。

(2)因为债券价格与债券的市场利率成反比，若所有 10 年期债券的利率降到 5%，债券价格就会上升。如果持有该债券，会因为价格的上升而受益，此时可能会抛售该债券以实现收益。

3. 设墨西哥的利率上升 5 个百分点，美国的利率保持不变，目前的美元与比索汇率和下一期美元与比索汇率之间的相对价值将发生什么变动？

答：根据未抛补利率平价：$\frac{e_{t+1} - e_t}{e_t} = i - i^*$，其中 e_t 为当期的汇率，e_{t+1} 为下期的汇率，i 为美国的利率，i^* 为墨西哥的利率。由于墨西哥的利率增加 5 个百分点，即 i^* 增加，而美国的利率保持不变，则根据上面的公式可得 e_{t+1} 下降。所以美元贬值，比索升值。也即在间接标价法下，美元对比索的汇率下降，一美元只能兑换较少的比索。

4. 1992～2001 年，持有美国普通股的平均收益大约是 11%，这比从第二次世界大战结束以来到 1991 年的平均收益高很多。给定本章所讨论的股票价格决定模型，这么高的收益意味着关于美国企业未来盈利性的何种市场预期？

答：假设股票持有者期望在日期 t，开始接受 k 个时期的股利水平，为 d_{t+k}，d_{t+k+1}，$d_{t+k+2}\cdots$。在贴现率为 r 的情况下（贴现率 r 要高于国库券利率，以补偿股票投资的风险）；日期 t 的股票价格将等于这些预期股利贴现后的净现值。可将这一关系写为：

$$P_t = \frac{d_{t+k}}{(1+r)^k} + \frac{d_{t+k+1}}{(1+r)^{k+1}} + \frac{d_{t+k+2}}{(1+r)^{k+2}} + \cdots$$

根据股票价格决定模型，股票价格反映了对于企业的未来股利支付，以及利率的未来方向的预期。1992 年美国普通股的平均收益达到如此之高说明股票价格上涨，进而说明人们对企业的未来充满信心。因此，股票较高的平均收益意味着金融投资者预期美国企业未来高的盈利性，以及美国经济整体的走好。

第 20 章　国家债务

20.1　复习笔记

【知识框架（庖丁解牛）】

- 国家债务
  - 债务的机制
    - 债务负担
    - 利息支付与基本赤字
  - 债务的承担
  - 债务危机
    - 主权债务
    - 债务危机中的紧缩措施

【考点难点归纳（厚积薄发）】

考点一：债务的机制★★

1. 债务负担

（1）债务的含义：

国家债务是指在税收收入低于支出的年份中，政府拥有的过去借款的总和，即政府过去未付账单的累积总和。对债务的理解需要把握以下两个要点：①债务对社会不是一个净负担；②债务负担的主要来源是国债对该国净国民财富的影响。

（2）债务负担的衡量：

①下一年的债务等于今年的债务加上今年的预算赤字，用公式表示为：

$$DEBT_{t+1} = DEBT_t + BD_t$$

②债务-GDP 比率：指债务与名义国内生产总值的比率，用于衡量债务相对于一国经济规模的大小。其公式为：债务-GDP 比率 = 债务/PY。其中，PY 代表名义 GDP。

2. 利息支付与基本赤字

（1）赤字的衡量：

由债务公式 $DEBT_{t+1} = DEBT_t + BD_t$ 可知 $\Delta DEBT = DEBT_{t+1} - DEBT_t = BD_t$，即债务变化等于预算赤字。预算赤字区分为两个组成部分：基本赤字（或非利息赤字）和公债的利息支付，用公式表示为：

$$总赤字 = 基本赤字 + 利息支付$$

其中，基本赤字（或盈余）表示不包括利息支付在内的全部政府开支减去全部政府收入。

当考虑实际利率和名义利率的差别时，债务的利息支付可以被分解成实际支付和由于通货膨胀所造成的支付。而后者实际上并不耗费政府的任何实际代价，因为它们恰好为名义债务实际价值的减少所抵消。

(2)债务动态化：

①债务的相对规模：

债务的相对规模用债务-GDP 比率这个指标来衡量，该指标的百分比变化率用公式表示为：

$$\%\Delta(DEBT/Y)=\%\Delta DEBT-\%\Delta Y$$

其中，$DEBT/Y$ 表示债务-GDP 比率。

②债务的增长：

由债务-GDP 比率的百分比变化率的公式可得：

$$\%\Delta(DEBT/Y)=\%\Delta DEBT-\%\Delta Y=\Delta DEBT/DEBT-\Delta Y/Y$$

经过数学处理，可以得到：

$$\%\Delta(DEBT/Y)=(\Delta DEBT/Y)\times(Y/DEBT)-\Delta Y/Y=(BD/Y)\times(Y/DEBT)-\Delta Y/Y$$

上述方程说明，如果预算赤字高于 GDP 的增长率，则债务 GDP 比率上升；如果预算赤字低于 GDP 的增长率，则债务 GDP 比率下降。即使这是一个粗略的计算，但是它说明了适度的赤字规模是永远可持续的原因。

考点二：债务的承担(见表 20－1)　★★

表 20－1　债务的承担

承担群体	解释
公众	①公众既包括个人，也包括金融机构； ②政府持有的净债务被标记为公众持有的债务
国际投资者	①国际投资者包括外国政府和外国私人投资者； ②外国政府、外国中央银行及国际私人投资者持有的很大比例的债务经常引起关注
政府	政府持有大规模自有债务

考点三：债务危机(见表 20－2)　★★

表 20－2　债务危机

要点	具体内容	
主权债务	含义	指一国以自己的主权为担保，向外(不管是向世界银行，还是向其他国家)借来的债务
	违约	当一国不能偿付其主权债务时，就发生了违约
债务危机中的紧缩措施	国家债务不可持续	削减政府支出或增加税收
	国家债务过高	增加政府支出或削减税收

20.2　课后习题详解

一、概念题

1. 紧缩

答：紧缩是指产能过剩或需求不足导致大多数商品和劳务的价格在一段时间内普遍下

跌。当市场上流通货币减少，人们所持有的货币减少，购买力下降，影响物价至下跌，造成通货紧缩。长期的通货紧缩会抑制投资与生产，导致失业率升高及经济衰退。

2. 债务-GDP比率

答：债务-GDP比率是指债务与名义国内生产总值的比率，用公式表示为：债务-GDP比率 = 债务/PY，其中PY代表名义GDP。当名义GDP的增长比债务增长快时，债务与名义GDP之比就会下降。作为分子的债务因赤字而上升，作为分母的名义GDP的增加是通货膨胀和实际GDP两者增长的结果。之所以要考察债务-GDP比率而不考察债务的绝对值，是因为GDP是对一国经济规模的衡量，而债务-GDP比率则衡量债务相对于一国经济规模的大小。

3. 基本预算赤字

答：基本预算赤字又称“非利息赤字”，是指不包括利息在内的全部政府开支减去全部政府收入。用公式表示为：

$$基本预算赤字 = 总赤字 - 利息支付$$

因为在总赤字中，政府的全部支出项中包含政府为未清偿债务而支付的利息。对以往债务的利息支付，属于过去形成的赤字，而非当期经济活动的结果。如果只衡量当期的财政收支结果，就需要采用基本预算赤字，即在政府的全部支出项中扣除名义利息支付和全部政府收入。

4. 公众持有的债务

答：公众持有的债务是指政府持有的净债务，是政府凭借其信誉，政府作为债务人与债权人之间按照有偿原则发生信用关系，来筹集财政资金的一种信用方式，也是政府调度社会资金，弥补财政赤字，并借以调控经济运行的一种特殊分配方式。

5. 欧元区

答：欧元区是指欧洲联盟成员中使用欧盟的统一货币——欧元的国家区域。1999年1月1日，欧盟国家开始实行单一货币欧元和在实行欧元的国家实施统一货币政策。2002年7月，欧元成为欧元区唯一的合法货币。欧元区共有19个成员国，包括德国、法国、意大利、荷兰、比利时、卢森堡、爱尔兰、西班牙、葡萄牙、奥地利、芬兰、立陶宛、拉脱维亚、爱沙尼亚、斯洛伐克、斯洛文尼亚、希腊、马耳他、塞浦路斯。欧元区成员国的人口超过3亿3千万。受欧债危机影响，欧元区自2008年以来经济陷入持续衰退。2012年10月8日，欧洲稳定机制(ESM)启动，向债务缠身的欧元区主权国家提供贷款。

欧元区共有19个成员，另有9个国家和地区采用欧元作为当地的单一货币。但是作为美元的世界储备货币的竞争者，欧元的流通已经不限于上述地区。

6. 主权债务

答：主权债务是指一国以自己的主权为担保向外(不管是向国际货币基金组织还是向世界银行，还是向其他国家)借来的债务。随着救市规模不断的扩大，很多国家债务的比重也在大幅度的增加。当这个危机爆发到一定阶段的时候，主权违约可能会出现，即当一国不能偿付其主权债务时发生的违约。

二、简答题

1. (1) 在何种程度上，我们需要担心总赤字中向公众支付利息的构成？（提示：问问自己这个部分对于政府的真实成本是多少。）

(2) 在何种程度上，我们需要担心国家债务？在哪些方面，国家债务是社会的负担？

答：(1) 向公众支付的利息可以分解为实际支付和由通货膨胀所造成的支付。在高通货膨胀时期，大多数的利息支付都被债务实际价值的减小所抵消，所以必须关注公共债务的利息实际支付部分。当公债利息的实际支付部分很大，政府的实际成本很高时，人们会担心总赤字中向公众支付利息的构成部分。

①如果出现大规模的赤字，为对付不断上升的高通货膨胀而采取的紧缩的货币政策提高了利率，但这不会大规模提高政府的实际成本。因为在高通货膨胀时期，大多数的利息支付被通货膨胀所抵消。即使在低通货膨胀时期，几乎一半的利息支付也可以用这种方式抵消。

②如果出现伴随政治僵局的大规模赤字，则增加税收以及削减开支是不受欢迎的，这有可能大规模提高政府的实际成本。它不会造成通货膨胀，而是使政府收入的增长非常困难，从而使得在出现赤字大规模增加后只能通过举借更多的债务来维持，这对长期的经济增长是有害的。

因此，在关注政府赤字时应主要考虑通货膨胀调整过的赤字(即扣除了赤字中通货膨胀所造成的部分)，或者说应注意政府的实际成本。如果预算中有基本赤字，由于有赤字，在债务增长的同时，总的预算赤字也在不断上升，利息的支出也会由于债务的增长而扩大。如果经济不增长，任何导致债务不断增加的政策都是不可行的，因为相对于经济规模来说债务最终会大得不可收拾。但如果债务的增长低于 GDP 的增长，那么赤字就可以忍受。

(2)①必须为国债担心的情况：

如果债务 GDP 比率大幅度上升，就必须为国债担心。因为如果公债变得太大(相对于收入)，利息支出占了预算的很大部分，挤出变得如此普遍，以致必须采取某种行动来平衡预算了。这可能包括通货膨胀，特别税收或者很不受欢迎的政府支出的大量削减。政府甚至可能减低公债的账面价值，仅支付它所欠的一部分。赤字的融资行为在长期看来要比货币融资更具有通货膨胀性质。这个论点是持续的赤字最终会导致通货膨胀，因为政府会积累债务和利息支付，不能依靠征税和借款来筹资，用以支付的唯一方法就只有发行钞票。

根据债务 GDP 比率的变化判断政府最终是否不得不采取货币融资还是可以一直采用债务融资。根据 $\Delta b = b \times (r - y) - z$ 可知，如果实际利率高于产出增长率，并且给定一个零(或正的)基本赤字，就无法一直采用债务融资，因为债务占 GDP 的比重越来越大，利息支出也在不断地上升。这样，在某一点，政府就不得不转向货币融资和更高的通货膨胀——或者不得不削减支出和(或者)提高税收。如果实际利率低于产出的增长率，而且基本赤字为零，政府就可以一直采用债务融资的方法，而不会导致债务 GDP 比率上升。这就说明如果债务相对于 GDP 在增加，那么政府最终在将来的某一天愿意提高税收或通货膨胀率来完成它的还债义务。这种长期的威胁导致人们担心赤字(债务)问题。发生通货膨胀后，由于债务为名义债务，这样政府只需要支付固定数额的货币，从而减轻了政府的实际义务。

②国债成为社会负担的方式：

如果人们认为债务并不会导致将来更高的税收，或者债务主要被外国人持有，那么公债就会成为社会的一种负担。随着赤字的增加，国债逐渐累积起来。这样债务就有可能成为负担。当债务主要被本国人持有，人们可以将债务所代表的负债，考虑与债务所代表的、属于政府拥有债权的那些个人资产相抵消。在这样的情况下，债务对社会就不是一个净负担了。不过，在大部分债权归外国人所有时，这种论点就有其局限性了。归外国人所有的债权部分，代表本国纳税人未来的纳税负担。

债务可能是一种负担的更为重要的意义是由赤字和债务对资本存量的潜在长期作用来体现的。如果人们不认为债务的增加会引起将来税收的相应增加，人们就会增加消费，提高总需求。这样债务融资会提高利率、减少投资和净出口，较低的投资水平意味着资本存量增长缓慢并且将来的经济增长也会更慢。因此此时的资本存量要比其他情况下低，作为一种为赤字所进行的债务融资的结果，产出也会更慢。所以债务负担的主要来源是国债对该国净国民财富的可能影响：国债的增加可能会降低资本存量与(或者)增加本国外债。同时公债的增加也会对社会中不同年龄组的人们产生成本和收益。

2. 我们需要保持预算平衡吗？请探讨。

答：财政预算平衡是指当年国家财政预算收入等于预算支出或预算收入大于预算支出，略有节余。如果当年财政预算收入小于预算支出，出现差额就称出现了预算赤字。由于国家的经济状况是不断变化的，预算也不可能在实现全部财政收入后再做安排，因此，在经济的实际运行中，收支不等的状况是普遍的，而收支完全相等的情况则几乎不存在。所以，是否需要保持预算平衡，要作具体的分析：

(1)在短期，当出现周期性赤字时，政府不需要保持预算平衡，因为这种情况下保持预算平衡就不能充分运用财政政策这一工具。假定经济处于充分就业状态并且预算平衡。如果经济进入衰退期，就会出现周期性赤字，实际赤字就会增加。为了平衡预算，政府或者提高税收或者降低支出来增加盈余。这个财政政策将会造成进一步衰退，增加更多的周期性赤字。

(2)长期中，为防止预算赤字和政府债务过大，政府需要保持预算平衡。保持预算平衡可以防止出现大规模的预算赤字和政府债务。因此硬性规定短期的预算平衡对经济弊大于利，但可以在长期采取预算平衡方法。

(3)不能机械地追求预算平衡，而应从反经济周期的需要来利用预算赤字和预算盈余。当国民收入低于充分就业的收入水平(即存在通货紧缩缺口)时，政府有义务实行扩张性财政政策，增加支出或减少税收，以实现充分就业。如果起初存在财政盈余，政府有责任减少盈余甚至不惜出现更大赤字，坚定地实行扩张政策。反之，当存在通货膨胀缺口时，政府有责任减少支出，增加税收。如果起初存在预算盈余，不应担心出现更大盈余，而宁肯盈余增大也要实行紧缩性政策；如果起初存在预算赤字，就应通过紧缩减少赤字，甚至出现盈余。

根据权衡性财政政策，政府在财政方面的积极政策主要是为实现无通货膨胀的充分就业水平。当实现这一目标时，预算可以是盈余，也可以是赤字。这样的财政称为功能财政。

3. 为什么考察债务-GDP比率比考察债务的绝对值更有用？

答：债务-GDP比率，即债务与名义国内生产总值之间的比率。考察债务-GDP比率比考察债务的绝对值更有用，原因如下：

（1）债务与GDP的比率作为一个衡量债务规模的指标，本身具有一定的经济意义，而其运用起来方便。债务-GDP比率=债务/PY，其中PY代表名义GDP。当名义GDP的增长比债务增长更快时，债务与名义GDP之比就会下降。可以分别考虑债务-GDP比率中的分子和分母。作为分子的债务因赤字而上升。作为分母的名义GDP的增加是通货膨胀和实际GDP两者增长的结果。

（2）之所以要考察债务-GDP比率而不考察债务的绝对值，是因为GDP是对一国经济规模的衡量，债务与GDP之比衡量了债务相对于一国经济规模的大小；而债务绝对值仅仅衡量了债务绝对规模的大小，并不能反映出债务规模的相对情况。

债务的增加并不意味着政府预算要失控。如果债务与GDP的比率下降就说明增长的预算赤字不会成为大问题。如果债务与GDP的比率上升，债务问题最终会成为通货膨胀问题，除非政府采取一些财政政策。而债务绝对值不能用来分析这些问题。

与债务的绝对值相比，债务-GDP比率具有更大的经济意义。所以，考察债务GDP比率比考察债务的绝对值更有用。

4. 德国的统一涉及对前民主德国大量的基础设施支出，以及对很多前民主德国人的转移支付。这些支出应该通过（1）货币创造（因为其暂时性和例外性）、（2）债务或（3）税收来融资吗？请解释你的答案。

答：德国统一所需的花费巨大，并没有一个简单易行的途径为其融资。德国政府试图解决这个问题，然而过程并不顺利。题中给出的三种途径各有优劣，而且适用于不同的情况。所以，解决题中的问题并没有最优途径，各种方式均有优劣，应根据实际情况权衡，综合使用。

（1）通过货币创造来支持政府支出的增加不仅会保持低利率从而使公债的利息支出下降，而且也会维持马克的价值以免升值。然而货币创造会提高通货膨胀。由于联邦银行的独立性和对通货膨胀的厌恶，它没有让货币供给以过快的速度增长。结果德国的利率大幅增加，导致了大量资金流入以及较差的经济表现。

（2）通过债务融资来增加支出会使利率上升，挤出一些私人花费（投资和净出口）。另外，它会导致资本流入从而使马克升值。由于欧盟规定各国间的汇率只能在很小的范围内浮动，所以这又产生了一个新问题。德国必须为维持相关的浮动而大量干涉外汇市场，这也给欧盟其他国家造成了麻烦。1992年的欧洲货币危机就是由于德国通过债务融资的预算赤字大幅增加所造成的。另外由于马克相对于非欧盟国家的货币升值，使德国的经常项目出现赤字。这样二十世纪九十年代早期的德国与八十年代的美国极为相似，大规模的政府借贷（和适度的紧缩货币政策）产生利率上升以及随后的贸易不平衡。

（3）巨额资金的提供不能仅仅依赖于提高税收。税收的增加不仅是不受欢迎的，它还会抑制工作、储蓄和投资。这将对德国经济产生明显的副作用。在德国统一刚开始时曾许诺不提高税收，但是随着统一成本的不断增加，这一承诺最终被打破。

三、计算分析题

1. 表20－3显示了美国政府支出近几十年的变化情况。

(1)20世纪60年代以来，总支出占GDP的比例增加了多少?

(2)20世纪60年代，国防支出(主要基于越南战争支出)是总支出中的单一最大部分。自那以后，什么是总支出中的最大支出部分?

(3)如表20－3所示，20世纪60年代以来，哪些支出导致了总支出增长?

表20－3　联邦政府支出(财政年度；时期平均)(占GDP的百分比，%)

	1962～1969	1970～1979	1980～1989	1990～1999	2000～2009
国防支出	8.7	5.9	5.8	4.1	3.8
强制性支出	6.2	9.4	10.8	11.2	11.9
可自由支配的非国防开支	3.8	4.5	4.1	3.6	3.7
净利息	1.3	1.5	2.8	3.0	1.7
总开支*	18.8	20.0	22.2	20.7	20.0

因为剔除了“对冲收入”，每列各项加总与总支出不一致。

答：(1)根据表20－3，在20世纪60年代，政府总开支占GDP的18.8%；在20世纪90年代，政府总开支占GDP的比增加到20.7%；在2000～2009年该比例为20.0%，增幅为：$(20.0-18.8)/18.8\approx0.064=6.4\%$。

(2)从那以后，最大的组成部分是强制性支出。

(3)强制性支出以及政府利息支出是对20世纪60年代以来总开支增长的反映。在过去近30年，强制性支出几乎增加了一倍(从6.2%到11.2%)，政府净利息支出占GDP的份额增长了两倍多(从1.3%到3.0%)，但2000～2009年又下降到1.7%。

2. 如果产量增长率平均每年大约为4%，国债增长率平均每年为5%，随着时间的推移，债务-GDP比率会发生什么变化?为什么?

解：债务-GDP比率的公式为：债务-GDP比率＝债务/PY，其中PY代表名义GDP，P为价格，Y为实际产出。

此题没有明确说明产量增长率是名义GDP增长率还是实际GDP增长率，因此需要分情况讨论。

如果此处的产量增长率为名义GDP的增长率，那么因为债务增长快于名义产出增长，所以债务-GDP比率会增加为原来的1.25倍。

如果此处的产量增长率为实际GDP的增长率，那么因为通货膨胀率未知，所以债务-GDP比率的变化不确定。

第 21 章　衰退与萧条

21.1　复习笔记

【知识框架（庖丁解牛）】

- 衰退与萧条
  - 大稳健
  - 大衰退
    - 大衰退的含义
    - 大衰退的产生过程
  - 大萧条
    - 大萧条的含义
    - 对于大萧条发生原因的解释

【考点难点归纳（厚积薄发）】

考点一：大稳健　★

“大稳健”时期是指 20 世纪 80 年代早期到 2007 年的宏观经济稳定发展的时期，在这段时期内经济周期波动减弱。

在大稳健时期，通货膨胀得到有效控制，保持在一个低水平。但是 2008 年的次债危机彻底结束了大稳健时期。

考点二：大衰退　★★

1．大衰退的含义

大衰退主要是指 2007 年至 2009 年之间由金融危机引发的全球性经济衰退。大衰退开始于美国，且迅速传播到全球，导致房地产和股票价格急剧下降，失业率飙升，失业持续期变长，经济陷入衰退。

2．大衰退的产生过程

美国房地产市场中存在大量的低成本抵押贷款，特别是低收入者的购房贷款，导致了房价的快速上涨。只要房价持续上涨，购房者就可以通过再融资偿还贷款。但一旦房价不再上涨，购房者融资困难，就会无力偿还贷款。

因此，当房地产价格泡沫破裂后，美国房地产市场崩溃，且迅速导致银行的抵押贷款无法得到偿还，金融市场遭到冲击，一段时间后金融市场几乎冻结。

由于全球金融市场是相互渗透、相互影响的，因此金融灾难在全世界蔓延，经济衰退传递到商品市场和服务市场，从而导致了一场全球性的大衰退。

考点三：大萧条 ★★

1. 大萧条的含义

大萧条是指1929年至1939年之间发生的全球性经济大衰退，是以商业和经济运营普遍衰退为特征的一种经济状况。

2. 对于大萧条发生原因的解释

(1)凯恩斯主义的解释：

凯恩斯认为20世纪30年代经济增长的崩溃是投资机会匮乏和投资需求下降导致的，需要积极地运用反经济周期的财政政策，来减少经济的周期性波动。

如图21－1所示，*LM*曲线被认为是十分平缓的，而投资需求被认为对利率根本没有反应，即*IS*曲线很陡峭。在大萧条中，利率已经低到它可能达到的最低程度，在这种情况下，货币扩张在刺激需求和产出方面几乎不起作用；而扩张性的财政政策的效果是相当大的。

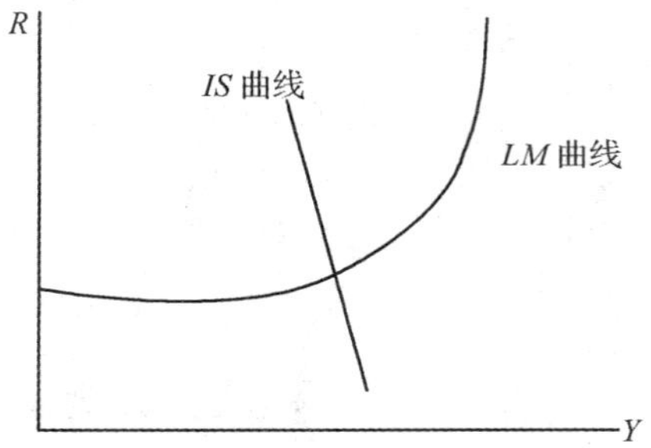

图21－1　大萧条的凯恩斯解释

(2)货币主义的解释：

货币主义者强调货币政策在决定产出行为和价格行为中的作用，反对凯恩斯主义者对财政政策的强调和对货币政策作用的忽视。

货币主义者认为大萧条并没有说明货币政策的失败。美联储防止银行破产的失败、货币存量的下降，都是导致衰退达到严重程度的原因。

(3)综合评论：

凯恩斯主义者与货币主义者对大萧条的解释都符合现实。不适当的财政政策和货币政策都会使得大萧条更加严重。如果有迅速而强有力的扩张性货币政策和财政政策，就会对经济的衰退产生明显的抑制作用。现在的普遍观点是：除非政策有失误，否则大萧条不会再发生。

21.2　课后习题详解

一、概念题

1. 大萧条

答：大萧条是指1929年至1939年之间发生的全球性经济大衰退，是以商业和经济运营的普遍衰退为特征的一种经济状况。其中，1929～1933年的萧条——“世界经济衰退”比任何一次经济衰退的影响都要深远得多。这次经济萧条以农产品的价格下跌为起点，农业衰退由于金融的大崩溃而进一步恶化。尤其在美国，一股投机热导致大量资金从欧洲抽回，随后在1929年10月发生了令人恐慌的华尔街股市暴跌。

在全球范围内，经济衰退造成了大规模的持续失业；资本的短缺在所有的工业化国家中都带来了出口和国内消费的锐减；这场灾难还使中欧和东欧许多国家的制度遭到破坏。

根据凯恩斯的理论，大萧条是因为有效需求不足而产生的，所以政府的任务是扩大有效需求。

2. 大衰退

答：大衰退是指在 2007 年 8 月 9 日开始浮现的金融危机引发的经济衰退，它始于美国房地产市场，不断深化并传播到全球，从金融市场传递到商品和服务市场。大衰退的产生过程参见本章“复习笔记”相关内容。

3. 新政

答：新政又称“罗斯福新政”，是指面对 1929～1933 年的世界经济大危机，1933 年罗斯福接任美国总统后为挽救经济所采取的一系列社会和经济政策的总称。新政主要包括通过国会制定了《紧急银行法令》、《国家产业复兴法》、《农业调整法》等法案，其主旨是强化政府干预，通过采取一系列发展国家垄断资本主义的措施来克服严重的信贷危机及经济衰退。

新政的主要内容包括：①对工商业进行大量的贷款和津贴，从而刺激私人投资的增加；②提高物价，减少农业生产，克服农产品过剩的问题；③兴建公共工程，增加就业机会；④对失业者给予最低限度救济。

新政实施的结果使美国逐渐摆脱了危机，为千百万人提供了就业和生活的保障，使经济不平衡的状况有所改善。1935 年起，美国所有的经济指标都稳步上升，失业人数也大幅度下降。虽然新政大多是应急措施，没有完整的理论依据，但却充分体现了凯恩斯主义国家干预经济的思潮，反映了现代私人垄断资本主义向国家垄断资本主义过渡这一总的趋向，对美国以后历届政府的政策影响很大。

4. 大稳健

答：大稳健是指 20 世纪 80 年代到 2007 年这段宏观经济稳定发展、经济周期呈现宽幅波动的时期。从 20 世纪 80 年代早期开始，经济周期波动减弱，这种状态从 20 世纪 80 年代早期持续到 2007 年，所以这段时期被称为“大稳健”时期。

在大稳健时期，通货膨胀得到了有效控制。通货膨胀水平在大稳健开始之前被大幅降低，自此之后通货膨胀保持在一个低水平。不幸的是，2008 年的金融危机冲击以及接踵而来的大衰退彻底结束了经济大稳健时期。

5. 凯恩斯革命

答：凯恩斯革命是指凯恩斯主义本身是对新古典经济学的一次革命。《就业、利息和货币通论》使得西方经济学在分析方法上实现了微观分析与宏观分析的分野，凯恩斯本人成为现代宏观经济学甚至 20 世纪西方经济学的开山鼻祖，从而在整个 20 世纪西方经济学的演进与发展中成为一个永恒的主角。

凯恩斯主义的推演逻辑是从充分就业开始的：①以往假设的充分就业均衡建立在萨伊定律的基础之上，这种前提是错误的。因为总供给与总需求函数的分析结果显示，通常情况下的均衡小于充分就业的均衡。②之所以存在非自愿失业和小于充分就业的均衡，其根源在于有效需求不足，因为总供给在短期内不会有大的变化，所以就业量就取决于总需求。

③有效需求不足的原因在于“三个基本心理因素”，即心理上的消费倾向，心理上的灵活偏好，以及心理上对资本未来收益的预期。④政府不加干预就等同于听任有效需求不足继续存在，听任失业与危机继续存在。政府需采取财政政策而非货币政策来刺激经济，增加投资，弥补私人市场有效需求的不足。

凯恩斯从宏观的视角对大量的宏观概念进行归纳与整合之后，使经济学的发展开始跳出价格分析的限制，从而翻开了20世纪西方经济学崭新的一页。这是因为资本主义发展到垄断阶段，迫切需要一种全新的角度和全新的理论对自由资本主义的缺陷给予解释和弥补。

凯恩斯主义的诞生是20世纪西方经济学得以向前推进的一个重要标志，凯恩斯革命是一场方法革命。凯恩斯之后，无数凯恩斯的追随者们对凯恩斯体系本身存在的种种“空隙”和“硬伤”给予修正、弥补、完善，使之在碰撞中交融，在裂变中整合。凯恩斯主义内部发生的冲突、裂变、整合是凯恩斯主义得以发展、充实的重要前提和体现。

二、简答题

1.(1)“凯恩斯主义者”认为是什么造成了大萧条？

(2)“货币主义者”认为是什么造成了大萧条？

(3)这些解释是相互矛盾的吗？

(4)为什么宏观经济学家对解释大萧条的成因如此感兴趣？

答：(1)凯恩斯主义者认为造成大萧条的原因主要在于总需求不足。20世纪30年代投资支出的枯竭以及总消费需求的萎缩造成了经济总需求的不足，而政府平衡财政预算的企图对总需求更是雪上加霜。他们强调财政政策的作用。

(2)货币主义者认为造成大萧条的原因主要在于货币供应量的下降。他们认为，在20世纪30年代美联储没能防止大规模的银行破产，而公众又对银行系统失去了信心，这两个因素使得准备金-存款比率和通货-存款比率剧增，货币乘数减小，从而引起货币存量的剧减，最终的结果便是经济的大规模衰退。他们强调货币政策的作用。

(3)这些解释并不相互排斥。二者都承认是总需求不足而不是总供给不足造成了大萧条。凯恩斯主义者强调投资下降使总需求不足，应该加强财政政策；货币主义者则认为货币紧缩使得总需求下降，美联储应该增加货币供给。两种解释都符合现实，如果有迅速而强有力的扩张性的货币政策和财政政策，大萧条的影响就不会那么大。

(4)宏观经济学家对解释大萧条的成因非常感兴趣，是因为大萧条是历史上非常重要的经济事件，目前为止没有一种理论能够很好的解释它。一些经济学家争论说大萧条说明经济本身存在不稳定性，需要很长的调整时间才能恢复到充分就业水平，这给政府干预留下了空间。另一些经济学家争论说大萧条证明了政府政策往往是错误的，政府不应对经济干预，应该让市场手段使经济回到充分就业水平。总之，正因为大萧条的原因是复杂的，不同经济学家可以从不同角度给予某一方面的解释，使得大萧条的成因成为宏观经济学争论的焦点。

2. 大衰退时期失业的平均持续期发生了什么变化？

答：大衰退时期失业率快速上升，并且在官方宣布的衰退期结束后继续上升。甚至在衰退期结束4年后，长期失业率仍保持在一个前所未见的高水平，因此大衰退时期失业的平均持续期比正常时期要长。

3. 在大萧条时期，"以邻为壑"战略的内容和影响是什么？

答：大萧条时期的"以邻为壑"战略是指许多国家互相采用高关税政策，通过排斥国外商品来保护国内生产者的战略。

"以邻为壑"战略试图通过改善一国的贸易地位来"输出"失业，并且提高它的贸易伙伴对其产品的需求。所以，如果每一个国家都排斥外国商品，世界贸易量就会下降，从而对世界经济造成紧缩性的影响。

三、计算分析题

1. 大衰退具有长期失业率空前上升的特征。为了考察其显著性，我们考虑以下两种假设衰退的收入损失情况：

(1)在衰退 A 中，失业率上升到 25%，平均失业期为 20 周或 5 个月；

(2)在衰退 B 中，失业率最高仅为 15%，但是平均失业期为 40 周或 10 个月。

如果平均薪水是每月 2000 美元，劳动人数是 150 万人，在每个衰退中收入损失是多少？

答：(1)衰退 A 中，失业人口 = 劳动力人数 × 失业率 = 150 × 25% = 37.5(万人)；

衰退 A 中的衰退收入 = 失业人口 × 平均失业期损失收入 = 37.5 × 5 × 2000 = 375000(万美元)。

(2)衰退 B 中的衰退收入 = 150 × 15% × 10 × 2000 = 450000(万美元)。

2. 有一种说法认为如果大萧条在 1931 年被有效制止，那么它将成为比较严重的衰退，也不会产生那样严重的灾难。

(1)从表 21 - 1 中计算 1929 ~ 1931 年 GNP 下降的变化率。

(2)该变化率与 1990 ~ 1991 年实际 GDP 下降的变化率相比如何？

(3)你同意本题第一句话的内容吗？请解释。

说明：题中提到的表 21 - 1 如下所示：

表 21 - 1　大萧条的经济统计

年份	GNP (1992 年 10 亿美元)	$\frac{1}{GNP}$ (%)	G (1992 年 10 亿美元)	失业率 (%)	CPI (1929 年 =100)	商业票据利率 (%)	AAA 利率 (%)	股市指数*	M_1 (1929 年 =100)	充分就业盈余/ Y^* (%)**
	(1)	(2)	(3)	(4)	(5)	(6)	(7)	(8)	(9)	(10)
1929	938.1	17.8	121.9	3.2	100.0	5.9	4.7	83.1	100.0	-0.8
1930	850.2	13.5	133.0	8.7	97.4	3.6	4.6	67.2	96.2	-1.4
1931	784.9	9.0	137.7	15.9	88.7	2.6	4.6	43.6	89.4	-3.1
1932	676.1	3.5	131.2	23.6	79.7	2.7	5.0	22.1	78.0	-0.9
1933	662.1	3.8	127.6	24.9	75.4	1.7	4.5	28.6	73.5	1.6
1934	713.7	5.5	145.2	21.7	78.0	1.0	4.0	31.4	81.4	0.2

续表

年份	GNP(1992年10亿美元)	$\frac{1}{GNP}$(%)	G(1992年10亿美元)	失业率(%)	CPI(1929年=100)	商业票据利率(%)	AAA利率(%)	股市指数*	M_1(1929年=100)	充分就业盈余/Y^*(%)**
	(1)	(2)	(3)	(4)	(5)	(6)	(7)	(8)	(9)	(10)
1935	777.4	9.2	148.5	20.1	80.1	0.8	3.6	33.9	96.6	-0.1
1936	882.7	10.9	174.4	16.9	80.9	0.8	3.2	49.4	110.6	-1.1
1937	923.5	12.8	167.8	14.3	83.3	0.9	3.3	49.2	114.8	1.8
1938	885.7	8.1	182.7	19.0	82.3	0.8	3.2	36.7	115.9	0.6
1939	953.0	10.5	190.2	17.2	81.0	0.6	3.0	38.5	127.3	-0.1

* 股市指数是标准普尔综合指数，它包括500种股票，1929年9月=100。

** Y^*指充分就业的产出。

解：(1)计算如下：

时期	GNP的变化(%)
1929~1930	(850.2-938.1)/938.1=-9.37%
1930~1931	(784.9-850.2)/850.2=-7.68%
1929~1931	(784.9-938.1)/938.1=-16.33%

可见，1929~1931年期间实际GNP的下降率分别为9.37%、7.68%和16.33%。

(2)1990~1991年的计算结果如下：

时期	实际GDP的变化/%
1990~1991	(6079.0-6138.7)/6138.7=-0.97%

因此，1990~1991年衰退中实际GDP下降率为0.97%，明显小于1929~1931年期间实际GNP的下降率。

注意：1990年和1991年的真实GDP的数字来源于1997年2月的《总统经济报告》。美国在20世纪90年代以前使用GNP作为总产出的度量，后来才改用GDP，但二者相差不大。

(3)在一定的条件下，问题中的第一句话是正确的。

“衰退”和“严重倒退”之间没有正式的区别，如果GNP在1931年而不是1933年就停止下滑，经济的衰退程度就不会那么严重。从表21-1中可以看出，实际GNP一直持续下滑至1933年的6621亿美元，总共下降了29.42%。而且直到1939年GNP才恢复到1929年的水平。

如果政府迅速采取措施，通过扩张性的财政和货币政策来积极地刺激经济增长，经济大萧条的程度就可能会大大地降低，从这个角度来看，该问题中的第一句话是正确的。但是政府是否能够及时实施扩张性政策还是个问题。

第22章　通货膨胀与恶性通货膨胀

22.1　复习笔记

【知识框架(庖丁解牛)】

- 通货膨胀与恶性通货膨胀
  - 经济周期中的货币和通货膨胀
    - 货币供给的长期效应
    - 货币增长与通货膨胀的关系
    - 长期中通货膨胀是一种货币现象
    - 货币学派的主要观点
  - 恶性通货膨胀
    - 恶性通货膨胀概述
    - 预算赤字与通货膨胀的关系
    - 制止恶性通货膨胀的方法
    - 政策的可信性与通货膨胀
    - 理性预期学派的观点
    - 反通货膨胀和牺牲率
  - 赤字、货币增长与通货膨胀税
    - 政府预算约束
    - 央行的两难处境
    - 铸币税和通货膨胀税

【考点难点归纳(厚积薄发)】

考点一：经济周期中的货币和通货膨胀　★★★

1. 货币供给的长期效应

(1)在长期，产出处于潜在产出的水平，货币增长率等于通货膨胀率。

(2)货币在长期是中性的，即不会影响产出水平，通货膨胀与产出之间不存在替代关系。

但货币学派认为在短期货币存量的变化具有实际影响。

2. 货币增长与通货膨胀的关系

货币数量论源于费雪方程式：

$$MV = PY$$

其中，M 表示货币存量，V 表示货币流通速度，PY 表示名义收入水平。

对上式取对数并且微分，可得：$m + v = \pi + y$，即 $\pi = m - y + v$。

即：通货膨胀率 = 货币增长率 + 货币流通速度变化率 − 产出增长率。

根据上式，通货膨胀主要有三个影响因素：货币流通速度的变化、货币增长和产量增长。

由于货币流通速度变化很慢或者基本不发生变化，所以一般认为通货膨胀率等于货币增长率与产出增长率的差。

3. 长期中通货膨胀是一种货币现象

在长期，通货膨胀是一种货币现象。没有快速的货币供给增长，较大范围的通货膨胀就不可能发生；快速的货币增长将导致快速的通货膨胀。进一步来讲，任何可信的、具有决定性的保持低货币增长率的政策，都必定导致低通货膨胀率。

4. 货币学派的主要观点

货币学派是二十世纪50~60年代，在美国出现的一个经济学流派，也称货币主义，其代表人物为美国芝加哥大学教授弗里德曼。货币学派的主要观点有：

(1)货币是至关重要的。

(2)政府的货币政策应该是单一规则而不是相机抉择。

(3)引起名义国民收入发生变化的主要原因在于货币供应量的变化。

(4)在短期内，货币供应量的变化主要影响产量，部分影响物价，但在长期内，产出量完全是由非货币因素决定的，货币供应只决定物价水平。

(5)反对国家干预经济，认为只要让市场机制充分发挥其调节经济的作用，经济将能在一个可以接受的失业水平条件下稳定发展。

考点二：恶性通货膨胀 ★★★★

1. 恶性通货膨胀概述

(1)定义：

恶性通货膨胀又称“超速通货膨胀”，是指物价总水平以极高的、完全失去控制的速率持续上升的现象。

(2)发生原因：

恶性通货膨胀主要是由于政府大规模地滥发货币造成的，但深层的原因往往是政府巨额的财政赤字，因此恶性通货膨胀的治理最终还要依赖于财政政策的改变。

(3)影响后果：

在恶性通货膨胀经济中，通货膨胀现象相当的严重和普遍，货币丧失了贮藏价值功能，而且至少部分丧失了交换媒介的职能。公众尽管不可能完全放弃正在迅速贬值的货币，但要进行代价高昂的努力以减少实际货币余额持有量，严重影响了人们生活的便利。

2. 预算赤字与通货膨胀的关系

(1)预算赤字与通货膨胀之间存在着双向互动关系：一方面，政府为了弥补赤字，大量增发货币，加速通货膨胀；另一方面，高速通货膨胀将引起更多的赤字。

(2)通货膨胀导致预算赤字的增加主要有两条渠道：

①税收的征收效应。由于在税收的计税与纳税之间存在时滞，若通货膨胀率上升，则税收收入的实际价值下降，预算赤字将迅速扩大，最后失去控制。

②增加国债的名义支付。实际测量到的预算赤字包括支付国债利息。通货膨胀的出现

提高了名义利率，通过增加预算中名义利息支付，增加了实际测量到的预算赤字。

(3)经通货膨胀调整的赤字：

由于通货膨胀通过增加对国债的名义支付而增加了实测的预算赤字，高通货膨胀国家需要计算经过通货膨胀调整的赤字，以剔除通货膨胀对实测预算赤字的影响，得到更为准确的政府预算状况，计算公式为：

$$\text{经通货膨胀调整的赤字} = \text{总赤字} - (\text{通货膨胀率} \times \text{国债数量})$$

3. 制止恶性通货膨胀的方法

(1)发行新货币，改革税制：

新货币的汇率通常会钉住外国货币汇率，以便为价格和预期提供一个稳定的依据。

(2)异端的稳定化方法：

充分利用人们的预期，通过货币政策或财政政策等与之相协调，实现制止恶性通货膨胀的目的。

4. 政策的可信性与通货膨胀

(1)政策可信性对打击通货膨胀的作用：

通货膨胀由总需求与总供给的相对变动决定。在反通货膨胀的政策中，一种可信任的政策可以有效降低通货膨胀率。

根据预期增加型总供给曲线的方程 $\pi = \pi^e + \lambda(Y - Y^*)$ 可知：如果一个减少货币供给的政策是可信的，人们会调整他们对未来通货膨胀的预期，使当前的短期总供给曲线下移。并且在此情况下人们的预期是理性的，从而当政策发生变化时，经济可以从短期均衡迅速移动到长期均衡。换言之，如果政策是可信的，π 就可以因 π^e 的下降而减少，经济则因较低的 $(Y - Y^*)$ 而遭受较低的打击。

(2)可信性政策发挥作用的条件：

当经济中的通货膨胀率很高，甚至是恶性通货膨胀，则体现当前通货膨胀水平的长期合同就会非常少。由于未来通货膨胀的不确定性，谈判者将不会签署任何以名义条件规定的合同，于是长期名义合同就会消失，而工资和价格则要经常重新调整。在这样的情形下，一个可信的政策将会迅速产生效果。

但在合同结构尚未被极端通货膨胀摧毁的经济里，可信性政策的效果将会减弱。

(3)可信性政策失效的可能原因：

①政策的可信性很难获得；

②通货膨胀惯性的存在。

在任何时候，经济中都存在体现过去通货膨胀预期的长期合同，而重新谈判合同则需要时间。因此，通货膨胀水平不可能迅速降低。

5. 理性预期学派的观点

理性预期学派是20世纪70年代在美国出现的一个经济学流派，它是从货币主义学派中分化出来的。理性预期的观点包括：

(1)在短期，失业率和通货膨胀率之间的替代关系也不存在。

(2)人们的预期是理性的，即不会出现系统性错误。

(3)强调决策者的可信性。

(4)偏爱单一规则，排斥相机抉择。

6. 反通货膨胀和牺牲率

牺牲率是指因反通货膨胀政策而导致的GDP损失的累积百分比与实际得到的通货膨胀的降低量之间的比率。

通货膨胀的降低几乎总会以经济衰退为代价，牺牲率就是用来衡量降低通货膨胀成本的。由菲利普斯曲线得知，在短期内通货膨胀和失业之间有取舍关系，低通货膨胀率意味着高失业；由奥肯定律得知，失业增加，产出下降，也即降低通货膨胀是有成本的。因此，可由失业率来衡量通货膨胀的成本。

考点三：赤字、货币增长与通货膨胀税 ★★★

1. 政府预算约束

(1)政府预算约束的含义：

政府预算约束是指政府在不考虑增税的前提下，以货币融资(增发货币)和债务融资(发行债券)两种融资方式来弥补财政赤字的限度。

政府预算约束可表示为：政府预算赤字 = 债券的销售额 + 基础货币的增加。

(2)政府预算赤字与货币增长之间的联系：

①在短期中，扩张性财政政策引起的赤字增加将提高名义利率和实际利率。如果央行的目标是控制利率，它可能会提高货币增长率来阻止利率上升。

②在长期中，政府会谨慎地增加货币存量，作为在长期中获得政府收入的一种手段。

2. 央行的两难处境

(1)货币化赤字的含义：

货币化赤字是指用发行货币的形式为政府财政赤字筹资，一般指央行在公开市场上购买政府债券。采用这种方法，会使货币供应量增加，易导致通货膨胀。因此，央行应根据经济的实际情况来决定是否货币化赤字。

(2)两难处境的内容：

央行在决定是否货币化赤字时，面临着一个两难处境：一方面，如果采取扩张性财政政策的同时不采取适当的货币政策，可能会挤出私人投资；另一方面，货币政策存在一定的风险，由于时滞的存在，货币政策并不一定能够缓解经济出现的问题。

(3)两难困境的解决方法：

①如果经济处于萧条状态，偏离充分就业状态，则应该实行货币化赤字。因为若失业率较高，根据短期菲利普斯曲线可知，此时的通货膨胀率较低。如果实行货币化赤字，增加货币供给不会造成大的通货膨胀压力。而且，在经济萧条时，面对高的失业率，轻微的通货膨胀成本相对来说较低。

②如果经济接近充分就业状态，则不应该实行货币化赤字。因为此时增加货币供给不仅不会带来产出较大的增加，反而会加速通货膨胀。甚至可能引发恶性通货膨胀，给经济社会带来严重后果。

3. 铸币税和通货膨胀税

(1)铸币税：

铸币税不是一种真正的税种，只是将政府垄断货币发行收入具体化，使之可以要求央行进行实际的操作，而货币发行收入归政府所有。

(2)通货膨胀税及通货膨胀税收入：

①通货膨胀税的含义：

通货膨胀税是指政府以通货膨胀政策代替增税，从通货膨胀中获得的收益。政府由此产生的收入额可用以下公式表示：

$$通货膨胀税收入 = 通货膨胀率 \times 实际基础货币$$

②通货膨胀税收入的变化趋势：

如图 22－1 所示，其中 AA 曲线表示了政府从通货膨胀税中获得的收入额。

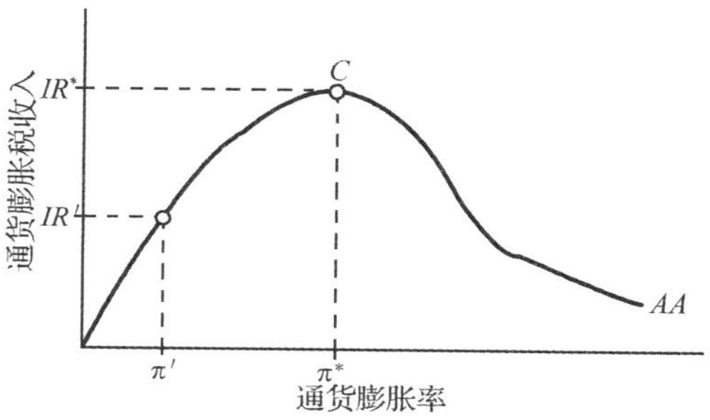

图 22－1　通货膨胀税收入

(3)政府在通货膨胀过程中的收益：

①扩大货币供应量能直接增加其收入。

②通过单位货币购买力的降低而减少未偿还国家债务的实际价值。

③直接增加税收收入，因为通货膨胀会使企业和个人的收入在名义上增加，纳税等级自动上升，政府可获得更多的收入。

22.2　课后习题详解

一、概念题

1. 信任奖励

答：信任奖励又称信誉红利，是指在理性预期下政府政策的可信性所获得的报偿。政府在降低通货膨胀的斗争中，由于公众相信政府的反通货膨胀政策会得到执行，从而降低通货膨胀预期。这样即使政策未执行也会使通货膨胀降低，从而避免经济的衰退，政府政策的可信性便获得了报偿。

通货膨胀是由经济的基本方面(总需求与总供给的相对变动)所决定的。在恶性通货膨胀中，货币的增长支配了所有其他的基本因素。但是，人们关于未来的预期也发挥了作用。相信政策已经改变，本身就会驱动预期的通货膨胀率下降，并且会引起短期的菲利普斯曲线向下移动。所以，在反通货膨胀的战斗中，一种可信任的政策会赢得社会对可信性的褒奖。

2. 恶性通货膨胀

答：恶性通货膨胀又称“超速通货膨胀”，是指物价总水平以极高的、完全失去控制的速率持续上升的现象。有学者认为，物价总水平每月以50%以上的速率持续上升，为恶性通货膨胀。恶性通货膨胀较为少见，它往往发生在战争期间或战后初期。

恶性通货膨胀主要是由于政府大规模地滥发货币造成的，但深层原因往往是政府的巨额财政赤字，因此恶性通货膨胀的治理最终还要依赖于财政政策的改变。在恶性通货膨胀中，货币丧失了贮藏价值的功能，而且至少部分丧失了交换媒介的职能。公众尽管不可能完全放弃正在迅速贬值的货币，但要进行代价高昂的努力以减少货币持有量。恶性通货膨胀理论的代表人物P·卡甘认为，在恶性通货膨胀时，对货币需求与预期的通货膨胀率成反比关系。当实际通货膨胀率大于均衡通货膨胀率时，货币流通速度的增加，而不一定是货币供给的增加可能会导致通货膨胀率的上升。

3. 货币数量论

答：货币数量论是关于货币数量与物价水平关系的一种理论。这种理论最早由16世纪法国经济学家波丹提出，现在继承这一传统的是美国经济学家弗里德曼的现代货币数量论。货币数量论用数量方程式作为分析工具。

数量方程式(费雪方程)：$MV=PT$，式中，M为流通中的货币数量，V为货币的流通速度，P为一般物价水平，T为社会总交易数量。如果用Y代表实际GDP，P代表GDP缩减指数，而PY是名义GDP，那么数量方程式变成：$MV=PY$。

货币数量论假设货币流通速度V不变，那么货币数量M的变动必然引起名义GDP的同比例变动。货币数量论进一步认为生产要素和生产函数共同决定实际GDP，这样货币数量论意味着，物价水平和货币供给同比例变动，也即货币增长率决定通货膨胀率。

4. 可信的政策

答：可信的政策是指人们相信政府将会遵循的政策。可信的政策有利于赢得公众的信心，从而在最大程度上降低政策成本。政府政策的可信度不高会降低公众对政府的信心，使得政府无法引导公众预期，加大了政策的执行难度。因此，政府应该努力提高政策的可信性，合理引导公众预期，从而降低政策成本。

5. 通货膨胀税

答：通货膨胀税是指政府以通货膨胀政策代替增税，从通货膨胀中获得的收益。通货膨胀税的公式为：

$$通货膨胀税收入=通货膨胀率\times实际基础货币$$

通货膨胀税的主要受益者是国家政府，政府在通货膨胀过程中，可以得到三方面的收益：①扩大货币供应量能直接增加其收入；②通过单位货币购买力的降低而减少为偿还国家债务的实际价值；③直接增加税收收入，因为通货膨胀会使企业和个人的收入在名义上增加，纳税等级自动上升，政府可获得更多的收入。

6. 牺牲率

答：牺牲率是指通货膨胀率每降低一个百分点所必须放弃的一年实际 GDP 的百分比。

由菲利普斯曲线得知，在短期，通货膨胀和失业之间有取舍关系，低通货膨胀率意味着高失业；又由奥肯定律可知，失业增加，产出下降，即降低通货膨胀是有成本的。牺牲率就是用来衡量降低通货膨胀成本的。

适应性预期理论认为通货膨胀引发通货膨胀预期，而通货膨胀预期又引发更高的通货膨胀率，因此，降低通货膨胀的成本是巨大的。而理性预期学派则认为，如果政府能够可信地承诺降低通货膨胀，公众相信这种承诺，并相应降低通货膨胀预期的话，那么降低通货膨胀不必经历一个高失业、低产出的时期，牺牲率可以为零。

尽管对牺牲率的估算差别很大，但典型的估算基本在 5 左右，即通货膨胀每下降一个百分点，一年的 GDP 必须牺牲 5%。

7. 政府预算约束

答：政府预算约束是指政府在不考虑增税的前提下，以货币融资（增发货币）和债务融资（发行债券）两种融资方式来弥补财政赤字的限度。政府预算约束就是：

政府预算赤字 = 债券的销售额 + 基础货币的增加额

在预算赤字和货币增长之间可能有两种联系：①在短期中，扩张性财政政策引起的赤字增加将趋向于提高名义利率和实际利率。如果央行的目标是控制利率，它可能会增加货币供给而维持利率不变。②政府会谨慎地增加货币存量，作为在长期中获得政府收入的一种手段。

8. 经通货膨胀调整的赤字

答：经通货膨胀调整的赤字是指对通货膨胀影响加以调整后对预算赤字的衡量，它去掉了预算赤字中与通货膨胀直接有关的国债付息部分。在实际测量到的预算赤字中包括要支付的国债利息，由于通货膨胀上升时名义利率也随之上升，所以通货膨胀的提高通常都会增加政府的名义付息，从而增加了实测赤字。因此，通货膨胀调整的赤字 = 总赤字 -（通货膨胀率 × 国债数量）。

通货膨胀调整的赤字给出了在很低的通货膨胀率下，比在实际赤字情况下更准确地预算状况的情景。

9. 铸币税

答：铸币税是指政府由于拥有货币铸造的垄断权而获得的一种净收入，也即一种货币发行收入：①从历史发展来看，在金属货币时代，货币产生于实体经济，购买力取决于所含金属的重量，即其内在价值。货币与商品的交换是一个等价交换的过程。在这一过程中，基本上不存在货币的发行收入。但当货币形式发展到不足值货币，特别是到了信用货币时代，货币发行脱离了实体经济的束缚，货币发行就成为一种特权，能为发行者带来发行收入。西方政府曾对私人银行发行现钞课税，作为允许他们拥有货币发行特权的交换，此时铸币税就出现了。联储建立后，垄断了货币发行权，货币的发行收入归属政府，这种收入也被称为“铸币税”。这时铸币税已不是一种真正的税种，只是将政府垄断货币发行收入具体化，使之可以进行实际的操作，在实践上实现货币发行收入归政府所有。②设铸币税为

S，M_t是t期的货币发行量，M_{t+1}是$t+1$期的货币发行量，考虑到价格因素，$S=(M_{t+1}-M_t)/P_t$，P_t为t期的价格水平。从上述公式中反映出：货币发行收入与价格水平成反比，物价水平越低，联储同等数额货币发行的铸币税就越高；货币发行收入与新增货币发行量成正比，新增货币发行量越大，铸币税越高。③同时在国际金融中，铸币税是指一国因其货币为他国所持有而得到的净收益。如其他国家持有美元，则意味着美国可以用本国发行的没有内在价值的美元购买他国的商品和金融资产，也就是说美国无偿占有了他国资源。这是由于美元作为国际货币的地位而取得的特权。因此一国因货币输出赚取的物质利益也被称为“铸币税”。

10. 非正统的稳定方法

答：非正统的稳定方法是指为降低通货膨胀并使其稳定，在可接受的水平上所采取的以相对小的失业为代价的一种异端方法。由于在通货膨胀中存在着众多不稳定因素，特别是当通货膨胀持续时，税制的崩溃以及由通货膨胀造成的经济的极端失控，往往使得人们沉迷于某种可能性之中，即以相对小的失业代价，借助于其他措施协调一致地对通货膨胀实施打击，就有可能制止通货膨胀。在这种稳定化的异端方法中，通常将货币政策、财政政策、汇率政策与收入政策结合在一起。1985年在阿根廷和以色列，1986年在巴西，当政府冻结工资与物价时，就采用了这种方法。

11. 通货膨胀惯性

答：通货膨胀惯性是指在通货膨胀出现后，由于人们对通胀的预期而形成的不断持续下去的趋势。通货膨胀有惯性，是因为人们总是根据目前所观测到的通货膨胀来修订他们对将来通货膨胀的预期。比如，若价格水平正在快速上升，人们会预期价格继续急速上涨。而通货膨胀预期又影响了人们在签订将来的合同时对价格的设定。即如果现在的通货膨胀高，那么人们有理由相信将来通货膨胀仍将继续保持较高水平。因此，在各种合同中都把价格相应提高。这样，表现出来的就是物价水平的持续上升。

12. 货币流通速度

答：货币流通速度是指单位货币在一定时期内被周转使用或流通支付的次数，是决定商品流通过程中所需要货币量的重要因素之一，能在一定程度上弥补流通中货币数量的不足。但在确定货币流通速度时，应该是处于流通中不断运动的货币，不包括暂时停止或长期沉淀的那些部分。因此，现实中无法确定有多少货币正处于流通过程中，有多少停滞不动。所以，对货币流通速度的测定，主要根据不同层次货币与相应商品的流通，确定各层次货币的流通速度。如以商品零售额与现金余额的比值，测定这时期现金的流通速度；以国民生产总值与M_1或M_2的比值，测定M_1或M_2的流通速度。但无论得出的比值如何，与严格意义上的货币流通速度会有所差异。

13. 货币化

答：货币化有两种含义：①财政赤字的货币化，即国家用印钞票的方法来弥补财政赤字；②经济发展过程中的货币化，即在经济发展中，由于体制变化产生超额货币需求，从而使货币流通速度减慢。

在本章中货币化是指财政赤字的货币化，一般是联储在公开市场上购买政府债券。采用这种方法，会使货币供应量增加，易导致通货膨胀。独立性高的联储可以自主选择是否对赤字实行货币化，但会面临一个两难处境：如果它不弥补赤字，财政扩张由于没有伴随着扩张性的货币政策，而将导致利率提高，从而挤出私人支出。因此，联储倾向于通过买入债券来防止挤出效应的产生，由此增加货币供给，会使产出增加。但是如果经济接近充分就业状态，货币化政策将助长通货膨胀。

二、简答题

1. 通货膨胀是一种货币现象吗？你的回答必须区分短期和长期。

答：通货膨胀是指在一段时期内，一个经济中大多数商品和劳务的价格持续显著地上涨。考察通货膨胀是否为一种货币现象，必须区分短期和长期。

(1)在长期，通货膨胀是货币现象。原因如下：

把货币数量方程式：$M \times V = P \times Y$，写成增长率的形式：$m + v = \pi + y$，得 $\pi = m - y + v$，其中 m 是货币增长率，v 是货币流通速度的变化率，π 是通货膨胀率，y 是产出增长率。

在长期，经济处于充分就业水平，真实产出(Y)不变，货币流通速度(V)稳定，因此，v 和 y 可看作为零，这样通货膨胀率就完全取决于货币增长率，只有货币供给量增加才会引起通货膨胀，因此，在长期中，通货膨胀是一种货币现象。

(2)在短期，通货膨胀是否为一种货币现象则并不肯定。原因如下：

在短期，真实产出(Y)和货币流通速度(V)的变化很难预测，通货膨胀率与货币增长率之间的联系并不太确切，产出增长的变化或流通速度的改变都会影响着通货膨胀。具体来说，影响通货膨胀的非货币因素有以下几个：

①改变产量水平的非货币性冲击在货币增长率不变的情况下也能使通货膨胀率发生变化；

②利率的变化改变了持有货币的机会成本从而影响到了收入对货币的合意比率，货币流通速度就会发生变化，从而通货膨胀率发生变化；

③货币需求的变化以及金融创新和西方国家普遍的放松管制，都会引起价格水平变化，从而使通货膨胀率发生改变。

这些原因都解释了货币-通货膨胀关系的短期不稳定性。因此，在短期，通货膨胀并不总是一种货币现象。

2. (1)请评价降低通货膨胀的渐进式和冷火鸡式战略的优点和缺点。

(2)为什么反通货膨胀政策的信誉是重要的?

答：(1)降低通货膨胀的渐进式和冷火鸡式战略的优缺点：

①渐进式的政策是指政府通过持续小幅度地削减货币增长率来紧缩总需求，在很长的时间内逐步消除通货膨胀的政策。它是温和的失业率与高通货膨胀的搭配。

其优点是：可以保持一个较低而温和的失业率，不易造成大规模的经济衰退。

其缺点是：通货膨胀不会迅速降低，会持续较长时间。

②冷火鸡式战略是指政府通过大幅度地削减货币增长率从而突然、大规模地紧缩总需求，以国民收入的明显下降和失业率的显著提高为代价，在短时间内消除通货膨胀的政策。

它是较高的失业率与低通货膨胀的搭配。

其优点是：可以建立政府政策的可信性，迅速地降低通货膨胀率。

其缺点是：失业率较高，并经常造成经济的大规模衰退。

由于两种政策优劣不同，因此政策制定者在决定采取何种政策时会进行权衡，考虑利益得失，需要判断工资或价格需要多长时间、以多快速度才能调整到均衡水平或者说需要付出什么样的代价。

(2)反通货膨胀政策的信誉之所以重要的原因：

反通货膨胀政策的信誉是重要的，其原因主要在于：可信的政策能够影响人们的预期。政府降低通货膨胀的承诺会降低人们的通货膨胀预期，并由此引起短期菲利普斯曲线的下移。具体的讲：

预期增长总供给曲线是 $\pi=\pi^e+\lambda(Y-Y^*)$。如果政策是可信的，当货币增长率被调整到一个新的较低水平上时，人们随之调整他们的通货膨胀预期 π^e，π 可以因 π^e 的下降而下降。因此，如果政策是可信的，预期是理性的，当政策有变化时经济可以迅速移动到新的长期均衡，经济就可以避免长时间的大规模的衰退。

归结到具体的政策层面上，冷火鸡式战略与渐进式政策相比，更能清楚地体现出决定性的政策变化，具有压低通货膨胀的坚定目标。因此，人们形成的理性预期，在激进主义下，比渐进主义，更能相信政策已经变化，也就是说冷火鸡式战略比渐进式更为可信。

3. 联储在什么时候应该或者不应该货币化赤字？

答：货币化赤字是指用发行货币的形式为政府财政赤字筹资，一般指联储在公开市场上购买政府债券。采用这种方法，会使货币供应量增加，易导致通货膨胀。联储应根据经济的实际情况来决定是否货币化赤字。

(1)如果经济萧条，远离充分就业状态，则应该货币化赤字。因为如果失业率较高，根据短期菲利普斯曲线可知，通货膨胀率较低，此时货币化赤字，增加货币供给不会造成大的通货膨胀压力。而且，在经济萧条时，面对高的失业率，轻微的通货膨胀成本较低。

(2)如果经济接近充分就业状态，则不应该货币化赤字。因为此时增加货币供给不会使产出较大增加，反而会加速通货膨胀，甚至可能引发恶性通货膨胀，给经济社会带来严重后果。

4. 通货膨胀怎样增加政府收入？

答：通货膨胀税用来衡量政府从通货膨胀政策中获得的收入。政府由此产生的收入额可用以下公式表示：

$$通货膨胀税收入=通货膨胀率\times实际基础货币$$

通货膨胀增加政府收入的途径有：

(1)政府发行货币获得的直接收入。

(2)通货膨胀时期，物价上涨，使实际货币余额减少，人们所持有的等量货币购买力下降，这相当于政府通过通货膨胀政策把这部分购买力从货币持有者手中转移到政府手中。

(3)通货膨胀时期，物价上涨，名义工资也随之上涨，使得纳税人的纳税等级上升到一个更高档次，增加了政府的税收收入。

(4)政府往往是最大的债务人，通货膨胀会使财富从债权人转移到债务人，减轻政府的债务负担。

5. 在德国恶性通货膨胀的高峰期，政府的支出中仅有 1%能通过税收予以弥补。

(1)解释德国政府怎样才能弥补剩余 99%的支出。

(2)解释为什么在恶性通货膨胀结束后，德国的名义货币存量可以增加近 20 倍却没有再引发通货膨胀。

答：(1)在德国恶性通货膨胀高峰期，德国政府的大部分支出是通过发行货币的方法进行融资的，即获得通货膨胀税来弥补支出。通货膨胀税收入的计算公式为：

$$通货膨胀税收入 = 通货膨胀率 \times 实际基础货币$$

(2)当恶性通货膨胀结束之后，人们对通货膨胀的预期降低。由于通货膨胀预期较低，名义利率就会下降，对实际货币余额的需求增加。在此时，政府增加货币供给不会引发通货膨胀。所以，在恶性通货膨胀结束后，德国的名义货币存量可以增加到近 20 倍却没有再引发通货膨胀。

6. 典型的恶性通货膨胀通常发生在战后时期或大的社会动荡之后的一个时期内。在 20 世纪 90 年代初导致俄罗斯高通货膨胀的因素是什么?

答：恶性通货膨胀又称“超速通货膨胀”，是指物价总水平以极高的、完全失去控制的速率持续上升的现象。有学者认为，物价总水平每月以 50% 以上的速率持续上升，为恶性通货膨胀。恶性通货膨胀较为少见，它往往发生在战争期间或战后初期。恶性通货膨胀主要是由于政府大规模地滥发货币造成的，但深层的原因往往是政府巨额财政赤字，因此恶性通货膨胀的治理最终还要依赖于财政政策的改变。

(1)20 世纪 90 年代初导致俄罗斯恶性通货膨胀的原因：

①俄罗斯在社会主义时期积累了巨额财政赤字和大规模外债。20 世纪 90 年代从计划经济向市场经济转化时，政局动荡，百废待兴，经济大幅度下滑，产出剧减，而同时许多费用需要政府承担，政府支出大增。

②当时社会混乱，制度不健全，黑市交易盛行，征税困难。

在这种情况下，政府不得不通过增发货币来为财政赤字筹资，货币供给大量增加，导致了俄罗斯在 20 世纪 90 年代发生恶性通货膨胀。

(2)俄罗斯为遏制通货膨胀采取的措施：

①政府大规模地削减企业补贴，加强税收的征收力度。

②制定法律保护私人财产和鼓励私人投资。

③叶利钦总统在 1998 年发行新的卢布，新旧卢布兑换比例为 1∶1000。

三、计算与分析题

1. 假定基础货币占 GDP 的 10%，并且政府正考虑把年通货膨胀率从目前的 0 提高到 10%的水平，并相信这样做会使政府的收入增加到占 GDP 的 1%。解释为什么这一计算高估了政府将会获得的通货膨胀税收入。

答：通货膨胀税是指政府发行货币，通过通货膨胀政策获得的收入。通货膨胀税收入

的计算公式为:

$$通货膨胀税收入 = 通货膨胀率 \times 实际基础货币$$

如果实际基础货币保持不变，当通货膨胀率从0%提高到10%，政府通货膨胀税收入占GDP的比率就增加1%。这一计算高估了政府将会获得的通货膨胀税收入，因为随着通货膨胀率的提高，人们会减少货币持有量，银行也会由于持有货币成本的增加而减少准备金。实际货币余额需求的减少，会减少通货膨胀税。

2. 如果债务-GDP比率为30%，年通货膨胀率为7%，总预算赤字为GDP的4%，请计算经通货膨胀调整的赤字。

解: 经通货膨胀调整的赤字 = 总赤字 - 通货膨胀率 × 国家债务

= 4% - 7% × 30% = 4% - 2.1% = 1.9%

所以，经通货膨胀调整的赤字占GDP的1.9%。

3. 表22-1显示了美国自19世纪70年代以来 M_2 的增长率、通货膨胀率和产量增长率每十年的平均数情况。讨论按产出增长调整过的货币增长在多大程度上有助于解释美国近几年的通货膨胀史。

表22-1 货币、产出和通货膨胀

	货币增长/%	产出增长/%	通货膨胀/%
1870~1879	2.3	5.5	-3.0
1880~1889	6.6	1.4	-1.1
1890~1899	5.0	3.7	-2.2
1900~1909	7.3	4.0	1.9
1910~1919	9.8	3.5	6.6
1920~1929	3.3	4.2	2.2
1930~1939	0.8	1.5	-1.9
1940~1949	11.5	3.4	5.6
1950~1959	3.8	3.3	2.5
1960~1969	7.0	4.4	2.3
1970~1979	9.5	3.3	6.6
1980~1989	8.0	3.2	4.8
1990~1999	4.0	3.2	2.2
2000~2009	6.5	1.9	2.4

答: 把货币数量方程式: $M \times V = P \times Y$，写成变量百分比的形式: $m + v = \pi + y$，得 $\pi = m - y + v$，其中 m 是货币增长率，v 是货币流通速度的变化率，π 是通货膨胀率，y 是产出增长率。

通货膨胀(π)是 M_2 增长率(m)与经济增长率(y)之差加上 M_2 流通速度的变化率(v)。用表22-2的第二列的货币增长率减去第三列的产出增长率可以得通货膨胀率与 M_2 流通速度的变化率(v)之差。也就是说，如果 M_2 流通速度固定不变，第四列的通货膨胀应该等于前两列之差。计算后得 M_2 流通速度的变化从1880~1889年的-6.3%到1920~1929年的+3.1%。然而，从1960到1989年，M_2 流通速度的变化接近于零，这样通货膨胀可以很

好地解释为 M_2 增长(m)与经济增长(y)之差。在 1990 年以后的时期，M_2 流通速度的变化差异再次接近于零。

表 22 - 2 美国 19 世纪 70 年代以来 M_2 的增长率、通货膨胀、产量增长率及货币流通速度

	货币增长/%	产出增长/%	通货膨胀/%	流通速度/%
1870 ~ 1879	2. 3	5. 5	-3. 0	0. 2
1880 ~ 1889	6. 6	1. 4	-1. 1	-6. 3
1890 ~ 1899	5. 0	3. 7	-2. 2	-3. 5
1900 ~ 1909	7. 3	4. 0	1. 9	-1. 4
1910 ~ 1919	9. 8	3. 5	6. 6	0. 3
1920 ~ 1929	3. 3	4. 2	2. 2	3. 1
1930 ~ 1939	0. 8	1. 5	-1. 9	-1. 2
1940 ~ 1949	11. 5	3. 4	5. 6	-2. 5
1950 ~ 1959	3. 8	3. 3	2. 5	2. 0
1960 ~ 1969	7. 0	4. 4	2. 3	-0. 3
1970 ~ 1979	9. 5	3. 3	6. 6	0. 4
1980 ~ 1989	8. 0	3. 2	4. 8	0
1990 ~ 1999	4. 0	3. 2	2. 2	1. 4
2000 ~ 2009	6. 5	1. 9	2. 4	-2. 2

第23章　国际调整与相互依存

23.1　复习笔记

【知识框架（庖丁解牛）】

- 国际调整与相互依存
  - 固定汇率制下的调整
    - 开放经济中价格的作用
    - 融资与调整
    - 汇率与价格
  - 汇率变动与贸易调整
    - 汇率和相对价格调整
    - 相对价格和贸易余额
  - 国际收支的货币分析法
    - 冲销
    - 货币分析法作用原理
    - 货币分析法与贬值
  - 弹性汇率、货币和价格
    - 资本完全流动下汇率与价格的调整
    - 货币扩张的短期和长期影响
    - 汇率超调
    - 购买力平价理论（PPP）
  - 利率差异与汇率预期
    - 汇率预期
    - 投机性的资本流动
  - 汇率波动与相互依存
    - 外汇市场干预
    - 政府干预的原因
    - 相互依存
  - 汇率制度的选择
    - 目标区制度
    - 特定的联合干预
    - 美元化和货币委员会

【考点难点归纳（厚积薄发）】

考点一：固定汇率制下的调整　★★★★

1．开放经济中价格的作用

（1）价格与产品竞争力：

实际汇率是指剔除通货膨胀因素之后的汇率，即实际汇率＝名义汇率－通货膨胀率，是衡量一国国际贸易竞争力的主要指标。实际汇率 R 的定义式为：$R=eP_f/P$。其中，e 是名义汇率，P_f是国外价格水平，P 是国内价格水平。

假定汇率和国外价格水平是给定的，而国内价格水平可变，则根据公式可知，国内价格水平的变动影响本国产品在国际贸易中的竞争力，进而影响本国的进出口。

(2)开放经济的总需求曲线：

开放经济中，总需求等于国内居民的总支出与净出口之和，即 $AD = DS + NX$。一般而言，本国产品的总需求曲线 AD 向右下方倾斜。

在开放经济中，总需求曲线 AD 向右下方倾斜有两种原因：

①本国产品的价格提高，使得本国产品相对昂贵，从而本国出口减少，进口增加，净出口降低，总需求下降。

②价格水平提高会导致实际余额降低，利率提高，从而支出下降，需求减少。

(3)贸易差额均衡曲线：

贸易差额用净出口 NX 表示，即 $NX = X(Y_f, R) - Q(Y, R) = NX(Y, Y_f, R)$，贸易差额均衡时，净出口水平为零。因此，贸易差额均衡曲线为 $NX = 0$。在国外价格水平给定的条件下，本国收入增加会增加进口，从而使贸易差额恶化。为恢复均衡，国内价格必须下降以增强本国的竞争力。因此，贸易差额均衡曲线向下方倾斜。

2. 融资与调整

在开放经济情况下，当一国存在贸易赤字时，为了实现贸易差额均衡，一种办法是提高本国产品的竞争力，从而增加出口和减少进口；另一种办法是降低本国收入水平，从而减少进口支出。面对国际收支赤字，一国政府可以采取融资和调整两种方式，维持经济平稳发展。

(1)融资与经常项目赤字：

①中央银行动用其储备为暂时性收支不平衡融资，即在现有汇率下弥补由于国际收支赤字所产生的对外币的超额需求。

②从国外借入外国通货为赤字融资，但在偿还外债时可能出现问题。

(2)对赤字的调整：

①自动调节：

a. 总需求方面，通过影响货币供给从而影响支出。

b. 总供给方面，失业影响工资和价格，进而影响竞争力。

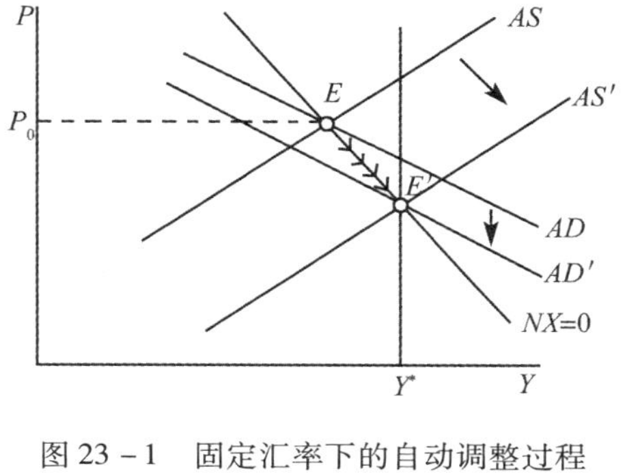

图 23－1　固定汇率下的自动调整过程

随着时间的流逝，短期均衡点 E 会向点 E'的方向运动，一旦到达点 E'就自动实现了长期均衡，贸易余额处于均衡状态，产出处于充分就业水平。但这一自动调整过程是漫长的，并且要经历一次相当长时期的经济衰退。

②恢复均衡的政策如表23－1所示：

表23－1 恢复均衡的政策

政策	影响	优缺点
征收关税	征收关税将增加进口商品的成本，大国进口商品的国际市场价格下降，如果同时进口国出口价格也不变，则该国的贸易条件将得到改善	缺点：不可能被自由运用
削减支出	根据恒等式：$NX \equiv Y-(C+I+G)$(其中，NX为贸易盈余，I为投资)可知，减少贸易差额赤字可以采用减少总需求的政策，例如运用紧缩性货币政策和财政政策。外部赤字与预算赤字之间的联系可以表示为：$NX \equiv (S-I)+[TA-(G+TR)]$。其中，$S$表示私人储蓄，$TA-(G+TR)$为政府预算盈余。当储蓄和投资保持不变时，削减预算将会导致外部赤字的等额变化	缺点：削减预算是会影响储蓄和投资的，因此需要一个更加完整的模型来解释削减预算如何影响外部平衡
货币贬值	贬值政策发挥作用的机制如图23－2所示。经济原来处于充分就业的贸易余额均衡状态E点，当出口收入外生性下降时，$NX=0$曲线向左移动至$NX'=0$位置。在汇率固定不变的条件下，随着出口需求的减少，产品将会下降，AD曲线向左移动。出口外生减少的净效应就是失业和贸易赤字	优点：贬值政策能够迅速进行相应的调整

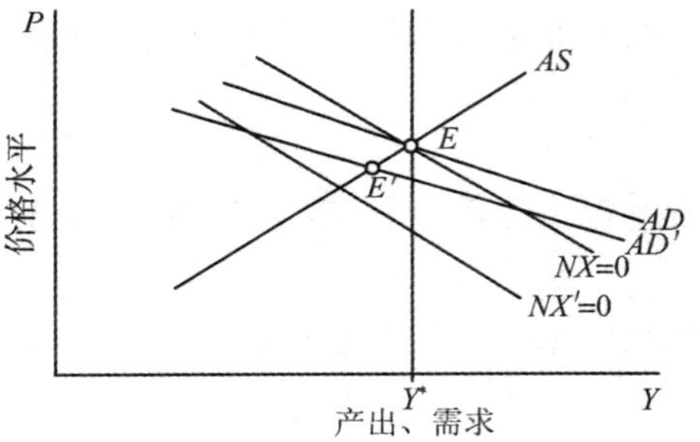

图23－2 对出口收入外生性下降的贬值调整

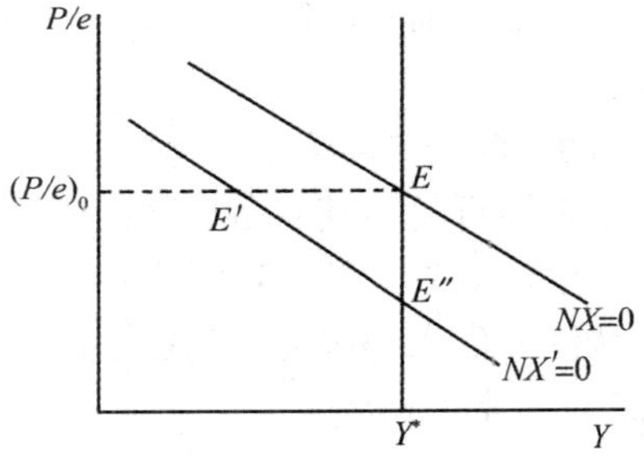

图23－3 竞争力和调整

3. 汇率与价格

(1)实际贬值与政策调整：

①实际贬值的含义：

实际贬值是指降低了相对于国外产品价格而言的本国产品价格的贬值，是由实际汇率上升所引起的一国货币币值的下降。

②对外部冲击的调整问题：

如图23－3所示，假设初始经济位于内部和外部平衡点E，不利的外部冲击导致NX曲线向左移动到$NX'=0$处，出现国际收支赤字。

在短期内，国家可以通过向其他国家发行债券应对外部冲击，使得均衡维持在E。在长期，国家难以通过借债的方式应对外部冲击，只能借助自动机制完成货币贬值，长期均衡位于E''。

(2)爬行钉住汇率：

爬行钉住汇率是指国家货币当局(央行)承担维持一个平价的义务，以使汇率保持在一定限度内，并允许平价进行经常的、小幅度的变动。

◆拓展延伸◆

爬行钉住汇率的优点：

由于蠕动钉住汇率制度兼具约束和自由的特点，较符合许多发展中国家的经济特征，因此它成为发展中国家特有的一种汇率制度。政府可以经常地、按照一定时间间隔、以事先宣布的百分比对汇率平价作小幅度调整，直至汇率达到均衡汇率为止。

考点二：汇率变动与贸易调整 ★★★★

1. 汇率和相对价格调整

(1)名义贬值的真实效应：

政府为了恢复贸易平衡而实行名义贬值，贬值提高了进口产品的价格，从而提高了消费物价。为了维持实际工资不变，工人要求更高的名义工资。厂商通过提高产品价格，将上涨的工资成本转嫁出去。于是，名义工资与价格同比例上升，以国内产品表示的实际工资固定不变。因此，国内产品的相对价格 e/P 保持不变，从而名义贬值对实际汇率 $R = eP_f/P$ 没有任何影响，名义贬值没有实现真正的贬值效应。

(2)黏性实际工资与实际扰动：

黏性实际工资是指工资不能迅速地反映劳动力市场供求的变动，只能缓慢地根据劳动力市场状况改变而调整。

假设出口需求由于国外引用了优越的技术而永久性下降。为了恢复充分就业，实行贬值刺激国外需求。但黏性实际工资将造成名义工资与价格螺旋上升，名义贬值的效果被抵消，产品的相对价格不会改变。因此，减少实际工资的唯一办法只能是持久的失业。

2. 相对价格和贸易余额

(1)实行汇率贬值的效应：

以国内产品度量的贸易余额为：$NX = X - (eP_f/P)Q$，其中，X 表示出口；Q 表示本国的进口量；$(eP_f/P)Q$ 表示以国内产品度量的进口产品价值。实行汇率贬值的效应如表 23－2所示。

表 23－2　实行汇率贬值的效应

要点	具体内容
价格效应	如果进口的实物量没有变化，由于价格提高，以本国货币计量的进口产品的价值必然增加，从而提高进口支出，由此导致贸易余额恶化
数量效应	由于本国产品的相对价格较低，本国产品的出口量将会上升。由于进口产品的相对价格较高，进口量将会下降。如果对进口和出口的数量效应超过价格效应，则贬值增加了净出口，将会改善贸易余额
两种效应的比较	短期内，数量效应很微弱，难以超过价格效应，因此贬值造成贸易余额的恶化；长期内，数量效应极其显著，足以保证贸易余额按正常的方式对相对价格的变化做出反应，从而改善贸易余额

(2)汇率变化的滞后效应：

滞后效应是指经济政策实施后，要经过一段时间才能发挥作用。当汇率变化的幅度很大并且持续的时间长，就会导致贸易类型发生相对的长久变化，因此，即使汇率恢复到原来的水平也可能不会恢复原来的贸易类型。为了恢复原来的贸易类型，汇率必须在相反的方向过度调整。

◆拓展延伸◆

"马歇尔-勒纳"条件：

在进出口商品的供给价格弹性趋于无穷大的前提下，如果进出口商品的需求价格弹性的绝对值之和大于1，则本国货币贬值可以改善贸易收支状况。这一结论首先由马歇尔提出，又经勒纳发挥，因此称为"马歇尔-勒纳"条件。用公式表示为：$|\eta_x| + |\eta_m| > 1$。其中，η_x表示出口需求价格弹性，η_m表示进口需求价格弹性。

考点三：国际收支的货币分析法 ★★★

1. 冲销(见表23-3)

表23-3 冲销

要点	具体内容	
分类	冲销性干预	指政府在外汇市场上进行干预的同时，通过其他货币政策工具(主要是公开市场业务)来抵消前者对货币供应量的影响，从而使货币供应量维持不变的外汇市场干预行为。采取的政策措施被称为冲销措施
	非冲销性干预	指不存在相应冲销措施的外汇市场干预，这种干预会引起一国货币供应量的变动
作用	中止自动调整过程的唯一途径就是冲销操作。在冲销作用下，由于外部平衡与平衡货币供应变化之间的联系被破坏，因而有可能出现持续的外部赤字。在这个意义上，持续的外部赤字是一种货币现象，即通过冲销操作中央银行积极地将货币存量保持在高于外部平衡所需的水平上	

2. 货币分析法作用原理

(1)货币分析法的含义：

货币分析法是指以保持货币供给与国民收入增长之间的协调来实现国际收支均衡与稳定的理论。该理论认为，国际收支从根本上说是一种货币现象，强调货币政策的运用，认为只要保证货币供给的增加与国民收入的实际增长相协调，就可以保持国际收支的均衡与稳定。

(2)固定汇率制下的货币政策和货币分析法中的货币政策如表23-4所示：

表23-4 固定汇率制下的货币政策和货币分析法中的货币政策

要点	具体内容
固定汇率制下的货币政策	由于中央银行必须满足由外国货币所产生的任何需求，货币存量具有内生性，在国际收支出现赤字或盈余时货币存量自动变化。因此，固定汇率制度下货币政策不能发挥作用
货币分析法中的货币政策	货币政策通过降低国内信贷增长使得"货币"紧缩，这说明外汇储备的增加或国外借款的增加成为货币增长的唯一来源。因而实行这样的货币政策将会直接增加国际收支盈余

3. 货币分析法与贬值

货币分析法认为，汇率贬值只在短期内有效，长期内是无法改善国际收支的。短期内，贬值提高了竞争地位，产生了贸易盈余，因而增加了货币存量。但随着时间的推移，不断增加的货币供给会提高总需求，从而提高价格，最后会使经济恢复充分就业和外部平衡。

考点四：弹性汇率、货币和价格 ★★★★

1. 资本完全流动下汇率与价格的调整

(1)基本假设：

①产出超出充分就业水平时，价格将会上升。

②利率总是趋向 *BB* 曲线所表示的世界平均利率水平，而不可能偏离这一水平太多。

(2)调整过程：

①汇率调整过程：

如图 23－4 所示，*BB* 曲线表示所有国际收支平衡的点。资本完全流动的情况下，只有当利率 $i = i_f$ 时，国际收支才处于均衡状态。当利率较低时，资本外流，本国货币将贬值，出口和收入增加，货币需求上升，利率就会上升，由此推动经济重新回到 *BB* 曲线。当利率提高时，这一机制就会以相反的方式发生作用。因此 *BB* 曲线以上的点，会引起资本流入和货币升值；下方的点将导致资本外流和货币贬值。

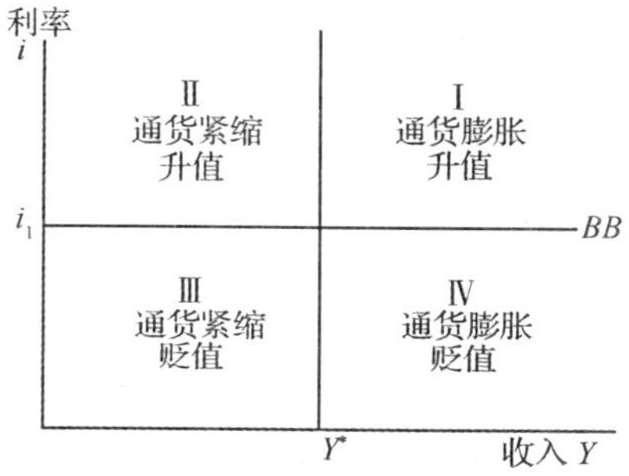

图 23－4 汇率与价格的调整

②价格调整过程：

根据假设，当产出超出充分就业水平时，价格将会上升，引起通货膨胀；反之，将会引起通货紧缩。如图 23－4 所示，在 Y^* 右边的任何地方，价格都将上升，而在 Y^* 左边，价格将会下降。

2. 货币扩张的短期和长期影响

(1)货币扩张的短期效应：

如图 23－5 所示，短期中，货币扩张推动 *LM* 曲线向右移动，均衡利率下降，资本流出，可变汇率制度下汇率立即贬值，本国产品竞争力增强，对本国产品的需求增加，从而推动 *IS* 曲线向右移动，经济均衡点由点 *E* 运动到点 *E″*。

(2)货币扩张的长期效应：

如图 23－5 所示，在点 *E″*上，产出高于充分就业水平，经济过热，价格水平将不断提高。实际余额持续下降，*LM* 曲线开始向左移动，利率逐渐上升，资本开始内流，推动 *IS* 曲线返回初始均衡位置。最终，经济将重新到达点 *E*。

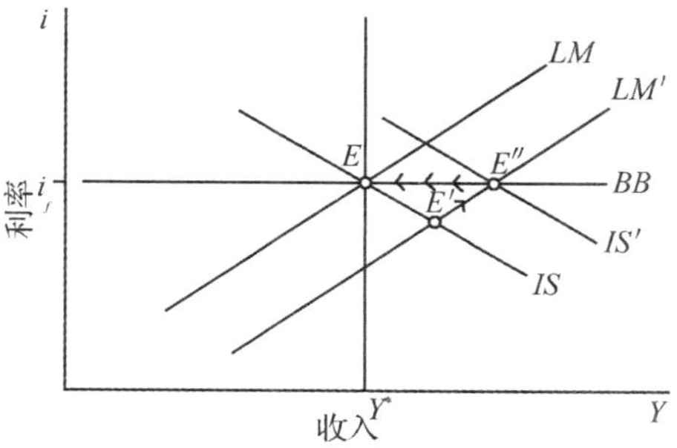

图 23－5 货币扩张的短期和长期效应

(3)货币扩张的长短期效应总结如表 23－5 所示：

表 23-5　货币扩张的长短期效应总结

时期	M/P	e	P	eP_f/P	Y
短期	+	+	0	+	+
长期	0	+	+	0	0

3. 汇率超调

(1)汇率超调的含义:

汇率超调又称汇率的过度调整，是指当汇率对某一扰动做出反应时，其最初的变动会超过它最终将达到的均衡，此后逐渐恢复到长期均衡位置的现象。汇率超调意味着货币政策的改变会产生汇率的大幅度变化。

(2)汇率超调的图形解析:

如图 23-6 所示，在时间 T_0 处，货币存量增加并且停留在这个较高的水平上，此时汇率立即贬值，且汇率指数的上升要大于货币指数的上升；相比之下，价格并未迅速移动。

由于在时间 T_0 时产量高于潜在水平，存在通货膨胀。随着时间的推移，价格不断上升，汇率同时也在不断升值。最后，价格上升到与货币增加相称的程度，汇率也与较高水平的货币和价格相适应。在长期中，并没有影响实际变量。

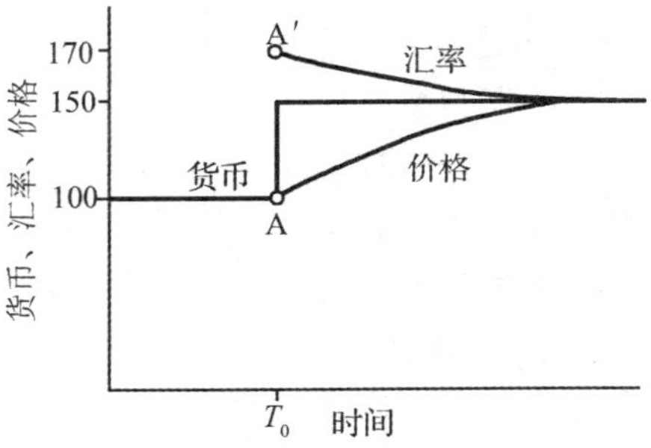

图 23-6　汇率的过度调整

4. 购买力平价理论(PPP)(见表 23-6)

表 23-6　购买力平价理论(PPP)

要点	具体内容
概述	购买力平价理论是一种汇率决定理论，基本思想是：货币的价值在于它所具有的购买力，两种货币间的汇率及其变动决定于两国货币各自所具有的购买力之比，其基础是一价定律
形式	购买力平价理论主要分为绝对购买力和相对购买力两种形式： ①绝对购买力平价认为汇率取决于不同货币衡量的可贸易商品的价格水平之比。 ②相对购买力平价认为汇率的升值与贬值是由两国的通胀率的差异决定的
成立条件	①货币扰动会影响短期实际汇率。 ②非货币的扰动会对汇率产生影响
PPP 与外部竞争力	购买力平价 PPP 的衡量与一国对外贸易的竞争行为具有密切联系。当一国相对价格水平下降时，该国产品会变得相对便宜，从而更具有竞争力

考点五：利率差异与汇率预期 ★★★

1. 汇率预期

(1)考虑汇率预期的国际收支方程:

任何人投资国内债券，都会赚取利率 i。若选择投资于国外债券，则国外债券收益(以本国货币衡量）$=i_f+\Delta e/e$。其中，$\Delta e/e$ 是汇率的预期变化。

资本流动受本国利率与经过预期贬值调整的国外利率间差别的影响，即 $i-i_f-\Delta e/e$。当本国利率一定时，国外利率上升或预期贬值都会引起资本流出；反之，引起资本流入。因此，国际收支写为：$BP=NX(Y,\ eP_f/P)+CF(i-i_f-\Delta e/e)$。当资本完全流动且达到均衡时，$i=i_f+\Delta e/e$。

（2）汇率预期与国际间利率差异：

①当资本完全流动时，均衡国内利率为 $i=i_f+\Delta e/e$，汇率预期的调整解释了资本自由流动下国际间利率差异的存在。

②预期贬值有助于解释低通货膨胀和高通货膨胀国家间的利率差别。当某国的通货膨胀率较高时，可以预期其汇率将贬值。这是费雪方程的国际扩展，长期关系为：通货膨胀差异≌利率差异≌贬值率。

2. 投机性的资本流动

（1）预期的自我实现机制：

自我实现的预期是指可以引起一个变量以预期的方式变化的预期。当人们都预期某一经济状况将出现时，他们会根据这种状况采取行动，从而促使这种状况出现。

当政策使人们形成与政策目标相一致的预期时，政策目标就更易实现；而当人们的预期与政策目标不一致时，政策执行的难度就会增加。

（2）汇率预期的自我实现：

汇率预期的变化能够影响实际汇率以及国内利率和产出，具有自我实现的特征。如图 23－7 所示，E 点处同时实现了内部均衡与外部均衡。当市场已经形成本国货币升值预期时，即便本国利率较低，国内资产也具有吸引力，BB 曲线将会向下移动，位移等于汇率的预期升值额。此时，点 E 不再处于均衡状态，位于点 E 的盈余引起汇率开始升值，竞争力损失并最终造成产出和就业的下降。

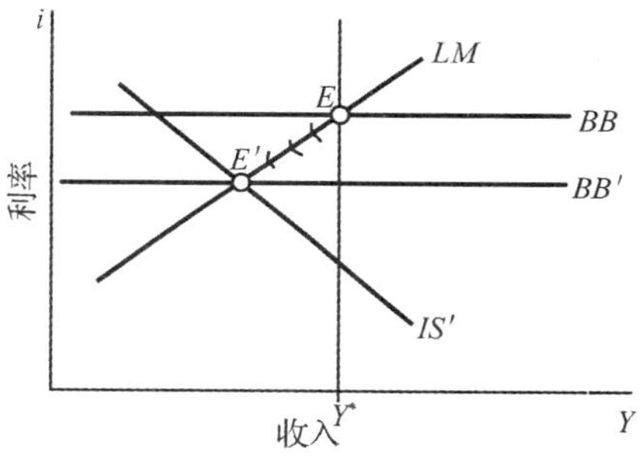

图 23－7　货币预期升值的调整

考点六：汇率波动与相互依存 ★★★

1. 外汇市场干预（见表 23－7）

表 23－7　外汇市场干预

要点	具体内容
固定汇率制下的干预	为了能保证汇率继续固定不变，中央银行需要拥有大量储备，从而有能力继续干预外汇市场，保持汇率不变。但是，如果一国的国际收支持续出现赤字，中央银行最终将会用尽外汇储备，无法继续进行干预
浮动汇率制下的干预	浮动汇率制可分为自由浮动与管理浮动： ①在自由浮动汇率制度下，中央银行对外汇市场不采取任何干预措施，汇率完全由外汇市场的供求力量自发地决定。 ②在管理浮动汇率制度下，政府对外汇市场进行各种形式的干预活动，以通过对外汇供求的影响来影响汇率

2. 政府干预的原因

(1)稳定经济波动。

(2)改善贸易流量。

(3)减缓通货膨胀的影响。

3. 相互依存

(1)相互依存效应的含义:

相互依存效应又称溢出效应,是指一国的政策变化或者供求冲击影响到其他国家就业和产出的现象。

(2)相互依存效应对政策制定的影响:

存在相互依存效应的条件下,一国的政策制定者就必须考虑是否接受其他国家政策带来的就业、通货膨胀的影响。如果国外的通货膨胀会对本国造成严重的影响,或本国对通货膨胀特别敏感,那么对国外的通货膨胀政策的反应极有可能就是紧缩货币。

考点七:汇率制度的选择★★

1. 目标区制度

目标区制度允许汇率在有限的区间内浮动,并在汇率越出区间界限时,进行政府干预。该制度认为,汇率的广泛波动偏离基本的均衡汇率水平越远,就越会扭曲贸易流量和增加金融危机发生的风险。为了避免不方便、恶化和大的风险,政府应当确定汇率波动的界限,来保持汇率的偏离程度。

2. 特定的联合干预

特定的联合干预是一种很少被使用的限制汇率波动的方式。当汇率偏离历史平均水平时,各国政府可以选择一个最佳时刻进入市场,通过购买大量贬值通货来拉动价格,从而迫使短期卖家撤离位置,并创造出一种巨大的反向推动力。

但是,特定的联合干预只能够影响对于市场预期较弱的人。

3. 美元化和货币委员会

(1)货币局制度:

货币局制度是指一国设立货币委员会机构,由货币委员会提供100%外汇储备支持的地方性通货,从而使中央银行不能权衡干预,不能印制货币来弥补财政赤字,也不再能够进行货币贬值的制度。在大多数功能性的经济中,货币局可以成为一种增强政策的可信性,并因此而提高世界经济一体化程度的额外强有力的力量。

(2)美元化:

美元化是一种在多数情况下被停止使用的使货币坚挺的方式。区别于完全的国内货币,在美元化制度下,一国将采用美元(或者其他货币)作为自己国家的货币。

23.2 课后习题详解

一、概念题

1. 自动调节机制

答:自动调节机制是指自动消除国际收支失衡问题作用的机制。在纯粹的自由经济中有货币-价格机制、收入机制及利率机制等国际收支自动调节机制。①货币-价格机制也称为“价格-现金流动机制”，其描述的是国内货币供给存量、一般物价水平变动以及相对价格水平变动对国际收支的影响。当一国处于逆差状态时，对外支付大于收入，货币外流，物价下降，本国汇率也下降。由此导致本国出口商品的价格绝对或相对下降，从而出口增加，进口减少，贸易收入得到改善。②收入机制的调节作用表现为：当国际收支逆差时，国民收入下降。国民收入下降引起社会总需求下降，从而进口需求也下降，进而改善贸易收支。③利率机制的调节作用表现为：当国际收支发生逆差时，本国货币供给存量减少，利率因此上升。这意味着本国金融资产的收益上升，从而对本国金融资产的需求上升，对外国金融资产的需求相对下降。这样，资金外流减少或内流增加，资本与金融项目收支得到改善。当国际收支顺差时，上述的自动调节仍然起作用，只是方向相反而已。

2. 贬值

答：贬值与“升值”相对，是指国内通货价值相对于其他国家通货价值的减少。在直接标价法下，通货贬值时，汇率上升；在间接标价法下，通货贬值时，汇率下降。通货贬值后，本国货币只能兑换数量减少的其他国家的货币。因此用外国货币表示的本国商品劳务的价格下降，使本国商品劳务价格相对于其他国家变得便宜。因此，通货贬值能促进出口而抑制进口。一国通货贬值通常是由国际收支持续逆差，外汇短缺造成的。外汇短缺，外汇汇率会上升，该国为偿付对外债务会减少对本币的需求，使本币汇率下跌，影响币值稳定而发生贬值。

3. 支出削减(增加)政策

答：支出削减(增加)政策是指改变社会总需求或国民经济中支出总水平的政策。这类政策旨在通过改变社会总需求或总支出水平，来改变对外国商品、劳务和金融资产的需求，达到调节国际收支的目的。

支出削减(增加)政策主要是指财政政策和货币政策。财政政策是政府利用财政收入、财政支出和公债对经济进行调节的经济政策。货币政策是中央银行通过调节货币供应量与利率来影响宏观经济活动水平的经济政策，它的主要工具是公开市场业务、再贴现以及法定准备金率。财政政策与货币政策都可以直接影响社会总需求，由此调节内部均衡；同时，社会总需求的变动又可以通过边际进口倾向影响进口和通过利率影响资金流动，由此调节外部均衡。紧缩性的财政政策和货币政策具有压低社会总需求和总支出的作用。当社会总需求和总支出下降时，对外国商品、劳务和金融资产的需求也相应下降，从而使国际收支得到改善。反之，扩张性的财政政策和货币政策具有增加社会总需求和总支出的作用。当社会总需求和总支出增加时，对外国商品、劳务和金融资产的需求也相应增加，从而使国际收支逆差增加(或顺差减少)。

4. 肮脏浮动

答：肮脏浮动是指一国货币当局为使市场汇率向有利于本国的方向浮动，避免汇率波动幅度过大影响对外贸易和本国国际收支，而对市场汇率的升降幅度进行公开或隐蔽的干预。

它具有如下特点：①没有像金本位和布雷顿森林体系下的金平价；②尽管汇率波动没

有公开界限，但仍受到控制；③存在不同程度的政府干预，甚至国际社会的联合干预；④可以在一定程度上避免汇率一夜之间的大起大落，进而避免其对经济造成的损失；⑤不存在全球统一的汇率管理模式，汇率的管理或干预比较困难。

5. 国际收支赤字

答：国际收支赤字也被称为国际收支逆差，是指某一国在国际收支上的支出大于收入。国际收支逆差会导致本国外汇市场上外汇的供给减少，需求增加。从而使得外汇的汇率上涨，本币的汇率下跌。如果该国政府采取措施干预，即抛售外币，买进本币，政府手中必须要有足够的外汇储备，而这又会进一步导致本币的贬值。政府的干预将直接引起本国货币供应量的减少，而货币供应量的减少又将引起国内利率水平的上升，导致经济下滑，失业增加。

6. 美元化

答：美元化包括三层含义：事实美元化、过程美元化和政策美元化。事实美元化是指作为一种事实，美元在世界各地已经扮演了重要角色；过程美元化是指作为一种过程，美元在美国境外的货币金融活动中，无论是深度还是广度，都将发挥越来越重要的作用；政策美元化是指作为一种政策，一国或经济体的政府让美元取代自己的货币并最终自动放弃货币或金融主权的行动。

7. 支出转换政策

答：支出转换政策是指不改变社会总需求和总支出，而只改变总需求和总支出方向的政策，主要包括汇率政策、补贴、关税政策以及直接管制。狭义的支出转换政策专指汇率政策。

这种政策的目的在于在实现充分就业、增加国内总产出的同时实现国际收支的均衡。在开放经济条件下，总需求可以分为对国内商品和服务的需求以及对国外商品和服务的需求两种。在总需求水平保持一定时，增加对国内产品和服务的消费，并减少对国外产品和服务的消费，既可以促进就业增长，增加国内总产出，又可以改善国际收支状况。例如，贬值以及旨在促进把对国外的支出转向国内的进口限制都属于支出转换政策的范畴。值得一提的是，与支出转换政策相联系的贸易保护措施往往会招致贸易对方国的报复，引起当事国之间的关系紧张。

8. 古典调整过程

答：古典调整过程是指政府不采取政策措施，经济自动地向着内外均衡调整的过程。它依赖于价格调整和以贸易余额为基础的货币供应的调整。古典调整过程是有效的，但一般需要较长时间，并且经济可能会经历相当长时期的衰退。因此，各国政府在本国出现国际收支不平衡时，经常运用各种政策工具干预经济，消除国际收支不平衡，推动经济更快地趋向平衡。

9. 国内信贷

答：国内信贷是指国家通过发行公债向国内居民、企业取得信用，筹集资金的一种信贷形式，它形成国家的内债。国内信贷的基本方式是：商业银行以存款的方式把企、事业单位和城乡居民手中暂时闲置的资金集中起来，以贷款方式将资金分配给急需资金的生产企业和事业单位，促进国民经济的发展。然后按贷款协定的期限收回本金和利息。还有一种国内信贷方式，是企业可以委托银行发行国内债券来筹集长期资金。我国对某些先进机电产品用于设备更新、技术改造试办卖方信贷。这也是国内信贷的一种方式。

10. 外部均衡

答：外部均衡是指国际收支平衡，也即贸易品的供求处于均衡状态。当国际收支平衡时，既无国际收支顺差，也无国际收支逆差。

在开放经济中，宏观经济的最终目标是同时实现内部均衡和外部均衡。英国经济学家詹姆斯·米德开创性地提出了“两种目标、两种工具”的理论模式，即在开放经济条件下，一国经济如果希望同时达到对内均衡和对外均衡的目标，则必须同时运用支出增减政策和支出转换政策两种工具。

11. 爬行钉住

答：爬行钉住又称“滑动平价”或“蠕动钉住”，是指国家货币当局承担维持一个平价的义务，以使汇率保持在一定限度内，并允许平价进行经常的、小幅度的而非偶然的、跳跃性的变动。

这种汇率制度介于可调整的钉住汇率制度与管理汇率制度之间，因而它具有两种制度的特点，主要包括：①规定货币平价；②货币平价可以调整；③货币平价调整是经常的、有一定时间间隔的（区别于可调整的钉住汇率制）；④汇率的波动幅度比较小（如2% ~3%）。

由于这种制度兼具约束和自由的特点，较符合许多发展中国家的经济特征，因此它成为发展中国家特有的一种汇率制度。拉丁美洲的一些国家，如巴西、智利、阿根廷、哥伦比亚，从 20 世纪 60 年代起就相继实行了这种汇率制度。这些国家的政府可以经常按照一定时间间隔、以事先宣布的百分比对汇率平价作小幅度调整，直至汇率达到均衡汇率为止。

12. 国内信贷上限

答：国内信贷上限是指在采用货币分析法制定稳定国际收支平衡的经济政策时，对国内信贷扩张采取的限制。采用这样的上限，有助于中央银行面临利率上升或政府预算出现赤字时，避免向政府或者私人部门扩大贷款。国内信贷上限的运用是一种粗略但易于理解的改善国际收支的政策。特别是在需要恢复政府政策可信度的情况下，该政策往往成为政策工具的最佳选择。

13. 外汇市场干预

答：外汇市场干预是指中央银行买卖外汇以影响汇率的行为。从第二次世界大战结束到 1973 年期间，世界经济是在固定的美元汇率体系下运行的。各国的中央银行经常通过买卖外汇等干预措施，使汇率维持在国际协定的水平上。1973 年后，西方发达国家实行有管理的浮动汇率制。各国的中央银行为了缓和汇率的波动，也往往进行外汇干预。许多发展中国家为了维持某种形式的固定汇率制，也需要对外汇进行干预。

14. 货币局制度

答：货币局制度是指政府以立法形式明确规定，承诺本币与某一确定的外国货币之间可以以固定比率进行无限制兑换，并要求货币当局确保这一兑换义务的实现的汇率制度。货币局制度是一种特殊的固定汇率制。通常要求货币发行必须以一定的(通常是100%)外国货币作为准备金，并且要求在货币流通中始终满足这一准备金的要求。这一制度中的货币当局被称为货币局(不是中央银行)。它有两项基本原则：①本国货币钉住一种强势货币，与之建立货币联系，此货币成为锚货币；②本国的通货发行以外汇储备，特别是锚货币的外汇储备为发行保证，保证本国货币与外币随时可按固定汇率兑汇。

15. 汇率超调

答：汇率超调是指汇率对货币供给变动的短期反应超过其长期均衡水平的现象。汇率超调理论认为货币供求状况的变动会引起货币市场失衡，这种失衡最终将会影响到国内资产市场价格(即利率)和商品市场价格。由于商品市场价格具有黏性，因而在短期内货币市场失衡的恢复主要借助于证券市场，所以利率在短期内必然出现超调，其调整的幅度要超过其新的长期水平。如果资本可以在国际间自由流动，利率的变动就会引起大量的套利活动，由此带来相应的汇率变动与利率的超调相适应。汇率的变动幅度会超过新的长期水平，即出现超调的特征。但在长期，商品市场价格水平开始调整，汇率会出现相反方向的变动，逐渐向长期均衡过度，利率也逐渐恢复到长期均衡水平。

16. 滞后效应

答：滞后效应是指宏观调控政策对经济的作用不是即时的，而是存在时滞效应。时滞效应包括两种：一种是内部时滞，即着手制定政策所花费的时间；另一种是外部时滞，即政策行为对经济影响的时间。内部时滞可以分为：①认识时滞，是指经济扰动出现的时点和政策制定者认识到必须采取行动的时点之间的那段时间。一般而言，在要求政策扩张时，认识时滞较短；在要求政策紧缩时，认识时滞较长。②决策时滞，是指认识到要采取行动与政策决定之间的时间间隔。货币政策和财政政策的决策时滞长短取决于其决策机制。③行动时滞，是政策制定和实施之间的间隔。当货币政策是公开市场业务和改变再贴现率(或再贷款利率)时，行动时滞为零；财政政策的行动时滞则有长有短。外部时滞是指一旦政策行为被采取，它对经济影响的传递要经历一段时间，这也是通常所说的政策时滞。

在本章与汇率变化相关的特别含义：滞后效应在经济政策实施后经过较长时间才能表现出其作用。如果一种汇率变动后，的确又发生逆转，却给贸易项目留下了长期影响，这种滞后效应就会出现。

当汇率变化的幅度很大并且持续的时间长，就会导致贸易类型发生相对的长久变化。一旦外国企业在本国建成，消费者也已经习惯于它们的产品，即使汇率逆转回到初始的水平上，也难以使本国企业重新占有其市场份额。与此相类似，当本国企业已经丧失了国外市场份额，甚至已经完全离开一些国外市场时，恢复到初始汇率也不足以使本国企业返回原状。为了恢复原来的贸易类型，汇率就必须在相反的方向过度调整，使得开展出口业务以及与国外进口供应厂商竞争变得有利可图。

关于滞后效应的根据仍然是推测性的，不过这一思想确实也有些道理。进口品在本国市场上长期保持较高的份额，而美国外部平衡却无法充分自我校正。

17. 未冲销的干预

答：未冲销的干预是指不存在相应冲销措施的外汇市场干预，这种干预会引起一国货币供应量的变动。在一般情况下，各国政府为避免外汇干预影响国内政策目标，往往采用冲销性干预。

18. 冲销

答：冲销是指在国际收支的货币分析法中，中止自动调整过程的唯一途径。中央银行经常通过公开市场操作来抵消，即冲销外汇市场干预对货币供给的冲击。因此，出现国际收支赤字的国家，由于出售外汇相应地减少了货币供给，所以通过在公开市场上购买债券，来恢复货币供给，从而抵消货币供应的减少。

在冲销作用下，由于外部不平衡与平衡货币供应变化之间的联系被破坏，因而，有可能出现持续的外部赤字。正是在这个意义上，持续的外部赤字是一种货币现象：通过冲销操作，中央银行积极地将货币存量保持在外部平衡所需的过高的水平上。

19. 内部均衡

答：内部均衡是指国民经济处于无通货膨胀的充分就业状态。内部处于均衡时，国内产品市场、货币市场和劳动市场同时达到均衡，宏观经济处于充分就业水平上，并且没有通货膨胀的压力，经济稳定增长。内部均衡目标包括经济增长、价格稳定和充分就业。通常而言，内部均衡是相对于外部均衡而言的，即只有在开放经济中才会出现内部均衡。

20. 购买力平价(PPP)

答：购买力平价是指两种货币在购买相同数量和质量商品时的价格之比。购买力平价学说是一种历史非常悠久的汇率决定理论，其理论渊源可追溯到 16 世纪。瑞典学者卡塞尔于 1922 年对之进行了系统的阐述。

购买力平价的基本思想是：货币的价值在于它所具有的购买力，两种货币间的汇率及其变动取决于两国货币各自所具有的购买力之比。购买力平价理论在长期的发展过程中出现了多种形式，主要有绝对购买力平价和相对购买力平价两种形式。绝对购买力平价认为汇率取决于不同货币衡量的可贸易商品的价格水平之比，即取决于不同货币对可贸易商品的购买力之比。相对购买力平价认为汇率的升值与贬值是由两国通胀率的差异决定的。购买力平价的理论基础是货币数量论。在购买力平价理论看来，货币数量决定货币购买力和物价水平，从而决定汇率。所以汇率完全是一种货币现象。

21. 冲销的干预

答：冲销的干预是指政府在外汇市场上进行干预的同时，通过其他货币政策工具(主要是在国债市场上进行公开市场业务)来抵消前者对货币供应量的影响，从而使货币供应量维持不变的外汇市场干预行为。为抵消外汇市场交易对货币供应量的影响而采取的政策措施被称为冲销措施。

22. 国际货币基金组织(IMF)

答：国际货币基金组织是指二战后为了稳定国际金融关系，重建国际货币体系，与世界银行同时成立的一个全球性金融机构。它是根据1944年7月在美国新罕布什尔州布雷顿森林召开联合国和联盟国家的国际货币金融会议上通过的《国际货币基金协定》而建立起来的。该组织于1945年12月27日正式成立，1947年3月1日开始办理业务。同年11月15日成为联合国的一个专门机构，但在经营上有其独立性。至今，IMF已有182个成员国。

国际货币基金组织是战后国际货币制度的核心，它的各项规定构成了国际金融领域的基本秩序。它对会员国融通资金，在一定程度上维持着国际金融形势的稳定。国际货币基金组织向国际收支赤字国提供短期资金融通，以协助其解决国际收支困难。会员国在需要国际储备时，可用本国货币按规定程序向国际货币基金组织购买一定数量的外汇，将来在规定的时间内再以用黄金和外汇购回本币的方式偿还借用的外汇资金。国际货币基金组织在审查和发放贷款时是很严格的。它要求会员国提供大量的资料，并针对各国的具体情况提出不同的要求。

23. 实际贬值

答：实际贬值是指在名义汇率不变的情况下，由实际汇率上升所引起的一国货币币值的下降。两国(A国和B国)货币之间的实际汇率的计算公式为：$\varepsilon_{A/B}=E_{A/B}\times(P_B/P_A)$。式中，$\varepsilon_{A/B}$为A国货币兑换B国货币的实际汇率，$E_{A/B}$为A国货币兑换B国货币的名义汇率，$P_B$为B国的价格水平，$P_A$为A国的价格水平。

当名义汇率不变时，若A国价格水平下降，则实际汇率上升，表明A国货币的币值下降了。当两国价格水平不变，而名义汇率变化时，名义汇率的上升也将引起实际汇率的上升。这样，一国由于名义汇率上升而使本币名义贬值，也意味着本币的实际贬值。

24. 黏性实际工资

答：黏性实际工资是指工资不能迅速地反映劳动力市场供求的变动，只能缓慢地根据劳动力市场状况改变而调整。工人的名义工资通常不能随着经济条件的变化而迅速调整，在短期内表现为“迟钝的”或“黏性的”。

黏性工资模型即阐述黏性名义工资对总供给影响的模型。该模型假设劳动力的需求数量决定就业，以及工人和企业根据目标实际工资和对价格水平的预期来确定名义工资水平。当名义工资是黏性的时候，价格水平提高会降低实际工资，促使企业多雇佣劳动力，从而生产出更多的产品，总供给增加，所以短期总供给曲线是向上倾斜的。

新凯恩斯学派提出工资黏性的理由：①合同的长期性；②合同分批到期的性质；③效率工资论；④长期劳动合同论。新凯恩斯主义学派黏性工资论认为，无论是通过合同制还是理性预期机制来稳定工资水平，都会导致通货膨胀和失业并存。因此有必要对工资制度进行改革，努力降低劳动力成本，刺激企业生产和用人的积极性。这就要求建立完整而有效的劳动力市场，工资完全由劳动力市场的供求和劳动者提供劳动的质量来决定，工资是调节劳动力资源配置和流动的唯一手段。

25. 自我实现的预期

答：自我实现的预期是指可以引起一个变量以预期的方式变化的预期。如果足够多人都预期一种通货将贬值，由他们的预期引起的资本流动将使它真的贬值。

当人们都预期某一经济状况将出现时，他们会根据这种状况采取行动，从而促使这种状况出现，他们的预期变成一种“自我实现的预期”。这种现象在外汇市场尤其明显，当投资者预期某种货币将升值，他们就会持有这种货币，从而可能促使其币值上升。既然预期有如此作用，它势必影响宏观经济政策的效果。当政策使人们形成与政策目标相一致的预期时，政策目标就更易实现；而当人们的预期与政策目标不相一致，他们的行动可能使经济形势与政策目标背道而驰，从而增加政策执行的难度。

26. 目标区

答：目标区在本章特指汇率目标区。广义的汇率目标区泛指将汇率的波动界定在一定区域的汇率制度安排（例如将汇率的波动限制在中心汇率的上下各 10%）。狭义的汇率目标区特指美国学者威廉姆森于 20 世纪 80 年代初提出的，以限制汇率波动范围为核心的，包括中心汇率的确定方法、维持目标区的国内政策搭配、实施汇率目标区的国际政策协调等一整套内容在内的国际政策协调方案。“汇率目标区”是一种有管理的汇率制度安排，即一国允许其汇率在一个特定的区间内波动。一旦汇率的波动超出这个区间，货币当局（即中央银行）就要进行干预。

27. J 曲线效应

答：J 曲线效应是指当一国货币贬值后，最初会使贸易收支状况进一步恶化而不是改善，只有经过一段时间以后，贸易收支状况的恶化才会得到控制并趋于好转，最终使贸易收支状况得到改善的现象。这个过程用曲线描述出来，与英文字母“J”相似，所以贬值对贸易收支改善的时滞效应被称为 J 曲线效应。

本币贬值对贸易收支之所以存在 J 曲线效应，是因为贬值对国际收支状况的影响存在时滞。西方经济学家认为，本币贬值对贸易收支状况产生影响的时间可划分为三个阶段：货币合同阶段、传导阶段、数量调整阶段。

在货币合同阶段，进出口商品的价格和数量不会因贬值而发生改变，以外币表示的贸易差额就取决于进出口合同所使用的计价货币。如果进口合同以外币计值，出口合同以本币计值，那么本币贬值会恶化贸易收支。在传导阶段，由于存在种种原因，进出口商品的价格开始发生变化，但数量仍没有大的变化，国际收支状况继续恶化。在数量调整阶段，价格和数量同时变化，且数量变化远大于价格变化，国际收支状况开始改善，最终形成顺差。因此，J 曲线效应产生的原因为：在短期内进出口需求弹性 $|\eta_x| + |\eta_m| < 1$，本币贬值恶化贸易收支，而在中长期 $|\eta_x| + |\eta_m| > 1$，本币贬值能使一国国际收支状况得到改善。

28. 投机泡沫

答：投机泡沫是指资产的价格过度膨胀，超出由实体经济所决定的理论价格的现象。资产价格受到市场供求、投机心理等因素的影响。当资产价格出现迅速上涨的预期时，吸引大量投机者介入，导致资产价格脱离理论水平而大幅度上涨，形成价格泡沫。一旦价格上涨，预期逆转，便会发生价格暴跌、泡沫破裂，引发金融危机，并可能导致经济衰退。

29. 关税

答: 关税是指一国海关根据国家公布的海关税而对进出其关境的物品、货物所征收的税。关税是各国对外贸易管制的重要措施。

关税分为保护性关税和财政性关税。保护性关税的目的是提高进口商品的价格以保护本国生产,是当前各国对国际贸易实施管制而普遍采取的重要措施;财政性关税,也称收入关税,即以增加财政收入为主要目的而征收的关税。

征收关税的目的在于增加政府财政收入和保护本国生产。在现代经济中,一般国家基本上只征收进口关税,只有个别发展中国家还保留征收出口关税。

30. 国际收支的货币分析法

答: 国际收支的货币分析法是指以保持货币供给与国民收入增长之间的协调来实现国际收支均衡与稳定的理论。该理论是随着20世纪70年代货币主义的兴起而出现的,代表人物有加拿大经济学家约翰逊、美国经济学家弗兰克尔等。

货币分析法认为,国际收支从根本上说是一种货币现象。一国的国际收支不均衡是由国内货币供给和需求失调引起的,同时国际收支不均衡也会直接导致国内货币供应量的变动。因此货币分析法强调货币政策的运用,认为只要保证货币供给的增加与国民收入的实际增长一致,就可以保持国际收支的均衡与稳定。由于在解释外部平衡问题时强调货币原因,该方法被称为国际收支的货币分析法。

31. 溢出(相互依存)效应

答: 溢出(相互依存)效应是指一国的政策变化或者供求冲击影响到其他国家就业和产出的现象。溢出效应实际上是一种外部效应,分为正外部效应和负外部效应。例如,美国的货币升值意味着美国产品竞争力下降,世界需求将从美国产品向其竞争对手的产品转移。因此,美国产出和就业下降。在国外,这些竞争对手从其货币贬值中获益,它们的产品变得更有竞争力,产出和就业因而会上升。

32. 工资-价格螺旋

答: 工资-价格螺旋是指价格变化反馈到工资,并进而由工资作用于价格,从而导致价格水平相当易变的过程。在这种情况下,较小的扰动就能够引发价格水平十分巨大的变化。实现这种螺旋有两个假设:①实际工资是按照包括国内产品和进口品在内的消费价格指数加以固定的,从而使得消费价格指数的变化完全转移到工资上;②工资的变化会完全传递过来,提高国内价格。

33. 世界贸易组织(WTO)

答: 世界贸易组织是独立于联合国的永久性国际贸易组织。世界贸易组织于1995年1月1日正式开始运作,负责管理世界经济和贸易秩序,总部设在瑞士日内瓦莱蒙湖畔。它的前身是1947年订立的关税及贸易总协定。1996年1月1日,它正式取代关贸总协定临时机构。与关贸总协定相比,世界贸易组织管辖的范围除传统的和乌拉圭确定的货物贸易外,还包括长期游离于关贸总协定外的知识产权、投资措施和非货物贸易(服务贸易)等领域。世界贸易组织具有法人地位,它在调解成员争端方面具有更高的权威性和有效性。

世界贸易组织的宗旨是：在提高生活水平和保证充分就业的前提下，扩大货物和服务的生产与贸易，按照可持续发展的原则实现全球资源的最佳配置；努力确保发展中国家，尤其是最不发达国家在国际贸易增长中的份额与其经济需要相称；保护和维护环境。

世界贸易组织的目标是建立一个完整的、更具有活力的和永久性的多边贸易体制。世界贸易组织的基本原则是非歧视贸易原则，包括最惠国待遇和国民待遇条款；可预见的和不断扩大的市场准入程度，主要是对关税的规定；促进公平竞争，致力于建立开放、公平、无扭曲竞争的“自由贸易”环境和规则；鼓励发展与经济改革。

世界贸易组织的基本职能有：管理和执行共同构成世贸组织的多边及诸边贸易协定；作为多边贸易谈判的讲坛；寻求解决贸易争端的办法；监督各成员国的贸易政策，并同其他制定全球经济政策有关的国际机构进行合作。

二、简答题

1. 涉及外部不平衡时，常常要区分应当予以“调整”的和应当予以“融资”的不平衡。分别举出扰动引起需要调整的不平衡和应该更适当地融资的不平衡的例子。

答：外部均衡是指国际收支平衡，也即贸易品的供求处于均衡状态。当国际收支平衡时，既无国际收支顺差，也无国际收支逆差。外部不平衡可以通过短期筹资加以弥补，在长期中，就需要进行调整。外部均衡的调整政策有支出增减政策和支出转换政策，前者变动支出水平，后者影响国内产品和进出口之间的支出构成。

(1)应当予以“调整”的例子：

当一国遭受了永久性贸易不平衡，央行应当予以“调整”。因为国际收支的自动调节机制发挥作用需要一定条件，并且作用缓慢；此外，如果央行仅仅动用外汇储备或对外借款来消除不平衡，最终贸易不平衡非但不能消除，反而会造成外汇枯竭和外债的大量累积。在这种情况下，央行必须运用政策来进行调整，推动经济更快地趋向平衡。政策分为支出转换政策和支出增减政策。

(2)应当予以“融资”的例子：

当一国遭受了暂时性贸易不平衡，央行应当予以“融资”。暂时性的贸易不平衡，央行可通过动用外汇储备或者对外借款来消除，这样可以使外部失衡的影响止于外汇储备阶段，避免对国内经济产生不利影响。

2. 各国应该进行干预以稳定汇率吗？

答：政府是否应该对外汇市场干预以稳定汇率要依情况而定。具体来讲：

(1)政府的干预有积极作用，有助于消除汇率的暂时波动，稳定产出。但是必须区分汇率的变动是短期的还是长期的。

如果外汇市场出现了短暂的不平衡，那么，政府可以通过出售本币购入外币来缓解本币升值压力，或者出售外币购入本币来缓解本币贬值压力。这样可以避免大规模的资金流动对本国经济的冲击，有利于本国经济的健康发展。但如果外汇市场出现了持久的不平衡，本国汇率长期存在升值或者贬值压力，这意味着经济基础发生了改变，要求汇率做出变动，这时，政府不应该干预外汇市场抵制强大的市场力量。如对付长期的本币贬值压力会造成外汇储备枯竭和外债大量累积，这时本国经济很容易遭受外部冲击而陷入金融危机，并最终可能引发经济危机。因此，政府应该将对外汇市场的干预局限于短期的外汇市场的失衡，而长期的失衡则应该更多的借助于市场的手段。

(2)对于国内市场的失衡应该更多的借助于国内的财政政策和货币政策，而不是频繁的使用外汇政策。在国内市场失衡的情况下，外汇政策只能作为一种补充的手段。

(3)干预的有效性依赖于政策的可信性。必须有可信政策的支持。非冲销干预可以更有效地影响汇率，因为货币供给的变化等于干预的数量。但如果是冲销干预，国内货币供给仍然不变并且即使是大量干预也不能使汇率达到希望的程度。

3. 什么是工资-价格螺旋？贬值怎样引发工资-价格螺旋？它是不受欢迎的事物吗？试解释怎样才能避免工资-价格螺旋。

答：(1)工资-价格螺旋的含义：

工资-价格螺旋是指价格变化反馈到工资，并进而由工资作用于价格，从而导致价格水平相当易变的过程。在这种情况下，较小的扰动就能够引发价格水平十分巨大的变化。

实现这种螺旋有两个假设：①实际工资是按照包括国内产品和进口品在内的消费价格指数加以固定的，从而使得消费价格指数的变化完全转移到工资上；②工资的变化会完全传递过来增加国内价格。

(2)贬值引发工资-价格螺旋的过程：

现在假定本国货币贬值，贬值使得一单位本国货币只能换取较少数量的外国货币，因此进口品价格会上升，带动国内价格普遍上涨。为了维持实际工资不变，工人会要求更高的名义工资，名义工资的提高会引导厂商提高商品价格。这样又会引起国内价格上涨从而进一步提高工资。这样就会产生工资-价格螺旋。这一螺旋上升的过程如下：

$$E\uparrow \rightarrow P_{\text{import}}\uparrow \rightarrow P\uparrow \rightarrow W\uparrow \rightarrow P\uparrow \rightarrow W\uparrow \rightarrow \cdots\cdots$$

(3)工资-价格螺旋是不受欢迎的事情：

工资-价格螺旋上升会引发通货膨胀，通货膨胀会给经济带来很多不利影响，比如菜单成本、皮鞋成本、资源配置无效率、任意再分配社会财富以及给人们生活带来很多不方便等。因此，它是不受欢迎的事情。

(4)避免工资-价格螺旋的方法：

为了结束工资-价格螺旋，政府必须减少货币供应量。名义价格便会下降，但这会导致高工资。高工资使得厂商减少劳动力需求，工人失业增加，产出减少，经济陷入衰退。在经济衰退时期，工资和价格双双下降，从而工资-价格螺旋终止。上述的过程如下：

$$M\downarrow \rightarrow P\downarrow \rightarrow \frac{W}{P}\uparrow \rightarrow w\uparrow \rightarrow U\uparrow \rightarrow P\downarrow \rightarrow w\downarrow$$

4. 什么是目标区安排？加入目标区的成本和收益是什么？

答：(1)目标区安排的含义：

目标区安排是指允许汇率在一定的区间内浮动，并在汇率越出该区间界限时，政府进行干预。它是介于浮动汇率制和固定汇率制的一种汇率安排。

(2)加入目标区的成本和收益：

加入目标区的成本：由于目标区要求政策的协调，特别是在有效的目标区约定下，各国政府之间必须使它们的货币政策和财政政策保持协调，这会使政府失去灵活运用经济政策调控经济的能力。

加入目标区的收益：目标区的安排使各国间的汇率保持基本稳定，本国商品的外汇价格不会发生大幅度的变动，有利于贸易的进行。

5. 我们的浮动汇率决定模型的结论是：当资本市场是充分一体化的时候，国与国之间的利率必然相等。但是，国与国之间显然存在利差。我们怎样使事实与理论相符？

答：在资本完全流动的情况下，各国的利率完全相等只是在理论上成立。因为这一结论是建立在一系列的假设之上的。如果考虑到各国的一系列制度性差异，则各国之间的利率差异是必然的。可以从以下几个方面来分析国与国之间存在利差的事实与理论之间关系的协调问题：

(1) 资本在各国之间完全自由流动的假设不符合现实。在现实中，各国都会对资本的流动施加一定的限制，一旦资本这一要素不能完全自由的流动，则资本的价格——利率肯定是不相等的。

(2) 预期的作用。一方面资本流动会影响利率的变化，另一方面利率的变化也会影响到资本的流动，这主要是人们的预期在起作用。当人们预期某国的利率上涨时，大量的资本便会涌入该国，造成利率的现实上涨。汇率预期的调整可以解释即使资本可以在各国间自由流动时，利率的国际差别为什么还会持续存在。

(3) 各国的税率的差异。资本流动的目的是收益最大化，必然要大量的避税，并涌向税率最低的国家。这样，各国之间税率的差异也会导致各国之间利率的差异。

(4) 国家对资产转移的限制。如果资本进入一国进行投资，将来其收益和资产无法自由的流出该国，则资本的流动性就会大大地受到限制。因此，利率也就会在国与国之间有所不同。

(5) 国家之间政局的稳定程度。一国政局的稳定程度直接影响到资本在该国的收益率。如果一国的政局很稳定，则资本便会大量流入，从而利率就会较低。相反，如果一国的政局不稳定，则资本就会大量流出，从而利率就会较高。因此，各国政局稳定程度的不同会直接影响到利率的差异。

6. 第 23 章第 5 节中的方程 (7) 表明通货膨胀率的差异、利率的差异和贬值率三者近似相等，为什么它们只是近似相等而不是完全相等？

说明：题中提到的方程 (7) 为：通货膨胀率差异≅利率差异≅贬值率。

答：它们只是近似相等，因为汇率有可能独立于利率而变化，比如外汇市场上人们预期的自我实现功能会使汇率变动；并且由于资本流动的障碍，各国之间有可能产生长期的利率差异。因此，这一关系只是近似的。

7. 在 20 世纪 70 年代初期，美国从固定汇率制度变为浮动汇率制度。现行的浮动汇率制度会较少地引发危机吗？或者它对宏观经济的稳定性提供了一个较好的框架吗？试讨论。

答：固定汇率制与浮动汇率制是汇率制度的两大基本类型。浮动汇率制是指现实汇率不受平价的限制，随外汇市场供求状况变动而波动的一种汇率制度。固定汇率制是指现实汇率受平价制约，只能围绕平价在很小范围内上下波动的汇率制度。

现行的浮动汇率制在一定程度上能减少危机，并对宏观经济的稳定性提供一个较好的框架。因为在浮动汇率制下，汇率是由市场力量决定的，能更好地反映各国货币的真实币值，引导资源在国际间有效配置，不会出现大规模持久性的国际收支不平衡，这有利于宏观经济的稳定。而且在浮动汇率制下，货币政策可以有效发挥作用，干预经济，避免受到各种冲击的不利影响。

但是，现行的浮动汇率制度并不能完全减少危机。在现行浮动汇率制下，政府对外汇市场进行干预，使得汇率朝有利于本国经济的方向浮动，这称为有管理的浮动汇率制。这样的汇率制度存在一些缺点：①在浮动汇率制下，仍存在溢出效应(或者说相互依赖效应)，甚至其相互依存度与固定汇率制度相比可能更高；②由于汇率是浮动的，而且很容易对政策作出反应，增加了宏观经济政策操作的难度；③汇率过度调节不利于国际贸易，有可能以本国竞争力的损失为代价。

因此，现行的浮动汇率制仅仅在一定程度上减少了危机，并对宏观经济的稳定性提供一个较好的框架。

8. 讨论在浮动汇率的情况下，外汇市场干预的诱因和危险。你认为这种干预是好主意吗?

答：外汇市场的干预可以分为冲销性干预和非冲销性干预。冲销性干预是指政府在外汇市场上进行干预的同时，通过其他货币政策工具(主要是在国债市场上进行的公开市场业务)来抵消前者对货币供应量的影响，从而使货币供应量维持不变的外汇市场干预行为。非冲销性干预则指不存在相应冲销措施的外汇市场干预，这种干预会引起一国货币供应量的变动。

(1)外汇市场干预的诱因：

①现实中不稳定的预期会引发资本流动，导致汇率变动并使国内产出波动。因此，需要外汇市场干预来熨平汇率经常性和大幅的变动，稳定经济。

②中央银行干预外汇市场可以使汇率朝有利于本国经济的方向波动，引导本国贸易顺利进行。

③外汇市场干预可以阻止本币贬值，防止进口价格上升，减缓通货膨胀。

(2)外汇市场干预的危险：

①政府并不能准确地区分外汇市场暂时性和持久性的失衡。对于这两种情况，应分别对待。如果是短期的，那么干预有助于消除波动；若是长久的和根本的，干预会造成外汇储备枯竭和外债大量累积，这时本国经济很容易遭受外部冲击而陷入金融危机，并最终可能引发经济危机，并且由于经济的相互依存，它可能会影响到其他国家经济的正常运行。

②政府干预外汇市场减少通货膨胀可能会导致外汇危机，最终还得依赖于紧缩性的货币政策抑制通货膨胀。

③外汇市场的干预，尤其是一国货币贬值性干预，可能引发贸易伙伴国竞争性贬值，贸易摩擦加剧。

(3)政府干预要视情况区别对待，干预并不总是好主意。

政府的干预有积极作用，有助于消除汇率的暂时波动，稳定产出。但是必须准确区分汇率的变动是短期暂时性的还是长期持久性的。在长期，政府最好不要单独在外汇市场上干预以抵制强大的市场力量。对于长久性外汇市场失衡，政府不能依赖于外汇市场干预，而是应该在国内使用财政政策和货币政策来对宏观经济进行调控。所以，外汇市场干预并不总是好事情，需要视情况区别对待。

9. 与固定汇率制度相比，在浮动汇率制度下，溢出效应的重要性是大还是小？在某一制度下，相对于另一种制度，对宏观经济的管理变得容易了吗？

答：与固定汇率制度相比，在浮动汇率制度下，溢出效应的重要性更大，但是对宏观经济的管理并未变得容易。原因如下：

(1)溢出(相互依赖)效应是指一国的政策变化或者供求冲击影响到其他国家就业和产出的现象。溢出效应实际上是一种外部效应，分为正外部效应和负外部效应。

(2)当考虑各国经济的相互影响时，在固定汇率制下，货币政策扩张的效应如下：

①它造成本国产出的上升。在一国条件下，货币政策在资金完全流动时是无效的。此时货币政策之所以能发挥效力，是因为它可以通过影响国内利率最终对世界利率产生影响。

②它造成外国产出的上升，即国内货币政策对外国经济有正的溢出效应。这一溢出效应通过收入机制与利率机制发挥作用，即本国收入增加通过本国进口的上升造成外国国民收入增加；本国利率降低通过资金流动使外国货币供给增加、利率下降，这也造成外国国民收入的增加。

当考虑各国经济的相互影响时，在固定汇率制下，财政政策扩张的效应如下：

①它造成本国产出的上升。与一国条件下相比，此时财政政策对本国产出的扩张效应略低，这是因为此时它会通过对国内利率的影响导致世界利率水平的上升，这对投资产生了一定的挤出效应。

②它造成外国产出的上升，即国内财政扩张政策对外国经济有正的溢出效应。这一溢出效应也是通过收入机制与利率机制发挥作用的，即本国收入增加通过本国进口的上升造成外国国民收入增加，而本国更高的利率水平通过资金流动使外国货币供给减少，利率上升，这又抵消了一部分收入的增加。可见财政政策的溢出效应低于同等情况下货币政策的溢出效应。

(3)当考虑各国经济的相互影响时，在浮动汇率制下，货币政策扩张的经济效应如下：

①它造成本国产出的上升。与一国条件下相比，此时货币政策对本国产出的扩张效应略低，这是因为本国货币扩张造成了世界利率水平的下降，本国货币贬值幅度减少了。

②它造成外国产出的下降，即国内货币政策对外国经济有负的溢出效应。这一负的溢出效应是因为在本国收入增加通过收入机制带来外国国民收入一定增加的同时，本国较低的利率通过利率机制发挥使本国货币贬值、外国货币升值，这使得外国经常项目恶化从而带来外国国民收入更大程度的下降。因此，此时的本国货币扩张是一种典型的“以邻为壑”政策，本国产出扩张的一部分是以外国产出的相应下降实现的。

当考虑各国经济的相互影响时，在浮动汇率制下，财政政策扩张的经济效应如下：

①它造成本国产出的上升。与一国条件下相比，此处财政政策对本国产出存在扩张效应，这是因为此时它会通过对国内利率的影响而导致世界利率水平的上升，这使得财政政策的扩张效应不会完全被本国货币升值而抵消。

②它造成外国产出的上升，即国内财政政策对外国经济有正的溢出效应。这一溢出效

应也是通过收入机制与利率机制发挥作用，即本国收入增加通过本国进口的上升造成外国国民收入增加，而本国更高的利率通过本币升值使外国出口增加从而进一步提高了外国的国民收入。可见，此时财政政策的溢出效应与货币政策的溢出效应正好相反。

(4)显然，与固定汇率制度相比，在浮动汇率制度下，溢出效应更加强烈，即溢出效应的重要性更大。而且在浮动汇率制度下，存在着与固定汇率制度不相上下的相互依存。再者，由于汇率是浮动的，而且很容易对政策(好的或者坏的)做出反应，宏观经济管理并没有变得更容易些。

三、计算与分析题

1. 假定资本是完全流动的，那么征收关税如何影响汇率、产出和经常账户？(提示：在汇率既定的条件下，关税减少了我们的进口需求。)

答：征收关税会使本币升值，产出和经常账户不变。具体分析如下：

征收关税提高了相关进口产品的价格，减少了进口需求，增加了对国内产品的需求，经常账户盈余增加，使国内产出增加和利率上升。高利率导致资本的流入从而使本币升值。本币升值后会降低相关进口产品的价格，使得进口增多，出口减少，经常账户盈余减少。这就会降低国内的产出水平和利率。在资本完全流动的情况下，本国货币会升值到经常账户的综合变化为零的那一点。最终，国内产出和利率将回到初始水平。

2. 利用中央银行的资产负债表说明，在固定汇率制下国际收支赤字如何影响高能货币存量，以及冲销操作如何反映在中央银行的资产负债表上。

答：(1)在固定汇率制下，一国国际收支赤字，使得本币有贬值压力，中央银行为了维持汇率不变，在外汇市场上用外币买进本币，使得外汇储备减少，同时国内货币存量减少。假设发生了10亿美元的国际收支赤字。中央银行的资产负债表如下：

表23-8 冲销前的中央银行的资产负债表 (单位：亿美元)

资产		负债	
外汇	-10	银行存款	-10
其他资产	0	现金	0
货币基础(来源)	-10	货币基础(使用)	-10

(2)冲销性干预是指政府在外汇市场上进行干预的同时，通过其他货币政策工具(主要是在国债市场上进行的公开市场业务)来抵消前者对货币供应量的影响，从而使货币供应量维持不变的外汇市场干预行为。在表23-8中可看出，干预使得基础货币减少10亿美元，为了抵消对货币供应量的影响，中央银行需在公开市场上买进债券，投放基础货币，从而使得基础货币保持不变。冲销后中央银行的资产负债表变为：

表23-9 冲销后的中央银行的资产负债表 (单位：亿美元)

资产		负债	
外汇	-10	银行存款	0
政府债券	+10	现金	0
货币基础(来源)	0	货币基础(使用)	0

3. 考虑一个世界，其资本具有一定流动性；当国内利率相对于世界利率上升时，本国资本账户随之改善。最初，本国处于内部和外部均衡状态。（画出 ***IS***、***LM*** 以及 ***BB*** 曲线。）现在假定国外利率上升，

（1）说明国外利率上升对 ***BB*** 曲线的影响。

（2）采取什么政策可以立即恢复内部均衡和外部均衡?

（3）如果当局没有采取行动，按照国际收支的货币分析法所描述的方式，调整过程是如何发生的?

答：（1）开始时，本国处于内部和外部均衡状态，那么 *IS*、*LM* 以及 *BB* 曲线在充分就业的产出水平上相交。现在外国利率上升使得资金流出，从而导致本国国际收支赤字。为了恢复外部均衡，利率必须上升否则国民收入水平会下降。也即 *BB* 曲线必须上移。如图 23－8 所示。

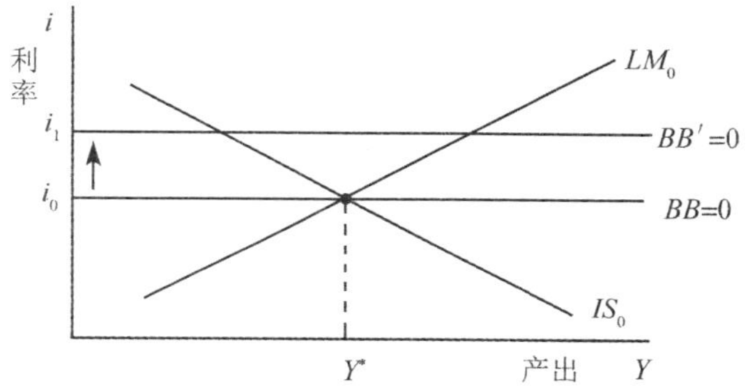

图 23－8　国外利率上升，*BB* 曲线上移

（2）增加政府支出的同时减少货币供给将会提高利率，从而恢复内部均衡和外部均衡。这个政策组合会使 *LM* 曲线左移，*IS* 曲线右移。这样就会在充分就业的产出水平上达到新的均衡，此时利率上升。如图 23－9 所示。

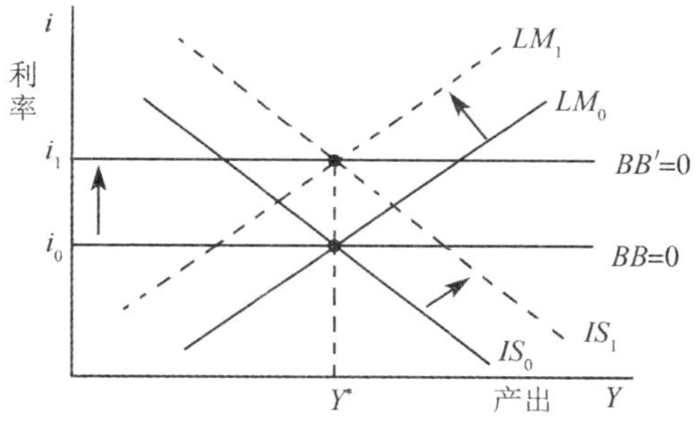

图 23－9　增加政府支出和减少货币供给的影响

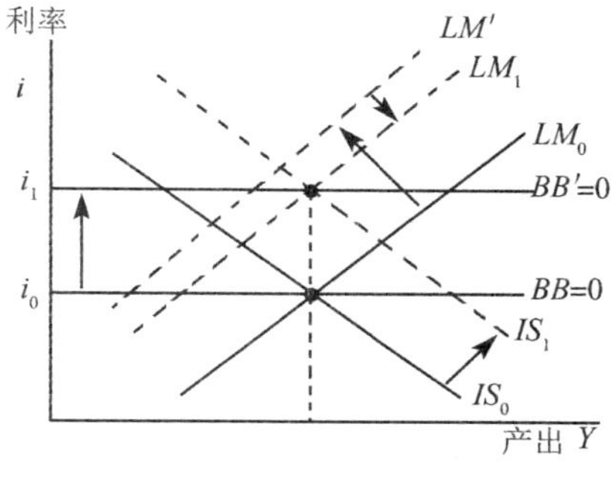

图 23－10　国际收支赤字的自动调节

（3）如果当局没有采取行动，按照国际收支的货币分析法将会改变货币供给和价格水平。国际收支赤字会导致货币供给量减少，使 *LM* 曲线左移。假设价格是可变的，总需求减少使价格下降。较低的国内价格会使本国产品竞争力增强，净出口增加，从而 *IS* 曲线右移。同时价格下降使实际货币余额增加，*LM* 曲线会部分回移。这样就会在充分就业的产出水平上达到一个新的长期均衡。如图 23－10 所示。

4. 假定你的国家出口商品永久性地增加。请解释收入、价格的调整以及对实际货币供给的调整如何相互影响以促使该国回到充分就业和外部均衡状态。

答：一国出口商品永久性增加会产生贸易盈余，同时国内货币供给增加。假设中央银行没有采取冲销措施，净出口的增加以及货币供给增加会导致总需求增加。总需求增加使国内价格上升，本国产品相对于外国产品变得更加昂贵，从而会导致净出口下降。国内价格会上升到贸易盈余完全消失，从而达到新的内部和外部均衡状态。在长期，劳动力需求增加使工资有上升的压力，使总供给曲线左移，与总需求曲线交于新的均衡点，重新回到充分就业和外部均衡状态，只是价格水平升高。

5. 什么是外汇贬值的短期数量效应和长期数量效应？经验证据表明，这些效应能够胜过价格效应从而改善贸易平衡吗？

答：(1)外汇贬值的短期和长期的数量效应是指外汇贬值所引起的进出口商品数量在短期和长期的变化，从而对国际收支所产生的作用。在短期，进出口数量由合同事先确定，因而数量效应很微弱，难以超过价格效应。但在长期，数量效应很显著，数量调整会超过价格效应，从而对国际收支产生主导性作用。

(2)经验证据表明，货币贬值的初期国际收支可能恶化，即短期数量效应未能超过价格效应。但在长期，数量效应能够明显超过价格效应，使国际收支得到改善。这一过程中，以图形表示的国际收支状况像字母“J”，所以这一调整效应称作 J 曲线效应。

6. 画图表示当汇率与价格两者都可变以及资本完全流动时，货币扩张的短期效应和长期效应。在从短期到长期的调整过程中发生了什么？

答：假设经济开始时处于充分就业水平且国际收支平衡，国内货币市场和产品市场也处于平衡状态，如图 23－11 中的点 E。

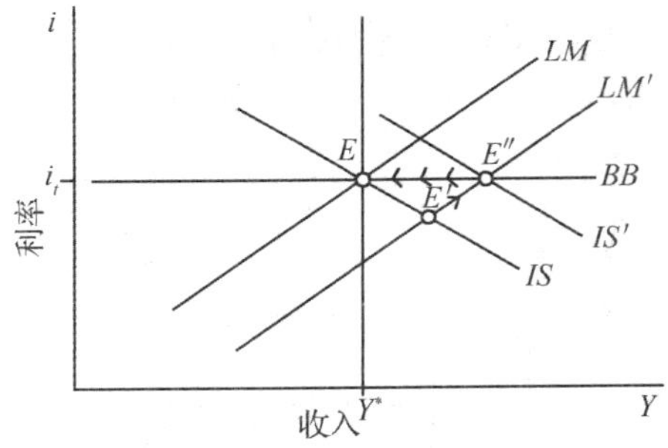

图 23－11　货币扩张的短期和长期效应

假设发生了货币扩张，如图 23－11 所示。

短期效应：货币扩张使 LM 曲线右移，从 LM 移至 LM'，使国内利率低于国外利率。资本流出增加，本币开始贬值。本币贬值使本国产品相对于外国产品变得便宜，因此出口增加，进口减少，净出口的增加使 IS 曲线右移，从 IS 移至 IS'。产出增加并且利率开始回升，直到国内外利率相等。此时，经济处于短期均衡点 E''，产出高于充分就业水平。

长期效应：在长期，高产出使价格上升，实际货币余额减少，LM 曲线开始向左回移。国内利率高于国外利率，资本流入增加，本币价值上升，从而使净出口减少，IS 曲线向左回移，产出下降，国内利率下降至国外水平。最终，经济重新处于充分就业水平，即回到均衡点 E。

7. 查阅《华尔街日报》或其他报纸财经版上登载的汇率行情表，你应该发现像英国和日本这些国家的期货价格表。期货价格就是为在未来得到一单位外币，今天所支付的价格，比如，英镑的 30 天期货价格，就是为得到从现在起 30 天后的 1 英镑今天所支付的价格。

解释期货价格为什么一般并不等于现货价格——为在今天得到外币而在今天所支付的价格。看看你能否分别解释英镑和日元的现货价格与期货价格间关系的不同。

答：(1)读者可自行阅读国内相关报纸杂志找到期货价格表。在《华尔街日报》的金融版上每天都刊登当天的外汇交易行情，现用下面的例子进行说明，如表 23－10 所示。

表 23－10 《华尔街日报》的金融版上刊登的某日外汇交易行情

	Britain (Pound)	Canada (Dollar)	Japan (Yen)
Spot	1. 5172	0. 6759	0. 009432
Forward			
30 days	1. 5181	0. 6764	0. 009489
90 days	1. 5160	0. 6774	0. 009590
180 days	1. 5230	0. 6791	0. 009752

(2)期货价格一般不等于现货价格的原因：

期货价格是商品未来的价格，现货价格是商品目前的价格，按照经济学上的同一价格理论，两者间的差距，即基差应该等于该商品的持有成本。基差是某一特定地点某种商品的现货价格与同种商品的某一特定期货合约价格间的价差。基差＝现货价格－期货价格。若不加说明，其中的期货价格应是离现货月份近的期货合约的价格。基差并不完全等同于持仓费用，但基差的变化受制于持仓费用。归根到底，持仓费用反映的是期货价格与现货价格之间基本关系的本质特征，基差是期货价格与现货价格之间实际运行变化的动态指标。虽然期货价格与现货价格的变动方向基本一致，但变动的幅度往往不同，所以基差并不是一成不变的。随着现货价格和期货价格持续不断的变动，基差时而扩大，时而缩小。最终因现货价格和期货价格的趋同性，基差在期货合约的交割月趋向于零。

(3)英镑和日元的现货价格与期货价格关系间的不同：

根据利率平价理论，即期与远期汇率的差异(百分比)应该约等于远期合同中具有相同到期日的资产的国内外利率差异。远期可以认为是将来合同到期日时的即期利率的最好预测。外汇的表示方法为 1 单位外币等于多少美元，也可以逆推 1 美元等于多少外币。由表 23－10 可知，1 英镑的现货价格是 1. 5172 美元，也就是说，1 美元可以购买 0. 6591 英镑(1/1. 5172)。

基差的决定因素主要是市场上商品的供求关系。在现货交割地，如果市场供给量大于需求量，现货价格就会低于近期月份合约的价格；如果市场需求量远大于供给量，现货价格就会高于近期月份合约的价格。由表 23－10 可知，英镑的现货价格与 30 天期货价格的基差为－0. 0009，90 天的为＋0. 0012，180 天的为－0. 0058；日元的现货价格与 30 天期货价格的基差为－0. 000057，90 天的为－0. 000158，180 天的为－0. 000320。很显然，英镑的现货价格与期货价格的基差变动不大，而日元的基差越来越大，这表明英镑较稳定，而日元趋于升值。

第 24 章　前沿课题

24.1　复习笔记

【知识框架(庖丁解牛)】

- 前沿课题
  - 理性预期理论
    - 新古典宏观经济学的基本假设
    - 政策无关性
    - 基本的理性预期模型
  - GDP 随机变动理论
    - GDP 随机变动的含义
    - 对趋势和冲击的两种相同的表达方式
    - 冲击效应的永久性和暂时性
    - 趋势平稳与差分平稳
  - 实际经济周期理论
    - 理论观点
    - 简单的模型
  - 新凯恩斯主义的黏性名义价格模型
    - 名义工资黏性
    - 名义价格黏性
  - 动态随机一般均衡模型
    - 含义
    - 组成要素

【考点难点归纳(厚积薄发)】

考点一：理性预期理论　★★★★

1. 新古典宏观经济学的基本假设(见表 24－1)

表 24－1　新古典宏观经济学的基本假设

基本假设	具体内容
个体利益最大化	宏观经济现象是个体经济行为的后果，个体利益最大化导致整个经济利益最大化
理性预期	理性预期是指针对某个经济现象(例如市场价格)进行预期的时候，如果人们是理性的，那么他们会最大限度的充分利用所得到的信息来做出行动而不会犯系统性的错误，因此，平均地来说，人们的预期应该是准确的
市场出清	市场出清是指在市场调节供给和需求的过程中市场机制能够自动地消除超额供给或超额需求，市场在短期内自发地趋于供给等于需求的均衡状态。在给定的价格之下，市场上的意愿供给等于意愿需求

续表

基本假设	具体内容
自然率假说	自然率假说是指在没有货币因素干扰的情况下，让劳动力市场和商品市场的自发供求力量发挥作用时所应有的、处于均衡状态的失业率。政府在短期内可以通过高通货膨胀率来使失业率低于自然率水平。但从长期来看，失业率与通货膨胀率是没有必然联系的，自然率将是必然存在的，从而政府试图通过高通货膨胀以实现高就业率的经济政策将会失效

2. 政策无关性

新古典宏观经济学认为，宏观政策无效的原因在于理性预期。该学派认为，无论是货币政策还是财政政策，在长期内都不能影响均衡的收入水平，而短期的持续时间又非常短暂。货币主义仅仅反对凯恩斯主义的财政政策，而新古典宏观经济学反对一切宏观经济政策。

3. 基本的理性预期模型(见表 24－2)

表 24－2 基本的理性预期模型

要点	具体内容	
简单的 *AD-AS* 模型	模型推导	需求函数：$m+v=p+y$ 供给函数：$p=p^e+\lambda(y-y^*)$
	含义	模型所预测的价格与经济当事人所预期的价格不一致，货币政策乘数相对较大，这是卢卡斯批判的本质
	教训	①狭义：评价不同政策的经济学家需要考虑政策如何影响预期，从而影响行为。 ②广义：政策评估是困难的，所以，从事这项工作的经济学家应该表现出必要的谦虚
完全预见模型	假设条件	当事人具有完全的预见性，即当事人的确在使用 *AS-AD* 模型预测价格，而且他们拥有进行预测所必需的所有信息
	结论	在完全有预见的情况下，货币政策不仅在长期中，即使在短期内都是中性的，货币政策乘数为零
	缺点	①它要求经济决策者对经济无所不知。 ②它暗示经济总是处于充分就业的状态
理性预期模型	假设条件	①经济当事人具有理性预期，即当事人使用该模型来形成价格预期，其预期的形成方式与经济实际运行的方式相一致。 ②当事人可以充分利用他们可以得到的信息，但在形成价格预期时，只拥有部分信息
	结论	预期到的货币政策是中性的，而未预期到的政策则具有完全的 *AS-AD* 效应

考点二：GDP 随机变动理论 ★★

1. GDP 随机变动的含义

GDP 随机变动是指在 GDP 的变动过程中，永久性冲击起主导作用。GDP 的变动是随机的，即 GDP 围绕经济增长趋势上下随机变动之后，并没有向趋势回归的倾向。根据这种理论，供给方面的冲击在解释经济周期波动时，比需求方面的冲击具有更重要的作用。

2. 对趋势和冲击的两种相同的表达方式

假设产出 y 的趋势可由时间趋势表示，每个时期 y 的增长为 β，公式为：

$$y_t=\alpha+\beta t$$

$$y_t-y_{t-1}=[\alpha+\beta t]-[\alpha+\beta(t-1)]$$

则 $y_t=y_{t-1}+\beta$ 或者 $\Delta y_t=\beta$。

其中，Δy 被定义为 y_t-y_{t-1}。

因此方程 $y_t=\alpha+\beta t$ 与方程 $y_t=y_{t-1}+\beta$ 或者 $\Delta y_t=\beta$ 是关于产出的两个完全相同的表达式。

3. 冲击效应的永久性和暂时性

将产出冲击 u_t 加入到上述两个相同的表达式中，会分别得到：

$$y_t=\alpha+\beta t+u_t\text{或者 }\Delta y_t=\beta+u_t-u_{t-1} \quad ①$$

与：

$$y_t=y_{t-1}+\beta+u_t\text{或者 }y_t=\alpha+\beta_t+u_t+u_{t-1}+u_{t-2}+\cdots+u_0 \quad ②$$

方程①表明，冲击的影响仅仅持续一个时期，换言之，对 y 变动的冲击在一个时期之后消退，冲击效应是暂时性的。但是方程②表明，对 y 的水平的冲击效应是永久性的，即对 y 的冲击随时间的推移而不断累积。

GDP 随机波动理论的倡导者尼尔森和普洛瑟认为，GDP 既包括永久性冲击，也包括暂时性冲击，但 GDP 的变动过程由永久性冲击起主导作用。

4. 趋势平稳与差分平稳

(1)趋势平稳：

趋势平稳是指变量通过抽出时间趋势项能使其平稳。当暂时性冲击对变量的水平不具有持久性影响时，变量就趋向于平稳，暂时性冲击在趋势平稳过程占主导地位。

(2)差分平稳：

差分平稳是指变量通过差分化能使其平稳。当发生差分平稳时，变量的暂时性冲击会长久性地影响到该变量水平，差分静态过程由永久性冲击占支配地位。

考点三：实际经济周期理论 ★★★

1. 理论观点

实际经济周期理论认为，市场机制本身是完善的，在长期或短期中都可以自发地使经济实现充分就业的均衡；经济周期源于经营体系之外的一些真实因素，如技术进步的冲击，而不是市场机制的不完善；真实经济周期理论否定了把经济分为长期与短期的说法，经济周期本身就是经济趋势或者潜在的或充分就业的国内生产总值的变动，并不存在与长期趋势不同的短期经济背离。

2. 简单的模型

(1)假设条件：

①经济活动主体都是理性的，所有的选择都在动态的、不确定的环境中做出；

②每一期，代表性厂商购买劳动力并生产，代表性工人出售劳动力并消费产品。

(2)模型的推导：

①生产函数：$Y_t = a_t L_t$。

②消费者效用函数：$U(C_t, \bar{L} - L_t) = C_t^{\gamma}(\bar{L} - L_t)^{\beta}$。

在每个时期，代表性的工人共有 $\bar{L}$ 小时的时间可以出售，其闲暇时间为 $\bar{L} - L_t$。每个时期，代表性的工人从闲暇与消费 C_t 中获得效用。

③消费者预算约束：

$$C_t + C_{t+1} + C_{t+2} + \cdots = w_t L_t + w_{t+1} L_{t+1} + w_{t+2} L_{t+2} + \cdots$$

其中，w_t是 t 时期的实际工资率。工人在每个时期中，所选择的消费量和闲暇量，将是在预算约束下，使其一生的效用总和达到最大化的量。

④跨期的闲暇替代：

$$\left.\begin{aligned} MU_{\text{闲暇}} &= \beta C_t^{\gamma} (\bar{L} - L_t)^{\beta - 1} = \frac{\beta U_t}{\bar{L} - L_t} \\ MU_{\text{闲暇}t} &= (w_t / w_{t+1}) MU_{\text{闲暇}t+1} \end{aligned}\right\} \Rightarrow \frac{\bar{L} - L_t}{\bar{L} - L_{t+1}} = \left(\frac{w_{t+1}}{w_t}\right)^{\frac{1-\gamma}{1-\gamma-\beta}}$$

该方程表明，闲暇对工资率的暂时性变动的反应可能非常强烈，也可能毫无反应，这取决于 β 和 γ 的值。

⑤长期劳动供给函数：

假定在整个时间内工资 w^* 保持不变，此时，消费 C^* 和劳动供给 L^* 也会保持不变。从预算约束看，$C^* = wL^*$ 成立，将它与工人的消费-闲暇替代关系 $\bar{L} - L_t = (\beta/\gamma)(C_t/W_t)$ 结合在一起，导出长期劳动供给函数为：$\bar{L} - L^* = (\beta/\gamma)(w^* L^*)/w^*$ 或者 $L^* = \gamma\bar{L}/(\beta + \gamma)$。

长期劳动供给函数表明了劳动对工资率的长期反应为零。

考点四：新凯恩斯主义的黏性名义价格模型 ★★★★

1. 名义工资黏性

在发达经济中，工资是劳资双方通过明确(或隐含)的合同加以确定的，而非在即时交易中决定的。由于合同的存在，在谈判时名义工资率在合同规定的一定时间内是保持不变的。“交错合同”是指在整个经济中，所有合同不可能同时结束的现象。因此，如果存在“交错合同”，那在面临冲击时，与现有合同重新谈判以适应新情况的情形相比，名义工资将越发变动滞后或变动缓慢。新凯恩斯主义者认为，长期劳动合同在一定程度上限制了工资和价格的灵活性，是导致实际收入和失业呈周期性变化的原因之一。

2. 名义价格黏性

新凯恩斯主义以不完全竞争为基础的名义价格黏性的理论中，较有影响的是菜单成本理论。菜单成本理论认为，经济中有一定垄断力的厂商是价格的决定者，能够选择价格。菜单成本的存在阻碍了厂商调整价格。菜单成本是指调整价格时所花费的成本，它包括：研究和确定新价格的成本、重新编印价目表的成本、通知销售点更换价格标签的成本等。

考点五：动态随机一般均衡模型 ★★

1. 含义

动态随机一般均衡模型(简称 DSGE 模型)是采用生命周期假说或持久收入假说模型的

趋势得到逻辑结论。它假设所有的经济人是理性的，并基于不确定性条件下的跨期优化做出决策。

2. 组成要素

动态随机一般均衡模型的组成要素由弗兰克·斯梅茨和拉夫·沃特斯提出，具体为：①消费；②劳动供给；③投资；④产出；⑤货币政策。

24.2 课后习题详解

一、概念题

1. GDP 的周期成分

答：GDP 的周期成分是指产出围绕其增长趋势(即潜在水平)的波动，即经济波动或经济周期。经济增长的过程就是总体经济活动的扩张和收缩交替反复出现的过程。一个完整的经济周期包括繁荣、衰退、萧条、复苏(也可以称为扩张、持平、收缩、复苏)四个阶段。在繁荣阶段，经济活动全面扩张，不断达到新的高峰。在衰退阶段，经济短时间保持均衡后出现紧缩的趋势。在萧条阶段，经济出现急剧的收缩和下降，很快从活动量的最高点下降到最低点。在复苏阶段，经济从最低点恢复并逐渐上升到先前的活动量高度，进入繁荣。

2. 卢卡斯批判

答：卢卡斯批判是卢卡斯提出的一种认为传统政策分析没有充分考虑到政策变动对人们预期影响的观点。卢卡斯在发表的《计量经济学的政策评价：一个批判》这篇文章中指出：由于人们在对将来的事态做出预期时，不但要考虑过去，还要估计现在的事件对将来的影响，并且根据他们所得到的结果而改变他们的行为。这就是说，他们要估计当前的经济政策对将来事态的影响，并且按照估计的影响来采取政策，即改变他们的行为，以便取得最大的利益。行为的改变会使经济模型的参数发生变化，而参数的变化又是难以衡量的。因此经济学者用经济模型很难评价经济政策的效果。

3. GDP 的随机游走

答：GDP 的随机游走是指在 GDP 的变动过程中，永久性冲击起主导作用。GDP 的变动是随机的，并不表现为围绕平滑的趋势产出的上下波动过程。在传统的经济模型中，经济周期表示为 GDP 围绕一条平滑的趋势线而波动，这些波动持续几个季度直至数年之久，总需求冲击被认定是这些暂时性波动的首要原因。GDP 的随机游走理论则认为 GDP 的变动趋势并非如此平滑，而是经常经受大的总供给冲击，而这些冲击对 GDP 水平具有永久性影响。根据这种理论，供给方面的冲击在解释经济周期波动时，比需求方面的冲击具有更重要的作用。

4. 菜单成本

答：菜单成本是指企业为改变销售商品的价格，需要给销售人员和客户提供新的价目表所花费的成本，类似于饭馆改变价格重新制作菜单所产生的成本。它是新凯恩斯主义为反击新古典主义的批判并证明其所主张的价格黏性的重要理由。关于菜单成本能否引起价格的短期黏性，经济学家们的观点是不一致的。一部分经济学家认为，菜单成本通常非常小，不可能对经济产生巨大影响。另一部分经济学家却认为，菜单成本虽然很小，但由于总需求外部性的存在，会导致名义价格出现黏性，从而对整个经济产生巨大影响，甚至引起周期性波动。

5. 理性预期

答：理性预期又称合理预期，是指在有效地利用一切信息的前提下，对经济变量做出的从长期来看最为准确的，又与所使用的经济理论、模型相一致的预期。约翰·穆思在其《合理预期和价格变动理论》一文中首先提出这一概念，其含义有三个：①做出经济决策的经济主体是有理性的。②所做决策为正确决策，经济主体会在做出预期时力图获得一切有关的信息。③经济主体在预期时不会犯系统性错误。即使犯错误，他也会及时有效地进行修正，使得预期在长期保持正确。它是新古典宏观经济理论的四大重要假设（其余三个为个体利益最大、市场出清和自然率）之一，是新古典宏观经济理论攻击凯恩斯主义的重要武器。

6. 深层参数

答：深层参数是指描述个人和生产企业偏好的参数，它可以被微观经济学的研究所证明。实际经济周期模型的参数 β 和 γ 就是实际经济周期文献中称为深层参数的例子。实际经济周期的理论家认为简单模型应该取决于能描述工人-消费者的偏好，以及能描述企业生产函数的参数。这些参数可以通过微观经济研究加以识别。在简单模型中，如果 $\beta+\gamma$ 接近 1，那么闲暇的跨期替代就会非常强，而产出的总变动方程中的传播机制会将较小的技术冲击转变成较大的产出冲击。相反，如果闲暇的跨期替代微弱，传播机制的这种作用就不那么重要了。以微观经济数据为基础的经验性证据支持跨期替代相对较微弱这种观点。

7. 新古典经济学

答：新古典经济学是 19 世纪 70 年代由“边际革命”开始而形成的一种经济学流派。它在继承古典经济学经济自由主义的同时，以边际效用价值论代替了古典经济学的劳动价值论，以需求为核心的分析代替了古典经济学以供给为核心的分析。新古典经济学形成之后，代替了古典经济学成为当时经济理论的主流。

新古典学派主要包括奥地利学派、洛桑学派、剑桥学派，代表人物有边沁、瓦尔拉斯、门格尔、马歇尔等。新古典学派认为边际效用递减规律是理解经济现象的一个根本基础，利用这一规律就能解释买主面对不同价格时所采取的购买行为、市场参与者对价格的反应、各种资源在不同用途之间的最佳配置等各种经济问题。

洛桑学派的瓦尔拉斯对新古典学派的特殊贡献是：他没有局限于论证对个人利益的追求会自然导致市场均衡，而是致力于研究为什么会如此，以及市场均衡是如何产生的，重点是从理解和解释个人行为出发去理解和解释群体的经济行为，从而建立了一般均衡论。

剑桥学派的马歇尔运用并改造了古典学派的理论，创立了一整套分析方法，特别是坐标图分析法。这些方法不仅便于理解，而且论证了瓦尔拉斯理论中的一些未详之处。新古典学派的主要创新表现在数学方法的运用上，并通过引入“边际效用”概念，重点转向对消费、需求和效用的分析。

8. 差分平稳

答：差分平稳是指通过差分化能使变量平稳，即通过差分剔除时间序列的趋势。当发生差分平稳时，变量的暂时性冲击会长久性地影响到该变量的水平，差分平稳过程由永久性冲击占支配地位。随机游走就是差分平稳过程的一个例子。

9. 新凯恩斯主义经济学

答：新凯恩斯主义经济学是指20世纪80年代末在凯恩斯主义理论基础上发展起来的一种有微观理论基础的宏观经济学。新凯恩斯主义是代表当今西方经济学动态的一个流派。这一流派沿袭凯恩斯主义的传统，同时又弥补了凯恩斯主义理论的不足。其主要代表人物有曼昆、萨默斯、布兰查德、罗泰姆·伯格、斯蒂格里茨等。

新凯恩斯主义经济学主要的理论观点包括以下几个方面：①当经济出现需求扰动时，工资和价格并不能迅速调整到使得市场出清，经济可以处于非充分就业均衡状态。而在长期，经济将调整到充分就业状态。②利用菜单成本论、长期合同论、隐含合同论、不对称信息论、局内-局外利益论、效率工资论等来说明货币工资黏性。③在出现货币工资黏性的条件下，总需求的变动会引起非自愿失业，从而出现经济周期。④为了加速经济向充分就业的调整，政府应采取需求管理政策。

新凯恩斯主义的主要政策主张有：①由于价格和工资的黏性，经济在遭受到总需求变动的冲击后，从一个非充分就业的均衡状态恢复到充分就业的均衡状态，是一个缓慢的过程，因此旨在刺激总需求的措施是必要的；②政府关心整个社会的福利情况，而公众只关心个体的利益，两者之间往往存在冲突，需要妥善处理和协调。

10. 实际经济周期理论

答：实际经济周期理论，简称RBC理论，是新古典宏观经济学的代表性理论，是20世纪80年代新古典宏观经济学家提出的一种新的经济周期理论模型。

实际经济周期理论认为，应该保持古典模型的假设，即价格具有完全的伸缩性。实际经济周期理论认为，经济的实际冲击是经济周期波动的主要原因，实际冲击是指对经济的实际方面发生的扰动，比如影响生产函数的冲击、影响劳动力规模的冲击、影响政府购买实际数量的冲击等。同时它也认为引起经济波动的实际因素很多，其中技术是最重要的因素。

11. 动态随机一般均衡

答：动态随机一般均衡是采用生命周期或持久收入假说模型的趋势得到逻辑结论。它假设所有的经济人是理性的，并基于不确定性条件下的跨期优化做出决策。“随机”是指动态随机一般均衡模型中单一方程会受到随机冲击干扰，“动态”是指决策者着眼未来情况决策今天的行为。特别地，经济人的决策依赖于对未来的预期，但是未来的情况则依赖经济人今天的决策。

动态随机一般均衡模型不是考虑把研究过的单个方程汇集成总需求曲线或总供给曲线，而是直接将所有方程整合起来解出一般均衡。它是基于非线性设定的，动态、随机和非线性的组合使得动态随机一般均衡模型难以用笔和纸解答，而要通过计算机的模拟技术给出答案。

12. 参数

答：参数也称为参变量，是一个变量。在研究当前问题的时候，关心某几个变量的变化以及它们之间的相互关系，其中有一个或一些叫自变量，另一个或另一些叫因变量。如果引入一个或一些另外的变量来描述自变量与因变量的变化，引入的变量本来并不是当前问题必须研究的变量，这样的变量被称为参变量或参数。

13. 理性预期均衡

答：理性预期均衡是传统瓦尔拉均衡在信息扩散条件下的扩展，是一种随机均衡。交易者携带不同的信念和信息进入市场，达到理性预期均衡时，他们利用均衡价格反映的信息追求期望效用最大化所得到的决策与他们拥有全部私人信息时所做出的决策一致；如果没有新的信息进入，交易者就没有重新交易的意愿，均衡处于稳定状态并可以达到资产的帕累托最优配置。

在理性预期均衡中，市场出清，因而货币政策不能对产出和就业产生系统性影响。

14. 完全有预见的

答：完全有预见的是指假定人们知道所有相关变量的未来值，或者他们的预期总是正确的。正确的预见有些时候并不是达到均衡所必须满足的一项前提条件。实际上，正确的预见不必是完全的，即这种预见并不是必须扩展至无止境的未来或者每个人都必须正确地预见每一件事情。这说明：①只要预见被证明是正确的，那么均衡就会持续下去；②只是在与个人决策相关的那些问题上，这些预见才必须是正确的。

15. GDP 的趋势(长期)成分

答：GDP 的趋势(长期)成分是指 GDP 在扩张和收缩交替反复出现的过程中呈现出的长期增长趋势，即经济增长。可以将产出(GDP)看作是由一个趋势，即长期成分与一个周期成分所构成。前者就是经济增长过程的结果，而周期成分代表了经济周期。

16. 不完全竞争

答：不完全竞争是指一个企业能够明显地影响其产品价格的状况。不完全竞争并不是指某一个企业对其产品的价格具有绝对的控制力。决定价格的自由程度在不同行业之间也有差异。在某些行业，比如计算机零售行业，价格上几个百分点的差异就往往足够影响其销售量。而在电力行业，价格变动十个百分点以上，在短期内往往也不会对其销售量有太大的影响。

一般来说，不完全竞争分为以下三种情况：①完全垄断，指一家厂商控制一个行业的全部供给的市场结构。②垄断竞争，又称不完全竞争，是介于完全竞争与完全垄断之间的一种市场结构。③寡头垄断，是介于完全竞争与完全垄断之间的另一种比较现实的混合市场。它是指少数厂商完全控制一个行业的市场结构。

17. 政策无关性

答：政策无关性是指在理性预期，价格、工资灵活的情况下，被预期到的政府货币或财政政策实际上不能影响实际产出或失业。理性预期学派认为，由于存在“上有政策，下有对策”，政府调控宏观经济的政策往往是徒有其名。比如，政府想通过多发钞票刺激经济增长，人们预期到政府将这样做，就会让工资和物价作相应的增长。结果产出、就业和以前一样，政府多发钞票只不过是带来了更高的通货膨胀率，对实际不能产生任何影响。再比如，政府决定增加财政开支来提高产出，纳税人知道政府开支不过是替私人花钱而已，财政开支增加意味着以后要交更多的税，这样政府多花一分钱，私人就少花一分钱，结果形成“挤出效应”，政府政策最终归于无效。

政策无关性定理意味着，政府宏观调控政策对经济产生实际影响的唯一方法，是让人们对政府政策感到出乎意料，并且引起他们的错觉。

18. 不完全信息模型

答：不完全信息又称不完备的信息，是指市场上的供求双方对于所交换的商品不具有充分的信息。供求双方在不完全信息基础上进行预测，尽管并不一定产生偏差，但将是不太准确的。在现实经济中，信息常常是不完全的，称为非完全信息。

不在完全信息模型中，当事人根据不完全信息来预测总体价格水平。当事人无法确知单个市场中的价格上涨是由于总需求的增加，还是由于特定市场的需求增长引起的。结果，特定市场的价格上涨部分归因于总体价格水平的上涨，部分归因于实际需求的增加。不完全信息模型将解释向上倾斜的短期总供给曲线，但通过预期到的货币政策，得不出产出与通货膨胀之间的权衡关系。

19. 价格黏性

答：价格黏性是指价格总水平不随总需求的变动而迅速地改变，价格易升难降的现象。新凯恩斯主义的价格黏性论可以分为两类：①名义价格黏性论；②实际价格黏性论。名义价格黏性论的代表性理论为：菜单成本和经济周期论、近似理性经济周期模型、实际刚性和货币非中性论等。另外还有交错调整价格论，即认为在不完全竞争市场中，厂商为了实现利润最大化，通常采用交错而不是同步方式调整价格。而实际价格黏性论包括厂商信誉论、需求非对称性论、投入产出表理论、寡头市场和价格黏性论。

20. 趋势平稳

答：趋势平稳是指通过抽出时间趋势能使变量平稳。当暂时性冲击对变量的水平不具有持久性影响时，变量就趋向于平稳，趋势平稳过程由暂时性冲击占主导地位。例如，*AD* 的变动只能暂时影响产出。如果产出的变化主要是由需求冲击所引起的，产出将处于趋势平稳上。

21. 闲暇的跨期替代

答：闲暇的跨期替代是指暂时性的高实际工资会引起工人在当前更努力工作，而在将来享受更多的闲暇。实际工资从较高的水平向较低水平转换时，工人们宁愿以闲暇代替劳动。在实际经济周期理论中，为了解释总量经济波动过程中观察到的就业的大幅度的波动，必须假定存在闲暇的跨期替代。闲暇的跨期替代作为经济波动的有力的传导机制，使得劳动供给对实际工资的较小波动做出很大的反应。

22. 生产效率冲击

答：生产效率冲击也称为供给冲击，是指由于引起生产能力或成本产生等因素的变化，导致总供给曲线产生移动并由此对均衡收入产生的冲击。这是经济中的一种扰动，这种扰动决定了资本与劳动力等投入要素转变为产出能力的大小，会改变既定投入下生产出来的产量水平，引起产出与就业的波动。天气变化和新的生产方法就是这样的例子。假如该时期中出现了一次暂时性有利的生产率冲击，则人们愿意更努力地工作，以充分利用这次较高的生产效率的优势。在该期中，他们更多地工作，提高了产量。企业也加大投资，通过增加资本存量，使这次生产力冲击扩散到未来时期。如果闲暇的跨期替代效应强劲，即使是小规模的生产力冲击，对产出也会有相对大且持久的影响。

23. 间断性趋势平稳

答：间断性趋势平稳是指在产出增长过程中，产出偶尔发生永久性的变化，而在两次永久性变化之间，产出的增长是趋势平稳。佩龙认为产出最好是被描述成间断性趋势平稳。如果产出被描述成间断性趋势平稳，即认为在产出增长过程中，产出会偶尔发生永久性的变化，则在两次永久性变化之间，产出的增长是趋势平稳。这就是说，存在大而永久、但极为罕见的总供给冲击，在这些冲击的间隔之中，总需求冲击支配着一年接一年的波动。很明显这种观点承认了冲击对总需求的重要性，在认可总供给冲击的同时强调了总需求的重要性。

24. 传播机制

答：传播机制是指扰动赖以在整个经济中蔓延的机制。具体地讲，传播机制的目的就是解释为什么对经济的冲击有长期效应。在 RBC 理论中，劳动供给的跨期替代是由技术冲击引起的经济波动的核心传播机制。这一假说认为，劳动供给对真实工资较小的变动会做出很大的反应。如果发生技术冲击，使得当期的真实工资暂时地高于标准工资。那么劳动者将以工作替代闲暇，提供更多的劳动，于是产量和就业量均上升。另一方面，由于下一期资本边际产品提高，使得家庭认为投资有利，因此储蓄率上升，这就使预期的第二期的消费高于储蓄率不变时的消费增长。反之，当技术发生衰退时，或者技术冲击并未提高实际工资时，家庭会减少第一期的劳动供给，导致当期产量和下期消费的下降。

二、简答题

1. 本章覆盖四大类研究——理性预期理论、产出的随机游走理论、实际经济周期理论以及力图解释产出为什么在短期会偏离充分就业水平的模型。这些模型相互补充或相互矛盾到什么程度？试讨论。

答：(1)四种模型的主要观点：

①在理性预期模型中，人们会形成与经济运行方式相一致的预期。无论是在短期还是长期中，预料到的政策变动并没有实际效应。在理性预期均衡中，市场出清，而政策不能对产出和就业产生系统性影响。

②GDP 的随机游走理论认为，与暂时性的高涨和衰退相反，大多数的产出变动都是永久性的，而总需求的变动与总供给的变动相比，则显得无足轻重。

③实际经济周期理论认为，货币无足轻重，经济波动在很大程度上是由于技术变革产生的。均衡的实际经济周期理论声称，产出和就业的波动，是经济遭受各种实际冲击的结

果，而市场的调整十分迅速，并且总是处于均衡状态。

④力图解释产出为什么在短期中会偏离充分就业水平的模型指新凯恩斯主义模型。新凯恩斯主义的价格黏性模型提供了新的“微观基础”，解释了价格水平为什么并不总是随着货币供给的变化而迅速作出调整。

(2)四种模型之间的相互补充或相互矛盾：

四种模型之间的相互补充或相互矛盾体现在：这些模型有互相联系之处，但是也有明显的分歧。

①分歧：

前三个属于新古典学派的理论，均认为市场出清。它们相互补充，互相支持，认为总供给重要，否认总需求，认为政策无效。

最后一个属于新凯恩斯主义的理论，认为市场不能迅速出清。它认为存在工资黏性，尽管它也承认理性预期，强调总需求，认为经济政策是有效的。

②联系：

都承认理性预期的重要，都认为宏观经济理论必须符合微观经济学的假设条件，特别是个人利益最大化的假设条件。

实际经济周期理论是在理性预期和随机游走理论的基础上发展而来；新凯恩斯主义是在吸收了理性预期假设的基础上对凯恩斯主义的发展。

2. 什么是理性预期？理性预期与完全有预见有什么不同？在这两种假定下，货币政策都是中性的吗？

答：(1)理性预期又称合理预期，是现代经济学中的预期概念之一，指在有效地利用一切信息的前提下，对经济变量做出的从长期来看最为准确，又与所使用的经济理论、模型相一致的预期。实际上，这一假设包含三个含义：①做出经济决策的经济主体是有理性的；②经济主体在作出预期时会力图得到有关的一切信息，其中包括对经济变量之间因果关系的系统了解和有关的资料与数据；③经济主体在预期时不会犯系统性错误。

由于这一原因，即从整体上看，在长期中，它对某一经济变量的未来预期与未来的实际值仍然是一致的。换句话说，理性预期的意思是：在长期中，人们会准确地或趋向于准确地预期到经济变量所应有的数值。

(2)完全预见假定人们知道所有相关变量的未来值，或者他们的预期总是正确的。二者的不同在于理性预期只是以所得到的有限信息为基础来进行预测，而完全预见则拥有进行预测所必需的所有信息。

(3)在完全预见的假定下，货币政策不仅在长期中，即使在短期内都是中性的。在理性预期的假定下，预期到的货币供给的增加对产出毫无影响，而未预测到的货币供给的增加会使产出增长。即预测到的变动与完全预见的预测一样，而未预测到的变动与外生价格预期的 *AS-AD* 模型预期的一样。事实上，预期到的货币政策是中性的，而未预期到的货币政策不是中性的，即具有完全的 *AS-AD* 效应。

3. 描述一个用于实际经济周期理论的传播机制。简要解释它是如何发挥作用的。

答：传播机制是指扰动赖以在整个经济中蔓延的机制。一个与真实经济周期理论联系最紧密的传播机制是闲暇的跨期替代。它常用来解释为什么人们在某些时候比其他时间工作的更多些。例如，假设经济发生了一次负面的冲击，对生产技术造成了不好的影响，边际劳动产品暂时性地降低，实际工资也降低。工人意识到在一段时间内，他们的工资会低于平时，因此他们会选择在这段时间内少工作，等冲击过后工资恢复正常再更多的工作加以补偿。这样，技术的一次暂时性冲击所导致的工资较小变化就可能造成经济产出的一个大变动，尽管在长期内劳动供给对工资变动的反应很可能是微弱的。

但经验证据并不支持这种解释。实际工资的劳动供给弹性很小，而在经济周期中，实际工资的变化也很小。因此，即使闲暇的跨期替代可以用来说明在经济周期中，工资少量的变化会同时发生巨大的产量效应，但这种观点并未得到有力的经验支持。

4. 曼昆的总供给菜单成本模型与卢卡斯的不完全信息模型有何相似之处？有何区别？按新凯恩斯主义或新古典主义对它们进行分类。

答：曼昆认为，经济中的垄断企业是价格的决策者，能够选择价格，而菜单成本的存在阻碍了企业调整价格，所以价格具有黏性。因为产品价格的变动如同餐馆的菜单价目表的变动，所以曼昆将这类成本称为菜单成本，并将其定义为调整价格的成本。曼昆依据不完全竞争来说明，一家保留“错误”价格的厂商的损失，可能相当于有着正确价格的社会价值的极小部分。这意味着菜单成本与产出波动相比，可能微不足道，但仍然大得足以使单独一家厂商不愿承受这种成本，从而不愿意改变价格。因此名义货币供给的增加可能不会改变价格，由此引起的实际货币的增加提高了产量。

卢卡斯的不完全信息模型不但论证了预期中的宏观经济政策的无效性，而且它还是传统西方宏观经济学的研究范式向当代西方宏观经济学研究范式转变的一个重要标志。卢卡斯通过其著名的岛屿模型，从典型生产者的微观行为推导出宏观总供给曲线——卢卡斯供给曲线。卢卡斯供给曲线的推导打破了从宏观总量上直接推导的研究范式，是转向从严格的微观基础上推导宏观经济关系的现代研究范式的一个重要尝试。

曼昆的总供给菜单成本模型与卢卡斯的不完全信息模型之间既有相似之处，又存在不同，两者可以按新凯恩斯主义或新古典主义进行分类。

(1)相似之处：

二者均以微观经济学的假设为基础，以理性人假设为前提，考虑到了理性预期的作用。而且它们研究的都是名义变量的不完美性。

(2)不同之处：

曼昆想证明总供给菜单成本，即工资黏性和价格黏性，从而证明非市场出清，并最终证明政策的有效性。卢卡斯证明了在不完全信息的情况下总供给曲线的微观经济学，即在此情况下的总供给以及政策的效用。

曼昆充分应用了在不完全竞争的情况下，需求曲线向下倾斜以及其弹性的应用，最终推导出小量的菜单成本很可能大于潜在利润的变动。卢卡斯证明的是当事人是如何根据不完全信息预测总体价格水平。通过充分考虑理性预期，最终能得到菲利普斯曲线。

(3)两者按新凯恩斯主义或新古典主义进行的分类：

曼昆的总供给菜单成本模型属于新凯恩斯主义，而卢卡斯的不完全信息模型属于新古典主义。因为曼昆认为存在失业即非市场出清，并且政策是有效的，这与新凯恩斯主义一致。而卢卡斯则认为失业总是处于自然失业率上，产出总是处于充分就业水平上，任何失业都完全是摩擦性失业，即市场出清，并且政策是无效的，这与新古典主义一致。

5. 曼昆的总供给菜单成本模型的基本假定是什么?

答: (1)曼昆的总供给菜单成本模型的内容:

菜单成本论是新凯恩斯主义学者们提出的解释经济周期的新理论，它又被称为有成本的价格调整论。因为产品价格的变动如同餐馆的菜单价目表的变动，所以曼昆将这类成本称为菜单成本，菜单成本包括实际成本和机会成本两部分，实际成本是指研究和确定新价格的成本，重新编印价目表并将新价目表通知销售点的成本，更换价格标签的成本，为新价格做广告等所花费的成本，这些成本是企业调整价格时实际支出的成本；另一类成本是企业调整价格的机会成本，如价格变动的次数过于频繁，会使顾客感到麻烦和不快，有可能减少对此种商品的需求而造成损失，甚至包括处理顾客怨言的成本，这些虽然不是企业实际支出的成本，但同样阻碍着企业调整价格，也被称为菜单成本。企业只有在调整价格后的利润增量大于菜单成本时，才会调价。否则，企业将保持价格不变，由于有菜单成本的存在，使企业不愿意经常地变动价格，所以价格存在着黏性。

在价格有黏性的情况下，各厂商对需求变动的反应是改变产出，因此，总产出随总需求的变动而变动，经济出现大的波动。曼昆依据不完全竞争来说明，菜单成本与产出波动相比，可能微不足道，但仍旧大得足以使单独一家厂商不愿承受这种成本，从而不愿意改变价格。因此名义货币供给的增加可能不会改变价格，由此引起的实际货币的增加提高了产量。

(2)曼昆的总供给菜单成本模型的基本假定:

①不完全竞争，即有许多小厂商并在各自的市场有一定的垄断力量，厂商是价格的制定者，从而有向下倾斜的需求曲线。

②名义价格只按主观规定的计量单位进行量度，从而价格的变化非常缓慢。

③理性人假设。厂商只把私人利益作为决策的基础，他们要实现利益最大化。

变动价格的私人利益可能远小于社会利益，而且也可能低于菜单成本，因此在不完全竞争的情况下，即使决策者是理性的，也可能造成对整个社会来说不利的后果。

6. 什么是实际经济周期理论拥护者所使用的深层参数的意义?

答: 深层参数是指描述个人和生产企业偏好的参数，它可以被微观经济学的研究所测度。课本中简单的实际经济周期模型的参数β和γ就是实际经济周期文献中称为深层参数的例子。

这些深层参数对于实际经济周期理论拥护者而言具有一定的意义。RBC的理论家认为简单模型应该取决于能描述工人-消费者的偏好，以及能描述企业生产函数的参数。这些参数可以通过微观经济研究加以识别。在简单模型中，如果$\beta+\gamma$接近1，那么闲暇的跨期替代就会非常强，而产出的总变动方程中的传播机制会将较小的技术冲击转变成大得多的产出冲击。相反，如果闲暇的跨期替代微弱，传播机制的这种作用就不那么重要了。以微观经济数据为基础的经验性证据支持这种跨期替代相对较微弱的观点。

7. 在卢卡斯的总供给不完全信息模型中，总体冲击(即对整个经济而非一个特定区域或市场的冲击)何时对产出具有最强的效应？试解释。

答：卢卡斯的总供给不完全信息模型中，当总体冲击(即对整个经济而非一个特定区域或市场的冲击)是罕见的，而且没有被预期到时，对经济的影响最大。原因如下：

(1)总体冲击是指对整个经济而非一个特定区域或市场的冲击。在卢卡斯的总供给不完全信息模型中，未预料到且罕见的总体冲击对经济的影响最大，它影响经济的各个方面，而一般的冲击只影响经济的某些部分。大多数的厂商只关注自己市场的价格，因此当总体冲击影响所有的价格时，厂商认为它影响的只是部分市场的价格，厂商对价格的预期就会产生大的偏差，并且厂商据此调整自己的产出，此时产出的波动机会很大。

(2)根据卢卡斯的总供给不完全信息模型，当$\beta=0$时(β衡量的是总体冲击与各自独有的冲击之间的相对重要性，其值决定了总供给曲线的斜率)，总体冲击对产出具有最强的效应。因为对价格p的最好猜测是：$E(p \mid p_i)=k_0+\frac{1}{\alpha}\beta p_i$，其中：$\alpha$是一个常数，反映供给曲线与需求曲线的斜率。如果当地价格p_i的大部分变动来源于总体价格水平p的变动，那么，β将接近于1；如果大部分的变动来自于当地的需求冲击，那么，β将接近于零。进一步讲，总供给曲线的最终表达式为：$p=\frac{1}{\alpha(1-\beta)}\times(y+\alpha k_0)$，则总供给曲线的斜率取决于单个市场供给曲线的斜率，以及总体冲击与各自独有的冲击之间的相对重要性β。如果对总价格水平的冲击起支配性作用，β将接近1，而总供给曲线相对陡峭。因此，如果绝大多数价格冲击是由于总体的价格水平变动引起的，价格冲击将在很大程度上是中性的，对产出没有多大的影响。因此在$\beta=1$时为完全信息情况，此时货币是中性的；在$\beta=0$时，表示无信息，即理性的人不依附于p_i的值而独立猜想p。所以在$\beta=0$时未预料到的冲击最大，因此总体冲击此时对产出具有最强的效应(预料到的信息对产出无影响)。

8. (1)趋势平稳过程和差分平稳过程之间有何区别？

(2)为什么这是一个重要的区别，我们对于哪一种过程最恰当地说明了产出的特征的看法，如何影响我们的预测策略？

(3)佩龙提出，产出最好是描述成间断性趋势平稳。这对解决冲击对总需求的重要性问题有何帮助？

答：(1)趋势平稳是指一个变量通过抽出时间趋势能使其平稳。差分平稳是指一个变量通过差分化能使其平稳。其区别为差分平稳过程由永久性冲击占支配地位；趋势平稳过程由暂时性冲击占主导地位。

(2)这个区别是重要的，因为这个区别击中了总需求理论是否贴切的要害问题。根据*AS-AD*模型，由总需求波动引起的经济周期相对持续时间较短。与此相反，对总供给的冲击，如果来自永久性的生产率进步，这种冲击可能是永久的。因此，如果产出是趋势平稳，那么暂时性冲击占主导地位，则可以推断冲击是来自于总需求；反之，如果是差分平稳，那么永久性冲击占支配地位，则可以推断冲击很可能来自于供给方面，而总需求的冲击不是很重要。

(3)佩龙提出，产出最好是描述成间断性趋势平稳。如果产出描述成间断性趋势平稳，即认为在产出增长过程中，产出会偶尔发生永久性的变化，而在两次永久性变化之间，产出的增长是趋势平稳。这就是说，存在大而永久、但极为罕见的总供给冲击，在这些冲击的间隔之中，总需求冲击支配着一年接一年的波动。很明显这种观点承认了总需求冲击的重要性，在认可总供给冲击的同时强调了总需求的重要性。

三、计算与分析题

1. (1) 使用方程(3)和方程(4)预测由第24章第2节的简单 *AS-AD* 模型决定的价格水平和产出水平。你可假定总供给曲线的斜率为2/3，而货币供给、流通速度和潜在GDP的值分别是9、8和7，预期价格水平是5。

(2) 从卢卡斯批判的角度，评价你的预测。

(3) 这个预测与完全有预见模型的结果有何不同?

(4) 这个预测更好还是更差? 试解释。

答: 题中提到了方程(3)和(4)，先进行简单的推导。

规定一个简单的总需求方程:

$$AD: m+v=p+y \tag{1}$$

方程(1)是货币数量论方程: m 是“货币供给的对数”; v 是“流通速度的对数”，假定其为常数; p 是“价格水平的对数”; y 是“GDP的对数”。这是由数量方程 $M\times V=P\times Y$ 推导出来的。

对 $M\times V=P\times Y$ 两边取对数，得 $\ln(M\times V)=\ln(P\times Y)$，即 $\ln(M)+\ln(V)=\ln(P)+\ln(Y)$。令 $m=\ln(M)$，$v=\ln(V)$，$p=\ln(P)$，$y=\ln(Y)$，则可以得到方程(1)。

接下来规定一个简单的短期总供给曲线，它强调了价格预期的作用:

$$p=p^e+\lambda\times(y-y^*) \tag{2}$$

其中: p 是价格水平，p^e 是预期价格水平，y 是GDP，而 y^* 是潜在GDP。参数 λ 给出了总供给曲线的斜率。如果 λ 比较大，产量增加超过潜在产出，则引起价格急剧上涨，高过预期水平。如果 λ 小，价格对产量的短期反应也是小的。

总需求方程和总供给方程可以联立在一起，解出以货币供给与其他变量表示的产出和价格:

$$y=\frac{1}{1+\lambda}\times m+\frac{1}{1+\lambda}\times(v-p^e)+\frac{\lambda}{1+\lambda}\times y^* \tag{3}$$

$$p=\frac{\lambda}{1+\lambda}\times(m+v-y^*)+\frac{1}{1+\lambda}\times p^e \tag{4}$$

方程(3)和(4)给出了简单 *AS-AD* 模型决定的价格水平和产出水平。如果货币供给增加1%，产出增加 $\frac{1}{1+\lambda}\%$，而价格上涨 $\frac{\lambda}{1+\lambda}\%$。

(1) 根据方程(3):

$y=[1/(1+\lambda)]m+[1/(1+\lambda)](v-p^e)+[\lambda/(1+\lambda)]y^*$

$=[1/(1+2/3)]\times 9+[1/(1+2/3)]\times(8-5)+[(2/3)/(1+2/3)]\times 7=10$

根据方程(4):

$$p=[\lambda/(1+\lambda)](m+v-y^*)+[1/(1+\lambda)]p^e=7$$

（2）预期价格是 7，而已知预期价格水平 $p^e=5$，这说明标准的总供给-总需求模型假定经济当事人对经济做出的预测与模型本身做出的预测不一致，而真正的理性预期应是一致的。

（3）完全预测模型下，$p=m+v-y^*=10$，$y=y^*=7$。完全预测模型假定价格预期是内生形成的。特别地，预期形成与模型的预测相一致，而总供给-总需求模型假定价格预期外生给定。所以二者的差别很大。

（4）这个预测差一些。有两个缺陷：①它要求决策者知道所有相关信息，显然这是不现实的，因为有些信息是不可能得到的，只能进行预测，比如货币供给 m；②它暗示经济总是处于充分就业的状态，这与现实情况并不符。

2. 用方程（11）和方程（12）检验预期到的和未预期到的供给冲击对产出水平的效应。当供给冲击是预期到的时候，它们将像是在完全预见模型中那样起作用；当供给冲击是未预期到的时候，它们将像是在标准的 *AS-AD* 模型中那样起作用。

答：题中的方程（11）是：$y=y^{*e}+[1/(1+\lambda)]\varepsilon_m+[\lambda/(1+\lambda)]\varepsilon_{y*}$

方程（12）是：$p=m^e+v-y^{*e}+[\lambda/(1+\lambda)](\varepsilon_m-\varepsilon_{y*})$

假设发生了供给冲击，使潜在产出 y^* 增加。如果冲击是预期到的，则预期的潜在产出 y^{*e} 也随之增长，从方程（11）和（12）知产出 y 相应增加，价格 p 相应下降，预期到的冲击的变化系数为 1，如同完全预见模型；如果冲击是未预期到的，从方程（11）和（12）知，产出 y 增加，价格 p 下降，未预期到的冲击的变化系数为$[\lambda/(1+\lambda)]$，如同标准的 *AS-AD* 模型那样起作用。

3. 经验证据支持理性预期理论关于预期到的货币政策对产出无效应这一结论吗？试解释。

答：经验证据不太支持理性预期理论关于预料到的货币政策对产出无影响这一结论。原因如下：

（1）用经验证据来检验理性预期理论关于预见到的货币政策对产出无影响的结论，应该有两个步骤：①必须估计预料到的货币增长。②要将预料到的货币增长与产出变动进行比较。图 24－1 显示了 1960～2010 年 M_2 的季度增长。实际增长率分成预料到的增长和未预料到的增长两部分，即 $m=m^e+\varepsilon_m$。预料到的货币增长是以前面四个季度货币增长为基础的统计预测。未预料到的增长是预测的和实际发生的增长之间的差额。

（2）在图 24－2 中对应于预料到的货币增长，画出了产量增长线，也显示出这条线与数据最为匹配。该图有两个方面十分显著：①预料到的货币增长绝不能解释所有的产出增长（因为许多数据点远离直线）；②预料到的货币增长与产出增长之间有较强的正向关系（因为直线斜率为正），对产出增长与预料到的货币增长之间的关系估计为：$\Delta y=0.18+0.34\Delta m^e$。这意味着货币增长 1% 会导致产出增长约 0.3%。因此，统计证据不太支持理性预期模型的严格解释。对美联储记录进行的仔细的历史性研究，支持了这个观点：克里斯蒂那·罗默和大卫·罗默发现了 6 次试图降低通货膨胀的货币政策转变，并发现每次这样的紧缩性货币政策之后，都有衰退接踵而至。

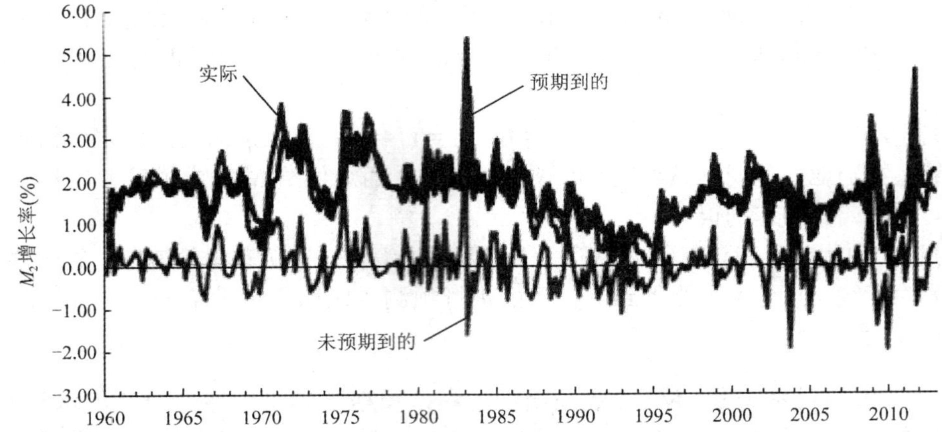

图24－1　实际的、预料到的和未预料到的M_2的增长

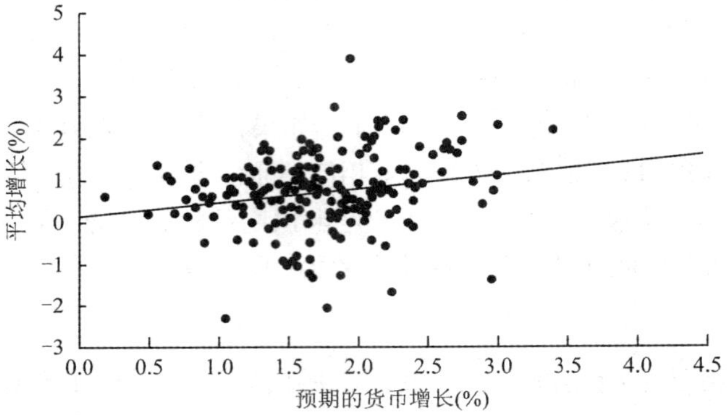

图24－2　预期的货币增长和产出的增长

4. (1)假定在第24章第5节发展出的简单的RBC模型中，$\gamma=0.35$，$\beta=0.05$，给定这些参数的值，劳动的边际产量增加10%将导致多大的产出增加？[提示：使用方程(37)。]

(2)使用问题(1)中给定的参数，是否存在闲暇的较强的跨期替代？为什么？

答：简单的RBC模型为：

$$\Delta Y\% = \left(1+3\times\frac{1-\gamma}{1-\gamma-\beta}\right)\times\Delta a\% \tag{37}$$

(1)将$\gamma=0.35$，$\beta=0.05$，$\Delta a\%=10\%$代入方程(37)，得$\Delta Y\%=\left(1+3\times\frac{1-\gamma}{1-\gamma-\beta}\right)\times\Delta a\%=\left(1+3\times\frac{1-0.35}{1-0.35-0.05}\right)\times10\%=0.425=42.5\%$。所以产出将增加42.5%。

(2)因为$\gamma+\beta$越接近1，闲暇的跨期替代就会越强，方程(37)中的传播机制会将较小的技术冲击转变为较大的产出冲击。而题中$\gamma=0.35$，$\beta=0.05$，则$\gamma+\beta=0.4<1$。所以在给定的参数下，闲暇的跨期替代不是很强，上一问计算出技术冲击使劳动边际产品增加10%，产生了42.5%的产出冲击，产出冲击并不比技术冲击大得多。因此不存在闲暇的强

跨期替代。

5. (1)关于人们在一段时期内闲暇替代的程度，经验性证据暗示了什么？

(2)关于跨期替代在传播对整个经济的冲击中的作用的看法，以及关于小的技术冲击产生大的产出冲击的能力的看法是什么？

答：(1)以微观经济数据为基础的经验性证据支持跨期替代在长期相对较弱的观点，所以经验性证据暗示传播机制的作用不是那么重要。

(2)关于跨期替代在传播对整个经济的冲击中的作用，以及关于小的技术冲击产生大的产出冲击的能力，又暗示了经济波动主要是由意料之外的因素造成的。它们实际上暗示了均衡经济周期理论的观点。均衡经济周期的理论家认为宏观经济经常受到一些实际因素的冲击，从而造成产出和就业的变化，即经济周期。他们认为最重要的扰动是供给冲击(生产效率冲击)和政府支出冲击。如果闲暇跨期替代效应强劲，即使是小规模的生产效率冲击，对产出也会有相当大的影响。他们认为产量和就业的波动是各种各样的实际冲击扰动经济的结果，它们使得市场迅速调整且总是处于均衡状态。他们将货币存量变动与产出变化的相关性解释为货币变化适应产量变化的结果。他们的结论是货币是中性的，工资和价格具有伸缩性，强调技术冲击的重要性。

然而，经验性证据不支持闲暇跨期替代效应强的观点，传播机制的作用并不那么重要，因此小的技术冲击并不一定能造成大的产出变化。

6. 本问题涉及卢卡斯总供给不完全信息模型中的预期形成。

(1)如果 $\alpha=1$，$\beta=0.75$，当当地价格 p_i 上升为原有水平的 4 倍时，总价格水平的期望变动是什么？[提示：用方程(19)。]

(2)如果 α(即当地供给函数的斜率)在一个特定区域是 1/2，作为当地价格增加的结果，当地产出将增加多少？

(3)如果 β 是 0.25 而非 0.75，结果变动了多少？β 的值如此之小，意味着什么？

(4)β 如果为 1，将会出现什么样的变动？

答：参考教材本章的相关内容，对 p 的最好猜测是：

$$E(p \mid p_i)=k_0+\frac{1}{\alpha}\beta p_i,\ 0<\beta<1$$

其中：$E(p \mid p_i)$表示做猜想时使用的唯一信息是当地价格 p_i，而 α 是一个常数，反映供给曲线与需求曲线的斜率。如果当地价格 p_i 的大部分变动来源于总体价格水平 p 的变动，那么，β 将接近于1；如果大部分的变动来自当地的需求冲击 z_i，那么，β 将接近于零。β 的值是决定总供给曲线的斜率的关键部分，如果 $\beta=1$，那么，总供给曲线将是垂直的。

(1)在 $\alpha=1$，$\beta=0.75$，当地价格 p_i上升为原有水平的 4 倍时，

$\Delta E(p \mid p_i)=E_1(p \mid p_i)-E_0(p \mid p_i)=(1/\alpha)\beta(\Delta p_i)=(1/1)\times 0.75\times 3p_i=2.25p_i$

因此，人们预期价格总体水平将增加到原来的 2.25 倍。

(2)根据教材本章的方程 $y_i=\alpha[p_i-E(p \mid p_i)]$，$\Delta y_i=\alpha[\Delta p_i-\Delta E(p \mid p_i)]$。代入 $\Delta p_i=3p_i$，$\Delta E(p \mid p_i)=2.25p_i$，$\alpha=1/2$，得 $\Delta y_i=1/2\times(3p_i-2.25p_i)=0.375p_i$，产出增长 0.375 倍。

注：$\Delta E(p \mid p_i)=2.25p_i$，由上一问得出(当时 $\alpha=1$)，在此问中 $\alpha=1/2$(为当地的一个区域)，注意其不同。

(3)如果 $\beta=0.25$，则 $\Delta E(p \mid p_i)=(1/\alpha)\beta(\Delta p_i)=(1/1)\times 0.25\times 3p_i=0.75p_i$。

$\Delta y_i=\alpha[\Delta p_i-\Delta E(p \mid p_i)]=(1/2)\times(3-0.75)p_i=1.125p_i$，产出增长1.125倍。

β 值如此之小，意味着扰动大部分来自于需求冲击 z_i，并且对产出有较大影响。

(4)如果 $\beta=1$，则 $\Delta E(p \mid p_i)=(1/\alpha)\beta(\Delta p_i)=(1/1)\times 1\times 3p_i=3p_i$。

$\Delta y_i=\alpha[\Delta p_i-\Delta E(p \mid p_i)]=(1/1)\times(3-3)p_i=0$，产出变化为0。

因此 $\beta=1$ 时，价格变化而产出没有变化，即价格冲击是由于总体的价格水平变化引起的时，价格冲击是中性的，对产出没有影响。